Sous la direction de
Jean-Robert Pitte
Maître de conférences à l'Université de Paris-Sorbonne

Jean-Claude Bénizeau
agrégé d'Histoire
Professeur au lycée franco-hellénique
d'Athènes

Pierre Bruyelle
Professeur à l'Université des Sciences
et Techniques de Lille

Bernard Dézert
Professeur à l'Université de Paris-Sorbonne

François Doumenge
Professeur au Museum
Président de l'ORSTOM

Pierre Flatrès
Professeur émérite à l'Université
de Paris-Sorbonne

André Humbert
Maître de conférences à l'Université
de Nancy II

Louis Marrou
agrégé de Géographie
Professeur au Collège André Chénier de Mantes-la-Jolie

Bruno Mellina
agrégé de Géographie — ancien élève E.N.S.
Professeur au lycée Jacques Prévert de Longjumeau

Françoise Raybaud-Biblocque
agrégée d'Histoire
Professeur au lycée Pierre de Fermat de Toulouse

Jean Robert
agrégé de Géographie — ancien élève E.N.S.
Professeur au collège Romain Rolland de Bagneux

Alain Saussol
agrégé de Géographie
Maître de conférences à l'Université Paul Valéry
de Montpellier

Charles Toupet
Professeur émérite à l'Université Jean Moulin de Lyon

Géographie 1re

nouveau programme paru en 1988

cartographie : **AFDEC - Claude Dubut - Martine Frouin - Anne Le Fur**

Aux élèves...

En classe de Seconde, vous avez acquis un certain nombre de clefs vous permettant d'ouvrir les portes de l'espace géographique, de comprendre le rôle de la distance et des phénomènes de répartition, de jongler avec les échelles.

Pour vous familiariser avec cette démarche explicative dite de géographie « générale », la réalité était découpée en thèmes tels que relief, climat, population, transport, agriculture, etc. C'était indispensable, mais... faux. En effet, tous ces éléments sont les parties d'un tout indissociable. Le climat ne se comprend pas sans le relief et vice versa ; ce qu'il est convenu d'appeler « nature » ne s'explique pas sans l'humanité d'hier et d'aujourd'hui, laquelle a tant composé et pris de liberté avec son héritage devenu merveilleux outillage.

Le temps est donc venu de synthétiser tous ces ingrédients à des échelles plus proches de votre vie quotidienne que la terre entière : la France et l'Europe. Vous croyez sans doute les connaître ; tout au moins leurs paysages : on voyage tant de nos jours et par tant de moyens, y compris son poste de télévision. Mais attention ! Les réalités sont plus complexes qu'il n'y paraît et il ne suffit pas qu'un pays ou un paysage soit familier pour qu'il soit sans surprise et sans puissance d'évocation pour peu qu'on le fasse parler. Ainsi en est-il également des faits historiques les plus connus. Il vous faut apprendre à regarder d'un œil neuf les espaces qui vous entourent et qui évoluent si vite tout en conservant des traits permanents.

Vous remarquerez que les auteurs de ce manuel n'ont pas abusé des chiffres que vous trouverez regroupés en tableaux au début des chapitres ou au fil des documents. Renoncez à les apprendre par cœur ; retenez seulement des ordres de grandeur permettant la comparaison entre régions et entre pays et surtout apprenez à les commenter et à les interpréter. Cet exercice vous sera très utile lors des épreuves du baccalauréat.

Une autre remarque d'importance : le programme est lourd et la géographie n'est pas seule au monde... C'est pourquoi le texte de cours qui vous est proposé va à l'essentiel. En quelques dizaines de lignes vous trouverez ce qu'il est important de connaître sur telle question, telle région, tel pays.

À si peu de temps de l'échéance européenne du 31 décembre 1992, est-il besoin de démontrer l'importance qu'il y a pour un jeune Français de se situer dans ces espaces emboîtés et interdépendants que sont sa région, son pays, la communauté européenne ? C'est à cette seule condition que les habitants de l'Europe ne perdront pas leur identité mais au contraire l'enrichiront. Il s'agit là d'un enjeu politique, économique, culturel de première importance.

Jean-Robert Pitte.

© Éditions Nathan, Paris 1988 — ISBN 2.09.170562.4

Sommaire

1re partie : L'espace français, genèse et cadre

2e partie : Vivre en France

3e partie : La France des régions

4ᵉ partie : La France et la CEE dans le Monde

5ᵉ partie : Les pays de la CEE

Jean-Claude Bénizeau : **Ch.** 2, 6, 7 - Pierre Bruyelle : **Ch.** 15
Bernard Dézert : **Ch.** 8, 9, 10 - François Doumenge : **Ch.** 21
Pierre Flatrès : **Ch.** 17 - André Humbert : **Ch.** 16 - Louis Marrou : **Ch.** 29
Bruno Mellina : **Ch.** 4, 14, 23, 25 - Jean-Robert Pitte : **Ch.** 1, 3, 11, 12, 22, 28
Françoise Raybaud-Biblocque : **Ch.** 19, 24 - Jean Robert : **Ch.** 13, 27
Alain Saussol : **Ch.** 20 - Charles Toupet : **Ch.** 5, 18, 26

1ère partie

L'espace français, genèse et cadre

Formation du territoire français :
métropole et outre-mer

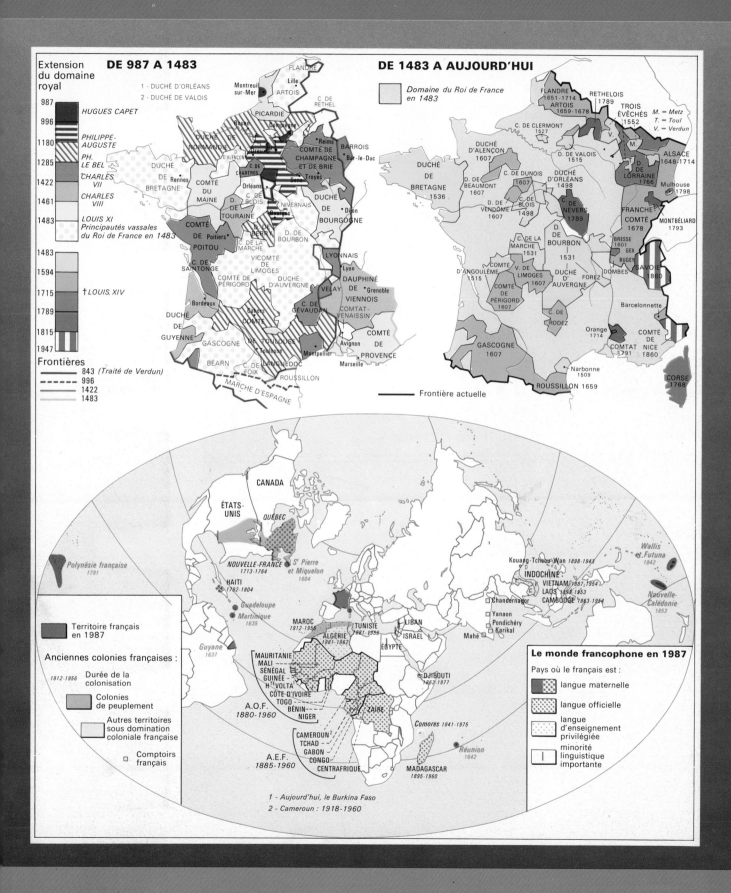

DE 987 A 1483

Extension du domaine royal

1 - DUCHÉ D'ORLÉANS
2 - DUCHÉ DE VALOIS

987	HUGUES CAPET
996	
1180	PHILIPPE-AUGUSTE
1285	PH. LE BEL
1422	CHARLES VII
1461	CHARLES VIII
1483	LOUIS XI
	Principautés vassales du Roi de France en 1483
1483	
1594	
1715	†LOUIS XIV
1789	
1815	
1947	

Frontières

843 (Traité de Verdun)
996
1422
1483

Montreuil-sur-Mer · Lille · FLANDRE · ARTOIS · C. DE RETHEL · Rouen · PICARDIE · Compiègne · DUCHÉ DE NORMANDIE · D. D'ALENÇON · C. DE CHARTRES · Orléans · Reims · BARROIS · Bar-le-Duc · COMTÉ DE CHAMPAGNE ET DE BRIE · Sens · Troyes · DUCHÉ DE BRETAGNE · Rennes · COMTÉ DU MAINE · D. DE TOURAINE · C. DE BLOIS · Bourges · NIVERNAIS · Dijon · DUCHÉ DE BOURGOGNE · COMTÉ DE POITIERS · POITOU · D. DE BERRY · C. DE LA MARCHE · D. DE BOURBON · C. DE SAINTONGE · VICOMTE DE LIMOGES · DUCHÉ D'AUVERGNE · LYONNAIS · Lyon · DAUPHINÉ DE VIENNOIS · Grenoble · COMTÉ DE PÉRIGORD · Bordeaux · COMTÉ · Cahors · C. DE GÉVAUDAN · VELAY · COMTAT-VENAISSIN · Avignon · COMTÉ DE PROVENCE · Marseille · DUCHÉ DE GUYENNE · GASCOGNE · DE TOULOUSE · Toulouse · Montpellier · LANGUEDOC · BÉARN · C. DE FOIX · ROUSSILLON · MARCHE D'ESPAGNE

DE 1483 A AUJOURD'HUI

Domaine du Roi de France en 1483

FLANDRE 1651-1714 · RETHELOIS 1789 · ARTOIS 1659-1678 · TROIS ÉVÊCHÉS 1552 · M. = Metz · T. = Toul · V. = Verdun · C. DE CLERMONT 1527 · DUCHÉ D'ALENÇON 1607 · D. DE VALOIS 1515 · V. · M · T · ALSACE 1648-1714 · DUCHÉ DE BRETAGNE 1536 · D. DE BEAUMONT 1607 · C. DE DUNOIS 1607 · DUCHÉ D'ORLÉANS 1498 · D. DE LORRAINE 1766 · Mulhouse 1798 · D. DE VENDÔME 1607 · C. DE BLOIS 1498 · C. DE NEVERS 1789 · FRANCHE COMTÉ 1678 · MONTBÉLIARD 1793 · C. DE LA MARCHE 1531 · D. DE BOURBON 1531 · BRESSE 1601 · GEX · BUGEY · DOMBES · SAVOIE 1860 · COMTÉ D'ANGOULÊME 1515 · V. DE LIMOGES 1607 · DUCHÉ D'AUVERGNE · Forez · COMTÉ DE PÉRIGORD 1607 · C. DE RODEZ · Barcelonnette · Orange 1714 · COMTÉ DE NICE 1860 · GASCOGNE 1607 · COMTAT 1791 · Narbonne 1509 · ROUSSILLON 1659 · CORSE 1768

Frontière actuelle

Le monde francophone en 1987

Territoire français en 1987

Anciennes colonies françaises :

1912-1956 Durée de la colonisation

Colonies de peuplement

Autres territoires sous domination coloniale française

Comptoirs français

CANADA · ÉTATS-UNIS · QUÉBEC · NOUVELLE-FRANCE 1713-1764 · St Pierre et Miquelon 1604 · HAITI 1792-1804 · Polynésie française 1791 · Guadeloupe · Martinique 1635 · Guyane 1637 · MAROC 1912-1956 · ALGÉRIE 1881-1962 · TUNISIE 1881-1956 · LIBAN · ISRAEL · ÉGYPTE · MAURITANIE · MALI · SÉNÉGAL · GUINÉE · H***VOLTA · CÔTE D'IVOIRE · TOGO · BÉNIN · NIGER · A.O.F. 1880-1960 · DJIBOUTI 1862-1977 · CAMEROUN² · TCHAD · GABON · CONGO · CENTRAFRIQUE · A.E.F. 1885-1960 · Comores 1841-1975 · ZAIRE · MADAGASCAR 1895-1960 · Réunion 1842 · Kouang-Tcheou-Wan 1898-1943 · INDOCHINE · VIETNAM 1887-1954 · LAOS 1893-1953 · CAMBODGE 1863-1954 · Chandernagor · Yanaon · Pondichéry · Karikal · Mahé · Wallis et Futuna 1842 · Nouvelle-Calédonie 1853

Pays où le français est :

langue maternelle

langue officielle

langue d'enseignement privilégiée

minorité linguistique importante

1 - Aujourd'hui, le Burkina Faso
2 - Cameroun : 1918-1960

naissance de la France et du peuple français

Comprendre la géographie d'un pays, c'est d'abord envisager l'histoire de son territoire et de son peuplement. Qui sont les hommes qui en ont pris possession au cours des conquêtes successives, par les armes ou par la houe ? Quand eurent-ils conscience d'appartenir à un même pays et de former une communauté ? Quelles frontières ont-ils fixées à leur domaine ? Quelles institutions se sont-ils données pour les défendre et pour vivre en bonne intelligence ?

La France est l'un des pays d'Europe qui jouit de la plus ancienne conscience de lui-même. La géographie historique de la France est, en particulier, le récit de cette découverte, fondatrice de ce que nous sommes, et de la manière dont elle s'est progressivement répandue depuis l'Île-de-France jusqu'à l'ensemble de l'hexagone et au-delà des mers. Mais c'est aussi, de manière indissociable, **l'histoire des paysages qu'ont engendrés les 200 générations qui se sont succédé depuis le néolithique,** retouchant jour après jour l'œuvre héritée, au gré de leurs besoins matériels et de leur culture.

ANALYSE DU DOCUMENT

« La France éclairant le Monde » par Janet-Lange (1815-1872). Cette allégorie est très révélatrice de l'idée que les Français ont eu longtemps de leur patrie, représentée sous les traits d'une jeune femme couverte des lauriers de la gloire. À gauche, les fruits du travail humain et les instruments qui permettent de les produire : outils, usine. À droite, les symboles des sciences et des arts. Certaines images sont plus abstraites : la paix que suggère un canon enterré au premier plan, la justice avec l'équerre maçonnique et la balance, la solidarité avec la poignée de main, la tradition chrétienne avec le crucifix rayonnant de l'arrière-plan, la nation avec les emblèmes traditionnels du coq et du bleu-blanc-rouge. La scène est illuminée par le flambeau de la civilisation française qui rayonne sur l'ensemble du globe terrestre, à droite. Une vision sereinement immodeste...

1. avant la France

De par sa latitude, la France a été épargnée par les grandes avancées glaciaires, montagnes exceptées, et s'est donc trouvée constamment peuplée. Les sites paléolithiques* y sont si nombreux que la plupart des périodes que distinguent les archéologues correspondent à des stations éponymes françaises (Abbevillien, Acheuléen, Levalloisien, Solutréen, Magdalénien, etc.). Néanmoins, les densités de population restent très faibles tout au long de cette aube de l'humanité. On estime qu'une vingtaine de milliers d'habitants peuplent le territoire actuel de la France il y a 15 500 ans, lorsque sont peintes les fresques de Lascaux. C'est dire que la trace des hommes dans les paysages est encore extrêmement ténue.

■ 1. La mise en culture

Tout change avec la néolithisation*, c'est-à-dire l'invention de l'élevage et de l'agriculture qui viennent compléter les ressources de la chasse, de la pêche et de la cueillette. **Cette avancée technologique essentielle se produit à partir du Ve millénaire,** soit par diffusion imitative depuis les foyers plus anciens de la Méditerranée, soit par invention sur place, ou plus vraisemblablement par ces deux processus à la fois.

Pendant cette période, de grands bouleversements paysagers se produisent. La forêt qui s'était reconstituée depuis la fin de la dernière glaciation, quelques millénaires auparavant, est défrichée un peu partout et laisse place à des champs (parfois enclos) et à des pâturages. **L'agriculture et l'élevage imposent la sédentarisation* et donc l'établissement de villages et de chemins.** L'augmentation des subsistances entraîne une croissance de la population, laquelle ne cesse de perfectionner ses techniques d'exploitation de la terre et de contrôle du territoire, surtout après l'invention de la métallurgie (bronze vers 1800 av. J.-C., fer vers 900 av. J.-C.). On comprend que les Gaulois, groupe de populations celtiques, aient pu prendre possession de toute une partie de l'Europe occidentale grâce à leurs remarquables épées de fer, mais leur outillage a également permis de grands progrès dans le domaine agricole.

■ 2. Gaule chevelue, Gaule romaine

Tout habiles qu'ils soient, les Gaulois n'en présentent pas moins de graves faiblesses face aux grandes civilisations qui s'élaborent pendant ce temps en Grèce et en Italie. Leurs échanges commerciaux demeurent limités, leurs chemins précaires, leurs villes réduites à de simples refuges temporaires (oppida)*, leurs langues uniquement parlées, enfin leurs institutions politiques trop floues pour pouvoir résister, malgré le courage de leurs guerriers, à un État aussi organisé que Rome. Les Grecs s'étaient cantonnés dans quelques comptoirs du Midi, Marseille étant le plus important ; la volonté de Rome est d'intégrer la Gaule dans son territoire. **Le Midi devient romain à la fin du IIe siècle av. J.-C.,** Narbonne est choisie comme capitale de cette *Provincia*, et toute **la Gaule chevelue devient romaine en 51 av. J.-C.**

Les transformations opérées sur le territoire sont considérables. Les divisions tribales gauloises s'estompent et Rome organise à Lyon tout un rituel politico-religieux autour de l'amphithéâtre et du sanctuaire des Gaules. Le pays se couvre de villes dont beaucoup sont bâties à l'emplacement des oppida ; un maillage d'excellentes routes les relie entre elles. Toute une partie des régions de plaines est remembrée et est organisée selon les principes uniformes de la centuriation, des *villae** appartenant à des colons ou à des Gaulois s'édifient un peu partout. L'agriculture prospère et exporte une partie de ses produits (blé, viande).

■ 3. Nos ancêtres les Germains

Le déferlement des peuples germaniques entraîne une régression certaine dans la plupart des domaines : démographie, organisation politique, agriculture, routes, villes, etc. Les destructions aggravent les décadences spontanées, mais au terme de plusieurs siècles d'invasions, la table n'est cependant pas tout à fait rase. Les Francs recueillent une partie de l'héritage romain, politique, religieux et plus généralement culturel, et c'est à partir de ces « rejets de souche » qu'ils bâtissent une autre civilisation, un empire — celui de Charlemagne.

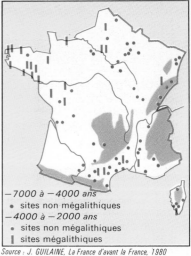

— 7000 à — 4000 ans
• sites non mégalithiques
— 4000 à — 2000 ans
• sites non mégalithiques
▮ sites mégalithiques

Source : J. GUILAINE, La France d'avant la France, 1980

↑ **1. Les principaux sites néolithiques français.**

2. La France d'avant la France

QUELLES civilisations vécurent sur le sol français depuis les temps postglaciaires jusqu'à l'apparition de l'écriture ? La France de cette époque, même sans en porter le nom, était-elle déjà une unité politique et culturelle ? Absolument pas. Ces civilisations se sont fréquemment ordonnées en fonction de trois grandes aires géographiques et culturelles : la zone méditerranéenne, la zone atlantique et la zone continentale de l'Est de notre pays. On pourrait alors être tenté de parler de trois provinces préhistoriques. Peut-être, mais sans oublier que ces soi-disant provinces sont intégrées à de plus vastes territoires culturels. À titre d'exemple, en Méditerranée occidentale, le néolithique primitif intéresse un vaste domaine allant de l'Italie au sud de l'Espagne.

d'après Jean Guilaine,
La France d'avant la France
(Paris, Hachette, 1980).

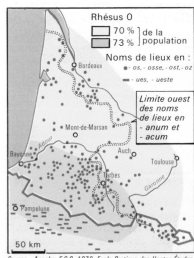

Rhésus O
☐ 70 %
☐ 73 % } de la population

Noms de lieux en :
• - os, - osse, - ost, - oz
— - ues, - ueste

Limite ouest des noms de lieux en - anum et - acum

Bordeaux
Mont-de-Marsan
Bayonne
Adour
Auch
Toulouse
Tarbes
Garonne
Pampelune

50 km

Source : Annales E.S.C. 1976, École Pratique des Hautes Études.

↑ **3. Groupes sanguins et noms de lieux :**
Le cas basque.

↑ **4. Un oppidum gaulois encore bien lisible dans le paysage :** Vermand (Aisne).

↑ **5. Maquette du plus haut lieu de la Gaule romaine : Lyon** Amphithéâtre de l'assemblée des tribus et grand temple à ciel ouvert.

↑ **6. Les barbares en Gaule vers 500 ap. J.-C.**

7. On ne choisit pas son histoire.

POUR les historiens du XVIe siècle, les Francs étaient des Gaulois ayant quitté leur patrie conquise par les Romains et revenus pour libérer leur pays de ces Romains. C'était là faire d'une pierre plusieurs coups : venger l'humiliation de la défaite gauloise, éviter l'hypothèse de la soumission à l'envahisseur germanique et de l'ascendance barbare. En réalité, la richesse de l'histoire de la France et de la civilisation française est le résultat d'un cumul : celui de tous les apports ethniques, démographiques, techniques et culturels. Refuser, chacun selon son goût, les Celtes, ou les Romains, ou les Francs ou ceux qui les ont précédés, serait courir une chimère, celle d'une nation qui aurait été déjà française, avec les idéaux, les facultés et le génie de celle-ci. Cette nation-là, une des plus importantes qui soit, ne se trouve pas au début de son histoire, elle en est le résultat. Pour que la fusion d'éléments différents se fît et développât des solidarités régionales, puis « nationales », il fallait l'action de la chose publique.

d'après Karl Ferdinand Werner, *Les Origines*
(Paris, Fayard, 1984).

8. La conversion au christianisme est indissociable de l'enfantement de la France.

L'UNE des grandes figures du IVe siècle est saint Martin. Cet ancien soldat pannonien est l'introducteur en Gaule d'un monachisme demeuré jusque-là un phénomène oriental. Il contribue aussi de manière décisive à la christianisation des campagnes. Rien d'étonnant à ce que la tradition ultérieure ait fait de lui le saint national des Francs et de la Gaule franque. À ce moment, la Gaule est loin d'être déjà un pays chrétien, mais elle va jouer un rôle de premier plan dans l'empire chrétien et devenir l'un des piliers du monde catholique.

d'après Karl Ferdinand Werner, *Les Origines*
(Paris, Fayard, 1984).

L'ÉGLISE ne doit rien au *Regnum Francorum*. Le *Regnum Francorum* lui doit tout. On peut tenir pour établi que le baptême de Clovis eut lieu à Reims et que cette conversion attendue puis effective a joué un rôle décisif dans l'extension ultérieure, rapide, du *Regnum Francorum* sur les franges : Bourgogne, Aquitaine, Germanie.

d'après Pierre Chaunu, *La France*
(Paris, Robert Laffont, 1982).

Histoire d'un paysage : de la colonisation romaine au Bas-Empire

D'après G. Grosjean, *Geographia Helvetica*, 1980.

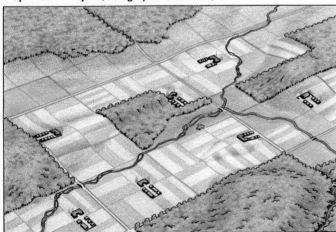

↑ **9. Ier siècle : après défrichement ou remembrement, le paysage est centurié (1 centurie : 700 m/700 m). De grandes *villae* sont édifiées sur des exploitations en latifundia.**

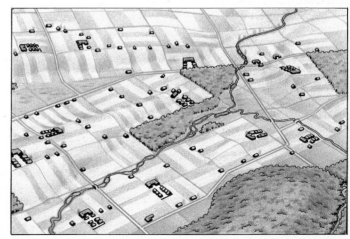

↑ **10. IIIe siècle : la croissance de la population a entraîné de nouveaux défrichements. L'affaiblissement du système social a autorisé la construction de petites fermes isolées ou groupées en hameaux (*vicus*).**

2. l'enfance de la France

L'acte de naissance de la France est le traité de Verdun, signé en 843 entre les trois fils de Louis le Pieux, le fils de Charlemagne. Il suit d'un an le serment de Strasbourg, premier document rédigé en langue française, et crée un royaume attribué à Charles le Chauve, qui s'étend approximativement de la Manche et de l'Atlantique jusqu'aux quatre rivières : Escaut, Meuse, Saône, Rhône. **La même année, à Coulaines près du Mans, se tient autour du roi l'assemblée des grands du royaume qui reconnaît les droits de ceux-ci.** Il s'agit là d'un autre acte fondateur de la vie politique française. En effet, pendant les onze siècles et demi qui suivent, les rois, les empereurs, les républiques ne cesseront de lutter pour affirmer le pouvoir central face à celui des régions, incarnées ou non par un puissant personnage.

■ 1. Sous les premiers Capétiens

Le sacre d'Hugues Capet en 987 marque l'entrée en scène d'une famille qui régnera plus de huit siècles sur le pays. **Le nouveau roi ne possède en propre que quelques terres comprises entre Compiègne et la Loire. Elles sont éparses, mais riches, grâce à la présence du précieux loess*** : le roi de France est le roi du blé et aussi du cœur du Bassin de Paris, convergence des principales artères naturelles de circulation du Nord de son pays. **Les dés de l'organisation régionale de la France sont jetés : Paris commande, l'Ouest et le Midi conservent des particularismes culturels importants.** Au sud d'une ligne Poitou-Bourgogne, l'attachement à l'héritage gallo-romain reste vivant.

Le visage de la France de l'an mil est celui d'un pays largement forestier, l'agriculture ayant reculé depuis la fin de l'Empire romain autant que la population a diminué. L'habitat de bois et de terre est tantôt dispersé, tantôt regroupé en hameaux et en villages autour de la motte castrale* du seigneur et de l'église. Les villes demeurent à l'emplacement des antiques cités, mais elles se sont réduites comme peau de chagrin. Elles vivent surtout de la présence de l'évêque, mainteneur au nom de l'Église d'un certain nombre de savoirs hérités de Rome.

■ 2. Les siècles d'or : XIᵉ-XIIIᵉ

Au XIᵉ siècle, le péril barbare est désormais oublié. Derniers venus, les Normands se sont fixés à l'Ouest et se tournent vers la conquête de la Sicile et de l'Angleterre. **Le royaume connaît une relative sécurité. À ceci s'ajoute un radoucissement du climat.** Les temps sont propices à l'essor de l'agriculture et de la population qui passe, estime-t-on, entre l'an mil et 1200, de 3 à 10 millions d'habitants. **C'est l'ère des grands défrichements opérés sous l'égide de seigneurs laïcs ou de l'Église.** Grâce au collier d'attelage, à de meilleurs outils métalliques, à l'assolement, les rendements progressent partout. Bientôt, dans le Nord-Est, la densité de population est telle qu'il faut intensifier l'agriculture par le passage à l'assolement triennal réglé, avec openfield* obligatoire et vaine pâture*. À l'Ouest, au contraire, le bocage* progresse en même temps que les défrichements et les appropriations de la lande, tandis que dans le Midi, fidèle au droit écrit, la plus grande liberté paysagère est laissée à chacun.

Les villages s'étoffent, s'enrichissent de belles églises et de châteaux de plus en plus souvent construits en pierre. À mesure que l'agriculture dégage quelques excédents, le commerce se développe, y compris à l'échelle internationale (foires de Champagne), en même temps que l'artisanat. **C'est aussi le temps de la renaissance urbaine.** Plus grandes, plus riches, mieux défendues, parfois dotées de statuts juridiques de faveur, les villes s'ornent d'édifices religieux qui font leur fierté. Mais si les cathédrales correspondent partiellement à des préoccupations politiques, elles expriment surtout la foi de tout un peuple.

■ 3. Les siècles noirs : XIVᵉ-XVᵉ

Avec la fin du Moyen Âge reviennent les calamités : stagnation ou régression agricole et commerciale, famines, peste bubonique, hostilités de la guerre de Cent Ans. Il s'en faut de peu que la France se dissolve totalement dans l'un de ses puissants voisins : Angleterre ou Bourgogne, et l'on connaît le rôle de Charles VII, aidé par Jeanne d'Arc, puis de Louis XI dans le rétablissement de l'autorité monarchique.

1. Un épisode majeur de la naissance de la France : le traité de Verdun

L'HISTOIRE européenne offre l'exemple d'une grande opération de division territoriale qui fut autre chose que l'enregistrement des volontés d'un vainqueur. C'est le partage de Verdun, en 843, par lequel les contours de l'État destiné à porter le nom de France furent tracés suivant les décisions d'un conseil d'arbitres qui avaient mûrement étudié, dans une atmosphère de paix, les moyens d'équilibrer les avantages et d'éliminer les principes de discorde. Vidal de La Blache ne mentionne cet acte que pour indiquer les raisons qui, à son avis, lui enlèvent toute signification géographique. « Le partage du traité de Verdun, écrit-il, fut un règlement de famille, fait sans souci des nations ni des frontières naturelles. » Sans doute. Mais il est assez général que, dans un partage de famille, les réalités matérielles ou économiques soient prises en considération avec plus d'objectivité qu'il n'en paraît dans les négociations consécutives aux décisions des armes. En particulier, quand le bien à partager consiste en terres, l'opération suppose une reconnaissance préalable des qualités et aptitudes de ces terres.

À Verdun, en 843, le champ à partager est un large morceau d'Europe qui, des côtes frisonnes et des bouches de l'Elbe, s'étend vers le sud, jusqu'à la Navarre, aux Apennins et au Karst d'Istrie. Quant aux veines inégalement douées, ce sont des zones de végétation en rapport avec le climat ou les propriétés du sol, allongées est-ouest. Pour assurer aux trois frères une participation à toutes les ressources du grand empire, un seul moyen s'offrait : couper perpendiculairement à ces bandes. Une seule, celle qui devint la France, a pu conserver jusqu'à l'époque actuelle le privilège de toucher d'un bout à la mer du Nord et de l'autre à la Méditerranée. Peut-être parce qu'elle avait, sur les deux autres, l'avantage de ne pas être coupée par les Alpes.

d'après Roger Dion, *Les Frontières de la France* (1947, rééd. Gérard Monfort, 1979).

↑ **2. Les effigies des quatre premiers Capétiens** (clé de voûte de l'église de Chars, Val-d'Oise).

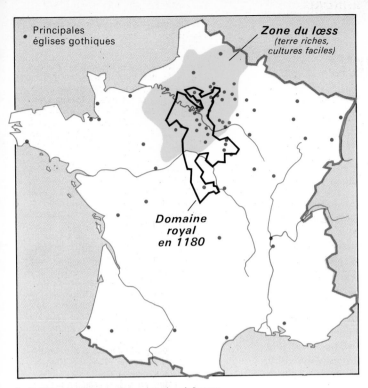

↑ **3. L'art gothique : foi, pouvoir, richesse.**

Principales églises gothiques

Zone du lœss *(terre riches, cultures faciles)*

Domaine royal en 1180

↑ **5. Les arènes d'Arles au XIII⁰ siècle :** une réutilisation du patrimoine antique par détournement de sa fonction.

4. Aux origines du sentiment national

L'IDÉAL national qui se fortifia tout au long du Moyen Âge créa des solidarités plus étroites et plus chaleureuses, souda la communauté divisée en promouvant à l'intérieur amour et concorde et en rejetant l'ennemi à l'extérieur, en dehors des frontières, dans le chaos, la forêt et la nuit. Valeur très affective, parlant d'amour plus que de devoir, il réussit à faire accepter les nouveautés nécessaires à la survie du groupe, l'impôt régulier et l'armée permanente qu'il justifiait. Le commun accepta de payer, la noblesse de mourir et le clergé admit au paradis les bons contribuables et les morts au combat. Reconnaissons l'altérité de cette valeur : fondée sur la race, le sentiment religieux, le souci des hiérarchies, multiple autant qu'unitaire, elle est très différente des France postérieures — ni égalitaire, ni laïque, ni terre de liberté, ni soucieuse d'unité linguistique ou de génie littéraire. Cette autre France fut pourtant pour chacun de ses fils, du roi au plus humble, la mère qui console et maintient l'espérance. Reconnaissons-en aussi l'efficacité : en ces temps de catastrophe, la France avec une majuscule a probablement sauvé la France réelle.

d'après Colette Beaune, *Naissance de la nation France* (Paris, Gallimard, 1985).

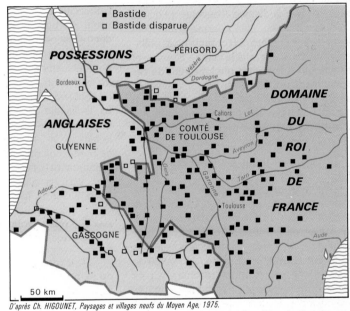

■ Bastide
□ Bastide disparue

POSSESSIONS
ANGLAISES
GUYENNE
GASCOGNE
Bordeaux
PÉRIGORD
Vézère
Dordogne
Cahors
Lot
COMTÉ DE TOULOUSE
Aveyron
Gers
Garonne
Tarn
Toulouse
Aude
Adour

DOMAINE DU ROI DE FRANCE

50 km

D'après Ch. HIGOUNET, Paysages et villages neufs du Moyen Age, 1975.

↑ **6. Un urbanisme politique et économique :** les bastides du Sud-Ouest. Expression de la concurrence entre le roi de France et celui d'Angleterre.

Histoire d'un paysage : du haut Moyen Âge au XIII⁰ siècle

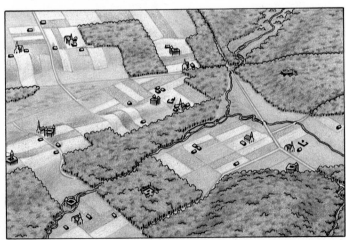

↑ **7. VII⁰ siècle : la population a diminué, les techniques ont régressé, la forêt a repoussé. Cependant des villages naissent autour d'une église et d'une motte.**

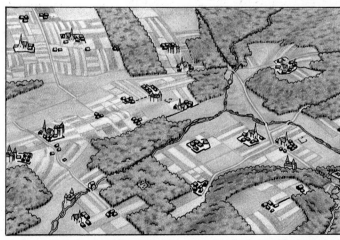

↑ **8. XIII⁰ siècle : les défrichements sont achevés. Les campagnes sont minutieusement organisées. Les villages se sont étoffés et embellis.**

3. la France installée

Il est difficile de comprendre pourquoi la France de la Renaissance a préféré se tourner vers l'Italie plutôt que vers la conquête de l'Atlantique comme ses voisins ibériques. Sans doute la personnalité des Capétiens Valois, épris de culture et de raffinement, y est pour quelque chose. Et puis, il est vrai que l'Italie, mère de la civilisation occidentale et siège de la papauté, a toujours été le voisin le plus attirant pour la France. Souvent critiquées par les historiens, **les guerres d'Italie ont néanmoins conféré à l'organisation politique, aux paysages et à la culture littéraire et artistique de la France quelques-uns de ses traits les plus marquants.** Une fois assimilés et intégrés à l'héritage, ce sont eux qui ont fait de la France des XVIIe et XVIIIe siècles la première puissance européenne.

■ 1. Un territoire, un roi, une capitale

À partir du XVIe siècle, la monarchie fortifie l'unité du territoire. **D'abord, il est mieux protégé sur ses frontières.** Par une politique de mariages princiers alternés avec des opérations militaires, la France de la fin de l'Ancien Régime recouvre la paix avec ses principaux voisins. Les frontières étendues vers l'est et vers le nord sont défendues par un maillage remarquable de fortifications : la Ceinture de fer de Vauban.

Dans le même temps, et c'est l'autre volet de l'action spatiale des derniers Bourbons, **la vie politique et administrative est de plus en plus unifiée et centralisée.** Les institutions reflètent cette volonté, en particulier **l'étoffement de la cour de Versailles** où se retrouvent peu ou prou tous les puissants du Royaume. C'est une différence majeure avec l'Angleterre où l'aristocratie reste beaucoup plus proche des populations rurales, et c'est l'une des causes de la Révolution. **La création d'un réseau de routes de poste de grande qualité,** sous l'égide des intendants, exprime cette volonté centralisatrice par son organisation en réseau étoilé depuis Paris. De même en est-il de l'homogénéisation des styles architecturaux, urbanistiques et artistiques, œuvre à laquelle participent les académies, placées sous la protection royale.

■ 2. Les régimes passent, la France reste une et centralisée

Depuis deux siècles, la France a connu bien des régimes politiques, s'achevant dans des révolutions ou des guerres : deux monarchies, deux empires, cinq républiques pour ne citer que les principaux. **Il est surprenant qu'aucun d'entre eux, jusqu'à ces dernières années (et seul l'avenir dira l'efficacité des réformes en cours), n'ait voulu ou pu revenir sur le principe de centralisation du pouvoir politique, exprimé par la prééminence de Paris.** Certes, les particularismes locaux n'ont cessé de se dresser contre le pouvoir central, mais ils ne sont jamais parvenus à gagner la partie. La Troisième République, pour ne retenir qu'un exemple parmi d'autres, a réussi par le moyen de l'école laïque et obligatoire et de l'exaltation du patriotisme à galvaniser le sentiment national jusqu'à envoyer les hommes sur les champs de bataille de la Grande Guerre avec une fleur au fusil !

■ 3. Trois révolutions silencieuses : l'agricole, l'industrielle, la tertiaire

Si ce pays a souvent cru à l'importance de sa mission vis-à-vis de l'étranger, il n'a jamais hésité non plus à accepter les idées ou les techniques de ses voisins qui pouvaient lui rendre service.

Dès la fin du Moyen Âge, mais surtout à partir du XVIIe siècle, **l'agriculture se modernise régulièrement** grâce à l'adoption de plantes ou de techniques empruntées à l'Italie, à l'Espagne ou à l'Angleterre et au Nouveau Monde : maïs, pomme de terre, plantes sarclées et fourragères permettant d'éradiquer la jachère. Au XIXe siècle, c'est au tour de l'artisanat, qui devient **l'une des trois plus puissantes industries de l'Europe** grâce à des techniques imaginées en partie par des Français, mais aussi par les Anglais qui ont quelques décennies d'avance. C'est l'origine, on le sait, de la concentration de plus en plus grande des hommes et des activités dans les villes, elles-mêmes reliées par de modernes voies de communication. Toute l'évolution spatiale du pays tend vers la polarisation. Enfin, ces deux grands mouvements sont accompagnés par une modernisation des services.

1. La construction et le fonctionnement de l'État

L A France a le meilleur État et le plus puissant d'Europe au XVIe siècle. Or l'État s'est tenu à l'écart, en France, de la découverte et de la mise en valeur des nouveaux mondes. Non, certes, que la France ait eu, au XVIe siècle, de mauvais rois, mais précisément parce que l'État a mieux à faire, desserrer la menace de la coalition des dix-sept couronnes rassemblées par Charles Quint, organiser un espace de 450 000 km² peuplé de 16 millions d'âmes, mieux à faire que de s'engager dans des entreprises chanceuses de rentabilité aléatoire. Le problème n'est pas le manque de moyens, mais le manque d'intérêt.

Plaçons-nous au début du règne de François Ier. On compte environ 5 000 officiers, judicature et finance s'équilibrant sensiblement, soit avec les clercs et les commis des officiers, une « technostructure » administrative strictement royale de 7 à 8 000 personnes. Ce qui donne un officier pour 60 km² et pour 2 000 habitants en y incluant le petit personnel. Si l'on ajoute les 20 000 hommes de l'armée du début du XVIe siècle, on parvient à des taux d'encadrement très élevés.

Vers 1665, au début du règne personnel de Louis XIV, nous arrivons à 50 000 officiers, 20 000 employés des fermes et 50 000 soldats, soit en incluant le petit personnel de la seigneurie et le clergé paroissial, une technostructure qui a quintuplé en 150 ans. Or, celle-ci présente une particularité qui marquera durablement le caractère de la France et la mentalité des Français. Aucun État n'a été, au même degré que le nôtre, un État d'offices. L'officier est propriétaire de sa charge qui est donc transmissible. On a un trop tendance à ne voir que les inconvénients du système, mais l'office mobilise au service de l'État une colossale charge affective. Grâce à l'office, la passion de l'État fait partie du patrimoine de ce pays.

d'après Pierre Chaunu, *La France* (Paris, Robert Laffont, 1982).

↑ **2. La matérialisation des frontières de la France sous le régime de Louis XIV.**

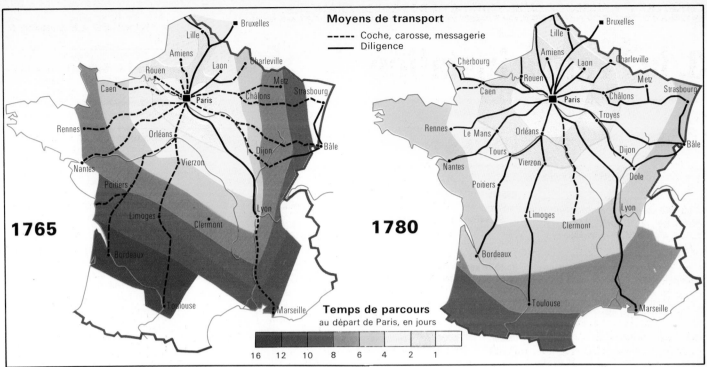

Moyens de transport
- - - - Coche, carosse, messagerie
——— Diligence

1765

1780

Temps de parcours
au départ de Paris, en jours

16 12 10 8 6 4 2 1

D'après G. ARBELLOT, La grande mutation des routes de France au milieu du XVIIIe siècle, Annales E.S.C. 1973, E.P.H.E.

↑ **3. Un moyen de centraliser le territoire à la fin du XVIIIe siècle :**
La construction des routes de poste en étoile depuis Paris, œuvre conduite sous la responsabilité des intendants.

↑ **4. Un instrument de l'unité nationale : l'école laïque et obligatoire à la fin du XIXe siècle (Ris-Orangis, Essonne).**

↑ **5. Lancey, Isère : le premier site d'utilisation de la houille blanche (1869).**

Histoire d'un paysage : du monde plein à l'apogée des campagnes

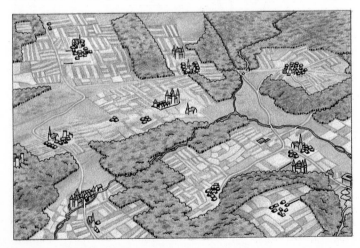

↑ **6. XVIe siècle : la croissance démographique contraint au morcellement des parcelles...**

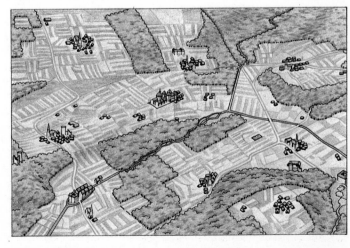

↑ **7. XIXe siècle : ... puis à la « révolution agricole », mais les traces de l'antique centuriation se lisent encore en filigrane.**

Travaux dirigés

Frontières en France...

1. « Que la France se nomme diversité »

Lucien Febvre répétait, et il faut le répéter après lui, « que la France se nomme diversité ». J'aimerais presque mieux dire, bien que ce soit plus plat, « *est* diversité », car ce n'est pas seulement une apparence, une appellation, mais la réalité concrète, le triomphe éclatant du pluriel, de l'hétérogène, du jamais tout à fait semblable, du jamais tout à fait vu ailleurs. Toutes ces oppositions vivaces comme le chiendent, on pouvait *a priori* les imaginer effacées, atténuées au moins par la France une et indivisible des Jacobins qui a presque aujourd'hui deux siècles d'existence, sans préjudice de la monarchie paternaliste, prudente, mais elle aussi centralisatrice qui l'avait précédée. Plus encore, avec l'accélération des transports, la diffusion et la domination de la langue française, cette langue de l'Île-de-France conquérante depuis l'an mil, il serait logique de penser que ces forces massives ont tout nivelé. Or, il n'en est à peu près rien.

d'après Fernand Braudel,
L'Identité de la France
(Paris, Arthaud-Flammarion, 1986, t. 1).

2. D'où viennent les frontières

Avec ses repères précis et ses lignes exactement jalonnées, le système de délimitation actuellement appliqué au territoire de la France et à ses circonscriptions administratives présente, dans son ensemble, un caractère d'uniformité rigoureuse qui ne laisse rien pressentir de ses vraies origines.

Certaines de ces limites ont été substituées à des démarcations moins nettes qu'on pourrait qualifier de primitives, car elles remontent à la préhistoire et procèdent des obstacles que la nature a opposés aux progrès des défrichements lors de la conquête du sol par l'agriculture.

D'autres rappellent qu'aux époques de migrations de peuples et de grandes invasions, tel ou tel trait de relief, dont on ne soupçonnerait pas autrement l'importance, a joué un rôle décisif en guidant ou en contenant l'expansion des groupes ethniques.

D'autres enfin, dont l'origine est proprement politique, retracent les étapes de la formation territoriale de la France et révèlent, avec plus de sûreté parfois que ne sauraient le faire les textes, les intentions de ceux qui en furent les principaux ouvriers.

d'après Roger Dion,
Les Frontières de la France
(1947, rééd. Gérard Monfort, 1979).

QUESTIONS

Reportez-vous aux cartes de la p. 7.

1. Qu'est-ce que le domaine royal ?

2. Décrivez en détail la frontière du traité de Verdun en 843 et expliquez-la en vous aidant du texte 1 de la page 12.

3. Retrouvez les acquisitions du domaine royal entre les règnes de Philippe Auguste et de Philippe le Bel.

4. Quelles sont les provinces rattachées sous Louis XI ?

5. Justifiez le bien-fondé de la coupure des deux cartes à la date de 1483.

6. Quelles sont les provinces rattachées sous Louis XIV ?

7. Sur quels domaines s'est fait l'agrandissement à l'est du territoire français ?

8. Quels sont les derniers territoires rattachés ?

QUESTIONS

1. Donnez des exemples concrets de la diversité de la France dont parle F. Braudel. (texte 1)

2. Quels éléments d'explication peut-on donner ?

3. Pensez-vous que cette diversité n'existe nulle part ailleurs en Europe ?

4. Les frontières intérieures sont-elles toujours très nettes ?

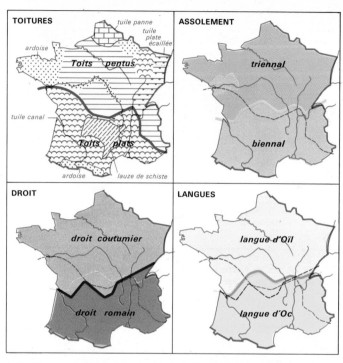

↑ 3. **France du Nord - France du Sud. Commentez ces quatre cartes.**

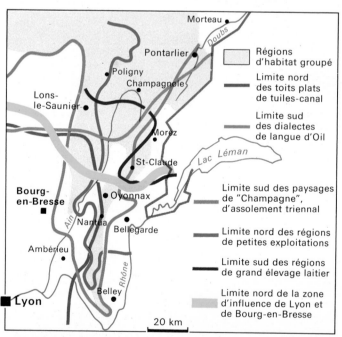

↑ 4. **Influences du Nord et du Midi dans le Jura méridional (d'ap. R. Lebeau).**

1. Commentez les influences que peut connaître la région du Jura, en étudiant attentivement la légende de la carte.

2. Que peut-on tirer comme conclusion sur les paysages du Jura ?

3. Que peut-on en tirer pour mieux comprendre l'histoire de cette région ?

frontières de la France

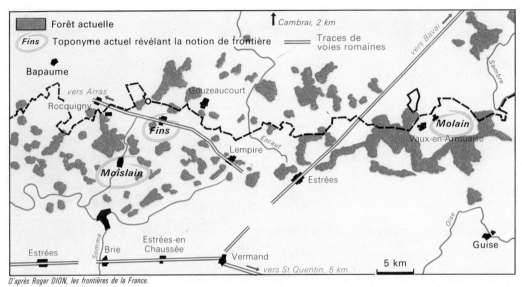

Légende:
- **Forêt actuelle**
- *Fins* : Toponyme actuel révélant la notion de frontière
- Traces de voies romaines

D'après Roger DION, les frontières de la France.

↑ **5. Les restes de l'antique forêt-frontière d'Arrouaise (aujourd'hui aux limites de l'Aisne et du Nord).**

QUESTIONS

1. Décrivez la forêt d'Arrouaise telle qu'elle apparaît aujourd'hui dans le paysage du Nord de la France. Qu'est-ce qui laisse supposer qu'elle correspond à une ancienne frontière ?

2. En vous aidant du texte n° 2, expliquez sa présence à cet emplacement.

3. À quoi pouvait servir une forêt-frontière ?

↑ **6. La frontière rectiligne entre la Suisse et la France (carte IGN au 1/50 000e).**

↑ **7. Cérémonie du traité de Joncol à la Pierre-Saint-Martin.**

8. Un rendez-vous sur une frontière

UNE tradition populaire pyrénéenne, toujours vivante, aide à imaginer ce que pouvaient être dans l'Antiquité, sur les terrains choisis pour ces sortes de rencontres, la précision du signe limite et le respect religieux dont il était l'objet. Il s'agit de la rencontre annuelle au col de la Pierre-Saint-Martin, entre habitants du Béarn et de Navarre. Pour éviter des violences réciproques, les usagers de ces pâturages ont été amenés à conclure des accords instituant de mutuelles concessions.

d'après Roger Dion,
Les Frontières de la France
(1947, rééd. Gérard Monfort, 1979).

QUESTIONS

1. Décrivez la frontière qui sépare le pays du Gex (Ain) au nord, du canton de Genève (Suisse) au sud.

2. Cette frontière est-elle « naturelle » ?

3. A-t-elle des effets sur l'organisation de l'espace (forêts, chemins et routes, aéroport...) ?

Vauban matérialise la frontière.

↑ 1. Sébastien le Prestre de Vauban
Lithographie de Delpech.

2. Vauban (Sébastien Le Prestre de) : 1633-1707

Né à Saint-Léger (Yonne) dans une famille de très petite noblesse.
— Remarqué par Mazarin en 1653, il devient ingénieur militaire et prend part à toutes les campagnes de Louis XIV.
— Gouverneur de Lille en 1668, commissaire général aux fortifications en 1678, lieutenant-général des armées du roi, le plus haut grade militaire, en 1688.
— Son œuvre ne se limite pas à la prodigieuse édification de la « ceinture de fer » des frontières de la France. Il pense et écrit sur beaucoup d'autres sujets, en particulier une réforme de l'impôt intitulée : *Projet d'une dixme royale* qui préconise l'impôt proportionnel au revenu.

3. Pourquoi une collection de plans-reliefs ?

Les motifs de cette volonté royale résultent de plusieurs composantes. L'extension territoriale nécessite des dossiers complets. Les trois dimensions des reliefs donnent synthétiquement les réalités en cas de nouveau conflit et de tentatives de reprise. Il s'agit également d'une démarche de collectionneur. Comme dans l'établissement d'une bibliothèque savante, dans ses débuts, la démarche scientifique nécessite la constitution d'un corpus. En outre, la collection est signe et réalité de possession. Elle constitue une enclave militaire dans les bâtiments de la Maison du Roi (22 salles des Tuileries en 1697).

d'après J.-F. Pernot,
« L'histoire des plans-reliefs »,
Monuments historiques (1986, n° 148).

↑ 4. Partie centrale du plan-relief de la ville et de la citadelle de Briançon (Hautes-Alpes).
Voir carte n° 2 page 14.
Les plans-reliefs classés monument historiques en 1927 sont exposés au Musée des Invalides à Paris. Ils sont 102, réalisés dans la région du Nord entre 1668 et 1870. Ils sont au 1/600 soit 1 pied pour 100 toises d'Ancien Régime. Parmi les plus importants : Lille, Gravelines, Strasbourg, Besançon, Saint-Malo, Cherbourg, Brest, Saint-Martin-de-Ré, etc.

5. L'esprit de la frontière

La cause première des réunions de villes, seigneuries ou territoires, ne fut ni l'ambition du roi ou son obsession de la gloire, mais sa passion de la frontière. En cela, il croyait pousser son collaborateur Vauban, mais se trouvait souvent poussé par lui. Cet ingénieur, comme tout grand promoteur, était un peu visionnaire et Louis XIV oubliait voie moyenne et réalisme dès qu'il s'agissait, sur la frontière, de places chères à son cœur : Dunkerque, Tournai, Landau. Ainsi le roi et son commissaire aux fortifications, l'un chapitrant l'autre, alternaient-ils, en matière de défense, pragmatisme solide et sentiments subjectifs. Il en résulta ce fameux boulevard couvrant le royaume, le défendant de l'invasion, et qu'on nomma la « ceinture de fer ».

Une médaille de l'*histoire métallique du règne* est consacrée au thème défensif : *Securitati perpetuae;* cent cinquante places ou citadelles, bâties ou fortifiées depuis 1661 jusqu'en 1692. Les académiciens en font ce commentaire : « Le grand nombre des places fortifiées dans les pays conquis et sur les frontières, ont maintenu la tranquillité au-dedans de la France, assuré au roi la possession de ses conquêtes, et mis Sa Majesté en état de faire plus d'une fois des paix avantageuses. C'est le sujet de cette médaille. On y voit la sûreté, sous la figure d'une femme assise, et qui, le casque en tête et une pique à la main s'appuie sur un piédestal. Près d'elle sont divers plans de forteresses, et de l'autre côté des équerres et d'autres instruments d'architecture. »

Le roi paie de sa personne. Ce prince, apparemment économe de ses déplacements, n'est jamais indispensable dès qu'il s'agit de forteresses. En temps de paix comme en période de guerre, on le voit visiter, inspecter, critiquer ou admirer les remparts, les bastions, les ouvrages des villes, les citadelles. Aux mathématiques près, il est devenu aussi compétent que M. de Vauban. Comme ce dernier, le roi est architecte : l'un et l'autre aiment allier la beauté des formes et l'efficacité de la défense. L'un et l'autre protègent le pays en le respectant, parfois en embellissant le paysage frontalier. Heureuse époque où de telles harmonies se peuvent concevoir, se peuvent réaliser ! Une autre harmonie nationale est alors présente, visible ou sous-jacente. C'est l'accord du roi et de son peuple en vue de verrouiller nos frontières. Particulièrement intéressés sont ses sujets des provinces conquises, quand ils mettraient dix ou vingt ans à le comprendre. Mais tout le royaume est bénéficiaire, en particulier les habitants de Paris, ville ouverte.

d'après François Bluche, *Louis XIV*
(Paris, Fayard, 1986, pp. 417-420).

Synthèse/
Sévaluation

QUESTIONS

1. Qu'appelle-t-on la France d'avant la France ?

2. Le traité de Verdun : date, nature, clauses principales.

3. De quand date la « création » de la France ?

4. Montrez l'importance du loess dans l'histoire des Capétiens.

5. Dégagez à grands traits l'évolution du territoire français.

6. Donnez quelques traits :
— de l'héritage celte,
— de l'héritage gallo-romain,
— de l'héritage médiéval,
— de l'héritage d'Ancien Régime,
— de l'héritage de la révolution industrielle.

7. En vous reportant aux dessins de l'évolution d'un paysage (p. 11, 13 et 15), décrivez-en les principales caractéristiques.

8. Qu'est-ce qu'une bastide ?

9. En quoi l'amélioration des moyens de communication renforce-t-elle le pouvoir royal ?

10. Donnez des exemples précis qui montrent la diversité entre le Nord et le Sud de la France.

11. Qu'est-ce qu'un plan-relief ? À quoi sert-il ?

12. Comment sont dessinées les frontières des États ? Citez différents types de frontières que vous connaissez.

13. Donnez quelques symboles de la nation française.

COMMENTAIRE DE TEXTE

Être Français : un sentiment qui date du Moyen Age

Depuis le XIXᵉ siècle au moins, régulièrement, les historiens de la France s'interrogent : à partir de quel moment les gens se sont-ils sentis spontanément ou volontairement Français ? Dans quelles circonstances le sentiment national est-il devenu un fait de mentalité suffisamment massif et puissant pour qu'il faille en tenir compte comme d'un facteur historique notable, voire essentiel ?

Pour beaucoup d'historiens, on ne saurait vraiment parler de sentiment national avant la Révolution française. À leurs yeux, ce fut elle qui réalisa l'unité des Français et leur intégration consciente à l'intérieur d'une communauté politique et humaine aux contours nettement dessinés. Je voudrais plaider ici la cause de l'existence très ancienne de nations conscientes d'elles-mêmes. Je voudrais montrer l'émergence au cours du Moyen Âge d'une nation française accompagnée, comme par son ombre, du sentiment de son existence tant auprès de ceux qui en faisaient partie qu'auprès des étrangers.

D'après Philippe Contamine, « L'amour de la patrie », *L'Histoire,* n° 96, 1987.

1. Qu'est-ce que le sentiment national ?

2. De quand daterait le sentiment national ?

3. Patrie, nation : quelle réalité sous ces deux mots ?

4. Pourquoi cette notion a-t-elle des origines différentes selon les historiens ?

5. D'après vos connaissances en histoire, donnez des arguments qui justifient que l'on puisse parler de naissance du sentiment national à différentes époques.

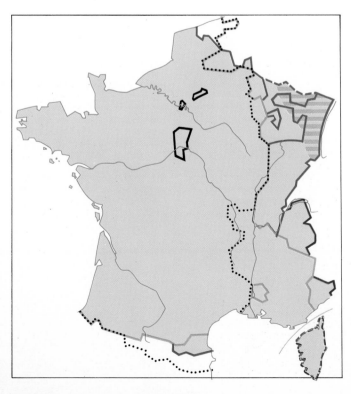

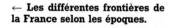

← **Les différentes frontières de la France selon les époques.**

QUESTIONS

1. Retrouvez sur la carte muette ci-dessous les différentes frontières de la France. Aidez-vous des cartes de la page 7.

2. Pourquoi les frontières du Sud ont-elles connu moins de vicissitudes que les frontières de l'Est ?

3. Quelles sont les *territoires* ou régions les plus récemment rattachés au territoire national ?

4. Les différentes frontières françaises selon les époques.

SUJETS

1. La formation de la France : évolution du territoire et formation du sentiment national.

2. Unité et diversité du territoire : dégagez à l'aide d'exemples précis des facteurs d'unité et de diversité à travers l'évolution de la formation de la France.

3. L'histoire de France : dressez un tableau synthétique des grandes étapes de la formation du territoire.

Kinou
11.2.1929
6.6.1944

15 milliards d'ancêtres

5 pour 100 des destins humains

S I nous sommes, aujourd'hui, 1,2 pour 100 des hommes sur les 551 000 km² de l'hexagone, ce rapport est une aberration historique.

La terre de France est une des plus anciennement et des plus continûment peuplées. Si nous ne sommes que 1 pour 100 des vivants, nous avons 5 pour 100 des morts. 5 pour 100 des destins humains, depuis les premières tombes (or une des premières tombes intentionnelles est « française ») se sont déroulés là, sur ce sol et sous ce ciel. Philosophiquement, le problème est clair, l'homme vraiment homme commence avec la conscience de la mort, donc avec la première tombe intentionnelle et le premier rite funéraire.

Or l'espace français se trouve sur cette ligne qui, du Fertile Croissant au sud de la France, forme le premier plan d'émergence de l'homme achevé.

Sur les cinq gisements les plus anciens incontestables qui se situent tous sur la ligne temporelle du 40e millénaire, trois sont « français » : La Chapelle-aux-Saints, La Ferrassie en Dordogne et le Mas-d'Azil.

Le Sud de la France appartient à la plus ancienne humanité, celle qui sait qu'elle va mourir, qui entretient un rapport religieux métaphysique avec le *cosmos*, les autres et l'être.

Si 55 millions d'hommes sur 5 milliards vivent maintenant sur cette terre désertée, 15 milliards sur les 300 milliards qui ont vécu sachant qu'ils mourraient, 15 milliards d'hommes donc, 15 milliards de tombes ont enrichi notre sol.

d'après P. Chaunu, *La France*
(Paris, Laffont, coll. « Pluriel », 1982).

Jusqu'à la fin du XVIIIe siècle, **la France a été le pays le plus peuplé d'Europe,** malgré les aléas de la mortalité, parfois catastrophique, de la démographie d'Ancien Régime.

Aujourd'hui elle n'occupe plus que le quatrième rang en Europe pour la population (sans l'URSS).

Que s'est-il passé entre-temps? La transition démographique de la France, précoce comme celle de l'Angleterre, a été fort différente. Son originalité aboutit à un vieillissement, précoce lui aussi, de la population. Il s'est effectué par les deux extrémités de la vie : **la longévité s'est accrue et la fécondité a diminué,** très tôt, car la restriction des naissances est ici une tradition déjà ancienne.

Mais l'étude rétrospective est bien difficile car la différence est grande des rares évaluations ou dénombrements du passé aux modernes recensements.

ANALYSE DU DOCUMENT

Au-delà de sa beauté, cette image du film *Le vieil homme et l'enfant*, de Claude Berri, avec Michel Simon et Alain Cohen réalisé en 1966, offre au moins deux symboles qui intéressent l'histoire de la population. Le premier est celui des deux âges extrêmes de la vie, l'enfance et la vieillesse, qui duraient jadis aussi peu l'une que l'autre.

La mort les guettait presque également et si l'enfance finissait tôt car il fallait vite gagner sa vie, la vieillesse — qui finit toujours trop tôt ! — venait précocement. Le second symbole, plus rassurant mais aussi plus pertinent, est celui de la solidarité des générations dans la chaîne que déroulent à travers le temps les familles et les peuples.

1. le pays jadis le plus peuplé d'Europe

Au XVIIIᵉ siècle, la France était encore le pays le plus peuplé d'Europe. Dans le monde, seuls la dépassaient l'Inde, la Chine et le Japon. Cette richesse a une histoire.

▬ 1. Du néolithique à l'an mil

La « révolution néolithique* » s'est opérée dans un contexte de forte poussée démographique favorisée par la sédentarisation, qui diminuait la mortalité féminine et infantile. Si bien qu'au début de l'Âge du Bronze (1800 av. J.-C.), le territoire de la future France compte de 2,5 à 5 millions d'âmes. Au cours du IIᵉ millénaire av. J.-C., la population diminue (détérioration climatique, épidémies, effet d'un trop-plein démographique ?). Au second Âge du Fer (400 av. J.-C.), une forte reprise l'élève à 6 ou 7 millions, sinon plus : **César donne, pour la Gaule, le chiffre de 10 millions.**

Après les coupes claires dues à la conquête romaine, la *Pax Romana* regonfle les effectifs jusqu'à un chiffre variant de 7 à 14 millions, selon les auteurs. Les troubles des **grandes invasions** entraînent une perte d'un quart, voire du tiers de la population. Mais, si ces invasions elles-mêmes n'installent en Gaule que deux ou trois cent mille conquérants, on sait que la fin de l'Empire a connu « une constante perfusion de sang barbare » (F. Braudel), pouvant aller jusqu'au million de personnes.

La peste bubonique ayant fait des ravages à la fin du VIᵉ siècle, ce n'est que vers 750 que l'on constate une nouvelle poussée démographique, liée à la reprise économique. Les défrichements sont nombreux et les cultures céréalières s'étendent aux dépens de l'élevage. Cette expansion prend fin en 840 environ, pour recommencer un siècle plus tard. **À la veille de l'an mil, le territoire actuel de la France regroupe ainsi entre 5 et 7 millions d'habitants.**

▬ 2. Le grand essor et la catastrophe

Une estimation fiable attribue à la France, **vers 1100, une population de 7 millions d'âmes environ.** L'Angleterre, au même moment, en compte 1,3 million.

En 1328 (« État des paroisses et des feux »), **la France atteint les 20 millions**, l'Angleterre 3,7.

Ainsi, c'est l'ensemble de l'Europe qui connaît un grand développement démographique, dans le cadre de ce que F. Braudel nomme « le premier essor de l'Europe ». L'impulsion vient d'en bas, du monde rural qui multiplie les défrichements, en un vaste mouvement de « colonisation intérieure ».

La décrue s'amorce dès la fin du XIIIᵉ siècle, la production agricole ne pouvant plus croître au même rythme que la population. Après quelques alertes (famines dues à des hivers trop rudes), la **Peste Noire commence à frapper en 1347.** Dès l'abord, elle tue, selon les endroits, entre le 1/4 et les 9/10 des habitants ! À ce fléau, **la guerre de Cent Ans** ajoute ses méfaits, si bien que **vers 1450, la population sur le territoire de la France actuelle ne dépasse pas les 10 millions.**

▬ 3. La démographie d'Ancien Régime

Le second essor de l'Europe, de 1450 à 1650, est suscité par l'économie urbaine, dès lors dominante, grâce aux activités industrielles et commerciales et à leur « outil » monétaire. **Vers 1570, la France a retrouvé ses effectifs d'avant la catastrophe.**

La démographie d'Ancien Régime est caractérisée par **un assez faible accroissement naturel, la mortalité et la natalité étant toutes deux élevées.** Les à-coups de la mortalité commandent le mouvement, pour l'essentiel. Ils sont dus à la peste, jusqu'à la fin du XVIIᵉ siècle, à la guerre et aux aléas climatiques : un hiver trop long ou un printemps trop pluvieux compromet la « soudure » ; la famine sévit, favorise les épidémies... Puis la situation se rétablit ; la fécondité redémarre, jusqu'à l'accident suivant.

Au XVIIIᵉ siècle, la peste disparaît et la guerre épargne le territoire. Aussi la croissance est-elle plus forte. **Vers 1750, la France est toujours le pays le plus peuplé d'Europe.** À la fin du XVIIIᵉ siècle, avec pourtant 29 millions d'habitants dans ses limites d'aujourd'hui, elle est dépassée par la Russie. C'est que, là comme partout ailleurs, la croissance est plus forte.

---

1. La peste noire

DEPUIS six à sept siècles (la dernière mention connue daterait de 694), la peste avait disparu, Dieu sait pourquoi. Venue d'Orient par bateaux, la voici qui débarque, fin 1347, dans les ports méditerranéens.

L'épidémie commence toujours à la belle saison, et finit aux premiers froids (mais elle peut renaître). Le nombre des victimes connues varie, d'un lieu à l'autre, de 10 à 100 % de la population ; la moyenne dut se situer largement au tiers, ce qui signifie que 5 millions de Français peut-être en furent les victimes. Disparue en 1352, la peste revient, presque aussi brutale, en 1360, 1361, 1362 ; troisième accès en 1374 ; quatrième en 1400. À partir de là, et jusqu'à la fin de la guerre de Cent Ans, on ne connaît que trois années où elle ne fut signalée nulle part : 1403, 1419, 1447 ; jusqu'en 1669, une belle carrière lui est promise, de brutaux accès succédant à des demi-sommeils. Par la suite, on ne la revit plus (sauf à Marseille en 1720).

d'après P. Goubert,
Initiation à l'histoire de France
(Paris, Fayard/Tallandier,
coll. « Approches », 1984).

---

2. La croissance de la population française au XVIIIᵉ siècle

SI l'on compare la population des provinces en 1700 et en 1789, on observe que la croissance a été :
— forte dans le Hainaut, l'Alsace, la Franche-Comté et le Berry ;
— moyenne dans le Bassin parisien, la Bretagne, le Massif central, le Sud-Ouest et le Midi ;
— faible en Normandie.

Bien entendu, il faudrait pouvoir examiner de plus près les variations régionales : dans la région toulousaine, par exemple, la croissance se manifeste surtout à l'époque de la Régence et de Louis XV « entre un atroce règne de Louis XIV « et une période Louis XVI longtemps hésitante, puis désastreuse » (G. Frêche). Pour le Bourbonnais, M. Morineau évalue la progression de la population à 30 % au maximum, au lieu des 75 % « officiels », mais « cette moyenne cache des différences interrégionales sensibles et, ici et là, une demi-stagnation » due à la persistance de fortes mortalités. Dans le Bassin parisien, l'augmentation se traduit tardivement par de brusques poussées, qui affectent surtout les régions marginales. Contraste des provinces, des petits pays, des villes et des campagnes, contraste des plaines et des bocages, contraste des saisons, tout semble diverger.

Ainsi, après les grandes épreuves du XVIIᵉ siècle, le peuplement de la France s'est rééquilibré au XVIIIᵉ : la croissance a été beaucoup plus forte là où elle a pu prendre le caractère d'une récupération.

d'après J. Dupâquier,
La Population Française aux XVIIᵉ et XVIIIᵉ siècles
(Paris, PUF, coll. « Que sais-je ? », 1979).

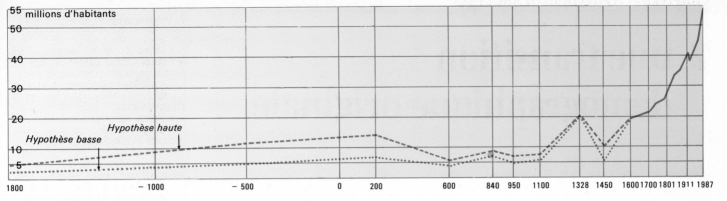

55 millions d'habitants

Hypothèse haute

Hypothèse basse

1800   − 1000   − 500   0   200   600   840 950 1100   1328 1450   1600 1700 1801 1911 1987

↑ **3. L'évolution de la population du territoire actuel de la France, du néolithique à nos jours**
Jusqu'aux premiers recensements, les sources, rares et de qualité variable, ne permettent que des estimations parfois très contradictoires.

↑ **4. La famille et la mort sous l'Ancien Régime**
Tableau de Greuze (1725-1805), *Le fils puni* (Louvre).

5. Les pertes militaires de la Révolution et de l'Empire

DANS le cadre des frontières actuelles, la France comptait, en 1790, 28 100 000 d'habitants.

Cela permet de comprendre comment la « Grande Nation » a pu tenir tête à l'Europe coalisée pendant les guerres de la Révolution et de l'Empire. Et elle aurait même gagné 1 900 000 habitants de 1790 à 1810, malgré les pertes de guerre. Au reste, Louis Henry et Yves Blayo ont tenté une nouvelle évaluation des pertes militaires pour la période de la Révolution et de l'Empire. En additionnant les 385 000 décès militaires enregistrés en France de 1790 à 1815, et les 932 000 décès masculins qui manquent dans les générations nées entre 1765 et 1795, ils arrivent au nombre de 1 317 000. « Dans ce total figurent, en majorité, des morts, mais aussi l'émigration définitive qui n'a pas été compensée par la fixation en France de militaires étrangers. » Les pertes auraient été de 203 000 pour les années 1792-1794, 235 000 en 1795-1799, 96 000 de 1800 à 1804, 198 000 en 1805-1809, 555 000 pour les années 1810-1814, 30 000 en 1815.

Finalement, pour les guerres de la Révolution, la fourchette des pertes s'établit entre 440 000 et 490 000, y compris l'émigration masculine définitive ; pour celles du Consulat et de l'Empire, entre 880 000 et 970 000. Ces deux saignées ont certainement contribué à casser l'expansion démographique de la France.

d'après J. Dupâquier, « L'explosion démographique en France » in *L'Histoire*, n° 29, décembre 1980.

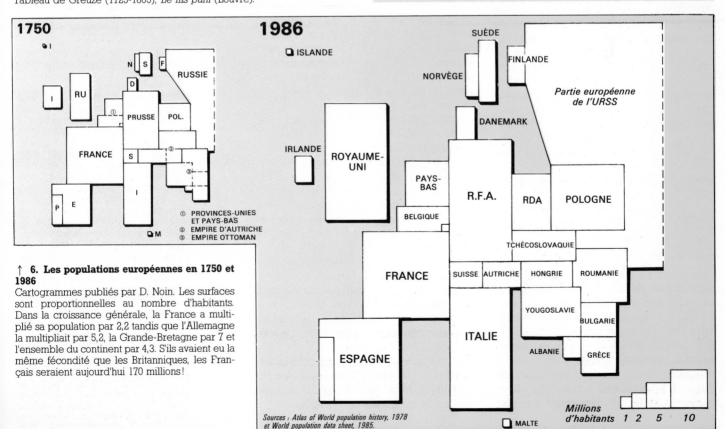

↑ **6. Les populations européennes en 1750 et 1986**
Cartogrammes publiés par D. Noin. Les surfaces sont proportionnelles au nombre d'habitants. Dans la croissance générale, la France a multiplié sa population par 2,2 tandis que l'Allemagne la multipliait par 5,2, la Grande-Bretagne par 7 et l'ensemble du continent par 4,3. S'ils avaient eu la même fécondité que les Britanniques, les Français seraient aujourd'hui 170 millions !

Sources : *Atlas of World population history, 1978 et World population data sheet, 1985.*

2. une transition démographique originale

On sait que la transition démographique* est le passage du régime démographique traditionnel au régime moderne, à accroissement naturel également faible, par réduction de la mortalité et de la fécondité.

■ 1. La transition démographique en Europe

Cette mutation s'observe en Europe du Nord à partir de la fin du XVIIIe ou du début du XIXe siècle, un peu plus tard au Sud, avec, partout, **deux phases** distinctes.

La première voit la mortalité reculer, grâce à la disparition des grandes épidémies et des famines. La fécondité, elle, continue sur sa lancée. Cette phase commence en Grande-Bretagne dès 1750, en 1810 en Suède et en Allemagne, un peu plus tard en Italie ou en Espagne.

Ensuite, vers 1870 en Suède, 1880 en Grande-Bretagne et en Allemagne, 1890 en Italie et 1910 en Espagne, commence la seconde phase. **La fécondité diminue à son tour,** tandis que se poursuit ou s'accentue le repli de la mortalité, devant les progrès de la médecine et de l'hygiène.

Ainsi, dans toute l'Europe le décalage chronologique entre la chute de la mortalité et celle de la natalité provoque **un gonflement explosif de l'accroissement naturel,** et donc de la population. Ce phénomène, généralement contemporain de l'industrialisation et de l'urbanisation, a nourri de forts mouvements d'émigration.

■ 2. La particularité française

En France, le recul de la mortalité, malgré quelques surmortalités « accidentelles », se dessine vers 1750, comme en Grande-Bretagne, et s'accentue à partir de 1780. Les taux passent de 40 à 35‰, puis descendent au-dessous de 30. **Ce qui fait la particularité de la France, c'est que la fécondité recule en même temps.** Les taux de natalité amorcent une légère baisse vers 1770, descendent en-dessous de 33‰ à la fin du siècle, pour diminuer ensuite presque constamment.

La transition n'a donc pas connu en France les deux phases « classiques ». **Il n'y a pas eu explosion démographique.**

Les deux taux, mortalité et natalité, ont baissé de concert.

La chute de la fécondité, précoce si l'on se réfère au « modèle » européen, pose aux historiens un gros problème. Si le « comment » est connu — la restriction des naissances et la contraception ne datent pas d'hier —, le « pourquoi » de ce siècle d'avance suscite de vives controverses.

Certains accusent les Lumières, la Révolution et la déchristianisation. D'autres évoquent une autorégulation du niveau de population, la France payant le prix d'une relative surpopulation au XVIIIe siècle. F. Braudel penchait de ce côté et rappelait qu'au XVIe siècle déjà, Brantôme décrivait « la France pleine comme un œuf ». Mais il ajoutait que les conséquences économiques et morales de la Révolution, et « l'inquiétude vitale » due aux guerres de l'Empire, avaient pu « faciliter la progression de la restriction des naissances ».

■ 3. Les conséquences de cette particularité

La première conséquence de cette originalité française se résume en quelques chiffres. **De 1780 à 1940, l'accroissement total de la population française est de 30 %,** alors que celui de la population de souche européenne dans le monde est de 400 % ! Il est vrai qu'aux effets de la faible fécondité se sont conjugués ceux d'événements, plus tragiques dans ce contexte que pour des voisins plus dynamiques, comme ceux de 1870-1871 (300 000 morts) et surtout la Première Guerre mondiale (1 500 000 morts et un déficit des naissances de 1 200 000).

Deuxième conséquence, **cet accroissement relativement faible dû au vieillissement de la population et à l'immigration** n'a pas comme chez nos voisins alimenté un gigantesque mouvement d'émigration.

Enfin, la densité de population du territoire français, comparable au XVIIIe siècle à celle des États voisins, est aujourd'hui si modérée que « **la France fait figure d'espace peu peuplé, voire sous-peuplé,** sur le continent » (D. Noin).

Tous ces traits ne sont pas sans retentissement sur l'histoire économique, sociale et politique de la France contemporaine et, au premier chef, sur sa géographie.

---

1. Une longue atonie démographique

La diminution de la fécondité a été remarquablement précoce en France. La première des conséquences a été la *faible croissance de la population française pendant une très longue période allant de 1720-1730 à 1940.* Contrairement à ce qui s'est passé dans les autres pays, les naissances et les décès ont régressé plus ou moins au même rythme. Les taux de natalité et de mortalité n'ont jamais présenté beaucoup d'écart entre eux. Le taux d'accroissement naturel, différence entre le nombre des naissances et des décès rapportée à la population, montre que cet écart est toujours resté très modéré.

À ce point de vue, la différence avec les pays d'Europe du Nord ou du Nord-Ouest est énorme. Alors que ceux-ci ont connu au moins un siècle de croissance forte ou assez forte au cours de la transition démographique, avec des taux de croissance souvent supérieurs à 1 % par an et atteignant parfois 1,3 ou 1,5 %, la France a eu *tout juste un demi-siècle de croissance très modérée* avec des taux dépassant rarement 0,5 %. Tandis que le maximum a été atteint dans les autres pays européens pendant la seconde moitié du XIXe ou le début du XXe siècle, il est intervenu en France beaucoup plus tôt, *durant la première moitié du XIXe,* plus précisément sous la Restauration.

d'après D. Noir et Y. Chauviré,
La Population de la France
(Paris, Masson, 1986).

---

2. L'originalité française

Un siècle avant leurs voisins, dès la fin du XVIIIe siècle, les Français avaient commencé à réduire l'étendue de leur famille, à pratiquer la contraception. Entre 1860 et 1913, la population n'augmente que de 4 millions, celle de la Grande-Bretagne croît de 17 et celle de l'Allemagne de 20,5. Il a été calculé que sans l'allongement de la durée de vie et sans l'immigration, la population française eût été en 1913 inférieure de 5 millions à ce qu'elle était en 1800 (29,1). Mais si, durant tout le XIXe siècle, la fécondité en France avait suivi le modèle anglais, nous aurions compté 99 millions d'habitants en 1913 au lieu de 40.

Cette rupture des histoires démographiques, auparavant analogues, constitue l'un des faits les plus importants de l'histoire moderne de la nation française.

Ce comportement malthusien de notre peuple au XIXe siècle (les générations nées de 1820 à 1912 n'ont à peu près jamais assuré leur remplacement) a eu trois conséquences : le vieillissement plus rapide de la population française, l'amenuisement relatif de la France en Europe et une plus faible occupation du sol.

d'après Pierre Longone, *53 millions de Français*
(Paris, Le Centurion, 1977).

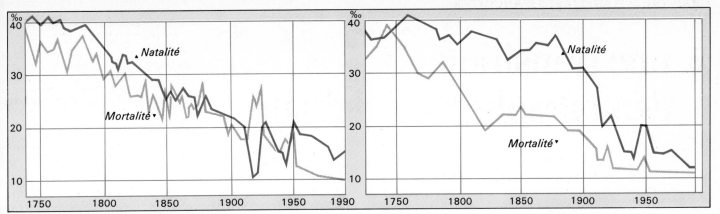

↑ 3. **La transition démographique en France.**

↑ 4. **La transition démographique en Angleterre.**

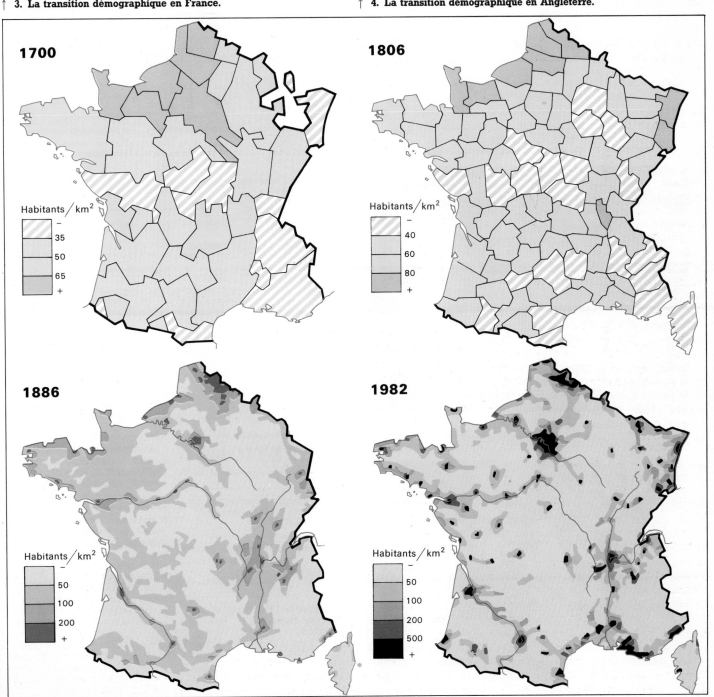

1700

Habitants / km²

- −
- 35
- 50
- 65
- +

1806

Habitants / km²

- −
- 40
- 60
- 80
- +

1886

Habitants / km²

- −
- 50
- 100
- 200
- +

1982

Habitants / km²

- −
- 50
- 100
- 200
- 500
- +

↑ 5. **La répartition de la population, par généralités en 1700, par départements en 1806, par cantons en 1886 et 1982.**

L'espérance de vie : un allongement récent

Source : Rapports sur la situation démographique de la France, 1977 et 1979

↑ **1. L'espérance de vie à la naissance (guerres exclues) depuis 1740.**

↑ **2. Évolution depuis 1740 du taux de mortalité infantile.**

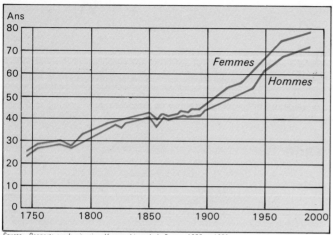

↑ **3. Quand la mort frappait tôt...**
Tableau de Cottet, *Gens d'Ouessant veillant un enfant mort* (Musée de Saint-Palais).

4. Une famille du Quercy au XVIIIᵉ siècle

DU mariage de Pierre Bruzenac, brassier (1718-1768) et de Raymonde Querre (1725-1792), célébré le 18-11-1746, sont nés :

1. Pierre, le 16-11-1747 — décédé le 25-11-1747.
2. Catherine, le 18-03-1749 (mariée le 23-11-1773).
3. Marguerite, le 14-05-1753 — décédée le 18-05-1754.
4. Pierre, le 23-07-1756 (marié le ?).
5.   ?   , le 20-04-1759 — décédé le 20-04-1759.
6. Raymond, le 03-10-1760 (marié le ?).
7. Jeanne, le 26-02-1766 — décédée le 09-07-1780.

d'après M. Fleury et L. Henry,
*Nouveau manuel de dépouillement
de l'état civil ancien,*
INED, 1976

↑ **5. Vaccination d'écolières au début du siècle.**

QUESTIONS

1. Quelles sont les principales étapes des progrès de la longévité ?

2. Comment expliquez-vous l'écart entre la courbe féminine et la courbe masculine (doc. 1).

3. Quelles sont les principales causes du recul de la mortalité infantile ?

4. Pouvez-vous évaluer approximativement le rôle de la mortalité infantile dans la mortalité générale sous l'Ancien Régime ?

5. En comparant les documents 1 et 2, isolez le moment où les courbes s'infléchissent de façon décisive et donnez l'explication.

6. Recherchez dans un livre de géographie de Seconde ou dans un dictionnaire la définition des termes :
● taux de natalité,
● taux de fécondité
● taux de mortalité
● taux de mortalité infantile,
● espérance de vie.

Travaux dirigés

La restriction des naissances : une tradition ancienne

1. L'ancienneté de la contraception

AUJOURD'HUI, tous les pays industrialisés sont en panne, biologiquement.

Présentons l'accusé, ou mieux les accusés : les pratiques contraceptives, en effet, sont un éventail de mesures qui limitent, d'une façon ou d'une autre, le nombre des naissances à venir.

Il vaut la peine de chercher à comprendre comment le phénomène de la contraception, appelé à se généraliser, s'est mis en place et pourquoi, en France, tellement plus tôt qu'ailleurs.

Rappelons qu'il ne faut pas, comme on le fait souvent, tout mettre au compte du siècle des Lumières, ou des années mouvementées ou déstabilisatrices de la Révolution française. Il ne s'agit pas d'une découverte qui se serait diffusée à la manière dont se propagent les biens culturels ou les épidémies. Ne croyons pas non plus que les pratiques anticonceptionnelles aient été inventées, comme on le dit parfois, par l'aristocratie française à l'époque de Louis XIV ou de Louis XV, que le mauvais exemple ait été donné par les ducs et pairs ou les contemporains de Madame de Sévigné, très soucieuse elle-même d'obtenir de sa fille qu'elle espace ses grossesses.

La contraception se perd dans le plus lointain des âges. Ainsi, au dire des historiens, la restriction volontaire des naissances a porté le coup fatal au miracle grec ; à Rome, dès l'époque resplendissante d'Auguste, les enfants deviennent de moins en moins nombreux.

d'après F. Braudel, *L'Identité de la France*, t. 1, « Les Hommes et les choses » (Paris, Arthaud Flammarion, 1986).

2. Le point de départ de « l'aberration française »

INSENSIBLEMENT, au XVIIIe siècle, de 1680 à 1780, de petits groupes humains ont adopté un comportement démographique très différent de la moyenne. Très cantonnés, donc pratiquement imperceptibles sur une moyenne nationale, ces comportements ont commencé à faire tache d'huile, à tel point que le comportement de l'ensemble français s'est trouvé modifié. Au cours du siècle qui va de 1680 à 1780, quand la France demeure intégrée au reste de l'Europe occidentale, quelques taches de comportements déviants apparaissent.

Il y a, tout au sommet de l'échelle sociale, le groupe de la haute noblesse de cour. Les ducs et pairs passent de près de 7 enfants à 2 enfants par couple en un peu moins d'un siècle.

À côté de cette mini-tache sociale, nous rencontrons d'importantes taches régionales. L'écart entre la Basse-Normandie et le reste du Bassin parisien apparaît dès 1680.

La Basse-Normandie est, avec plusieurs vallées du bassin d'Aquitaine (Agenais, Périgord, Aunis/Angoumois), la première région importante à fort écart à la moyenne. Viennent ensuite, dès 1730-1750, les régions de vignoble à l'ouest de Paris et plusieurs taches de l'Île-de-France.

L'enquête de Marcel Lachiver, recoupant plusieurs sondages, nous permet de mieux comprendre la mise en place de ces comportements micro-régionaux déviants. Entre 1680 et 1730-1740, des communautés se séparent par l'adoption d'un malthusianisme ascétique radicalisé. Tous les recours traditionnels sont utilisés dans le même sens et portés au maximum de leur efficacité. Mariages très tardifs (28 ans au lieu de 25-26 ans), remariages après veuvage longtemps différés, proportions non négligeables de célibat féminin définitif. Nous pouvons arriver ainsi à des taux de fécondité très bas, 4 enfants en moyenne par femme, et quand la mortalité infantile reste élevée, au non-remplacement de la génération. Après vieillissement et déclin. Nous voyons apparaître, donc, dans la France de la première moitié du XVIIIe siècle, sur un vingtième du territoire, par taches dispersées, des zones de malthusianisme ultra-ascétique.

d'après P. Chaunu, *La France* (Paris, Laffont, coll. « Pluriel », 1982).

3. La limitation des naissances : une stratégie de prudence sociale ?

AU XIXe siècle, la Révolution était chargée de maux divers. Un Balzac dénonçait sa responsabilité dans un morcellement de la propriété foncière qui aurait conduit chaque agriculteur parcellaire à limiter sa descendance pour sauver l'intégrité de son maigre lopin. Un Arsène Dumont la rend coupable d'avoir favorisé une « capillarité sociale » donc des ambitions étroitement individualistes, qui conduisaient à opter pour l'enfant unique. D'autres enfin, innombrables, dénonçaient, à travers la déchristianisation, une démoralisation de la nation. À l'encontre de ces thèses, qui ne sont pas à rejeter pour autant en bloc, on constate que des régions de petite propriété paysanne sont restées parmi les plus fécondes, celles de l'Ouest, tandis que celles du Sud-Ouest étaient, il est vrai, les premières dépeuplées. Comment incriminer la capillarité sociale alors que la France, comparée à ses voisins, apparaît comme un pays où la mobilité sociale est singulièrement lente ? Comment enfin parler de déchristianisation démoralisante, alors que le XIXe siècle apparaît comme le grand siècle du catholicisme français ? On peut avancer un certain nombre d'autres hypothèses. Ainsi la société française ne serait pas une société particulièrement favorable à la capillarité sociale mais une société dans laquelle l'espoir de mobilité sociale ascendante laissé par la Révolution se heurterait aux obstacles les plus rudes, et imposerait donc les stratégies familiales les plus fermes. Des observations ultérieures, faites notamment à Porto-Rico, ont montré que l'émigration y avait été perçue comme l'alternative à la limitation des naissances. Les pays européens qui s'urbanisent et s'industrialisent sans chute de la natalité sont aussi des pays d'émigration, contrairement à la France. Sans doute peut-on donc admettre que la société française, loin d'avoir été trop brutalement ouverte par la Révolution, est restée trop fermée et a condamné ses membres à une prudence qui prit la forme d'une limitation précoce des naissances.

d'après P. Guillaume, *Individus, familles, Nations, essai d'histoire démographique*, XIXe-XXe siècles (Paris, CDU - SEDES, 1985).

QUESTIONS

1. Quelle idée générale peut-on tirer du texte de Fernand Braudel (doc. 1) ?

2. Retrouvez l'argumentation de P. Chaunu (doc. 2). Quels facteurs de restriction des naissances évoque-t-il ?

3. Relevez les thèses que critique P. Guillaume (doc. 3). Quelle est la sienne ?

4. Voyez-vous des contradictions entre les trois historiens ? Vous paraissent-elles irréductibles ?

5. Pourquoi les Lumières et la Révolution française sont-elles au cœur du débat ?

6. Ce débat sur le passé vous paraît-il vain ou opportun, voire utile dans la France d'aujourd'hui ? En quoi ?

7. Pourquoi ce débat suscite-t-il aujourd'hui encore des discussions passionnées ?

Comment et pourquoi recenser ?

L'État monarchique procédait parfois à des « *dénombrements des feux* » du royaume, principalement pour des *raisons fiscales*. Une moyenne de 4,5 à 5,5 personnes par foyer est généralement retenue pour en déduire le nombre total d'habitants, précisé grâce à des sondages dans les registres de catholicité qui tenaient lieu d'état civil.

Avec la Révolution, apparaît le *recensement* proprement dit, « destiné à recueillir un ensemble de données sur la population à un moment précis, par des enquêtes de caractère général et simultané ». Le premier a eu lieu en 1790 ; le dernier en 1982. Leur périodicité est à peu près régulière.

Des *questionnaires* sont remplis pour chaque individu, chaque logement et chaque immeuble d'habitation. Ils fournissent des renseignements sur la population et sur le parc immobilier. À partir des fiches, *l'INSEE* (Institut national de la statistique et des études économiques) procède d'abord au *dénombrement*, pour fixer le chiffre de la « population légale » (authentifiée par décret) des communes, cantons, arrondissements, départements et régions. Ensuite, vient l'*exploitation statistique*, qui donne une image exhaustive de la population, à tous les points de vue.

Le tout fait l'objet de *publications* nombreuses et détaillées. Utilisées conjointement avec *l'exploitation de l'état civil* (par l'INSEE également) et avec les *enquêtes menées par l'INED* (Institut national des études démographiques), elles constituent autant de bases de travail pour les démographes, les sociologues, les économistes et les géographes — voire les publicitaires...

Mais le recensement demeure, avant tout, un *outil indispensable au gouvernement et à l'administration* d'un pays moderne.

BULLETIN INDIVIDUEL

RÉPUBLIQUE FRANÇAISE
RECENSEMENT GÉNÉRAL DE LA POPULATION DE 1982

IMPRIMÉ NUMÉRO 2

A remplir après la feuille de logement (imprimé n° 1).
Cet imprimé sera rempli pour TOUTE PERSONNE inscrite dans la liste A de la feuille de logement.

Cadre à remplir par l'agent recenseur :
Numéro du district de recensement
Numéro d'ordre de l'immeuble
Numéro du logement (ou de l'habitation mobile, ou du ménage collectif)

Cachet de la Mairie :

① NOM ET PRÉNOMS
Écrivez le nom en capitales ; une femme ajoutera son nom de jeune fille (exemple : MAURIN née ALLARD, Marie, Lucie).

② ADRESSE

③ SEXE
Masculin ☐ 1
Féminin ☐ 2

④ SITUATION DE FAMILLE
*Mettez une croix dans la seule case qui correspond à votre **situation actuelle** ; ainsi, un veuf (ou un divorcé) qui est remarié marquera la 2e case.*
Célibataire ☐ 1
Marié(e) ☐ 2
Veuf(ve) ☐ 3
Divorcé(e) ☐ 4

⑤ DATE ET LIEU DE NAISSANCE
Né(e) le :
(Jour, mois, année)
à (commune) :
(Pour Paris, Lyon, Marseille, précisez l'arrondissement)
Département :
(Pays pour l'étranger, territoire pour les T.O.M.)

⑥ NATIONALITÉ
• Français de naissance (y compris par réintégration) .... ☐ 1
• Devenu français par naturalisation, mariage, déclaration ou option .... ☐ 2
Indiquez votre **nationalité antérieure** :
• Étranger .... ☐ 3
Indiquez votre nationalité :

⑧ POUR TOUT ENFANT DE 2 A 14 ANS :
L'enfant va-t-il à l'école ? (y compris école maternelle)
OUI ☐ 1
NON ☐ 0

POUR TOUTE PERSONNE DE 14 ANS OU PLUS

⑨ ÊTES-VOUS ACTUELLEMENT :
• **Élève ou étudiant ?** .... ☐ 1
• **Stagiaire rémunéré ?** (Stage pratique en entreprise ou stage de formation professionnelle, y compris A.F.P.A.) ☐ 2
• **Dans une autre situation ?** (y compris apprenti sous contrat, contrat emploi-formation, cours du soir ou cours par correspondance : C.N.T.E.) ☐ 3

⑩ INDIQUEZ TOUS LES DIPLÔMES QUE VOUS POSSÉDEZ :
a ENSEIGNEMENT GÉNÉRAL PRIMAIRE OU SECONDAIRE :
• Certificat d'études primaires (C.E.P.), Diplôme de fin d'études des obligatoires (D.F.E.O.) .... ☐ 1
• Brevet d'études du 1er cycle (B.E.P.C.), Brevet élémentaire (B.E.) ou Brevet d'enseignement primaire supérieur (B.E.P.S.). ☐ 2
• Baccalauréat (1re partie, probatoire ou 2e partie), non compris les séries F, G et H ; Brevet supérieur ; Certificat de fin d'études secondaires (C.F.E.S.). ☐ 3
b ENSEIGNEMENT TECHNIQUE ET FORMATION PROFESSIONNELLE DE NIVEAU SECONDAIRE :
• Certificat d'aptitude professionnelle (C.A.P.), Brevet d'enseignement professionnel (B.E.P.), Examen de fin d'apprentissage artisanal (E.F.A.A.), Brevets agricoles (B.A.A., B.P.A.), Certificat de fin de stage de la F.P.A. 1er degré. ☐ 1
• Brevet professionnel (B.P.), Brevet de maîtrise, Certificat de fin de stage de la F.P.A. 2e degré. ☐ 2
• Brevet d'enseignement agricole (B.E.A.), commercial (B.E.C.), hôtelier (B.E.H.), industriel (B.E.I.), social (B.E.S.) ; Brevet d'agent technique agricole (B.A.T.A.). ☐ 3
• Baccalauréat de technicien (Séries F, G ou H), Brevet de technicien (B.T., B.T.A.), Élève breveté des E.N.P. ou d'un lycée technique d'État, Brevet supérieur d'enseignement commercial (B.S.E.C.), Capacité en droit. ☐ 4

---

1. NOM ET PRÉNOMS

2. ADRESSE

3. SEXE

4. SITUATION DE FAMILLE

5. DATE ET LIEU DE NAISSANCE

6. NATIONALITÉ

7. OÙ HABITIEZ-VOUS LE 1er JANVIER 1975 ?

8. POUR TOUT ENFANT DE 2 À 14 ANS :
L'enfant va-t-il à l'école ?

9. ÊTES-VOUS ACTUELLEMENT :
• Élève ou étudiant ?
• Stagiaire rémunéré ? (Stage pratique en entreprise ou stage de formation professionnelle, y compris AFPA)

10. INDIQUEZ TOUS LES DIPLÔMES QUE VOUS POSSÉDEZ :

11. À QUEL ÂGE avez-vous cessé de suivre régulièrement les cours d'un établissement scolaire

12. Indiquez la profession ou le métier que vous exercez actuellement.

13. Exercez-vous cette profession comme :
• Employeur ou travailleur indépendant
• Salarié

14. OÙ TRAVAILLEZ-VOUS ?

15. POUR LES SALARIÉS :
a) Indiquez la catégorie professionnelle de votre emploi actuel

16. SI VOUS N'EXERCEZ PAS ACTUELLEMENT D'ACTIVITÉ PROFESSIONNELLE OU SI VOUS ÊTES EN CHÔMAGE :
a) Êtes-vous :
• Mère de famille, femme au foyer
• Retraité
• Élève ou étudiant
• Chômeur

b) Cherchez-vous actuellement du travail ?

↑ 1. **Bulletin individuel de recensement : fac-similé et liste des questions posées.**

Synthèse/
Sévaluation

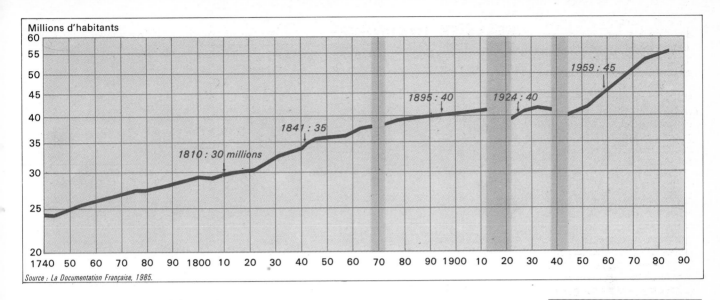

Millions d'habitants

1810 : 30 millions

1841 : 35

1895 : 40

1924 : 40

1959 : 45

Source : La Documentation Française, 1985.

↑ **1. Population de la France métropolitaine sur le territoire actuel depuis 1740**
Les barres grisées correspondent aux guerres de 1870, 1914/1918 et 1939/1945.
1. Relevez et expliquez les phases ascendantes de la courbe.
2. Même question pour les principales phases de recul ou de stagnation.

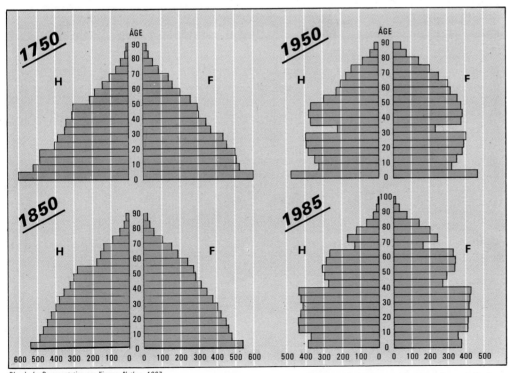

1750   ÂGE   H   F
1950   ÂGE   H   F
1850   H   F
1985   H   F

D'après La Documentation par l'image, Nathan, 1987.

↑ **2. Quelques étapes dans l'évolution de la pyramide des âges de la population française**
1. À quel type de pyramide d'aujourd'hui celle de la France de 1750 ressemble-t-elle ? Citez un pays ayant actuellement ce type de pyramide. Et celle de 1985 ?
2. Commentez ces pyramides en vous référant au document n° 1.

QUESTIONS

1. Comment évolue la place de la population française dans l'Europe entre 1750 et 1986 ?

2. Qu'est-ce qu'a d'originale l'évolution démographique de la France aux XVIIIe et XIXe siècles ?

3. Qu'est-ce qui explique le fort poids démographique de la France dans l'Europe de la fin du Moyen Age ?

4. Comment a évolué la répartition de la population française sur le territoire ?

5. Espérance de vie ?

6. La restriction des naissances : quelle est la tradition française ?

SUJETS

1. Dressez à grands traits l'évolution démographique de la France depuis la fin du Moyen Age.

2. L'espérance de vie ; son évolution depuis le Moyen Age.

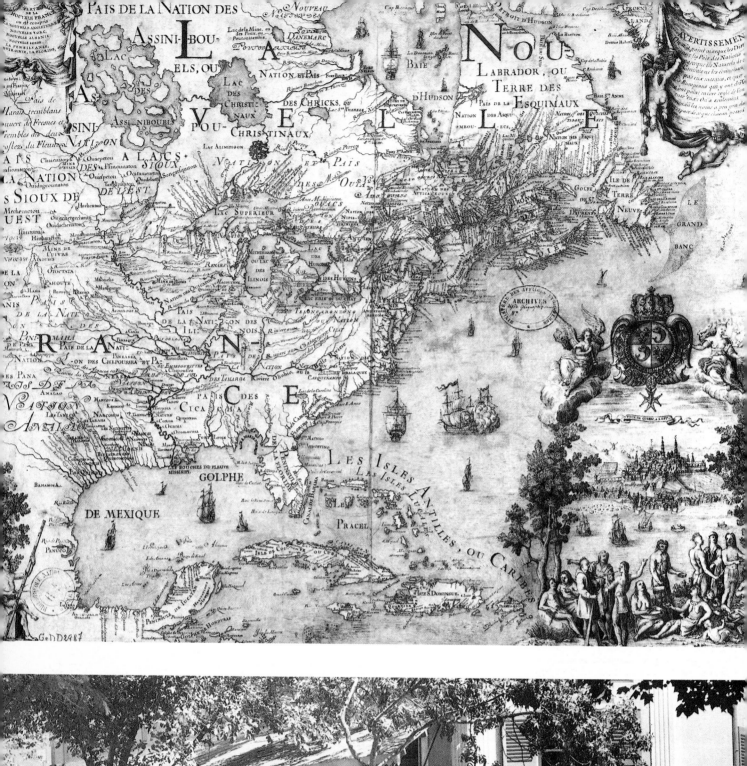

CHAPITRE 3

CHRONOLOGIE

Les Français dans le monde

- 1099/1291 : Création puis perte des États latins d'Orient
- 1534 : Découverte du Canada par Jacques Cartier
- 1603/1763 : Installation puis cession à l'Angleterre du Québec et de l'Acadie. Maintien de **Saint-Pierre et Miquelon**
- 1635 : Installation en **Martinique** et **Guadeloupe**
- 1637 : Installation en **Guyane**
- 1638/1642 : Fondation de Saô Luis (Brésil) puis retrait
- 1642 : Installation à l'Ile Bourbon (la **Réunion**)
- 1674/1763 : Installation en Inde puis maintien dans cinq comptoirs jusqu'en 1954
- 1682/1803 : Installation puis vente de la Louisiane
- 1697/1804 : Conquête puis indépendance de Haïti
- 1714/1918 : Le français est la langue diplomatique
- 1766/1788 : Voyage de Bougainville puis la Pérouse dans le Pacifique
- 1830/1962 : Conquête puis indépendance de l'Algérie
- 1840 : Installation en **Terre Adélie**
- 1841-1975 : Installation puis indépendance des Comores. Maintien à **Mayotte**
- 1842 : Protectorat sur **Tahiti** et **Wallis et Futuna**
- 1853 : Installation en **Nouvelle-Calédonie**
- 1858/1887/1954 : Installation en Indochine puis indépendance du Cambodge, du Laos et du Vietnam
- 1858 : Installation à **Clipperton**
- 1862/1977 : Conquête puis indépendance de Djibouti
- 1880/1960 : Création de l'AOF puis indépendance des États africains
- 1881/1956 : Protectorat puis indépendance de la Tunisie
- 1883 : Création de l'**Alliance française**
- 1885/1960 : création de l'AEF puis indépendance des États africains
- 1887/1980 : Installation aux Nouvelles Hébrides puis indépendance du Vanuatu
- 1893 : Installation à **Crozet, Kerguelen, Saint-Paul, Nouvelle Amsterdam**
- 1895/1960 : Conquête puis indépendance de Madagascar
- 1912/1956 : Protectorat puis indépendance du Maroc
- 1920/1943 : Protectorat puis indépendance de la Syrie et du Liban
- 1945 : Le français est l'**une des 6 langues internationales**
- 1973 : Création des **sommets africains francophones**
- 1986 : Création des **sommets de la Francophonie**

la France
hors les murs

De par sa position d'ouverture sur la Manche, l'Atlantique et la Méditerranée, de par sa tradition culturelle, de par le système social, économique et politique qu'elle s'est donné, **la France est un pays extraverti.**

Ses habitants furent rarement contraints d'émigrer, par exemple des Huguenots au XVIIe siècle ou des déportés pendant la Deuxième Guerre mondiale, mais les Français trouvèrent quantité de raisons de parcourir le monde afin de transmettre une part de leur civilisation, ou en quête de richesses, ou encore pour le simple plaisir de la découverte. **Aujourd'hui, ce sont 1 500 000 Français qui résident à l'étranger et les habitants de la métropole effectuent chaque année près de 10 millions de séjours touristiques à l'étranger.**

ANALYSE DES DOCUMENTS

- **La carte de la Nouvelle France**, qui date des années 1700-1710, montre l'ampleur de la première phase de colonisation outre-Atlantique. On se prend à rêver lorsqu'on imagine ce que serait la langue française si la France avait conservé plus longtemps ces immensités nord-américaines, ces quelques arpents de neiges qui constituent aujourd'hui le Canada et ces plaines si fertiles du Sud des États-Unis.
- **La scène de rue** photographiée à M'Sila en Algérie, vers 1930, fait découvrir un aspect bon enfant de la deuxième phase de colonisation. A coté des injustices et des violences, une cohabitation souvent paisible de peuples aux cultures différentes.
- **La chronologie** de la présence des Français dans le monde depuis le XIe siècle permet de saisir la diversité des formes d'intervention et l'étendue géographique des terres explorées.

1. histoire des Français hors de chez eux

Contrairement à ce que l'état des chemins pourrait laisser penser, pendant le Moyen Âge les Européens voyagent beaucoup et loin, pour des motifs soit religieux, soit militaires, soit économiques. Évêques et moines entreprennent de longs voyages vers Rome ou d'abbaye en abbaye : c'est ce qui crée progressivement une chrétienté d'Occident. Ils poussent les laïcs, tout spécialement les Français, à se croiser et à partir en lutte contre l'islam. Les Français acquièrent d'ailleurs un tel prestige au cours de ces épopées que Normands, Bretons ou Italiens se diront tous Francs en s'établissant en Terre Sainte. En matière de commerce, les Français se révèlent plutôt moins aventureux et présents que leurs voisins italiens ou nordiques.

■ 1. Le premier partage du monde

Trop préoccupée à panser les plaies de la guerre de Cent Ans, mais en même temps trop fascinée par l'Italie, la France du XVIe siècle omet de se doter d'une grande marine et ne participe pas à la conquête du Nouveau Monde. La découverte du Canada par Jacques Cartier en 1545 ne porte ses fruits qu'au milieu du XVIIe siècle avec l'expédition de Cavelier de la Salle qui prend possession de la vallée du Mississippi et de la Louisiane en 1678. Néanmoins, l'avenir de l'Amérique du Nord est déjà scellé : sous Colbert, on ne compte que 12 000 Français en Nouvelle-France contre 200 000 Anglais sur la côte orientale. En 1815, la France n'y possède plus que Saint-Pierre-et-Miquelon.

Plus efficace et durable se révèle la colonisation des Antilles dont l'exploitation est fondée sur l'implantation d'une classe de grands propriétaires qui utilisent des esclaves en provenance des comptoirs africains (Gorée, par exemple). Malgré les vicissitudes des divers traités passés avec les autres puissances européennes, la France conserve à la chute de l'Empire napoléonien la Guadeloupe, la Martinique, mais aussi la Guyane.

Dans l'océan Indien, la France prend pied sur l'Île Bourbon (La Réunion), sur l'Île de France (Maurice) et en Inde où Dupleix conquiert le Deccan que l'Angleterre reprendra, ne laissant à la France en 1815 que cinq comptoirs.

Cette première phase de conquête s'achève donc sur un semi-échec qu'expliquent la puissance montante de l'Angleterre et des États-Unis, mais aussi le développement de la betterave à sucre qui fait perdre une grande partie de l'intérêt des plantations de canne.

■ 2. Des explorations aux colonies

Tous les Français partis au loin après le XVIe siècle n'ont pas cherché à planter leur drapeau afin d'agrandir le territoire. Certains ont fui leur pays pour se placer sous la protection de puissances étrangères : ainsi les Huguenots partis en Europe protestante ou en Afrique du Sud. D'autres sont allés défendre le droit des opprimés et l'on pense à La Fayette. D'autres encore sont partis dans le but de convertir les âmes. Enfin, la France s'est illustrée dans l'histoire des explorations dont les intentions n'étaient pas toujours pures, mais dont les résultats scientifiques furent de premier plan. Linné, Bougainville, Caillé témoignent de cet effort et la première Société de géographie du monde est créée à Paris en 1821.

Un nouvel empire colonial est constitué à partir de 1830 (conquête de l'Algérie). De 7 000 km² peuplés d'un million d'habitants en 1815, l'empire passe un siècle plus tard à 14 millions de km² et 48 millions d'habitants. Seule l'Algérie fait l'objet d'un important mouvement d'immigration de colons (800 000 Européens à la veille de la Première Guerre mondiale).

■ 3. Le repli

La Deuxième Guerre mondiale sonne le glas des entreprises coloniales. La guerre d'Indochine, la conférence internationale de Bandoung (1955), puis la guerre d'Algérie précipitent le mouvement. Un million d'Européens sont rapatriés d'Algérie. Au terme de cette décolonisation, tantôt calme, tantôt violente, mais en tout état de cause précipitée, seuls demeurent français les territoires déjà rescapés du premier empire colonial.

1. La France en Orient : les Croisades

LES Croisades ne sont qu'un aspect particulier, sans doute le plus spectaculaire, de l'expansion de l'Occident, d'un fort accroissement démographique. Il s'agit ici d'une véritable conquête de terres nouvelles, conquête politique et agraire. Que cette expansion s'inscrive dans un vaste mouvement religieux, soit marquée d'un esprit très particulier, soutenue par un élan collectif spontané, ne change rien à l'aspect humain du problème. Cependant, on ne peut taire le rôle de l'idée de Croisade, c'est-à-dire de pèlerinage et de reconquête.

Les diverses Croisades parties du Nord de la France, de Lorraine, de Normandie, du Languedoc et d'Italie du Sud provoquent l'établissement de quatre États latins en Orient. La première Croisade de saint Louis s'inscrit encore dans la tradition des premières Croisades, mais vise aussi à maintenir la domination franque sur les côtes de Palestine. La seconde Croisade de saint Louis (1270) s'insère dans un ambitieux programme de conquête d'un vaste empire méditerranéen, aux dépens des Allemands, puis des musulmans de Tunis, des Aragonais et des Byzantins.

d'après Jacques Heers, Précis d'histoire du Moyen Âge (Paris, PUF, 1973).

2. Le commerce triangulaire

LA traite française est généralement triangulaire : de Nantes en Afrique avec une cargaison de marchandise de troc ; d'Afrique aux Antilles ou en Louisiane avec des esclaves (1 350 000 environ au cours du XVIIIe siècle) ; des Antilles et de Louisiane, retour en France avec du sucre et d'autres produits tropicaux.

Ce circuit a deux avantages. Au point de vue maritime, il permet une parfaite utilisation des vents et des courants. Au point de vue économique il présente pour la doctrine mercantiliste de l'époque, l'avantage énorme de se réaliser sans sortie d'espèces, uniquement par échanges, avec, en outre, un gain réalisé à chacun d'eux.

d'après U. Bonnel, Encyclopaedia Universalis, et Hubert Deschamps, Histoire de la traite des noirs de l'Antiquité à nos jours (Paris, Fayard, 1971).

3. L'empire colonial dans la conscience d'un Français né en 1923

J'APPARTIENS vraisemblablement à la seule génération des Français qui a cru à l'Empire, celle pour qui la France n'était plus seulement le pré carré des Capétiens et l'idéologie froide des révolutionnaires, mais la République impériale, en marche vers le soleil.

Jamais je n'oublierai le beau rêve fou de mon enfance de la République impériale, unitaire et multiple, respectueuse et fraternelle, brisant les chaînes, alphabétisant, vaccinant, libérant, protégeant les faibles et faisant régner partout, sous les plis du drapeau de la République, l'ordre, la justice et la paix.

Pierre Chaunu, La France (Paris, Robert Laffont, 1982).

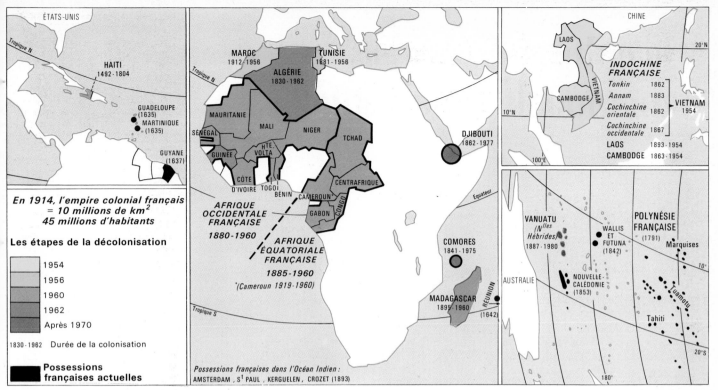

En 1914, l'empire colonial français
= 10 millions de km²
45 millions d'habitants

Les étapes de la décolonisation

	1954
	1956
	1960
	1962
	Après 1970

1830-1962   Durée de la colonisation

Possessions françaises actuelles

Possessions françaises dans l'Océan Indien :
AMSTERDAM , St PAUL , KERGUELEN , CROZET (1893)

↑ **4. De l'empire colonial... à ses « confettis ».**

↑ **5. Un aspect de la colonisation en Asie : les médecins de l'hôpital de Pondichery en Inde vers 1900.**

6. Le savant colonial

LA mise en valeur de notre domaine extérieur ne se justifie que si elle n'est pas faite exclusivement à notre bénéfice : la grande idée française unit dans un but aussi harmonieux que profitable le bien-être des populations indigènes et l'accroissement de toutes les richesses éparses sur les territoires qui nous sont rattachés par protectorat, colonisation ou mandat. Le développement économique et social, œuvre d'aujourd'hui et de demain, tâche essentielle du savant colonial, rejoint ainsi l'œuvre d'hier, celle de l'organisation matérielle.

À l'heure où, dans presque toutes les colonies, s'éveillent les revendications des élites indigènes grisées de leur jeune savoir comme d'un vin nouveau, il est sage de tempérer cette présomption trop hâtive par la démonstration de notre supériorité scientifique, seule susceptible peut-être d'enchaîner les esprits sans les comprimer : il faut persuader ces écoliers de la civilisation que le degré d'émancipation croît naturellement avec le degré de culture et que rien ne peut remplacer la maturité apportée par la science, et la conscience de ces valeurs.

Édouard de Martonne, *Le Savant colonial* (Paris, Larose, 1930).

7. Un épisode majeur de l'histoire de la décolonisation : le discours de Carthage (1954)

M. Mendès-France se rendit à Tunis et annonça au Bey, le 31 juillet 1954, à Carthage, les intentions de la France : reconnaissance « sans arrière-pensée » de l'autonomie interne de l'État tunisien ; transfert aux Tunisiens de l'exercice interne de la souveraineté et formation d'un gouvernement chargé de négocier les conventions précisant « les obligations réciproques des deux pays et les garanties reconnues à la France et aux Français habitant la Tunisie ». Cette déclaration ne faisait que confirmer, en les précisant, des engagements antérieurs, en les plaçant dans une perspective de coopération durable. Mais sa solennité devait redonner confiance aux Tunisiens. Tandis que l'enthousiasme éclatait à Tunis, M. Bourguiba, incarcéré depuis deux ans, déclarait qu'il s'agissait d'une « étape substantielle et décisive dans la voie qui mène à la restauration de la souveraineté complète de la Tunisie ». D'autre part, en se faisant accompagner par le maréchal Juin, en fixant clairement la limite des concessions, et en nommant pour Résident le général commandant les troupes de Tunisie, P. Boyer de la Tour, M. Mendès France désarmait les oppositions en France et rassurait les Français de Tunisie (le Parlement approuva la politique de Carthage le 10 août par 397 voix contre 114).

André Raymond et Jean Poncet, *La Tunisie* (Paris, PUF, coll. « Que sais-je ? », n° 318).

↑ **8. 27 mai 1962 : l'arrivée en métropole du « Ville de Marseille » avec à son bord 1 541 pieds-noirs rapatriés d'Algérie dans l'urgence d'une décolonisation précipitée et dramatique.**

2. la culture française, un modèle exportable ?

Bien avant qu'un modèle culturel français ne soit constitué, un certain nombre d'idées ou de techniques élaborées sur le territoire national s'exportent vers l'ensemble de l'Europe, et ce dès le Moyen Âge.

On a déjà évoqué l'idée de **croisade**, résultant d'une association très étroite de la papauté et des Capétiens, avant de se généraliser au reste du continent. Si l'art roman clunisien ou cistercien naît en Bourgogne, en revanche, l'**art gothique est une expression caractéristique de la montée du pouvoir royal français dont le siège est Paris et de la prospérité des villes.** De Saint-Denis et de Morienval, il se répand dans tout le Nord de la France, mais aussi en Espagne, en Allemagne, en Flandres. Dans le domaine philosophique et théologique, on ne saurait omettre le **rôle de la Sorbonne qui rayonne dans toute l'Europe** et où viennent enseigner saint Thomas d'Aquin et saint Bonaventure, celui de Toulouse où saint Dominique fonde son ordre prêcheur en 1215.

1. XVIIe et XVIIIe siècles : il n'est de bon goût que de France

La France a beaucoup appris de l'Italie pendant un siècle et demi. Certains artistes italiens vivent encore à la cour de Louis XIV, mais ils deviennent entièrement français (Lully, Francine) ou repartent outremonts (Le Bernin). Sous l'autorité exceptionnelle du roi, **un modèle englobant tous les aspects de la vie culturelle se constitue et, bientôt, s'exporte jusqu'aux confins de l'Europe.** La langue et la littérature, l'architecture, l'urbanisme, la sculpture, la peinture, la musique, la cuisine, l'art des jardins, etc., imaginés à Versailles et à Paris sont imités, non seulement dans tout le royaume, mais jusqu'à Naples, Berlin, Copenhague ou Vienne. Naturellement, ce surprenant succès concerne essentiellement les milieux de cour, mais par le biais des paysages urbains, il concerne aussi un public beaucoup plus vaste.

Dans la deuxième moitié du XVIIIe siècle, les idées philosophiques des hommes des Lumières bénéficient de cet élan. L'Encyclopédie est un succès européen.

Toutes les cours s'arrachent Voltaire. Rousseau et Diderot sont lus partout. C'est donc tout naturellement que les idées de la Révolution germent dans certains esprits pour se concrétiser aux XIXe et XXe siècles. Jusqu'à maintenant, la *Déclaration des droits de l'homme* est un texte généralement entouré dans le monde entier d'une véritable vénération.

2. Une valeur encore sûre au XIXe siècle

Si la politique de Napoléon est diversement appréciée en Europe, tout démontre que sous l'Empire et sous la Restauration, le prestige culturel de la France est encore intact. Mais petit à petit monte celui de l'Angleterre que l'insularité a desservi jusqu'alors, et qui s'appuie désormais sur ses succès économiques et coloniaux.

Néanmoins, la France continue à inventer de nouvelles techniques et à les diffuser. Ses philosophes sont toujours des maîtres à penser : il faut par exemple mentionner leur rôle dans la naissance du socialisme. Les plus notables des hommes de culture et d'art continuent à venir de toute l'Europe pour effectuer des séjours parisiens plus ou moins longs.

Très significatif est aussi le choix à plusieurs reprises de Paris comme siège d'une exposition universelle.

3. Reflux en Europe et maintien au-delà des mers

L'expansion coloniale est une nouvelle occasion pour les Français de diffuser leurs manières d'être, de penser, de créer. Les traits culturels ainsi diffusés sont peut-être moins élitistes que précédemment, ils n'en sont pas moins profonds et durables. Pour n'être pas toujours parlée de manière académique, la langue française est pratiquée par des millions d'Africains qui, sans elle, ne communiqueraient pas, à l'intérieur même de leur propre pays. **Aujourd'hui, nombreux sont les pays ayant été colonisés ou influencés par la France et qui utilisent sa langue, son droit, son système fiscal, ses institutions politiques, scolaires et jusqu'à ses manières de table ou ses modes vestimentaires.**

---

1. Quelques inventions scientifiques françaises. Prix Nobel.

Transports :
bicyclette : *M. de Sivrac* (1790).
machine à vapeur : *Denis Papin* (1681).
bateau à vapeur : *de Jouffroy d'Abbans* (1776).
hélice : *Frédéric Sauvage* (1786-1857).
sous-marin à moteur : *Bourgeois et Brun* (1863).
véhicule à traction mécanique : *Joseph Cugnot* (1769).
voiture automobile : 400 brevets pris par *Albert de Dion-Bouton* de 1883 à 1926.
pneumatique pour auto : *frères Michelin* (1895).
changement de vitesse par engrenage : *A. Peugeot* (1890).
premier bond en avion : *Clément Ader* (1890).
traversée de la Manche : *Louis Blériot* (1909).

Médecine :
stéthoscope : *Laënnec* (1815).
ligature des artères : *Ambroise Paré* (1509-1590).
trachéotomie : *Pierre Bretonneau* (1778-1862).
vaccin contre la rage et le charbon : *Pasteur* (1822-1895).
traitement de la diphtérie : *Émile Roux* (1853-1933).
vaccin antituberculeux (BCG) : *Calmette et Guérin* (1906-1923).
morphine : *B. Courtois* (1811).
radium (appliqué aux soins contre le cancer) : *Pierre et Marie Curie* (1898).
virus du SIDA : *P. Montagnier* (1983)

Photographie et cinéma :
photographie : *Niepce* (1822) et *Daguerre* (1838).
photo en couleurs : *Charles Cros* (1867).
cinéma : *Louis Lumière* (1895).
film synchronisé avec le son : *Léon Gaumont* (1902).

Divers :
extraction de l'aluminium : *Sainte-Claire Deville* (1854).
alphabet Braille : *Braille* (1829).
conserves : *Nicolas Appert* (1795).
four solaire : *CNRS* (1952).
houille blanche : *Bergès* (1867).
mécanique ondulatoire : *Louis de Broglie* (1924).
parachute : *Lenormand* (1783).
radioactivité : *Becquerel* (1896).
radiodiffusion : *Branly* (1890).
télégraphe aérien : *Chappe* (1793).
téléphone : *Bourseul* (1854).

Prix Nobel scientifiques :
1926. Physique : *Jean Perrin*.
1928. Médecine : *Charles Nicolle*.
1929. Physique : *L.V. de Broglie*.
1935. Chimie : *F. et I. Joliot-Curie*.
1965. Médecine : *F. Jacob, A. Lwoff, J. Monod*.
1966. Physique : *Alfred Kastter*.
1970. Physique : *Louis Néel*.

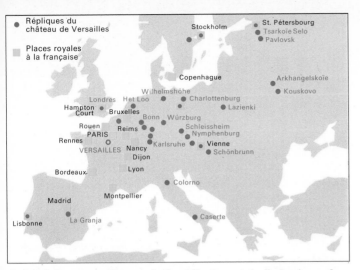

↑ 2. L'influence en Europe de l'architecture et de l'urbanisme classiques français.

↑ 3. Un Versailles nippon : le palais d'Akasaka à Tokyo, réservé aux hôtes officiels du Japon.

↑ 4. L'influence des idées politiques et sociales françaises en Amérique du Sud incarnée par Simon Bolivar (1783-1830)

↑ 5. 1869 : le canal de Suez, œuvre du Français F. de Lesseps, est inauguré en présence de l'impératrice Eugénie.

6. Escoffier (1846-1935) : un exportateur de la cuisine française

DE son vivant, Escoffier connut une célébrité extraordinaire, et son influence s'est maintenue en grande partie grâce à son *Guide culinaire* (1903), qui acquit auprès des cuisiniers un statut biblique. C'était l'époque où apparurent les grands hôtels internationaux. Avec ses amis et collaborateurs, parmi lesquels il faut nommer Philéas Gilbert, Prosper Montagné et Prosper Salles, Escoffier était au centre d'un réseau d'influences unissant les cuisines des principaux hôtels et restaurants de toutes les plus grandes villes du monde occidental.

Stephen Mennell, *Français et Anglais à table du Moyen Âge à nos jours*
(Paris, Flammarion, 1987).

L'ART de la cuisine est peut-être une des formes les plus utiles de la diplomatie. Appelé dans toutes les parties du monde pour y organiser les services de restauration des plus somptueux palaces, j'ai toujours eu le souci d'imposer du matériel français, des produits français et, avant tout, du personnel français.

Car le développement de la cuisine française est largement dû aux milliers de cuisiniers français qui travaillent aux quatre coins du monde. Ils se sont expatriés pour faire connaître, dans les pays les plus éloignés, les produits français et l'art de les accommoder. C'est une grande satisfaction pour moi d'avoir contribué à ce développement. Pendant toute la durée de ma carrière, j'ai « semé » quelque deux mille cuisiniers de par le monde. La plupart d'entre eux ont fait souche dans ces pays, et l'on peut dire que c'est autant de grains de blé semés dans des territoires incultes. La France en récolte aujourd'hui les épis.

Auguste Escoffier, *Souvenirs inédits* (Marseille, Jeanne Laffite, 1985).

↑ 7. Albert Schweitzer à Lambaréné (auj. au Gabon) vers 1950 : la solidarité avec la misère sanitaire de l'Afrique.

La France vue d'ailleurs

1. Le caractère des Gaulois décrit par le géographe grec Strabon (58 av. J.-C. — vers 23 ap. J.-C.)

La race entière, qu'on appelle gallique ou galatique, est possédée d'Arès, irascible et prompte au combat, mais au reste simple et sans méchanceté. Excités, ils se forment en masse pour le combat, ouvertement et sans réflexion, de sorte qu'ils deviennent faciles à manier pour ceux qui veulent les battre. Après les avoir excités, au moment et à l'endroit voulus, et sous n'importe quel prétexte, on les trouve toujours prêts au danger, sans autre secours que leur violence et leur audace. Mais si on les dissuade, ils s'attachent volontiers à l'utile, au point de s'adonner à l'étude et à l'éloquence. Ils se rassemblent en masse facilement à cause de leur simplicité et de leur spontanéité, prenant volontiers le parti de ceux de leurs voisins qui leur paraissent maltraités. À la simplicité, à l'irritabilité s'ajoutent à un haut degré l'irréflexion, la vantardise et l'amour de la parure. Cette légèreté les rend insupportables dans la victoire, alors qu'on les voit abattus dans la défaite.

Strabon, IV, 4, 2-4.

2. La spécificité de la France en Europe vue par un philosophe balte allemand en 1928

Jusqu'à la guerre mondiale, il n'y avait pas de pays où, à l'occasion, des hommes d'un vaste horizon de cœur et d'esprit ne citassent le vieil adage : tout homme a deux patries, la sienne et puis la France. Ce pays incarne la seule harmonie universellement compréhensible et directement sensible à chacun qu'il y ait, en Europe, entre l'homme et son monde ambiant. La langue elle-même est si spirituelle qu'un Français même stupide (et aussi un étranger moyennement doué, mais possédant l'esprit de cette langue) paraît plus intelligent qu'il ne l'est en réalité ; le goût français est par lui-même si exquis qu'à Paris « on » juge en général d'une manière plus sûre que ne le fait l'individu non pourvu de dons exceptionnels. La lucidité de cette langue, au sens le plus large, le raffinement de l'esprit qui l'anime jusqu'à lui donner une grâce objective et comme obligatoire, mettent, comme aucune autre forme de vie européenne, ce qui est spécifiquement occidental en rapport immédiat avec la nature humaine dans sa généralité. Aussi, est-ce seulement sous une forme française que la culture européenne produit sur toute la planète une conviction immédiate. C'est pourquoi la langue française était justement considérée, il y a peu de temps encore, comme le plus parfait moyen d'entente. C'est pourquoi la plupart des formes de beauté spécifiquement européennes devenues bien commun sont d'origine française.

Le Français est jardinier essentiellement et au plus haut degré. La maîtrise culinaire, l'embellissement de la nature féminine par l'habillement, l'art de la société, l'élégance de la langue, la culture de la galanterie, l'esprit, l'obligation reconnue de montrer de la mesure en tout et d'avoir les égards dus pour la vanité d'autrui ne sont toujours que des variétés différentes de la nature du jardinier. Les Français, au cours des siècles, à travers toutes les révolutions, ont changé bien moins que les Allemands et les Anglais : précisément parce que leur sens de la nuance les fait paraître plus papillonnants que tous les autres hommes, ils sont le peuple le plus conservateur de notre continent.

Hermann de Keyserling
Analyse spectrale de l'Europe
(1928, édition française, Paris, Stock, 1930).

↑ **3.** *La Française au miroir*, estampe japonaise de la fin du XIXe siècle.

4. La France vue par Shibata Teitarô, diplomate japonais en 1862 (lettre adressée à ses supérieurs)

Nous sommes, de jour en jour, familiarisés avec le maniement de la cuiller, de la fourchette et du couteau. Nous nous habituons progressivement à manger des plats de viande et nous avons quelque peu goûté à l'ivresse procurée par les vins étrangers. Nous ne pouvons sortir autrement qu'en voiture, car lorsque nous sortons à pied, les curieux accourent de toutes parts et nous ne pouvons faire un pas. Néanmoins, nous avons pu superficiellement voir bien des choses sur le territoire français. Les rues et les carrefours de la capitale sont sans cesse balayés et arrosés, il n'y a pas un grain de poussière. Les magasins sont des édifices en pierre de cinq ou sept étages. La capitale de la France ressemble à un jardin, celle de l'Angleterre n'est que rues enfumées.

extrait de Le Japon et la France.
Images d'une découverte
(Paris, Pub. Orientalistes de France, 1974).

QUESTIONS

1. En analysant attentivement les textes 1 et 2, dégagez les principaux traits du caractère des Gaulois, puis des Français qui vous paraissent encore correspondre à la réalité actuelle.

2. En quoi l'estampe japonaise (doc. n° 3) témoigne-t-elle de la difficulté d'être objectif lorsqu'on cherche à comprendre une réalité étrangère ? Et le texte n° 4 ?

3. Étendez maintenant cette réflexion à l'ensemble des documents de cette double page. Relevez les points de convergences entre les textes anciens et actuels ; relevez également les contradictions. Qu'est-ce qui relève du genre descriptif (qui n'exclut pas les erreurs) et du genre jugement subjectif ?

4. En analysant les documents de la page 37, dites ce qui rend les Français sympathiques aux étrangers ou difficilement supportables.

5. Interprétez les deux caricatures (doc. n° 5 et n° 6). De quel trait du caractère des Français témoignent-elles ?

6. Quels sont les changements majeurs intervenus dans la société française et qui peuvent frapper un observateur étranger ?

↑ **5. Les Français vus par le caricaturiste israélien Darian.**
22ᵉ salon international de la caricature : Montréal, 1977.

↑ **6. Une autre vision des Français : celle du Grec Mitropoulos.**
22ᵉ salon international de la caricature : Montréal 1977.

7. La France vue par un journaliste soviétique

J'ENTRE le soir au café du coin et je vois mon ami, Monsieur Dupont, avec sa bande habituelle. Ils parlent de quelque chose avec animation, ils discutent. De quoi ? De n'importe quoi. Monsieur Dupont se passerait de manger pourvu qu'on le laisse parler. La moitié, sinon les trois quarts des programmes télévisés et radiophoniques sont d'interminables discussions sur n'importe quel sujet. Les Français n'ont aucun complexe, ils participent activement à n'importe quel débat sans se rendre compte qu'à de rares exceptions près, ces débats sont faits de manière à discuter de tout ce qui se passe dans le monde sans rien changer pour autant à la société française. La manipulation de la connaissance atteint ici le sommet de la perfection et c'est pour cela qu'il est très difficile de faire arriver au cerveau et au cœur de Monsieur Dupont la vérité sur la situation réelle dans le monde, et même en France.

Voilà sans doute précisément pourquoi 85 % des Français interrogés déclarent, avec toute la résolution qui les caractérise, qu'ils sont positivement heureux. Ajoutez-y encore le facteur suivant : quelles que soient les difficultés qu'il connaisse, Monsieur Dupont ne se plaindra jamais à personne.

Vladimir Bolchakov, *La Pravda*,
15 juin 1987. Cité par Yves Daudu
Les Français à la une.
La presse étrangère juge les Français
(Paris, La Découverte, 1987).

8. Un Brésilien face au service public français

QUI n'a perdu des heures dans une file d'attente en quête d'un papier et qui, en ces occasions, n'a pas pensé : « Ah, cela n'arrive qu'au Brésil ! » Faux. En France c'est pire, notamment si vous êtes étranger. Essayez d'imaginer la queue, un jour où, dans la rue, il fait moins 15, un jour où l'on tape du pied par terre pour ne pas geler, en plein centre de Paris, juste à deux cents mètres de Notre-Dame. Sur mon papier, le rendez-vous pour le renouvellement de la « carte de séjour » était mentionné pour 10 heures. À 8 h 30, la confusion dans la rue était déjà énorme. À 11 heures, la queue n'avait pas encore accès à l'immeuble au rez-de-chaussée duquel une femme derrière un guichet, avec une mauvaise humeur typiquement française, vociférait entre deux crises d'hystérie. Et, fermant sa vitre avec humeur, elle vitupéra : « Si c'est comme ça, j'arrête ; j'ai tout mon temps jusqu'à 17 heures, vous pouvez prendre racine si ça vous chante. » Et la voilà partie bavarder. Et lorsqu'après avoir joué des coudes je suis parvenu au guichet, la fonctionnaire, sans faire l'aumône du moindre regard à la victime de la pagaille policière que j'étais, annula mon rendez-vous et fixa une autre date.

Fritz Utzeri, *Journal do Brasil*,
18 janvier 1987. Cité par Yves Daudu,
Les Français à la une.
La presse étrangère juge les Français
(Paris, La Découverte, 1987).

9. La vision d'un historien et sociologue anglais

DANS l'histoire de la France, on distingue trois phases : d'abord une phase nationaliste, durant laquelle on s'efforça d'unifier le pays pour en faire un tout cohérent, où chacun parlât la même langue et reçût le même enseignement ; on lança alors des mots d'ordre communs, comme la devise Liberté, Égalité, Fraternité, et qui, à force d'être répétés, ont souvent été pris pour une description de la réalité. Internationaliste, la deuxième phase proposait une France qui fût l'incarnation des idéaux communs à l'humanité entière ; un mélange d'humanitarisme et d'impérialisme accrut alors l'attrait et le champ d'influence de la civilisation française. Enfin, une phase pluraliste s'est amorcée lorsqu'on s'est aperçu que l'unité nuisait aux intérêts de la minorité, qui réclame le droit à l'existence et la liberté d'expression. Ainsi, on distingue désormais toute une variété de types de Français. Une quatrième phase, « post-pluraliste », est en passe de remplacer la « France des minorités », phase où l'individu s'efforce de forger sa propre destinée, de développer une personnalité qui n'appartienne qu'à lui en combinant les éléments des multiples groupes et sous-groupes avec lesquels il se sent une affinité.

En ce qui me concerne, si j'inclus la France dans mon univers, ce n'est pas seulement parce que j'en admire les sites et les monuments, si merveilleux soient-ils, mais plutôt parce que les Français ont bien voulu partager avec moi leurs expériences, qui sont un paysage encore plus merveilleusement varié, de chaleur et de glace, de tendresse et de ridicule, parce qu'ils m'ont offert un commentaire d'une inépuisable richesse sur la sagesse et la folie. C'est pourquoi aucune vie n'est tout à fait complète si elle ne comprend pas au moins un petit élément français. Et aucune vie française n'est totalement fermée aux étrangers ni à leurs façons d'être.

d'après Théodore Zeldin, *Les Français*
(Paris, Fayard, 1983).

QUESTIONS

7. À titre de comparaison, cherchez quelques exemples de jugements sur des peuples étrangers par des Français. Dites ce qu'ils peuvent avoir d'exagéré et dites en quoi ces exagérations peuvent s'expliquer par le caractère propre des Français.

8. Après avoir étudié tous ces documents, quels conseils donneriez-vous à un sociologue, un ethnologue ou un géographe commençant des recherches sur un pays étranger ?

Vendre une image : le luxe français

De manière curieuse, alors que l'économie française traverse depuis des années une crise grave, il est un secteur qui se maintient à un niveau remarquable et qui, même, progresse : celui du luxe.

Il s'agit d'une survivance de l'époque où les puissants de l'Europe entière vivaient au diapason de Versailles et de Paris. Certes, la concurrence qu'exercent d'autres pays est vive : l'Angleterre depuis le XIXe siècle, aujourd'hui l'Italie, les États-Unis, le Japon, mais l'image de la France reste suffisamment claire et forte en ce domaine pour qu'elle puisse espérer conserver un rôle de « locomotive ».

Il fut un temps où les créateurs italiens venaient à Paris (Cardin, Cerrutti, par exemple) ; aujourd'hui, ce sont des Japonais (Hanae Mori, Kenzo, Miyake) et même si leurs vêtements ne sont plus que partiellement fabriqués en France, l'essentiel n'est-il pas que la griffe porte le nom de Paris et que l'économie française en retire des avantages ? Il en est de même pour les bijoux ou le foie gras dont la matière première est en grande partie importée, mais le savoir-faire qui les a mis en œuvre est français.

Ces produits de très haute qualité, outre les devises qu'ils rapportent, peuvent insuffler un vrai dynamisme à l'ensemble de la production industrielle dont l'orientation vers la qualité est le prix de la survie.

↑ **1. La boutique hors-taxe de l'aéroport de Hong-Kong.**

↑ **2. Lenôtre, Verget et Bocuse devant leur restaurant d'Epcot Center aux États-Unis.**

---

3. Les membres du comité Colbert qui regroupe les grands noms français des métiers d'art et de création

Baccarat 1764.	Château Cheval blanc 1832.	Ercuis 1867.	Krug 1843.	Moët & Chandon 1743.	Révillon 1723.
Bernardaud 1863.	Château d'Yquem 1786.	George V 1928.	Lacoste 1933.	Nina Ricci 1932.	Parfums Révillon 1937.
Bollinger 1829.	Chaumet 1780.	Givenchy 1951.	Lalique 1910.	Parfums Nina Ricci 1945.	Robert Havilland & C. Parlon 1924.
Bouchepon 1858.	Christian Dior 1947.	Parfums Givenchy 1957.	Lanvin 1889.	Oustau de Baumanière 1945.	Rochas 1925.
Breguet 1775.	Parfums Christian Dior 1948.	Guerlain 1828.	Parfums Lanvin 1925.	Pierre Balmain 1945.	Ruinart 1729.
Bristol 1923.	Christofle 1830.	Guy Laroche 1957.	Léonard 1943.	Pierre Frey 1935.	Saint-Louis 1767.
Bussère 1924.	Coquet 1963.	Hédiard 1854.	Louis Vuitton 1854.	Pierre Marly 1948.	Souleiado 1780.
Caron 1904.	Courvoisier 1835.	Hermès 1837.	Manuel Canovas 1963.	Plaza Athénée 1936.	S. T. Dupont 1872.
Chanel 1912.	Crillon 1909.	Parfums Hermès 1948.	Martell 1715.	Porthault 1924.	Van Cleef & Arpels 1906.
Parfums Chanel 1924.	Daum 1875.	Jean Patou 1919.	Mauboussin 1827.	Potel & Chabot 1820.	Veuve Clicquot Ponsardin 1772.
Charles 1921.	Didier Aaron 1923.	Parfums Jean Patou 1925.	Mellerio 1613.	Puiforçat 1820.	
Charvet 1838.	Emanuel Ungaro 1965.	Jean Prud'homme Béné 1957.	Michel Guérard 1965.	Rémy Martin 1724.	

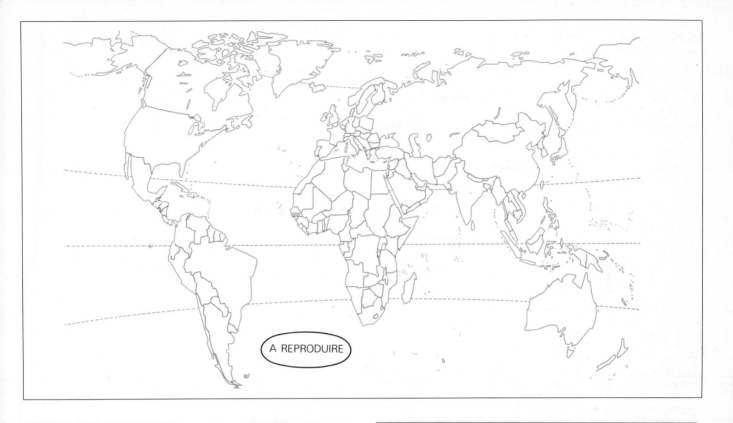

A REPRODUIRE

QUESTIONS

1. Pourquoi peut-on dire que l'Italie a servi de modèle culturel aux Français ?

2. Qu'est-ce que le commerce triangulaire ? En décalquant le fond de planisphère, réalisez son tracé et les « marchandises » transportées.

3. Au cours des siècles, quelles sont les principales motivations des Français s'installant hors de France ?

4. Dans quels domaines se sont particulièrement distingués les inventeurs français ? Que remarquez-vous ?

5. Quelles sont les zones privilégiées de la présence française dans le monde ? Pourquoi ?

6. En quoi l'expansion coloniale est-elle une nouvelle occasion pour les Français de diffuser leurs manières d'être, de penser, de créer ?

7. Que reflète le tracé des frontières africaines des anciennes colonies françaises ? En décalquant le fond du planisphère, réalisez la carte des anciennes colonies françaises ; puis la carte des États actuels issus de la décolonisation.

8. Quelles sont les étapes des découvertes et de la colonisation française dans le monde ?

SUJETS

1. La présence de la France dans le monde : d'hier à aujourd'hui.

2. Quels sont les traits caractéristiques des Français vus de l'étranger ?

COMMENTAIRE DE TEXTE

Bonaparte et les savants de l'expédition d'Égypte

C E n'était pas, même en 1798, un médiocre lustre pour une assemblée littéraire que la présence du général Bonaparte. Monge, qui le premier peut-être devina toute la portée de cet étonnant génie, aimait à lui céder la parole et même la présidence. Un jour que le général en chef interrogeait les membres les plus instruits sur l'état du pays et se plaignait du manque de bois et de fer, étonné de ne recevoir aucune solution, il prit subitement la parole et, dans une improvisation aussi vive et rapide que lumineuse et brillante, il posa la question, sonda le mal et indiqua le remède. « Ne soyons pas surpris, dit-il, de la pauvreté actuelle de l'Égypte — cette terre si riche — en bois de construction : elle n'en a jamais eu. C'est à l'Abyssinie de les lui fournir : là sont des Alpes incon-nues ; elles sont couronnées de pics et de forêts vierges ; c'est là qu'il faut aller faire des coupes de mâtures ; on les fera sauter des cataractes, on jettera les arbres dans le Nil ; en quinze jours, il nous apportera sans frais de quoi bâtir des maisons, des palais, des vaisseaux. » Cette pensée était le coup d'œil de l'aigle. Deux ans après, nous découvrions de grandes sculptures antiques dans les monuments ; les armées égyptiennes, transportées dans un pays montagneux, y étaient représentées faisant abattre aux peuples vaincus de grands arbres destinés, sans doute, à l'usage de leur pays.

Edme-François Jomard,
article « Expédition d'Égypte »,
Encyclopédie des gens du monde
(1841, tome XIV).

1. Que révèle le récit du géographe Jomard quant à l'esprit de l'expédition d'Égypte ?

2. Quel est l'intérêt de la confrontation des disciplines scientifiques telle qu'elle apparaît ici : géographie, botanique, archéologie, etc. ?

DONNÉES STATISTIQUES

- Superficie de la France : 551 602 km².
Dimensions de la France continentale :
- latitude : de 42,5° et 51° de L. Nord,
- longitude : de 5° de longitude Ouest à 8° de longitude Est,
- distances maximales :
  — Nord-Sud : 973 km,
  — Est-Ouest : 945,5 km,
  — Nord-Ouest - Sud-Est : 1 082 km,
- centre géométrique du territoire continental : colline du Belvédère, à St-Amand-Montrond (Cher).
- altitude moyenne : 342 m,
- lieu habité le plus élevé : 2 859 m (observatoire du Pic du Midi),
- commune habitée la plus haute : 2 200 m, St-Véran (Hautes-Alpes).

	point culminant	col le plus élevé
Alpes	4 807 m Mt.-Blanc	2 802 m C. de la Bonette
Pyrénées	en France : 3 352 m Mt. Perdu	2 804 m Brèche de Roland
Corse	2 710 m Mte. Cinto	1 464 m Vergio
Massif Central	1 886 m Puy de Sancy	1 589 m Pas de Peyrol
Jura français	1 783 m Crêt de la Neige	1 320 m C. de la Faucille
Vosges	1 426 m Ballon de Guebwiller	1 178 m Col du Ballon
Massif Armoricain	417 m Forêt d'Ecouves	

- zone économique exclusive : 340 000 km² (France continentale), 9 616 396 km² (avec DOM-TOM),
- longueur de côte (sans les îles) : 3 120 km,
- érosion littorale : 850 km du littoral français reculent de plus de 1 m par an.

un finistère au relief ouvert

« La France est-elle un être géographique ? se demandait le géographe Vidal de La Blache. « La géographie a-t-elle inventé la France ? » reprenait récemment en écho l'historien F. Braudel.
Sans tomber dans un déterminisme physique unanimement récusé, tous reconnaissent que l'espace ne fut pas neutre dans la formation de la personnalité du pays. « La France est issue d'une accumulation d'histoire prodigieuse, c'est vrai, mais cette accumulation s'est faite en tel endroit, non en tel autre ». (F. Braudel).

Le cadre physique a doté le pays de potentialités et de traits particuliers. La forme massive et schématiquement hexagonale du pays le plus vaste de l'Europe de l'Ouest, ainsi qu'un relief modéré ont contribué à forger une organisation spatiale complexe et à faciliter les communications.

L'ouverture maritime et la proximité de nations peuplées et fortement industrialisées ont stimulé diversement la mise en valeur des ressources du pays.

ANALYSE DU DOCUMENT

L'estuaire de la Garonne (à droite), élargi par la confluence de la Dordogne (à gauche), forme la Gironde qui s'évase en une large ouverture sur l'océan Atlantique. Bénéficiant d'une marée qui remonte à plus de cent kilomètres à l'intérieur des terres, elle offre ainsi des sites portuaires bien protégés, comme ici le Bec d'Ambès, avec ses raffineries. Situé à l'extrémité de l'Entre-Deux-Mers, il représente le point extrême de remontée des pétroliers dans la Gironde et constitue un élément du port autonome de Bordeaux dont la fonction maritime s'égrène le long de l'estuaire de la Garonne.

1. le relief aéré de la France

Finistère de l'Europe, la France est à la fois un isthme et un promontoire du vieux continent dont elle voit converger sur son territoire les grands types de reliefs et de structure. Elle offre ainsi sur un espace relativement réduit et ramassé de 551 000 km² une grande variété de reliefs où les basses terres l'emportent et où les hautes montagnes tiennent une place réduite et périphérique, ce qui n'entrave pas trop la circulation terrestre.

▬ 1. La France ouverte de l'Ouest et du Nord

À l'ouest d'une diagonale allant de Bayonne au Luxembourg, la France se présente comme un des pays les plus ouverts qui soient en Europe. Là dominent l'essentiel des plaines, plateaux ou collines d'altitude inférieure à 300 m. La topographie s'organise en grands ensembles aux horizons plats.

Dans les bassins parisien et aquitain le relief calme se compose de grands plans étagés, inclinés vers le centre de ces vastes cuvettes. Ils sont incisés par des vallées encaissées et ourlés de cuestas* disposées en auréoles concentriques qui perturbent une circulation généralement aisée. Parfois des ensembles collinaires donnent un relief plus ondoyant (Sud de l'Aquitaine). La présence de seuils (Poitou, Artois, Lauragais) permet de communiquer naturellement avec les régions voisines.

Limousin, Massif armoricain, Ardenne ont une topographie plus confuse et vallonnée. En Bretagne, quelques lignes de hauteurs bien modestes limitent parfois les horizons. Dans tous les cas, le modelé en creux des vallées tranchées dans ces surfaces souligne des altitudes plus marquées et leur confère de vagues allures montagnardes dans lesquelles les routes doivent composer avec les difficultés du relief.

▬ 2. Le relief marqué et contrasté de la France de l'Est et du Sud

À l'est, le relief devient plus compartimenté et contrasté. Il s'élève régulièrement vers la périphérie du territoire, en alternant gradins montagnards et dépressions.

Des Vosges à la Montagne Noire se succèdent de moyennes montagnes (Jura, Morvan, Massif central, chaînons de Provence). Elles sont constituées le plus souvent de plateaux ondulés ou disséqués, bornés par des abrupts. Lorsque se détachent des lignes de crête, les sommets sont en général émoussés et arrondis (ballons des Vosges, monts Jura) et les cols peu marqués. Dans le Massif central, quelques cônes volcaniques aux pentes marquées tranchent sur ces horizons ondoyants. Les vallées, généralement encaissées, parfois en gorges (Causses) ou au contraire amples (Jura), permettent une circulation terrestre, pourtant difficile dans ces régions.

Mais les communications essentielles entre Méditerranée et Europe du Nord se concentrent dans des plaines ou dépressions étroites et allongées : plaines du Rhin, de Saône, du Rhône, des Limagnes, du Languedoc, etc. Elles ont toujours constitué des axes de passages privilégiés.

Enfin, la périphérie sud et sud-est de la France forme le gradin le plus élevé, avec le point culminant de l'Europe occidentale, le mont Blanc, à 4 807 m. Ces montagnes, sauf la Corse plus massive, s'allongent en chaînes rectilignes (Pyrénées) ou arquées (Alpes). Les sommets élevés, acérés, sculptés par les glaciers, en partie encore présents, sont séparés des fonds de vallée par des dénivellations importantes et de grands versants où s'étagent la végétation et les activités. Ils offrent au tourisme un cadre grandiose et des possibilités variées.

Mais dans cet espace morcelé, la circulation subit d'énormes contraintes. Pyrénées ou Corse, au relief peu aéré, aux vallées courtes, en cul-de-sac, sont difficiles à franchir, sauf lorsqu'elles s'abaissent, comme les Pyrénées, à leurs extrémités. En revanche, de longues vallées alpines, d'origine glaciaire pour la plupart (Sillon Alpin, Durance, etc.) favorisent la pénétration jusqu'au cœur des Alpes où des cols, utilisés depuis longtemps, assurent le passage de l'une à l'autre.

Au total, le relief modéré ou aéré de la France ne gêne pas trop la circulation terrestre. Il ouvre l'Europe de l'Ouest à une pénétration en profondeur des influences océaniques. Et il a pu constituer un facteur favorable, parmi d'autres plus déterminants, à l'unification précoce du pays.

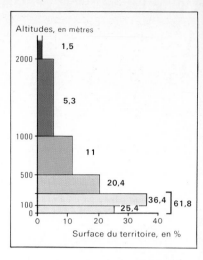

↑ 1. La France, un bas-pays (schéma de l'extension des zones altimétriques).

2. La Corse : un espace cloisonné aux communications difficiles

La topographie mouvementée explique la permanente difficulté des communications en Corse.

— La circulation moderne n'a pas totalement supprimé les inconvénients du relief. Les interminables sinuosités des routes, la fréquence des pentes fortes allongent la durée des voyages. L'évaluation des temps de parcours accroît les dimensions réelles de l'île : on a calculé qu'un trajet Propriano-Rogliano, de l'extrémité sud à l'extrémité nord (250 km), durait autant que le parcours Paris-Valence (600 km). C'est pourquoi des relations aériennes unissent en été Bastia, Calvi, Ajaccio, Propriano, pour couvrir des distances apparemment dérisoires.

— De la difficulté des communications est né le cloisonnement.

J. Renucci, *La Corse*
(Larousse, coll « Découvrir la France »,
Paris, 1973).

3. Le Bassin parisien : un espace ouvert

Non seulement les relations sont faciles à l'intérieur de tout le Bassin parisien et revêtent une figure centripète ou centrifuge, mais ce bassin communique avec les autres régions françaises et européennes par des passages naturels aisés, les *seuils* périphériques, au nord celui de l'Artois, qui assure les communications avec la région du Nord ; au nord-est, le seuil ardennais de la Thiérache et de la vallée de la Sambre conduit à la Belgique, à l'est les passages de Saverne et de la porte de Bourgogne et d'Alsace permettant de contourner les Vosges en direction de l'Alsace et de l'Allemagne, au sud-est le seuil de Bourgogne assure la liaison avec le grand axe de commerce européen du sillon Saône-Rhône, au sud-ouest le seuil du Poitou ouvre largement la voie de l'Aquitaine. Voies d'invasion, ces seuils ont été aussi les points forts des grandes entreprises d'unification du territoire national menées par les rois.

P. George, *La France*
(Paris, PUF, coll. « Magellan », 1970).

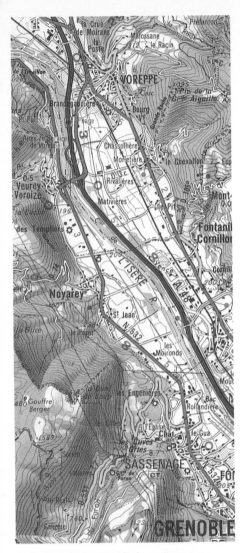

↑ **4. Circulation canalisée en montagne**
Carte IGN au 1/50 000.

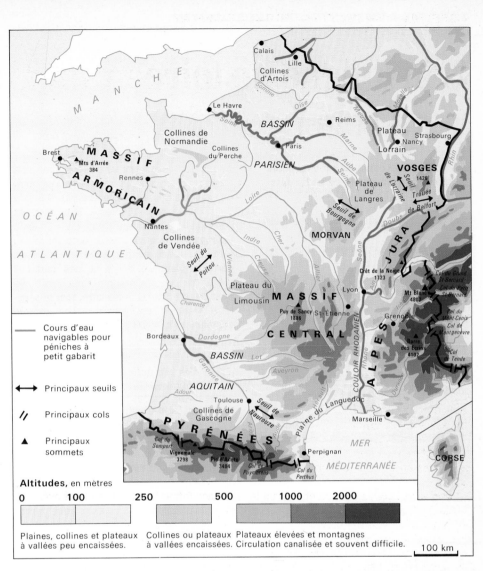

↑ **5. Le relief de la France : contraintes et potentialités**

Légende de la carte 5 :

Cours d'eau navigables pour péniches à petit gabarit

↔ Principaux seuils

// Principaux cols

▲ Principaux sommets

Altitudes, en mètres

0 — 100 — 250 — 500 — 1000 — 2000

Plaines, collines et plateaux à vallées peu encaissées.

Collines ou plateaux à vallées encaissées.

Plateaux élevées et montagnes. Circulation canalisée et souvent difficile.

100 km

↑ **6. Dans les Cévennes : un relief cloisonné**

↑ **7. L'obstacle montagnard : lacets du col de Braus (Alpes-Maritimes)**

2. la longue histoire du relief

1. La lente constitution d'un socle recouvert en partie de sédiments

Les plus anciens reliefs encore visibles sont des éléments de socles isolés (massifs armoricain, central, Vosges, Ardenne) **ou intégrés dans des montagnes alpines** (mont Blanc, Pelvoux, Maures, Maladetta). Ce sont des restes de chaînes de montagnes apparues lors des orogenèses calédonienne puis hercynienne à l'ère primaire. Mais l'érosion les réduit, à la fin de l'ère primaire, à l'état de plaine (pénéplaine post-hercynienne).

Au début de l'ère secondaire, des régions s'affaissent dans ces socles. Elles sont occupées par des mers au fond desquelles se déposent, en couches superposées, des sédiments de nature variée, issus de l'érosion qui s'exerce sur les parties émergées. **Ainsi se forment des ensembles sédimentaires.**

2. Les grands traits du relief actuel se dessinent au tertiaire

L'ère tertiaire est décisive dans la formation du relief de la France, dont l'architecture actuelle se met en place sous l'effet de puissants soulèvements montagneux. Ceux-ci résultent de l'affrontement des plaques Afrique et Eurasie qui se rapprochent. Dès la fin du secondaire et surtout au milieu du tertiaire, **les Pyrénées et les chaînons de Provence apparaissent les premiers.** Puis, voici environ 30 millions d'années, l'arc alpin commence à se former à son tour. Le soulèvement se propage de l'est (zone interne) vers l'ouest, pour la partie française, avec un paroxysme fin tertiaire (au pliocène). Il affecte la Corse et aussi le Jura dont la couverture sédimentaire se plisse comme dans les Préalpes. **Ces mouvements tertiaires touchent également le socle hercynien,** plus ou moins recouvert de sédiments, qui est soulevé à l'est et basculé (Massif central, Vosges). Ses matériaux rigides se fracturent : **des compartiments s'effondrent alors** (Limagnes, plaine du Rhin), **des volcans naissent de ces fractures** (Cantal), **des sédiments de couverture sont ondulés** (Pays de Bray).

Simultanément, l'érosion arrache à ces reliefs des débris qui se déposent au pied de ces montagnes (Lannemezan, Dauphiné) ou dans les bassins sédimentaires.

Ceux-ci sont affectés à leur tour par l'érosion lorsqu'ils émergent des mers ou lacs qui les recouvraient, à partir du milieu tertiaire. **Ainsi s'explique la platitude de certains plateaux qui sont des surfaces d'érosion ou d'altération (meulière* de Beauce, de Brie). Fin tertiaire, tout le territoire français est émergé. Les grands ensembles du relief sont en place.**

3. Les retouches de détail du quaternaire

Avec l'apparition de l'homme, les glaciations sont l'autre événement majeur du quaternaire. Plusieurs phases de refroidissement, coupées de périodes de dégel, couvrent les parties les plus élevées des montagnes d'une chape de glaciers, qui descendent dans les vallées qu'ils creusent et où ils poussent et accumulent des moraines. C'est à leur action que nous devons le modelé en cirques, vallées en auge, verrous, etc., de nos montagnes. **Les vents recouvrent de limons arrachés aux moraines* de la calotte glaciaire de l'Europe du Nord les régions non englacées.** Les cycles gel-dégel débitent en éléments fins les roches gélives (calcaire, craie champenoise) ou provoquent de lentes coulées boueuses qui empâtent le pied des versants et adoucissent leur pente.

Les cours d'eau dont le débit et la charge varient selon le rythme des glaciations **creusent nos vallées actuelles ou, alternativement, y accumulent des terrasses alluviales.** Le niveau des mers fluctue lui aussi à plusieurs reprises. Depuis 15 000 ans, avec la fonte des grands glaciers, il remonte. **Cette dernière transgression*** (« flandrienne ») des eaux marines fixe l'essentiel du tracé actuel des rivages en ennoyant les vallées inférieures de fleuves (rias* bretonnes) et en formant plaines, marais maritimes (Pas-de-Calais).

Aujourd'hui, le relief continue d'évoluer sous l'action combinée du mouvement des plaques à l'échelle de la planète et de l'érosion, dont l'action de l'homme limite ou accentue l'agressivité.

---

1. Chronologie de l'histoire du relief de la France

Ère primaire, de − 570 à − 230 millions d'années :

- Vers − 440, − 400 millions d'années, plissements calédoniens, encore visibles aujourd'hui dans le massif de l'Ardenne.
- Vers − 300 millions d'années, des plissements hercyniens font émerger des chaînes selon une direction en V (Ardenne, Vosges, Massif central, Alpes cristallines, Maures, Corse occidentale, chaîne axiale des Pyrénées, Massif armoricain). Dans les dépressions c'est le début de la formation des bassins houillers.
- Vers − 230 millions d'années, à la fin de l'ère primaire, l'érosion a arasé la plupart des montagnes ; la « France » comme l'Europe, n'est qu'une vaste plaine, au relief peu marqué.

★

Ère secondaire, de − 230 à − 65 millions d'années :

- La France est recouverte de mers d'où émergent le Massif central et le Massif armoricain. Dans les fonds marins s'accumulent des sédiments (Bassin parisien, Bassin aquitain, Alpes, Pyrénées).

★

Ère tertiaire, de − 65 à − 3 millions d'années :

- Au début, la sédimentation se poursuit au cœur des bassins (Bassin parisien, Bassin aquitain).
- Vers − 40 millions d'années les Pyrénées commencent à se former, puis vers − 30 millions, c'est au tour des Alpes. Au fur et à mesure de leur soulèvement, l'érosion les attaque et accumule des sédiments à leur pied.
- Dans la 2e moitié du tertiaire, par contrecoup, le socle hercynien est soulevé à l'est, basculé ou fracturé (Massif central, Vosges). Des effondrements se produisent (Alsace, Limagne).
- Il y a 20 à 30 millions d'années le volcanisme du Massif central apparaît (Limagne, Cantal).

★

Ère quaternaire, depuis 2 à 3 millions d'années :

- L'homme peut voir de gigantesques glaciers en action dans les Alpes, les Pyrénées, le Massif central, le Jura, les Vosges, la Corse, au cours de plusieurs phases glaciaires : Donau, Günz, Mindel (500 000 BP), Riss (200 000 BP), Würm (70 000 à 10 000 BP).
  Les cours d'eau qui se forment, creusent des vallées, construisent des terrasses alluviales. Les versants sont façonnés par l'érosion.
- Depuis 10 000 ans, fin des grandes glaciations, remontée du niveau de la mer (transgression flandrienne) et fixation du tracé des côtes (ouverture du Pas-de-Calais : 9000 BP).
- 7700 BP, extinction des derniers volcans du Massif central (Puy de la Vache).
- Aujourd'hui, poursuite de la surrection du mont Blanc.

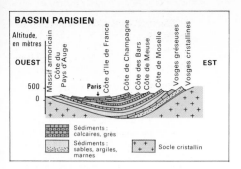

BASSIN PARISIEN

↑ 2. Relief et structure dans le Bassin parisien : la succession des cuestas

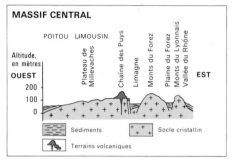

MASSIF CENTRAL

↑ 3. Un socle arasé, basculé et disloqué : le Massif central

ALPES

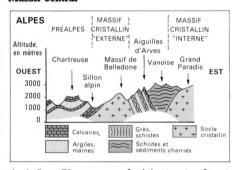

↑ 4. Les Alpes : complexité structurale et relief modelé par les glaciers

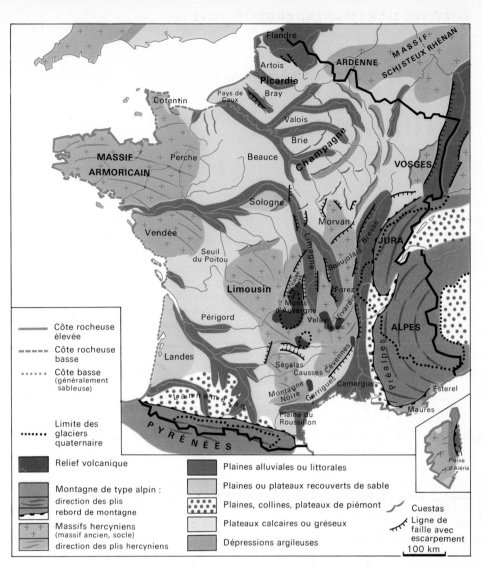

Côte rocheuse élevée
Côte rocheuse basse
Côte basse (généralement sableuse)
Limite des glaciers quaternaire
Relief volcanique
Montagne de type alpin : direction des plis / rebord de montagne
Massifs hercyniens (massif ancien, socle) direction des plis hercyniens
Plaines alluviales ou littorales
Plaines ou plateaux recouverts de sable
Plaines, collines, plateaux de piémont
Plateaux calcaires ou gréseux
Dépressions argileuses
Cuestas
Ligne de faille avec escarpement
100 km

↑ 5. Les formes du relief de la France

↑ 6. Vallée d'origine glaciaire au cœur du Cantal, sur les flancs du puy Mary : modelé hérité des glaciations quaternaires qui ont affecté les monts d'Auvergne.

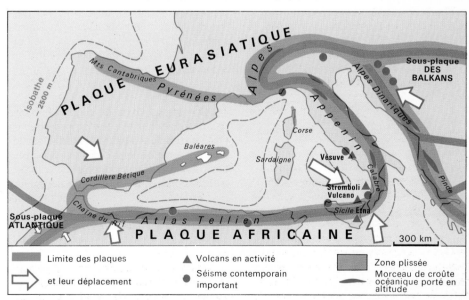

Limite des plaques et leur déplacement
Volcans en activité
Séisme contemporain important
Zone plissée
Morceau de croûte océanique porté en altitude
300 km

↑ 7. Le rapprochement des plaques à l'origine de l'arc alpin et des ensembles montagneux du Sud de la France. Le mouvement relatif de rapprochement des plaques africaine et eurasiatique réduit la Méditerranée qu'il fragmente en sous-plaques. Cette compression, commencée il y a plus de trente millions d'années, provoque des séismes et la surrection des montagnes méditerranéennes.

3. les ressources du sous-sol

Les ressources naturelles du sous-sol de la France sont à la mesure des structures physiques et de la taille du pays : variées mais réduites.

■ 1. La pauvreté des socles

La richesse minérale habituelle du sous-sol des régions de socle est, en métropole, bien réduite. L'importance des terrains sédimentaires ou métamorphiques d'âge primaire, dans les socles de la moitié nord de la France, explique leur pauvreté en minerais utiles à l'industrie. Le minerai de fer de Basse-Normandie et l'uranium de Vendée sont les seules exceptions notoires. En revanche, **les socles de la moitié sud disposent de ressources plus nombreuses et variées, mais toujours en faible quantité :** uranium, plomb, zinc, fluorine et petits bassins houillers périphériques dans le Massif central ; fer du Canigou, talc (avec la plus importante carrière d'Europe occidentale, à Luzenac) pour les Pyrénées.

L'absence d'abondantes richesses charbonnières a freiné, au XIXe siècle, l'industrialisation du pays. **Malgré tout, le Massif schisteux-rhénan, dont l'Ardenne constitue la prolongation occidentale, recèle deux gisements houillers dans le sous-sol français, enfouis sous des terrains sédimentaires : sur son flanc nord-ouest, le bassin du Nord-Pas-de-Calais et au sud, le bassin lorrain-sarrois. Leur exploitation y est difficile.** Le gisement de Lorraine, grâce à des veines épaisses, bien que profondes et redressées, se prête mieux à une exploitation mécanisée.

■ 2. La relative richesse des régions sédimentaires

En France, les structures sédimentaires, particulièrement sur leur périphérie, sont mieux pourvues en ressources naturelles que les socles. Le minerais ne sont pas rares : bauxite de Provence et de l'Hérault, minerai de fer de Lorraine, potasse d'Alsace, sel gemme de Lorraine et du piémont du Jura. **Il faut y ajouter les matériaux de construction, très répandus :** sables des plaines alluviales, calcaire pour les cimenteries, gypse de la région parisienne pour les plâtreries, etc.

La Lorraine se distingue particulièrement avec son important gisement de minerai de fer, contenu dans une couche du jurassique qui affleure au pied des côtes de Moselle. D'extraction aisée et fortement mécanisée, ce minerai — la « minette » — souffre de deux handicaps : ses impuretés (du phosphore) et sa faible teneur (25 % de métal). Peu compétitif, il ne peut être utilisé que dans la région.

Les richesses énergétiques sont plus modestes, surtout à l'échelle mondiale. Les ressources de lignite des Landes et de Provence déclinent comme celles de gaz naturel du piémont pyrénéen (Lacq). Les réserves de pétrole des Landes et du Bassin parisien ont été réévaluées avec la découverte récente de petits gisements supplémentaires en Brie. Elles demeurent décevantes d'autant que la prospection au large des côtes françaises (mer d'Iroise en Bretagne) est sans résultat. **Il reste, tout de même, à mettre pleinement en valeur le potentiel géothermique des nappes d'eau souterraines, à moyenne température, du Bassin parisien.**

■ 3. Des ressources insuffisantes

Au total, les ressources du sous-sol métropolitain sont très variées mais modestes. La plupart des meilleurs gisements souffrent d'une exploitation passée importante qui a réduit le volume de leurs réserves et ne laisse souvent subsister que les sites d'extraction les plus difficiles et les moins rentables.

Si les ressources du sous-sol ne sont pas toutes identifiées, les espoirs suscités par les techniques modernes de prospection sont toutefois limités. En outre, l'évolution de la consommation, celle du coût des matières premières et de l'énergie, si elles ont permis la relance de certaines recherches et productions (uranium, pétrole), ont aussi réduit ou condamné l'exploitation et la valeur de nombreux gisements (charbon, fer).

En fin de compte, les ressources naturelles de la Fance sont incapables de satisfaire les besoins énormes de consommation d'un pays industrialisé et à niveau de vie élevé comme le nôtre.

1. État des réserves de quelques ressources du sous-sol

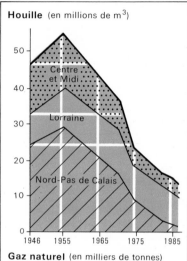

	Estimation	Part des réserves mondiales
Minerai de fer	5 Mds/t	—
Bauxite	10 M/t	—
Pétrole brut	30,3 M/t	0,03 %
Gaz naturel (épuré)	41,2 Mds/m³	0,04 %
Houille	407 M/tec.	0,09 %
Lignite	55 M/tec.	
Uranium	112 000 t	3,2 %

sources : Observatoires des Matières Premières et de l'Énergie.

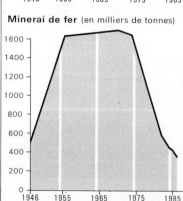

↑ **2. Évolution de la production française de quelques ressources**

3. Des ressources d'extraction difficile

La liste ne cesse de s'allonger des produits énergétiques et des matières premières nationales qui s'épuisent. Les handicaps sont, à vrai dire, assez nombreux.

Les exploitations minières françaises comptent parmi les plus modernes d'Europe (même dans celles qui seront fermées à brève échéance, comme le bassin charbonnier du Nord, la rationalisation de l'extraction est poursuivie), mais les rendements par mineur y restent faibles et les prix de revient de plus en plus difficilement compétitifs : c'est ainsi qu'un mineur du Nord extrait 2 t de charbon par jour seulement et un mineur lorrain 4 t. Si la faible compétitivité du minerai de fer lorrain est due à sa basse teneur (donc à la nécessité d'en extraire de gros tonnages, pour obtenir une quantité assez modeste de métal), c'est la médiocrité des conditions structurales qui place la plupart des mines françaises dans des conditions très délicates.

Sauf pour les matériaux de construction, le marbre et le talc, les exploitations par carrières (où les prix d'extraction sont les plus bas) sont très rares : la découverte charbonnière de Decazeville s'épuise et, en Provence intérieure, la majorité de la bauxite est aujourd'hui tirée de mines. Dans les mines, l'exploitation est contrariée par la faible épaisseur des horizons producteurs, le nombre des failles, la présence de plissements (couche même parfois redressée à la verticale : les « dressants » du bassin lorrain) : autant de conditions structurales qui favorisent les venues d'eau (le long des plans de faille ou d'une couche plissée imperméable) et qui impliquent l'évacuation de grosses quantités de stériles.

C'est là un type de structure et d'exploitation minière caractéristique de la zone hercynienne et du domaine alpin, qui prennent en charge le territoire français. La fréquence des accidents tectoniques, témoins d'une histoire mouvementée, a aussi empêché la constitution de réserves importantes.

d'après R. Froment et S. Lerat, *La France des années 80*
(Paris, Bréal, 1982).

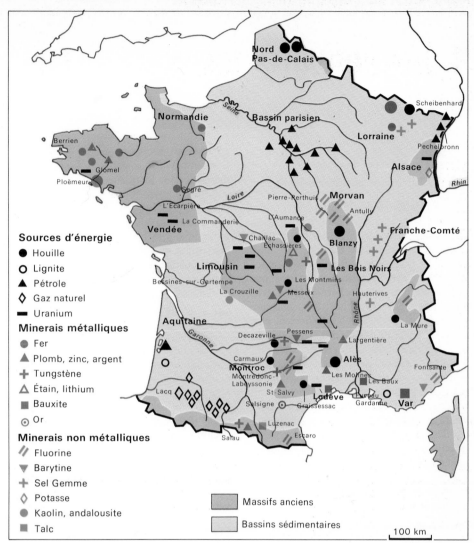

Sources d'énergie
- ● Houille
- ○ Lignite
- ▲ Pétrole
- ◇ Gaz naturel
- ▬ Uranium

Minerais métalliques
- ● Fer
- ▲ Plomb, zinc, argent
- ✛ Tungstène
- △ Étain, lithium
- ■ Bauxite
- ⊙ Or

Minerais non métalliques
- ⫽ Fluorine
- ▼ Barytine
- ✛ Sel Gemme
- ◇ Potasse
- ● Kaolin, andalousite
- ■ Talc

Massifs anciens
Bassins sédimentaires

100 km

↑ **4. Les ressources minérales du sous-sol français**

↑ **5. Mine d'uranium en Limousin (Compreignac près de La Crouzille)**

↑ **6. Extraction de pétrole dans la Brie, par pompage**

4. le pays aux trois fenêtres

Quasi-finistère de l'Europe, la France s'ouvre par 6 500 km de côtes.

■ 1. L'ouverture méditerranéenne

La façade méditerranéenne ne s'étend que sur 1 500 km, côtes corses comprises, mais cette ouverture a été fondamentale pour la civilisation et l'histoire de notre pays. Le littoral y offre deux visages contrastés. **Les Pyrénées et la Provence présentent une côte rocheuse élevée, très découpée.** En revanche, l'accumulation l'emporte sur le littoral languedocien, bas, sableux, au profil régularisé. Les cordons littoraux consolidés, appuyés sur des pointements rocheux, isolent des étangs et étalent de vastes plages aujourd'hui conquises par le tourisme. A l'avant, la plate-forme continentale réduite plonge rapidement vers de grandes profondeurs (2-3 000 m).

La Méditerranée, mer profonde et quasi fermée, possède des eaux tièdes et calmes peu brassées par des courants et une marée réduits. **De ce fait, le milieu est biologiquement pauvre et la pêche limitée à quelques espèces (sardines, thon).** Seuls les étangs et les apports des petits fleuves côtiers du golfe du Lion sont favorables à l'aquaculture et à la conchyliculture. L'activité portuaire se concentre au débouché de l'axe rhodanien, alors que **le tourisme,** favorisé par le climat, **s'étale sur tout le littoral** dont il modifie profondément les paysages.

■ 2. La façade atlantique du golfe de Gascogne à la pointe du Raz

Elle ouvre la France, par le golfe de Gascogne, sur les nouveaux mondes et a connu dans le passé une intense activité. Les rivages sont extrêmement variés. **En Bretagne la côte,** profondément découpée, **reflète la complexité structurale du Massif armoricain.** La transgression flandrienne y a laissé de profondes rias et, en fond de baie, des marais maritimes (Brière, Marais breton). **Le littoral charentais fait alterner,** en fonction du relief continental, **des côtes à falaises prolongées d'îles et des baies largement colmatées.** Enfin, l'immense côte sableuse à dune des Landes, à peine interrompue par le débouché de quelques étangs intérieurs (courant), **s'étale jusqu'aux falaises pyrénéennes.**

Au large, le sous-sol du plateau continental recèle peu de ressources. L'ensemble est soumis au brassage des marées, dont le marnage décroît vers le sud, aux houles d'ouest et à des courants marins atténués et adoucissants. Les tempêtes affectent surtout le Finistère. **La richesse biologique qui en résulte est aujourd'hui bien entamée. Mais si la pêche décline, l'ostréiculture reste active.** La douceur climatique a favorisé une mise en valeur touristique, essentiellement estivale.

■ 3. L'ouverture décisive sur l'Europe du Nord-Ouest

La Manche et la mer du Nord sont des mers bordières qui sont sillonnées par le plus important trafic maritime de la planète. Pourtant, la navigation et la pêche doivent tenir compte de bien des dangers : hauts fonds, des bancs de sables, marées importantes (jusqu'à 14 m de marnage au Mont-Saint-Michel) et de rapides courants de marée.

Le brassage des eaux et l'apport d'éléments minéraux par de nombreux fleuves expliquent en grande partie la richesse de la mer du Nord où se concentrent aujourd'hui les pêches de la CEE. Si la Manche est moins riche, elle permet des prises intéressantes dans le domaine des coquillages et des crustacés.

Les côtes, surtout rocheuses en Bretagne du Nord, font alterner ensuite, le long du Bassin parisien, **falaises de craie** (pays de Caux) **ou d'argile** (Vaches Noires), **au contact des plateaux, et des plages, au débouché des plaines** (Flandre, plaine de Caen) **et des estuaires** (baie de Somme avec les bas-champs picards). L'humidité, des températures moyennes peu élevées et un ensoleillement limité réduisent le tourisme à une courte saison estivale. **L'activité portuaire est,** en revanche, **très active, particulièrement en Basse-Seine et en Flandre,** bien que la France n'ait su capter au profit de Rotterdam, d'Anvers ou de Londres qu'une partie de l'intense trafic commercial.

Les nouveaux dangers (pollution, surexploitation biologique) que la mise en valeur des littoraux et des mers bordières de la France a engendrés, montrent que ces milieux convoités sont aussi très fragiles.

1. La Méditerranée, « une source vivrière mesurée »

L A mer ajoute beaucoup aux ressources du pays méditerranéen, mais elle ne lui assure pas l'abondance quotidienne. La Méditerranée souffre, en effet, d'une sorte d'insuffisance biologique.

Trop profonde dès ses rivages, il lui manque ces plates-formes faiblement immergées indispensables à la reproduction et au pullulement de la faune sous-marine. Les espèces de poissons sont pourtant normalement nombreuses mais jamais abondamment représentées. Bien que les prises restent quantitativement insuffisantes, elles menacent la mer d'épuisement. Maintenant les États méditerranéens se préoccupent sérieusement de protéger la mer Intérieure contre les pollutions et les destructions qui la menacent si dangereusement.

d'après F. Braudel,
La Méditerranée - L'espace et l'histoire
(Paris, Flammarion, coll. Champs, 1985).

2. La Manche, une mer fréquentée et dangereuse

C ETTE mer est, depuis plusieurs siècles, une des plus fréquentées du monde. Cargos, paquebots, pétroliers géants, navires de guerre et de pêche, yachts de tourisme ne cessent de passer au large de Cherbourg et du Havre au point de rendre presque dangereuse une circulation maritime de plus en plus dense.

La situation de la Manche entre la mer du Nord et l'Atlantique, entre les côtes anglaises et françaises explique aisément cette très forte fréquentation. Or, la Manche n'est pas une mer de tout repos. Aux houles d'ouest et de nord-ouest dominantes, s'ajoutent des courants de marée souvent très forts. Le plus fort est celui du raz Blanchart, au large de La Hague, particulièrement dangereux, avec des vitesses de 6 à plus de 10 nœuds.

d'après A. Frémond,
Atlas et géographie de la Normandie
(Paris, Flammarion, 1984).

3. L'Atlantique, un trait d'union

L' ATLANTIQUE offre un intérêt humain considérable. Son riche plancton permet une pêche active, dont les prises représentent la moitié de toutes celles qui sont effectuées dans les mers du globe. Mais l'océan Atlantique unit surtout des civilisations ayant entre elles des affinités qui tiennent à une histoire commune (coloniale pour partie) et à l'interpénétration croissante des relations et des systèmes économiques et sociaux.

Dans l'Atlantique Nord, bordé de régions très peuplées et industrialisées, s'est donc établie la plus intense circulation maritime et aérienne du monde. Sur ce grand axe de l'économie mondiale viennent se greffer d'autres routes, entre autres celles qui proviennent de régions tropicales alimentant en produits agricoles et miniers les grands foyers industriels de l'hémisphère Nord.

d'après J.-R. Vanney article « Atlantique »,
Grande Encyclopédie Larousse (Paris, 1978).

↑ **4. Calanques de la région de Marseille,** beau site abrité mais d'accès difficile.

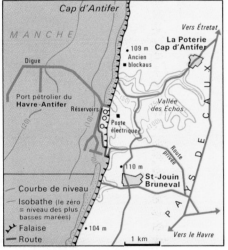

↑ **5. Le port pétrolier d'Antifer :** il a profité du prolongement sous-marin d'une vallée.

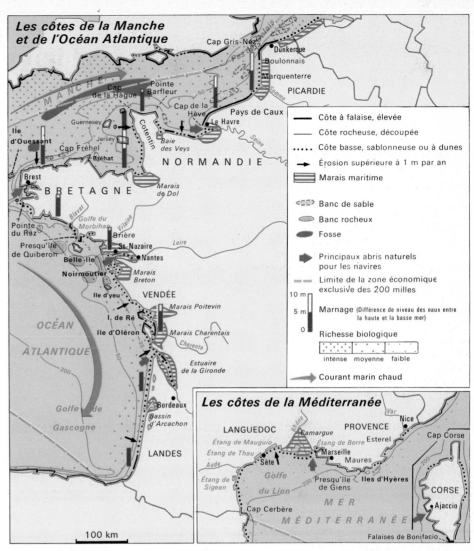

Les côtes de la Manche et de l'Océan Atlantique

▬▬	Côte à falaise, élevée
──	Côte rocheuse, découpée
····	Côte basse, sablonneuse ou à dunes
→	Érosion supérieure à 1 m par an
▤	Marais maritime
⬭	Banc de sable
⬭	Banc rocheux
⬭	Fosse
➡	Principaux abris naturels pour les navires
▬ ▬	Limite de la zone économique exclusive des 200 milles
	Marnage (Différence de niveau des eaux entre la haute et la basse mer)
	Richesse biologique
	intense moyenne faible
➡	Courant marin chaud

Les côtes de la Méditerranée

100 km

↑ **6. Littoraux et mers bordières de la France**

↑ **7. Côte à falaise du pays de Caux, entre Le Tréport et Ault.** Il s'agit ici d'une falaise vive photographiée à marée basse. Observez le profil transversal. Identifiez l'estran, des valleuses. Quelles sont les formes de mise en valeur de ce littoral ? Le pays est-il très ouvert sur la mer ?

Les littoraux et leurs aménagements

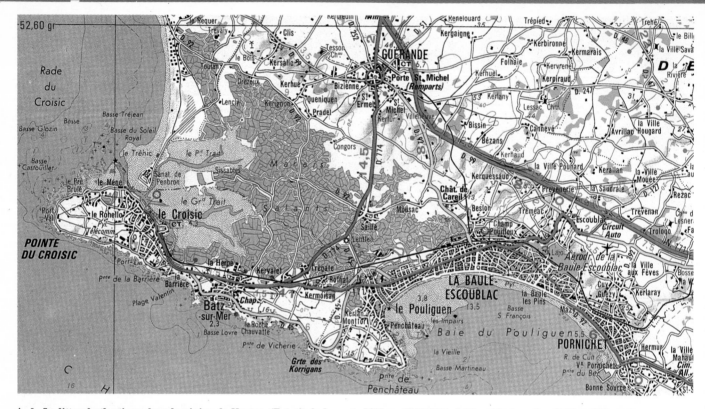

↑ **1. Le littoral atlantique dans la région de Nantes.** (Extrait de la carte IGN au 1/100 000, n° 32 — Nantes - Les Sables-d'Olonne)

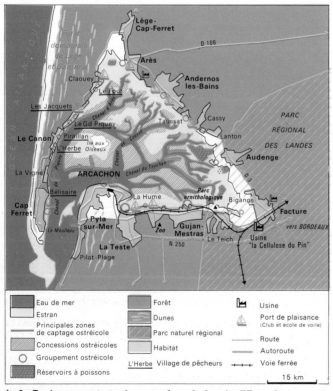

Légende :

- Eau de mer
- Estran
- Principales zones de captage ostréicole
- Concessions ostréicoles
- Groupement ostréicole
- Réservoirs à poissons
- Forêt
- Dunes
- Parc naturel régional
- Habitat
- L'Herbe — Village de pêcheurs
- Usine
- Port de plaisance (Club et école de voile)
- Route
- Autoroute
- Voie ferrée

15 km

↑ **2. Aménagement et mise en valeur du bassin d'Arcachon.**
(D'après L. Papy et M. Cassou-Mounat).

↑ **3. Les parcs à huîtres du bassin d'Arcachon à marée basse.**

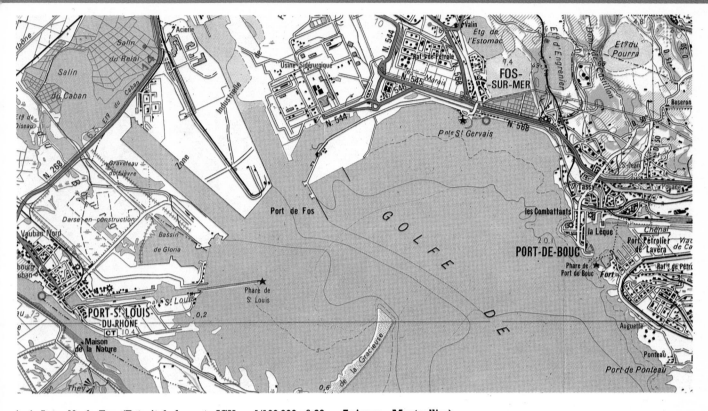

↑ **4. Le golfe de Fos.** (Extrait de la carte IGN au 1/100 000 n° 66 — Avignon - Montpellier)

5. Des littoraux menacés

LE littoral est menacé par l'urbanisation, la suroccupation et la prolifération des activités.

La pêche, l'ostréiculture, l'acquaculture, l'extraction du sel marin, la construction et la réparation des navires, le commerce maritime, la sidérurgie, la pétrochimie, les centrales nucléaires et les activités balnéaires réclament de la place ; l'habitat, avec les formes diffuses qui sont le plus souvent adoptées, occupe des surfaces considérables ; des conflits surgissent, car telle utilisation exclut souvent telle autre.

Le littoral est très largement approprié par des particuliers jusqu'en bordure de mer ce qui bloque ou rend difficile tout projet d'aménagement ; enfin, la pollution de l'eau et des plages s'est accrue considérablement à certains endroits.

Le littoral est à la fois attirant et fragile. C'est un milieu d'une valeur exceptionnelle, mais qui peut être facilement détruit.

d'après D. Noin, *L'espace français* (Paris, Colin, coll. « U2 », 1984).

6. Des littoraux protégés par la législation

SELON l'alinéa 1er de l'article L 160-6 du CU (1) : « Les propriétés riveraines du domaine public maritime sont grevées sur une bande de trois mètres de largeur d'une servitude destinée à assurer exclusivement le passage des piétons. »

Les propiétaires doivent laisser aux piétons le droit de passage paisible. Ils ne peuvent modifier l'état des lieux en rendant le passage plus difficile, sauf à obtenir une autorisation préfectorale pour l'exécution de travaux d'une durée inférieure à six mois ; ils sont tenus de laisser l'Administration effectuer tous les travaux nécessaires à la signalisation de la servitude ou à la sécurité des promeneurs.

Par contre, les propriétaires ne peuvent en aucune façon être considérés comme responsables en cas de dommages subis par les usagers exerçant leur droit de passage.

d'après J.-M. Becet, *L'Aménagement du littoral* (Paris, PUF, coll. « Que sais-je ? », 1987).

(1) CU : code d'urbanisme.

QUESTIONS

1. *Observez la carte n° 1* (La Baule, Le Croisic).
a) Recensez et identifiez les différents types de côte et des éléments caractéristiques du modelé littoral.
b) Recensez et identifiez les différents types de mise en valeur par l'homme de ce littoral (citez chaque fois un exemple à l'appui).
c) Quelles sont les différentes formes d'occupation du littoral par le tourisme ?

2. *Observez les documents n°s 2 et 3* (le bassin d'Arcachon).
a) Quelles sont les caractéristiques morphologiques du bassin d'Arcachon ?
b) Quels sont les secteurs du littoral mis en valeur ? Pourquoi ?
c) Quels sont les formes de mise en valeur et les types d'aménagement du bassin d'Arcachon ? Sont-ils concurrents ? Comment expliquer l'importance des parcs à huîtres ?

3. *Observez le document n° 4* (golfe de Fos-sur-Mer)
a) Quel est le mode de mise en valeur qui prédomine sur le littoral du golfe de Fos ?
b) Quelles sont les activités littorales traditionnelles qu'il concurrence ?
c) Recensez, arguments à l'appui, les différentes générations d'équipements portuaires.
d) Le port de Fos-sur-Mer est-il un port naturel ? Quelles sont les raisons du choix de ce site ? Quelles activités a-t-il induites ? Comment s'intègrent-elles dans l'environnement ?

4. *D'après les exemples étudiés et le document n° 5*, précisez les menaces qui pèsent sur les littoraux français. Ont-elles la même gravité ? La législation française protège-t-elle efficacement les littoraux ? Quelles sont ses limites ?

La France est-elle un pays à risques naturels ?

Si l'ampleur et la fréquence des catastrophes naturelles qui affectent la France ne peuvent se comparer à celles, très meurtrières, de pays plus exposés et plus pauvres, elles ne sont pas pour autant négligeables.

Le recensement et la cartographie des catastrophes passées sont un préalable à toute action de prévention. On perçoit ainsi la variété des risques naturels encourus dans notre pays : tremblements de terre, inondations, avalanches, glissements de terrain, etc.

Faire prendre conscience de ces dangers, convaincre de ne pas se contenter d'action de secours aux victimes mais de l'urgence d'adopter des mesures de prévention, tout cela fut l'œuvre de quelques personnes lucides et averties, comme Haroun Tazieff, qui ont su mobiliser les médias pour sensibiliser l'opinion et les pouvoirs publics à ces nécessités.

Cette volonté de prévenir, à défaut de pouvoir prévoir, certains risques naturels a reçu une reconnaissance officielle, avec la création, au début des années 80, d'un Délégué aux risques naturels, puis d'un Secrétariat d'État. Depuis 1987, un Délégué aux risques majeurs — et pas seulement naturels — lui a succédé.

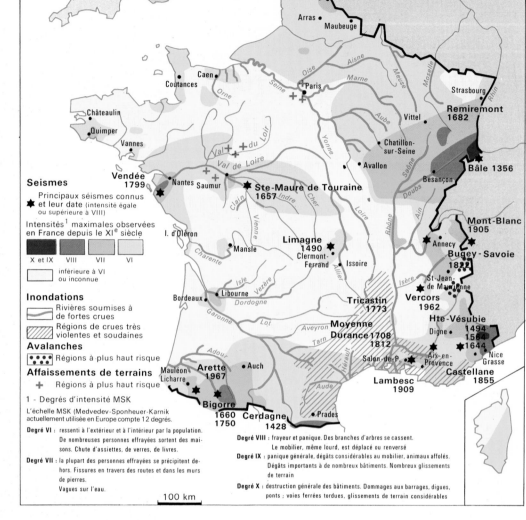

↑ **1. Les risques naturels en France** (principales catastrophes depuis le Moyen Age).

↑ **2. Haroun Tazieff**

Haroun Tazieff
Né en 1914 à Varsovie, Haroun Tazieff fait des études en Russie, en France et en Belgique. Sa formation est polyvalente et sa réputation devient internationale en particulier grâce à ses documentaires filmés. (*Les rendez-vous du diable,* etc.) et à ses nombreuses publications. Pratiquant à la fois le terrain, l'enseignement (dans diverses universités) et le laboratoire (directeur de recherche au CNRS, etc.) il est un spécialiste mondialement reconnu de volcanologie. Nommé commissaire à la prévention des risques naturels, il devient Secrétaire d'État aux risques majeurs de 1984 à 1986.

3. Les fonctions du délégué aux risques majeurs

Le directeur de l'eau et de la prévention des pollutions et des risques assume les fonctions de délégué aux risques majeurs. Il lui appartient à ce titre :
1° D'apprécier les risques majeurs, d'évaluer les moyens de les prévenir et de proposer les mesures propres à en atténuer les effets ;
2° De participer à l'élaboration des programmes d'utilisation des moyens de secours nationaux en cas de catastrophes, quelle qu'en soit l'origine ; à ce titre, il est tenu informé des conditions de mise en œuvre des opérations de secours qui engagent des moyens nationaux ;
3° D'exécuter toute mission particulière d'étude ou de coordination en rapport avec ses missions permanentes qui lui est confiée par le ministre chargé de l'environnement ;
4° D'exercer la coordination interministérielle nécessaire.

Décret N° 87-564 du 21 juillet 1987 — extrait de l'article 3 — JO du 22/07/1987.

Synthèse/évaluation

QUESTIONS

1. *Document n° 1 :*

a) Localisez cet extrait de carte.
b) Délimitez et identifiez les formes de relief visibles sur cet extrait de carte. Comment s'effectue leur contact ; quelle est la nature de ce talus ? (fondez-vous sur les doc. 2 et 5 de la page 45).
c) Quelles sont les formes de mise en valeur de l'espace de chaque ensemble de relief ? Comment les expliquez-vous ? Où se situe l'habitat ? Pourquoi ?
d) En fonction du relief comment pouvez-vous expliquer le tracé des principales voies de communication ?

2. *Document n° 2 :*

a) À quelle forme de relief correspond le massif de l'Ardenne ?
b) Quel type de figure dessine le tracé de la Meuse ?
c) Où se localise l'habitat ? Quel est l'intérêt de ces sites ? Expliquez la localisation de la forêt.
d) Quelle utilité d'ordre économique et humain présente la vallée ?

3. *Document n° 3 :*

a) Localisez les Aravis par rapport à l'ensemble alpin.
b) Identifiez différents éléments du modelé glaciaire hérité, tels qu'ils apparaissent sur cette photo.
c) Quel est le rôle bioclimatique joué ici par l'altitude ? Par l'exposition ?
d) Quelles potentialités offre cette vallée glaciaire ?

↑ **2. La vallée de la Meuse dans le massif de l'Ardenne à Bogny**

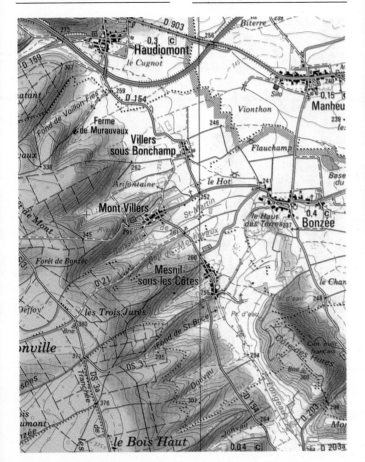

↑ **1. Extrait de la carte IGN au 1/50 000 de Vigneulles-Lès-Hattonchâtel (Lorraine).**

↑ **3. Col des Aravis entre la pointe Merdassier et celle des Aravis**

SUJETS

1. La France est-elle un isthme ou un finistère de l'Europe ?

2. Dans quelle mesure les potentialités naturelles de la France ont contribué à forger l'identité du pays ?

3. Atouts et handicaps naturels de l'espace français.

4. L'importance humaine de l'ouverture maritime de la France et ses limites.

5. Le relief de la France est-il ouvert et aéré ? Quelles en sont ses contraintes ?

DONNÉES STATISTIQUES

La Météorologie nationale

Créée en 1945, elle a succédé à la division météorologique de l'Observatoire de Paris, organisée par Lamarck en 1796. La *Direction de la Météorologie* est une des Directions du ministère des Transports.

Quelques records climatiques

- chaleur + 44 °C à Toulouse, le 8 août 1923
- froid – 35 °C à Mouthe, le 3 janvier 1971
- pluie en un jour 840 mm à La Llau, le 18 octobre 1940
- pluie en un an 4 017 mm au mont Aigoual, en 1913
- vitesse du vent 320 km/h au mont Ventoux, en 1967
- Grêle. *Dégâts :* en moyenne 1 milliard de F par an. Parmi les records : 11-7-1984 (19 départements atteints, 256 communes sinistrées en Côte-d'Or).
- Insolation annuelle. La plus forte : 3 144 h à Toulon (1961). La plus faible : 1 243 h à Rostrenen (1958).

Les fleuves

La Loire	Longueur	1 012 km
	Source	à 1 408 m
	Bassin	115 120 km^2
	Débit moyen	1 050 m^3/s
	Régime	hautes eaux en hiver, étiage en été
Le Rhône	Longueur	812 km
	Source	à 1 753 m
	Bassin	97 800 km^2
	Débit moyen	1 800 m^3/s
	Régime	hautes eaux en février-mars, étiage en septembre
La Seine	Longueur	776 km
	Source	à 471 m
	Bassin	90 000 km^2
	Débit moyen	450 m^3/s
	Régime	hautes eaux en hiver, étiage en été
La Garonne	Longueur	575 km
	Source	à 1 872 m
	Bassin	56 000 km^2
	Débit moyen	625 m^3/s
	Régime	hautes eaux en hiver, étiage en été

au cœur des milieux tempérés

L'espace français est marqué par la pondération des climats, la diversité des sols et des paysages, la richesse des fleuves torrentiels ou assagis ; **il est surtout l'œuvre millénaire de générations de paysans, de forestiers, d'ingénieurs.** La déprise agricole, l'extension urbaine, les mutations technologiques se traduisent par la multiplication des friches agricoles et industrielles. **L'aménagement du territoire demeure un impératif essentiel dans le respect des seuils biologiques, la concertation entre citadins et ruraux et la recherche d'un équilibre difficile entre intérêts locaux, régionaux, nationaux.**

ANALYSE DU DOCUMENT

Le mont Aigoual (vu du col de l'Asclié), est une lourde échine granitique qui culmine à 1 565 m au cœur du Parc national des Cévennes et forme une barrière entre les ultimes influences atlantiques au nord-ouest et l'emprise du climat méditerranéen au sud-est. Les versants méridionaux sont lacérés par un ravinement intense lié à la violence des averses automnales et à la maigreur de la couverture végétale : des lambeaux de forêts dans les talwegs et une pauvre pelouse sur les bosses. Les pratiques ancestrales des pasteurs sont en déclin. L'Office national des Forêts a entrepris un grand effort de reboisement par des plantations de résineux.

1. la France des climats

■ 1. Le climat « bien tempéré »

Amplitudes* annuelles inférieures à 20 °C, harmonieuse répartition des pluies au cours de l'année, excepté l'été méditerranéen, succession des saisons sans rupture brutale, hivers peu rigoureux sauf en montagne, étés sans chaleur excessive, pas de rivières gelées régulièrement, longue saison végétative : autant de traits qui expriment **la modération du climat de la France** et qui sont dus à deux raisons essentielles : **la position en latitude, l'influence de l'océan.**

Située entre 42° et 51° de latitude nord, **la France est au cœur de cette zone tempérée** où s'affrontent les masses d'air d'origine polaire et d'origine tropicale. L'influence océanique est déterminante : les anticyclones mobiles polaires et les dépressions qui les accompagnent sont véhiculés par les vents d'ouest qui ont parcouru l'Atlantique Nord.

■ 2. Des nuances régionales

Les différences de latitude — la durée du jour varie de 8 h au solstice* d'hiver à 16 h 30 au solstice d'été à Lille, et de 9 h à 15 h 15 à Perpignan — sont estompées par **la constance des vents d'ouest** sur la presque totalité du territoire. C'est la diminution de leur emprise vers l'est selon un gradient de continentalité qui explique la distinction entre climat océanique, climat de transition, climat sous influence continentale.

Le climat océanique est marqué par une forte humidité et des précipitations fréquentes sous forme de pluies fines : le crachin, qui tombe en toutes saisons (201 jours à Brest) avec un maximum hivernal ; la Bretagne et le Cotentin soumis au suroît et au noroît et le Pays basque adossé à la barrière pyrénéenne sont plus arrosés que le Centre-Ouest ou la Picardie. Les températures sont douces en raison de la proximité de la mer (rôle de volant thermique, dérive nord-atlantique) ; le mois de janvier est aussi chaud à Brest qu'à Montpellier et le nombre de jours de gel y est équivalent à celui de Cannes ; les amplitudes thermiques sont réduites.

Le climat de transition qui règne sur une grande partie du territoire est caractérisé par une diminution progressive des précipitations, des hivers plus froids, des étés plus chauds, des amplitudes annuelles plus fortes.

Les influences continentales sont liées à l'extension en hiver jusque dans le nord-est de l'anticyclone thermique polaire et, en été, à la fréquence des orages qui se développent dans un air instable. Les hivers sont donc relativement secs, avec des chutes de neige, et rigoureux avec des gelées tardives ; le printemps et l'automne sont brefs ; les étés sont chauds et pluvieux (maximum estival).

Le relief joue un rôle fondamental par son orientation et l'altitude. Les chaînes méridiennes opposent une barrière aux flux d'ouest : les versants occidentaux sont arrosés (pluies orographiques)* ; les versants et les bassins orientaux (Alsace, vallées de la Saône et du Rhône, Limagne), en position d'abri, sont plus secs : c'est l'effet de foehn*. Dans les grandes vallées orientées ouest-est l'opposition se fait entre les versants exposés au sud, ensoleillés et chauds : les adrets, et ceux exposés au nord, à l'ombre et froids : les ubacs.

L'altitude engendre un véritable climat montagnard. L'ensoleillement devient plus important, les températures décroissent régulièrement — mais des vallées profondes encombrées par des masses d'air froid stagnantes connaissent de fréquentes inversions de température. Les précipitations augmentent et la fraction sous forme de neige croît : dans les Alpes du Dauphiné 20 % à 1 000 m, 40 % à 1 700 m, 70 % à 2 800 m.

L'originalité du climat méditerranéen qui règne sur un littoral resserré entre la montagne et une mer chaude est liée à la remontée, en été, du **puissant anticyclone* des Açores** qui apporte luminosité, chaleur, sécheresse : c'est un climat subtropical. Les hivers sont doux, traversés par de violents coups de mistral et de tramontane. Les précipitations sont concentrées sur 70 à 80 jours avec des pointes au printemps et en automne (sous forme de violentes averses).

1. Nice : la cité sous le vent

DANS le Vieux Nice, les toitures de tuiles sont surchauffées par le rayonnement solaire. La température des toits est donc très élevée. En revanche, dans les ruelles étroites et profondes, la température est évidemment plus fraîche. On y trouve une aspiration montante de l'air frais à travers la rue vers les toitures.

Mais dans le Vieux Nice, on ne s'est pas arrêté là. Au-dessus de chaque porte existe une ouverture protégée par de très belles grilles de fer forgé. C'est en fait une prise d'air frais au niveau de la rue. L'air aspiré traverse alors le corridor obscur et se répand dans la cour intérieure de l'immeuble. Celle-ci va devenir alors une sorte de cheminée thermique. Les Niçois ont placé sur le toit une verrière d'évacuation qui, par un effet de serre, accroît le phénomène. Chaque pièce a aussi ses propres prises d'air sur la rue grâce à des volets d'un type tout à fait particulier car ils sont dotés de clapets d'aération.

d'après Christophe Petitcollot, *Sciences et Avenir*, n° 475, septembre 1986.

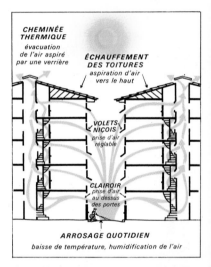

↑ 2. L'aspiration montante de l'air frais est favorisée par des dispositifs architecturaux.

↑ 3. Les maisons rénovées du vieux Nice ont conservé ces dispositifs.

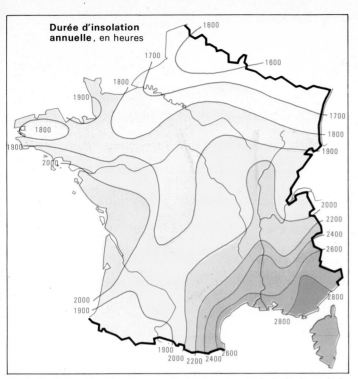

Durée d'insolation annuelle, en heures

↑ **4. La durée d'insolation annuelle est fonction de la latitude et de la couverture nuageuse qui diminue de l'ouest vers l'est.**

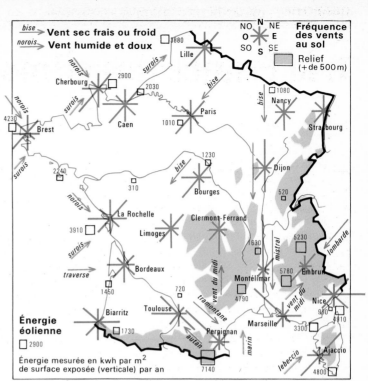

bise → **Vent sec frais ou froid**
norois → **Vent humide et doux**

Fréquence des vents au sol

Relief (+ de 500 m)

Énergie éolienne
□ 2900

Énergie mesurée en kwh par m² de surface exposée (verticale) par an

↑ **5. Les vents d'ouest dominent. Le relief dévie les flux. L'énergie éolienne est plus forte sur le littoral et en montagne.**

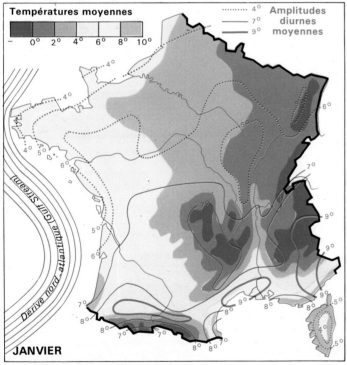

Températures moyennes

— 0° 2° 4° 6° 8° 10°

.... 4°   Amplitudes
———— 7°   diurnes
———— 9°   moyennes

Dérive nord-atlantique (Gulf Stream)

JANVIER

↑ **6. Les basses températures sont fonction de la continentalité et du relief. Les littoraux connaissent un hiver doux.**

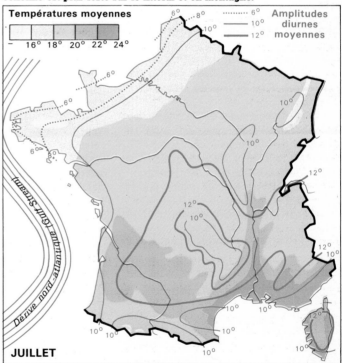

Températures moyennes

— 16° 18° 20° 22° 24°

.... 6°   Amplitudes
———— 10°   diurnes
———— 12°   moyennes

Dérive nord-atlantique (Gulf Stream)

JUILLET

↑ **7. En juillet, la forte augmentation des températures vers le sud est liée à la présence de l'anticyclone des Açores.**

8. Nombre moyen annuel de jours avec :

STATIONS	Mini < 0 °C	Maxi > 30 °C	STATIONS	Mini < 0 °C	Maxi > 30 °C
Lille	61	3	Caen	44	6
Strasbourg	83	11	Brest	17	0,6
Grenoble	77	15	Toulouse	50	21
Clermont-Ferrand	74	16	Montpellier	38	20
Paris Le Bourget	53	11	Ajaccio	13	14

d'après R. Arlery, *Le Climat de la France.*

9. Températures absolues (1931-1960)

STATIONS	Mini-mum (°C)	Maxi-mum (°C)	STATIONS	Mini-mum (°C)	Maxi-mum (°C)
Lille	− 17,8	36,1	Caen	− 16,5	36,6
Strasbourg	− 23,4	37,4	Brest	− 14,0	35,2
Grenoble	− 20,0	39,4	Toulouse	− 17,4	40,1
Clermont-Ferrand	− 25,8	39,6	Montpellier	− 15,0	41,4
Paris Le Bourget	− 17,0	39,6	Ajaccio	− 6,0	38,6

d'après R. Arlery, *Le Climat de la France.*

3. Excès et catastrophes

La modération du climat se manifeste surtout dans les moyennes calculées sur une longue période, mais le climat n'est que l'expression d'une succession de types de temps au-dessus d'un espace. **Que le rythme ou l'ampleur des déplacements des masses d'air changent, apparaissent alors des situations exceptionnelles, voire catastrophiques.**

Au cours du mois de janvier 1988 l'anticyclone thermique polaire se fait sentir en Amérique du Nord, le ciel de l'Europe occidentale est traversé par une succession continue d'anticyclones mobiles polaires et de dépressions portés dans le flux d'ouest : les températures sont exceptionnellement douces, les précipitations anormalement élevées ; les fleuves sont en crue, des régions inondées et la végétation qui bourgeonne est exposée aux gels futurs. **Par contre,** lors de la première quinzaine du **mois de janvier 1985** la France a subi un froid d'une extrême rigueur et des chutes de neige généralisées : à Carcassonne les températures sont demeurées au-dessous de 0 °C ; dans le Jura elles ont atteint − 40 °C. Cela était dû à la persistance exceptionnelle de l'anticyclone thermique polaire (1 040 hpa) sur lequel venaient se briser les dépressions.

Si le dérèglement de la circulation atmosphérique dure plusieurs mois, il engendre de véritables catastrophes. De décembre 1975 à juin 1976 le maintien des hautes pressions au-dessus de l'Europe du NW a empêché presque totalement l'intervention des flux d'ouest vecteurs de pluie : au nord d'une ligne Bayonne-Valence, la France a subi une sécheresse exceptionnelle : la Bretagne n'a reçu que le tiers des pluies normales, le Bassin parisien 60 % ; les prairies ont été brûlées par le soleil, les récoltes de céréales et de betteraves à sucre réduites de 10 à 30 % ; le niveau des nappes a considérablement baissé (celle de la Brie de 4 m 50) ; l'alimentation des lacs de barrage a diminué de près de 40 % à 60 %.

4. Climat et santé

Il est évident que des vagues de froid, de chaleur, de sécheresse entraînent une augmentation de la mortalité, surtout chez les jeunes enfants et les personnes âgées. Mais **les éléments du climat influent aussi sur la santé de l'homme.** D'un côté les rayons du soleil ont des propriétés bactéricides, les pluies purifient l'air, de l'autre côté les baisses de pression sont néfastes aux personnes atteintes d'affections pulmonaires ; les vents secs et chauds sont nocifs, les brouillards véhiculent des microbes, l'absence de vent et les inversions de températures suscitent une aggravation de la pollution.

La résistance de l'homme aux variations du climat semble s'affaiblir en fonction de l'urbanisation et de l'élévation du niveau de vie. « L'être humain vivant dans un milieu de plus en plus confiné (chauffé l'hiver, réfrigéré l'été, hyperprotégé à tous égards) et y vivant d'autant plus qu'il appartient à un milieu plus favorisé, perdrait progressivement sa capacité à faire front aux agressions venues de l'extérieur. » (J.-P. Besancenot, « Climats tempérés et santé », *Bull. Ass. Géogr. Fr.,* 1986.)

5. Les climats urbains

Sept Français sur dix habitent en ville, un Français sur cinq dans l'agglomération parisienne ; **ces citadins subissent un climat modifié par l'orientation, la densité, la taille des constructions, l'extension des surfaces cimentées ou goudronnées imperméables, la réduction des espaces verts, l'ampleur des rejets dans l'atmosphère des foyers domestiques et industriels et des véhicules. Les centres des villes deviennent des « îlots de chaleur » :** les températures moyennes sont augmentées du fait surtout que les températures minimales sont moins accusées ; le nombre de jours de gel est diminué, l'humidité relative également, les brouillards sont moins fréquents ; la vitesse des vents est réduite.

1. Les hommes devant l'orage

LE monde agricole s'est toujours beaucoup intéressé à l'orage. Quand ils entendaient le tonnerre, les Bourguignons pensaient : « Tiens, les anges jouent aux quilles. » Dans le Poitou, on croyait que le Bon Dieu déchargeait des pierres... Dans le Morvan, c'était tout simplement le Grand-Père qui choisissait des sabots pour ses enfants. Chez les Bretons, le Diable entrait dans la danse, on pensait qu'il battait sa femme mais... grand Dieu, il cognait dur !

Il éclate en moyenne 50 000 orages par jour dans le monde. En France, c'est en Corse qu'ils éclatent le plus souvent, dans la région d'Ajaccio. En moyenne 37 orages par an, mais c'est l'année 1976 qui détient le record : 61 jours d'orages à Ajaccio...

d'après René Chaboud,
Le Multiguide des prévisions du temps
(Paris, Bordas, 1982).

2. Le brouillard

LES brouillards ne sont guère appréciés : non seulement ils entravent la circulation routière, ils gênent les avions tant au décollage qu'à l'atterrissage... mais ils favorisent aussi la pollution dans les villes. Très souvent ce sont les premiers responsables des grandes épidémies de grippe.

En principe les brouillards ont une composition analogue à celle des nuages. En principe seulement ; car dans les villes, des noyaux de nature chimique servent de support à de minuscules gouttes d'eau, elles-mêmes recouvertes par des substances de nature huileuse... ou par des produits toxiques provenant des gaz d'échappement.

d'après René Chaboud,
Le Multiguide des prévisions du temps
(Paris, Bordas, 1982).

3. La neige

LA neige s'apprend, comme la mer. Il faut pour cela du temps, de la persévérance et, je pense, un mobile supérieur, une certaine curiosité cosmique. C'est un monde qui durant des périodes infinies est demeuré à l'écart ; chaque hiver des étendues se trouvaient ainsi soustraites aux activités humaines, à l'attention. Le désert s'y reformait pour quelques mois, avec les vertus qui s'attachent aux lieux déserts, où qu'ils soient, en outre celles exaltées par un élément modifiant de fond en comble les apparences et reconstruisant un paysage suivant ses propres lois. Jusqu'au début du siècle, ces îles, ces continents de blancheur, demeurèrent inconnus. Il fallait attendre l'introduction d'une technique pour que l'exploration commençât, car la neige sans les skis, c'était l'Océan sans bateau, un obstacle infranchissable.

d'après Samivel,
L'Œil émerveillé, ou la nature comme spectacle
(Paris, Albin Michel, 1976).

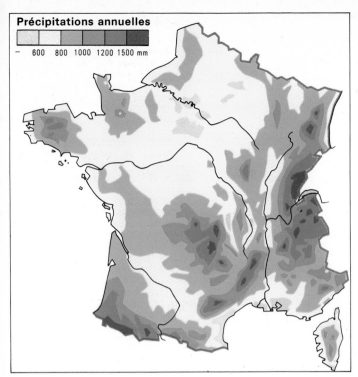

Précipitations annuelles

— 600 800 1000 1200 1500 mm

↑ **4. L'importance des précipitations est marquée sur les littoraux atlantiques et sur les reliefs.**

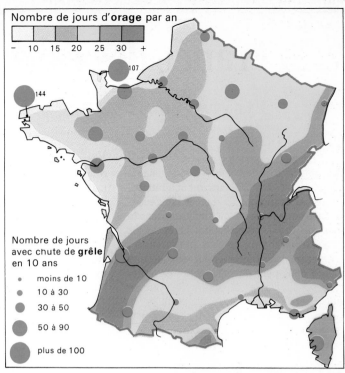

Nombre de jours d'**orage** par an

— 10 15 20 25 30 +

144

107

Nombre de jours avec chute de **grêle** en 10 ans

· moins de 10

· 10 à 30

● 30 à 50

● 50 à 90

● plus de 100

↑ **5. Le nombre de jours d'orage augmente vers l'intérieur et la montagne. Les chutes de grêle sont liées aux flux d'ouest.**

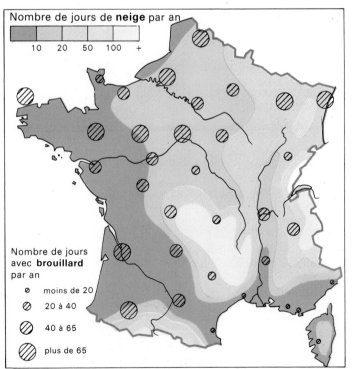

Nombre de jours de **neige** par an

10 20 50 100 +

Nombre de jours avec **brouillard** par an

⊘ moins de 20

⊘ 20 à 40

⊘ 40 à 65

⊘ plus de 65

↑ **6. La continentalité et le relief engendrent l'augmentation des chutes de neige. Noter la rareté des brouillards en région méditerranéenne.**

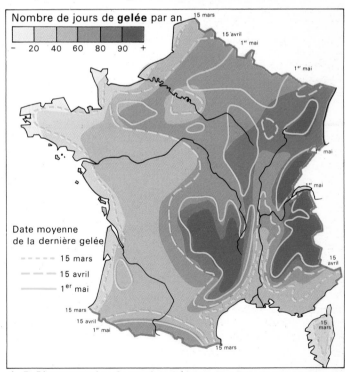

Nombre de jours de **gelée** par an

— 20 40 60 80 90 +

15 mars
15 avril
1er mai
1er mai
mai
1er mai
15 avril
15 mars
15 avril
1er mai
15 mars
15 mars
15 mars

Date moyenne de la dernière gelée

- - - 15 mars

– – 15 avril

—— 1er mai

↑ **7. L'augmentation du nombre de jours de gelée et des risques de gelée tardive est liée au relief et à la continentalité.**

8. La variabilité des précipitations

(en mm)		J	F	M	A	M	J	J	A	S	O	N	D	Année
Le Bourget														
hauteurs	80 % des cas	26	13	18	14	25	29	24	29	29	22	23	32	496
de pluie	50 % des cas	55	40	29	41	41	47	59	60	49	44	48	46	585
dépassées dans	20 % des cas	77	70	48	61	82	74	80	85	73	70	70	69	686
Brest														
hauteurs	80 % des cas	75	46	40	38	34	30	38	25	57	61	66	100	1010
de pluie	50 % des cas	135	90	79	69	63	54	60	80	95	99	113	150	1110
dépassées dans	20 % des cas	200	150	121	92	100	74	87	135	119	137	218	198	1275

(en mm)		J	F	M	A	M	J	J	A	S	O	N	D	Année
Toulouse														
hauteurs	80 % des cas	20	12	20	31	35	27	18	22	28	27	31	25	508
de pluie	50 % des cas	46	41	50	42	68	55	34	56	57	45	49	64	675
dépassées dans	20 % des cas	70	72	80	71	110	81	71	78	83	66	67	91	798
Strasbourg														
hauteurs	80 % des cas	22	17	13	21	33	50	39	47	30	17	22	18	500
de pluie	50 % des cas	32	30	25	36	56	67	78	82	52	36	32	27	639
dépassées dans	20 % des cas	57	47	43	60	91	112	112	114	82	61	52	43	687

On comparera utilement ces données aux totaux annuels donnés dans le tableau 4 p. 64. D'après R. Arlery, *Le Climat de la France*.

2. la France des eaux

Le total des pluies qui s'abattent sur le territoire français est estimé à 440 milliards de m³ par an, dont **270 retournent à l'atmosphère par évapotranspiration et 170 s'écoulent à la surface du sol ou s'infiltrent dans le sous-sol.** Il y a interpénétration entre les eaux de surface et les eaux souterraines : une nappe souterraine a pour exutoire une source mais peut être alimentée partiellement par un fleuve : la Loire, entre Gien et Sully, perd 20 à 30 m³/s. au profit de la nappe de Béauce qu'elle récupère en partie grâce au Loiret dont la source est une émergence de cette nappe.

■ 1. Les eaux souterraines

Elles forment dans les terrains aquifères perméables et poreux de véritables gisements d'eau qui sont l'objet de prélèvements et d'une alimentation. Les prélèvements sont naturels (sources, perte en mer) ou artificiels : forages pour les nappes profondes (surmontées d'une couche imperméable), puits pour les nappes superficielles ou phréatiques.

L'alimentation des nappes se fait à des vitesses très variables selon la proximité de l'aquifère : de 1 à 5 m par an dans des nappes profondes dont le remplissage a donc exigé une longue durée, de 300 à 1 000 m par jour pour les alluvions grossières des vallées alpines et de un à plusieurs dizaines de km par jour en circulation karstique.

■ 2. Les eaux de surface

Elles sont réparties entre quatre grands bassins : Seine, Loire, Garonne, Rhône qui couvrent 63 % du territoire; de multiples bassins côtiers, l'amont des bassins de l'Escaut et de la Meuse; une partie de celui du Rhin. Ces bassins sont drainés par des réseaux hydrographiques hiérarchisés, dendritiques, denses sauf en région karstique. **Le régime pluvial océanique à maximum hivernal est le plus fréquent :** il caractérise la Seine, la Saône, la basse Loire; le régime pluvionival marque la haute Garonne, la haute Loire et leurs affluents du Massif Central. Le Rhône est complexe puisque son bassin couvre une zone de haute montagne à rétention gla-

ciaire et nivale, une zone océanique, une zone méditerranéenne à averses automnales; ses débits moyens sont de 240 m³/s. à Genève, 1 020 m³/s. en aval de Lyon et 1 735 m³/s. à Beaucaire.

Une politique de maîtrise des crues est activement menée, avec l'aménagement intégral du Rhône, la multiplication des barrages réservoirs sur la Haute Loire et le bassin supérieur de la Seine.

■ 3. La consommation de l'eau

Elle s'élève à 27 milliards de m³ par an, soit 12 milliards pour les centrales thermiques et nucléaires (100 % en eaux de surface), 5,5 milliards pour l'industrie (41 % en eaux souterraines), 5,2 milliards pour l'agriculture (23 % en eaux souterraines) et 4,3 milliards pour les besoins domestiques (36 % en eaux souterraines). **Or, les ressources renouvelables sont évaluées à 200 milliards par an,** dont 80 % provenant des eaux souterraines. Si l'on ne tient pas compte des variations régionales, la consommation ne pose pas de problème quantitatif en France. Elle est estimée à 1 500 litres par habitant et par jour contre 40 l en Afrique tropicale et 4 000 l aux USA. Par contre le problème essentiel est **la préservation de la quantité de l'eau,** par une lutte continuelle contre les menaces de la pollution.

■ 4. Les sources thermales

Il existe une grande variété de sources thermales; 1 200 sont répertoriées, réparties en 100 stations classées qui attirent plus de 500 000 curistes par an. **L'industrie de la mise en bouteille d'eau minérale est la première au monde** avec une production de 28 millions d'hectolitres par an et avec 58 litres par an. Le Français est le plus fort consommateur d'eaux minérales au monde.

■ 5. La géothermie

L'utilisation de l'eau chaude des nappes profondes est en pleine extension : dans le Bassin Parisien, à partir de la nappe du Dogger (70° à 1 700 m), en Aquitaine, en Basse-Alsace (150° à 2 000 m dans des granites) et en Guadeloupe à Bouillante.

1. Les agences de l'eau

Le vote de la loi du 16 décembre 1964 a permis de mettre en place un dispositif de gestion de l'eau répondant à deux objectifs : d'une part respecter sur l'ensemble du territoire national l'unité de la ressource « eau » quel qu'en soit l'usage; d'autre part assurer le financement des opérations liées à l'usage de l'eau.

Le respect de l'unité de la ressource s'exprime par l'existence de six bassins dont le territoire suit les lignes de partage des eaux et qui constituent le cadre de la gestion des eaux*; cette gestion est en effet assurée dans chaque bassin par une agence financière de bassin à laquelle est associé un comité de bassin.

Comparé aux réalisations étrangères le système français présente deux originalités : la première tient au fait que les bassins recouvrent l'ensemble du territoire et se découpent suivant des limites naturelles. La seconde, plus importante, tient à l'approche économique des réalités : l'eau a un prix lié à sa valeur.

* Adour-Garonne. Artois-Picardie. Loire-Bretagne. Rhin-Meuse. Rhône-Méditerranée-Corse. Seine-Normandie.
Journal *Les Agences de l'eau,* mars 1987.

2. Les points essentiels du Vᵉ Programme d'intervention des agences de l'eau — 1987-1991

Les programmes d'action successifs des agences de l'eau ont permis notamment une réduction sensible des rejets polluants dans les cours d'eau et la réalisation de travaux d'aménagements pour soutenir les faibles débits des rivières en période estivale (barrages-réservoirs).

Au cours de cinq prochaines années, les agences de l'eau s'attacheront à :

Pollution domestique : la propriété sera donnée à l'extension et la réhabilitation des réseaux de collecte des eaux usées. Parallèlement, l'effort d'équipement en stations d'épuration sera poursuivi dans les zones déjà dotées d'un réseau d'assainissement.

Pollution industrielle : les interventions relatives à l'accroissement de la fiabilité des ouvrages d'épuration, à l'assistance technique et au bon fonctionnement, seront maintenues. Toutefois, l'accent sera mis sur la prévention des pollutions accidentelles.

Eau potable : l'action des agences de l'eau sera développée vers la recherche d'une plus grande sécurité qualitative et quantitative de l'approvisionnement en eau.

Aménagement des cours d'eau : afin de favoriser la vie aquatique et les processus naturels d'auto-épuration, et permettre le bon écoulement des eaux de surface, les agences aideront à la stabilisation des lits et berges, nettoyage de rivières...

Journal *Les Agences de l'eau,* mars 1987.

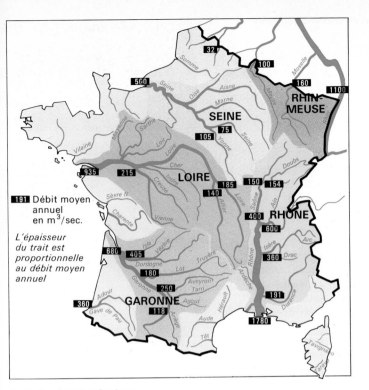

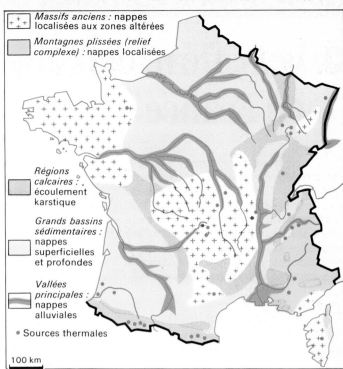

191 Débit moyen
annuel
en m³/sec.

L'épaisseur
du trait est
proportionnelle
au débit moyen
annuel

↑ **3. Les bassins fluviaux.**

Massifs anciens : nappes
localisées aux zones altérées

Montagnes plissées (relief
complexe) : nappes localisées

Régions
calcaires :
écoulement
karstique

Grands bassins
sédimentaires :
nappes
superficielles
et profondes

Vallées
principales :
nappes
alluviales

● Sources thermales

100 km

D'après J. BODELLE et J. MARGAT, L'eau souterraine en France, Masson.

↑ **4. Les eaux souterraines.**

↑ **5. La Saône en crue. L'ampleur de la crue est liée à la faible pente et à la platitude de la vallée.**

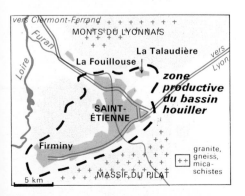

↑ **6. Le site de Saint-Étienne : l'agglomération est construite sur la zone productive.**

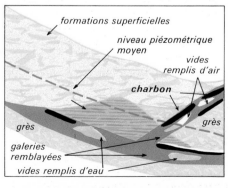

↑ **7. Coupe schématique du sous-sol stéphanois** (d'après Parascandola et Rousseldt).

8. Aménagement urbain et remontée des eaux souterraines : le cas de Saint-Étienne

L'EXPLOITATION minière a entraîné un abaissement du niveau de la nappe. L'arrêt de cette exploitation favorise la remontée des eaux souterraines à leur niveau antérieur. Les sites atteints sont les points bas de la topographie ayant connu une forte présence des activités minières. Ce sont donc les vieux quartiers miniers et industriels plus ou moins délabrés, qui sont touchés en premier. Les conséquences et les solutions à trouver pour sauvegarder ces quartiers sont assez délicates et ponctuelles.

d'après S. Gravier,
La remontée des eaux souterraines à Saint-Étienne
(Université Lyon III, Meni-Maîtrise, 1985).

3. sols, flore et faune en France

La modération du climat, la grande diversité des roches, les oppositions de relief ont créé une variété de paysages qui font la richesse de la France et que l'homme, depuis des millénaires, n'a cessé de transformer, les marquant d'une empreinte le plus souvent positive mais parfois destructrice ; sols, flore et faune sont un patrimoine à gérer avec continuité.

■ 1. Les sols

Ils sont influencés d'abord par la nature de la roche mère : sables des Landes et de Sologne, granites de Bretagne, du Massif Central, calcaires des bassins sédimentaires, des garrigues, des Préalpes, du Jura et des Causses, argile de Normandie, de la Champagne humide et de la Woëvre, roches volcaniques de l'Auvergne, limons éoliens en Bassin Parisien et de l'Alsace, alluvions fluviatiles et fluvio-marins des grandes vallées et des littoraux. Il est des sols hérités d'un lointain passé, tels les sols rouges méditerranéens, mais la plupart se sont formés depuis la dernière glaciation et leur évolution peu marquée et lente est déterminée par la modération du climat actuel. Par des travaux dont l'ampleur et la complexité n'ont fait que croître, les hommes ont souvent bouleversé les équilibres naturels, mais surtout cherché pour survivre à fabriquer leur sol, tels ces paysans mauriennais qui se sont acharnés à épierrer les pentes d'éboulis de leurs montagnes et à remonter sur leurs épaules la terre que les glissements de terrain, les avalanches, les torrents entraînaient.

Depuis le XVIII\ siècle, la pratique du chaulage sur les terres siliceuses acides, l'emploi des engrais pour compenser un appauvrissement millénaire ont permis des progrès décisifs de l'agriculture. Mais l'utilisation massive des tracteurs et la spécialisation excessive des cultures entraînent une diminution de la fertilité des sols.

■ 2. La flore

La flore de France, si riche au tertiaire, décimée par les glaciations du quaternaire, s'est reconstituée lentement depuis la fin des glaciations il y a 12 000 ans).

Le taux de richesse aréale (nombre d'espèces sur une surface de 10 000 km^2) pour les plantes supérieures est de 1 300 dans les régions océaniques et 1 600 dans les Alpes (Grande-Bretagne : 1 000, Espagne : 2 000).

La flore spontanée est sensible aux variations climatiques et aux modifications morphologiques (éboulements, éruptions, évolution des littoraux) mais **ses transformations les plus profondes sont dues à l'homme dont les interventions, volontaires ou non, sont multiples, croissantes, contradictoires.** Les défrichements par le feu éliminent les espèces d'ombre et favorisent les espèces de lumière. L'homme change de systèmes agricoles ou pastoraux, introduit des plantes exotiques forestières (eucalyptus, pin douglas) ou cultivées (maïs, pomme de terre, etc.). L'extension consécutive des messicoles (mauvaises herbes des moissons), entraîne la diffusion corrélative des herbicides. L'introduction volontaire de la myxomatose décime les lapins de garenne mais permet la régénération des ormes et des érables dont les jeunes plants étaient broutés par ces rongeurs. La forte industrialisation crée des engrais et des produits phytosanitaires mais provoque des pollutions destructrices (fluor, pluies acides, propagation des produits toxiques dans le sol et les nappes). Le choix des politiques de reboisement axées jadis sur les feuillus est aujourd'hui axé sur les résineux. Enfin, l'homme crée des réserves et des parcs, pour protéger la faune et la flore.

■ 3. La faune

La faune sauvage est en voie d'extinction, à l'exception de quelques espèces protégées (chamois, etc.) : la réduction des espaces libres, la pollution, les grands travaux (malgré les précautions prises telles que l'installation de passerelles ou de tunnels pour permettre aux animaux de franchir les autoroutes) en sont les raisons principales. Le Français a longtemps été un campagnard qui s'évertuait à domestiquer les espèces « utiles », à chasser le gibier, et à détruire les « nuisibles ». Ce sont pourtant les récoltes de blé et de maïs qui nourrissent les perdrix de Beauce et les étourneaux de Bretagne.

↑ **1. Sol brun forestier sur calcaire.**

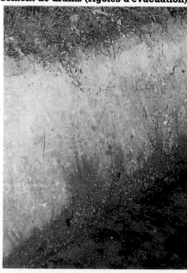

↑ **2. Assainissement des sols forestiers sous climat océanique et par creusement de drains (rigoles d'évacuation).**

↑ **3. Sol lessivé typique.** De haut en bas horizon à humus peu actif, horizon blanchâtre lessivé, horizon ocre d'accumulation.

Sols et végétation

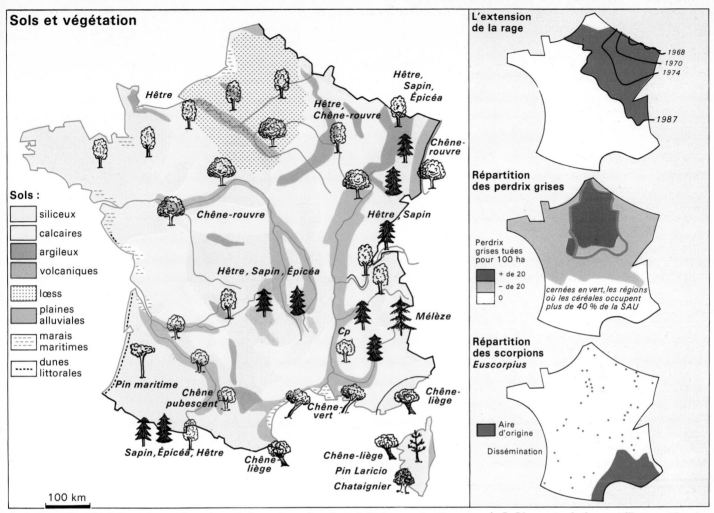

Sols :

- ☐ siliceux
- ☐ calcaires
- ■ argileux
- ■ volcaniques
- ⬚ lœss
- ▤ plaines alluviales
- ≈ marais maritimes
- ┄ dunes littorales

100 km

Hêtre

Hêtre, Chêne-rouvre

Hêtre, Sapin, Épicéa

Chêne-rouvre

Chêne-rouvre

Hêtre, Sapin

Hêtre, Sapin, Épicéa

Mélèze

Cp

Pin maritime

Chêne pubescent

Chêne-vert

Chêne-liège

Sapin, Épicéa, Hêtre

Chêne-liège

Chêne-liège Pin Laricio Chataignier

L'extension de la rage

1968
1970
1974
1987

Répartition des perdrix grises

Perdrix grises tuées pour 100 ha

- ■ + de 20
- ▤ – de 20
- ☐ 0

cernées en vert, les régions où les céréales occupent plus de 40 % de la SAU

Répartition des scorpions *Euscorpius*

- ■ Aire d'origine
- · Dissémination

↑ **4. Les sols sont influencés par la nature de la roche mère. La végétation profondément modifiée par l'homme est indiquée par la localisation des espèces dominantes.**

↑ **5. Liens entre la faune et l'homme** (d'après Min. agriculture, N. Birkan, G. Vachon).

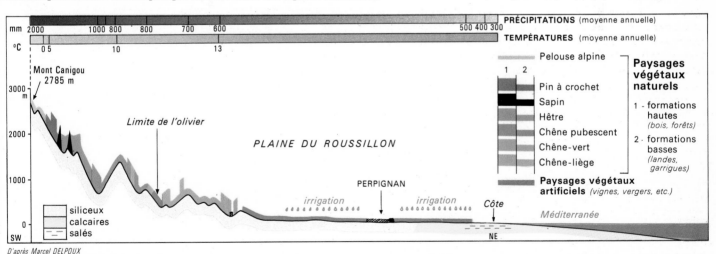

mm **PRÉCIPITATIONS** (moyenne annuelle)
2000   1000 800   800   700   600   500 400 300

TEMPÉRATURES (moyenne annuelle)
°C   0 5   10   13

Paysages végétaux naturels

	1	2
Pelouse alpine		
Pin à crochet		
Sapin		
Hêtre		
Chêne pubescent		
Chêne-vert		
Chêne-liège		

1 - formations hautes *(bois, forêts)*
2 - formations basses *(landes, garrigues)*

Paysages végétaux artificiels *(vignes, vergers, etc.)*

Mont Canigou 2785 m

Limite de l'olivier

PLAINE DU ROUSSILLON

PERPIGNAN

irrigation   *irrigation*   Côte

Méditerranée

- ☐ siliceux
- ☐ calcaires
- ┄ salés

SW   NE

D'après Marcel DELPOUX

↑ **6. Profil bio-climatique des Pyrénées orientales à la Méditerranée.**

7. L'utilisation de la biomasse

LA canne de Provence, *Arundo donax*, roseau de la famille des Graminées, peut apporter une solution au moins partielle au problème de la production de biomasse à une échelle industrielle, en France.

Une expérience est entreprise sur cinq ans en Camargue pour produire des cannes de Provence : elles fourniront chaque année 2 000 « tonnes d'équivalent pétrole ».

Pierre de Latil, « L'énergie des roseaux », *Sciences et Avenir*, n° 428, octobre 1982.

8. Productivité énergétique en tonnes par hectare et par an. Parties aériennes

Une tonne de matière végétale = 0,4 tonne de pétrole			
CANNE À SUCRE	45	**BLÉ** grain	6
		paille	5
MAÏS grain	8	**FORÊT** tropicale	24
tige et feuille	10	tempérée	12
		boréale	6

Comprendre les mécanismes du climat français

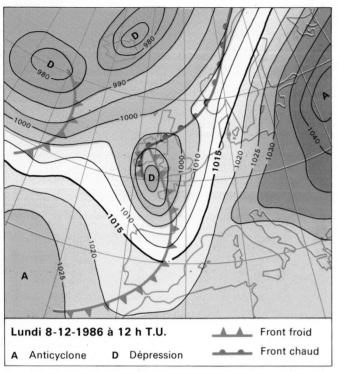

Lundi 8-12-1986 à 12 h T.U.

A Anticyclone   **D** Dépression

Front froid
Front chaud

↑ **1. Pénétration d'un front froid.**

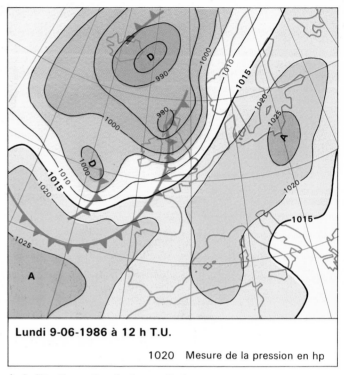

Lundi 9-06-1986 à 12 h T.U.

1020   Mesure de la pression en hp

↑ **2. Situation anticyclonique estivale.**

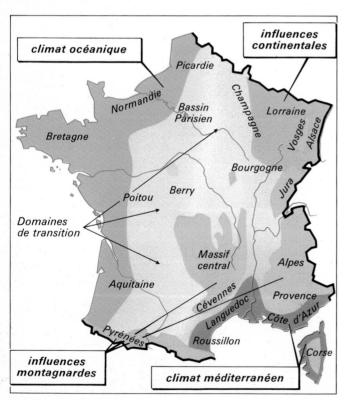

climat océanique

influences continentales

Picardie

Normandie

Bassin Parisien

Champagne

Lorraine

Bretagne

Vosges

Alsace

Bourgogne

Jura

Poitou

Berry

Domaines de transition

Massif central

Alpes

Aquitaine

Cévennes

Provence

Languedoc

Côte d'Azur

Pyrénées

Roussillon

Corse

influences montagnardes

climat méditerranéen

↑ **3. Les régions climatiques.**

4. Température (en °C) et précipitations (en mm) moyennes

		J	F	M	A	M	J	J	A	S	O	N	D	Année
Lille	T	2,4	2,9	6,0	8,9	12,4	15,3	17,1	17,1	14,7	10,4	6,1	3,5	9,7
Lille	P	53	44	37	42	50	51	63	63	57	63	60	54	637
Strasbourg	T	0,4	1,5	5,6	9,8	14,0	17,2	19,0	18,3	15,1	9,5	4,9	1,3	9,7
Strasbourg	P	39	33	30	39	60	77	77	80	58	42	41	31	607
Paris Le Bourget	T	3,1	3,8	7,2	10,3	14,0	17,1	19,0	18,5	15,9	11,3	6,8	4,1	10,9
Paris Le Bourget	P	54	43	32	38	52	50	55	62	51	49	50	49	585
Brest	T	6,1	5,8	7,8	9,2	11,6	14,4	15,6	16,0	14,7	12,0	9,0	7,0	10,8
Brest	P	133	96	83	69	68	56	62	80	90	104	138	150	1 129
Toulouse	T	4,5	5,4	9,0	11,4	14,8	18,6	20,8	20,7	18,0	13,0	8,3	5,3	12,8
Toulouse	P	49	46	53	50	75	61	44	54	64	45	51	67	659
Nice	T	7,5	8,5	10,8	13,3	16,7	20,1	22,7	22,5	20,3	16,0	11,5	8,2	14,8
Nice	P	68	61	73	73	68	35	20	27	77	124	129	107	862

QUESTIONS

1. Sur la carte n° 1, déterminer le sens des flux d'après la position des centres d'action (D = dépression, A = anticyclone). Dans quelles régions pleut-il ?

2. Sur la carte n° 2, étant donné l'existence d'un fort anticyclone sur toute la France :
— Le temps est-il couvert ou ensoleillé ?
— Le vent est-il fort ou faible ?
— Les températures sont-elles moyennes ou chaudes ?

3. À l'aide du tableau n° 4 des températures et précipitations mensuelles, déterminer, pour chaque station, la durée des périodes sèches ou humides. Un mois est considéré comme sec quand P < 2T (à Perpignan, en juillet, 24 < 47,6) et humide quand P > 2T (à Brest, en janvier, 133 > 12,2) : c'est le principe des diagrammes ombrothermiques.

4. À l'aide des cartes (pages 57 et 59) et de la carte n° 3 de cette page, déterminer les caractéristiques essentielles (points communs et différences) du climat océanique de Picardie et du climat océanique d'Aquitaine.

Comprendre la transformation d'un sol : la Champagne crayeuse

↑ **1. Labours profonds destinés à enrichir le sol.**

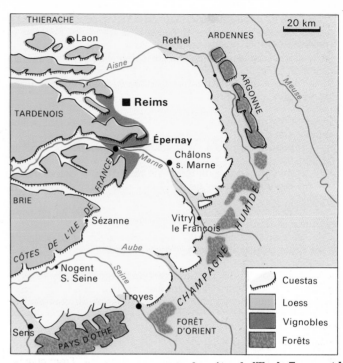

↑ **2. La Champagne crayeuse, entre les côtes de l'Ile-de-France et la Champagne humide.** Le jaune correspond aux sols crayeux.

3. Les nouvelles donnes de l'agriculture

LES sols de la Champagne crayeuse se caractérisent par une épaisse assise de craie (Sénonien) et l'absence des dépôts superficiels (loess) qui font la richesse des plateaux voisins : Île-de-France, Picardie. Cette région est demeurée jusqu'au milieu du XXe siècle une zone de répulsion : la Champagne « pouilleuse », vouée d'abord à de pauvres cultures céréalières en openfield, puis, à partir du XVIIIe siècle, à l'enrésinement et utilisée en grande partie par l'Armée qui y a établi des terrains de manœuvre, des camps, des aérodromes. Depuis 1950, l'agriculture rénovée est devenue l'une des plus performantes de France : les forêts de résineux (130 000 ha défrichés) ont cédé la place aux grandes cultures : blé (70 q/ha), maïs-grain (65 q/ha) et betterave à sucre (57 t/ha). C'est que les techniques modernes ont permis de pallier les défauts et d'utiliser les aptitudes jusque-là ignorées de ce terroir.

Ces sols, chimiquement pauvres ont été fertilisés par les fumures organiques et les engrais minéraux. Leur soubassement crayeux manifeste une bonne rétention de l'eau. Enfin, leur planéité s'avère un atout décisif en culture mécanisée ; pour 10 exploitations il y a 18 tracteurs.

d'après J. Garmotel,
L'Ascension d'une grande culture ;
Champagne pouilleuse,
Champagne crayeuse
(Paris, Économica, 1985).

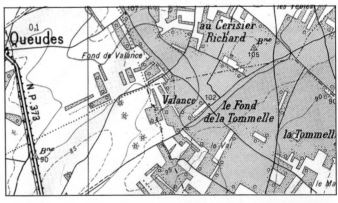

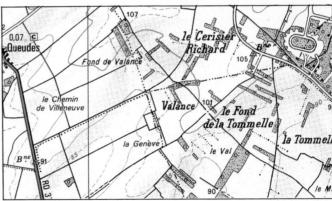

↑ **4. Fragments de la carte IGN au 1/50 000 de Sézanne montrant la modification du paysage des années 40 aux années 80.**

QUESTIONS

1. À l'examen de la carte n° 2, expliquer pourquoi la Champagne crayeuse a d'abord été une zone de répulsion.

2. En comparant les deux fragments de cartes IGN au 1/50 000e, calculer la surface forestière défrichée.

3. Qu'indique sur le fragment de carte le plus récent la forme géométrique des parcelles boisées ?

4. Calculer, à partir de la distance qui sépare deux courbes de niveau voisines, la pente des terrains.

5. Quel est, pour un sol, l'avantage d'une bonne rétention d'eau ?

L'aménagement d'un fleuve : la Compagnie Nationale du Rhône

La CNR (Compagnie Nationale du Rhône), constituée en 1933, a pour mission d'aménager le fleuve « au triple point de vue de l'utilisation de la puissance hydraulique, de la navigation, de l'irrigation et des autres emplois agricoles ». Le premier ouvrage construit fut celui de Génissiat (1939-1947) dont la haute chute devait assurer une forte production d'électricité (puissance installée 440 MW, productibilité 1 835 GWh/an).

Après-guerre, l'aménagement du Bas-Rhône est poursuivi activement afin de :
— répondre en priorité à l'impérieuse nécessité de produire de l'énergie ;
— établir de Lyon à la mer une voie d'eau à grand gabarit portant des automoteurs de 1 500 t et des convois poussés de 4 500 t.
— placer à l'abri des inondations plus de 40 000 ha en zones urbaines et rurales ;
— irriguer et drainer 29 000 ha de bonnes terres alluviales ;
— créer des zones industrielles portuaires.

L'aménagement du Haut-Rhône (Genève-Lyon) est presque terminé ; la réalisation de Loyettes étant suspendue à la solution du grave problème écologique de la sauvegarde du confluent de l'Ain.

1. Production d'énergie électrique

	en G/Wh.	% de la production hydroélectrique française
1951	1 402	6
1956	3 556	13
1961	6 323	16
1966	9 148	17
1971	8 698	18
1976	10 082	20
1981	16 925	22
1986	15 705	25

L'évolution de la production est fonction des variations de l'hydraulicité (donc les précipitations) et du calendrier de la mise en service des aménagements depuis 1948 (Génissiat) jusqu'à 1986 (Sault-Brennaz).

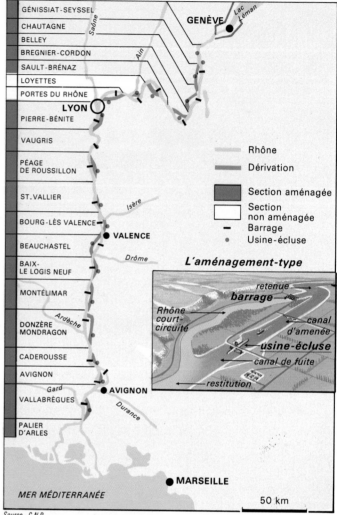

Source : C.N.R.

↑ 2. L'aménagement du Rhône par la CNR. Le fleuve forme un escalier de biefs navigables (canaux d'amenée et de fuite).

Les résultats sont remarquables en ce qui concerne la protection de l'environnement, la maîtrise des crues, les aménagements agricoles et surtout la production de l'électricité (4,5 % de l'énergie nationale en 1986).

← 3. Sault-Bremaz : l'usine hydro-électrique ; à gauche, le Rhône court-circuité.

Synthèse/
Sévaluation

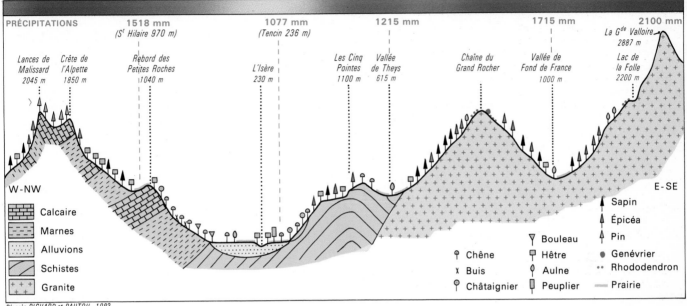

PRÉCIPITATIONS

| | 1518 mm | | 1077 mm | | 1215 mm | | 1715 mm | | 2100 mm |

1518 mm
(St Hilaire 970 m)

1077 mm
(Tencin 236 m)

1215 mm

1715 mm

2100 mm
La G^de Valloire
2887 m

Lances de
Malissard
2045 m

Crête de
l'Alpette
1850 m

Rebord des
Petites Roches
1040 m

L'Isère
230 m

Les Cinq
Pointes
1100 m

Vallée
de Theys
615 m

Chaîne du
Grand Rocher

Vallée de
Fond de France
1000 m

Lac de
la Folle
2200 m

W-NW

E-SE

Calcaire

Marnes

Alluvions

Schistes

Granite

Sapin

Épicéa

Pin

Bouleau

Chêne

Buis

Châtaignier

Hêtre

Aulne

Peuplier

Genévrier

Rhododendron

Prairie

D'après RICHARD et PAUTOU, 1983

↑ **1. Coupe géobotanique du Sillon alpin au nord de Grenoble**
Décrivez la succession végétale, ses liens avec le substrat du sol, l'influence de l'altitude.

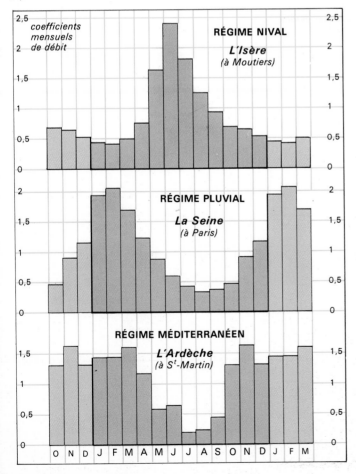

coefficients
mensuels
de débit

RÉGIME NIVAL

L'Isère
(à Moutiers)

RÉGIME PLUVIAL

La Seine
(à Paris)

RÉGIME MÉDITERRANÉEN

L'Ardèche
(à St-Martin)

O N D J F M A M J J A S O N D J F M

↑ **2. Décrivez les différents régimes annuels.**

QUESTIONS

1. Quels sont les grands types de climat français : traits communs et différences régionales ?

2. Expliquez les grands mécanismes climatiques qui s'exercent sur le territoire français.

3. Définir le « climat urbain ».

4. Quelle est l'influence du gel en France ?

5. Qu'est-ce qu'un bassin fluvial ?

6. Quelles sont les actions principales des agences de bassin ?

7. Quelles utilisations fait-on des eaux souterraines ?

8. Qu'est-ce qu'un sol ? Citez quelques types de sols en France.

9. Qu'est-ce qu'un profil phytogéographique ? Décrivez un profil que vous connaissez.

10. Présentez quelques actions de l'homme pour limiter l'influence des effets du climat.

11. Qu'est-ce que la CNR ? Quels sont ses buts ?

SUJETS

1. En quoi la France est-elle soumise à un climat de type tempéré ? En décrire les mécanismes, en préciser les nuances.

2. L'eau en France : nature, utilisations.

3. Les rapports entre climat, sol et végétation : prendre et expliquer quelques exemples précis sur le territoire français.

4. Les grands aménagements des fleuves français.

2ᵉ partie

Vivre en France

Carte-synthèse du territoire français

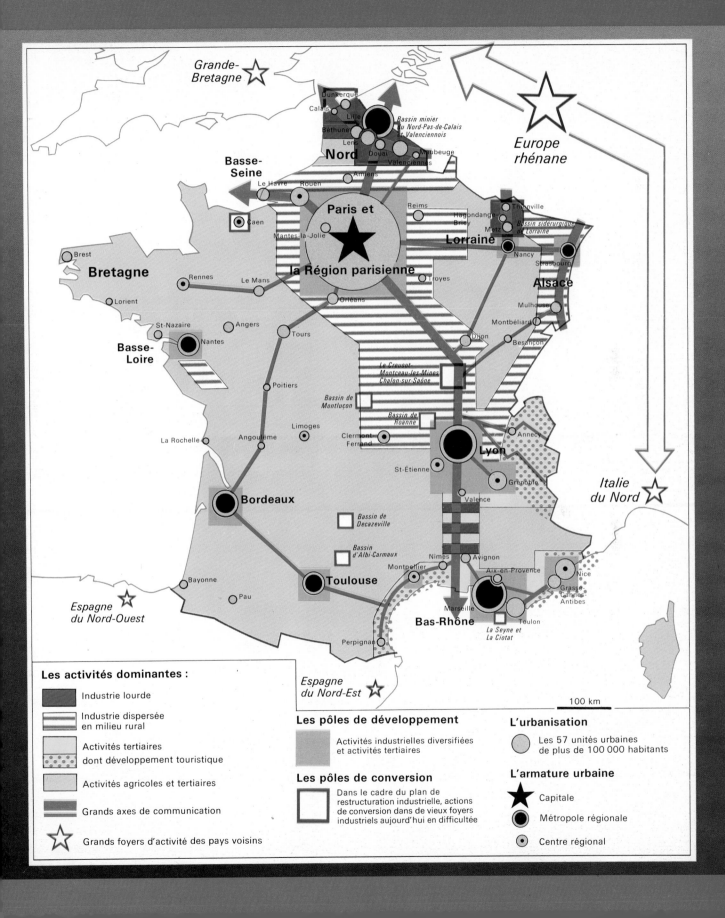

Grande-Bretagne

Europe rhénane

Basse-Seine

Dunkerque
Calais
Lille
Béthune
Lens
Douai
Maubeuge
Valenciennes
Nord
Bassin minier du Nord-Pas-de-Calais et Valenciennois
Amiens

Le Havre
Rouen
Caen

Paris et la Région parisienne

Mantes-la-Jolie

Reims
Hagondange
Briey
Metz
Thionville
Bassin sidérurgique de Lorraine
Lorraine
Nancy
Strasbourg

Brest

Bretagne
Rennes
Le Mans
Troyes
Alsace

Lorient
Orléans
Mulhouse

St-Nazaire
Angers
Tours
Montbéliard
Besançon
Nantes
Basse-Loire

Poitiers
Dijon

Le Creusot
Montceau-les-Mines
Chalon-sur-Saône

Bassin de Montluçon

Bassin de Roanne

Limoges
Annecy

La Rochelle
Angoulême
Clermont-Ferrand
Lyon

St-Étienne
Grenoble

Bordeaux
Bassin de Decazeville
Valence

Bassin d'Albi-Carmaux

Nîmes
Avignon
Aix-en-Provence
Nice
Montpellier
Grasse
Cannes
Antibes

Bayonne
Pau
Toulouse

Marseille
Toulon
Bas-Rhône
La Seyne et La Ciotat

Perpignan

Espagne du Nord-Ouest

Espagne du Nord-Est

Italie du Nord

100 km

DONNÉES STATISTIQUES

Population de la France
1987 : 55,6 millions
   dont 27,1 millions de femmes
   et 28,5 millions d'hommes.

Densité actuelle
102,1 habitants/km².

Taux de natalité
1946 : 21,4‰.
1955 : 18,6‰.
1970 : 16,7‰.
1980 : 14,9‰.
1986 : 14,1‰.

Nombre de naissances en 1986
768 000.

Taux de fécondité : 1,8.

Taux de mortalité
1946 : 13,4‰.
1955 : 12,2‰.
1970 : 10,7‰.
1980 : 10,2‰.
1986 : 9,9‰.

Nombre de décès en 1986
550 000.

Taux de mortalité infantile
1950 : 52,0‰.
1956 : 36,2‰.
1970 : 18,2‰.
1986 : 8,1‰.

Croissance en 1986 : 0,5 %.

Espérance de vie : 75 ans.

Population urbaine
1965 : 66 %.
1975 : 75 %.
1986 : 77,2 %.

Français à l'étranger : 1 455 000.

Étrangers en France : 4 500 000.

Sources : *Images économiques du monde 87, L'état du monde 1987/1988, Quid 1988.*

habitants de France

La population de la France d'aujourd'hui ne saurait être étudiée à travers un tableau figé dans le seul instant présent. Après l'avoir suivie au long des siècles (chapitre 2), il est maintenant nécessaire de partir de la Libération pour considérer **l'évolution du mouvement démographique** dans ses deux phases si brutalement distinctes.

C'est ainsi que l'on voit se former les lignes de **la composition de la population par âge, sexe, nationalité** et **activité**. L'étude de **la répartition géographique** de cette population si diverse requiert aussi le recours au passé, afin de replacer dans le long terme les évolutions comme celle de l'urbanisation.

L'unité française se nourrit d'une **diversité culturelle** parfois extrême qui invite à quelques incursions dans une **géographie des mentalités** aux allures, trompeuses, d'inventaire à la Prévert.

Enfin **le vieillissement de la population** suscite quelques questions sur les défis de l'âge.

ANALYSE DU DOCUMENT

Image de jeunesse et d'étude — plus ou moins attentive — propre à inspirer des réflexions sur l'importance décisive de la formation intellectuelle des jeunes générations, trop peu nombreuses, qui seront bientôt confrontées aux défis du travail.
Image aussi de la diversité de la population de la France, diversité qui n'est pas nouvelle, mais qui prend de nouvelles formes ; autre défi proposé comme un enrichissement possible par-delà les frictions.

1. le mouvement démographique

De 1946 à 1988, la France est passée de 40,5 millions d'habitants à près de 56, soit **un gain de 15 millions en 40 ans!** C'est la croissance la plus forte de son histoire. Reprenant en 1946, après dix ans de déficit des naissances, elle a progressivement atteint un taux annuel moyen de 11,4‰ de 1962 à 1968, pour ralentir jusqu'à 4‰ aujourd'hui. Dans ce mouvement, chaque facteur démographique a son rythme propre.

■ 1. Les Vingt Glorieuses

Le croît naturel n'a pas joué à huis clos : **les excédents de la balance migratoire sont importants.** Faibles de 1946 à 1953, pendant la reconstruction, ils deviennent **très forts de 1954 à 1973,** car la vigoureuse expansion économique du pays est gourmande en main-d'œuvre. Depuis 1974, avec la « crise », le solde s'est amenuisé jusqu'à devenir presque nul.

Sauf en 1962, **le premier rôle revient au croît naturel.** De 13,5‰ en 1946 à 10 environ depuis 1977, **le recul de la mortalité est modéré** — mais la seule mortalité infantile passe de 70 à 8‰, un des taux les plus faibles du monde. En revanche, **le progrès de la natalité est d'abord foudroyant.**

Ici, comme aux États-Unis par exemple, d'où vient le mot, **le baby-room (1946-1964)** combine le « rattrapage » d'après-guerre avec un relèvement durable. L'étude de l'indice de fécondité met en évidence ce que l'on a pu appeler « les vingt glorieuses » : presque **vingt ans d'une fécondité élevée** qui nourrit un fort croît naturel.

■ 2. L'hiver démographique

Ensuite, **la dénatalité est brutale :** de 1965 à 1976, l'indice chute — c'est **le baby-krach** —, pour se stabiliser depuis assez bas. La courbe des taux de natalité le masque jusqu'en 1971, car l'arrivée des générations étoffées du baby-boom à l'âge de la procréation compense un moment la chute.

En 1974, deuxième rupture, l'indice passe en dessous de 2,1 enfants par femme. Dès lors, **les générations n'assurent plus leur renouvellement.** C'est le « seuil de l'hiver démographique », selon l'expression

de Dumont et Legrand. Enfin, en 1983, la baisse de la fécondité met toutes les régions au-dessous du seuil de 2,1. Il n'y a plus de « croissant fertile » au nord du pays.

Aujourd'hui, **fécondité et natalité sont faibles,** alors que les parents potentiels, les dernières générations du baby-boom, **sont nombreux.** A terme, la France risque de voir sa population diminuer, comme celle de la RFA. De par l'inertie démographique, **la croissance continue cependant,** supérieure à la moyenne de l'Europe (3‰ par an) et très supérieure à celle de l'Europe du nord (1‰). La fécondité plus forte des immigrés n'y est pas... étrangère.

■ 3. Pourquoi cet hiver?

Les explications par **l'extension de la contraception** (loi Neuwirth, 1967) et **la légalisation de l'avortement** (loi Veil, 1975) soulèvent des polémiques. Elles éclairent sur les moyens, mais non sur les raisons de la dénatalité. On ne refuse pas l'enfant en France, comme en RFA; **ce sont les naissances de 3e rang qui manquent,** grâce à ces moyens. Mais pourquoi?

Comme dans d'autres pays, **des changements de mentalité ont déterminé de nouvelles mœurs,** défavorables à la fécondité : liberté sexuelle, développement de la cohabitation et recul du mariage, fragilité croissante des unions, etc. On les explique par les progrès de l'égalité des sexes et la promotion de la femme, de plus en plus active économiquement parlant, et par le besoin de loisirs et de liberté.

L'Américain Easterlin ajoute une explication démographique. L'afflux des jeunes générations sur le marché du travail au moment où elles fondent leurs foyers les amène à **retarder les naissances pour faciliter leur insertion professionnelle.** Cela réduit la fécondité car le retard de la première naissance creuse l'écart entre le désir d'enfants, qui subsiste en général, et la réalité.

Les causes de ces fluctuations ne sont donc pas propres au seul « hexagone ». Dans tous les pays comparables, la fécondité a commencé à remonter peu après 1940, à chuter au début des années 1960, et presque partout la chute s'arrête ou ralentit vers 1975.

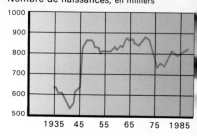

Nombre de naissances, en milliers

↑ **1. Les naissances en France depuis 1935.**

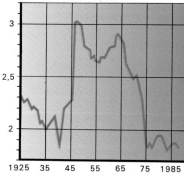

Nombre d'enfants par femme

↑ **2. L'indice synthétique de fécondité**
Pour remplacer les générations, il fallait 2,4 enfants par femme en 1930, 2,1 en 1950 (rôle de la mortalité infantile).

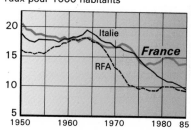

Taux pour 1000 habitants

Source : INED, Population et Sociétés N° 200, mars 1986.

↑ **3. La natalité en France, Italie et R.F.A.**

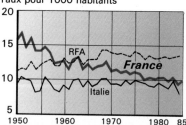

Taux pour 1000 habitants

Source : INED, Population & Sociétés N° 200, mars 1986.

↑ **4. ... et la mortalité**
Attention : les taux de natalité et de mortalité ne sont pas indépendants l'un de l'autre. Ils dépendent de la structure par âge — et ils la modifient.

Nombre de naissances, en milliers

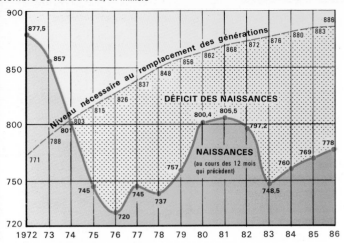

↑ **5. Le déficit des naissances** (*La France ridée*, G. Dumont).

Nombre de filles pour 100 femmes

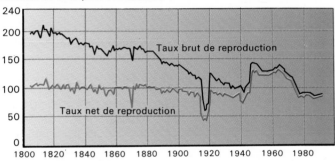

Source : INED, Population & Sociétés N° 135, mai 1980, et INSEE.

↑ **6. Les taux de reproduction — net et brut — depuis 1800.**

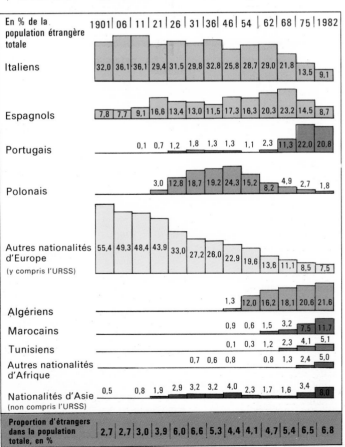

← **10. La population étrangère par nationalité, depuis 1901.**

7. Le remplacement des générations : une notion à utiliser avec prudence

ON ne saurait conclure sur les conditions globales de l'évolution de la natalité sans évoquer ce que peuvent avoir de flou les images que l'on en donne, flou souvent lié à l'ambiguïté même des termes utilisés. Nous reviendrons sur ce que peut avoir de choquant pour l'historien l'utilisation de la notion de remplacement des générations indifféremment appliquée à des sociétés dans lesquelles les générations se succédaient et à celles dans lesquelles, l'augmentation de l'espérance de vie jouant, elles ont tendance à se superposer. Dit-on assez clairement qu'un même taux de remplacement ne saurait avoir la même signification pour le xvIIIe siècle et pour la fin du xxe siècle ?

Une étude récente montre clairement qu'une analyse partant du taux net de reproduction, donne une toute autre image de l'évolution française que celle qu'en donne le taux brut.

Rappelons que le taux de reproduction décrit dans quelle proportion une génération de femmes est « remplacée » par celle de filles. Le taux brut ne prend pas en compte la mortalité des femmes considérées, contrairement au taux net. Le taux brut surestime donc d'autant plus le « remplacement » que la mortalité est forte.

En règle générale, toute lecture d'une donnée isolée est lourde de risques d'erreurs. L'erreur est souvent volontaire pour permettre une utilisation polémique des chiffres. Frappés par la singularité ancienne de leur destin, les Français ont rarement lu leurs chiffres et taux de natalité avec sang-froid alors qu'ils ont été longtemps moins sensibles à ce qu'avait d'excessif leur mortalité.

P. Guillaume, *Individus, familles, nation, essai d'histoire démographique, xixe-xxe siècle* (éd. SEDES).

	1962/81	62/64	65/69	70/74	75/79	80/81
Ensemble	**2,36**	**2,92**	**2,73**	**2,40**	**1,88**	**1,97**
Française	2,27	2,85	2,65	2,31	1,79	1,89
dont par acquisition	*2,59*	*3,14*	*2,90*	*2,62*	*2,05*	*2,01*
Etrangère	3,81	4,52	4,33	3,93	3,33	3,30
dont : Algérienne	*5,82*	*8,54*	*7,37*	*5,95*	*4,73*	*4,35*
Marocaine	*5,77*	*5,93*	*6,53*	*5,35*	*5,75*	*5,84*
Tunisienne	*5,18*	*6,31*	*4,65*	*5,57*	*5,05*	*5,11*
Portugaise	*3,24*	*4,27*	*3,95*	*3,84*	*2,69*	*2,23*
Espagnole	*2,93*	*3,52*	*3,60*	*2,91*	*2,03*	*1,89*
Italienne	*3,20*	*4,22*	*4,19*	*2,82*	*1,87*	*2,04*
Turque	*4,76*	*4,04*	*4,36*	*5,28*	*5,00*	*5,51*

Source : INSEE, enquête Famille 1982

↑ **8. La fécondité des étrangers (indice synthétique).**

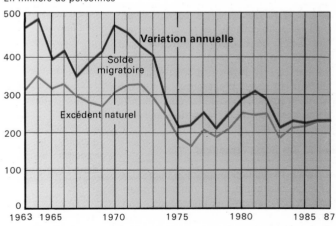

Source : Annuaire Statistique de la France

↑ **9. Le mouvement démographique global depuis 1963.**

2. la composition de la population

La composition de sa population : structures par âge, sexe, nationalité et emploi, reflète l'évolution démographique et économique du pays.

■ 1. La France en vieille dame

En 1945, la France avait la population la plus vieille du monde. Après le fort rajeunissement du baby-boom, le vieillissement a repris. La pyramide des âges vieillit à la fois par le bas, la fécondité diminuant, et par le haut, du fait de l'accroissement de la longévité. **Les moins de 20 ans représentent 28,5 % de la population et les 60 ans, 18,7 %.**

Sur la carte de l'âge, les campagnes et le Sud sont plus « vieux » que les villes et le Nord et c'est dans les grands foyers urbains que les 20-59 ans sont les plus nombreux.

Si **le taux de masculinité est de 95 hommes pour 100 femmes,** dans l'ensemble, son évolution par âge est significative : 105 à la naissance, 100 à 50 ans et 57 à 80 ans ! Ce taux est plus élevé dans les villes de la moitié orientale du pays, à fort pourcentage d'étrangers, et dans les villes industrielles.

Élevé dans les campagnes, il est bas dans les villes tertiaires (Lozère : 119, Paris : 84).

Cette structure par âge et par sexe engendre trois problèmes. L'importante proportion de gens très âgés (6,6 % de plus de 75 ans) gonfle la demande de soins médicaux, surtout dans certaines zones rurales. 30 % des plus de 60 ans vivent seuls ; et cette solitude est parfois dramatique. Enfin, **on compte 4 retraités pour 10 actifs,** malgré la présence des classes creuses de 1915-1919 parmi les retraités et celles des classes pleines du baby-boom parmi les actifs. Quand celles-ci atteindront 60 ans, le « papy-boom* » rendra malaisé le financement des retraites.

■ 2. Ses hôtes étrangers

On a vu l'influence du solde migratoire sur la démographie. Les Français d'outre-mer déduits, apparaît la masse des étrangers vivant en France. N'y figurent pas, bien sûr, les travailleurs clandestins, évalués à 300 000 (ni les naturalisés : 1,4 million). Les chiffres sont peu sûrs : pour 1982, l'INED donne 3,5 millions, l'INSEE 3,7 et le ministère de l'Intérieur 4,2.

L'examen de cette population étrangère montre **la diversité des nationalités, la prédominance des origines méditerranéennes et l'importance des groupes non-européens,** comme dans toute l'Europe du N.-O. Cela ne va pas sans accrocs et les controverses sont parfois violentes sur l'alternative : assimilation ou préservation de l'identité.

Si le comportement démographique de la population étrangère tend à se rapprocher, lentement, du « modèle » français, il n'en va pas de même de ses caractères socio-économiques. Les actifs étrangers — 6,7 % du total — occupent surtout des emplois non qualifiés, principalement dans le secteur secondaire. Ils sont nombreux parmi les chômeurs. Cela les cantonne, dans l'ensemble, au bas de « l'échelle sociale ».

■ 3. Une société post-industrielle ?

La population active, c'est-à-dire occupant ou recherchant un emploi, **comprend 23,8 millions de gens, soit un taux d'activité de 43 %,** un peu plus faible que ceux de l'Europe du N.-O. Sa structure par âge exprime la réduction de la vie active par allongement de la formation et abaissement de l'âge de la retraite, à 60 ans depuis 1982. On compte 145 hommes actifs, contre 170 en 1968, pour 100 femmes actives : **la tertiarisation de l'emploi augmente la part des femmes.**

L'évolution par secteur laisse au primaire 8 % des actifs, au secondaire 34 %, tandis que le tertiaire, majoritaire depuis 1975, en regroupe 58 %. Les gains de productivité, caractéristiques de la troisième révolution industrielle, favorisent la puissante aspiration du tertiaire — surtout des activités de service. Donc, son tertiaire excédant les 50 %, **la France serait entrée dans l'âge post-industriel.** Lié à ce phénomène ou à la conjoncture, le chômage frappe, depuis quelques années, plus de 10 % des actifs.

Ainsi, les structures de sa population placent la France dans le groupe des pays les plus avancés, à quelques décalages près qui constituent son originalité.

Part de chaque groupe d'âges dans la population totale, en %

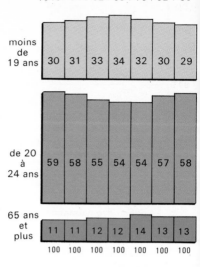

↑ **1. La structure par âge depuis 1946.**

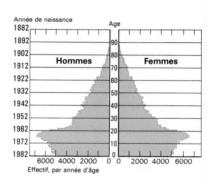

↑ **2. La pyramide des âges de la Réunion**
Comparer avec celle de la France métropolitaine.

En milliers de personnes

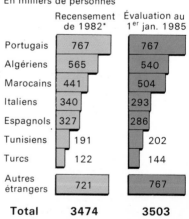

	Recensement de 1982*	Évaluation au 1er jan. 1985
Portugais	767	767
Algériens	565	540
Marocains	441	504
Italiens	340	293
Espagnols	327	286
Tunisiens	191	202
Turcs	122	144
Autres étrangers	721	767
Total	**3474**	**3503**

* "Sondage au 1/4". Les 240 000 enfants nés en France de parents algériens mais français de naissance, ont été classés comme Français

Chiffres : INSEE

↑ **3. Structure actuelle de la population étrangère par nationalité (pour l'évolution antérieure, voir doc. 10 p. 73).**

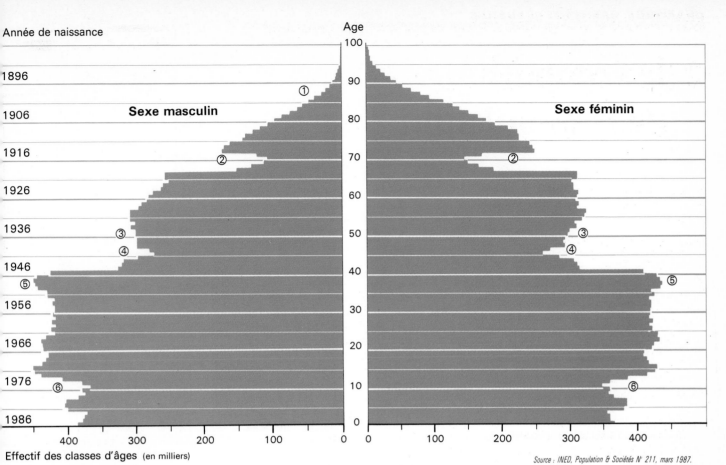

Année de naissance

1896

1906   **Sexe masculin**

1916

1926

1936

1946

1956

1966

1976

1986

Sexe féminin

Effectif des classes d'âges (en milliers)

Source : INED, Population & Sociétés N° 211, mars 1987.

↑ **4. Pyramide des âges de la population de la France au 1-1-1986. Commentez les phénomènes numérotés.**

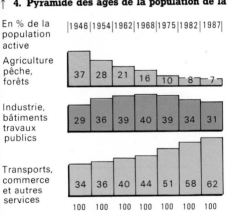

En % de la population active |1946|1954|1962|1968|1975|1982|1987|

Agriculture pêche, forêts : 37 | 28 | 21 | 16 | 10 | 8 | 7

Industrie, bâtiments travaux publics : 29 | 36 | 39 | 40 | 39 | 34 | 31

Transports, commerce et autres services : 34 | 36 | 40 | 44 | 51 | 58 | 62

100 | 100 | 100 | 100 | 100 | 100 | 100

Chiffres : INSEE

↑ **5. Les secteurs d'activité depuis 1946.**

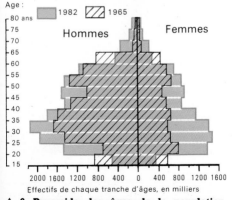

Age :
☐ 1982   ▨ 1965
Hommes   Femmes

2000 1600 1200 800 400 0 400 800 1200 1600
Effectifs de chaque tranche d'âges, en milliers

↑ **6. Pyramide des âges de la population active.**

Nomenclature des Professions et Catégories Socioprofessionnelles	Structure en %		Part des femmes en % 1985	Effectifs en milliers 1985
	1962	1985		
Population active	**100,0**	**100,0**	**41,9**	**23 666**
Agriculteurs exploitants	15,9	5,7	37,1	1 345
Artisans commerçants et chefs d'entreprise	10,9	8,0	33,7	1 891
dont : artisans	*5,4*	*3,9*	*24,3*	*931*
Cadres et professions intellectuelles supérieures	4,7	8,9	25,9	2 095
dont : professeurs, professions scientifiques	*0,5*	*1,8*	*47,3*	*413*
ingénieurs et cadres techniques d'entreprise	*0,8*	*1,7*	*6,3*	*398*
Professions intermédiaires	11,0	17,4	41,2	4 108
dont : professions intermédiaires de la santé et du travail social	*1,0*	*2,8*	*67,1*	*670*
professions intermédiaires administratives de la fonction publique	*0,9*	*1,2*	*49,4*	*279*
professions intermédiaires administratives et commerciales des entreprises	*2,9*	*4,1*	*44,2*	*967*
Employés	18,4	27,1	74,0	6 407
dont : employés civils et agents de service de la fonction publique	*4,0*	*7,4*	*77,7*	*1 748*
employés administratifs d'entreprises	*5,8*	*8,3*	*79,5*	*1 963*
employés de commerce	*2,0*	*2,7*	*79,5*	*630*
Ouvriers	39,1	31,0	20,8	7 339
dont : ouvriers qualifiés	*12,0*	*11,8*	*8,7*	*2 788*
ouvriers non qualifiés	*19,0*	*10,6*	*37,5*	*2 510*
Chômeurs n'ayant jamais travaillé	e	2,0	59,6	481

↑ **7. Évolution de la population active par professions et catégories socioprofessionnelles.**

3. la répartition de la population

La densité moyenne de la population métropolitaine est de 101,2 hab./km², ce qui est faible comparé à la RFA (245), au RU (233) ou à la Belgique (324). Après des siècles de concentration géographique, quelques grands traits apparaissent. Les 10 régions situées à l'ouest d'une ligne Basse-Seine/Bas-Rhône ne réunissent que 36 % de la population sur plus de la moitié du territoire ; à l'est donc, 64 % pour 12 régions, y compris l'Île-de-France (18,5 %). **Les vastes zones sous-peuplées de la France du vide contrastent avec les concentrations des vallées et des littoraux.**

■ 1. Les Français en citadins

Selon la définition des **villes, communes d'au moins 2 000 habitants agglomérés au chef-lieu**, les Français seraient citadins à 69 %. Si l'on considère les **unités urbaines**, ajoutant aux villes les agglomérations urbaines, groupes de communes autour des villes-centres, ils sont 73 %. A considérer les **zones urbaines**, ou zones de peuplement industriel et urbain (ZPIU) qui comprennent, outre les unités urbaines, les communes rurales des alentours où le mode de vie est plus urbain que rural, alors ce sont **90 % des Français qui sont citadins.**

Avec la révolution industrielle, la population rurale a commencé à diminuer vers 1850. Elle a été dépassée par celle des villes en 1931. **Le mouvement s'est accéléré, véritable exode rural, en 1945, et a cessé en 1975.** Le solde migratoire annuel moyen est de − 0,3 % dans les communes urbaines et de + 1 % dans les communes rurales. **Mais ce n'est qu'une « illusion statistique »** (D. Noin). Comme dans les autres pays avancés, le relais de la **suburbanisation*** (développement des banlieues) a été pris par la péri-urbanisation ou **rurbanisation***, diffusion de la population urbaine dans les campagnes environnantes. Dans l'ensemble des communes rurales non composées dans une ZPIU*, les 3/4 des habitants vivent de revenus non agricoles. Et dans « le rural profond » des communes éloignées des ZPIU, la population décroît toujours.

L'urbanisation, ralentie aujourd'hui par le refroidissement économique et par l'hiver démographique dessine, elle aussi, une France dissymétrique et, qui plus est, **« macrocéphale ».** Sur les 112 unités urbaines de plus de 50 000 habitants, 70 se trouvent à l'est de la ligne Le Havre-Marseille, et l'agglomération parisienne regroupe près de 9 millions d'habitants.

■ 2. Vers « un sun belt français » ?

Cette croissance urbaine est due en grande partie aux migrations internes. **La mobilité de la population, animée surtout par des motifs professionnels ou familiaux, diminue depuis 1975.**

Les migrations interrégionales provoquent **un redéploiement géographique de la population**, lié à l'évolution de l'économie et à l'intérêt pour l'environnement, qui va à l'encontre de l'évolution antérieure. Les soldes migratoires sont faiblement négatifs en Île-de-France, négatifs dans le Nord et le Nord-Est, positifs en Bretagne, Aquitaine et Midi-Pyrénées. Enfin, ils sont très positifs en Provence et Languedoc-Rousillon, qui attirent actifs et retraités. Ainsi s'esquisse un héliotropisme* analogue à celui dont bénéficie le « sun belt* » aux États-Unis.

■ 3. Une géographie des « problèmes de société » ?

Parmi les « problèmes de société » qui alimentent les débats les plus vifs, deux au moins ont un aspect géographique affirmé.

Peu nombreux dans les zones rurales et dans l'Ouest, **les étrangers sont fortement concentrés dans les bassins d'emploi de la moitié orientale du pays, où ils résident pour les 2/3.** Ils sont 1,2 million dans l'agglomération parisienne. Alors que les Espagnols se trouvent plutôt dans le S.-O. et les Italiens dans le S.-E., les Portugais sont présents un peu partout et les Algériens se regroupent dans les zones urbaines et industrielles de la moitié Est.

La géographie du **chômage** est différente. Pour une moyenne nationale supérieure à 10 %, **les taux sont faibles là où les activités sont très diversifiées,** comme en Île-de-France, et dans les régions relativement peu urbanisées de l'Ouest ou du Massif Central. **Ils sont élevés dans les vieux bassins industriels du N. et du N.-E., et les régions méditerranéennes.**

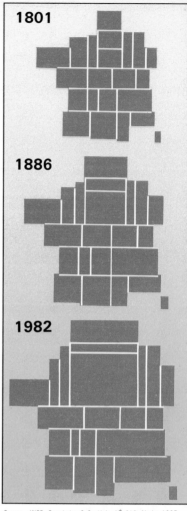

Source : INED, Population & Sociétés N° 210, février 1987.

↑ **1. Évolution de la population par région** dans leurs limites actuelles-surfaces proportionnelles à la population (D. Noin).

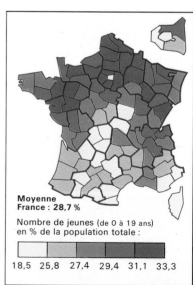

Moyenne France : 28,7 %

Nombre de jeunes (de 0 à 19 ans) en % de la population totale :

18,5 25,8 27,4 29,4 31,1 33,3

Source : INSEE, RGP 1982.

↑ **2. La France des jeunes**
Vestiges de l'ancien « croissant fertile ».

3. 9 étrangers sur 10 vivent en ville

La répartition des étrangers en France est liée aux grands foyers d'activité tertiaire et secondaire où la main-d'œuvre étrangère est jugée nécessaire par les entreprises pour accomplir certaines tâches. Elle l'est d'autant plus que la main-d'œuvre nationale est plus qualifiée et plus chère. Il n'est pas surprenant, dans ces conditions, que la plus forte concentration se trouve dans l'agglomération parisienne. Viennent ensuite, loin derrière, les agglomérations de Lyon, Marseille et Lille, puis celles de Grenoble, Strasbourg, Nice, Toulouse et Bordeaux. De nombreux étrangers sont installés dans les zones minières et industrielles, particulièrement le Nord, la Lorraine, l'Alsace, la Franche-Comté, la région lyonnaise et les Alpes du Nord. Enfin, ils sont nombreux dans les zones touristiques où ils travaillent dans l'hôtellerie et la restauration : c'est surtout le cas sur le littoral de Provence et de la Côte d'Azur. D'une façon générale, ils se concentrent dans les villes : 91 % d'entre eux vivent dans les agglomérations urbaines.

Daniel Noin et Yvan Chauviré,
La Population de la France
(Paris, Éd. Masson).

Les densités de population en 1986 4. →
Carte établie sur la base des densités par canton. Elle peut être comparée aux cartes de la p. 25.

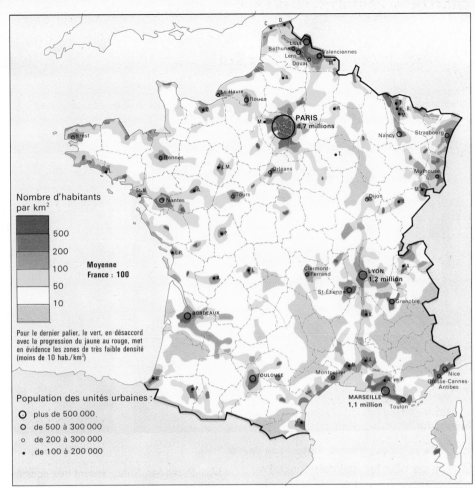

Nombre d'habitants par km²

500
200
100
50
10

Moyenne France : 100

Pour le dernier palier, le vert, en désaccord avec la progression du jaune au rouge, met en évidence les zones de très faible densité (moins de 10 hab./km²)

Population des unités urbaines :
- ⊙ plus de 500 000.
- ◉ de 500 à 300 000
- ○ de 200 à 300 000
- • de 100 à 200 000

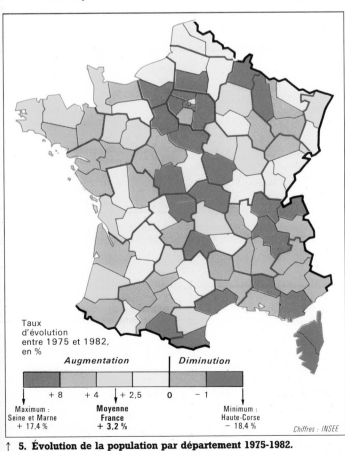

Taux d'évolution entre 1975 et 1982, en %

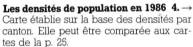

Augmentation — *Diminution*

+ 8   + 4   + 2,5   0   − 1

Maximum : Seine et Marne + 17,4 %

Moyenne France + 3,2 %

Minimum : Haute-Corse − 18,4 %

Chiffres : INSEE

↑ 5. Évolution de la population par département 1975-1982.

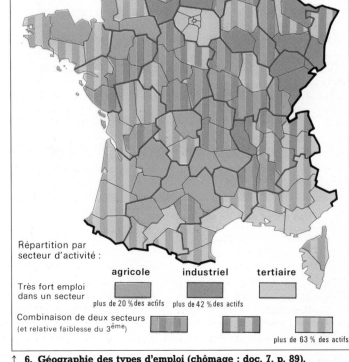

Répartition par secteur d'activité :

agricole — industriel — tertiaire

Très fort emploi dans un secteur
plus de 20 % des actifs — plus de 42 % des actifs

Combinaison de deux secteurs (et relative faiblesse du 3ème)
plus de 63 % des actifs

↑ 6. Géographie des types d'emploi (chômage : doc. 7, p. 89).

La diversité culturelle :

↑ **1. La partie de pétanque, quelque part dans le Midi.**

↑ **2. La fête du vin d'Alsace à Sainte-Hippolyte (Bas-Rhin).**

↑ **3. Une soirée amicale en Guadeloupe.**

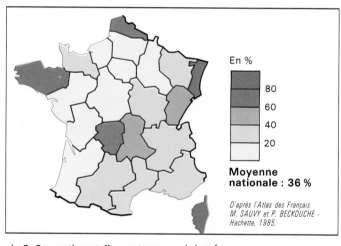

En %

80
60
40
20

Moyenne nationale : 36 %

D'après l'Atlas des Français M. SAUVY et P. BECKOUCHE - Hachette, 1985.

↑ **5. Le sentiment d'appartenance régionale**
La régionalisation n'est pas encore faite dans les esprits, sauf patriotisme provincial ancien.

4. Cantar en gascoun

Al pount de (tau endret...)	Au pont de (tel endroit...)
Y a un aouseilhoun,	Il y a un oisillon,
Touto la neit canto,	Toute la nuit il chante
Canto pas per jou.	Il ne chante pas pour moi.
Se canto, que canto,	S'il chante, qu'il chante
Canto pas per jou :	Il ne chante pas pour moi
Canto per ma mio	Il chante pour ma mie
Qu'es al lenh de jou...	Qui est loin de moi...

chanson pyrénéenne
dite de Gaston Phébus

QUESTIONS

1. Quels sont les caractères de la sociabilité méridionale ? « ch'timie » ? bretonne ?

2. Tracez à grands traits une carte des boissons traditionnelles selon les régions.

3. Dressez la liste des particularités culturelles de votre région. Vous paraissent-elles toujours vivaces ?

4. Recensez les langues régionales et les parlers locaux de France métropolitaine et d'outre-mer.

5. Comparez la carte 5 avec la carte 6 p. 11.

la géographie des mentalités

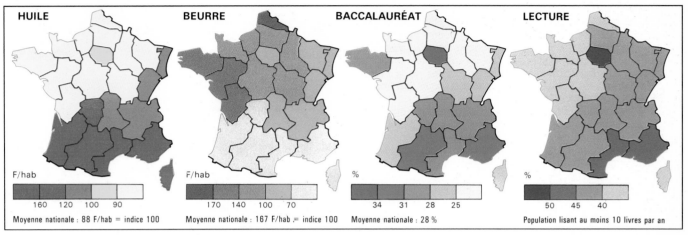

| HUILE | BEURRE | BACCALAURÉAT | LECTURE |

F/hab — 160 120 100 90
Moyenne nationale : 88 F/hab = indice 100

F/hab — 170 140 100 70
Moyenne nationale : 167 F/hab = indice 100

% — 34 31 28 25
Moyenne nationale : 28 %

% — 50 45 40
Population lisant au moins 10 livres par an

D'après l'Atlas des Français, M. SAUVY et P. BECKOUCHE, Hachette 1985

↑ **6. Quelques aspects de la diversité culturelle.**

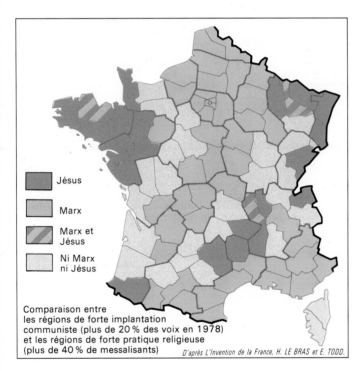

Jésus

Marx

Marx et Jésus

Ni Marx ni Jésus

Comparaison entre les régions de forte implantation communiste (plus de 20 % des voix en 1978) et les régions de forte pratique religieuse (plus de 40 % de messalisants)

D'après L'Invention de la France, H. LE BRAS et E. TODD.

↑ 7. Marx et Jésus

« Cette carte est une confirmation empirique de la pensée contre-révolutionnaire française, qui estime que la Révolution, et sa prolongation idéologique dans le communisme, est moins un phénomène de lutte de classes qu'un conflit de nature métaphysique entre ceux qui croient au paradis après la mort et ceux qui croient au paradis sur terre, entre les partisans de la cité de Dieu et ceux de la cité du soleil. Le communisme, c'est avant tout, comme la religion, un rapport à l'au-delà. »

H. Le Bras et E. Todd,
L'Invention de la France, L. de Poche.

8. Guerre des sexes et alphabétisation

L'ALPHABÉTISATION a fini par toucher tout le pays. Mais l'état actuel de la France, alphabétisée de la Bretagne à l'Alsace, des Flandres au Roussillon, est un phénomène récent, produit d'un effort conscient des collectivités locales et de l'État.

Toutes les régions n'ont pas appris à lire et à écrire à la même époque. La maîtrise de la lecture et de l'écriture se développe en France à partir de pôles particuliers, noyaux de développements culturels à partir desquels le progrès intellectuel se diffuse.

Le pôle principal n'est pas Paris, mais une fois de plus, l'Est de la France. Le trajet de diffusion de l'alphabétisation recoupe, à tout moment, la carte des modes de relations entre hommes et femmes. La ligne Saint-Malo-Genève est très connue des historiens pour sa pertinence culturelle. Elle oppose une zone de modernité et une zone d'arriération, une France obscure du Sud et de l'Ouest, et une France des Lumières du Nord. Au XIXe siècle, le développement de l'école au sud et à l'ouest de cette limite semble gommer cette ligne désagréable pour l'orgueil national. Aujourd'hui on la suppose liquidée, elle n'est plus qu'un mauvais souvenir historique. Pourtant à la veille de la Première Guerre mondiale, alors que l'ensemble de la nation est déjà alphabétisé, la carte des reconnaissances d'enfants illégitimes par leur père révèle l'existence persistante d'une ligne, abstraite mais parfaite, entre Saint-Malo et Genève : au nord-est les reconnaissances sont nombreuses ; au sud-ouest rares.

La présence au nord-est de mœurs matrimoniales de type conflictuel vérifie le point de vue de Marc Bloch qui croyait à un peuplement « franc » en profondeur de la France du Nord à l'époque des grandes invasions.

Reste à expliquer en quoi la structure conflictuelle des rôles masculin et féminin encourage l'alphabétisation. Le plus sûr est de souligner que ce rapport instable des rapports humains est générateur d'anxiété. Et que l'anxiété est la condition du mouvement : étant entendu que ce dynamisme peut mener à la chasse aux sorcières comme à l'alphabétisation de masse.

H. Le Bras et E. Todd,
L'Invention de la France,
L. de Poche.

QUESTIONS

1. La ligne Saint-Malo-Genève est-elle la seule ligne de partage culturel ?

2. Comparez les cartes du doc. 6 avec les cartes 3 p. 16.

Les défis de l'âge : quelques réponses possibles

Le recensement de 1982 dénombrait 10 023 740 personnes de plus de soixante ans et plus de 2,5 millions d'entre elles vivaient seules. Elles étaient 1,75 million à bénéficier d'une allocation du fond national de solidarité... On a calculé qu'en 1987 la « protection vieillesse » absorbait 37 % des dépenses sociales de la France. Bientôt 1 habitant de France sur 5 sera dans ce que l'on nomme, euphémisme papelard, « le troisième âge ».

Tandis que certains attendent leur retraite avec une impatience parfois sincère, ceux qui l'ont atteinte ne la ressente pas toujours comme un repos mérité ou se trouvent cruellement isolés. Les clubs et associations se multiplient. Mais le débat actuel porte principalement sur l'avenir des régimes de retraites.

↑ **1. L'espérance de « l'âge d'or » (J. Faizant).**

↑ **2. Une des 40 « universités du troisième âge ».**

↑ **3. Un des 20 000 « clubs du troisième âge ».**

4. L'avenir des retraites

LES pensions de retraite ne sont pas sorties d'une tirelire dans laquelle les cotisations versées pendant la vie active auraient été conservées : elles sont payées par les actifs du moment.

La masse des pensions dépend donc strictement de l'effectif des actifs et de l'effort que ceux-ci sont en mesure de consentir.

Pour le moment, ce n'est pas une charge exagérément lourde en raison de la présence des classes creuses parmi les retraités et des classes pleines parmi les actifs, mais elle a tout de même connu un alourdissement sensible avec l'abaissement de l'âge de la retraite. En 1982, il y avait déjà près de 35 retraités pour 100 actifs ayant un emploi, contre 30 en 1975, et ce chiffre a encore augmenté depuis lors.

Dans l'avenir, la situation deviendra très délicate lorsque les classes pleines cesseront de travailler, surtout si la population active est alors formée de classes réduites par une baisse prolongée de la fécondité.

En faisant l'hypothèse que l'âge de la retraite reste fixé à 60 ans, le « papy-boom » commencera en 2006. Il faudra alors que les actifs augmentent leurs efforts en direction des retraités mais cela ne suffira sans doute pas. Des révisions déchirantes dans le système des pensions seront sans doute rendues nécessaires.

Daniel Noin,
La Population de la France
(Paris, éd. Masson).

5. L'âge d'or des années de plomb...

MARGUERITE Yourcenar dans *Les mémoires d'Hadrien* parle de « l'âge où la vie pour chaque homme est une défaite acceptée ». C'est une définition. L'administration, au sens large, en a une autre. La rubrique « personnes âgées » englobe les plus de soixante ans. C'est également, et par voie de conséquence, le passage du statut actif (rentabilité, productivité) à celui de désœuvré (inutile, à charge). Tous les sondages en témoignent. Il s'agit parfois d'isolement physique — 2,5 millions de personnes âgées vivent seules —, plus fréquemment encore d'un sentiment d'abandon, d'exclusion et d'enfermement dans un « moi » qui aurait tendance à devenir une peau de chagrin. Mais à contre-courant de la mode ou des impératifs, des millions de personnes âgées semblent tout simplement occupées à vivre leur âge.

Des États-Unis, la vogue des « panthères grises » est passée en Allemagne de l'Ouest. 60 000 aux USA, 10 000 en RFA. Mais aucune de ces organisations n'est réellement représentative des personnes âgées.

François, soixante-dix ans, dénonce le « bêtisier » qui enferme la vieillesse, la ridiculise pour la nier : « Ça commence dit-il par des noms de fleurs donnés aux maisons de retraite. Ça continue avec les propos infantilisants que trop de soignants tiennent à leur clientèle. Ça se poursuit avec toutes les variantes de la crème anti-rides. »

D'après une enquête de Irina Chikoff,
Le Figaro, janvier 1988.

Synthèse & évaluation

↑ **1. Une boutique de restauration rapide pendant la « pause-bouffe ».**

↑ **2. Le coup de feu de midi dans un restaurant classique.**

Ensemble de la population de la France (54 335 000)   Étrangers (3 680 000)

Année de naissance

Année de naissance
1882
1892
1902
1912
1922
1932
1942
1952
1962
1972
1982

Âge : 90, 80, 70, 60, 50, 40, 30, 20, 10, 0

Hommes — Femmes

1,3 1,2 1,1 **1,0** 0,9 0,8 0,7 0,6 **0,5** 0,4 0,3 0,2 0,1 0 — 0 0,1 0,2 0,3 0,4 **0,5** 0,6 0,7 0,8 0,9 **1,0**

Part de chaque tranche d'âge, en % de la population

↑ **3. Superposition de deux pyramides des âges :**
celle de la population totale, étrangers compris, et celle des seuls étrangers.
Comparez les deux pyramides en vous aidant des documents du chapitre.

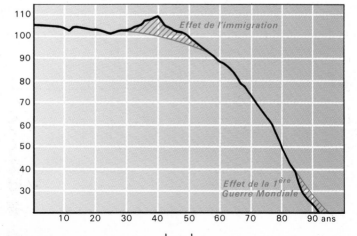

Nombre d'hommes pour 100 femmes

110, 100, 90, 80, 70, 60, 50, 40, 30

Effet de l'immigration

Effet de la 1ère Guerre Mondiale

10 20 30 40 50 60 70 80 90 ans

→ **4.**
Courbe des taux de masculinité aux différents âges (source INED 1987).
Commentez la courbe.

QUESTIONS

1. Qu'appelle-t-on le « baby-boom » ? le « baby-krach » ?

2. Qu'appelle-t-on le remplacement des générations ? Cette notion est-elle fiable ?

3. Comment a évolué depuis trente ans la répartition de la population active entre les différents secteurs d'activité ?

4. Quelles sont les régions les plus peuplées ? les plus dépeuplées ?

5. Qu'est-ce que la suburbanisation ? la rurbanisation ?

SUJETS

1. La répartition géographique de la population française : son évolution depuis la guerre sur l'ensemble du territoire.

2. Les étrangers en France : composition, origine, évolution depuis 1974.

CHAPITRE 7

CHRONOLOGIE ÉCONOMIQUE DES ANNÉES 1945-1987

1945 : Nationalisations du crédit. Naissance de la Sécurité sociale.

1946 : Nationalisations du gaz, de l'électricité, des assurances, des charbonnages. Naissance du Plan. Proclamation IVe République.

1947 : Plan Marshall : aide américaine à l'Europe qui suscite un plan de redressement économique (Plan Meyer 1948).

1950 : Création du salaire minimum interprofessionnel garanti (SMIG).

1951 : Création de la CECA.

1952 : Plan Pinay qui entraîne la stabilisation des prix mais la stagnation de la production.

1954 : Plan Faure de relance.

1956 : 3e semaine de congés payés.

1957 : Création de la CEE.

1958 : Proclamation Ve République.

1959 : Plan Rueff de remise en ordre. Création du Nouveau Franc : 1 NF = 100 F.

1963 : Création de la DATAR.

1965 : Fin de l'endettement extérieur.

1968 : Crise de Mai. Accords de Grenelle sur les augmentations de salaire.

1969 : 4e semaine de congés payés.

1967/1978 : Forte croissance : 7 % an.

1974 : 1er choc pétrolier : quintuplement du prix du pétrole. Forte inflation. Augmentation du chômage.

1976 : Plan Barre de lutte contre l'inflation.

1978 : Liberté des prix industriels.

1979-1980 : 2e choc pétrolier : doublement du prix du pétrole.

1981 : Changement de majorité : la gauche au pouvoir.

1982 : Nationalisations de 5 groupes industriels, 36 banques, 2 compagnies financières. 5e semaine de congés payés. 39 h par semaine.

1986 : Changement de majorité.

1987 : Privatisations des groupes industriels, des grandes banques, etc.

des "trente glorieuses" aux années de crise

Après la période de redressement et de reconstruction (1946-1953) qui suit la guerre, **la France a connu vingt ans (1954-1973) de croissance régulière et forte.** Ensemble, ces deux périodes constituent ce que Jean Fourastié a appelé « les Trente Glorieuses ».

Il s'agit de trente années de transformations, de modernisation, d'expansion économique, en même temps que d'ouverture sur le monde, grâce en particulier au pari européen dès la création de la CECA en 1951.

Avec le premier choc pétrolier en 1973, c'est la rupture. **Dès 1974-1975, la crise économique internationale frappe la France de plein fouet, avec son cortège de difficultés : inflation, chômage...**

À travers ces décennies, c'est toute la France qui s'est transformée : l'État, le pays, les Français.

ANALYSE DU DOCUMENT

Beaubourg ! Le centre national d'art et de culture Georges-Pompidou, construit par les architectes Piano et Rogers reste encore très discuté ; les uns y voient un chef-d'œuvre, d'autres... cherchent leurs mots ! Symbole culturel d'une France engagée résolument dans la modernité, il domine un quartier rénové du centre de Paris, le Marais, dont les respectables façades de tous âges suffoquent encore de son exubérance. Conçu au début des années soixante-dix, et mis en service en 1977, il fait figure de legs des « Trente Glorieuses » aux années de crise qui les ont suivies.

1. le rôle de l'État

Avec 2,5 millions de fonctionnaires de l'État, 1,1 million des collectivités locales, 0,6 d'agents hospitaliers et 1,8 de salariés du secteur nationalisé, la puissance publique apparaît comme le premier employeur du pays, de très loin. Quelles sont donc ses tâches et comment ont-elles évolué depuis la Libération ?

■ 1. L'État politique

La première tâche de l'État est le gouvernement et l'administration. Depuis le Gouvernement provisoire (1944-1946), **la France a connu deux constitutions.** Celle de 1946, parlementaire, fondait la IVe République (1947-1958). **Celle de 1958,** parlementaire mais modifiée en 1962 dans un sens « présidentialiste », **a organisé la Ve.** Selon la volonté du général de Gaulle et des Français, **elle confère à l'exécutif la force et la stabilité qui manquaient à la IVe,** morte de n'avoir pas su régler la question coloniale. Celle-ci fut résolue alors tragiquement en Algérie (1962).

La politique extérieure, d'abord liée à celle des États-Unis, s'émancipe avec la Ve République, qui se donne des ambitions mondialistes, appuyées sur une défense nucléaire indépendante. **La construction de la Communauté européenne tient une place primordiale** dans cette politique (chap. 23). Ancrée sur la réconciliation franco-allemande et commencée sous la IVe, elle se poursuit malgré les difficultés.

■ 2. L'État économiste et patron

Par les nationalisations de l'après-guerre, l'État veut « mettre à la disposition de la nation la direction et l'exploitation des grandes richesses communes » (C. de Gaulle). Rompant avec le libéralisme, altéré déjà par le Front populaire et par Vichy, **la France devient un pays d'économie mixte. Un vaste secteur public regroupe l'énergie et une partie du crédit, des transports et de l'industrie.**

En 1982, une seconde vague de nationalisations y ajoute des groupes industriels et l'essentiel du crédit. Les buts sont économiques — « forger les outils du siècle prochain » (F. Mitterrand) — et idéologiques : on professe que la justice sociale passe par la « rupture avec le capitalisme ». **En dépit des privatisations opérées depuis 1986, l'État reste le premier investisseur, producteur, employeur,** etc., ce qui est un cas particulier dans l'Europe des Douze.

Bien que **concertée et indicative, la planification,** organisée à partir de 1945, **renforce cette originalité.** D'abord dirigiste et portant sur toute la production, le Plan s'assouplit et s'élargit en 1962 aux domaines social et culturel. Avec la crise, il se replie sur la définition d'objectifs prioritaires, en liaison avec les régions.

En outre, **l'État intervient constamment dans l'économie** par les divers avatars de la politique économique : politique fiscale, monétaire, etc. — mais aussi par la politique sociale. En effet, **la généralisation de la Sécurité sociale et des allocations familiales, à partir de 1945, mesure de justice sociale, a des répercussions économiques.** La redistribution opérée par les prestations sociales engendre une « masse importante de revenus indirects pratiquement indépendante des fluctuations de l'emploi » (M. Parodi).

■ 3. L'État géographe

L'État se fait aussi géographe, à partir de 1955. Pour remédier aux déséquilibres régionaux de population, d'activités et d'emploi, il s'engage dans **l'aménagement du territoire** (chap. 12).

En 1982, un pas décisif est franchi, avec la loi de décentralisation qui modifie l'administration de la France en rompant avec la tradition centralisatrice (chap. 12).

Enfin, depuis les années 70, **l'État se préoccupe de la protection de l'environnement** et de la préservation du patrimoine commun. Un ministère spécialisé est créé, et les parcs naturels se multiplient.

Tout cela coûte, et la part des « prélèvements obligatoires » (impôts et charges sociales) s'élève aujourd'hui à 45 % du P.I.B. — contre 38 en R.F.A. Ils alimentent les dépenses publiques : celles de l'État et des collectivités locales (25 % du P.I.B.), qui recourent aussi à l'emprunt, et celles de la Sécurité sociale (20 %). **La puissance publique dans son ensemble est bien le principal agent économique du pays.**

---

1. Paris et le désert français en 1958

L'OUBANGUI-CHARI possède maintenant, dans le cadre de l'AEF, des libertés régionales que ne peut encore espérer aucune province française dans le cadre de la métropole.

Demain, ces provinces brimées par le centralisme parisien ne manqueront pas de comparer leur régime administratif à celui de ces territoires ; elles réclameront peut-être, non sans ironie, une « loi-cadre » pour la métropole. Plus sûrement encore, elles pourront confronter quotidiennement les moyens financiers du Piémont et du Bade-Würtemberg à ceux de la Savoie et de l'Alsace. Il devient alors évident que le maintien obstiné de l'anarchie unitaire est le seul danger qui puisse menacer l'unité française.

La construction de l'Union française et celle de l'Europe ne sauraient donc se concevoir sans une profonde réforme intellectuelle et institutionnelle. Avant qu'il ne soit trop tard, une nouvelle nuit du 4 août doit sacrifier un siècle et demi de privilèges parisiens et d'aberrations jacobines.

Jean-François Gravier,
Paris et le désert français
(Paris, Flammarion, 2e édition, 1958)
(1re éd. : 1947).

Paris et le désert français en 1972

LES structures centralisées et les mentalités centralistes « persévèrent dans l'être » — aurait dit Spinoza — avec une vigueur que certains disent croissante. L'appréciation la plus sévère en la matière vient sans doute des cinq présidents de commission à l'Assemblée Nationale qui déclaraient le 12 juillet 1971 : « Les options qui tendent à privilégier les grandes métropoles ou à accroître la masse de l'agglomération parisienne... nous conduisent à terme vers un modèle de société deshumanisée contraire à la santé mentale de la nation. » Or les perspectives concentrationnaires du schéma directeur parisien n'ont pas été modifiées, malgré le démenti du recensement de 1968 et l'évidente désaffection des Français à l'égard des mégalopoles. La politique de l'environnement demeure donc, par voie de conséquence, sur le plan des intentions, en dépit de la création d'un ministère spécialisé.

D'autre part, la réalité du pouvoir appartient, autant et plus que jamais, à quelques castes administratives spécifiquement parisiennes par leur formation, leurs relations, leur résidence et leur état d'esprit. On a observé, notamment, que 90 % environ des anciens élèves de l'École Nationale d'Administration habitaient la capitale. 96 % des membres du corps de l'Inspection Générale des Finances résident en région parisienne et sur les 12 non Parisiens, 7 résident à l'étranger ! Il n'est donc pas surprenant que les privilèges de Paris aient été préservés, voire glorifiés et que les espérances régionales aient été contrariées.

D'après Jean-François Gravier,
Paris et le désert français en 1972
(Paris, Flammarion, 1972).

2. Objectifs des 9 plans français

plans	périodes	croissance
I	4 ans 1947-1950 1951-1953	1929 : 100 1950 : 125
infrastructure énergie, transports, sidérurgie		
II	4 ans 1954-1957 1960-1961	1952 : 100 1957 : 125
biens de productions et de consommation agriculture, logement, industries de transformation		
III	4 ans 1958-1961	1956 : 100 1961 : 127
productivité et concurrence industries d'exportation, organisation des marchés		
IV	4 ans 1962-1965	5,5 %
développement économique et social ouverture sociale et régionale, équipements collectifs		
V	5 ans 1966-1970	5,0 %
compétitivité secteurs de pointe, formation et qualification		
VI	5 ans 1971-1975	6 %
Qualité ouverture sur l'extérieur, reconversion des entreprises non rentables ou mal gérées		
VII	1976-1980	5,5-6 %
Qualité du travail qualité de la vie, réduction des inégalités, maîtrise de l'inflation		
VIII	non présenté au Parlement	
Plan intérimaire 1982-1983 *Partage du travail* extension du secteur public, décentralisation		
IX	1984-1988	Parvenir en 88 à 1 % de plus que la moyenne de l'OCDE
Rénover le système éducatif, développer les exportations, moderniser la communication, la santé		

D'après Pierre Léon, *Histoire économique et sociale*, « Le 2e xxe siècle » (éd. Colin).

3. Pourquoi nationaliser ?

TROIS raisons majeures expliquent les nationalisations. La première concerne la transformation de la société moderne, conséquence directe de la division internationale du travail. Il s'agit là d'une « nationalisation-protection » destinée à préserver de l'internationalisation des instruments essentiels au développement économique du pays. Il s'agit alors de doter la France de groupes industriels capables de peser sur l'organisation économique du monde.

En second lieu, les nationalisations de 1982 constituent, dans l'esprit du gouvernement de gauche, le moyen de doter la France d'un instrument de politique économique susceptible de l'aider à surmonter la crise actuelle.

Enfin les partis de gauche souhaitent que les nationalisations offrent un champ d'expérimentation de nouveaux rapports sociaux.

A. G. Delion, M. Dukupty, *Les Nationalisations de 1982* (éd. Economica).

4. Naissance de l'aménagement du territoire

DE 1963 à 1973, avec la création de la DATAR, la politique a rencontré une grande audience auprès de l'opinion, des chefs d'entreprise ou de l'administration. Tout en accélérant la décentralisation industrielle — ou, plus souvent, le développement industriel hors de Paris —, l'aménagement du territoire a étendu progressivement son cadre d'intervention en favorisant la déconcentration des activités tertiaires, le développement des équipements de transport et de télécommunications, l'essor des activités touristiques ou l'aménagement des villes.

D'après Daniel Noin, *L'Espace français* (Paris, A. Colin, 4e édition, 1986).

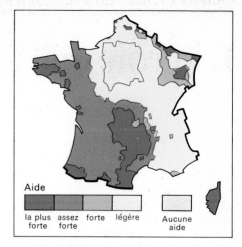

5. →

Aide

la plus forte | assez forte | forte | légère | Aucune aide

L'aide financière de l'État au développement régional.

↑ **6. La signature du traité de la CECA en 1951 ; prémice de la CEE.**

↑ **7. Aménagements programmés en Corse : irrigation de clémentiniers près d'Aléria.**

2. l'économie en mutation

■ 1. Trente Glorieuses et quinze douteuses !

L'évolution économique présente deux versants inégaux. Le premier, le plus long, est **une période de croissance rapide, exceptionnelle par sa durée, son intensité et sa régularité,** en regard des précédentes (1850-1870, 1896-1913 et 1920-1929). J. Fourastié a baptisé ces années, de la Libération à 1973, les « Trente Glorieuses ».

Ce versant a été parcouru en deux étapes : **la reconstruction, terminée en 1953** avec la fin du premier Plan, et **l'expansion (1954-1973).** Celle-ci commence par une phase de modernisation (1954-1958), se poursuit par une phase d'ouverture à la concurrence internationale (1959-1969) et culmine avec la prospérité (1970-1973) d'**une France résolument engagée dans la troisième révolution industrielle.**

Le second versant est celui des **années de crise, depuis 1974,** date à laquelle la crise mondiale a touché le pays. Actuellement, les autres grands pays industrialisés paraissent se redresser, mais que dire de la France, dont la croissance est plus faible, le chômage plus élevé et l'inflation moins réduite ?

■ 2. Les conditions de la croissance

Dans l'étude des facteurs de l'expansion, on néglige souvent le premier : la population. La **modernisation agricole** a transféré des millions de travailleurs dans les autres secteurs. L'**urbanisation** a entraîné une mutation des modes de vie et de la consommation dont ont profité les industries et une partie du tertiaire. Surtout, **la croissance démographique a provoqué une poussée de la demande de biens et de services qui a été le principal moteur de la croissance économique.**

Pour y répondre, il a fallu travailler plus et mieux. Jusqu'en 1978, le temps de travail annuel moyen des Français a été supérieur à ceux du reste de l'O.C.D.E. **La productivité a considérablement augmenté,** permettant par exemple à la production industrielle de quadrupler entre 1946 et 1973.

Directement ou non, **l'État a financé l'essentiel des investissements,** sur ses fonds et sur ceux de l'épargne. À partir de 1963, il a transmis le relais au marché financier. **L'inflation, devenue plus tard un handicap, a aussi contribué à nourrir l'expansion,** en facilitant le crédit. Dans une conjoncture internationale de **matières premières et énergétiques bon marché,** l'État stimulait, sinon suscitait la modernisation industrielle. C'est lui qui, dès la IVᵉ République, a amorcé l'ouverture économique sur le monde.

■ 3. La France dans la mondialisation de l'économie

La France a d'abord vécu « aux crochets des États-Unis » (M. Parodi), dont les aides ont partiellement financé la reconstruction. Puis, après quelques années de développement en vase clos (métropole et Union française), la décolonisation et l'ouverture du Marché commun provoquent une mutation de l'économie.

La nécessité de s'insérer dans la concurrence internationale entraîne la concentration financière et industrielle et le redéploiement géographique des entreprises.

Engendrée dès 1968 par les difficultés du dollar américain que relaie l'enchérissement des matières premières, **la crise internationale frappe la France peu après le premier « choc pétrolier » de 1973.** La volonté de préserver le niveau de vie prive alors les entreprises des investissements que requerrait l'adaptation à la situation mondiale.

La dépendance extérieure de la France, pourtant 5ᵉ puissance économique et 4ᵉ puissance commerciale du monde, est forte. La structure et l'équilibre de ses échanges extérieurs sont défectueux, alors que se profile l'ouverture, en 1992, du « Marché unique européen ».

Le problème posé au pays est celui de son adaptation aux nouvelles données de l'économie internationale. Mais l'adaptation de l'économie passe par celle de la société. A-t-elle la souplesse nécessaire, et les Français ont-ils la volonté de faire les efforts indispensables ?

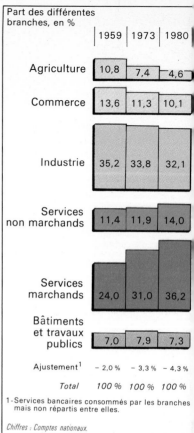

↑ **1. La structure de la valeur ajoutée par branche d'activité**
La valeur ajoutée est la différence entre le prix des biens et des services produits et le coût des biens et des services utilisés pour les produire.

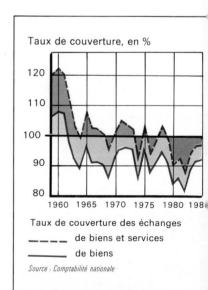

↑ **2. Le taux de couverture de l'économie française**
Le taux de couverture est le rapport entre les exportations et les importations. Les échanges sont déficitaires quand le taux est inférieur à 100 %.

↑ 3. **Le quartier de la gare à Amiens reconstruit après-guerre.**

↑ 4. **La modernisation du matériel : un tracteur des années cinquante.**

5. Se regrouper pour mieux défendre ses intérêts

LES ENTREPRISES :

Derrière la famille, l'entreprise est le premier moyen, par le nombre, d'associer les individus. On en compte en France près de 3 millions dont environ 400 000 sociétés à responsabilité limitée (SARL), 130 000 sociétés anonymes (SA), et 160 000 sociétés civiles.

LES ASSOCIATIONS :

Les Français raffolent des associations, bases de la démocratie vécue. Celles-ci dépassent 600 000 dont les 2/3 ne durent guère plus de cinq années. Elles sont régies par la loi du 1.7.1901 qui exclut les buts lucratifs.

LES SYNDICATS :

Environ 20 % des salariés sont membres d'un syndicat, un taux voisin de celui des États-Unis ou de l'Espagne, mais inférieur à celui des Pays-Bas (env. 35 %), de la Grande-Bretagne (plus de 50 %) et de la Suède (plus de 80 %).

Confédération Française Démocratique du Travail (CFDT) : née en 1964 d'une scission de la CFTC (600 000 adhérents).

Confédération Générale du Travail (CGT) : fondée en 1895, 800 000 adhérents.

Confédération Générale du Travail - Force Ouvrière (FO) : née en 1947 d'une scission de la CGT, 1 200 000 adhérents.

Confédération Française des Travailleurs Chrétiens (CFTC) : née en 1919.

Confédération Française de l'Encadrement de la Confédération Générale des Cadres (CFE-CGC) : fondée en 1944, 450 000 adhérents.

Centre National des Jeunes Agriculteurs (CNJA) : fondé en 1947. Regroupe 80 000 adhérents de 16 à 35 ans.

Fédération Nationale des Syndicats d'Exploitants Agricoles (FNSEA) : fondée en 1946, 700 000 adhérents.

Fédération de l'Éducation Nationale : fondée en 1924, 450 000 adhérents.

Conseil National du Patronat Français : fondé en 1946, 1 000 000 d'entreprises y adhèrent.

LES ORGANISMES CONSULAIRES :

Chambres de Commerce et d'Industrie : établissements publics dont la création des premiers remonte à 1898. Il en existe 151 départementales ou sous-départementales et 21 régionales. Elles sont regroupées au sein de l'Assemblée Permanente des Chambres de Commerce et d'Industrie (APCCI). Elles représentent et défendent les intérêts du commerce et de l'industrie auprès de l'État et des collectivités territoriales. Elles assurent, en outre, la gestion d'aéroports, zones industrielles, parcs d'exposition, établissements d'enseignement.

Chambres des Métiers : établissements publics créés à partir de 1925 et qui défendent les intérêts des artisans auprès de l'État et des collectivités territoriales. Il en existe 104 en France.

Chambres d'Agriculture : établissements publics créés à partir de 1924. Elles sont au nombre de 94 où siègent 4 630 délégués élus des professions agricoles. Elles jouent un rôle essentiel dans les relations entre le monde agricole et le ministère de l'Agriculture ainsi que d'autres services de l'État. Elles sont regroupées au sein de l'Assemblée Permanente des Chambres d'Agriculture (APCA).

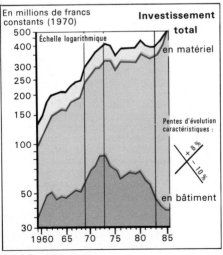

Source : Comptabilité nationale

↑ 6. **L'industrie manufacturière**
a) **investissement**

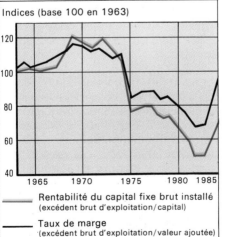

Source : Rapport sur les comptes de la Nation de 1984.

b) **rentabilité.**

7. La conquête de la responsabilité et de la performance par les cercles de qualité

DEUX ans après son ouverture, l'usine Akaï de Honfleur est la plus performante d'Europe dans sa spécialité : la production en série de matériel haute fidélité et de magnétoscopes. Ces performances, Akaï-Honfleur les doit essentiellement aux « cercles de qualité », cette méthode de gestion participative née aux États-Unis et appliquée à 100 % au Japon. « Les cercles de qualité, c'est formidable, dit Patricia, 26 ans, agent général de ligne (responsable de 17 personnes). Tous les 15 jours, de 17 à 18 heures, à la fin du travail, nous nous réunissons par petits groupes d'une dizaine. La hiérarchie, déjà considérablement réduite ici, s'efface alors complètement. Nous n'avons plus qu'un seul souci : simplifier la tâche de chacun pour améliorer la productivité. Chaque fait litigieux est décortiqué. Toute suggestion est la bienvenue. »

D'après Pierre-Dominique Cochard :
« À Honfleur, ces Français travaillent à la japonaise ».
Le Figaro Magazine, 19 mai 1984.

3. la vie qui change

Des Français qui, en 1944, allaient au cinéma voir « Les Visiteurs du soir » (M. Carné) à ceux qui, en 1988, suivent l'émission télévisée « Champs-Élysées » (M. Drucker), il semble qu'il y ait un monde, tant niveau de vie, genres de vie et modes de pensées sont différents.

■ 1. Richesse et inégalités

La consommation a « explosé », avec une progression de 5,5 % par an de 1959 à 1973, qui se poursuit à deux taux variables. **Le niveau de vie des Français est un des plus élevés du monde.** Plus d'1 sur 2 possède son logement; on compte une voiture pour 2,6 hab. et 76 % des ménages ont le téléphone. Le pouvoir d'achat du salaire minimum est 4 fois plus élevé qu'en 1946...

Mais les moyennes masquent des disparités, ressenties comme des inégalités. Pourtant, **les disparités de revenu se sont considérablement réduites.** Les salariés sont passés de 50 à 85 % des actifs. Or, l'écart des salaires nets moyens n'est plus que de 1 à 3,3, contre 1 à 18 en 1939 (1 à 50 en 1910 et 1 à 160 en 1810).

L'éventail s'est resserré à partir de 1968 et surtout depuis 1981, « par la triple voie du salaire direct, du salaire indirect et de l'impôt » (J. Fourastié). Il est beaucoup plus large dans les professions libérales (1 à 15) et chez les commençants (1 à 28). Cependant, à revenu individuel égal, les écarts de niveau de vie des ménages peuvent aller de 1 à 3, selon les charges de famille. **Les inégalités de patrimoine sont beaucoup plus grandes** (rôle de l'héritage).

Ces dernières années, les effets de la crise ont creusé d'autres écarts. S'il n'y a plus qu'1 actif sur 16 au salaire minimum (1/3 en 1900), **1 actif sur 9 est chômeur et l'on voit sévir une « nouvelle pauvreté » dramatique.**

■ 2. Un genre de vie plus homogène

Malgré les inégalités, le souci d'hygiène et de santé imprègne toutes les couches sociales. À son service, le pays offre **un encadrement médical (1 médecin pour 500 hab.)** et hospitalier **(610 000 lits)** parmi les meilleurs.

Bien qu'1/4 des Français ne lisent jamais de livre, alors que presque tous regardent la télévision, la lecture s'est démocratisée. Facteur d'unification sociale, la culture s'étend. La scolarité obligatoire jusqu'à 16 ans (1959) y est pour beaucoup. **Le système d'enseignement regroupe 14 millions d'élèves et d'étudiants** (personnel : 1,1 million). C'est un atout d'avenir en même temps qu'un outil d'intégration sociale.

Par-delà les particularismes culturels, sociaux ou régionaux, **l'urbanisation, l'automobile, les médias et la façon d'utiliser des loisirs croissants modèlent un genre de vie de plus en plus homogène.**

■ 3. Sartre et Aron

La reconstruction et le début de l'expansion ont baigné dans une atmosphère de résistance à la modernisation « capitaliste ». Résistance de l'idéologie dominante dans les milieux intellectuels se réclamant du marxisme et de Sartre. Résistance sociologique incarnée par exemple dans le mouvement Poujade. Ainsi se rejoignaient paradoxalement le goût d'un passé idéalisé et l'aspiration utopiste.

Celle-ci éclata violemment en **1968**, **sorte de fête posthume du surréalisme.** S'y mêlent « toutes les formes de révolution esthétique, sociale et politique (...) contre toutes les contraintes, les autorités, les structures, les hiérarchies » (Ambrosi). Mais déjà, sous les discours, pointe l'individualisme qui se développe depuis. L'explosion engendre une « nouvelle culture » qui prône libération sexuelle, féminisme et autogestion, et déclare la guerre à la croissance.

Bientôt, la « découverte » du « Goulag » puis la crise et le chômage, **les événements internationaux et nationaux provoquent la désaffection à l'égard des idéologies.** Si certains préfèrent avoir eu « tort avec Sartre que raison avec Aron », **la majorité des Français paraît d'accord sur l'essentiel.** Au grand désarroi de l'Église, aux prises avec une déchristianisation rapide, des syndicats, qui n'ont jamais regroupé qu'1 actif sur 4 ou 5, et des partis politiques.

« Le désir du privilège et le goût de l'égalité, passions dominantes des Français... » écrivait de Gaulle en 1938 !

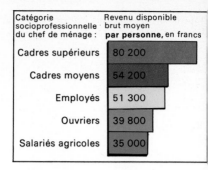

↑ **1 Le revenu des ménages en 1984**

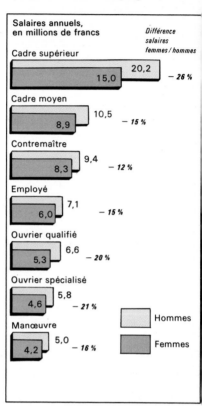

↑ **2. La différence de salaires entre hommes et femmes en 1983.**

3. Salaire, revenu et niveau de vie

Au sein d'un ménage de salariés, le salaire du chef de ménage n'est pas l'unique source de revenus. S'y ajoutent selon les cas, le salaire du conjoint, les revenus de la propriété (dépôt en caisse d'épargne, logement mis en location, titres financiers...) et les revenus de transfert (prestations familiales, assurance-maladie, maternité, accident du travail, indemnités de chômage), nets d'impôts directs.

Il n'y a pas de correspondance absolue entre la place qu'occupe un individu dans la hiérarchie des salaires et celle que le ménage occupe dans la hiérarchie des niveaux de vie. Un instituteur dont la femme ne travaille pas et qui a trois enfants, se trouve dans une situation très différente de sa collègue institutrice, qui a un mari ingénieur, un seul enfant, et un portefeuille de valeurs mobilières.

Écoflash, novembre 1986.

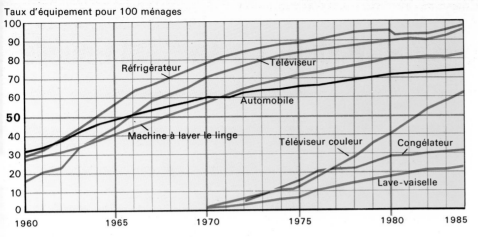

Taux d'équipement pour 100 ménages

Réfrigérateur
Téléviseur
Automobile
Machine à laver le linge
Téléviseur couleur
Congélateur
Lave-vaisselle

Source : INSEE

↑ 4. L'équipement des ménages

La majeure partie des logements bénéficient aujourd'hui de tout le confort, ce qui n'était pas le cas au recensement de 1962. L'équipement en biens durables a aussi connu une progression rapide. Près de 73 % des ménages disposent aujourd'hui d'une automobile et plus de 75 % du téléphone, contre respectivement 34 % et 16 % en 1962. La télévision équipe la quasi-totalité des ménages, de même que les principaux appareils électroménagers.

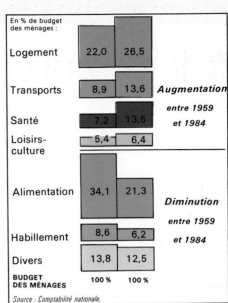

En % de budget des ménages :

Logement	22,0	26,5
Transports	8,9	13,6
Santé	7,2	13,5
Loisirs-culture	5,4	6,4
Alimentation	34,1	21,3
Habillement	8,6	6,2
Divers	13,8	12,5

Augmentation entre 1959 et 1984

Diminution entre 1959 et 1984

BUDGET DES MÉNAGES 100 % 100 %

Source : Comptabilité nationale.

↑ 5. Évolution du budget familial.

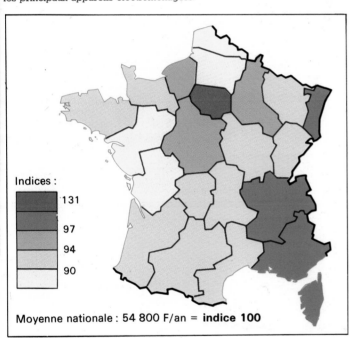

Indices :
131
97
94
90

Moyenne nationale : 54 800 F/an = **indice 100**

↑ 6. Le revenu des ménages en 1985 (*Atlas des Français*, Hachette).

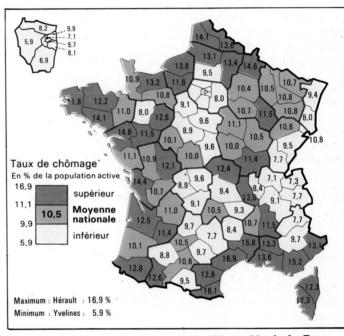

Taux de chômage
En % de la population active
16,9
11,1 supérieur
9,9 **10,5** **Moyenne nationale**
5,9 inférieur

Maximum : Hérault : 16,9 %
Minimum : Yvelines : 5,9 %

↑ 7. Le chômage en France en 1985 (*Géographie de la France*, Hachette).

8. Mobilité ou rigidité sociale ?

Aux deux extrémités de la hiérarchie sociale, il semble y avoir une grande stabilité. Ainsi de la permanence de la classe ouvrière qui continue à grouper 8 à 14 millions d'actifs sur 22, selon la définition que l'on en donne, et qui concerne, dans l'ensemble, ses attributs traditionnels : pauvreté relative, dépendance, insécurité. A l'opposé, la bourgeoisie financière, principale composante de la classe dirigeante française, manifeste une permanence encore plus remarquable depuis la révolution industrielle. Entre les deux, par contre, on assiste à de profonds bouleversements induits par le développement des forces productives et les crises qu'elles traversent. Tout d'abord, les classes moyennes sont en développement constant. De plus, leur composition a beaucoup varié en quarante ans, le salariat dévorant progressivement les professions indépendantes. Par ailleurs, la « paysannerie » s'est fortement contractée. C'est essentiellement sous l'effet du développement lui-même que la rigidité sociale a diminué.

Maurice Parodi,
L'Économie et la société française depuis 1945 (Paris, éd. Colin).

9. Les Français au travail !

Nos industries sont malades du temps de travail. Et c'est la France qui s'affaiblit : en 1975, il y avait 15 entreprises françaises classées parmi les cent premières mondiales ; en 1981, 8 ; en 1985, 6. Dans presque tous les grands secteurs industriels, la position de notre industrie a décliné devant la concurrence étrangère, et nos produits se vendent de plus en plus mal à l'étranger. Peut-on à la fois travailler moins d'heures dans la semaine, de semaines dans l'année, d'années dans la vie, et rester compétitifs ?

Le risque, à terme ? Devenir le village de vacances de l'Occident, comme l'a aimablement suggéré Galbraith, professeur à Harvard, déclarant : « Pourquoi les Français s'obstineraient-ils à vouloir être des leaders dans des industries et technologies de pointe ? Ils ne sont pas faits pour ça, et il y a tant d'autres domaines où ils excellent et où ils feraient bien mieux de concentrer leurs efforts : la haute couture, les vins et la gastronomie, les produits de luxe... », et pourquoi pas aussi, *experts en farniente* ?

(1) Paris, Denoël, 1980.

D'après Victor Scherrer,
La France paresseuse (Paris, Seuil, coll. « L'Histoire immédiate », 1987).

Madère, Cessac... et Douelle :

1. Madère

LA plupart des éléments du niveau de vie et du genre de vie des habitants de Madère sont restés très proches de ce qu'ils étaient au XIXᵉ siècle, du moins à la fin du XIXᵉ siècle. Par exemple, la taille moyenne des adolescents à l'âge de 20 ans est de 165 cm pour les garçons et de 155 cm pour les filles. Très peu d'enfants dépassent le niveau de l'école primaire élémentaire.

À part les rares entrées provenant du très petit nombre des retraités et des fonctionnaires de l'État, tous les revenus dont dispose le village sont issus de sa terre et proviennent de la vente ou de l'autoconsommation des produits de cette terre.

L'alimentation forme les trois quarts de la consommation totale. Elle est cependant pour sa moitié composée de pain et de pommes de terre ; chaque exploitation agricole élève un porc et une trentaine de têtes de petits animaux, dont la consommation fournit les trois quarts de la consommation de viande de la famille ; quelques agriculteurs élèvent ou engraissent des brebis, mais pour la vente ; des pauvres font brouter des chèvres sur les landes.

Une seule fois par semaine, en moyenne, on achète et on consomme de la viande de boucherie, en petite quantité. Le beurre est inconnu ; le fromage n'est consommé que dans sa forme locale et en petite quantité. Les aliments étrangers au pays ne sont ni connus, ni même appréciés ou désirés. La base de l'alimentation, plus de la moitié des calories absorbées, est la soupe de pain et de légumes, à la graisse de porc.

Le reste de la consommation personnelle est vestimentaire pour plus de sa moitié. Les dépenses de loisirs sont très faibles. En dehors du service militaire et de la guerre, la grande majorité des habitants de Madère n'a fait de voyage que son voyage de noce et quelques pèlerinages.

Jean Fourastié, Les Trente Glorieuses.
(Paris, éd. Fayard, 1979).

2. Cessac

CESSAC appartient à un pays hautement développé, où le niveau de vie moyen est de 4 à 5 fois plus élevé qu'à Madère.

Alors qu'à Madère les agriculteurs sont largement majoritaires, ils sont très minoritaires à Cessac. Le groupe dominant à Cessac est tertiaire (employés de bureaux, de banque, d'administrations publiques ou de commerce, commerçants, instituteurs, etc.).

L'exploitation moyenne a 14 ha en culture, contre 4 à 5 à Madère. Les rendements à l'hectare vont du triple au quadruple de ceux de Madère ; et comme le nombre des travailleurs à l'hectare est près de 4 fois plus faible, *la productivité* du travail agricole est à Cessac *de l'ordre de douze fois plus forte qu'à Madère.* C'est-à-dire qu'en une heure de travail moyen l'agriculteur moyen de Cessac tire du sol environ douze fois plus de produit que celui de Madère.

Ce fait presque incroyable ne s'explique, ni par des différences dans la nature du sol, ni par des différences climatiques ; elle tient à la *technique* agronomique, à l'utilisation de l'énergie mécanique (énorme utilisation de pétrole et d'électricité à Cessac), de machines puissantes (40 forts tracteurs à Cessac, 2 minables à Madère), d'engrais, — à la bonne sélection des plants et des semences : à Madère, l'agriculteur prélève la semence sur sa propre récolte, pendant des dizaines d'années... ; à Cessac, la semence est fournie chaque année par les services agricoles qui donnent les meilleurs produits de la recherche génétique ; etc.

On ne s'étonnera pas des différences sociologiques profondes qui séparent les deux villages : à Madère une majorité de « messalisants » ; à Cessac une petite minorité (15 à 20 % de la population totale).

La rue du village est presque aussi frénétique que celle d'une grande ville (intense circulation automobile dans les rues restées étroites, difficultés de parking, bruits de moteurs et de radios...). Les habitants sont sans cesse dans leur voiture, soit pour aller acheter leur pain ou leur tabac à 500 m de chez eux, soit pour aller à leur travail ou à leurs plaisirs. Presque tous les « tertiaires » du village travaillent en dehors de Cessac, soit dans les environs de la ville, voisine de 11 km, soit beaucoup plus loin.

Jean Fourastié, op. cité.

↑ **3. Madère dans les années quarante.**

4. Population totale et population active

	Madère	Cessac
Population totale	534	670
Population active	279	215
dont :		
Agriculture	208	53
Ouvriers non agricoles	12	35
Artisanat	27	25
Tertiaire	32	102
Taux d'activité (nombre d'actifs pour cent inactifs)	109	48

Source : J. Fourastié (*op. cité*).

5. Données démographiques ramenées à 1 000 habitants

	Madère	Cessac
Nombre annuel moyen de naissances	21	14
Nombre annuel moyen de décès	14	11
Nombre moyen de décès de bébés de moins d'un an	2 par an	1 tous les 5 ans
Espérance de vie à la naissance	62	72
Espérance de vie à 20 ans	45	53
Nombre, pour 1 000 habitants, des personnes nées dans le village	750	310
Nombre, pour 1 000 habitants, des personnes nées dans le village ou à moins de 20 km	900	440
Taille moyenne des adolescents de 20 ans (données issues d'enquêtes régionales) (cm) .	165	174

Source : J. Fourastié (*op. cité*).

trois villages français

↑ **6. Cessac dans les années quatre-vingt.**

7. Habitat, niveau de vie, équipement

	Madère	Cessac
Nombre de logements (maisons individuelles) ..	163	212
Dont : nombre de maisons « neuves » (moins de 20 ans d'âge)	3	50
Équipement ménager :		
Âtre traditionnel à bûches et fagots	150	5
Cuisinières à bois ou à charbon	10	10
Cuisinières à gaz butane ou électrique	3	197
Réfrigérateurs	5	210
Machines à laver le linge	0	180
W.-C. intérieurs à chasse d'eau	10	150
Chauffage central	2	100
Téléphones	5	110
Automobiles pour le transport des personnes ..	5	280
Radio	50	250
TV	2	200

Source : J. Fourastié (op. cité).

8. Durées de travail nécessaire pour acheter des aliments usuels

	Madère	Cessac
1 kg de pain	24 min	10 min
1 kg de sucre	45 min	13 min
1 kg de beurre	7 h	1 h 25
1 kg de poulet	8 h	45 min

Source : J. Fourastié (op. cité).

9. Douelle

L E moment est maintenant venu de préciser les lieux et les dates des observations précédentes. Madère pourrait bien être un village d'aujourd'hui au Portugal, en Espagne intérieure, en Grèce ou en Yougoslavie... De fait, et certains lecteurs ont pu le deviner, ces deux villages que j'ai appelés Madère et Cessac sont le seul et même village de Douelle en Quercy, saisi à deux dates, différant de trente années et décrit à l'aide des *recensements* de ces deux dates : 1946 et 1975.

Douelle est situé sur la rivière Lot à 11 km en aval de Cahors. Madère, c'est Douelle en 1946. Cessac, c'est Douelle en 1975. Et c'est Douelle qui est passé en trente ans, d'un état que l'on appelle aujourd'hui « sous-développé » ou « en voie de développement », à la situation, aujourd'hui normale en France, d'économie industrielle et tertiaire.

Jean Fourastié, op. cité.

QUESTIONS

1. Décrivez les principales différences entre Madère et Cessac dans les domaines de la démographie, de l'agriculture, de la consommation alimentaire, de biens manufacturés et de services.

2. Tentez de reconstituer la journée d'un habitant de Madère et celle d'un habitant de Cessac. Faites de même pour une année et pour une vie entière.

3. Représentez graphiquement les tableaux 4, 5, 7, 8.

4. Décrivez attentivement les paysages représentés sur les deux photographies et expliquez chacune des différences.

5. Après avoir lu le texte n° 9, expliquez ces différences en replaçant ces deux exemples dans un cadre historique et national.

Et demain ?
plus d'État ? moins d'État ?

L'expansion de " l'État providence ", depuis 1945, et qui fut une réponse à la grande crise des années 1930 et à la reconstruction de l'Europe d'après-guerre est aujourd'hui en question.
La crise économique mondiale qui s'exprime à partir de 1974 bouleverse les données des pays industriels, en particulier en Europe.
L'État, ordonnateur principal des prélèvements sociaux, mais aussi grand distributeur d'allocations et de subventions, voit son rôle contesté ou défendu. En France, après la Grande-Bretagne, berceau du Welfare-State, le débat reste vif.

En % du PIB

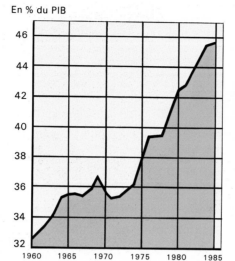

↑ 1. **Évolution des taux de prélèvements obligatoires en France**

2. Comparaison de la structure des prélèvements obligatoires dans plusieurs pays

En % du total des prélèvements

Pays	Impôts sur les revenus et bénéfices	Cotisations sociales	Impôts sur le patrimoine	Impôts sur les biens et services	Autres
Suède	42,1	26,2	1,6	25,1	5,0
France	*17,5*	*43,6*	*4,4*	*28,7*	*6,8*
Italie	36,2	33,9	2,8	26,1	1,0
Royaume-Uni	38,1	18,1	12,2	30,5	1,1
RFA	33,2	36,4	3,2	27,1	0,1
États-Unis	42,4	29,1	10,3	18,2	0
Japon	45,6	29,7	9,4	15,1	0,2
Total OCDE	**39,2**	**24,0**	**5,1**	**30,0**	**1,9**
CEE	**34,4**	**28,8**	**4,4**	**31,0**	**1,4**

Source : OCDE (8).

3. Moins d'État ? pour plus d'efficacité ?

S'IL y a encore dix ans on comptait beaucoup sur l'État pour résoudre tous les problèmes, aujourd'hui beaucoup pensent que le problème c'est l'État lui-même.

L'État est intervenu pour aider certaines personnes : les pauvres, les vieux, les chômeurs, les handicapés, les veuves, les enfants, les immigrés, les jeunes, les candidats au logement... Il a multiplié les allègements fiscaux et les méthodes d'imposition. Il a organisé, généralisé, rendu obligatoire les systèmes de sécurité sociale, de retraite complémentaire, d'allocations familiales. Personne ne conteste aujourd'hui que « la société doit la subsistance aux citoyens malheureux », ni que les interventions de l'État ont contribué à réduire certaines inégalités. Mais le système est devenu trop complexe. On ne sait plus si la machine redistribue dans le bon sens, et si en supprimant des inégalités quelque part, on n'en recrée pas ailleurs. On ne peut plus contrôler l'application de milliers de lois, décrets et circulaires de la réglementation sociale et on ne sait pas si ceux qui reçoivent sont tous de vrais bénéficiaires. Enfin, on ne voit plus comment alimenter une machine devenue insatiable en argent frais alors que l'on devient plus réticent à payer. Les pays développés ont sans doute atteint (momentanément ou durablement ?) un seuil de tolérance sociale aux interventions de l'État-Providence.

La contestation porte aussi sur l'intervention économique de l'État. L'État « keynésien », enfanté par la crise des années trente, et consacré par la grande croissance d'après guerre avait la double mission de réduire les déséquilibres sociaux et de rétablir l'équilibre de l'économie, si celui-ci se trouvait menacé. Ces deux rôles étaient complémentaires, car l'expansion économique avait besoin à la fois du développement de la consommation populaire et l'investissement et des stimulants de la dépense publique. L'État y pourvoyait. Or, aujourd'hui cela ne marche plus. La stimulation par l'État provoque dans le meilleur des cas un feu de paille sans lendemain, et dans le plus mauvais un dérapage des prix et la dévaluation de la monnaie.

Le doute sur l'État est devenu général. Ce n'est pas telle ou telle dépense publique qui est contestée, c'est l'État dans son ensemble, c'est son rôle et son intervention dans la société.

Dans le domaine de l'économie, la principale explication de la méfiance grandissante qu'inspire l'État tient à la façon dont il intervient. Un État ne peut que définir des règles générales, donc aveugles. Une fois corrigées les inégalités flagrantes de la société, il arrive un moment où l'intervention de l'État crée autant d'anomalies qu'elle en supprime.

D'après Michel Didier,
Économie : les règles du jeu
(Paris, Économica, 1984).

4. Plus d'État ? pour plus de justice ?

L'HISTOIRE économique ne démontre pas du tout que les nationalisations aient échoué. En France, où le grand capital accumule les obstacles devant les entreprises nationales dont il ne supporte l'existence qu'à contre-cœur, personne ne songe à revenir sur la nationalisation du gaz, de l'électricité ou des chemins de fer, qui, tout en assurant un service public, coûtent moins cher qu'au temps où l'État subventionnait les compagnies privées. Dénationaliser les Postes serait faire mentir Louis XI, qui mit jadis la main dessus.

En réalité un sabotage continu et subtil freine la capacité du secteur public à se développer dans des conditions normales de rentabilité. Les conservateurs au pouvoir ont étatisé ce que la loi avait voulu nationaliser. Lorsque Renault s'affirme en mesure d'étendre son champ d'action dans des domaines liés à la construction automobile, comme le machinisme agricole, on le lui interdit et on abandonne le marché aux sociétés américaines. Grâce aux astuces de la sous-traitance, les capitaux privés se réinsèrent dans le circuit et s'emparent des zones rentables. Exemple : l'autoroute et les télécommunications.

N. aura besoin de tout son talent pour me convaincre qu'il est scandaleux d'arracher à un homme, à une famille, à un groupe d'intérêts, les moyens de production dont ils tirent d'énormes bénéfices quand ces moyens de production commandent un secteur clé de l'économie, quand ils fabriquent des biens indispensables à la collectivité, quand ils vivent de l'État, seul fournisseur et seul client, quand ils dépendent d'un financement collectif. Il n'est, par définition, de monopole qu'après extinction de la concurrence. Ceux qui pleurent sur le sort virtuel de Saint-Gobain ou de Rhône-Poulenc devraient parfois songer aux milliers de petits et moyens entrepreneurs étranglés et finalement expropriés pour la plus grande gloire de ces trusts.

Un pouvoir socialiste rendra justice en organisant la défense du plus grand nombre contre les privilèges exorbitants de quelques-uns et en libérant la puissance publique de l'entreprise de groupes de pression.

Nous serions fous d'abandonner au grand capitalisme le monopole des industries prospères.

D'après François Mitterrand, *La Paille et le grain*, chronique (Paris, Flammarion, coll. « La Rose au poing », 1975).

Synthèse/
Sévaluation

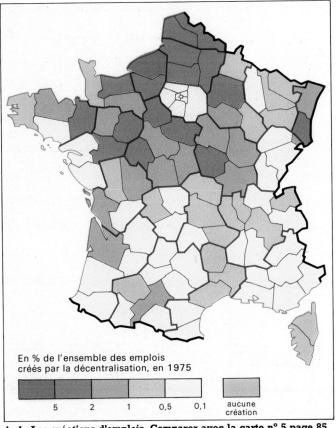

En % de l'ensemble des emplois créés par la décentralisation, en 1975

5   2   1   0,5   0,1   aucune création

↑ **1. Les créations d'emplois. Comparer avec la carte n° 5 page 85.**

● Quelle conclusion sur l'efficacité des aides à la décentralisation peut-on dégager de cette carte ? Donnez quelques éléments d'explication.

↑ **2. Un intérieur vers 1950.**

↑ **3. Un intérieur de cuisine aujourd'hui.**

QUESTIONS

1. Que sont les Trente Glorieuses ?

2. Citez quelques transformations du pays pendant les Trente Glorieuses.

3. Quels sont les principaux équipements électroménagers apparus entre 1945 et 1975 ? (Voir doc. 2 et 3 de cette page.)

4. Quelles sont les innovations depuis 1975 dans l'équipement des ménages ?

5. Citez quelques organismes professionnels intervenant dans la vie économique.

6. Qu'est-ce que la CECA ? Date et objet.

7. Qu'est-ce qu'un plan en France ?

8. Qu'est-ce que la DATAR ?

SUJETS

1. Dégagez les traits économiques essentiels de la période des « Trente Glorieuses » puis de la période des années de crise.

2. Un village français : son évolution entre 1945 et aujourd'hui.

3. L'État dans la vie économique de la France depuis 1945.

4. Décomposition des dépenses de l'État par grands domaines

	PP	AG	CI	TR	LUAT	ED	AS	AC	DEF	DETTE	DIV	TOTAL
1938	10	1,1	1,2	6	1,4	10	6	6	41	18	0	100
1950	11	1,3	17	12	16	8	5	3	21	4	2	100
1960	13	3,6	6	6	10	13	8	5	28	4	3	100
1970	11	4,7	8	7	5	22	11	4	20	4	4	100
1980	13	2,8	7	5	5	21	16	3	15	4	7	100

PP : pouvoirs publics. AG : agriculture. CI : commerce-industrie
TR : transports-communications
LUAT : logement-urbanisme-aménagement du territoire
ED : éducation-culture
AS : action sociale
AC : anciens combattants. DEF : défense
DETTE : dette publique. DIV : divers

Robert Delorme et Christine André,
L'État et l'économie, éd. du Seuil, 1983.

Prenez un ou deux exemples et montrez l'évolution des dépenses.

CHAPITRE 8

DONNÉES STATISTIQUES

(m. = millions)   (t. = tonnes)

Transports de marchandises
- Fer (SNCF) . . . .   171 m. t.
- Route . . . .   1 233 m. t.
- Navigation intérieure . . .   64 m. t.
- Oléoduc . . . .   72 m. t.

Transports de voyageurs
- SNCF . . . .   301m.
- dont TGV . . . .   16 m.
- SNCF (banlieue de Paris)   475 m.
- RATP . . . .   1 477 m.

Nature des marchandises transportées
en m. de t.

	Rail	Route	Navigation
Produits agricoles	29	295	13
Produits énergétiques	31	78	15
Matières premières	78	722	36
Produits manufacturés	22	137	1

Réseau ferroviaire
34 000 km dont 24 000 sont utilisés pour le transport des voyageurs.

Réseau routier
800 000 km de routes
dont 425 000 communales
325 000 départementales
27 000 nationales
6 000 autoroutes

Réseau navigable
2 400 km pour péniches de plus de 650 tonnes.

Trafic aérien
- Passagers . . . .   41,3 m.
- Fret . . . .   750 000 t.

Aéroports de Paris :
- Passagers . . . .   33,5 m.
- Fret . . . .   712 000 t.

Passagers
Air France . . . .   12,5 m.
UTA . . . .   0,9 m.
Air Inter . . . .   10 m.

Trafic maritime
Navires   984
Tonnage transporté . . . . . .   226 m. t.

Sources : *Tableaux de l'économie française 1987.*
INSEE.

un espace transparent

Dans un isthme européen, **la France est située au cœur de l'Europe des douze pays (CEE),** entre le monde de l'Europe nordique et celui de la Méditerranée. Son espace est largement ouvert au trafic trans-européen.

Transports et télécommunications ont une importance majeure et la France a mis en place un réseau de relations rapides à vocation européenne avec des systèmes de relais intermodaux et de télétransmissions performants. Des centres de concentration des informations sont en voie de création.

ANALYSE DU DOCUMENT

L'autoport du Boulou est situé à 22 km au sud de Perpignan, à proximité de l'autoroute B9 « La Catalane », à 9 km du poste frontière du Perthus. Créé en 1976, l'autoport est devenu une plate-forme multimodale permettant l'accès des remorques routières sur des wagons plats (ferroutage) et le transbordement des conteneurs des poids-lourds aux trains (Euroterminal). On remarque sur la photo l'interconnexion remarquable entre l'autoroute B9 et la gare routière et ferroviaire. Les opérations de chargement et de déchargement s'effectuent sur la zone SNCF (route-rail) et sur le parking de transbordement (route-route) ; un vaste parking poids-lourds de 120 places, avec deux entrepôts, des bureaux de douanes ; des services vétérinaires complètent cet ensemble. Le trafic dépasse 150 000 véhicules par an (8 fois plus de véhicules à l'importation qu'à l'exportation).

1. des transports multimodaux

L'espace français est en voie d'intégration à l'espace économique de la CEE, car la France est le principal carrefour de cette Europe et les grandes liaisons trans-européennes traversent pour une bonne part son territoire du nord au sud; par exemple : le réseau ferroviaire rapide pour voyageurs (TEE)*, les services Trans-Europ-express-marchandises (TEEM)* et le Trans-Container-express (TECE)*. La liaison TECE Benelux-France relie en une nuit 6 fois par semaine dans chaque sens, Rotterdam et Anvers à Paris avec correspondance rapide sur Bordeaux, Toulouse, Marseille, Lyon. Du reste, ce système très performant pénalise le trafic des ports français de la Manche et de l'Atlantique.

À travers le territoire français, **les transports routiers se sont concentrés surtout sur les grands axes autoroutiers** et les liaisons transalpines et transpyrénéennes, avec les relais terrestres que sont les gares routières et les plates-formes multimodales*, points de concentration et d'éclatement du trafic, mais aussi d'activités de services.

■ 1. Un nouveau rôle des transports

Le transport combiné multimodal (ou « intégral ») s'est développé avec les nouvelles technologies du transport (conteneurisation*, ferroutage* et transroulage* par « car-ferries »), qui ont permis une **organisation logistique** des importations et surtout des exportations. La transmission des données par des systèmes informatisés a conduit récemment à un renforcement de ces **relais multimodaux** dans la création de **téléports*** (à Roubaix, Poitiers, Metz), qui permettent de suivre les expéditions et de gérer les intégrations multimodales. Dans ce système de relais terrestres la France est appelée à un grand rôle en raison de sa position en Europe et de ses liens transfrontaliers avec ses voisins (réseau d'échanges et associations du type de celle mise en place pour la construction de l'Airbus).

De ce fait, **le transport routier**, plus ou moins associé au rail et à l'avion, **joue un rôle essentiel en France**; près de 80 % des marchandises sont transportées par la route, mais les transports internationaux à grande distance, notamment sous forme de conteneurs, ne représentent que 12 % par la route. Par des trains lourds de conteneurs, la SNCF effectue des parcours directs à grande distance.

La nouvelle chance du rail réside dans les relations rapides intermétropoles et la France a remporté un grand succès technologique avec le TGV Paris-Lyon qui peut à la fois rouler à plus de 260 km à l'heure sur 390 km et qui est aussi compatible avec le réseau normal (prolongement vers Grenoble, Montpellier, Toulon). Sous cette forme, après le TGV Atlantique en cours de construction, la France va créer dans les années 90 le réseau TGV européen à trois branches pour 1992 (Paris-Londres-Amsterdam-Cologne). La France est aussi en pointe pour les réseaux intra-urbains du type RER.

3e constructeur mondial d'avions (succès de l'Airbus), la France est en relations aériennes fréquentes avec toutes les grandes villes d'Europe et son réseau intérieur est l'un des plus développés du monde. Les aéroports de Paris, Lyon, Marseille, Nice sont des plates-formes multimodales.

■ 2. Un réaménagement des transports très profond

La logistique nouvelle multimodale a imposé une adaptation des matériels et des localisations des espaces de transport, avec des effets régionaux importants. La flotte française (11e rang mondial) s'est fortement **spécialisée** et **rajeunie**. Elle couvre moins de 40 % des échanges, mais le navire utilisant la haute technologie est de plus en plus adapté à la marchandise. **Les navires de transroulage**, dérivés des « ferries » permettent aux wagons, autos et camions de pénétrer aisément à bord par des plans inclinés. **Les porte-conteneurs** assurent des transbordements rapides par des ports de vitesse qui surclassent les ports traditionnels (par exemple Calais, Le Havre, Roscoff, La Pallice, Le Verdon, Sète, Fos).

— **Le ferroutage**, qui consiste à transporter par rail, sur la plus grande partie de leurs parcours, les poids lourds (TIR), s'est bien développé à partir de 34 centres équipés de portiques pour la manutention rapide des conteneurs et des remorques : exemple le réseau de Novatrans associé à la SNCF qui s'étend à tous les pays de la

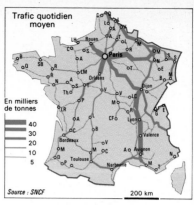

↑ **1. Les flux ferroviaires en France,** trafic journalier voyageurs-marchandises.

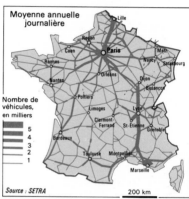

↑ **2. Circulation journalière moyenne des poids-lourds sur les grands axes.**

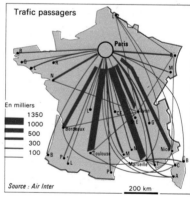

↑ **3. Le trafic d'Air Inter,** en milliers de passagers.

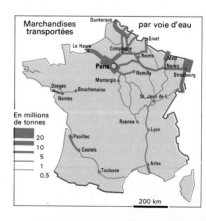

↑ **4. Le trafic des voies navigables,** transport de marchandises en France.

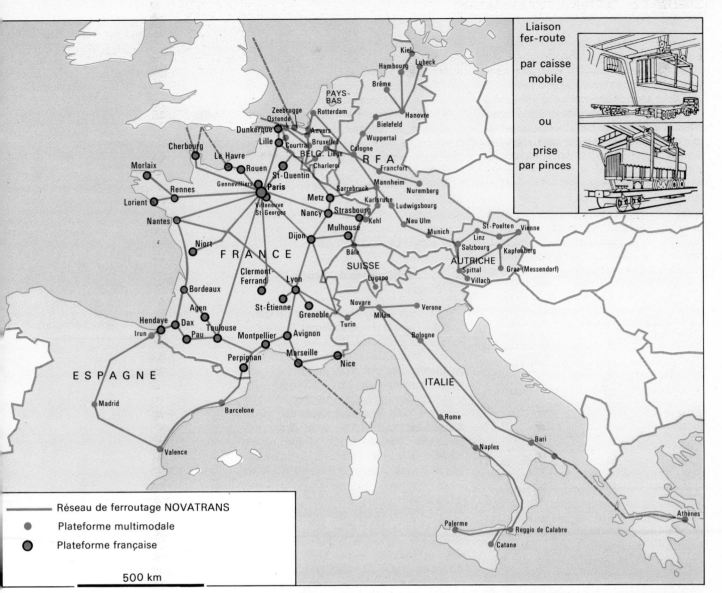

↑ 5. Les plates-formes multimodales et le réseau de ferroutage Novatrans en Europe occidentale.

Il existe en France 34 plates-formes multimodales équipées pour la manutention verticale des conteneurs, caisses mobiles et remorques.

Ce système permet les transports combinés rapides rail-route par trains directs spécialisés sur des itinéraires transeuropéens. Plus de 80 centres de ce genre sont équipés dans la plupart des métropoles et des grandes villes de l'Europe occidentale et méditerranéenne.

Ce système tend à se développer, malgré la concurrence des transports routiers, en raison de ses expéditions rapides en toutes saisons (trains rapides circulant à 140 km/h, même pendant les week-ends, et « sous douane »).

↑ 6. Le nouveau pont autoroutier continent-Ile de Ré.
Ce pont mesure 2 900 m ; mise en service juin-juillet 1988 ; même type de pont que ceux reliant au continent les îles de Noirmoutier et d'Oléron.

CEE et qui s'est regroupé avec huit sociétés européennes de transport combiné rail/route. **Toutes les grandes villes françaises sont reliées à ce remarquable réseau.**

Pour assurer une meilleure efficacité à leurs relations externes, les groupes industriels et les PME* se rassemblent autour de ces centres de regroupement (plates-formes multimodales) et des aéroports, où s'installent également les transitaires, armateurs et groupeurs (exemple : l'Autoport du Boulou à la frontière espagnole). Ces « **autoports** » se développent en France en relation étroite avec les ports rapides, les zones de fret des grands aéroports et les nouveaux « **téléports** » qui concentrent et diffusent toutes les informations internationales.

■ 3. Des conséquences régionales importantes

Les villes les mieux placées vis-à-vis des axes européens, pourvues de centres multimodaux de transport, sont aujourd'hui les plus dynamiques. En revanche, les villes et les régions, plus à l'écart de ces axes, sont en déclin. Pour le rail, beaucoup de lignes de desserte régionale ont été fermées au trafic voyageur au profit de la route, parfois aussi au trafic marchandises. Il en résulte de véritables **déserts ferroviaires,** laissés au seul transport routier, lui-même en voie de contraction vers les **axes autoroutiers** et les routes les plus rentables (exemples : Alpes de Haute-Provence et Bretagne intérieure ou Côteaux de Gascogne, Cévennes et Vivarais). Ces régions du « **rural profond** » sont les victimes de cette réorganisation.

■ 4. Un système de « relais terrestres »

En France, comme en Europe, se met en place **un système de relais terrestres intermodal,** qui reporte le plus loin possible à l'intérieur des terres la fonction d'éclatement du trafic, de façon à « **massifier** » les **flux** de marchandises. L'intégration des transports dans le système télématique ou

« **Télégration** » est la nouveauté qui achève de faire de la France un espace transparent.

Il s'agit pour la France de transformer son réseau de transports hexagonal, centré trop exclusivement sur Paris, en **un réseau à vocation européenne,** reliant la Grande-Bretagne, le Benelux et la RFA à l'Espagne et à l'Italie, sans passer forcément par Paris. D'autre part, grâce à l'interconnexion TGV/RER, qui va être réalisée au début des années 90, Paris sera bientôt le cœur d'un réseau rapide ferroviaire TGV européen, comme Lille, où se croiseront les lignes du TGV à trois branches en 1992.

■ 5. Les difficultés du transport fluvial

Le point faible de la chaîne de transport demeure le transport fluvial. Sauf sur le Rhin et la Seine de Paris au Havre, les transports par barges poussées sont faibles ou inexistants ; les ports fluviaux ne sont guère aménagés pour les transports multimodaux, notamment de conteneurs. **Le gabarit à 3 000 tonnes n'existent que sur le Rhône jusqu'en amont de Lyon, la Seine, à partir de Montereau, sur le Rhin et la Moselle canalisés.** Pourtant, le projet de liaison Rhin-Rhône pourrait permettre un large trafic ouvert sur le cœur économique de l'Europe.

De 1970 à 1980, la voie fluviale a perdu 38 % de son marché ; elle est la victime du déclin des industries lourdes, mais aussi, elle est pratiquement coupé du réseau européen à grand gabarit ; elle ne représente que moins de 6 % du marché global des transports (contre 25 % en République fédérale allemande). Le monde de la batellerie sur les péniches est mal organisé : les 2 800 artisans qui en vivent, fidèles au système du « tour de rôle », qui empêche rationalisation et amélioration de la productivité, sont de plus en plus réduits au chômage. En revanche, les compagnies de barges poussées* sont actives sur le Rhin à partir des ports rhénans français et sur la Seine entre Paris et Le Havre, notamment pour les transports sur barges d'automobiles de Billancourt à Sandouville.

↑ **3. Le port de Roscoff (Côtes-du-Nord).**
Liaison bretonne avec l'Irlande et la Grande-Bretagne.

↑ **4. La plate-forme multimodale de Valenton (94).**
Portiques et électro-aimants de transfert.

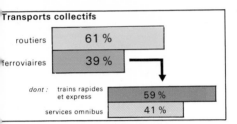

Transports collectifs

routiers	61 %
ferroviaires	39 %

dont :

trains rapides et express	59 %
services omnibus	41 %

↑ **5. Trafic assuré par les transports publics.**

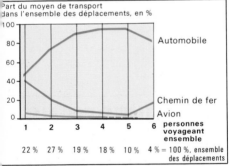

Part du moyen de transport dans l'ensemble des déplacements, en %

Automobile

Chemin de fer
Avion

personnes voyageant ensemble

22 % 27 % 19 % 18 % 10 % 4 % = 100 %, ensemble des déplacements

↑ **6. Moyen de transport selon la distance.**

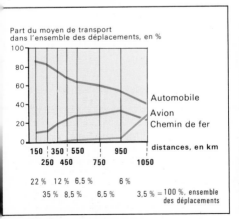

Part du moyen de transport dans l'ensemble des déplacements, en %

Automobile
Avion
Chemin de fer

distances, en km

150 350 550 950
250 450 750 1050

22 % 12 % 6,5 % 6 %
35 % 8,5 % 6,5 % 3,5 % = 100 %, ensemble des déplacements

↑ **7. Trafic voyageurs :** moyen de transport selon le nombre de personnes.

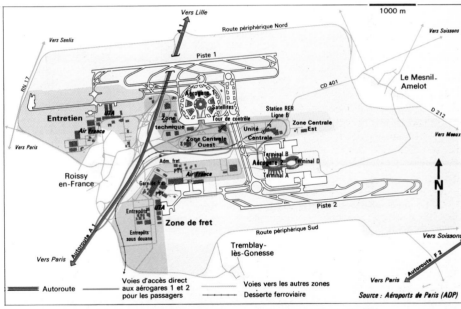

↑ **8. Vue d'ensemble de la plate-forme de l'aéroport de Roissy-Ch. de Gaulle.**

↑ **9. Avion-cargo fabriqué par Airbus-Industrie.** Un monte-charge permet de remplir par le cockpit, ici ouvert, des matériels et des machines de valeur.

Les TGV et l'interconnexion

TGV ATLANTIQUE
— Ligne à grande vitesse en construction
◖ Meilleur temps TGV
◖ Meilleur temps actuel service d'hiver 84/85

TGV SUD-EST
— Ligne à grande vitesse
▭ Meilleur temps de parcours
— Autres lignes empruntées par les TGV
∗ ▭ TGV Lille-Lyon

↑ **1. Le développement des TGV Sud-Est et Atlantique.**
Ces TGV roulent sur une ligne spéciale à grande vitesse et poursuivent sur lignes normales SNCF

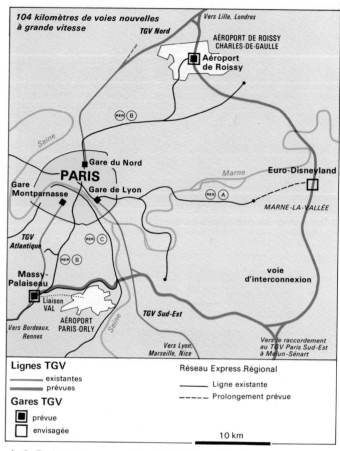

104 kilomètres de voies nouvelles à grande vitesse

Lignes TGV
— existantes
— prévues

Gares TGV
◼ prévue
◻ envisagée

Réseau Express Régional
— Ligne existante
----- Prolongement prévu

10 km

↑ **2. Projet d'interconnexion RER-TGV en Ile-de-France. Les gares prévues :** Roissy, Massy, Marne-la-Vallée.

↑ **3. La construction de la ligne du TGV Atlantique près de Vendôme dans la Vallée du Loir.** Cette ligne doit relier Paris à Bordeaux en contournant Tours par l'est. Ces grands travaux seront achevés en 1988.

QUESTIONS

1. Pourquoi les interconnexions TGV-RER favorisent-elles autour d'elles la concentration d'activités ?

2. Comment s'explique le succès du TGV Paris-Lyon ?

3. Pourquoi parle-t-on de « Lyon, banlieue de Paris » ?

4. Le TGV Atlantique est-il un moyen de désenclavement pour l'Ouest français vis-à-vis de la CEE ?

5. Les relations rapides par TGV et Eurotunnel vont-elles pénaliser le trafic maritime trans-Manche ? Sous quelles formes ?

Travaux dirigés

Des enclaves dans un espace transparent

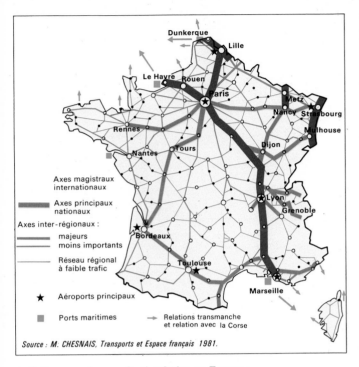

Source : M. CHESNAIS, *Transports et Espace français 1981.*

↑ **1. Les grands axes de circulation en France :**
- Les axes magistraux internationaux : *en violet sur la carte.*
- Les axes principaux nationaux : *en rouge sur la carte.*
- Les axes inter-régionaux : *en rose sur la carte.*

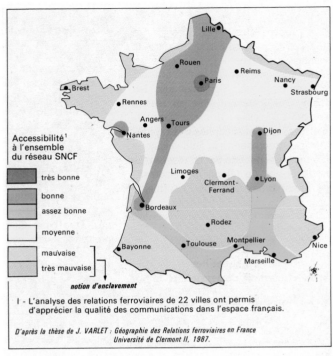

Accessibilité[1] à l'ensemble du réseau SNCF

- très bonne
- bonne
- assez bonne
- moyenne
- mauvaise
- très mauvaise

notion d'enclavement

I - L'analyse des relations ferroviaires de 22 villes ont permis d'apprécier la qualité des communications dans l'espace français.

D'après la thèse de J. VARLET : Géographie des Relations ferroviaires en France Université de Clermont II, 1987.

↑ **2. État des relations entre 22 villes françaises et le réseau SNCF :** les villes ne disposent pas d'une même connexion.

3. La problématique de la distance et du temps

La prise en compte de la dimension spatiale, si elle est nécessaire, n'est pas suffisante, car le mouvement se développe dans le temps, et il n'y a pas proportionnalité entre la distance et la durée (du trajet).

Pour trois couples de lieux, Paris-Valence, Paris-Quimper et Bordeaux-Lyon la distance les séparant est du même ordre, un peu plus de 600 km ; mais pour un voyageur ferroviaire les durées de parcours sont respectivement de 5 heures, 6 heures et plus de 7 heures.

Ce qui souligne l'importance de la combinaison de la distance entre les lieux et de la durée entre des instants. La finalité fondamentale du système de transport révèle la plus ou moins grande maîtrise des variables d'espace et de temps... Cela est concrétisé, par exemple, par la ligne à grande vitesse (TGV) entre Paris et Lyon, qui permet à la fois de résoudre, pour partie, les problèmes de saturation du système ferroviaire dans le Sud-Est et d'améliorer les relations entre Paris et cet ensemble régional.

M. Chesnais,
Transports et Espace français
(Paris, Masson, 1981, pp. 13-14).

En ville la notion de distance n'est seule à déterminer le temps de parcours ; celui-ci augmente avec la dimension des villes à cause de la difficulté de la circulation automobile et des délais d'attente des moyens de transport en commun.

Or ces minutes ou ces heures passées en transport empiètent sur les moments de repos et de loisirs. Dans les agglomérations de 150 000 à 250 000 habitants 91 % des migrants travaillant dans le centre ont un trajet inférieur à 20 minutes. À Marseille, le pourcentage n'est que de 40 et il faut attendre un trajet de 30 m pour retrouver 90 %. Dans l'agglomération parisienne 55 % seulement ont moins de 30 m de trajet.

Ces faits expliquent (en raison de la croissance continue de l'habitat périphérique) que les problèmes de circulation et de transports dans les grandes villes soient passées au premier rang des soucis de la population.

M. Wolkowitsch,
Géographie des Transports
(Colin, Coll. « U », 1983).

↑ **4. Une gare désaffectée, transformée en restaurant dans le Gers.** Le guichet subsiste encore à gauche ainsi que les affiches de l'époque.

QUESTIONS

1. Pourquoi favorise-t-on en France les grandes vallées orientées Nord-Sud ?

2. Le chemin de fer a-t-il cessé d'être un service public en France ? Quelles en sont les conséquences ?

3. Sur quelles liaisons l'avion conserve-t-il la primauté sur le TGV ?

4. Dans quelle mesure la nouvelle technologie ferroviaire permet-elle un rapprochement entre les métropoles et Paris ?

5. Comment réutilise-t-on les espaces ferroviaires abandonnés ?

2. les informations à la vitesse de la lumière !

Les progrès des techniques de la communication ont bouleversé les réseaux de relations en France et ont accéléré les mutations économiques et l'ouverture sur l'Europe et le monde. **En vingt ans, les terminaux d'ordinateurs reliés au réseau public des PTT** (*Réseau Transpac** de télé-informatique) **se sont multipliés très rapidement.** Mais surtout, depuis la fin des années 70, **la France est couverte par un réseau très dense de postes de téléphones automatiques** qui compte parmi les plus performants des grands pays industrialisés avec de très nombreux postes publics jusque dans les moindres villages.

1. Le bouleversement des communications professionnelles

La télétransmission (à la vitesse de la lumière) des informations a permis la constitution de nombreuses « **banques de données** » publiques et privées : par exemple, le réseau des « observatoires économiques » de l'Institut national de la Statistique (INSEE), les systèmes de réservation électronique des places à la SNCF ou dans les agences de voyages et compagnies d'aviation. Le passage de la simple transmission orale téléphonique à la transmission/commutation numérique des données par réseaux câblés et relais hertziens, ou même par satellites géostationnaires*, a permis les systèmes de vidéotex*, l'usage du Minitel*, le télétraitement à distance des données et des informations. **Les transports disposent ainsi en France d'un réseau de liaisons ultra-rapides d'informations** qui peut être développé maintenant à partir de Téléports.

2. À l'échelle européenne

Un réseau télé-informatique a été organisé à l'échelon de la Communauté européenne : neuf pays européens ont collaboré à la mise en place d'un système interactif, c'est-à-dire permettant les relations conversationnelles dans les deux sens. La France a acquis en ce domaine une maîtrise technique remarquable, par exemple pour le Minitel, premier système vidéotex urbain dans le monde.

3. Une saturation précoce ?

On assiste, en France, à une **relative « indifférenciation » de l'espace des télécommunications** (accessibilité presque immédiate au réseau français et européen). La télématique a pénétré très largement le secteur des banques et des assurances, la majorité des administrations nationales et régionales ainsi que les grandes entreprises industrielles et même les PME. De la sorte les décentralisations de nombreux bureaux administratifs ont été facilitées à partir de Paris et des grandes métropoles, mais cela pose un problème d'aménagement régional de **multiples réseaux autonomes**, car il y a déjà des risques de saturation du réseau Transpac des PTT et du Minitel, tant le succès a été rapide, d'autant plus que les relations interentreprises et interservices se sont établies maintenant à un échelon européen. Les PME peuvent accéder maintenant à des informations et à des services, réservés en principe, jusque-là, aux grandes entreprises.

Un remodelage de l'espace pour conséquence

Ces nouveaux réseaux informationnels influencent fortement l'espace urbain et péri-urbain. Désormais la concentration au centre-ville des services de gestion et d'exécution des commandes n'est plus nécessaire. Les services s'installent de plus en plus près des zones périphériques, bien reliées aux axes de transport et aux centres universitaires et de recherches, surtout près des centres de concentration des informations : ceci explique l'importance future des **téléports** de Roubaix, de Metz et de Poitiers et des téléports européens déjà en fonctionnement, comme à Rotterdam et à Anvers. Les centres de stockage et de manutention de pièces détachées sont liés à la télématique, et des axes de transport.

En France, des réseaux informationnels privés s'installent entre les grandes entreprises. Les télécommunications deviennent ainsi l'infrastructure de la troisième révolution industrielle, en permettant **la télégestion* à distance** entre un centre de décision et ses bureaux et usines, répartis selon les besoins du marchés.

1. Le rôle organisateur des télécommunications

La télématique apparaît aujourd'hui comme le nouvel outil un peu miraculeux pour l'aménagement du territoire...

Cet instrument peut être utilisé comme outil de répartition des activités dans l'espace, permettant de délocaliser certaines fonctions. La télématique pourrait ainsi prendre le relais de la décentralisation pour le développement en petites villes et en milieu rural. Dans les villes plus importantes, elle est le support d'idées nouvelles pour le maintien ou la création d'activités dans les quartiers.

Issue de la synthèse entre les télécommunications et l'informatique, la télématique ouvre des possibilités infinies...

L'accès aux banques de données n'est pas un service télématique spécifiquement industriel : il constitue l'un des objectifs de la télématique urbaine (ex. : Télétel). Pour les industriels se multiplient les banques de données professionnelles, soient spécifiques d'une branche industrielle, soient plus générales comme TÉLÉMAQUE, banque de données du Centre français du commerce extérieur... Dans ce cas précis, la banque de données est un outil de connaissance des marchés.

L'accès à ses banques a nécessité la création de réseaux de transmissions de données, tels que TRANSPAC... Le système VIDÉOTEX grand public va généraliser les possibilités d'accès.

Ch. Gachelin, *Transports et mutations actuelles* (DIEM-SEDES, 1983).

2. Répartition régionale des Minitels en France au 31/12/87 (en millier de terminaux)

		rang régional
ALSACE	89,5	14
AQUITAINE	159	6
AUVERGNE	36	19
BASSE-NORMANDIE	69,5	16
BOURGOGNE	73	15
BRETAGNE	200	5
CENTRE	137	7
CHAMPAGNE	59	18
CORSE	11,4	22
FRANCHE-COMTÉ	30,7	20
HAUTE-NORMANDIE	90,5	13
ÎLE-DE-FRANCE	770	1
LANGUEDOC	107	12
LIMOUSIN	25	21
LORRAINE	130	8
MIDI-PYRÉNÉES	115	9
NORD-PAS-DE-CALAIS	243	4
PICARDIE	108,4	11
PAYS-DE-LOIRE	109	10
POITOU-CHARENTE	60,4	17
PROVENCE-CÔTE D'AZUR	275	3
RHÔNE-ALPES	284	2
OUTRE-MER	5,3	23
	31 877	

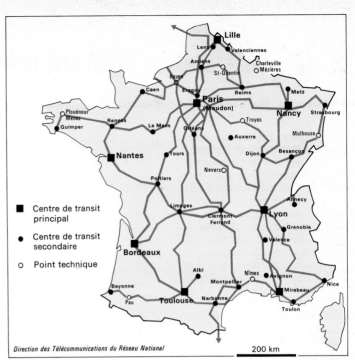

↑ 3. Un relais hertzien à Pierre-la-Bauche.
Type de relais permettant de transmettre les informations et les images à la vitesse de la lumière.

↑ 4. Carte des réseaux hertziens en France. Ce réseau est très centré sur Paris; les centres de transit principaux sont les métropoles régionales.

5. Le réseau câblé de télévision : un outil d'avenir

A CTUELLEMENT 500 000 foyers sont déjà câblés, plus d'un million en fin 1988. Il existe deux sortes de câbles : **le câble coaxial** en cuivre, le plus employé actuellement, mais qui a des pertes de charge en ligne assez importantes, ce qui limite la portée régionale des réseaux et **la fibre optique** (minces cheveux de verre véhiculant l'énergie sous forme de lumière), qui permet de véhiculer des milliers d'informations. Le réseau en étoile avec tête de réseau et un centre de distribution va permettre avec la fibre optique l'*interactivité,* c'est-à-dire des réseaux multi-services permettant des communications dans les deux sens et la téléconférence entre les entreprises et les bureaux d'affaires. En 1987 il existe en France 20 réseaux câblés (34 en 1988).

D'après *L'Équipe* du 20-11-1987.

7. Télécommunications et développement régional

L E rôle de la géographie sur les télécommunications (et les incidences sur le développement des réseaux, des parcs de terminaux, des flux...) conduit à relever des disparités régionales quant aux parcs de matériels (et aux aires de rayonnement urbain)...

C'est ainsi qu'un certain nombre de régions sont remarquablement mieux équipées que d'autres (Île-de-France, Rhône-Alpes, Provence-Côte d'Azur, Nord)...

De même l'étude du parc de télécopieurs a montré que la hiérarchie des régions les mieux équipées correspond aux métropoles d'équilibre (poids des régions urbaines de Bordeaux, Grenoble, Lille, Lyon, Marseille, Nantes, Strasbourg, Toulouse) et au poids économique des différentes régions (Paris, Haute-Normandie, Rhône-Alpes, PACA, Alsace ont une place de choix)...

Bien plus, ces disparités s'accompagnent d'autres disparités dans le domaine de la tarification, du rythme de la mise en disponibilité des services ou des étapes dans la mise en place des réseaux.

H. Bakis, *Géographie des télécommunications*
(Paris, PUF, coll. « Que sais-je ? » 2152, 1984).

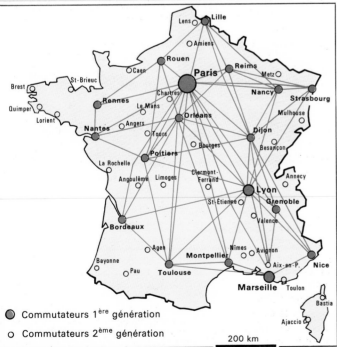

↑ 6. Le réseau informatique TRANSPAC des PTT et les commutateurs.
Ce réseau permet la télétransmission des données informatiques entre villes.

8. Médias et homogénéisation culturelle

E N France, la diffusion des journaux parisiens en province a été facilité par les nouvelles technologies, mais la concentration a assuré un monopole des grands journaux régionaux dans leur zone de diffusion...

Les nouveaux moyens techniques de transmission de la composition à distance, les télétransmissions par câbles et satellites correspondent assez bien aux éditions départementales de ces « grands régionaux »...

Mais surtout, la télévision pénètre de plus en plus dans tous les foyers, supplante le rôle de la presse et avec elle une culture de « classe moyenne » impose ses préférences esthétiques, ses choix et ses modes...

Ce phénomène d'uniformisation par une culture « de base » est cependant contrebalancé par la multiplication des chaînes et l'essor de la télévision régionale.

Bernard Dezert, texte inédit.

L'aménagement d'un espace frontalier

L'espace trifrontalier entre Bâle, Mulhouse et Fribourg (RFA) est un carrefour majeur de l'Europe rhénane avec deux autoroutes Nord-Sud, l'une en territoire français, l'autre en territoire allemand rejoignant au-delà de Bâle, la route du col du Saint-Gothard.

L'autoroute allemande est le terminus sud du grand axe allemand Hambourg-Francfort-Bâle. L'autoroute Lyon-Besançon-Belfort rejoint au-delà de Mulhouse l'autoroute allemande après le pont-frontière de Chalempé sur le Rhin. Mulhouse, au croisement des deux axes Nord-Sud et Ouest-Est, a une gare routière très importante.

Un canal relie Mulhouse au grand canal d'Alsace. C'est l'amorce alsacienne du futur grand canal « Mer du Nord-Méditerranée ».

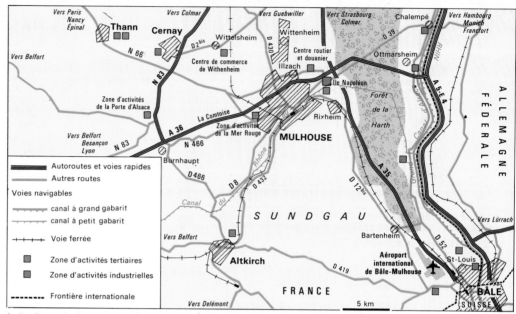

↑ 1. Carte de la région transfrontalière de Mulhouse-Sud Alsace et Bâle.
Cette région est sillonnée d'autoroutes. L'aéroport est franco-suisse.

↑ 2. Plate-forme multimodale de Mulhouse-Nord avec portique à conteneurs et manutention rapide entre camion et wagon plat.

↑ 3. Centre routier et douanier du nord de Mulhouse. Ce centre est l'autoport du Sud de l'Alsace, mais son trafic de transit est très important.

4. Le « Dreiländerecke »

« L'ESPACE des trois frontières » est une zone à la fois suisse, allemande et française, où l'influence de Bâle, agglomération de 280 000 habitants, se fait sentir de manière très forte et jusqu'à Mulhouse.

La proximité de Bâle pose à Mulhouse des problèmes particuliers : son rayonnement financier et culturel (Bâle est le siège de plus de vingt banques d'affaires internationales et de la banque mondiale des Règlements internationaux), ses foires, ses banques, ses industries de pointe, ses commerces de luxe, son port ont un pouvoir attractif considérable.

Bernard Dezert, texte inédit.

5. L'aéroport de Mulhouse-Bâle

À cheval sur la frontière franco-helvétique, l'aéroport est une création conjointe des chambres de commerce de Mulhouse et de Bâle. Une autoroute spéciale relie à la ville de Bâle l'aéroport pour sa partie suisse. L'aéroport est fréquenté par les avions moyen-courriers des lignes régulières d'Air France, Air-Inter, Air-Alsace (TAR), Swissair, Lufthansa, KLM, SAS et British Airways.

L'aéroport de Bâle-Mulhouse est le 3e de Suisse, après Zürich et Genève, le 5e de France.

L'aéroport est un élément très valorisant pour le Sud de l'Alsace et favorise grandement le dynamisme de Mulhouse aux dépens de Strasbourg.

Bernard Dezert, texte inédit.

Synthèse/Sévaluation

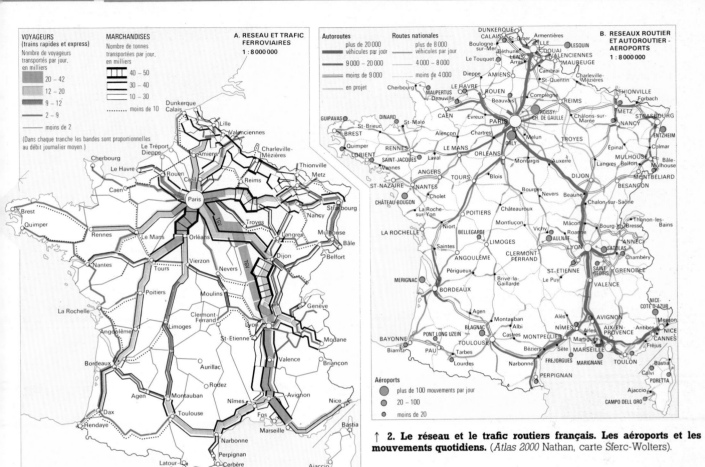

↑ **1. Le réseau et le trafic ferroviaires français.**
(Voyageurs et marchandises) (*Atlas 2000* Nathan, carte Sferc-Wolters).

↑ **2. Le réseau et le trafic routiers français. Les aéroports et les mouvements quotidiens.** (*Atlas 2000* Nathan, carte Sferc-Wolters).

COMMENTAIRES DE TEXTE

3. Mickey et Picsou, géographes

MICKEY et Picsou, ou plutôt les responsables de la société américaine Disney, sont d'excellents géographes. Ils ont sans doute longtemps observé une carte avant de choisir l'emplacement du futur *Disneyland* européen. Suivons leur raisonnement. D'abord, quelles sont les villes les plus peuplées d'Europe ? Londres et sa banlieue, les agglomérations en chapelet du Rhin et de la Ruhr, puis le grand Paris qui, avec sa région, compte environ 10 millions d'habitants. Ensuite, lequel de ces centres est le mieux relié au reste de l'Europe ? Pas Londres, du moins tant que le tunnel prévu ne traversera pas la Manche. Les villes allemandes sont assez bien situées, mais un peu loin de l'Espagne (environ 40 millions d'habitants) et de

l'Italie (à peu près 60), et encore plus des pays d'Afrique du Nord éventuellement intéressés ; enfin, avec ses usines, la Ruhr est peu attrayante. Alors Paris ?

Car notre capitale est aussi une porte largement ouverte sur l'extérieur : Roissy est le deuxième aéroport d'Europe, et près de 300 millions de gens vivent dans un cercle d'un rayon de 1 000 km autour de Notre-Dame.

Mais la France accuse encore du retard dans la construction des autoroutes, bien qu'elle en ait plus de 6 000 km et élargisse à quatre voies une bonne partie de ses 28 000 km de routes nationales.

F. Beautier, *Géographie de la France.*
Nathan, 1988.

QUESTIONS

1. Analyser les cartes des réseaux ferroviaires et routiers (doc. 1 et 2).

2. Quelles conclusions tire-t-on de l'analyse de l'infrastructure aéroportuaire et de son trafic (doc. 2) ?

3. Les réseaux de transport sont-ils toujours et avant tout centrés sur la capitale ?

4. Les systèmes de transports intermodaux favorisent-ils les nouveaux secteurs de développement des industries et des services ?

5. Comment le réseau de transports français s'est-il ouvert sur l'Europe ?

6. Quelles sont les régions bénéficiaires et déficitaires dans la concentration et la réorganisation des transports ?

7. Citer des régions qui ont bénéficié des transports multimodaux (ferroutage, transroulage).

8. Les transports sont-ils devenus les pôles principaux du développement économique ?

SUJETS

1. En quoi les transports français s'intègrent-ils aux réseaux européens ?

2. Force et faiblesse des réseaux routier et autoroutier français.

3. Les bouleversements dans les télécommunications en France.

des citadins en col blanc

DONNÉES STATISTIQUES

Part de la main-d'œuvre dans les services (1985)

France	60,4 %
CEE	57,6 %
États-Unis	68,8 %

Effectifs dans les services (1985)

Commerce	2,6 m
Transports et communications	1,3 m
Services marchands	4,2 m
Services non-marchands	5,5 m
Total	13,6 m

m = million

Nombre d'établissements commerciaux (1986)

130 000 commerces de gros
560 000 commerces de détail
591 hypermarchés (surface > 2 500 m^2)
5 300 supermarchés (surface entre 400 et 2 500 m^2)

Téléphone

Nombres de postes : 33 millions
60 % d'habitants raccordés
Minitel : 1,3 million

Source : *TEF 1987*

La grande majorité des Français sont devenus des citadins et de nouvelles formes d'urbanisation sont apparues dans la périphérie des villes avec les villes nouvelles et « les nouveaux villages ». Une recherche de qualité de vie se manifeste par la rénovation ou la réhabilitation des centres avec des « secteurs sauvegardés ». **Le poids croissant des services** se traduit par la prolifération des centres commerciaux et de bureaux et la transformation des centres-villes en cités d'affaires.

Une part importante des bureaux se regroupe dans des « **parcs d'activités** » **périphériques** et notamment dans les villes nouvelles. Des centres commerciaux régionaux ont été créés dans la périphérie des métropoles, en concurrence avec les centres-villes rénovés.

ANALYSE DU DOCUMENT

Créé à l'emplacement de terrains militaires (22 ha), à proximité de la gare des Brotteaux, le centre de bureaux de La Part-Dieu est devenu le cœur économique, le centre d'affaires de Lyon. Il est à proximité immédiate de la gare TGV Paris-Marseille et il est desservi par le métro pour le relier aux quartiers centraux traditionnels de la presqu'île de Perrache. Plus de 6 000 emplois de bureaux sont à La Part-Dieu et 3 500 personnes travaillent dans un centre commercial de 116 000 m^2. La Part-Dieu est un centre d'affaires et un centre administratif régional de premier ordre, le second en importance en France, après La Défense à Paris. Autour de la gare même du TGV se sont développés des espaces de bureaux sur 67 000 m^2. Le quartier dispose aussi d'immeubles résidentiels dans une zone réservée.

1. un cadre de vie très urbain

La France est devenue au cours des 30 dernières années un pays à forte dominante urbaine, où l'on comptait au recensement de 1982 69 % de citadins; 3 habitants sur 4 sont des citadins, en raison d'un très fort dépeuplement des campagnes et du peuplement rapide des grandes villes. L'agglomération parisienne progresse moins aujourd'hui que les métropoles régionales (Strasbourg, Marseille, Rennes, Toulouse, Montpellier, Lyon, Grenoble, Lille, Bordeaux). Les villes à développement rapide sont surtout celles du Midi méditerranéen et aquitain.

■ 1. De nouvelles formes d'urbanisation

Le poids régional des métropoles est inégal; certaines rassemblent plus de 25 % de la population urbaine régionale, d'autres moins de 15 %. **Les agglomérations s'étalent en auréoles suburbaines;** dans les régions les plus urbanisées, en particulier autour des grands pôles offrant des services supérieurs, on assiste à une rapide urbanisation des campagnes. La péri-urbanisation est active dans un rayon de 30 à 50 km, autour de Lyon, de Paris, de Lille. Sous l'influence de Paris les villes de l'Oise ont connu une croissance vigoureuse.

Les zones suburbaines voient se multiplier les « nouveaux villages* », c'est-à-dire des lotissements suburbains avec villas isolées ou « collectifs horizontaux », pavillons accolés à un étage avec jardinet. Ce mouvement important intéresse aussi bien les ingénieurs et cadres supérieurs que les techniciens, les commerçants et même les ouvriers, qui fuient de plus en plus les « grands ensembles » et veulent devenir propriétaires de leur maison en achetant du terrain à la campagne. L'urbanisation est ainsi diffusée dans les zones rurales proches des moyennes et grandes villes.

■ 2. Un goût nouveau pour la qualité du cadre de vie

Ce goût pour une recherche d'une « image de marque » s'exprime par des rénovations de centres, des réhabilitations de quartiers historiques, des restaurations du patrimoine ancien, mais aussi dans le péri-urbain par l'aménagement d'espaces verts et de parcs récréatifs. Pour attirer les services supérieurs et les activités de haute technologie, les villes aménagent leur centre pour y installer des magasins luxueux, des bureaux et des zones de distraction (création de 60 « **secteurs sauvegardés** » dans les villes, 37 d'entre eux dépassant les 50 ha).

■ 3. La tertiarisation des villes

Les activités du secteur tertiaire demeurent seules dans ces villes rénovées et les usines, les bureaux de gestion, les centres de services des transports émigrent dans la périphérie; pour rapprocher les nouveaux emplois de l'habitat, on a créé des villes nouvelles et des grands ensembles de logements, mais des villages ont été rapidement urbanisés (mouvement de rurbanisation). **Il en résulte autour des métropoles des zones d'activités, où se regroupent PMI et services, et un réseau urbain régional beaucoup plus développé, avec des espaces intermédiaires, qui s'urbanise progressivement le long des principales routes.** Des villes moyennes développent rapidement leurs services.

Commerces, transports et services représentaient au recensement de 1982 57,6 % de tous les actifs. Par rapport à 1954, le nombre des cadres supérieurs et des professions libérales a triplé! Les femmes ont été très bénéficiaires dans cette tertiarisation des emplois et par rapport à 1954, leur proportion a doublé dans les professions libérales et les emplois de cadres supérieurs et augmenté d'un tiers chez les cadres moyens.

Les villes à taux de croissance dynamique sont celles qui ont beaucoup développé leurs services supérieurs, comme certaines villes « du soleil » : Nice, Cannes, Aix-en-Provence, Montpellier, Toulouse, etc., les villes de la région Rhône-Alpes, notamment Grenoble, Annecy, Chambéry et les villes-satellites de Lyon, les métropoles de la grande couronne parisienne : Orléans, Tours, Reims, Caen, Rouen et quelques grandes villes de l'Ouest, comme Rennes, Nantes, ainsi que Bordeaux. Ces centres ont pu développer, grâce au rayonnement de leurs services et de leurs médias, **une aire d'attraction** sur les petites villes et les campagnes environnantes.

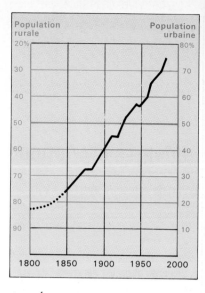

↑ **1. Évolution des ruraux et des citadins.** L'exode rural s'est accéléré depuis 30 ans.

2. Évolution annuelle de la population par taille de communes entre 1975 et 1982

Accroissement de population	Total
1- 50 hab.	− 2,25
50- 100	− 0,97
100- 200	− 0,31
200- 500	+ 0,36
500-1 000	+ 0,99
1 000-2 000	+ 1,34
2 000 et plus	+ 1,67
Ensemble des communes rurales	+ 0,86
moins de 5 000	+ 1,01
5 000- 10 000	+ 0,90
10 000- 20 000	+ 0,63
20 000- 50 000	+ 0,27
50 000-100 000	+ 0,22
100 000-200 000	+ 0,23
200 000-2 millions	+ 0,17
Agglomération de Paris	+ 0,06
Ensemble des communes urbaines	+ 0,31
France entière	+ 0,46

Accroissement de population	par mouvement naturel	par solde migratoire
1- 50 hab.	− 0,85	− 1,40
50- 100	− 0,54	− 0,42
100- 200	− 0,41	+ 0,10
200- 500	− 0,27	+ 0,64
500-1 000	− 0,11	+ 1,10
1 000-2 000	− 0,00	+ 1,34
2 000 et plus	+ 0,15	+ 1,52
Ensemble des communes rurales	− 0,12	+ 0,99
moins de 5 000	+ 0,18	+ 0,82
5 000- 10 000	+ 0,35	+ 0,56
10 000- 20 000	+ 0,53	+ 0,11
20 000- 50 000	+ 0,61	− 0,34
50 000-100 000	+ 0,65	− 0,44
100 000-200 000	+ 0,78	− 0,55
200 000-2 millions	+ 0,58	− 0,41
Agglomération de Paris	+ 0,68	− 0,63
Ensemble des communes urbaines	+ 0,58	− 0,27
France entière	+ 0,40	+ 0,06

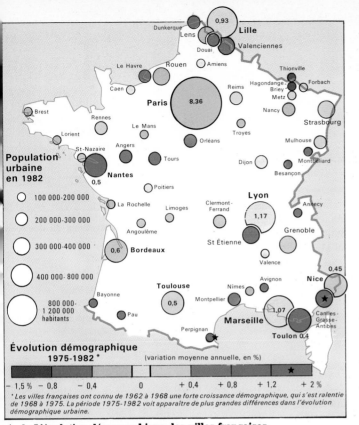

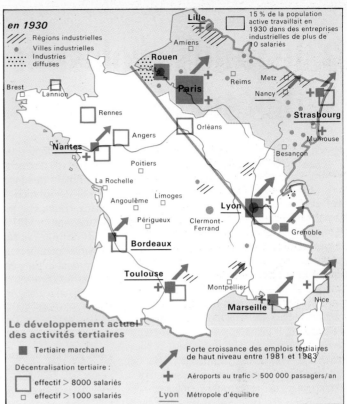

15 % de la population active travaillait en 1930 dans des entreprises industrielles de plus de 10 salariés

↑ 3. L'évolution démographique des villes françaises.
Les petites villes perdent lentement leurs actifs au profit des métropoles.

↑ 4. Les villes à prédominance d'activités tertiaires. Les services à l'usage des entreprises se développent dans l'Ouest et le Midi.

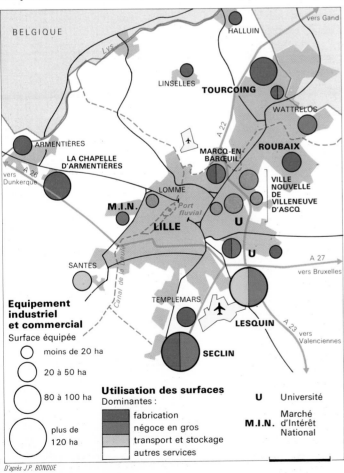

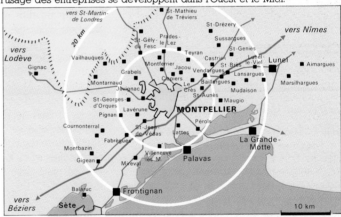

↑ 6. Le réseau urbain du Languedoc-Roussillon. Le réseau des villes de la plaine du Languedoc est le reflet de l'attractivité de Montpellier.

↑ 7. Beaune (Côte-d'Or) et le vignoble de Bourgogne. Cette ville moyenne, célèbre par ses hospices (xve siècle), à un carrefour autoroutier, est très active.

↑ 5. Les zones d'activités de la métropole-Nord. Les activités nouvelles de haute technologie recherchent surtout la ville nouvelle de Lille-Est.

2. le poids croissant des services

1. La montée irrésistible des services et du secteur tertiaire

De 1959 à 1970 les activités de services ont été nettement moins dynamiques que les activités industrielles en France. C'est l'inverse après 1975 et **ces activités se développent beaucoup hors des régions les plus anciennement industrialisées** : à l'ouest d'une ligne Caen-Grenoble. La forte croissance des emplois tertiaires de haut niveau se situe dans la grande couronne parisienne au sud de Paris (nord de l'Essonne) et dans les 5 villes nouvelles de la région parisienne, à Lyon (La Part-Dieu), à Nice, Toulouse, Bordeaux, Marseille, Nantes, Montpellier, Grenoble, mais aussi Nancy et Strasbourg ; on remarquera l'influence du *« Sun Belt » français*, c'est-à-dire des grandes villes du Midi, dont le dynamisme n'a cessé de grandir depuis la crise de 1973-1975, qui a touché, au contraire, les régions de vieilles industries du Nord et de l'Est. Dans cet essor, **les activités financières et bancaires, les assurances, les transports et les télécommunications, les services d'accompagnement des industries de haute technologie** (services aux entreprises) **ont** acquis une place très importante.

2. Des parcs de bureaux* et des centres commerciaux à profusion

Dans la région parisienne sont encore concentrées près de 75 % des sièges des grandes entreprises françaises et le tiers des entreprises de services, le plus souvent des PME. Les grandes administrations sont encore peu décentralisées, même si certains services importants ont été décentralisées dans les grandes métropoles régionales (services du ministère des Affaires étrangères à Nantes par exemple). Toutes les villes-préfectures et les chefs-lieux de région ont une « cité administrative ». De nouveaux **pôles tertiaires** se développent au centre des principales villes et ont donné lieu à des aménagements spectaculaires comme La Défense pour Paris (3 000 000 de m² de planchers de bureaux vendus), La Part-Dieu à Lyon, le quartier du Polygone à Montpellier, etc., cités financières, de gestion et de transactions d'affaires aux allures très américaines avec leurs tours imposantes de verre et d'acier, leurs

centres commerciaux régionaux, d'expositions et de distractions.

Autour des métropoles se développent aussi de **grands équipements commerciaux,** comme les **marchés d'intérêt national** (par exemple MIN* de Rungis pour Paris ou MIN de Nice) et **régional** avec de grandes chaînes commerciales, qui concurrencent fortement le petit commerce de détail dans toutes les régions, en rassemblant des boutiques, des cafétérias, des restaurants et des cinémas. Là encore, des **parcs de bureaux** s'installent à proximité.

3. Vers le développement de technopôles*

La proximité des universités scientifiques installées dans la périphérie des métropoles a permis le développement de laboratoires de recherches et d'innovation et l'implantation de nombreux services annexes et de centres d'essais de prototypes (par exemple au sud-est de Toulouse, l'Innopole de Labège et le complexe technologique de Ramonville-Rangueil ou la tentative de création d'un « Technopôle-Ile-de-France sud » dans la zone d'Orsay-Massy au sud de Paris). Dans cette région sud-parisienne se rassemblent : près de 35 000 chercheurs, 43 % des laboratoires de recherches et 60 % des Grandes Écoles de France, mais aussi 15 % des industries électroniques !

4. Des pôles touristiques balnéaires et montagnards

La France a valorisé un potentiel touristique considérable par la construction de **grands complexes balnéaires et de sports d'hiver.** Les Alpes françaises comptent 1 500 000 lits et 2 500 remontées mécaniques. Pyrénées et Jura, comme Vosges et Auvergne sont équipées pour le ski et les randonnées. La côte du Languedoc-Roussillon a fait l'objet de grands aménagements (exemple : « La Grande Motte »).

Le tourisme est une des activités économiques fondamentales : 230 000 professionnels vivent du tourisme et 360 000 sont dans l'hôtellerie-restauration : une importance comparable aux industries électroniques.

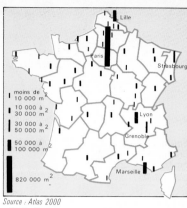

Source : Atlas 2000

↑ **1. Les concentrations de nouveaux bureaux.** La région parisienne concentre 45 % du parc.

2. Le parc-bureaux de Paris

L E parc-bureaux de Paris a atteint 14 millions de m². Après avoir fortement progressé jusqu'en 1975, il se stabilise... Les bureaux achevés en 1981 se situaient pour plus de la moitié à La Défense (35 %) et dans les villes nouvelles (16 %) ; la part de Paris tombe à 19 %... Le quotient moyen du nombre de m² de plancher de bureau par emploi a augmenté et atteint aujourd'hui 17 m² à Paris, un peu plus en banlieue.

Jean Bastié,
Géographie du grand Paris
(Paris, Masson, Coll. « Géographie », 1984).

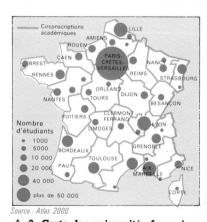

Source : Atlas 2000

↑ **3. Carte des universités françaises.**

Source : Atlas 2000

↑ **4. La fréquentation des stations touristiques.**

Évolution de l'emploi tertiaire en France par catégorie

Tertiaire	en milliers		Taux d'évolution
	1975	1982	1975-1982 (en %)
— Commerce	2 353	2 555	+ 8,6
— Transports et Télécommunications	1 271	1 346	+ 5,9
— Services marchands	3 159	4 048	+ 28,1
— Agents immobiliers	56	68	+ 17,8
— Assurances	127	148	+ 16,5
— Organismes financiers	378	426	+ 12,7
— Services non marchands	3 414	3 768	+ 10,3

Source : INSEE.

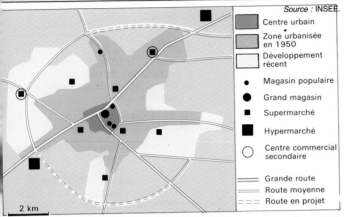

Légende :
- Centre urbain
- Zone urbanisée en 1950
- Développement récent
- • Magasin populaire
- ● Grand magasin
- ■ Supermarché
- ■ Hypermarché
- ○ Centre commercial secondaire
- Grande route
- Route moyenne
- Route en projet

2 km

↑ **6. Modèle de localisation de l'équipement commercial d'une ville moyenne.** Le centre commercial est concurrencé par des hypermarchés péri-urbains.

↑ **7. Le marché aux fleurs d'intérêt national de Nice, proche de l'aéroport.** La vente des fleurs s'effectue au « cadran ». Les cours sont affichés au fond.

TECHNOPÔLES	Date de création	Spécialisation	Nombre d'entreprises installés	Potentiel universitaire et de recherche
Les plus anciens				
SOPHIA-ANTIPOLIS (Nice)	1969	Informatique, acoustique, chimie, énergie solaire, communication	140	Univ., ESCAE, Éc. des Mines Centres de recherche
ZIRST DE MEYLAN (Grenoble)	1974	Micro-informatique, électronique, automatismes	130	Univ., grandes écoles 10 000 chercheurs
NANCY-BRABOIS	1977	Chimie, agro-aliment., informatique, biotechnologies, matériaux	50	30 000 étud., 3000 cherch.
Récents				
RENNES-ATALANTE	1984	Informatique, communication, biotechnologies	17	37 000 étud., 3000 cherch. École Sup. d'électricité
TECHNOPÔLE 2000 (Metz)	1983	Télématique, communication	15	École Sup. d'électricité CESCOM, Université
LABEGE-INNOPÔLE (Toulouse)	1983	Informatique, productique, biotechnologies, espace	70	65 000 étud., 4000 cherch.
BREST	1984	Électronique industrielle, mécanique, biotechno. maritimes	?	Univ., 3 écoles d'ingénieurs
TECHNOPARC (Annecy)	1984	Multi-activités	≈ 20	CERN (Annecy) Univ. de Genève Univ., INSA, ESC +
ROUEN-MONT ST AIGNAN	1984	Multi-activités	15	labos de pharmacie
Naissants				
TECHN. DE HTE ALSACE (Mulhouse Colmar)	1985	Productique, chimie, génie thermique, textile	incalculable	Univ., Centre de recherches, Institut polytechnique
PARC D'INNOV. D'ILLKIRCH (Strasbourg)	1986	Physique, robotique, biotechnologies, pharmacie	3	Univ., 3300 cherch., 225 labos, 2 écoles d'ingénieurs
SAVOIE-TECHNOLAC (Chambéry)	1985	Multi-activités	3	10 labos universitaires
PARC D'INNOVATION DE BRETAGNE-SUD (Vannes)	1985	Vétérinaire, agro-alimentaire, informatique	8 prévues par ha	Labos de biotechnologie
LYON GERLAND/OUEST/ LA DOUA	86-87	Multi-activités	incalculable	3 univ., 2 IUT, 5 gdes écol. Instituts médicaux etc...
CITÉ SCIENTIF-PARIS-SUD	1987	Multi-activités	incalculable	55 % de la recherche franç.
En construction				
PÔLE RÉG. DE PRODUCTIQUE (St Etienne)	1986	Productique	1	Univ., IUT, Centres techniq.
INNOV'ESPACE (Orléans)	1987	Biomasse, bois, systèmes, matériaux		Univ., IUT, CNRS, INRA Univ., écoles d'ingénieurs Ecole vétérinaire
NANTES	1987	Électronique, informatique		
FUTUROSCOPE	1987	Multi-activités		Univ., lycée pilote 36 000 étud., 16 écol. d'ing. 90 labos
TECHN. NORD (Villeneuve d'Ascq)	1987	Multi-activités		
CHÂTEAU GOMBERT (Marseille)	1987	Multi-activités		1000 étud., CEA, CNRS

Principaux projets

COMPIÈGNE (autour de l'université de technologie)

AIX 2000 (autour de Thomson et Péchiney)

BORDEAUX-TECHNOPOLIS

MONTPELLIER-LANGUEDOC-ROUSSILLON

"technopôle éclaté" sur la région

CLERMONT-FERRAND (centré sur un "nid" technologique)

LATITUDE 42, CANET-EN-ROUSSILLON (incertain)

BIARRITZ (projet de pôle de communication autour de la 1ère ville câblée)

MICROPOLIS, GAP

Légende carte :
* "peloton de tête" des technopôles
* technopôles en essor
○ projets

↑ **8. La répartition en France des technopôles.** La distribution régionale est en faveur de Paris et des grandes métropoles, mais presque toutes les villes moyennes ayant une université sont candidates.

3. les nouveaux aménagements urbains

■ 1. La restructuration des centres-villes

Les destructions provoquées par les deux guerres mondiales en France n'ont généralement pas permis de conserver les centres-villes dans leur urbanisme ancien, et la crise du logement dans les grandes villes a donné la priorité aux grands ensembles d'immeubles collectifs installés souvent en périphérie du centre : ce sont des tours et des barres, qui peuvent avoir jusqu'à 600 mètres de long, comme au Haut-du-Lièvre à Nancy et donner lieu à une forte concentration de logements sociaux aidés dans de nouveaux quartiers périurbains, comme Sarcelles au nord de Paris, Les Minguettes à Vénissieux dans la banlieue lyonnaise.

Les quartiers vétustes des centres-villes non détruits par la guerre ont été rénovés en raison d'une demande croissante de bureaux et de services de haut niveau. Des cités administratives et des parcs de bureaux ont été bâtis souvent sous forme de tours (exemple : la réalisation du quartier de la Part-Dieu à Lyon à 1,5 km du cœur de ville ancien, l'opération des Halles et celle de la Défense à Paris). Le prix du m² de plancher de bureau au centre a favorisé aussi des opérations de prestige, comme la rénovation systématique du patrimoine des vieux hôtels et quartiers historiques (exemple : centres de Tours, de Périgueux, de Rouen, quartiers Saint-Jean et Perrache à Lyon, quartier du Marais à Paris). **Mais le prix du sol est devenu si élevé au centre que la majorité des habitants à revenus modestes ont dû émigrer vers le péri-urbain** et les transports ont dû s'adapter à de puissants mouvements pendulaires, entre les lieux péri-urbains de résidence et les quartiers d'affaires du centre.

■ 2. Un habitat péri-urbain d'un nouveau style

Rompant avec l'aménagement prioritaire de grands ensembles collectifs, **des lotissements pour cadres et employés des nouvelles activités tertiaires (« les nouveaux villages »)** ont été construits dans les zones rurales, autour surtout de Paris et des métropoles régionales.

De 1965 à 1985, la France s'est lancée dans une politique de création de 9 villes nouvelles (dont l'une, Le Vaudreuil, dans la vallée de la Seine vient d'être abandonnée) destinées à maîtriser l'extension anarchique des habitations des nouveaux migrants (et exclus) des centres-villes anciens. Ce mouvement a accompagné la décentralisation des activités industrielles et des services et aussi des « campus » universitaires et des centres de recherches (par exemple : le complexe scientifique de Saint-Martin-d'Hères près de Grenoble).

■ 3. Une mise en valeur de l'urbain et du péri-urbain

Un effort considérable est fait par la plupart des villes pour se donner une belle « image de marque », en aménageant des perspectives sur leurs monuments, sur les rives et zones vertes, sur les axes de prestige (exemple : à Nancy ou au quartier Mériadec rénové à Bordeaux). Dans la périphérie des métropoles, **on aménage des parcs sportifs et de loisirs ;** les parcs animaliers fleurissent un peu dans toutes les régions et les complexes balnéaires, les stations de sports d'hiver aménagent leur environnement forestier. Des centres de loisirs se créent parfois à proximité de centres commerciaux régionaux proches des autoroutes et en milieu rural. Mais ces « ludoparcs » peuvent aussi être attractifs pour l'implantation de parcs de bureaux à proximité ; c'est cette conception qui va être appliquée pour Eurodisneyland, et ce rapprochement de l'habitat, du loisir et du travail est fréquent.

Si la densité de l'habitat demeure élevée au centre-ville malgré une certaine dépopulation et une aération par des jardins, en revanche, se développe le souci de ne pas densifier la périphérie par de grands immeubles, mais de développer, au contraire, des lotissements de maisons individuelles et de réserver des zones vertes et de loisirs. **La plupart des villes de France sont dotées de plans d'occupation des sols (POS)*,** d'autant plus restrictifs qu'il s'agit de populations souvent hostiles à cette densité. **Les berges des rivières et des lacs sont aussi l'objet d'aménagements :** valorisation des « fronts d'eau », par des parcs et jardins ou des complexes nautiques et sportifs.

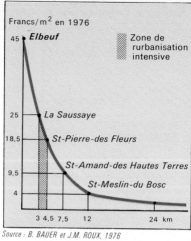

Source : B. BAUER et J.M. ROUX, 1976

↑ **1. Variation du prix du terrain près de Rouen.** Le prix du sol augmente avec la proximité urbaine.

2. La péri-urbanisation en Seine-et-Marne

La zone péri-urbaine de l'Est parisien est restée longtemps à l'écart de l'urbanisation massive générée par la proximité de Paris. À l'heure actuelle, l'image de la Seine-et-Marne se modifie assez rapidement en relation avec son poids démographique (près d'un million d'habitants) et avec le rythme d'accroissement le plus élevé de France (de 1975 à 1982 : + 17 %). Le bouleversement est donc d'autant plus ressenti que les mutations sont brutales.

La péri-urbanisation a gagné une grande moitié ouest du département et ce qu'on peut appeler le « rurbain » (intrusion d'une urbanisation) diffuse dans un milieu resté largement rural… C'est de loin Marne-La-Vallée qui constitue le moteur essentiel.

Sur le plan économique, les activités traditionnelles (agriculture, industries) ne parviendront pas à suivre le nombre des actifs seine-et-marnais. Beaucoup sont contraints à de longues migrations de travail vers les villes du département et surtout vers l'agglomération parisienne.

D'après Jean Steinberg, « Problèmes de gestion de l'espace dans la zone péri-urbaine de l'Est parisien » ; colloque franco-allemand, CRIA, Notes de recherches, n° 5, octobre 1987.

↑ **3. Les villes nouvelles en France.** Le Vaudreuil a été déprogrammé en 1987.

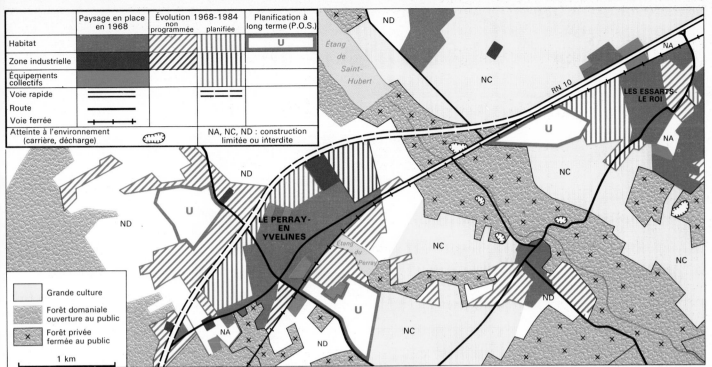

	Paysage en place en 1968	Évolution 1968-1984		Planification à long terme (P.O.S.)
		non programmée	planifiée	
Habitat				U
Zone industrielle				
Équipements collectifs				
Voie rapide				
Route				
Voie ferrée				
Atteinte à l'environnement (carrière, décharge)		NA, NC, ND : construction limitée ou interdite		

- Grande culture
- Forêt domaniale ouverture au public
- Forêt privée fermée au public

1 km

D'après J. PÉLATAN, Laboratoire d'Analyse Régionale, Université de Paris X - Nanterre.

↑ **4. Le développement de nouveaux espaces péri-urbains à l'ouest de la ville nouvelle de Saint-Quentin-en-Yvelines.**
Des lotissements de pavillons pour cadres et employés se développent hors ville nouvelle et les anciens villages se sont urbanisés.

↑ **5. Le domaine universitaire de Saint-Martin d'Hères, près de Grenoble.** Dans la vallée, la cité scientifique dispose de vastes laboratoires.

↑ **6. Le tramway rapide de Nantes, près de la gare.** Une expérience trop rare en France de tramway rapide sur site propre.

↑ **7. Une grande rue commerçante dans le centre de Nancy.** Grands magasins et boutiques luxueuses voisinant avec des cafés-restaurants.

↑ **8. Un vieux quartier rénové : le quartier Mériadec à Bordeaux.** Les îlots insalubres du centre ont fait place à des immeubles et un parc.

La vie d'un cadre

↑ 1. Un lotissement pour cadres, près d'Ablis (Eure-et-Loir), à la sortie d'une autoroute.
En haut, la plaine de grande culture de la Beauce, au centre, un relais routier, isolé par une trame verte.

↑ 2. Le « nouveau village » de Saint-Aubin (91), proche du CEN de Saclay. Un exemple d'habitat pour ingénieurs et chercheurs en Ile-de-France-Sud.

QUESTIONS

1. Pourquoi les cadres recherchent-ils de préférence un mode de vie suburbain ?

2. Quels sont les caractères que vous repérez sur les doc. 1 et 2 concernant l'habitat des cadres ?

3. Les « nouveaux villages » sont-ils liés à une transformation de la circulation et des loisirs des cadres ?

4. Quelles sont, à votre avis, les activités de loisirs des cadres ? Dans quelle localisation (doc. 3) ?

5. Pensez-vous que ce cadre de vie à la campagne est une réaction d'individualisme contre la concentration urbaine ?

6. Estimez-vous que ce souci d'un environnement agréable est une sorte d'antidote au travail intensif ?

3. Les loisirs du cadre

Selon une enquête publiée par *L'Expansion* en mai 1980, les vacances d'été durent généralement une vingtaine de jours ; elles sont consacrées à un voyage touristique, ou au grand repos, à la mer le plus souvent ; on va à l'hôtel, en location où l'on est accueilli dans la famille ou chez des amis.

En général, on s'accorde une petite pause pendant l'hiver, 8 à 10 jours, pour aller faire du ski avec les enfants pendant les vacances scolaires, ou pour couper la mauvaise saison par un séjour au soleil, en saison creuse, « quand les agences de voyage font des prix », et « quand on n'est pas envahi par la horde des congés payés ».

Et puis, il y a les week-ends que l'on prolonge de temps en temps, — 5 ou 6 fois par an, en moyenne — pour une petite escapade touristique, ou pour profiter un peu plus longtemps de la maison de campagne.

Ces week-ends prolongés semblent d'ailleurs particulièrement appréciés.

À la question « si vous deviez profiter d'une réduction de votre temps de travail, sous quelle forme la souhaiteriez-vous ? », 53 % des cadres interrogés se sont en effet prononcés pour un allongement des week-ends, alors que 25 % optaient pour une augmentation des jours de vacances, 10 % pour une année sabbatique, et 8 % seulement pour une réduction de la durée quotidienne du travail.

Il est vrai que les cadres savent, par expérience, qu'une fois arrivés au bureau... ils ignorent quand ils pourront en repartir, et cela quel que soit l'horaire officiel ! Cette fragmentation des vacances tient d'abord à la réglementation, qui la favorise en accordant des jours de congés supplémentaires pour les vacances prises hors période, ou qui l'impose parfois en n'accordant des compléments de congés qu'à la condition qu'ils soient pris « hors période », et en tout cas pas à la suite du congé principal.

Cadres sur tables,
œuvre collective d'un groupe de cadres
du Crédit du Nord
(Lille, éd. Crédit du Nord, 1983).

↑ **4. L'échiquier.** La grande majorité des cadres préfère la stabilité au changement d'entreprise.

↑ **5. La femme-cadre dirigeant.** L'accession des femmes à des postes de responsabilité est récente.

↑ **6. Le cadre, ambitieux du fauteuil du chef.** L'ascension est dure et l'avenir incertain !

8. L'animateur

PERLE rare que « l'animateur ». Combien d'êtres, en effet, réunissent-ils les qualités indispensables pour entraîner, dynamiser, faire vivre le travail ? Combien sont-ils capables d'initier, d'innover, sans redouter d'en assumer les risques ?

Aussi sont-ils vénérés ces thaumaturges du XXᵉ siècle ! Estimés sur le plan personnel, comme ils peuvent être appréciés dans les relations professionnelles ! Il leur est permis d'en demander plus. Il leur est beaucoup pardonné, même leurs outrances. C'est que l'animateur œuvre pour le progrès des autres, sinon leur bonheur, tout autant que pour sa propre réussite ou celle de son entreprise. Son principal talent : le don de convertir à ses idées. Sa conception du travail : l'occasion de se réaliser et non pas une fastidieuse contrainte.

À quoi se reconnaît-il ? Peut-être surtout à son ouverture sur autrui. Les relations avec lui ne sont jamais indifférentes. Subordonnés comme supérieurs, avec qui que ce soit, il s'implique de manière affective, intense, parfois impétueuse, souvent passionnée. Dans ses attirances, comme dans ses rejets, heureux de nature, bien dans sa peau, il répand autour de lui une sorte de bonheur de travailler, Mais il s'irritera, tempêtera aussi vite contre qui vient trop le contredire ou contrecarrer ses projets. En fait, s'il devient partial, voire partisan, c'est souvent pour soutenir ses gens ou défendre ses idées. Ainsi, pour lui, le destin de l'entreprise arriverait presque à se situer en deçà de l'équipe qu'il anime. Surtout, non seulement manager, mais aussi quelque peu visionnaire, notre cadre se sent porteur d'un grand dessein. Projet idéal, philosophique ou même religieux, en tout cas transcendant généreusement les limites de son métier.

Cadres sur tables
(Lille, éd. Crédit du Nord, 1983).

9. « Le cinglé du boulot »

« **T**ECHNON » s'est donné un mal fou pour décrocher le diplôme censé lui ouvrir en grand les portes du « mandarinat ». Il n'a guère mis moins de temps, ni pris moins de peine pour assimiler les trois ou quatre idées toutes faites qui lui servent de cadre de pensée. Et de règle de conduite ! Il s'y accroche avec la fermeté du poulpe à son roc. Il ne saurait en démordre. Allez vous étonner après cela si, d'aventure, passant un soir près de votre bureau, vous remarquez — incongrue — une fenêtre brillant de tous ses feux. Là, crispé derrière un Himalaya de dossiers, notre bûcheur sue comme un beau diable. Le teint blafard, l'œil hagard au bord du stress, il s'escrime à mettre au point la note précisant — avec un fatras de considérations fumeusement théoriques — les nouvelles procédures de relance.

Cadres sur tables
(Lille, éd. Crédit du Nord, 1983).

7. Réussir sa carrière, qu'est-ce que c'est ?

	Cadres moyens	Cadres supérieurs et dirigeants	Moyenne
Démontrer ma compétence	63,4	65,7	64,2
M'adapter au changement	58,4	53,9	56,7
Faire la preuve de mon dynamisme	42,7	38,6	41,2
Travailler énormément	14,9	39,3	23,8
Compléter ma formation	24,8	21,9	23,8
Changer d'entreprise	23,8	9,7	18,7
Être fidèle à mon entreprise	11,2	19,1	14,1
Avoir l'échine souple	6,6	9,1	7,5

QUESTIONS

1. Les mutations technologiques actuelles ont-elles des effets sur la stabilité d'emploi des cadres ?

2. Pourriez-vous citer en France les fonctions généralement occupées par les femmes cadres ? Connaissez-vous des exemples célèbres de femmes dirigeant une entreprise ?

3. Pourquoi l'animateur joue-t-il aujourd'hui un rôle si important dans les nouvelles entreprises (doc. 8) ?

4. Quels sont les réseaux de relation qui se développent entre les cadres ?

5. Qu'exprime, selon vous, la caricature de l'ambitieux ?

6. Pourquoi la productivité et le rendement sont-ils devenus souvent une véritable obsession chez les cadres (doc. 9) ? Pourquoi parle-t-on d'un « malaise » des cadres en France ?

7. Commentez le dessin 4.

Comment dynamiser une ville nouvelle

La ville nouvelle a été d'abord conçue pour lier le plus possible habitat-emploi. La publicité insiste sur les plans d'eau, les espaces verts, les liaisons rapides par le RER avec le centre de Paris. Marne-la-Vallée : ville verdoyante où le travail, la résidence aérée et le loisir offrent un cadre de vie et une image séduisante d'environnement « exceptionnel ». « Une ville qui a séduit plus de 600 entreprises industrielles et de services, employant plus de 54 000 personnes et... qui accueillera en 1990, 700 000 m^2 de bureaux, soit le tiers de La Défense ». La ville nouvelle est qualifiée de « nouveau centre économique français aux portes de Paris » ; on insiste sur le centre d'affaires, rival de La Défense et les facilités pour l'implantation sans taxes, ni aucun agrément préalable. Enfin, la publicité fait miroiter à l'horizon 1992 « Le Royaume Enchanté » de 60 ha d'Eurodisneyland.

↑ **1. Affiche de promotion pour Marne-la-Vallée.**

↑ **2. Extraits d'une plaquette de promotion de la ville nouvelle de Marne-la-Vallée.**

Synthèse/Sévaluation

↑ **1. Une ville moyenne en expansion : Montélimar.** Située sur la Drôme, proche de l'autoroute A7, la ville a un fort dynamisme.
Décrire l'espace urbain. En vous aidant de la carte 3, p. 109, commentez l'extension récente de Montélimar. Dans quelle région française se situe-t-elle au point de vue de son évolution démographique récente ?

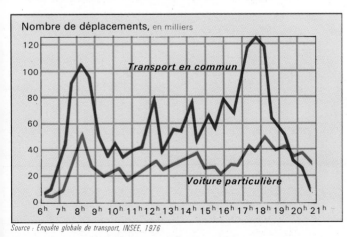

Source : Enquête globale de transport, INSEE, 1976

↑ **2. La répartition des déplacements en région parisienne.**
En comparant ces deux courbes, que pouvez-vous conclure sur le type de fonction occupée par les personnes utilisant un transport en commun ou une voiture particulière ? Et sur leur vie quotidienne les jours ouvrables ?

QUESTIONS

1. Les villes nouvelles en France ont-elles réussi à rapprocher l'habitat de l'emploi ?

2. Connaissez-vous des exemples d'échec de villes nouvelles ?

3. L'expansion urbaine peut-elle s'effectuer aujourd'hui sans une planification du type « ville nouvelle » ?

4. Pourquoi les espaces verts et les plans d'eau jouent-ils un si grand rôle dans la publicité des villes nouvelles ?

5. Les mouvements de déplacement quotidien ont-ils été ralentis ou développés grâce aux villes nouvelles et aux relais-urbains satellites ?

6. L'aménagement des villes moyennes suit-il les mêmes conceptions d'urbanisme que celui des grandes métropoles ?

SUJETS

1. Les formes de péri-urbanisation en France.

2. Les nouvelles relations centre/périphérie dans les métropoles régionales françaises.

les mutations industrielles

DONNÉES STATISTIQUES

Part des différentes énergies primaires consommées et taux d'indépendance énergétique en France

	% Taux d'indé-pendance	Énergies nou-velles	Élec-tricité	Pétrole	Gaz	Charbon
1973	22,5	1,1	7,3	65,1	7,3	15,2
1981	33,9	1,8	20,1	52,0	11,4	14,7
1982	34,5	1,9	21,1	50,1	11,4	15,5
1983	38,4	2,0	23,9	48,1	12,0	14,0
1984	42,6	2,0	27,2	45,3	12,3	13,2
1985	43,9	2,0	30,1	43,3	12,1	12,5
1986	46,2	2,0	32,7	43,3	11,8	10,2

Quelques productions industrielles françaises

	Unité	1985	1986
Biens intermédiaires :			
Aciers bruts	MioT	18,8	17,9
Aciers spéciaux ...	MioT	2,4	1,8
Tôles	MioT	1,9	1,9
Tréfilés et dérivés .	MioT	0,9	0,9
Chaux et ciments ..	MioT	22,2	22,5
Verres	MioT	4,2	4,2
Polyéthylène	MioT	1,0	...
Détergents	MioT	1,3	...
Papier, carton	MioT	5,4	5,6
Fonderie	MiaF	11,2	12,1
Menuiserie métal. .	MiaF	4,5	4,3
Mécanique générale	MiaF	20,5	22,7
Biens d'équipement :			
Remorques (y. c. TGV)	Mil. de pièces	1,7	2,5
Équipements d'automatisation ...	MiaF	4,2	4,6
Matériel télégraphique et téléphonique	MiaF	23,3	22,7
Biens de consommation :			
Voitures	Mio	2,6	2,8
Spécialités pharmaceutiques ..	MiaF	55,5	59,9

Mio = million ; **MioT** = million de tonnes.
MiaF = milliard de francs.

Source : TEF 87. INSEE

La troisième révolution industrielle et la crise pétrolière ont profondément bouleversé les régions d'industrie lourde ou manufacturière, héritées du XIXᵉ siècle : **la « relève » nucléaire** a permis à la France dans les années 80 de produire une électricité excédentaire et exportable.

La conversion industrielle s'est effectuée par des concentrations et de nombreuses suppressions d'emplois, mais aussi par le développement spectaculaire de technopôles et de parcs de petites et moyennes industries à haute technologie.

ANALYSE DU DOCUMENT

SOPHIA-ANTIPOLIS, vue vers Antibes (à droite).
La réalisation du parc technologique de SOPHIA-ANTIPOLIS est une opération d'aménagement du territoire, conçue à l'origine (1969) pour construire une ville nouvelle, à la fois lieu d'activités de haute technologie et de résidences, dans les pinèdes du plateau de Valbonne, au-dessus d'Antibes, à proximité (10 km) de l'aéroport de Nice. Le parc s'étale sur 124 ha, réservés à des activités scientifiques de haut de gamme, dans un cadre superbe : les bâtiments très fonctionnels sont dispersés dans la pinède avec panorama sur la Baie des Anges et sa « Marina » (à l'arrière-plan, à gauche) ; 74 entreprises et 5 centres de recherches privés y sont implantés, rassemblant quelque 5 000 emplois (1986).

1. l'adaptation réussie à la crise énergétique

1. Une consommation d'énergie en croissance continue

Depuis 1955, la consommation française n'a cessé d'augmenter (49Md kWh en 1955, plus de 300Md kWh depuis 1984), soit un rythme de doublement décennal depuis trente ans, en ce qui concerne l'électricité. La circulation automobile, les usines, le chauffage urbain ont provoqué un recours massif aux importations de pétrole, alors que le charbon français connaissait une chute de 50 %, entre 1965 et 1975. Dans les mines du Nord et du Massif central, même en Lorraine, la production a beaucoup baissé par suite de l'épuisement des veines et des prix de moins en moins compétitifs.

Pour réduire les importations de pétrole et de gaz, devenues ruineuses pour l'économie nationale, à partir de 1973, de grands efforts ont été faits pour accroître la productivité dans les Houillères de Lorraine et pour concentrer la production, ailleurs, en fermant de nombreux puits ou en développant l'exploitation à ciel ouvert.

Les thermocentrales* brûlent de moins en moins de charbon français, mais du charbon importé des États-Unis et de Pologne (centrales portuaires du Havre, de Nantes, d'Ambès au nord de Bordeaux). L'équipement hydroélectrique, l'un des plus dense du monde, arrive à saturation et le gros effort d'EDF a porté depuis 15 ans sur les « centrales de pompage », permettant le stockage en heures creuses et la fourniture du courant de pointe aux grandes villes et aux trains et métros (par exemple : dans les Alpes de Savoie et en Auvergne). Le gaz de Lacq, sur le piémont pyrénéen, s'épuise et la France doit importer du gaz d'Algérie et d'URSS à haut prix !

L'approvisionnement en gaz est assuré par le gisement de Lacq, mais en voie d'épuisement, et surtout par des fournitures de gaz d'Algérie, transporté par des méthaniers, sous forme liquéfiée à moins 160°, et par gazoducs, depuis Groningue (Pays-Bas) et depuis la mer du Nord, mais aussi en provenance d'URSS. Un réseau de gaz fournit dans toute les villes de France les usines et les foyers domestiques ; des réservoirs de stockage souterrains, comme celui de Beynes, en Région parisienne, garantissent un volant de sécurité. Gaz de France assure la distribution après traitement de ces gaz de provenances diverses.

Grâce aux oléoducs qui sillonnent la France (par exemple : celui de Lavéra à Karlsruhe en RFA), la France a développé des raffineries continentales, qui appartiennent pour la plupart à l'État, mais les raffineries côtières restent très importantes !

2. La relève par le nucléaire

Pour reconquérir son indépendance énergétique, la France a misé depuis 1975 sur l'énergie nucléaire. Elle possède, en effet, de riches mines d'uranium en Limousin, en Vendée, dans le Forez, et dans l'Hérault. Mais une part des approvisionnements provient de participations dans les mines du Gabon, du Niger, du Canada. Les centrales nucléaires à uranium enrichi constituent maintenant un potentiel impressionnant, qui augmente chaque année depuis 1975. Le parc nucléaire est au second rang dans le monde derrière les États-Unis ; EDF fait retraiter les déchets à l'usine de La Hague près de Cherbourg pour obtenir du plutonium qui approvisionne les réacteurs à neutrons rapides* de Marcoule (Gard) et le prototype Super-Phénix de Creys-Malville (Ain). La localisation des thermocentrales nucléaires est presque toujours proche d'une rivière ou d'un fleuve à fort débit, ce qui pose des problèmes d'environnement (brouillards, eaux chaudes effluentes). La production d'électricité nucléaire peut être remise en question, si les prix mondiaux du pétrole venaient à baisser durablement, et les mesures de sécurité comme le transport des produits sont très coûteux.

3. L'interconnexion* des réseaux

La France est maintenant sillonnée par des lignes de transport de force de 225 kv à 400 kv qui relient les zones productrices excédentaires aux grandes villes de telles sorte que le réseau d'EDF résulte de fournitures variées (hydraulique, thermique classique et surtout nucléaire). Les régions productrices sont désormais les grandes vallées à centrales hydrauliques et nucléaires, plus que les bassins houillers en déclin.

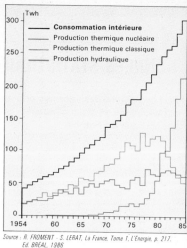

Source : R. FROMENT - S. LERAT, La France, Tome 1, L'Énergie, p. 217. Ed. BRÉAL, 1986.

↑ **1. Évolution sur 30 ans de la consommation électrique et des productions.**
La France est au 7e rang des producteurs d'électricité (22 % de la production de la CEE). Malgré la crise, la consommation n'a cessé de progresser. Si la production par thermique classique (charbon, fuel, gaz) a baissé fortement, la production thermique nucléaire progresse très vite. Depuis 1981, la production excède la consommation et des exportations de courant s'effectuent vers tous les pays voisins.

2. La réponse française à la crise de l'énergie

ALORS qu'en 1973 les centrales thermiques brûlaient 16,1 M. de t.e.p. de fuel et 2,2 de gaz naturel contre 9,5 de charbon, la proportion s'est totalement inversée en 1983-1984 : 14,7 M. de t.e.p. de charbon contre 3,3 de fuel et 1 de gaz. Mais la consommation globale a été ramenée en dix ans de 27,8 M. de t.e.p. à 19. Au fur et à mesure de la montée du nucléaire, le thermique classique opère un repli précipité...

Le parc nucléaire situe la France au second rang dans le monde derrière les États-Unis. (Grâce à lui) sa production d'électricité qui était de 14 milliards de kWh en 1973 est passée à 241 en 1986 (production d'électricité totale en 1974 : 180 GWh, en 1986 : 345 GWh), soit un coefficient multiplicateur de plus de 50 en un quart de siècle et de 15 depuis 1973, au point de fournir aujourd'hui pour le seul nucléaire 65 % de l'électricité française.

Dans la production thermique sa part est passée de 11 % en 1973 à 80 % en 1985, tandis que la part du fuel rétrogradait de 53 % à 3 % !

Sauf si le cours du pétrole mondial tombait au-dessous de 10 $ le baril, la rentabilité de l'électricité nucléaire ne peut être remise en cause.

L'indépendance énergétique est réalisée durablement par la maîtrise de la technologie et des approvisionnements, mais EDF s'est considérablement endettée pendant 7 ans et les problèmes d'environnement prennent une ampleur croissante, même si leur maîtrise progresse vite.

R. Froment et S. Lerat, *La France au milieu des années 80* (4e éd., Tome 1, L'énergie).

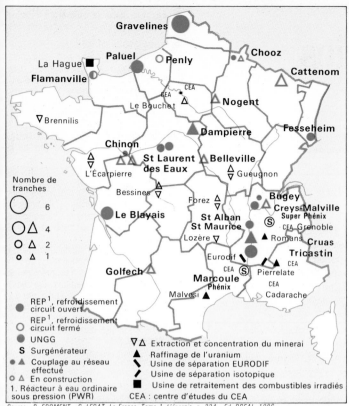

3. L'industrie nucléaire et ses filières.
Une répartition régionale équilibrée (sauf dans l'Ouest).

Key/legend text from figure 3:

Nombre de tranches
○ △ 6
○ △ 4
○ △ 2
○ △ 1

REP[1], refroidissement circuit ouvert
REP[1], refroidissement circuit fermé
UNGG
S Surgénérateur
● ▲ Couplage au réseau effectué
○ △ En construction
1. Réacteur à eau ordinaire sous pression (PWR)

▽ △ Extraction et concentration du minerai
▲ Raffinage de l'uranium
Usine de séparation EURODIF
Usine de séparation isotopique
Usine de retraitement des combustibles irradiés
CEA : centre d'études du CEA

Map labels: Gravelines, Paluel, Penly, Chooz, Cattenom, La Hague, Flamanville, CEA, Le Bouchet, Nogent, Brennilis, Dampierre, Fessenheim, Chinon, St Laurent des Eaux, Belleville, L'Écarpierre, Guéugnon, Bessines, Forez, Bugey, Creys-Malville Super Phénix, Le Blayais, St Alban St Maurice, CEA Grenoble, Lozère, Romans, Cruas, Tricastin, Eurodif, Pierrelate, CEA, Golfech, Marcoule Phénix, CEA Cadarache, Malvési

Source : R. FROMENT - S. LERAT, La France, Tome 1, l'énergie, p. 234 - Ed. BRÉAL, 1986.

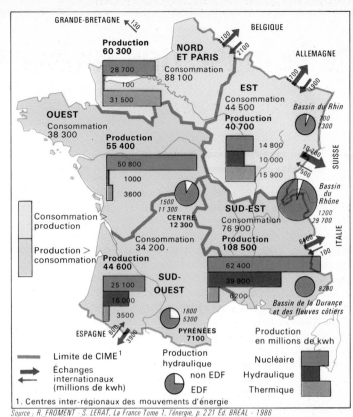

4. Production, consommation et échanges régionaux.
Le réseau « haute-tension » permet des échanges à grande distance.

Legend text from figure 4:
Consommation > production
Production > consommation
Limite de CIME[1]
Échanges internationaux (millions de kwh)
Production hydraulique
Production en millions de kwh
Nucléaire, Hydraulique, Thermique
non EDF, EDF
1. Centres inter-régionaux des mouvements d'énergie

Map labels: GRANDE-BRETAGNE, BELGIQUE, ALLEMAGNE, NORD ET PARIS, EST, OUEST, Bassin du Rhin, SUISSE, Bassin du Rhône, CENTRE, SUD-EST, ITALIE, SUD-OUEST, ESPAGNE, PYRÉNÉES, Bassin de la Durance et des fleuves côtiers

Values: Production 60 300, Consommation 88 100, 28 700, 100, 31 500, Consommation 44 500, Production 40 700, 14 800, 10 000, 15 900, 700, 7300, Consommation 38 300, Production 55 400, 50 800, 1000, 3600, 1500, 11 300, Consommation 12 300, SUD-EST Consommation 76 900, Production 108 500, 10 700, 500, 1200, 29 700, Consommation 34 200, 62 400, 39 900, 6200, 6400, 100, Production 44 600, 25 100, 16 000, 3500, 1800, 5300, PYRÉNÉES 7100, 8280, 600, 3900, 130, 2100, 2100, 1700, 1900

Source : R. FROMENT - S. LERAT, La France Tome 1, l'énergie, p. 221 Ed. BRÉAL - 1986.

5. La centrale nucléaire du Bugey.
Sur le Rhône, au centre, 4 réacteurs à 900 MWe et 1 à 1 300 MWe.

6. Raffinerie et pétrolochimie de Feyzin (69).
A l'horizon : Lyon ; entre le Rhône et la voie ferrée Lyon-Marseille.

7. Les houillères du Bassin de Lorraine

LE bassin charbonnier, à proximité de la Sarre dans laquelle il se prolonge, est le seul bassin français dont la production a augmenté depuis 1975... Il a fait naître une région économique vivante, dans un secteur géographique excentré, très mal relié, à l'origine, aux axes naturels des communications.

Aujourd'hui, les choses ont changé ; le bassin est traversé par l'autoroute A32, qui relie Metz à Sarrebrück... On assiste, en effet, depuis plusieurs années, à un rééquilibrage des activités au profit de la région houillère... au détriment du Nord-Ouest sidérurgique, c'est-à-dire des régions de Thionville-Hagondange... L'avenir du bassin semble assuré ; de nombreux faits le prouvent, comme la mise en service d'une centrale de 600 000 kW à Carling. (La production se maintient autour de 10 millions de tonnes.)

Cl. Seyer, *Géographie de la Lorraine*, ch. IX 1.

8. Prévision de la consommation en 1990 (en millions Tep, Tonnes équivalent Pétrole) :

Charbon/Lignite : 23,4/27,2 ; Fuel : 58,4/61 ; Gaz naturel : 21/21,8 ; Tot. : 102,8/110.

Électricité hydro. : 15,3/15,6 ; Nucléaire : 57,1/61,7 ; Énergies nouvelles : 8,2/8,8 ; Tot. : Électricité/énergies nouvelles : 80,6/86,1 ;

Pourcentage d'indépendance énergétique de la France :
1980 : 27,4 % ; 1982 : 34,5 % ; 1985 : 45 % ; 1987 : 50 %. Prévision 1990 : 54/55 %.

Source : *Images économiques du monde*, 1987, SEDES.

2. la crise des industries

■ 1. Une remise en cause brutale des industries de base

Les industries de première transformation du pétrole, des minerais, du charbon et de toutes les matières brutes importées ont subi depuis dix ans une récession très grave, par suite de la concurrence des nouveaux pays industrialisés du tiers monde (Brésil, Algérie, certains pays de l'Asie du Sud-Est, etc.). Pourtant, ces industries ont été après 1945 **les bases de l'essor industriel français.**

Ce sont les raffineries de pétrole, pour la plupart situées sur les estuaires et les rades faciles d'accès, **la sidérurgie,** à la fois sur le minerai de fer en Lorraine et « sur l'eau » à Dunkerque et à Fos, pour recevoir le minerai importé d'outre-mer, **la carbochimie*** sur les bassins houillers, **les usines d'engrais,** enfin **les usines textiles** travaillant le coton et la laine importés.

■ 2. La conversion de ces industries est très difficile

Le marché des industries de base est devenu très restreint, hors de France. Aussi la production de la Lorraine a-t-elle diminué de moitié de 1974 à 1986 et un bon nombre de fonderies et d'aciéries ont fermé définitivement leurs portes autour de Longwy, de Thionville, de Nancy. De même, la fonderie a cessé dans la vallée de l'Escaut (Valenciennes, Denain-Anzin). Seule Usinor-Dunkerque, usine très moderne (8 Mt de capacité), l'une des plus grosses d'Europe se maintient dans la fabrication des aciers de qualité et spéciaux. Solmer à Fos fonctionne difficilement.

Les industries chimiques de base et les industries textiles (filatures et tissages) se sont contractées et seules demeurent les usines les plus automatisées et tournées vers des productions de haut de gamme. **Des milliers d'emplois manuels ont été supprimés,** malgré les nationalisations de 1982 et le soutien financier de l'État. Même les industries de métaux nonferreux, comme celle de l'aluminium ont enregistré un repli assez net. **Le chômage sévit très durement dans toutes les zones d'industries de base** (Nord, Lorraine, bassin de Saint-Étienne, etc.).

■ 3. La restructuration des industries manufacturières

De 1955 à 1975, grande période des réalisations spectaculaires de l'aménagement industriel français, **les usines de construction mécanique et électronique, les constructions automobiles et aéronautiques, les chantiers navals, les constructions ferroviaires ont été très concentrés** avec une participation active de l'État. À la veille de la crise de 1973, la France était devenue le 3e constructeur d'avions du monde et le second exportateur d'automobiles, de même pour l'industrie du verre (par exemple : Saint-Gobain). En même temps, les grands groupes français, mais aussi étrangers, ont souvent racheté les entreprises moyennes à capitaux familiaux et créé de multiples réseaux de sous-traitants parmi les PME non absorbées, en profitant de la décentralisation programmée par les gouvernements successifs, dans les villes de Picardie, du Centre, de l'Ouest et du Sud-Ouest. **Cependant ces groupes ont été fragilisés par la lourdeur de leur administration, la dépendance, pour beaucoup, des marchés de l'État.**

Cette restructuration a été, depuis la crise, remise en question par le développement des PMI, qui ont pris plus d'indépendance vis-à-vis des groupes industriels et multinationales, en se réorientant vers les productions de haute technologie.

Les fermetures d'usines de textiles artificiels comme à Vaise, près de Lyon, ou celle de Manufrance à Saint-Étienne n'ont pourtant pas été compensées par de nouvelles créations. Le groupe Creusot-Loire a réduit ses emplois dans les bassins du Creusot et de Saint-Étienne et il a transféré les fabrications de grosse chaudronnerie à Châlons-sur-Saône. **En effet, le rôle de la main-d'œuvre est devenu secondaire pour ces industries et seules comptent les bonnes communications et la liaison avec les marchés.**

Dans les régions montagneuses, on assiste à un déclin rapide de l'électrométallurgie et de l'électrochimie alpine et pyrénéenne : Péchiney abandonne les Alpes et réduit sa production sur le gaz de Lacq en voie d'épuisement. Dans le Jura, l'horlogerie et les plastiques sont touchés.

Ce texte rend compte de manière dramatique d'une situation qui remet en cause les peuplement et l'habitat en Lorraine du Nord : Le plateau lorrain, ses mines de fer, les vallées sidérurgiques sont très touchés par cette crise ; la sidérurgie restructurée tend à se concentrer le long de la Moselle canalisée, où se trouvent des usines réadaptées d'aciers alliés et de fontes spéciales qui ont bien résisté au démantèlement récent. Cette région est en voie de dépeuplement lent.

2. Évolution de l'emploi secondaire en France par catégorie

Industrie	Actifs ayant un emploi		Taux d'évolution
	en milliers		1975-1982
	1975	1982	(en %)
— Agro-alimentaire	603	626	+ 3,8
— *Énergie*	301	301	0
dont Charbon	86	59	− 31,4
dont Pétrole/gaz naturel	69	41	− 7,8
dont Électricité	160	201	+ 17,6
— *Biens intermédiaires*	1 728	1 455	− 16
dont Sidérurgie	223	164	− 28,4
— Biens d'équipement	1 941	1 797	− 7,4
— Biens de consommation	1 593	1 404	− 11,9
dont Textile/Habillement	708	513	− 25,9
Total :	6 166	5 583	− 9,5
Part de la population active occupée	39,4 %	34,2 %	

Source : INSEE.

↑ **3. Une friche industrielle dans le Bassin de Saint-Étienne.**
Paysage désolé d'ancienne manufacture, qui n'a pas été rachetée, située sur un ancien bassin houiller, à l'écart des grands axes.

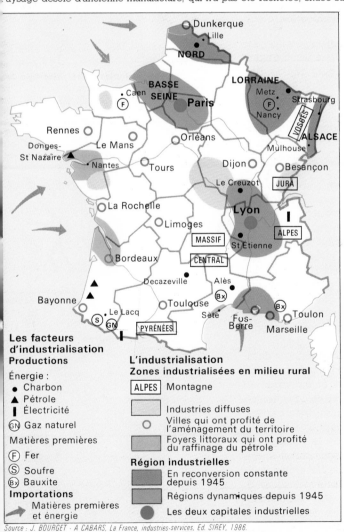

Les facteurs d'industrialisation
Productions

Énergie :
● Charbon
▲ Pétrole
▮ Électricité
Ⓖ Ⓝ Gaz naturel

Matières premières
Ⓕ Fer
Ⓢ Soufre
Ⓑ Ⓧ Bauxite

Importations
→ Matières premières et énergie

L'industrialisation
Zones industrialisées en milieu rural

ALPES Montagne

Industries diffuses

○ Villes qui ont profité de l'aménagement du territoire

Foyers littoraux qui ont profité du raffinage du pétrole

Région industrielles

En reconversion constante depuis 1945

Régions dynamiques depuis 1945

● Les deux capitales industrielles

Source : J. BOURGET - A CABARS, La France, industries-services, Ed. SIREY, 1986.

↑ **4. Régions, zones et villes industrielles.**
Les facteurs d'industrialisation traditionnels sont remis en cause dans les régions industrielles dynamiques jusqu'en 1975.

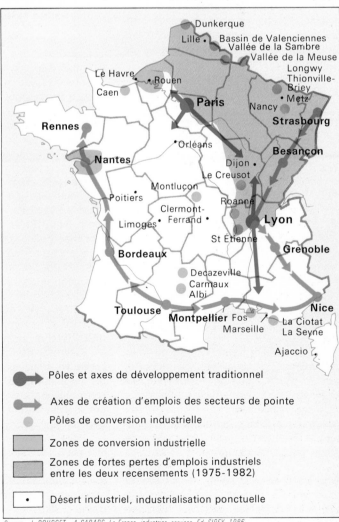

➤ Pôles et axes de développement traditionnel

→ Axes de création d'emplois des secteurs de pointe

● Pôles de conversion industrielle

Zones de conversion industrielle

Zones de fortes pertes d'emplois industriels entre les deux recensements (1975-1982)

• Désert industriel, industrialisation ponctuelle

Source : J. BOURGET - A CABARS, La France, industries-services, Ed. SIREY, 1986.

↑ **5. Le nouveau visage industriel de la France en 1986.**
De nouveaux axes de création d'emplois sont apparus pour les industries à haute technologie.

3. dans la troisième révolution industrielle

▬ 1. Les nouveaux axes de développement

Les éléments de dynamisation de la nouvelle industrie française sont liés à des entreprises de haute technologie, fabriquant des produits de haute qualité exportables et capables d'être compétitifs. **La nouvelle industrie est constituée par les fabrications de composants électroniques, celle des ordinateurs, les matériels de télécommunication, secteur de pointe par excellence, les constructions aéronautiques** (3e du monde), **les constructions ferroviaires** (ventes dans de nombreux pays de locomotives et d'équipements de métros), mais aussi **le génie génétique* et la biotechnologie***. Ces nouveaux axes doivent s'appuyer en permanence sur des laboratoires de recherches et de développement de nouveaux produits.

Ces industries, exportatrices pour plus de 50 à 60 % de leur fabrication, doivent **« se situer »** par rapport aux grands axes de liaisons nord-sud, qui traversent la France, aux autoroutes et aux aéroports. **Elles se regroupent autour des grandes villes,** où existent des gares routières et des télécommunications multiples (bientôt des **téléports***); car ces industries ont un constant besoin d'informations et doivent s'appuyer sur des services de conseil et de gestion, mais aussi et surtout, sur un potentiel scientifique d'universités et de laboratoires.

▬ 2. Nouvelles localisations et création de parcs technologiques

Cette révolution provoque de profonds changements dans le paysage industriel français. Avant la crise, la majorité des régions industrielles se trouvait à l'est d'une ligne Le Havre-Valence ; c'est maintenant l'inverse. **Les zones industrielles dynamiques se situent en majorité à l'ouest de cette même ligne !** La plupart des industries à haute technologie ont besoin d'un environnement culturel et scientifique que, seules, la proximité de la région parisienne et celle des huit métropoles régionales sont en mesure de leur procurer (universités, laboratoires, centres de services et de conseils).

C'est pourquoi ce ne sont pas les vieilles régions industrielles qui sont bénéficiaires, tout au moins dans un premier temps, mais le Sud de la région parisienne (autour d'Orsay-Massy et Evry), le Sud-Est de la métropole toulousaine (Ramonville-Labège), Grenoble (zone de Meylan), Montpellier et Nice (Sophia-Antipolis et La Gaude). Mais, il existe maintenant d'autres parcs technologiques, comme à Nancy-Brabois, à Lyon-Gerland, à Strasbourg, à Nantes, etc. **Ainsi, une vingtaine de technopôles ont déjà été aménagés ; on en prévoit 35 vers 1990 !**

▬ 3. L'interactivité entre les nouveaux systèmes et la communication

Les entreprises peuvent maintenant utiliser des systèmes informatiques d'aides à l'innovation, de traitement rapide des informations, de mesure des temps de travail. **Productique et logistique sont les piliers de la nouvelle industrialisation française.** La production de « logiciels » et de « systèmes-experts » permet à des nouvelles PMI d'exporter des « savoir-faire » industriels dans le monde (régions parisienne et lyonnaise surtout).

Le réseau d'IBM-France illustre bien cette interactivité des services et de la production. IBM a installé ses usines de fabrication de composants d'ordinateurs à Montpellier et près d'Orléans, mais les laboratoires de recherches sont à La Gaude, près de Nice, la gestion commerciale à Evry, le centre de formation à Marne-La Vallée et le centre national de stockage des pièces détachées à l'aéroport d'Orly (cf. Bull, près de Roissy). **Cette diversification des activités dans l'espace national exprime la nouvelle mobilité des unités industrielles, en rapport avec l'environnement des services, des transports, des marchés.** C'est pourquoi, les régions sans grandes traditions industrielles, mais jouissant d'une bonne **« image de marque »,** en raison de leur climat ensoleillé et de leur possibilité de loisirs, sont très appréciées des ingénieurs et cadres. Il existe ainsi une **« diagonale »** de création d'emploi dans les secteurs de pointe, de Nantes à Nice, par Bordeaux, Toulouse, Montpellier, Nîmes.

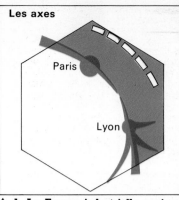

Les axes

↑ **1. La France industrielle ancienne** est orientée vers le système rhénan, Paris et Lyon.

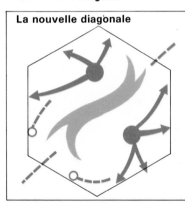

Têtes de pont

↑ **2. La périphérie, lieu privilégié des investisseurs étrangers.**

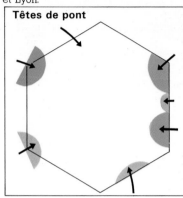

La nouvelle diagonale

↑ **3. Une structure duale s'est établie :** un système parisien étendu et un Midi dynamique.

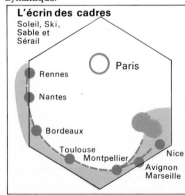

L'écrin des cadres
Soleil, Ski, Sable et Sérail

Paris
Rennes
Nantes
Bordeaux
Toulouse
Montpellier
Nice
Avignon
Marseille

Source : R. BRUNET, GIP RECLUS. DATAR

↑ **4. Les industries « high tech » sont influencées par un « croissant fertile »**

5. La 3e révolution industrielle et la nouvelle dynamique

Lorsque l'on compare la dynamique des régions françaises entre 1975 et 1981, par rapport à la période 1968-1975... on constate de véritables retournements de tendance : la première période confirmait le mouvement de délocalisation de l'activité industrielle, engagé par la DATAR (dans les années 60), vers la grande Couronne parisienne et vers l'Ouest. La seconde montre, au contraire, une réallocation de l'activité vers les régions considérées comme les moins riches (Provence-Côte d'Azur, Languedoc, Centre) au détriment des régions de vieilles traditions industrielles (Lorraine, Nord-Pas-de-Calais, Île-de-France). Le classement des régions à partir de la croissance de l'emploi total s'est massivement modifié...

Les onze régions les mieux placées de 1968 à 1975 ont vu leurs performances en matières d'emploi se réduire plus nettement que les dix dernières régions (Sud-Ouest, Midi-Pyrénées, Ouest, Centre) au cours de la période 1975-1985... On peut avancer qu'à l'opposition traditionnelle entre l'Est industriel et l'Ouest rural se superpose et tend à se substituer une opposition entre le Nord en déclin et le Sud en marche vers un nouveau type d'industrialisation.

... Les unités de grandes dimensions ont, en corollaire, assez largement perdu le monopole de moteur de la croissance... Ce mouvement, en France comme en Europe, s'est accompagné d'un renouveau des petites et moyennes entreprises, créatrices d'emploi, surtout pour les plus petites d'entre elles.

D'après Cl. Courlet et B. Pecqueur, « Nouveaux regards sur l'industrialisation », *Économie et Humanisme*, n° 289, mai-juin 1986.

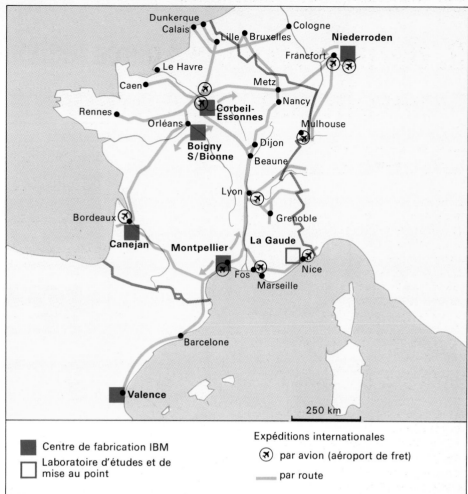

Source : B. DÉZERT.

↑ **6. Le réseau européen d'IBM-France,** dont les centres de conception et de fabrication sont liés aux réseaux aérien et autoroutier.

7. PME et dynamique de réseaux

Des relations de complémentarité et d'échanges existent, par exemple, entre des petites et moyennes entreprises savoyardes qui fabriquent des machines spéciales, les entreprises qui produisent des fournitures et des composants « sophistiqués » de « haut de gamme », celles de sous-traitance et d'entretien et les bureaux d'études : bureaux techniques qui travaillent pour le secteur de la machine spéciale, bureaux d'études du bâtiment... dont certains peuvent jouer le rôle d'architecte industriel...

Ce dynamisme des PME se développe autour d'un homme ou d'une famille et donne lieu à la constitution de véritables groupes industriels de PME : ainsi quatre PME autour de la fabrication de matériel de manutention discontinue.

Cl. Courlet, *Économie et Humanisme*, n° 289, mai-juin 1986.

Pour être plus compétitives sur le marché international, les PME s'associent par branches pour leurs relations avec les bureaux d'études, les transitaires et les transporteurs internationaux et tous les services onéreux de cabinets de conseil et d'ingénierie.

La dynamique de réseaux est essentielle pour les fabrications « haut de gamme », qui sont les seules bien exportables et capables d'affronter une concurrence impitoyable. La complexité de ces réseaux est souvent grande.

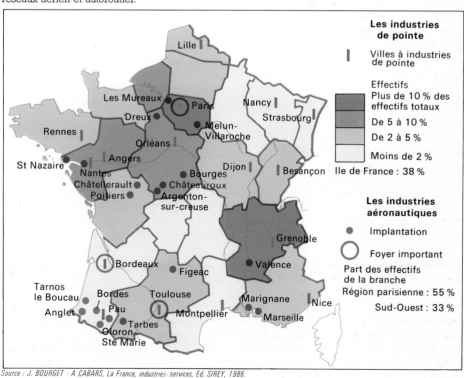

Source : J. BOURGET - A CABARS, La France, industries-services, Ed. SIREY, 1986.

↑ **8. Répartition des industries à haute technologie.**

Les parcs technologiques et l'action

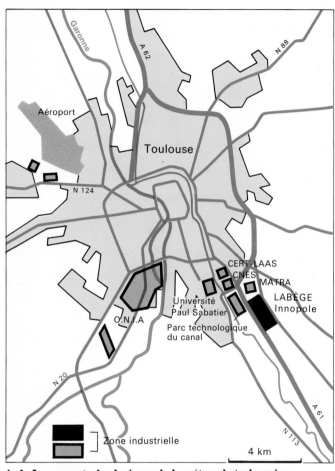

↑ **1. Les parcs technologiques de la métropole toulousaine.**

Centre Commercial LABEGE.

ELF Bio-Recherches.

ELF Bio-Recherches : le "palmier".

la Grande Borde : futur complexe sportif et culturel.

LABEGE INNOPOLE

↑ **2. Les 4 visages de l'Innopole.**

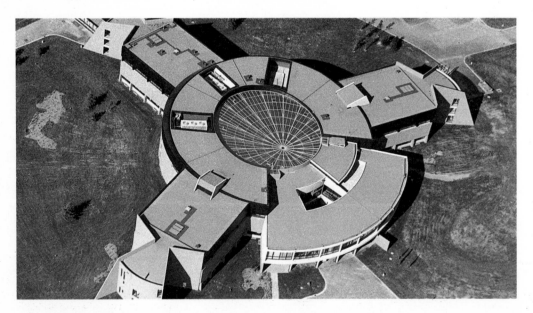

↑ **3. Vue plongeante sur le centre d'innovation de biotechnologie de Labège :**
une architecture fonctionnelle « futuriste » dans un cadre verdoyant et bien accessible.

QUESTIONS

1. Où se situent les parcs technologiques dans une métropole et pourquoi ?

2. Quel est le rôle de la rotonde centrale dans le bâtiment de ELF Biorecherches ? Comment se justifie ce bâtiment circulaire ?

3. Dans le document de publicité pourquoi signale-t-on la future présence d'un complexe sportif et culturel ? Quel rapport avec l'Innopole ?

4. Quelles sont les causes du dynamisme toulousain, justifiant cette création ?

des collectivités locales

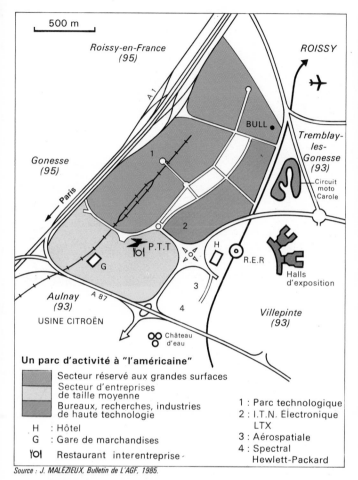

Un parc d'activité à "l'américaine"

- ▢ Secteur réservé aux grandes surfaces
- ▢ Secteur d'entreprises de taille moyenne
- ▢ Bureaux, recherches, industries de haute technologie
- H : Hôtel
- G : Gare de marchandises
- ¶OI Restaurant interentreprise

1 : Parc technologique
2 : I.T.N. Electronique LTX
3 : Aérospatiale
4 : Spectral Hewlett-Packard

Source : J. MALÉZIEUX, Bulletin de L'AGF, 1985.

↑ **4. Le parc d'activités de Paris-Nord 2, proche de Roissy.**

6. L'action municipale : l'exemple de Ramonville, près de Toulouse

RAMONVILLE, dans la banlieue sud-est de Toulouse a facilité la création d'une association qui rassemble scientifiques et nouveaux industriels (INNOTEC), qui réfléchissent sur la mise en place d'un « Incubateur d'entreprises ».

Il ne suffit donc pas à une commune d'aménager des terrains ; il faut aussi mettre des locaux à la disposition des entreprises. Dès lors le problème posé aux autorités locales change d'échelle.

S'il est possible à telle petite collectivité de livrer des locaux aménagés, en faible quantité, épisodiquement... La réalisation de l'ensemble d'un parc d'activités suppose la mobilisation de capitaux considérables hors de sa portée. Il devient donc nécessaire d'associer un ou des opérateurs susceptibles de construire, voire de commercialiser les locaux construits.

Ce processus s'est réalisé à Ramonville, où la commune a passé une convention avec la société Europarc... pour des bureaux, des laboratoires, la plupart en location et un « centre de vie » (hôtellerie, salle de réunion).

L'action locale change de style et le maire d'aujourd'hui, qui cherche à faciliter une action de développement qui passe par la réussite des entreprises, le fonctionnement d'un milieu, de réseaux, n'est plus dans la même situation que le maire aménageur d'hier... Sa commune doit rechercher des partenaires (sauf à disposer d'une cellule très spécialisée capable d'assurer des fonctions particulières) et leur sélection fait problème : lequel choisir ?

Tous n'ont pas nécessairement la même stratégie, ni les mêmes intérêts... La situation est encore plus compliquée dans une grande agglomération du fait de la multiplicité des acteurs et de la concurrence des projets...

Les communes qui le peuvent, en adaptant leur politique à ce contexte, profitent d'opportunités et renforcent le déroulement du processus en cours. Un pôle très spécialisé, où vivent et travaillent les hommes de la « révolution de l'intelligence », émerge ainsi.

Michel Idrac, « Quelques réflexions à propos d'une ZAC » :
Le parc technologique à Ramonville-Toulouse,
Publication des journées urbaines et industrielles de Toulouse (CIEU, 1986).

↑ **5. Le centre national de pièces détachées de Bull à Paris-Nord 2 à proximité immédiate de l'aéroport international de Charles-de-Gaulle-Roissy.**

QUESTIONS

1. Justifier ce terme : parc à l'américaine.

2. Quelles sont les actions que peut mener une municipalité pour attirer des entreprises de haute technologie ? Sur quels partenaires peut-elle compter ?

3. La photo du centre de Bull à Paris-Nord 2 est-elle l'illustration d'une nouvelle logistique d'entreprises qui privilégie le transport ?

4. Pourquoi un « centre de vie » dans un parc technologique ? Pourquoi aussi des halls d'exposition ? Résumer les diverses fonctions d'un parc technologique.

Depuis la crise des industries de base et manufacturières des années 70-80, un réservoir considérable de terrains et de bâtiments non réaffectés à l'industrie n'a cessé de croître dans les régions industrialisées depuis le XIXe siècle : 20 000 ha environ sur l'ensemble de la France, dont la moitié dans le Nord-Pas-de-Calais. À partir de 1980, on a procédé à la réhabilitation d'usines en logements ou en bureaux dans les centres-villes où la demande est forte (par exemple à Lille, à Lyon, à Saint-Étienne, etc.). La filature de coton Le Blan à Lille par exemple a été convertie en logements, bureaux, boutiques sur 10 000 m².

↑ **1. La conversion de la filature Le Blan à Lille.**

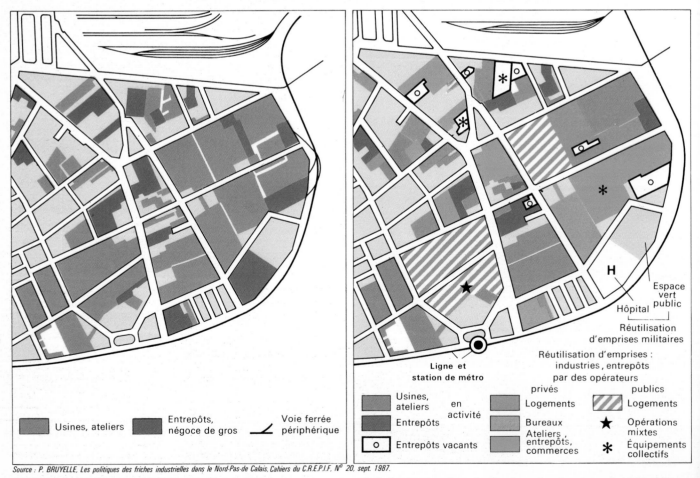

Usines, ateliers — Entrepôts, négoce de gros — Voie ferrée périphérique

Source : P. BRUYELLE, Les politiques des friches industrielles dans le Nord-Pas de Calais, Cahiers du C.R.E.P.I.F. N° 20, sept. 1987.

↑ **2. Le quartier industriel de Lille-Moulins en 1960.**
Une forte densité d'usines textiles et de mécanique.

Ligne et station de métro

Usines, ateliers — en activité
Entrepôts
Entrepôts vacants

Logements
Bureaux
Ateliers, entrepôts, commerces

Logements
★ Opérations mixtes
* Équipements collectifs

Espace vert public
Hôpital
Réutilisation d'emprises militaires

Réutilisation d'emprises : industries, entrepôts par des opérateurs privés / publics

↑ **3. Les conversions de l'espace abandonné par les industries en 1986.** Des opérations originales de réutilisation des friches.

Synthèse/
Sévaluation

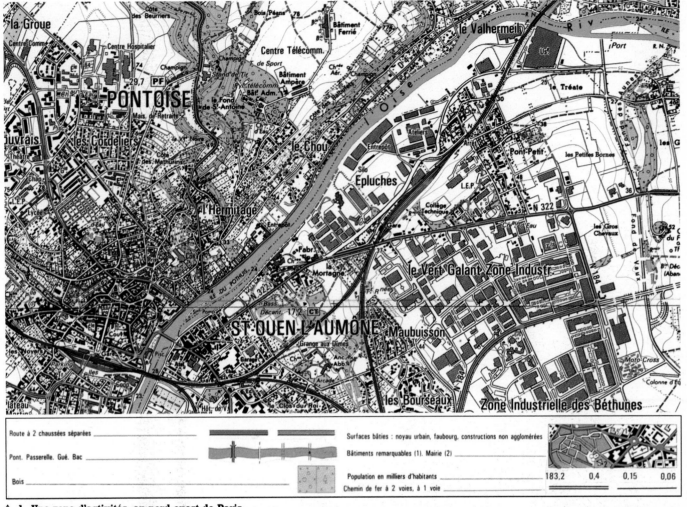

↑ 1. Une zone d'activités, au nord-ouest de Paris.
(Extrait de la carte au 1/25 000 de Pontoise.)

Route à 2 chaussées séparées _____

Pont. Passerelle. Gué. Bac _____

Bois _____

Surfaces bâties : noyau urbain, faubourg, constructions non agglomérées

Bâtiments remarquables (1). Mairie (2) _____

Population en milliers d'habitants _____ 183,2   0,4   0,15   0,06

Chemin de fer à 2 voies, à 1 voie _____

↑ 2. L'électrométallurgie de l'aluminium dans la vallée de la Maurienne (Savoie).

QUESTIONS

1. Les formes de conversion des friches industrielles sont-elles toujours en rapport avec l'évolution économique ?

2. Quelles sont les causes du déclin industriel dans les vallées alpines et pyrénéennes ? Quelles survivances possibles ?

3. D'après la carte 1/25 000 Pontoise, décrivez les formes d'activités repérées ? Le terme de *zone industrielle* est-il encore exact et quel est le rôle des voies de communication ?

4. Pourquoi les usines ne peuvent-elles plus se développer dans les centres des villes, mais seulement en périphérie ?

5. Quels sont les rôles conjoints des transports et des télécommunications dans la troisième révolution industrielle ?

SUJETS

1. Formes nouvelles d'industrialisation et développement régional.

2. Délocalisation industrielle et déséconomie régionale en France. Quelle conversion possible pour les zones industrielles anciennes ?

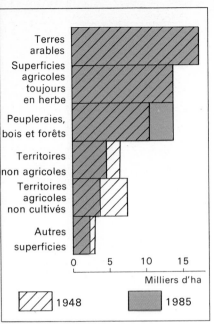

Terres arables
Superficies agricoles toujours en herbe
Peupleraies, bois et forêts
Territoires non agricoles
Territoires agricoles non cultivés
Autres superficies

0   5   10   15
Milliers d'ha

1948   1985

L'occupation du sol en France.

la France
verte et bleue

Dire que **la France est la deuxième puissance du monde pour l'exportation des produits agricoles,** que ce résultat est obtenu sur moins d'un million d'exploitations, que 90 % de l'espace est encore dévolu à l'agriculture et à la forêt (ou, hélas, à la friche) justifie assez **la France verte, en accord également avec la couleur des paysages.** Cependant, l'activité agricole n'est pas aussi sereinement prospère que cela. Ses performances ne concernent pas, loin s'en faut, toutes les productions. Elle est encombrée d'excédents variés et les hommes qu'elle fait vivre sont plus souvent déprimés qu'optimistes. Le même diagnostic pourrait être formulé à propos de **la France bleue, celle de la pêche et de l'exploitation des ressources de la mer.**

DONNÉES STATISTIQUES

Rang et part dans le commerce mondial		
Blé	6e	5,0 %
Maïs	9e	2,2 %
Orge	4e	5,6 %
Better. sucrières	2e	8,6 %
Vin	1er	22,0 %

Principales productions	(1986)
Avoine	1 096 mt
Blé	26 587 mt
Maïs	10 792 mt
Orge	10 063 mt
Riz	60 mt
Seigle	226 mt
Betterave sucr.	24 670 mt
Sucre de better.	3 728 mt
Pommes de terre	6 300 mt
Colza (graines)	1 031 mt
Vin	73 480 mhl
Tabac	35 mt
Chevaux	280 m
Bovins	22 896 m
Lait	35 241 mhl
Beurre	630 mt
Fromage	1 283 mt
Ovins	10 790 m
Porcins	10 956 m

Source : *Images économiques du monde 87.*

ANALYSE DU DOCUMENT

Cet aspect des campagnes de la Picardie littorale est une image de la diversité des paysages et des productions agricoles de la France : labours céréaliers, cultures fourragères, pâturages, bois, prés salés du *schorre.* Ces champs de grande taille sont typiques d'un parcellaire remembré. Le maintien d'une végétation arborée sous forme de bosquets démontre que l'on peut moderniser l'espace rural, en facilitant le travail des machines, sans pour autant lui ôter son charme.

1. productions et espace agricole

À l'issue d'une longue évolution entamée au XVIe siècle, **l'agriculture est parvenue dès la fin du XVIIIe siècle à écarter le spectre des famines**, puis au XIXe siècle à **perdre une grande partie de ses bras** — tout en produisant de plus en plus — au profit des activités industrielles et de services. Parallèlement, **l'amélioration des moyens de transport est à l'origine d'une spécialisation** fondée sur les besoins de l'ensemble du marché de consommation national et sur l'exploitation la plus rationnelle des possibilités de chaque milieu. Cette évolution s'accélère nettement depuis quelques décennies.

■ 1. Pétrole vert ?

Les techniques agricoles ont tant progressé que **la France est aujourd'hui devenue le 2e exportateur mondial de produits agricoles**, derrière les États-Unis et pour une valeur égale à environ 50 % de celle de ces derniers. Parmi les grandes exportations : le blé, les vins d'appellation, les produits laitiers, le sucre, la viande bovine, etc., le tout constituant **17 % du total des exportations françaises** : un véritable pétrole vert, donc. La comparaison va jusqu'au fait que la France n'exporte pas assez de produits transformés qui permettraient des bénéfices plus substantiels. Par ailleurs, ceci n'exclut pas qu'elle soit aussi le **7e importateur de produits agricoles** parmi lesquels fruits, légumes, viande de mouton.

Une telle position sur le marché mondial n'a pu être obtenue qu'au prix d'un fantastique effort de modernisation et d'adaptation. **La production agricole globale a augmenté des 2/3 au cours des deux dernières décennies.** Et c'est précisément là où le bât blesse. Produire toujours plus n'a d'intérêt que si l'on peut vendre, c'est une banalité ; et pourtant la France ne sait que faire de son fleuve de lait, de sa montagne de beurre, de son vin de consommation courante, qui sont stockés, distillés, détruits, faute d'acquéreurs à un prix décent.

À l'origine de cet immense problème, il y a la concurrence de nos voisins de la CEE (vin et tomates d'Italie, divers fruits et légumes d'Espagne, produits laitiers hollandais ou danois, mouton néo-zélandais via l'Angleterre, par exemple). Les solutions sont variées et complexes : ajustements internes au sein de l'Europe, qualité des productions plutôt que quantité (les vins, les fromages, les beurres ou les viandes d'appellation n'éprouvent aucune difficulté), développement des exportations en direction des pays les plus pauvres, idée généreuse mais difficile à appliquer.

■ 2. Espaces spécialisés et régions en friche : une France à deux vitesses

Malgré les dangers quant à la commercialisation que présente un tel choix, **les espaces agricoles évoluent vers une spécialisation toujours plus grande**, fondée sur les possibilités du milieu plus ou moins modifiées par apport d'engrais, irrigation ou toute autre bonification. C'est une conséquence de l'alourdissement des investissements et du savoir-faire nécessaires à une production rentable.

Pendant des années, sous la pression des consommateurs dont les besoins changeaient, **la spécialisation laitière a largement rattrapé la spécialisation céréalière** plus ancienne. L'Ouest, la Lorraine, les massifs montagneux ont ainsi progressivement abandonné la polyculture pour se tourner principalement vers l'élevage de la race française Frisonne-pie-noire, la plus performante. **La crise du lait, suivie de la politique européenne des quotas de production laitière provoquent actuellement une reconversion vers la viande.** La vache FFPN* fait place aux bœufs blancs charolais* et la production de viande bovine est désormais la seconde en valeur, derrière le lait, mais devant le blé, les légumes, la viande porcine, les vins de qualité et les volailles. Une part de plus en plus grande de la production céréalière est destinée à la nourriture du bétail : il faut en moyenne 5 kg de céréales, plus des tourteaux protéinés, pour produire 1 kg de viande.

Le paysage se transforme lui aussi : **la mosaïque agraire fait une place de plus en plus grande à un openfield à grandes parcelles**, ponctué des hautes ou longues silhouettes des silos ou des bâtiments modernes d'élevage. Ailleurs, l'aspect des campagnes se dégrade par abandon de l'exploitation de la terre.

	Moyenne 1965 à 1967	Moyenne 1979 à 1981	
Riz	2,4 kg	3,7 kg	
Mouton, agneau	1,9 kg	3,3 kg	
Fromages	10,8 kg	14,5 kg	
Charcuterie	6,8 kg	8,9 kg	
Porc frais, salé, fumé	6,4 kg	8,4 kg	
Apéritifs et liqueurs	2,8 l	3,5 l	
Volailles	11,7 kg	14,1 kg	
Bœuf	12,9 kg	14,7 kg	
Ensemble viande de boucherie	21,0 kg	23,5 kg	
Fruits frais métropolitains	37,1 kg	39,8 kg	
Poissons, crustacés	6,6 kg	6,8 kg	
Œufs	169 U	178 U	
Agrumes et bananes	22,1 kg	22,1 kg	
Veau	4,9 kg	4,6 kg	
Cafés en grains	4,2 kg	3,8 kg	
Légumes frais	71,2 kg	64,5 kg	
Lait frais	84,8 l	72,7 l	
Huiles alimentaires	12,1 l	10,3 l	
Beurre	8,9 kg	7,5 kg	
Bière	20,8 l	16,0 l	
Pâtes alimentaires	7,4 kg	5,5 kg	
Pain	79,6 kg	49,4 kg	
Pommes de terre	94,5 kg	55,5 kg	
Ensemble vin	87,1 l	53,3 l	
Vins ordinaires	78,8 l	46,3 l	
Sucre	20,0 kg	12,9 kg	
Cheval	1,3 kg	0,8 kg	
Cidre	13,5 l	4,6 l	

kg = kilogramme ; l = litre ; U = unité

Tableau extrait des collections de l'INSEE - 108 M

↑ **1. Évolution de la consommation alimentaire des Français (par personne et par an).**

2. Histoire d'un yaourt à la fraise

M. Bouteruche, agriculteur à Assé-le-Boisne, a payé 1 franc pièce des pots de yaourt aux fraises contenant 12 centilitres de lait. Il a fait le calcul : sa coopérative lui achète le lait 70 centimes le litre. À ce tarif, il y a dans un yaourt pour 8 centimes de lait. Il s'est précipité chez le directeur de sa coopérative. « Mais comment vous débrouillez-vous pour nous sortir des prix pareils ? »

M. Perrine a alors mis à sa disposition la structure du prix de revient d'un yaourt aux fraises : matière première : 9 c 142 de lait à 25 g de mat. grasse, 5,64 g de poudre de lait, 10,35 g de sucre, 0,42 g de ferments et 14,35 g de fruits préparés : soit 21 centimes ; ramassage du lait : 7 centimes par litres ; conditionnement : 8 centimes/pot ; 2 centimes/capsule, plus le prix du « pack » et les cartons d'expédition ; livraison : 20 % du prix du yaourt ; frais de fabrication, de main-d'œuvre, d'amortissement, d'énergie, de laboratoire… 20 % du prix du yaourt.

Des consommateurs, personne ne semble s'en occuper. Ils sont livrés à l'anarchie de la distribution qui leur vendra le pot de 75 centimes à 1 franc ou plus selon le détaillant.

Évelyne Fallot, L'Express, 28 septembre 1974.

* nota : les chiffres ont vieilli, mais la démonstration reste valable.

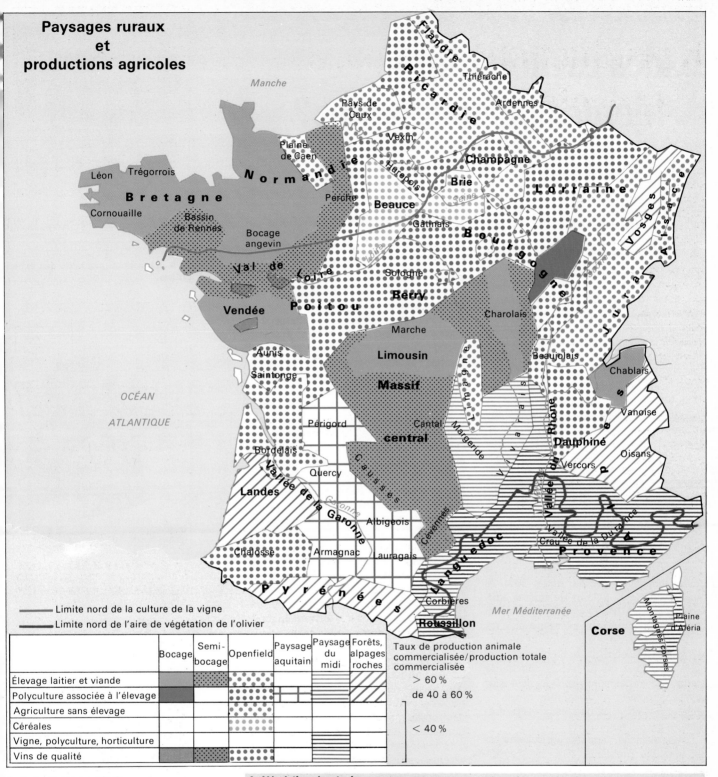

Paysages ruraux et productions agricoles

Léon — Trégorrois — Bretagne — Cornouaille — Bassin de Rennes — Plaine de Caen — Normandie — Perche — Bocage angevin — Val de Loire — Poitou — Vendée — Aunis — Saintonge — Pays de Caux — Vexin — Houlpois — Beauce — Gâtinais — Berry — Sologne — Marche — Limousin — Massif central — Périgord — Bordelais — Quercy — Landes — Vallée de la Garonne — Garonne — Chalosse — Armagnac — Lauragais — Albigeois — Causses — Cévennes — Pyrénées — Corbières — Roussillon — Languedoc — Vallée de la Durance — Provence — Crau — Vallée du Rhône — Vercors — Dauphiné — Oisans — Vanoise — Chablais — Jura — Alsace — Vosges — Lorraine — Champagne — Brie — Bourgogne — Charolais — Beaujolais — Margeride — Cantal — Flandre — Picardie — Thiérache — Ardennes — Seine — Loire

Manche — OCÉAN ATLANTIQUE — Mer Méditerranée

Corse — Montagnes corses — Plaine d'Aléria

—— Limite nord de la culture de la vigne
—— Limite nord de l'aire de végétation de l'olivier

	Bocage	Semi-bocage	Openfield	Paysage aquitain	Paysage du midi	Forêts, alpages roches
Élevage laitier et viande						
Polyculture associée à l'élevage						
Agriculture sans élevage						
Céréales						
Vigne, polyculture, horticulture						
Vins de qualité						

Taux de production animale commercialisée/production totale commercialisée
> 60 %
de 40 à 60 %
< 40 %

↑ **3. La France agricole.**

4. L'évolution récente des paysages ruraux

Tout autant que les villes, les campagnes ont subi depuis le début du siècle de profondes transformations dans leur aspect, mais il y est peut-être plus facile de rencontrer des paysages traditionnels fossilisés alors qu'en ville la chose est devenue rarissime. La spécialisation des régions se poursuit toujours, les prairies progressent au détriment des labours (+ 100 % contre – 50 %), les parcellaires sont transformés par remembrement et, à cette occasion, les structures bocagères disparaissent, enfin, et c'est peut-être là la nouveauté la plus marquante depuis le Moyen Âge, les friches connaissent une expansion rapide.

Depuis la révolution industrielle, petit à petit, la majeure partie des terroirs en pente forte a connu l'abandon au fur et à mesure des progrès de l'agriculture à haut rendement des plaines et du développement des activités industrielles et tertiaires qui s'alimentent de l'exode rural. Le phénomène s'est même étendu à certaines régions de plaines, de plateaux et de collines (friches de l'Est, côteaux de Gascogne).

Jean-Robert Pitte, *Histoire du paysage français.*

2. des exploitations bientôt performantes ?

L'analyse globale et régionale de la production et des structures de l'agriculture est une première démarche utile, mais **seule l'analyse des exploitations, de leur taille, de leur statut juridique, du niveau de leur équipement, du dynamisme de leur tenancier**, permet une approche nuancée.

■ 1. Souplesse et efficacité

Il est d'usage de se désoler de la disparition annuelle de 40 000 exploitations, ce qui porte le nombre des survivantes à moins d'un million, contre 1 800 000 en 1960. Il est vrai qu'à cette occasion se posent parfois de douloureux problèmes familiaux, mais la superficie moyenne des exploitations qui meurent n'atteint même pas 9 ha, superficie au-dessous du seuil de rentabilité, sauf pour certains domaines à haut revenu à l'hectare (vigne, vergers, cultures maraîchères) qui, eux, ne ferment pas. De plus, **les fermetures concernent généralement des exploitants âgés qui prennent donc leur retraite en abandonnant l'exploitation de leurs terres ou en permettant à un voisin de s'agrandir.**

La réduction du nombre des exploitations n'est donc pas une si mauvaise chose puisqu'elle permet l'augmentation de **la taille moyenne, passée entre 1960 et aujourd'hui de 17 à 28 ha de surface agricole utile (SAU)***. Cependant, 20 % ont encore une superficie inférieure à 5 ha, 14 % comprise entre 5 et 10 ha, 21 % entre 10 et 20, 31 % entre 20 et 50 et seulement 14 % au-dessus de 50 ha. La plupart de celles qui n'atteignent pas 5 ha sont sans doute appelées à disparaître dans les années à venir, ainsi que les moins performantes des autres.

En revanche, **l'âge des agriculteurs est un véritable problème.** 17 % ont plus de 65 ans et 25 % ont entre 55 et 65 ans pour seulement 10 % de jeunes de moins de 35 ans (âge limite des adhérents du CNJA)*. Il est clair que, malgré ses compétences et sa ténacité, un agriculteur âgé, souvent sans enfant désireux de lui succéder, n'est pas enclin à innover, à s'adapter, à investir dans du matériel coûteux (l'endettement des exploitants français est si considérable qu'on affirme parfois que le Crédit Agricole est propriétaire de presque toute la France !).

■ 2. L'union fait la force

Face aux exigences de la modernisation technique (machines, variétés, races, méthodes, remembrement, pour n'en citer que quelques-unes), les agriculteurs ont depuis longtemps songé à se regrouper en divers organismes. **Le mouvement coopératif est très vigoureux.** On distingue **les coopératives d'achat et de vente de produits agricoles** qui sont au nombre d'environ 4 000 et **les coopératives d'utilisation du matériel agricole (CUMA)*** qui dépassent 11 000. Certaines des premières ont une stature nationale : par exemple l'Union laitière normande qui collecte 13 % du lait français dans ses 40 usines.

Les exploitants ont également diverses possibilités juridiques d'association permettant une meilleure efficacité du travail : **les Groupements agricoles d'exploitation en commun (GAEC)***, au nombre d'environ 25 000, surtout familiaux, et **les Groupements fonciers agricoles (GFA)***. Il faut, à cet égard, remarquer que ces solutions permettent au moindre coût de parvenir à une taille optimale d'exploitation. En effet, la solution qui consistait à prendre des terres en métayage a presque totalement disparu (1 % de la SAU) et, malgré sa baisse récente, le prix d'achat de la terre est trop élevé pour que l'investissement qu'il représente soit rentable. **Seul le fermage (51 % de la SAU) garde encore de la faveur.**

Le syndicalisme agricole (FNSEA*, CNJA, MODEF*), les chambres d'agriculture et une multitude de groupements aux buts variés défendent les intérêts de la profession d'agriculteur auprès de l'État, des organismes parapublics, et de la Commission de Bruxelles. Mais ces institutions tout à fait nécessaires ne doivent pas faire oublier les responsabilités de chaque exploitant. Comme dans l'ensemble de la vie économique et sociale, les solutions globales et simples aux problèmes qui se posent, surtout en cette période de crise mais aussi de mondialisation accélérée des échanges.

Donc, arbitrage de l'État, solidarité, certes, mais aussi initiative individuelle et imagination (par exemple dans le choix des productions) s'imposent plus que jamais.

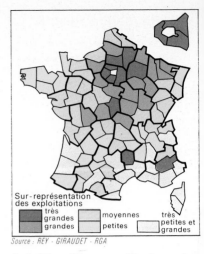

Source : REY - GIRAUDET - RGA

↑ **1. Répartition par taille des exploitations.**

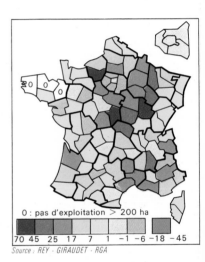

0 : pas d'exploitation > 200 ha

| 70 | 45 | 25 | 17 | 7 | 1 | -1 | -6 | -18 | -45 |

Source : REY - GIRAUDET - RGA

↑ **2. Variation du nombre d'exploitations supérieures à 200 ha entre 1970 et 1980.**

3. Nourris aux déchets 4 étoiles ? Les cochons adorent le recyclage

DEUX mille gorets sont domiciliés au 4 de la rue de Paris à Roissy. Enfermés dans deux longs bâtiments, ils vont vivre ici de 20 kilos, à leur arrivée, à 110 kilos à leur départ. Durant leur séjour, ils vont ingurgiter quotidiennement 10 litres de soupe. La collecte des matières premières s'effectue sur Paris, auprès des restaurants d'entreprises et des cantines. Un autre fournisseur, plus original, est la société qui prépare, pour Le Bourget, les plateaux servis dans les avions. Les porcs sont heureux, ils mangent en première classe ! La GAEC a en projet un accord avec la ville de Paris afin de procéder à un tri des ordures ménagères et de nourrir encore plus de cochons.

D'après Les Nouvelles du Val d'Oise, 14 janvier 1987.

↑ **4. Une bergerie climatisée dans la région de Pont-à-Mousson (Meurthe-et-Moselle).**

5. Une ferme modernisée en Brie.

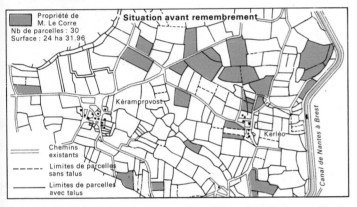

Propriété de M. Le Corre
Nb de parcelles : 30
Surface : 24 ha 31.96

Situation avant remembrement

Kéramprovost

Kerléo

Canal de Nantes à Brest

Chemins existants

Limites de parcelles sans talus

Limites de parcelles avec talus

6. Une exploitation et un paysage rural traditionnel en Bretagne : Paule (Côtes-du-Nord).

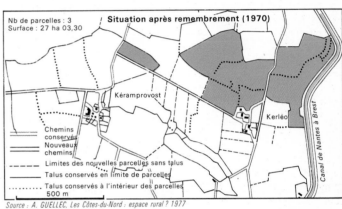

Nb de parcelles : 3
Surface : 27 ha 03,30

Situation après remembrement (1970)

Kéramprovost

Kerléo

Canal de Nantes à Brest

Chemins conservés

Nouveaux chemins

Limites des nouvelles parcelles sans talus

Talus conservés en limite de parcelles

Talus conservés à l'intérieur des parcelles

500 m

Source : A. GUELLEC, Les Côtes-du-Nord : espace rural ? 1977

7. Le même espace après remembrement.

Cour
Ancien jardin
Nouveau jardin
Vieille ferme 19ᵉ
Maison d'habitation 1924
Nouvelle maison d'habitation 1977
Bâtiments d'exploitation 19ᵉ
Appendice début du siècle
Hangar

Laverie
Garage 1940
Porcherie 1950
Poulailler 1950
Ensilage 1975

Étable nouveau style 1970
Appareillage automatique pour fumier
Hangar métallique en construction

30 m

D'après Jacqueline Bonnamour : Bilan de l'approche géographique des exploitations agricoles.
Cahiers de Fontenay 1977, Nᵒ 7

8. L'agrandissement d'une ferme en Auxois.

9. Magali, le robot-cueilleur de pommes du Cemagref, qui sait reconnaître les fruits mûrs à leur couleur.

3. la forêt mal gérée ?

Couvrant plus du quart de la superficie du pays, la forêt française représente la moitié de la forêt de l'Europe occidentale. À titre de comparaison, la forêt britannique ne représente que 7 % du pays. L'exception que constitue la France tient à l'étendue des terrains en pente dans les diverses massifs montagneux, mais aussi à **une politique de protection assez stricte mise sur pied par l'État dès le Moyen Age.** Sans le Tribunal de la Table de Marbre, sans des hommes comme Colbert auteur de la *Grande Réformation* de 1669, ou Napoléon III qui encouragea le reboisement des Landes de Gascogne, les massifs forestiers se seraient réduits comme peau de chagrin.

■ 1. Pourquoi la filière bois est-elle déficitaire ?

Si les abus les plus criants des usages forestiers ont pu être évités au cours des siècles passés, les excellents principes de gestion appliqués aux forêts royales, devenues domaniales, sont loin d'avoir été imités par tous les propriétaire, essentiellement des agriculteurs. 1 300 000 d'entre eux se partagent 9 000 000 d'ha, le plus souvent très morcelés. **Au total, ce sont plus des trois quarts de la forêt qui sont privés. 10 %** appartiennent à l'État et 15 % aux communes, l'ensemble constituant le **domaine administré par l'Office national des forêts (ONF*)** ou soumis à sa tutelle.

Outre ces problèmes liés à la structure foncière et à une certaine négligence, viennent s'ajouter des insuffisances de la commercialisation et de l'industrie de transformation. **Le déficit de la filière bois atteint 15 milliards de francs,** car si le taux de couverture (rapport de la valeur des exportations à celle des importations) est de 97 % pour le bois brut, il descend à 42 % pour les bois sciés et à 58 % pour les produits de l'industrie papetière.

■ 2. Vrais et faux périls sur la forêt

Cette grande forêt inégalement gérée vit aussi sous la menace de quelques fléaux, au premier rang desquels se place le feu dans les régions méditerranéennes. 400 000 ha ont brûlé entre 1973 et 1985 dans les 14 départements méditerranéens et ce

n'est pas une consolation de savoir que 100 000 ha brûlent chaque année en Italie et 200 000 en Espagne. À l'origine de ces incendies, il y a bien sûr les négligences et les malveillances, mais il y a surtout le caractère propre de la végétation méditerranéenne qui est très inflammable et le développement des broussailles dû à la disparition de l'usage pastoral de ces espaces. Ces incendies sont d'autant plus dramatiques que des habitations sont parfois détruites : on se rend alors compte, mais trop tard, des inconvénients qu'il y a à accorder des permis de construire n'importe où.

La pollution atmosphérique a des effets mal déterminés sur la forêt. On l'incrimine beaucoup, en particulier, dans le phénomène des « pluies acides* » qui serait dû à la transformation en divers acides du dioxyde de soufre émis par l'activité industrielle ou les automobiles. Mais en fait, personne ne sait vraiment à quoi est dû le dépérissement de certaines forêts de l'Est. Des dizaines d'explications ont été avancées. La prudence s'impose lorsqu'on constate que certains arbres plantés au cœur des grandes villes sont en parfaite santé.

Quant à l'enrésinement, bête noire de nombreux écologistes, ses effets doivent eux aussi être relativisés. Tous les résineux n'acidifient pas les sols (le pin Douglas, par exemple), certains terrains calcaires sont très bonifiés par les résineux (ainsi le succès du pin noir d'Autriche dans les Alpes du Sud) et, bien entendu, certaines forêts résineuses ne sont que des améliorations de peuplements naturels. Mais il est vrai que certains enrésinements peuvent être considérés comme abusifs. C'est pourquoi aujourd'hui, on pratique souvent le reboisement mixte associant des feuillus à des résineux. Il ne faut cependant pas perdre de vue que le rétablissement de l'équilibre de la filière bois passe par une augmentation de la production de résineux.

Améliorer la forêt française passe donc par l'éducation des propriétaires, le remembrement forestier, le débroussaillage mécanique ou par réintroduction de bétail dans le Midi, l'enrésinement contrôlé et la révision de tout le système de transport et de commercialisation du bois.

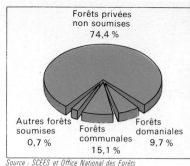

Source : SCEES et Office National des Forêts

↑ **1. Répartition de la propriété forestière en France**

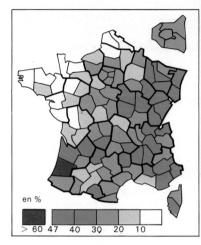

en %

> 60   47   40   30   20   10

↑ **2. Répartition du taux de boisement par département.**

3. Agriculture et forêt : une nécessaire synergie

ON ne dira jamais assez que la forêt est une culture, au même titre que le blé ou la vigne, la seule différence avec ces dernières étant de n'offrir une récolte que quelques fois par siècle, au mieux. Tous les forestiers le savent bien, mais leur savoir gagnerait à être mieux diffusé. Beaucoup d'agriculteurs répugnent à cette assimilation. Pour trop d'agriculteurs, la forêt est l'ennemi qui progresse insidieusement dès que déserte la charrue ou la dent du bétail ou bien l'enclave domaniale (État) qui nargue la glèbe du haut de sa technicité et de sa prospérité.

Dans la plupart des régions de France, la forêt bien gérée peut être un très utile complément de ressources à l'agriculture. Mais retrouver une situation saine passe par la satisfaction des besoins exprimés par les citadins en matière de « consommation » paysagère. Le tourisme rural est un autre complément appréciable aux revenus agricoles. Or, s'il repose avant tout sur les hommes et sur la qualité de l'accueil qu'ils offrent, les paysages dans lesquels ils vivent et qu'ils créent continuellement viennent juste derrière et nul doute que la forêt tienne une place de choix dans les critères d'appréciation des citadins.

Jean-Robert Pitte,
Évolution des rapports agriculture-forêt
en France.
Bulletin de l'ANDAFAR, 1984.

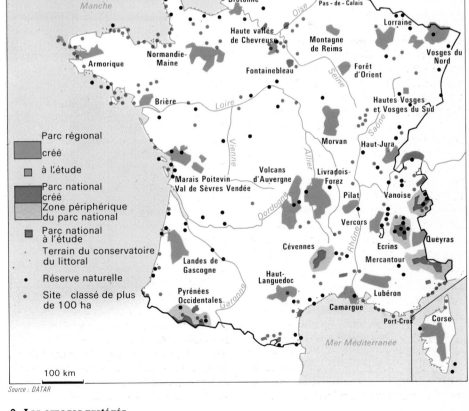

4. Le port aux planches de Raon L'Étape (Vosges) au XVIIIᵉ siècle. Tableau de l'hôtel de ville de Saint-Dié.

5. Un reboisement mixte (résineux et feuillus) dans le Cantal.

en %

	Haut-Moyen Âge	XVIIᵉ siècle	1905	1980
Taillis sous futaie	10,5	20	67,5	65
Futaie pleine feuillue	30	5	1	14[1]
Futaie résineux	0,5	0,5	0,5	13
Taillis simple	2	10	20	8
Peuplement complexe irrégulier	57	64,5	10	0

1. dont 1/3 en conversion et 2/3 en futaie acquise.

6. Évolution de la répartition des formes de peuplement.

en %

	Haut-Moyen Âge	XVIIᵉ siècle	1905	1980
Chêne	55	52	50	53
Charme	10	25	32	22
Résineux	0,4	0,4	3	13
Hêtre	22	14	8	8
Feuillus divers	12,5	8,2	7	3
Châtaignier	0,1	0,4	0,4	0,4

7. Évolution de la répartition des essences.

	1975	1985
Exploitation (en milliers de m³)	27 825	30 233[2]
Scierie (en milliers de m³)	8753	9095[2]
Papiers-Cartons (en milliers de tonnes)	4101	5343
Pâte à papier (en milliers de tonnes)	1760	1946
Panneaux Particules (en milliers de m³)	2000	1731
Fibres (en milliers de tonnes)	188[1]	1679
Contreplaqués (en milliers de m³)	554	489

1. Chiffres 1976
2. Chiffres 1984

Sources : Direction des forêts FILB/COPACEL

8. La production de la filière bois.

Parc régional
créé
à l'étude
Parc national
créé
Zone périphérique du parc national
Parc national à l'étude
Terrain du conservatoire du littoral
Réserve naturelle
Site classé de plus de 100 ha

Guadeloupe Martinique Guyane Réunion

Manche

Audomarois
Boulonnais
Vallée de la Scarpe et de l'Escaut
Parc du Nord Pas-de-Calais
Brotonne
Lorraine
Haute vallée de Chevreuse
Montagne de Reims
Vosges du Nord
Normandie-Maine
Fontainebleau
Forêt d'Orient
Armorique
Hautes Vosges et Vosges du Sud
Brière
Morvan
Haut-Jura
Volcans d'Auvergne
Livradois-Forez
Marais Poitevin Val de Sèvres Vendée
Pilat
Vanoise
Vercors
Queyras
Cévennes
Ecrins
Mercantour
Landes de Gascogne
Haut-Languedoc
Lubéron
Pyrénées Occidentales
Camargue
Port-Cros
Corse

Mer Méditerranée

Seine Oise Loire Vienne Allier Saône Dordogne Garonne Rhône

100 km

Source : DATAR

9. Les espaces protégés.

Les problèmes fonciers et leurs solutions

Il était une fois à FOUILLY-lès-MORCELES, une vieille sorcière appelée "ROUTINE" qui avait jeté un mauvais sort sur la commune : elle avait découpé le territoire en toutes petites parcelles enchevêtrées.

Aidée par des techniciens, Ingénieurs du Génie Rural et Géomètres, d'un coup de baguette magique, elle transforme, à la stupéfaction de tous, FOUILLY-lès-MORCELES en REMEM-BREVILLE.

A partir de ce moment, la disposition des parcelles fut changée, elles eurent toutes un accès sur les chemins existants ou nouvellement créés. Les parcelles furent plus grandes et moins nombreuses.

↑ 1. Extrait d'une affiche des années 1950 vantant les bienfaits du remembrement ; éditée par le service du génie rural de Nancy.

La chute du nombre des exploitations et les progrès de la mécanisation exigent au début du XXᵉ siècle une solution cadastrale.

En 1918, la loi Chauveau autorise la constitution d'associations syndicales de propriétaires en vue du remembrement. Le financement est assuré conjointement par l'État et les propriétaires. Le **décret-loi de 1935** institue une commission arbitrale présidée par un juge de paix et dont les décisions sont exécutoires. 685 communes sont remembrées entre 1918 et 1941, soit 385 000 ha sur... 10 000 000 !

Ce faible avancement des opérations motive **la loi du 9 mars 1941 précisée par l'ordonnance du 7 juillet 1945.** Désormais, ce ne sont plus seulement les propriétaires qui sont concernés, mais aussi les exploitants. Les effets bénéfiques de ces mesures législatives ont été immenses, les inévitables injustices en dernier ressort minimes et les bavures écologiques le plus souvent mythologiques. Mais, bien sûr, des paysages entiers ont été effacés et remplacés par d'autres qui ne présentent pas le même charme aux yeux de tous.

2. Le remembrement de Maroué (Côtes-du-Nord)

MAROUÉ, près de Lamballe, a une activité essentiellement agricole tournée vers les élevages porcin, bovin et avicole. Surface moyenne de l'exploitation : 15,3 ha.

31 mai 1965 :
première demande de remembrement

12 décembre 1974 :
arrêté préfectoral ordonnant le remembrement

5 juillet 1979 :
arrêté de clôture des opérations de remembrement

Superficie totale . . . . 3 500 ha
Superficie remembrée . . . . 2 790 ha
Nombre de propriétaires . 821
Nombre d'exploitants 176

	avant rememb.	après rememb.
Nbre de parcelles cadastrales	4 998	1 592
Nbre de parcelles par propriétaire	6,08	1,94
Superficie moyenne des parcelles	0,53 ha	1,70 ha

Arasement de talus : 128 km
Chemins d'exploitation créés : 22 km

RÉSERVES FONCIÈRES COMMUNALES

Ces réserves représentent 3 millièmes du territoire remembré. Elles ont été entièrement compensées par les apports communaux, s'élevant à 23,69 ha. Ainsi aucun prélèvement n'a été effectué sur les propriétaires.

Géomètre, nᵒ 11, 1984.

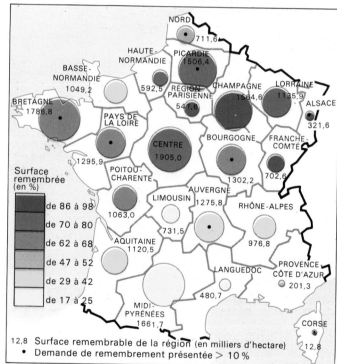

Surface remembrée (en %)
de 86 à 98
de 70 à 80
de 62 à 68
de 47 à 52
de 29 à 42
de 17 à 25

12,8 Surface remembrable de la région (en milliers d'hectare)
• Demande de remembrement présentée > 10 %

NORD 711,6
PICARDIE 1506,4
HAUTE-NORMANDIE
BASSE-NORMANDIE 1049,2
592,5
RÉGION PARISIENNE 541,6
CHAMPAGNE 1584,6
LORRAINE 1135,9
ALSACE 321,6
BRETAGNE 1786,8
PAYS DE LA LOIRE 1295,9
CENTRE 1905,0
BOURGOGNE 1302,2
FRANCHE-COMTÉ 702,6
POITOU-CHARENTE
LIMOUSIN 1063,0
AUVERGNE 1275,8
RHÔNE-ALPES 976,8
AQUITAINE 1120,5
731,5
LANGUEDOC 480,7
PROVENCE CÔTE D'AZUR 201,3
MIDI-PYRÉNÉES 1661,7
CORSE 12,8

Source : Ministère de l'Agriculture (direction de l'Aménagement).

↑ 3. L'état d'avancement du remembrement en 1984.

4. Les SAFER (Sociétés d'Aménagement Foncier et d'Établissement Rural)

LES SAFER ont été créées par une loi de 1960. Elles ont pour but de favoriser les exploitations familiales agricoles trop petites et ont un droit de préemption en cas de vente de terres agricoles. Depuis l'origine elles ont acquis plus de 1,5 million d'ha de terres dont 10 % en préemption.

QUESTIONS

1. Selon vous, quelles réticences peuvent motiver une affiche publicitaire vantant le remembrement ?

2. Dégagez les avantages et les inconvénients possibles d'un remembrement.

3. En vous appuyant sur l'exemple du remembrement de Maroué (Côtes-du-Nord), montrez quels sont les avantages pour une commune de se constituer une réserve foncière à l'occasion d'un remembrement.

4. Décrivez et expliquez la carte de l'état d'avancement du remembrement en France. Vous pouvez vous aider de la carte n° 3, p. 133.

5. Quels sont les avantages de la procédure du remembrement-aménagement ? En comparant les propriétés (identifiées par une couleur) avant remembrement et après, montrez la variété des avantages obtenus par les propriétaires.

6. Décrivez et expliquez la carte de répartition du prix de la terre agricole. Vous pouvez également vous aider de la carte n° 3 de la p. 133.

7. Pourquoi le prix de la terre agricole est-il presque partout en baisse ?

8. En quoi cette réalité est-elle liée aux projets européens de gel des terres ?

9. En vous aidant du cours et des documents des pages 136-137 et de la géographie pratique de la page 142, déterminez quels sont les autres choix possibles.

10. En vous aidant des documents 6 et 7 de la page 135, montrez les effets sur le paysage d'un remembrement en pays de bocage.

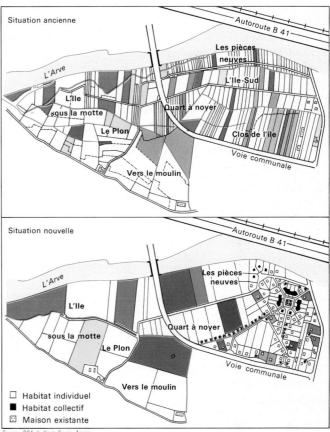

Source : DDA de Haute-Savoie, Annecy.

↑ **5.** La nouvelle procédure du remembrement-aménagement permet aussi l'urbanisation. Ici, l'exemple de Magland (Haute-Savoie). Chaque propriété est identifiée par une couleur. Les deux bleus correspondent à un changement de propriétaire.

7. La politique européenne du gel des terres

« Il s'agit pour les années 1990 à 1995, d'évaluer la demande de la CEE pour chacune des grandes productions agricoles. En étudiant, les marchés de transformations intermédiaires (productions animales), et les besoins à satisfaire pour les productions végétales pourra être dégagée la surface agricole requise. Le solde avec la surface agricole disponible indiquera alors quelle est la surface non nécessaire à l'autosuffisance alimentaire et qui pourra être détournée de la production alimentaire (de 50 à 160 millions d'ha de terres) sans altérer le bilan d'autosuffisance alimentaire ».

M. Becker, *Évaluation de la surface agricole non nécessaire à l'autosuffisance alimentaire de la CEE* dans *L'Évolution spatiale de l'agriculture et l'aménagement du territoire rural.* Ministère de l'Agriculture, 1987.

Le développement de l'agriculture extensive suggérée par le rapport « Guichard » de la commission de réflexion sur l'aménagement du territoire n'est pas la panacée. On y lit que « le désert n'est pas le vide et il y a des territoires en France qui, pour ne pas mourir, devraient jouer l'atout du désert ». Le jour où, par exemple dans le Massif Central, il n'y aurait plus que quelques agriculteurs dans un espace immense, cela signifierait qu'il n'y aurait plus d'agriculteurs.

Raymond Lacombe, président de la FNSEA, à une conférence de presse le *7 mai 1987, Bulletin de l'ANDAFAR,* 53, 1987.

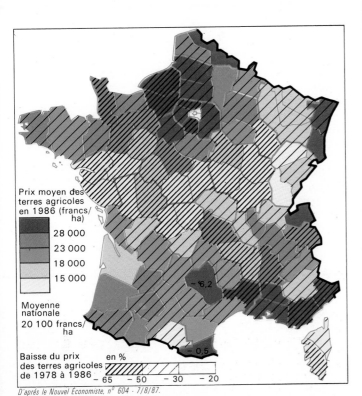

D'après le Nouvel Économiste, n° 604 - 7/8/87.

↑ **6.** Répartition du prix des terres agricoles.

4. la pêche en difficulté

Malgré la variété et la longueur de son ouverture maritime, la France n'est qu'au 20e rang mondial pour les produits de la pêche. Les problèmes apparaissent dans les chiffres suivants : environ 500 000 t débarquées autant et même plus importées et seulement 200 000 t exportées. De plus, les variétés importées sont les plus chères (saumon, thon, crustacés, coquillages).

1. Types de pêche

La pêche à la palangre, c'est-à-dire à l'aide d'une ligne armée de nombreux hameçons, représente des tonnages très faibles, mais c'est elle qui livre la meilleure qualité de poisson (bar, sole, turbot). Ce dernier n'est ni meurtri par le chalut, ni fatigué par la glace du stockage en cale, puisque les bateaux ne partent qu'une journée au plus. Le poisson ainsi pêché est livré aux poissonneries de luxe ainsi qu'à certains restaurants. La pêche aux coquillages sauvages (coquilles Saint-Jacques, praires...) et aux crustacés (à l'aide de casiers) est aussi artisanale et de qualité.

La pêche au chalut dure quelques jours ; elle se pratique en mer du Nord, dans la Manche et dans la partie européenne de l'Atlantique. Le poisson ainsi pêché représente les 2/3 de la production française. Conservé dans la glace, il peut être livré jusqu'à 10 jours après la pêche. Les variétés sont très nombreuses lieu, merlan, églefin, sardine.

La pêche hauturière lointaine, à la morue ou au hareng, s'effectue au large dans les eaux froides de l'Atlantique Nord (Terre Neuve), au thon ou à la langouste dans les eaux chaudes du large de l'Afrique. La congélation a remplacé le salage.

2. Pêcheurs, bateaux et ports

On assiste depuis des années à une concentration des armements et à une diminution du nombre des pêcheurs (35 000 en 1970, 25 000 aujourd'hui). La plupart de ces derniers sont rémunérés à la part, c'est-à-dire selon un système complexe — apparenté au métayage — réservant à peu près la moitié du produit de la vente à l'armateur et le reste à l'équipage.

La flotte, d'une dizaine de milliers de bateaux, ne compte que quelques centaines de bâtiments de pêche industrielle (plus de 100 tonneaux ; 1 tonneau = 2,83 m³) et une dizaine de navires-usines où travaillent plus de 50 hommes. Là encore, la crise est patente : le nombre des bateaux baisse, et le total de jauge brute aussi.

De la multitude des ports (200), trois s'en détachent nettement : Boulogne (25 % des prises), Lorient et Concarneau. Ceux-ci sont équipés d'une criée de vente du poisson qui est ensuite essentiellement acheminé par camions frigorifiques dans toute la France. La Méditerranée ne présente que 5 % des prises. Il s'agit d'un poisson de prix, mais la demande estivale est telle que bien des bouillabaisses marseillaises doivent plus à l'Atlantique qu'à la Grande Bleue.

1/10e du poisson pêché est traité en conserverie, quantité à laquelle vient s'ajouter un égal tonnage de poisson importé. Cette activité a connu une très forte concentration : il reste 32 usines des 85 de 1970.

3. Faiblesses du secteur aquacole

On sait que l'aquaculture est l'un des espoirs de résolution à terme du problème de la fourniture des protéines nécessaires à l'humanité. Bien placée dans le domaine de la recherche, la France a surtout développé sur son territoire métropolitain la conchyliculture* et la mytiliculture*. Encore faut-il remarquer que cette activité a connu bien des épreuves ces dernières années : maladies des huîtres, pollution (7 marées noires en Bretagne depuis 10 ans, engrais, insuffisances des stations d'épuration). En eau douce, certaines pratiques sont anciennes : la Dombes est spécialisée depuis le Moyen Âge dans une pisciculture (carpes, brochets) alternée avec une mise en culture du fonds des étangs. Le poisson ainsi pêché trouve un débouché facile dans l'industrie (quenelles) ou l'exportation à destination de la RFA.

Au total, la pêche française est mal portante et doit encore procéder à quelques révisions déchirantes, faute de quoi la mise sur pied de « l'Europe bleue » risque de se révéler un désastre total. L'IFREMER* (Institut de recherche pour l'exploitation de la mer) peut y contribuer.

---

1. Consommation et production des produits de la mer

CONSOMMATION (en milliers de t, 1985). *Produits frais* : 684,6 dont poissons de mer 397,6, d'eau douce 7,6 ; crustacés 35,4 ; mollusques 244,1. *Produits congelés* : 210,4 dont poissons de mer 159,5, d'eau douce 19 ; crustacés 17,4 ; mollusques 14,5. *Produits salés, séchés, fumés* : 11,7. *Conserves* : 184,6 dont thon 82,5, sardine 38,2, maquereau 27,9, hareng 4,2, divers 31,8.

Par habitant (produits de la mer en kg/an, 1984). *Produits frais* : 12,8 dont poissons de mer 7,8 ; crustacés 0,7 ; mollusques 4,6. *Produits congelés* : 4,1 dont poissons de mer 3,5 ; crustacés 0,4 ; mollusques 0,2. *Produits salés, séchés, fumés* : 0,2. *Conserves* : 3.

• **Production.** Quantité (milliers de t), et entre parenthèses, valeur (millions de F, 1985). Poisson frais : 368,9 (3 791,3). *Poisson congelé* : 102,7 (807,5). *Poisson salé* : 0,29 (4,3). *Crustacés* : 24,3 (617,2). *Mollusques* : 38,8 (454,7). *Gastéropodes* : 4,06 (19). *Divers* : 1,3 (7,2). *Céphalopodes* : 13,9 (180). *Violets et oursins* : 0,5 (6,8). *Farine et huile* : 2,1 (6,3). *Total* : 537,6 (5 690). *Ostréiculture* : 121,5 (944,6). *Mytiliculture* : 44,3 (244,3). *Algues marines* (poids sec) : 14 (22).

• **Principales espèces débarquées en 1985. Poids nominal en tonnes.** Thon 97 723. Cabillaud 29 676. Sardine 28 190. Merlan 27 461. Lingue 23 901. Merlu 23 467. Baudroie 19 478. Maquereau 18 276. Hareng 15 031. Églefin 12 907. Filets congelés 1 020. Raie 12 777. Coquille St-Jacques 9 835. Langoustine 8 555. Tourteau 8 500. Sole 8 500. Cardine 6 500. Grondin 6 318. Tacaud 6 072. Plie 5 892. Lieu jaune 5 555. Congre 5 111.

Source : Comité central des pêches maritimes.

---

2. Les problèmes de la conchyliculture française

Le goût prononcé des Français pour la consommation des mollusques et plus particulièrement des coquillages s'exprime par un marché vigoureux et subtil.

Bien que sur le plan global la profession ostréicole française semble avoir atteint un stade de maturité avancée, son handicap le plus grave qui a déjà engendré des catastrophes et qui en présage d'autres est de ne pas savoir autolimiter la charge des bassins de culture. Les surcharges abusives sont implacablement suivies de dérèglements biologiques qui ont déjà affecté le bassin d'Arcachon (1978-1983) et qui menacent Marennes-Oléron.

L'élévation du niveau de vie et la concurrence dans l'occupation de l'espace littoral fait pourtant qu'elle ne peut plus soutenir qu'environ 10 000 concessionnaires alors qu'avec une production identique il y en avait le double il y a vingt ans.

François Doumenge, « La révolution aquacole ». *Annales de Géographie*, 531, sept.-oct. 1986.

3. Le commerce des produits de la mer

IMPORTATIONS (en milliers de t, 1985). *Poissons de mer :* congelés, surgelés 131,6, frais, réfrigérés 91,3, conserves 68,85, séchés, salés 15,23, fumés 0,96. *Crustacés marins :* frais ou congelés 45,95, conserves ou autres 13. *Écrevisses :* frais ou congelés 1,45. *Coquillages et mollusques marins :* frais ou congelés 66,6, conserves 8,65. *Escargots :* frais ou congelés 4,9, conserves 1,6. *Farines et poudres de poissons :* 67. *Graisses et huiles marines :* 22,1. *Algues et dérivés :* 13,95. *Total :* 589,76.

Exportations (en milliers de t, 1985). *Poissons de mer :* congelés, surgelés 73,5, frais, réfrigérés 60,7, conserves 8,15, séchés, salés 4,02, fumés 0,3. *Crustacés marins :* frais ou congelés 8,95, conserves ou autres 1. *Écrevisses :* frais ou congelés 0,04. *Coquilles et mollusques marins :* frais ou congelés 17,6, conserves 0,35. *Escargots :* conserves 2,15, frais ou congelés 0,09. *Foies, œufs, laitance :* 0,13. *Farines et poudres de poissons :* 6,9. *Graisses et huiles marines :* 8,8. *Algues et dérivés :* 3,3. *Total :* 181,5.

Part des produits de la pêche dans le commerce extérieur français. Quantité (en t) et, entre parenthèses, valeur (en millions de F, 1985) : imp. 589 764 (9,6), exp. 203,9 (3,35), déficit 385 823 (6,2).

Source : Comité central des pêches maritimes.

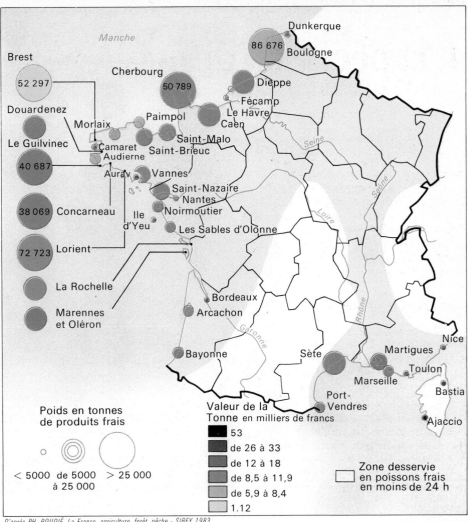

D'après PH. ROUDIÉ, La France, agriculture, forêt, pêche - SIREY 1983.

↑ **4. La pêche maritime en France (par quartier maritime).**

↑ **5. Boulogne, premier port de pêche français.**

↑ **6. Aquaculture en Bretagne : l'heure de la pâtée.**

Comment rentabiliser les campagnes désertées ?

L'inexorable déclin des communes rurales entamé voici plus d'un siècle est enrayé dans beaucoup de régions, et seuls le Massif central, le Nord de la Lorraine et la Corse continuent à perdre des ruraux, peut-être d'ailleurs pour peu de temps encore. Les Pays de la Loire, la Haute-Normandie, l'Alsace, Rhône-Alpes et Provence-Côte d'Azur se distinguent par un relèvement très spectaculaire entamé à la fin des années 1960.

Ce phénomène est dû à l'engorgement et au coût des villes. Un nombre croissant de Français travaillant en ville habitent désormais la campagne et les rares créations industrielles de ces dernières années ont touché des petites villes ou des régions rurales.

Il est donc urgent d'équiper les campagnes (écoles, routes, commerces, etc.), mais aussi d'imaginer des solutions pour l'entretien des paysages à l'abandon.

↑ **1. Paysage rural à l'abandon en Ardèche : quels sont les symptômes de cet abandon ?**

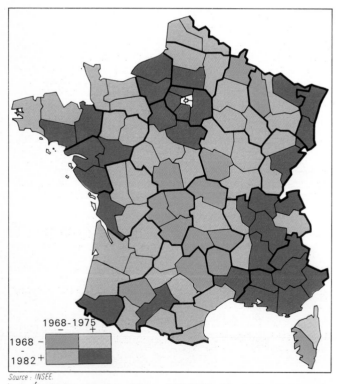

1968-1975

1968 –
1982 +

Source : INSEE.

↑ **2. Évolution démographique 1968-1982 des communes rurales situées hors zones de peuplement industriel et urbain.**

3. Voyage au pays de l'utopie rustique : les campagnes françaises de demain ?

Il n'y a plus ni ville, ni campagne, chez nous. Tout est ville et tout est campagne. Le hameau des Astruc, dites-moi, c'est la campagne ? N'empêche qu'y habitent un professeur, un directeur de banque l'été, un ménage de fonctionnaires en retraite, un musicien, une secrétaire, une jardinière d'enfants, un ingénieur et bientôt un médecin, tout ça pour seulement deux agriculteurs à plein temps !

Restait une ancienne métairie. Elle avait été louée à un agent d'assurance qui travaillait avec son téléphone, son télex et son terminal branché sur l'ordinateur de la compagnie. Il pouvait tout faire de chez lui : téléphoner aux clients, obtenir directement tous les renseignements sur leur situation et demander des décisions par télex à la compagnie. Qu'il fût possible, grâce à la télématique, de gérer un portefeuille d'assurances changeait évidemment les conditions du travail, et donc de vie, à la campagne.

Henri Mendras,
Voyage au pays de l'utopie rustique
(Le Paradou, Actes Sud, 1979).

4. À chaque lieu, sa vocation

Pour moi, il y a deux types de montagne, la haute montagne (Alpes et Pyrénées) et le Massif central-Vosges-Jura. Dans les deux cas, l'agriculture deviendra minoritaire quant aux hommes, mais essentielle pour entretenir l'espace. Mais ce n'est pas une raison pour se résigner à abandonner le territoire.

La littérature sur la désertification, c'est du verbiage. Les Landes étaient désertes avant d'être une forêt. Les causses étaient déserts avant le Roquefort. Maintenant, c'est une région prospère. Même le plateau de Millevaches est utilisé à travers la transhumance estivale. Il faut réagir avec vigueur et trouver pour chaque unité géographique la vocation qui lui convient en tenant compte de son évolution historique, économique et sociale...

Dans le Massif Central, les petites villes, loin d'avoir perdu leurs vertus, peuvent devenir des centres et recevoir des industries. Notre armature du petit urbain rural n'est pas atrophiée, plutôt renforcée même.

Philippe Lamour,
Le Quotidien du Maire,
1er octobre 1987.

Travaux dirigés

↑ 1. Un commerce de fruits et légumes à Paris.

↑ 2. Silos en Beauce au bord de la ligne Paris-Orléans.
Décrire le paysage, le définir, nommer les différents bâtiments agricoles.

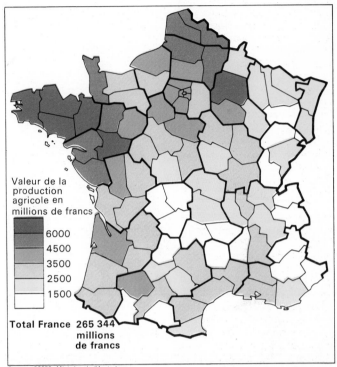

Valeur de la production agricole en millions de francs

6000
4500
3500
2500
1500

Total France 265 344 millions de francs

Source : SCEES, Ministère de l'Agriculture.

↑ 3. Valeur de la production agricole par département en 1984.

4. Les quotas laitiers

EN mai 1984, une conférence laitière réunit le ministre de l'Agriculture et les organisations professionnelles agricoles. Elles se fixent pour objectif la limitation des quantités bénéficiant de la garantie de prix fixée à l'échelon communautaire européen. Trois moyens sont mis en œuvre : la réduction des livraisons de tous les producteurs, l'établissement de quotas de collecte par laiterie (la laiterie fait connaître à chaque livreur sa quantité garantie de référence), un dispositif national de restructuration laitière consistant dans le versement d'aides à la cessation d'activité laitière afin d'affecter le droit de produire les quantités ainsi libérées à des producteurs prioritaires. Certains producteurs prioritaires sont autorisés à dépasser les quotas : ceux qui ont déposé un plan de développement avant 1984, ceux qui ont investi dans du cheptel ou des bâtiments d'élevage entre 81 et 84, les jeunes agriculteurs.

D'après le *Bulletin de l'ANDAFAR*, n° 53, 1987.

QUESTIONS

1. Quelles sont les principales productions agricoles françaises ?

2. Décrivez quatre grands paysages agricoles français.

3. Qu'est-ce que l'agro-alimentaire ? Décrivez une filière agro-alimentaire.

4. Qu'est-ce que le remembrement ? Pourquoi est-il entrepris ?

5. Quels sont les maux qui menacent la forêt française ?

6. Qu'est-ce qu'un parc naturel ?

7. Décrivez quelques types de pêche.

8. Quelles sont les difficultés de la pêche en France ?

9. Pourquoi les campagnes étaient-elles désertées ?

10. Pourquoi les campagnes sont-elles aujourd'hui davantage recherchées ?

11. Définition des quotas laitiers.

SUJETS

1. L'agriculture française : forces et faiblesses.

2. Les transformations des paysages agricoles français depuis 1945.

3. La pêche en France.

4. La forêt en France.

3e partie

La France des régions

Carte administrative de la France

LA FRANCE ADMINISTRATIVE

Limite de région

Capitale régionale
(préfecture régionale)

Limite départementale

Préfecture de département

29 Numéro minéralogique
du département

Sous-préfecture de plus
de 100 000 habitants

La Région parisienne

Oise
Val d'Oise 95
Eure
Pontoise
Yvelines 93 Bobigny
Nanterre 92 75
Versailles 94 Créteil
78 Évry
Essonne Seine-
et-Marne
Eure-et- 91
Loir Loiret

20 km

75 - Paris
92 - Hauts-de-Seine
93 - Seine-Saint-Denis
94 - Val-de-Marne

ROYAUME DE BELGIQUE
RÉPUBLIQUE FÉDÉRALE D'ALLEMAGNE
Grand Duché du Luxembourg
RÉPUBLIQUE FÉDÉRALE HELVÉTIQUE
RÉPUBLIQUE ITALIENNE
ROYAUME D'ESPAGNE
Andorre

Dunkerque
Calais
NORD-PAS-DE-CALAIS
Lille
Béthune
Pas-de-Calais 62 Lens Douai Valenciennes
Arras Nord 59
Somme
80 Amiens
HAUTE-NORMANDIE
Seine-Maritime
PICARDIE Aisne
76 Rouen Laon
Manche Beauvais 02
Saint-Lô 14 Caen 27 Oise 60
50 Calvados Eure
BASSE-NORMANDIE Évreux 95 ILE-DE-FRANCE 77
Orne 61 28 78 Paris
St-Brieuc Chartres 91 Melun
Côtes-du-Nord Alençon Eure-et-Loir Seine-et-Marne
Finistère BRETAGNE Ille-et-Vilaine Mayenne 45
Brest 22 53 Sarthe Loir-et-Cher Orléans 89
Quimper Rennes 35 Laval Le Mans CENTRE Loiret
29 Morbihan PAYS-DE-LA-LOIRE 72 37 Tours 41 Blois Auxerre
Vannes Maine-et- Indre-et-Loire Bourges Yonne
Lorient 56 Angers Loire Châteauroux Cher
Loire-Atlantique 49 44 Nantes 36 Indre 18
St-Nazaire Deux-Sèvres Vienne 86 Poitiers
La Roche- 85 79 Niort POITOU- Creuse
sur-Yon Vendée CHARENTES Haute- Guéret 23
La Rochelle Vienne 87
Charente-Maritime Charente LIMOUSIN Limoges
17 16 Corrèze 63
Angoulême 24 19 Tulle
33 Périgueux Dordogne AUVERGNE
Bordeaux Cantal
Gironde Lot Aurillac 15
47 Cahors 46
AQUITAINE Lot-et-Garonne Aveyron
Mont-de-Marsan Agen Tarn-et- Rodez
Landes Garonne 12
40 Gers 82 Montauban Albi
Auch 32 MIDI-PYRÉNÉES 81 Tarn
Bayonne 31 Toulouse Lozère
Pyrénées- Pau Tarbes Haute- 34
Atlantiques 64 65 Garonne Carcassonne
Hautes- Foix 09 11 Aude
Pyrénées Ariège LANGUEDOC-ROUSSILLON
66 Perpignan
Pyrénées-Orientales

AISNE
08 Charleville-Mézières
Ardennes Thionville
Meuse Meurthe-et-Moselle Moselle 57 Metz Bas-Rhin
Marne Bar-le-Duc 55 54 Nancy 67 Strasbourg
Châlons-sur-Marne LORRAINE ALSACE
CHAMPAGNE-ARDENNE Vosges
51 Meuse 10 Haute- 88 Épinal Colmar
Troyes Marne Haut-Rhin
Aube 52 Chaumont Haute-Saône 68 Mulhouse
Côte-d'Or Vesoul 70 Belfort
BOURGOGNE Dijon FRANCHE-COMTÉ Territoire-de-Belfort
58 Nièvre 21 Doubs 90
Nevers Besançon 25
Saône-et-Loire Lons-le-Saulnier
03 Moulins 71 Mâcon 39 Jura
Allier 01 Bourg-en- 74
Bresse Haute-Savoie
Clermont- 42 Rhône Ain Annecy
Ferrand Loire 69 Lyon Chambéry
Puy-de-Dôme Saint- Savoie
Étienne RHÔNE-ALPES 73
Haute-Loire Grenoble 38 Isère 05
Le Puy 43 07 Isère Hautes-
Mende Privas Valence Gap Alpes
Lozère 48 Ardèche Drôme 26 04 Digne 06 Alpes-
Gard 30 Vaucluse Maritimes
Nîmes Avignon 84 Alpes de Nice Monaco
Montpellier Aix-en-P. Hte-Provence Grasse-Cannes
13 du-Rhône Var 83 Antibes
Hérault Bouches- Toulon
du-Rhône Marseille PROVENCE-ALPES-CÔTE-D'AZUR

Haute-Corse 2B
CORSE
Ajaccio Corse du Sud 2A

0 100 200 km

Départements et territoires d'Outre-Mer

○ Département[1] d'Outre-Mer (DOM)

○ Territoire d'Outre-Mer (TOM)

6 h
St-Pierre et Miquelon
8 h 20 8 h 45 8 h 55
Guadeloupe
Martinique
Clipperton Guyane
20 h
Polynésie Française
Tahiti I. Tuamotu
I. Tubaï
12 h 22 h 30
Mayotte Wallis et Futuna
Réunion
6 h
I. St-Paul Nouvelle Calédonie
I. Crozet I. Amsterdam Durée du voyage en avion depuis Paris
I. Kerguelen Terres Australes et Antarctiques Françaises

Zone économique exclusive des états côtiers
(jusqu'à 200 milles nautiques de leurs côtes)

Zone maritime internationale

Terre Adélie

1 - Depuis 1982, les DOM sont transformés en régions mono-départementales, sauf St-Pierre et Miquelon.

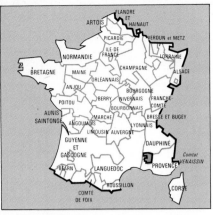

1. La division en provinces d'Ancien régime (vers 1780)

2. La division en départements (organisée en 1790 et aménagée depuis)

3. La division en régions (organisée en 1964, puis 1972)

qu'est-ce qu'une région en France?

En partie héritées d'un lointain passé, **les circonscriptions administratives de la France sont multiples.** Communes, départements et régions constituent les principales collectivités locales. Elles sont dotées d'une large autonomie depuis le vote des lois de décentralisation de 1982. **Celles-ci ont fait pencher la balance — définitivement? — du côté du pouvoir local au détriment de l'État.**
Pendant des siècles, les monarchies, empires et républiques avaient constamment tenté d'affermir le rôle de l'État. Progressivement, lentement, l'aménagement du territoire est de plus en plus entre les mains des élus locaux et de leurs maires ou présidents.

ANALYSE DU DOCUMENT

Une voie de communication majeure : le pont sur la Loire permet l'achèvement de la rocade qui encercle l'agglomération de Tours. Cet équipement coûteux est financé par le budget du département de l'Indre-et-Loire, mais aussi, secondairement, celui de la région et des communes. L'analyse du texte de ce panneau publicitaire est très révélateur du partage des pouvoirs entre l'État (DDE) et les collectivités locales.

1. Jacobins, Girondins : un long combat

L'histoire politique et administrative de la Monarchie, puis de la République a pendant des siècles privilégié l'État au détriment de tout autre pouvoir s'exerçant sur un territoire plus restreint. Un tel choix — qui n'est pas unique au monde ! — tient d'abord aux rapports longtemps tendus entre la dynastie capétienne et la haute noblesse provinciale, entre l'administration centrale dépendant de la première et les assemblées provinciales (états) liées à la seconde. **Cependant, malgré cette tendance centripète, c'est dès avant la Révolution que les Français ont appris à vivre ensemble et à gérer le territoire à l'échelle de la seigneurie (devenue commune) et de la province (devenue département ou région),** même si les intendants de ces dernières furent chargés de tout faire — comme au beau temps de la *Pax romana* — pour abolir la distance et la différence entre leur circonscription et la capitale.

■ 1. La victoire jacobine

Au terme d'une lutte farouche pendant la Révolution française entre Girondins, partisans d'une certaine autonomie et diversité de la province, et Jacobins, défenseurs de la centralisation étatique et parisienne, ce sont ces derniers qui l'emportèrent. Mais bien que les effets de cette victoire acquise dans le sang se soient maintenus pendant près de deux siècles, la tendance opposée n'a jamais cessé d'exister et de s'exprimer. **Toute l'histoire administrative des XIX**[e] **et XX**[e] **siècles est faite de parties de bras de fer entre les préfets et les élus locaux,** maires, conseillers généraux, députés ou sénateurs, ces derniers n'oubliant jamais leurs origines.

■ 2. L'aménagement du territoire : une apothéose déguisée du jacobinisme*

Après bien des prises de position comme celles de Proudhon ou de F. Le Play, après certaines des idées du régime de Vichy, restées inappliquées pour cause de guerre et d'occupation ennemie, le livre de Jean-François Gravier, *Paris et le désert français*, suscite un très grand intérêt dans la classe politique à sa parution en 1947.

L'auteur y dénonce les inconvénients de la suprématie parisienne. Il est anormal qu'une région capitale regroupe 20 % de la population d'un pays et surtout consomme 40 % des dépenses de l'État et qu'aucune décision importante ne se prenne hors de son périmètre.

Dans les années qui suivent, la désertion grandissante de certaines campagnes, la crise des bassins houillers et de certaines vieilles régions industrielles, la croissance mal contrôlée de beaucoup d'agglomérations urbaines font apparaître l'urgence de certaines mesures.

La DATAR* (Délégation à l'Aménagement du Territoire et à l'Action régionale) **est créée à cet effet en 1963.** Administration de mission rattachée au Premier Ministre, elle est chargée de répartir une certaine masse de crédits entre les régions afin de résorber les déséquilibres. Elle exerce également un contrôle plus ou moins bien accepté sur les investissements des ministères. **C'est effectivement une première attention portée aux régions, mais il n'en demeure pas moins que les décisions de la DATAR sont prises depuis Paris et qu'elles s'en ressentent.**

■ 3. Tout pour la ville

Ce qui restera sans doute de plus saillant dans l'histoire de l'aménagement du territoire pendant les années 1960 et 1970, c'est l'extrême faveur accordée aux villes, singulièrement les plus grandes, à leurs activités industrielles et aux moyens de transport destinés à les relier entre elles ou surtout à la capitale.

La promotion de huit agglomérations au rang de « métropole d'équilibre » en est un exemple. Celui des 9 villes nouvelles* dont plusieurs sont des échecs en est un autre. Un singulier manque de clairvoyance a caractérisé les grandes décisions d'aménagement. **Tout a été pensé en termes de croissance continue des agglomérations urbaines alors que leur stagnation, puis leur lent déclin commençait.** En revanche, dans les campagnes, seuls de grands aménagements spectaculaires furent conçus et elles demeurent cruellement sous-équipées alors que leur renaissance est en marche.

---

1. La disparition de la région dans l'organisation administrative issue de la révolution

UNE constitution nationale et la liberté publique étant plus avantageuses aux provinces que les privilèges dont quelques-unes jouissaient, et dont le sacrifice est nécessaire à l'unité intime de toutes les parties de l'empire, il est déclaré que tous les privilèges particuliers des provinces, principautés, pays, cantons, villes et communautés d'habitants, soit pécuniaires, soit de toute autre nature, sont abolis sans retour et demeureront confondus dans le droit naturel de tous les Français.

Décret des 5-11 août 1789, article 10.

2. Les idées des Girondins

DISCIPLES des physiocrates, ils sont hostiles à toutes les interventions de l'État dans le domaine de la production et du commerce. Le respect de la propriété, la libre concurrence, l'individualisme agraire, la libre circulation des denrées sont à la base de leur politique économique… Provinciaux, ils craignent que la Convention ne soit prisonnière de la Commune parisienne.

Pierre Gaxotte, La Révolution française (Paris, Fayard, 1928).

L'UNANIMITÉ contre la province est remarquable depuis 1789. Les Girondins, auteurs d'un projet de constitution qui tendait au fédéralisme, en 1793, limitaient leur exigence décentralisatrice au niveau du département.

Jean-Pierre Ollivaux, La Décentralisation (Paris, Syros, 1985).

3. Le parisianisme au XXe **siècle**

QUELQUES esprits grincheux s'étonnaient, dès le XVIIe siècle, que l'humeur de trois cents personnes l'emportât sur celle de vingt millions. Aujourd'hui, c'est celle de quelques milliers sur celle de cinquante millions : médiocre progrès. Pas un observateur étranger qui ne s'étonne de voir Paris réunir toutes les fonctions directrices — politique, administrative, économique, financière — et ne les partager avec *aucune* autre cité de la nation.

Alain Peyrefitte, Le Mal français (Paris, Plon, 1976).

4. Paris : ça suffit !

L'IDÉE d'aménager le territoire ne s'est imposée que très lentement après la Deuxième Guerre mondiale, avec la prise de conscience du gigantisme parisien par opposition à la faiblesse de la province. À ce point de vue, l'ouvrage de J.-F. Gravier sur *Paris et le désert français* (1947) a exercé une grande influence. On a d'abord songé à corriger le déséquilibre majeur du territoire, mais la politique d'aménagement a considérablement élargi son action par la suite.

Daniel Noin, L'Espace français (Paris, A. Colin, 4e *éd., 1984).*

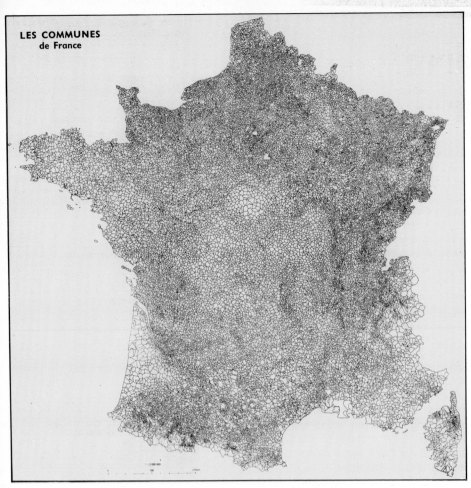

LES COMMUNES
de France

↑ **5. Carte des communes de France dessinée par J. Bertin (EHESS)**

6. Quelques permanences territoriales de la cité gauloise au département

Peuple	Province	Département
● Ambiani	Picardie	Somme
● Andecaves	Anjou	Maine-et-Loire
● Atrebates	Artois	Pas-de-Calais
● Bituriges Vivisci	Bordelais	Gironde
● Caletes	Pays de Caux	Seine-Maritime
● Gabali	Gévaudan	Lozère
● Helvii	Vivarais	Ardèche
● Namnètes	Pays nantais	Loire-Atlantique
● Nitiobroges	Agenais	Lot-et-Garonne
● Petrocorii	Périgord	Dordogne
● Ruteni	Rouergue	Aveyron
● Santones	Saintonge	Charente-Maritime
● Segusiavi	Forez	Loire
● Turoni	Touraine	Indre-et-Loire
● Unelli	Cotentin	Manche
● Vellavii	Velay	Haute-Loire

Paul Fenelon,
Le département, région historique et géographique.
Régions, villes et aménagement. Mélanges
J. Beaujeu-Garnier.
Paris, CREPIF et Société de géographie, 1987.

L'une des originalités de la géographie administrative de la France, comme de celle de toute les régions romanisées, est la permanence d'un certain nombre de circonscriptions depuis plus de deux millénaires.
Rome avait officialisé les frontières des territoires des tribus gauloises ; ces cités devinrent évêchés au Bas-Empire, puis provinces pendant le Moyen Age et parfois départements sous la Révolution.

7. La Datar aujourd'hui

DANS l'esprit du législateur, la régionalisation du budget devait constituer le fer de lance de la DATAR. La meilleure manière de vérifier que les ministères appliquent bien un plan cohérent d'aménagement est en effet de regarder comment ils utilisent leurs crédits, et surtout où ils les consomment. Chaque année, après le vote du budget, le gouvernement devait donc répartir les crédits d'équipement entre les régions.

La pratique n'a pas entièrement tenu les ambitions du législateur : la part régionalisée du budget n'a jamais dépassé le quart des investissements de l'Etat.

Pour appuyer son action, la DATAR dispose de crédits affectés à des objectifs déterminés (créations d'emplois dans les régions déshéritées, restructuration des zones minières, aménagements touristiques…) et de deux trésors de guerre : le Fonds d'Intervention pour l'Aménagement du Territoire (FIAT) et le Fonds interministériel de Développement et d'Aménagement rural (FIDAR). Ces fonds constituent un moyen de négociation ; la DATAR propose de financer partiellement le démarrage d'une opération à condition que le ministère, ou la collectivité concernée, s'engage à prendre le relais : « Si vous construisez cette route, nous paierons en partie la première tranche de travaux. » Ce rôle d'amorçage permet de garder au FIAT et au FIDAR des dimensions réduites.

Budget d'investissement de la DATAR en 1987
(millions de francs)

Aides à la création d'emplois dans les régions prioritaires	300
FIAT	812,5
FIDAR	383
Fonds d'Intervention pour l'Autodéveloppement en Montagne (FIAM)	35
Construction d'équipements scolaires en zones rurales	25
Restructuration des zones minières	100
Missions interministérielles d'aménagement touristique	47,5
Subventions diverses	0,8
	1 703,8

Jérôme Monod et Philippe de Castelbajac, *L'Aménagement du territoire.*
Paris, PUF, coll. « Que sais-je ? », 5ᵉ éd., 1987.

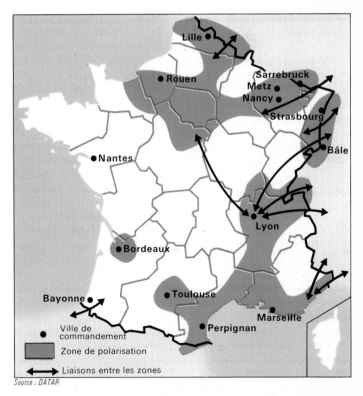

Ville de commandement

Zone de polarisation

Liaisons entre les zones

Source : *DATAR*

↑ **8.** L'un des **« scénarios de l'inacceptable »** imaginé en 1971 par la DATAR pour la France de l'an 2000 : la mission de la DATAR fut donc de tenter de corriger ce futur prévisible

2. un mot d'ordre: décentraliser

La crise économique que la France — comme le monde industrialisé — **traverse depuis 1974 n'a dans un premier temps guère été favorable à la régionalisation.** Les différents gouvernements ont pensé que le « resserrage des boulons » de l'économie ne pouvait s'effectuer qu'à l'échelle ministérielle, avec l'aide des techniciens les plus diplômés. L'absence de résultats très probants devait favoriser une autre politique.

■ 1. La loi Defferre de 1982

Les départements disposaient jusqu'alors de conseils généraux élus, mais le préfet, représentant l'État, était un véritable vice-roi. Quant aux régions, la loi Guichard de 1972 les avait dotées de conseils élus au suffrage indirect, mais leur pouvoir restait assez théorique. Néanmoins, les esprits avaient ainsi été préparés au bouleversement institutionnel de 1982.

Aux termes de **la loi de décentralisation** préparée par Gaston Defferre, alors ministre de l'Intérieur, et votée en 1982, **la commune, le département et la région sont érigés en personnes morales de même nature.** Leur administration doit relever de conseils élus au suffrage universel direct, procédure qui sera appliquée à la région pour la première fois en 1986. Ils disposent d'une autonomie financière réelle grâce à des ressources propres locales ou attribuées par l'État.

Désormais, le préfet, tout en continuant à représenter l'État, n'exerce plus de tutelle sur les Conseils généraux ou régionaux.

■ 2. L'apprentissage

L'ampleur des tâches dévolues à ces collectivités rend l'apprentissage de la décentralisation long et difficile. On conçoit que les services centraux des ministères, ou leurs administrations déléguées dans les chefs-lieux, éprouvent quelques réticences à se dessaisir de responsabilités qu'ils avaient jusqu'alors exercées. Les moindres hésitations ou fautes des nouveaux tenants du pouvoir administratif sont alors violemment critiquées. Plus encore, la décentralisation ne pourra être effective que lorsque toutes les anciennes subventions sectorielles des ministères seront remplacées par une dotation globale forfaitaire dont chaque collectivité pourra disposer. Ceci n'est réalisé qu'en partie seulement. Ces dotations viennent s'ajouter aux ressources des impôts locaux.

Le mouvement amorcé, devant lequel la France a si longtemps hésité, est probablement irréversible. Il harmonise l'administration et l'aménagement du pays avec ceux de ses voisins européens qui vivent depuis longtemps dans un cadre institutionnel fédéral, ce qui ne manquera pas de faciliter le passage du seuil de 1992.

Il entraînera également une diversification des manières d'aménager le territoire. Les priorités varieront d'une région à l'autre et l'on peut surtout espérer que, les responsabilités étant assumées par les élus locaux, les choix seront plus proches des besoins réels à court et moyen terme des populations. Trop de besoins ont été jadis sacrifiés sur l'autel des choix à long terme, se révélant par la suite inadéquats.

■ 3. Les priorités de l'aménagement

Les grands équipements nationaux du territoire français sont maintenant largement réalisés ou en projet. Il reste à achever le TGV Atlantique, celui du Nord en liaison avec le tunnel sous la Manche, quelques axes autoroutiers ici ou là dans certaines régions moins développées.

En ce qui concerne les grandes villes, leur croissance s'étant stabilisée, c'est au domaine qualitatif qu'il faut s'attacher. Les centres ont été joliment réhabilités depuis une vingtaine d'années. **Il reste beaucoup à faire dans les banlieues** et plus particulièrement dans les grands ensembles dont il est permis de douter de la longévité. Les villes moyennes bénéficient de crédits d'équipement assez substantiels.

Il n'est que temps maintenant de songer aux bourgs ruraux, longtemps ignorés voire méprisés. En effet, sans que les aménageurs institutionnels l'aient prévu, les campagnes connaissent un regain de faveur. Elles accueillent de nouveaux habitants occupant généralement des emplois dans le secteur des services. Sans équipements et sans une armature de bourgs vivants, les campagnes risquent d'être bien difficiles à vivre.

1. Les grandes options du IXe Plan : (1984-1988)

Programmes prioritaires d'exécution (PPE)	Dépenses prévues (millions de F)
1. Moderniser l'industrie grâce aux nouvelles technologies et à un effort d'épargne	19 880
2. Poursuivre la rénovation du système d'éducation et de formation des jeunes	91 237
3. Favoriser la recherche et l'innovation	64 305
4. Développer les industries de communication	21 191
5. Réduire la dépendance énergétique	15 102
6. Agir pour l'emploi	36 278
7. Vendre mieux en France et à l'étranger	28 190
8. Assurer un environnement favorable à la famille et à la natalité	1 309
9. Réussir la décentralisation	20 993
10. Mieux vivre dans la ville	15 086
11. Moderniser et mieux gérer le système de santé	28 698
12. Améliorer la justice et la sécurité	7 861
Total	350 130

2. Le succès des contrats État/région

Le contexte économique fait de la période de préparation du IXe Plan une période charnière : après la relance économique décidée dans l'euphorie du changement de majorité en 1981, les premières difficultés concernant notamment l'équilibre des échanges extérieurs, conduisent les pouvoirs publics à amorcer un virage vers une gestion plus prudente. La perception du caractère durable de la crise économique commence à s'ancrer dans les esprits. À l'aube du IXe Plan, la France se trouve en présence de choix que lui imposent l'environnement international, la révolution technologique, la nécessaire adaptation du système de protection sociale.

La signature et la mise en œuvre des contrats de plan État-Région apparaît comme un succès du IXe Plan. Le fait que ces contrats aient été signés avec toutes les régions françaises est déjà l'indice d'un certain consensus sur l'intérêt de la procédure. Le dialogue entre les services de l'État et ceux des régions pour la préparation de ces contrats a utilement préparé les régions au rôle d'animation économique qui leur est confié dans le cadre des lois de décentralisation.

D'après Émile Quinet et Lucien Touzery, *Le plan français, mythe ou nécessité ?* (Paris, Économica, 1986).

3. La répartition des compétences selon la loi Defferre du 2 mars 1982

	Communes	Départements	Régions	État
Urbanisme	Délivrance des permis de conduire			Protection du patrimoine architectural
Routes	Chemins communaux	Routes départementales		Autoroutes et routes nationales
Voies navigables			Aménagement et exploitation des ports fluviaux et des voies navigables	
Ports maritimes	Ports de plaisance	Ports de commerce et de pêche		Ports d'intérêt national
Enseignement public	Écoles élémentaires et classes maternelles	Collèges et organisation des transports scolaires	Lycées et établissements d'éducation spéciale	Universités
Formation professionnelle			Apprentissage et formation professionnelle	
Aides à l'aménagement rural et à l'environnement		Octroi des aides à l'électrification rurale, au remembrement, aux travaux hydrauliques, aux équipements touristiques	Parcs naturels régionaux	

Source : Jérôme Monod et Philippe de Castelbajac, *L'Aménagement du territoire* (Paris, PUF, coll. « Que sais-je ? », 5e éd., 1987).

↑ **4. Le siège du conseil général du Val-d'Oise : une architecture nouvelle pour marquer la conquête de nouveaux pouvoirs**

5. La doctrine de l'aménagement du littoral

L'IMPORTANCE du littoral, la multiplicité des intérêts qui y ont leur siège. La fragilité du système écologique, tout cela implique que soit mise en place une stratégie globale d'aménagement de cet espace, comportant un certain nombre d'objectifs généraux qui devront être poursuivis au niveau de chaque zone côtière. Le problème avait été aperçu bien avant 1986 et, comme on l'a dit, certaines réponses sectorielles avaient été données. Mais il est difficile dans un état unitaire marqué par des siècles de centralisation d'appréhender synthétiquement le fait littoral en élaborant une doctrine fondée sur l'identification de son particularisme. Le mouvement de décentralisation administrative permet enfin une telle approche globale.

La doctrine qui émane du législateur définit un certain nombre de règles et de principes qui peuvent s'articuler autour de deux axes principaux : la maîtrise de l'urbanisme du littoral ; l'accessibilité du rivage. Il faut souligner que ces deux grands thèmes ne sont en rien contradictoires : il s'agit bien de permettre au plus grand nombre de profiter du bord de mer mais sans occuper privativement des espaces situés à proximité ou au contact même de l'eau.

Jean-Marie Bécet, *L'Aménagement du littoral* (Paris, PUF, coll. « Que sais-je ? », 1987).

6. Les contrats de plan État-région

Régions	Les gros contrats		Les locomotives		
	En millions de F	En F par habitant	Part de l'État en F/hab.	Part de la région en F/hab.	Part de l'État part de la région
Corse	1 300	5 306	4 082	1 224	3,33
Nord-Pas-de-Calais	6 400	1 628	1 005	623	1,61
Île-de-France	15 602	1 559	713	846	0,84
Lorraine	3 400	1 465	1 088	377	2,89
Limousin	1 055	1 439	1 023	416	
Picardie	2 627	1 430	1 021	409	2,50
Provence-Alpes-Côte d'Azur	5 490	1 387	857	530	1,61
Franche-Comté	1 489	1 378	884	494	1,79
Poitou-Charentes	1 880	1 197	796	401	1,99
Alsace	1 800	1 147	701	446	1,57
Languedoc-Roussillon	2 157	1 118	716	402	1,78
Bretagne	2 618	969	668	301	2,22
Champagne-Ardenne	1 295	963	632	331	1,91
Midi-Pyrénées	2 220	954	616	338	1,82
Auvergne	1 225	921	583	338	1,72
Bourgogne	1 452	908	532	376	1,41
Aquitaine	2 400	903	553	350	1,58
Rhône-Alpes	4 500	898	595	303	1,96
Basse-Normandie	1 171	857	528	329	1,60
Haute-Normandie	1 388	841	524	317	1,65
Pays de la Loire	2 063	704	403	301	1,33
Centre	1 470	651	381	270	1,41
Moyenne nationale		1 180	704	476	1,48

J.-L. Mathieu et A. Mesplier, *Géographie de la France* (Paris, Hachette).

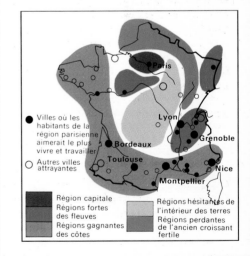

↑ **7. La nouvelle donne spatiale française selon René Uhrich : la France inverse les régions en mutation.** *Paris, Economica, 1987.*
L'enquête sur l'attrait des villes a été réalisée par la DATAR en 1986.
Tentez d'expliquer la carte de R. Uhrich et les choix des Français, en vous aidant des chapitres 8, 9 et 10.

Qui décide quoi ? dans la commune,

La Commune

Au nombre d'environ 37 000, les communes sont administrées par un Conseil municipal et un maire. On constate depuis une décennie une tendance à leur regroupement. La loi du 2 mars 1982 a accru la décentralisation des communes comme celle des départements et des régions.

Le Conseil municipal est élu au suffrage universel direct.

Le Conseil municipal règle par ses délibérations les affaires de la commune, ce qui revient à dire que sa compétence est aussi étendue que possible pour tout ce qui concerne celle-ci. Il est habilité à créer, organiser et gérer les services communaux.

Le Conseil municipal est aussi chargé de gérer le domaine public et privé de la commune et tout particulièrement la voirie communale, de décider des marchés à passer. Il vote le budget annuel.

Le maire est élu par le Conseil municipal, mais une fois élu il devient indépendant du Conseil qui ne peut l'obliger à démissionner. Il va de soi, cependant, qu'une gestion satisfaisante des affaires communales suppose la bonne entente du maire et de la majorité du Conseil.

Le département

Le département, dont la création remonte à 1790 a fait l'objet de la grande charte départementale du 10 août 1871.

Le département a pour organe délibérant le Conseil général et pour organe exécutif le président de ce Conseil.

Le Conseil général a une compétence extrêmement large qui lui permet de créer, organiser et gérer les services publics départementaux.

On ajoutera que la loi du 2 mars 1982 prévoit expressément que le département peut intervenir en matière économique et sociale, en accordant des aides directes ou indirectes dans le cadre du plan de développement ou pour favoriser le redressement d'entreprises en difficulté. Enfin le Conseil général vote le budget départemental.

La région

La région devient, aux termes de la loi du 2 mars 1982, une collectivité territoriale décentralisée, au même titre que le département ou la commune.

Le Conseil régional est élu au suffrage universel direct.

Le Conseil élit en son sein un président qui est l'organe exécutif de la région. À ce titre, il prépare et exécute les délibérations du Conseil régional ainsi que le budget. Il est l'ordonnateur de ses dépenses et exécute ses recettes.

Le Conseil régional a plus spécialement compétence pour promouvoir le développement économique, social, sanitaire, culturel et scientifique et l'aménagement de son territoire. On observera qu'il s'agit là encore d'attributions extrêmement vastes et étendues, qui n'indiquent guère que des perspectives. Le Conseil régional vote le budget régional, crée, organise et gère les services régionaux.

Il existe auprès de ce Conseil un Comité économique et social composé de représentants des diverses catégories socioprofessionnelles et des principales activités de la région. Ce Comité a des attributions exclusivement consultatives.

Un préfet de région assure la tutelle de l'État. Comme dans le cas du département, il s'agit d'une tutelle indirecte, les décisions sont prises par les autorités régionales étant exécutoires de plein droit.

1. Une commune rurale : Bruyères-et-Montbérault (Aisne)

Cette commune comptait 1 334 habitants au recensement de 1982. Elle est située à proximité de la ville de Laon. À côté d'agriculteurs qui cultivent les riches terres du Nord du Soissonnais, des ouvriers et des « cols blancs » y résident également. Elle a dû faire face depuis quelques années à une augmentation sensible de sa population et donc à des dépenses nouvelles importantes : école, voirie, équipements divers. Gérard Dorel, son maire, est professeur de géographie à l'université Paris-Nord.

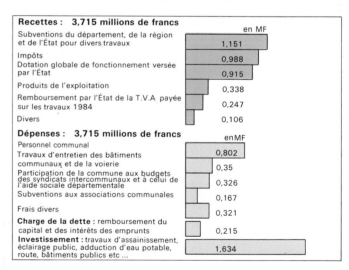

↑ **1. Le groupe scolaire primaire de Bruyères installé dans un beau bâtiment du XIXᵉ siècle racheté par la commune en 1920.**

Recettes : 3,715 millions de francs	en MF
Subventions du département, de la région et de l'État pour divers travaux	1,151
Impôts	0,988
Dotation globale de fonctionnement versée par l'État	0,915
Produits de l'exploitation	0,338
Remboursement par l'État de la T.V.A payée sur les travaux 1984	0,247
Divers	0,106

Dépenses : 3,715 millions de francs	en MF
Personnel communal	0,802
Travaux d'entretien des bâtiments communaux et de la voirie	0,35
Participation de la commune aux budgets des syndicats intercommunaux et à celui de l'aide sociale départementale	0,326
Subventions aux associations communales	0,167
Frais divers	0,321
Charge de la dette : remboursement du capital et des intérêts des emprunts	0,215
Investissement : travaux d'assainissement, éclairage public, adduction d'eau potable, route, bâtiments publics etc ...	1,634

↑ **2. Le budget de la commune.**

QUESTIONS

1. Analysez le budget de Bruyères-et-Montbérault. Dites pourquoi les dépenses de personnel sont les plus importantes.

2. Quelles sont les prérogatives administratives d'une commune ?

3. le maire de Bruyères-et-Montbérault est un géographe. Beaucoup de géographes ont été attirés par les responsabilités municipales. Pourquoi ?

le département, la région

2. Un département du Midi : l'Aveyron

Ce département de 280 000 habitants appartient à la région Midi-Pyrénées. 160 000 de ses habitants habitent la campagne. L'habitat y est souvent dispersé et le relief accidenté. De gros efforts sont tentés par les élus du département pour moderniser l'économie et desservir de manière satisfaisante toute la population.

3. Une région dynamique : Rhône-Alpes

Regroupant 8 départements, cette région de plus de 5 millions d'habitants (la population du Danemark) bénéficie d'atouts exceptionnels. Elle est traversée par l'une des voies de communication majeures de l'Europe. Sa population est jeune et en croissance rapide. Le revenu moyen de ses habitants est élevé du fait de la prospérité générale de beaucoup de ses activités économiques. Sa population est jeune et en croissance rapide.

↑ 3. Une priorité : le ramassage scolaire en région de faible densité de population et d'habitat dispersé.

↑ 5. Le lycée « solaire » de la Plaine de l'Ain.

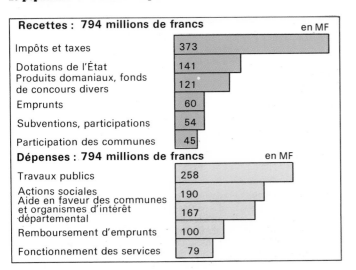

Recettes : 794 millions de francs — en MF

Impôts et taxes	373
Dotations de l'État	141
Produits domaniaux, fonds de concours divers	121
Emprunts	60
Subventions, participations	54
Participation des communes	45

Dépenses : 794 millions de francs — en MF

Travaux publics	258
Actions sociales	190
Aide en faveur des communes et organismes d'intérêt départemental	167
Remboursement d'emprunts	100
Fonctionnement des services	79

↑ 4. Le budget du Conseil Général.

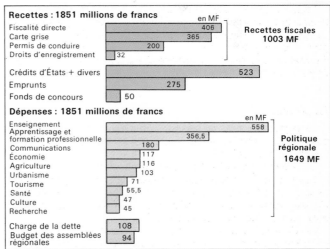

Recettes : 1851 millions de francs — en MF

Fiscalité directe	406	**Recettes fiscales 1003 MF**
Carte grise	365	
Permis de conduire	200	
Droits d'enregistrement	32	
Crédits d'États + divers	523	
Emprunts	275	
Fonds de concours	50	

Dépenses : 1851 millions de francs — en MF

Enseignement	558	
Apprentissage et formation professionnelle	356,5	**Politique régionale 1649 MF**
Communications	180	
Économie	117	
Agriculture	116	
Urbanisme	103	
Tourisme	71	
Santé	55,5	
Culture	47	
Recherche	45	
Charge de la dette	108	
Budget des assemblées régionales	94	

↑ 6. Le budget du Conseil Régional.

QUESTIONS

1. Quelles sont les fonctions du Conseil Général ? Décide-t-il seul de tout ce qui se réalise dans un département ?

2. Analysez le budget du département de l'Aveyron et expliquez la répartion des dépenses.

3. Quelles sont les dépenses d'équipement nécessaires pour favoriser le développement économique d'un département rural peu peuplé et peu industrialisé ?

QUESTIONS

1. Analysez le budget de la région Rhône-Alpes et expliquez la répartition des dépenses.

2. Quelle est la part des emprunts dans les recettes ? Cette part vous apparaît-elle raisonnable ?

3. Quelles sont les attributions du Conseil Régional ?

Philippe Lamour, théoricien et acteur de l'aménagement du territoire

1. Philippe Lamour en 1987

2. L'aménagement du territoire selon Philippe Lamour

UNE démocratie moderne doit être une démocratie virile. L'aménagement du territoire lui offre le champ d'action et la possibilité de son épanouissement. Ce n'est pas la politique d'un groupe, d'un gouvernement ou d'un régime. C'est l'œuvre de la nation… la croisade de tous les Français pour la conquête et la construction de leur avenir. C'est l'expression nouvelle de l'esprit civique.

Philippe Lamour,
Soixante millions de Français,
Paris, Buchet-Chastel, 1967.

LA revitalisation du milieu rural passe par le maintien d'une agriculture rentable animée par des agriculteurs qualifiés, par l'installation dans le milieu rural d'activités nouvelles de caractère non agricole et par l'aménagement d'institutions adaptées. Il est, dès à présent, nécessaire de prévoir les conditions de l'accueil de nouvelles activités économiques dans le milieu rural en évitant les imprévoyances et les retards qui sont responsables des échecs de l'urbanisation.

Philippe Lamour,
L'évolution de l'espace rural :
propositions pour demain.
Bulletin de l'ANDAFAR,
n° 54, 1987.

3. Philippe Lamour, ardeur et audace

DE grands hommes restent toute leur vie dans l'ombre des pouvoirs, traversant ceux-ci sans que leur image en soit altérée : on les désigne comme les « grands commis de l'État ». Ils suggèrent, créent, inventent et laissent à d'autres le loisir de formuler de beaux discours politiques. Philippe Lamour est l'un de ces grands serviteurs, comme son ami Jean Monnet, « père de l'Europe ».

Figure du xxe siècle dont on a dit maintes fois qu'il aurait pu présider aux destinées de la France, alors que paradoxalement il reste mal connu du grand public. « Force de la nature et de l'esprit avec une éloquence admirable », selon Maurice Clavel, Philippe Lamour s'attache depuis plusieurs décennies à appliquer sur le terrain l'un des thèmes chers au pouvoir gaullien d'après-guerre : l'aménagement du territoire.

★

La vie de Philippe Lamour est une véritable épopée. Né en 1903 dans un modeste milieu rural du Nord (à Landrecies), il suit ses premières années d'études dans une école belge, juste de l'autre côté de la frontière ; études qu'il doit achever à Paris pour fuir l'invasion allemande.

Élève brillant (bachelier à 15 ans), il apprend le droit, survivant grâce à des petits métiers : peintre en bâtiment, figurant à l'Opéra, débardeur aux Halles. Rapidement, il se lance dans la politique et le journalisme. Il prépare ses premières plaidoiries avant même d'avoir atteint la majorité requise.

Se tenant volontairement depuis la guerre à l'écart des partis politiques, Philippe Lamour n'en est pas moins sensible à l'évolution de sa vie politique nationale et internationale. Pendant la guerre, il retourne « à la terre » en s'occupant d'une exploitation agricole dans le Bourbonnais, puis dans le Gard, à Bellegarde où il vit toujours.

Après la guerre, il s'attache à la modernisation de l'agriculture. S'inspirant du modèle américain de la « Tennessee Valley Authority » de Roosevelt, il veut associer l'avenir de l'agriculture à une priorité nationale : l'aménagement du territoire. Devenu Languedocien d'adoption, il met sur pied le Plan d'Aménagement de la région Bas-Rhône-Languedoc. La mise en valeur de ces terres déshéritées passe selon lui par l'irrigation et le percement du canal du Bas-Rhône-Languedoc qui reliera le Rhône à l'Aude. Son nom s'associe alors à la riziculture en Camargue et au VDQS (vin délimité de qualité supérieure) des Costières du Gard dont son épouse est, par ailleurs, productrice.

La réussite de ces opérations est une véritable consécration pour Philippe Lamour ; le général De Gaulle vient inaugurer lui-même une station de pompage de la CNABRL. Le nom de Philippe Lamour figure également dans tous les journaux lorsqu'il reçoit Krouchtchev et lui offre un épi de maïs, symbole de la réussite de la modernisation agricole de cette région où la monoculture de la vigne commence timidement à refluer. Le général De Gaulle charge alors Philippe Lamour de l'aménagement du littoral encore insalubre : c'est le lancement des chantiers de sept stations balnéaires dont la Grande-Motte.

Il devient en 1963 président de la Commission nationale d'Aménagement du Territoire. Il est membre du Conseil supérieur du Plan, du Conseil national du Crédit, du Conseil de direction du Centre français du Commerce extérieur. Ses compétences lui donnent également une stature internationale : il préside le Comité international pour la zone pilote de Sardaigne et est nommé membre de la Commission de la CEE pour les actions régionales en 1963.

Philippe Lamour aime les paris difficiles ; s'étant lié jadis avec des agriculteurs du Queyras, région montagneuse des Alpes du Sud déshéritée, il devient en 1965 maire de Ceillac, relance le dynamisme local, réalise le remembrement, crée et dirige un Syndicat Intercommunal à Vocation Multiple (SIVOM) très dynamique. La « station-village » de Ceillac est dotée d'équipements publics, d'un habitat rénové et d'écoles modernes destinés avant tout aux habitants dont le nombre s'accroît à nouveau et qui sont devenus des poly-actifs.

Il fonde à cette époque les sentiers de grande randonnée (les GR) dont on connaît le succès, l'Association de la Grande Traversée des Alpes (du Léman à la Méditerranée), parvient en 1977 à faire ériger le Queyras en parc naturel régional dont il reste aujourd'hui le président.

Parmi les nombreuses activités qu'il conserve à 85 ans, il préside et anime avec dynamisme le Comité économique et social du Languedoc-Roussillon et l'Association Nationale pour le Développement de l'Aménagement Foncier Agricole et Rural (ANDAFAR). Le canal du Bas-Rhône-Languedoc et le GR 58 qui fait le tour du Queyras portent son nom. Le ministre de la Solidarité Nationale a dit de lui en 1986 : « S'il se trouvait dans le pays dix hommes de la trempe de Philippe Lamour, on ne déplorerait pas deux millions trois cent mille chômeurs. »

D'après Jean-Jacques Grados,
Le guide du Queyras, Lyon,
La Manufacture, 1987.

Synthèse/ Sévaluation

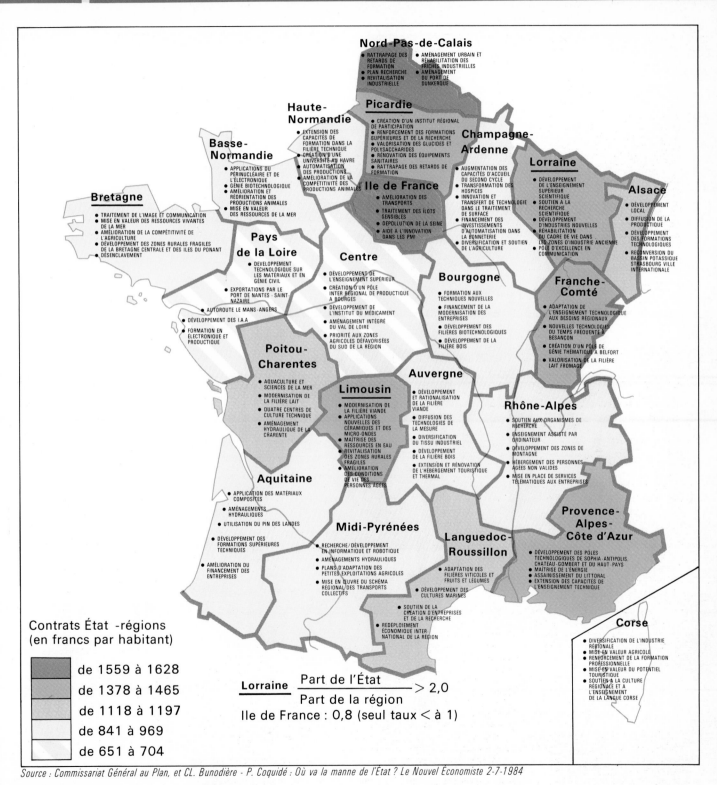

Nord-Pas-de-Calais
- RATTRAPAGE DES RETARDS DE FORMATION
- PLAN RECHERCHE
- REVITALISATION INDUSTRIELLE
- AMÉNAGEMENT URBAIN ET RÉHABILITATION DES FRICHES INDUSTRIELLES
- AMÉNAGEMENT DU PORT DE DUNKERQUE

Picardie
- CRÉATION D'UN INSTITUT RÉGIONAL DE PARTICIPATION
- RENFORCEMENT DES FORMATIONS SUPÉRIEURES ET DE LA RECHERCHE
- VALORISATION DES GLUCIDES ET POLYSACCHARIDES
- RÉNOVATION DES ÉQUIPEMENTS SANITAIRES
- RATTRAPAGE DES RETARDS DE FORMATION

Haute-Normandie
- EXTENSION DES CAPACITÉS DE FORMATION DANS LA FILIÈRE TECHNIQUE
- CRÉATION D'UNE UNIVERSITÉ AU HAVRE
- AUTOMATISATION DES PRODUCTIONS
- AMÉLIORATION DE LA COMPÉTITIVITÉ DES PRODUCTIONS ANIMALES

Champagne-Ardenne
- AUGMENTATION DES CAPACITÉS D'ACCUEIL DU SECOND CYCLE
- TRANSFORMATION DES HOSPICES
- INNOVATION ET TRANSFERT DE TECHNOLOGIE DANS LE TRAITEMENT DE SURFACE
- FINANCEMENT DES INVESTISSEMENTS D'AUTOMATISATION DANS LA BONNETERIE
- DIVERSIFICATION ET SOUTIEN DE L'AGRICULTURE

Basse-Normandie
- APPLICATIONS DU PÉRINUCLÉAIRE ET DE L'ÉLECTRONIQUE
- GÉNIE BIOTECHNOLOGIQUE
- AMÉLIORATION ET RÉORIENTATION DES PRODUCTIONS ANIMALES
- MISE EN VALEUR DES RESSOURCES DE LA MER

Lorraine
- DÉVELOPPEMENT DE L'ENSEIGNEMENT SUPÉRIEUR SCIENTIFIQUE
- SOUTIEN À LA RECHERCHE SCIENTIFIQUE
- DÉVELOPPEMENT D'INDUSTRIES NOUVELLES
- RÉHABILITATION DU CADRE DE VIE DANS LES ZONES D'INDUSTRIE ANCIENNE
- PÔLE D'EXCELLENCE EN COMMUNICATION

Alsace
- DÉVELOPPEMENT LOCAL
- DIFFUSION DE LA PRODUCTIQUE
- DÉVELOPPEMENT DES FORMATIONS TECHNOLOGIQUES
- RECONVERSION DU BASSIN POTASSIQUE
- STRASBOURG VILLE INTERNATIONALE

Ile de France
- AMÉLIORATION DES TRANSPORTS
- TRAITEMENT DES ÎLOTS SENSIBLES
- DÉPOLLUTION DE LA SEINE
- AIDE À L'INNOVATION DANS LES PMI

Bretagne
- TRAITEMENT DE L'IMAGE ET COMMUNICATION
- MISE EN VALEUR DES RESSOURCES VIVANTES DE LA MER
- AMÉLIORATION DE LA COMPÉTITIVITÉ DE L'AGRICULTURE
- DÉVELOPPEMENT DES ZONES RURALES FRAGILES DE LA BRETAGNE CENTRALE ET DES ÎLES DU PONANT
- DÉSENCLAVEMENT

Pays de la Loire
- DÉVELOPPEMENT TECHNOLOGIQUE SUR LES MATÉRIAUX ET EN GÉNIE CIVIL
- EXPORTATIONS PAR LE PORT DE NANTES - SAINT NAZAIRE
- AUTOROUTE LE MANS-ANGERS
- DÉVELOPPEMENT DES I.A.A
- FORMATION EN ÉLECTRONIQUE ET PRODUCTIQUE

Centre
- DÉVELOPPEMENT DE L'ENSEIGNEMENT SUPÉRIEUR
- CRÉATION D'UN PÔLE INTER RÉGIONAL DE PRODUCTIQUE À BOURGES
- DÉVELOPPEMENT DE L'INSTITUT DU MÉDICAMENT
- AMÉNAGEMENT INTÉGRÉ DU VAL DE LOIRE
- PRIORITÉ AUX ZONES AGRICOLES DÉFAVORISÉES DU SUD DE LA RÉGION

Bourgogne
- FORMATION AUX TECHNIQUES NOUVELLES
- FINANCEMENT DE LA MODERNISATION DES ENTREPRISES
- DÉVELOPPEMENT DES FILIÈRES BIOTECHNOLOGIQUES
- DÉVELOPPEMENT DE LA FILIÈRE BOIS

Franche-Comté
- ADAPTATION DE L'ENSEIGNEMENT TECHNOLOGIQUE AUX BESOINS RÉGIONAUX
- NOUVELLES TECHNOLOGIES DU TEMPS FRÉQUENTÉ À BESANÇON
- CRÉATION D'UN PÔLE DE GÉNIE THÉMATIQUE À BELFORT
- VALORISATION DE LA FILIÈRE LAIT FROMAGE

Poitou-Charentes
- AQUACULTURE ET SCIENCES DE LA MER
- MODERNISATION DE LA FILIÈRE LAIT
- QUATRE CENTRES DE CULTURE TECHNIQUE
- AMÉNAGEMENT HYDRAULIQUE DE LA CHARENTE

Limousin
- MODERNISATION DE LA FILIÈRE VIANDE
- APPLICATIONS NOUVELLES DES CÉRAMIQUES ET DES MICRO-ONDES
- MAÎTRISE DES RESSOURCES EN EAU
- REVITALISATION DES ZONES RURALES FRAGILES
- AMÉLIORATION DES CONDITIONS DE VIE DES PERSONNES ÂGÉES

Auvergne
- DÉVELOPPEMENT ET RATIONALISATION DE LA FILIÈRE VIANDE
- DIFFUSION DES TECHNOLOGIES DE LA MESURE
- DIVERSIFICATION DU TISSU INDUSTRIEL
- DÉVELOPPEMENT DE LA FILIÈRE BOIS
- EXTENSION ET RÉNOVATION DE L'HÉBERGEMENT TOURISTIQUE ET THERMAL

Rhône-Alpes
- SOUTIEN AUX ORGANISMES DE RECHERCHE
- ENSEIGNEMENT ASSISTÉ PAR ORDINATEUR
- DÉVELOPPEMENT DES ZONES DE MONTAGNE
- HÉBERGEMENT DES PERSONNES ÂGÉES NON VALIDES
- MISE EN PLACE DE SERVICES TÉLÉMATIQUES AUX ENTREPRISES

Aquitaine
- APPLICATION DES MATÉRIAUX COMPOSITES
- AMÉNAGEMENTS HYDRAULIQUES
- UTILISATION DU PIN DES LANDES
- DÉVELOPPEMENT DES FORMATIONS SUPÉRIEURES TECHNIQUES
- AMÉLIORATION DU FINANCEMENT DES ENTREPRISES

Midi-Pyrénées
- RECHERCHE/DÉVELOPPEMENT EN INFORMATIQUE ET ROBOTIQUE
- AMÉNAGEMENTS HYDRAULIQUES
- PLANS D'ADAPTATION DES PETITES EXPLOITATIONS AGRICOLES
- MISE EN ŒUVRE DU SCHÉMA RÉGIONAL DES TRANSPORTS COLLECTIFS

Languedoc-Roussillon
- ADAPTATION DES FILIÈRES VITICOLES ET FRUITS ET LÉGUMES
- DÉVELOPPEMENT DES CULTURES MARINES
- SOUTIEN DE LA CRÉATION D'ENTREPRISES ET DE LA RECHERCHE
- REDÉPLOIEMENT ÉCONOMIQUE INTER NATIONAL DE LA RÉGION

Provence-Alpes-Côte d'Azur
- DÉVELOPPEMENT DES PÔLES TECHNOLOGIQUES DE SOPHIA-ANTIPOLIS, CHATEAU-GOMBERT ET DU HAUT-PAYS
- MAÎTRISE DE L'ÉNERGIE
- ASSAINISSEMENT DU LITTORAL
- EXTENSION DES CAPACITÉS DE L'ENSEIGNEMENT TECHNIQUE

Corse
- DIVERSIFICATION DE L'INDUSTRIE RÉGIONALE
- MISE EN VALEUR AGRICOLE
- RENFORCEMENT DE LA FORMATION PROFESSIONNELLE
- MISE EN VALEUR DU POTENTIEL TOURISTIQUE
- SOUTIEN À LA CULTURE RÉGIONALE ET À L'ENSEIGNEMENT DE LA LANGUE CORSE

Contrats État -régions (en francs par habitant)
- de 1559 à 1628
- de 1378 à 1465
- de 1118 à 1197
- de 841 à 969
- de 651 à 704

Lorraine $\frac{\text{Part de l'État}}{\text{Part de la région}}$ > 2,0

Ile de France : 0,8 (seul taux < à 1)

Source : Commissariat Général au Plan, et CL. Bunodière - P. Coquidé : Où va la manne de l'État ? Le Nouvel Économiste 2-7-1984

↑ **1. Les actions régionales devant être financées par les contrats « État-région » dans le cadre du IXᵉ Plan.**
Commentez les 3 niveaux d'informations de cette carte : les domaines d'interventions, le rapport entre le montant des contrats et le nombre d'habitants de la région, et la part de l'État comparée à celle de la région.

DONNÉES STATISTIQUES

ILE-DE-FRANCE

Population : 10 249 000.

Paris (ville de Paris) : 2 176 243.
Agglomération de Paris : 8 706 963.
Boulogne - Billancourt : 102 582.
Argenteuil : 95 347.
Montreuil : 93 368.
Versailles : 91 494.
Saint-Denis : 90 829.
Nanterre : 88 578.
Vitry-sur-Seine : 85 263.
Saint-Maur : 80 811.

Productions agricoles :
(En 1 000 qx) Blé : 16 859, maïs : 7 089,
orge : 2 980, pommes de terre : 1 208,
betteraves industrielles : 24 790.

Électricité : 4 443.6 GWh.
Pétrole :
— Production : 1 569 000 t.-
— Raffinage : Gargenville : 706 806,
Grandpuits : 4 065 771.
— Trapil (réseau des pipelines Le Havre-
Paris) : 16 263 000 t. Pipeline de l'Ile-de-
France : 3 910 700 t.

Aéroports :
Orly : Passagers : 18 541 000, fret :
202 065 t.,
Roissy-Charles-de-Gaulle : passagers :
14 432 000, fret : 510 686 t.

Transports urbains :
RATP 769.8 millions de voyageurs pour le
réseau routier, 1 439.4 pour le réseau
ferré.

Port de Paris :
Trafic fluvial : 18 980 385 t.
Trafic maritime : 206 257 t.

Sources : *Images économiques du monde 1987.*
TEF 1987 (INSEE).

Paris et l'Ile-de-France

L'Ile-de-France a été profondément marquée par la présence du pouvoir politique à Paris. Celui-ci a laissé sa trace dans les paysages urbains (palais, places, ministères, grandes institutions) aussi bien que les paysages ruraux (châteaux, domaines, forêts, abbayes soutenues par le roi) et dans l'organisation des transports conçue pour administrer la France entière. Dans un système où le poids de l'État a toujours été important dans l'économie, la nature des activités et celle des emplois dans la région restent largement influencées par son rôle de capitale.

L'habitat des Franciliens n'a pas toujours bénéficié des mêmes attentions : il a subi, avec une ampleur inconnue ailleurs, les vicissitudes et les éclipses de l'urbanisme et de la politique du logement. Si l'on excepte quelques belles réussites, il reste marqué, sur de larges espaces, par le désordre et l'excessive concentration spatiale. **Même si la région a cessé de croître, il reste à accomplir un immense travail de réhabilitation et de réorganisation de la banlieue.** L'Ile-de-France est l'une des régions les plus puissantes et les plus resserrées du monde.

Carte de synthèse .... page 167

ANALYSE DU DOCUMENT

Le contraste entre les arrondissements périphériques de Paris (l'ancienne « petite banlieue » annexée en 1860) et la banlieue actuelle s'est accru au fil des opérations d'urbanisme. Au premier plan, dans le secteur « Italie-Choisy » du 13e arrondissement de Paris, on remarque la densité de l'occupation du sol, mais aussi son hétérogénéité et le poids des « rénovations » brutales des années 60 (tours) qui ont accru le caractère urbain du quartier. Sur la droite, apparaît l'ancienne zone des « fortifications » détruites dans l'entre-deux-guerres et son utilisation actuelle : HBM de la Ville de Paris, espaces verts et terrains de sports, périphérique. Au-delà, la proche banlieue avec l'hétérogénéité de ses fonctions et de ses paysages.

1. croissance et métamorphoses de Paris

Au début du XIXe siècle, Paris intra-muros comptait environ 550 000 habitants. Depuis, l'agglomération en a accueilli un peu plus de huit millions. Une telle croissance ne se fait ni sans souffrances humaines ni sans profonds remodelages. Mais, selon les périodes, les formes que prend cette croissance sont très différentes.

■ 1. Le centre sans cesse surpeuplé

L'entassement sur place est la principale forme prise par la croissance démographique au début du XIXe siècle, avec les conséquences que l'on devine en termes d'insalubrité, de vie sociale et politique. Ayant vu sa population tripler dans un cadre resté presque médiéval, Paris vit dans la peur de l'épidémie ou de l'émeute, et celles-ci vont effectivement se produire à plusieurs reprises, jusqu'à l'avènement du Second Empire.

D'où **le profond remodelage de Paris sous l'autorité de Napoléon III,** le préfet Haussmann étant chargé d'exécuter une politique voulue et définie par l'empereur. Le percement des grandes avenues n'est que l'un des éléments de cette politique, mais il a donné à la ville à la fois son unité et son visage d'aujourd'hui : ce sont les avenues « haussmanniennes » qui représentent encore le paysage parisien par excellence. Mais l'œuvre de rénovation, d'amélioration des équipements et des espaces verts va bien au-delà. **Elle se complète par l'annexion des communes limitrophes,** qui va également donner à Paris sa forme et son découpage actuel en arrondissements. Cette œuvre se poursuivra sous la Troisième République, jusqu'à la Première Guerre mondiale.

■ 2. La création de la banlieue

La « Grande Guerre » introduit une coupure brutale dans l'évolution urbaine : le blocage des loyers, compréhensible en temps de guerre, se prolonge au-delà, et la construction de logements locatifs cesse : la seule solution pour les nouveaux arrivants est donc de construire eux-mêmes une maison là où le terrain n'est pas trop cher, donc loin de Paris mais près d'une gare : **l'extension spatiale de Paris n'a donc jamais été aussi grande qu'à cette époque ; elle prend la forme de lotissements à perte de vue : la banlieue.** Mais la législation ne suit qu'avec retard, et beaucoup de ces « pionniers » de la banlieue sont des « mal-lotis », leur modeste pavillon n'étant desservi ni par des routes dignes de ce nom, ni par le minimum de réseaux et d'équipements. La mauvaise réputation de ces lotissements expliquera en partie l'engouement des urbanistes, dans la période suivante, pour les formes collectives d'habitat.

De 1934 à 1954, pendant quinze ans, la région parisienne connaît une des périodes les plus sombres de son histoire : **on ne construit plus rien, ni pendant la guerre ni pendant les dix années qui suivent,** la « reconstruction » ayant d'autres priorités que le logement des Parisiens. Les sans-logis doivent s'en remettre au mouvement de solidarité lancé par l'abbé Pierre.

■ 3. Les grands ensembles* avant les villes nouvelles*

Dès 1955, on essaie de rattraper le temps perdu, et, avec l'aide de la législation HLM, **la construction reprend sous la forme de « grands ensembles » d'habitat collectif ;** le gouvernement s'étant laissé persuader par les architectes, inspirés par les principes de la « Charte d'Athènes » (1933), qu'il s'agissait là de la forme la plus rationnelle, la plus économique et la plus rapide de construction. On construit dans les trous laissés par l'urbanisation précédente ou à sa périphérie immédiate, et la densité de l'agglomération s'en trouve renforcée.

La pauvreté urbanistique, l'excessive homogénéité sociale et le manque d'équipements collectifs de ces ensembles suscitent peu à peu le rejet, d'où la préférence, dès le Schéma directeur de la région parisienne de 1965, pour des **villes nouvelles** plus complètes, puis, dans les années 70, pour l'**habitat individuel,** notamment en grande banlieue. Mais c'est surtout la crise pétrolière de 1973, avec l'effondrement quantitatif de la construction, qui conduiront à un retour vers la qualitatif.

2. La croissance de l'agglomération

		Nombre d'habitants
1801	(Paris)	550 000
1836	(Paris)	866 000
	(Aggl.)	1 000 000
1856		1 500 000
1881		2 750 000
1911		4 700 000
1936		6 000 000
1946		5 820 000
1954		6 440 000
1962		7 660 000
1968		8 250 000
1975		8 550 000
1982		8 700 000

NB. Ces chiffres s'entendent dans les limites de l'agglomération, qui s'élargissent d'un recensement à l'autre.
Source : INSEE.

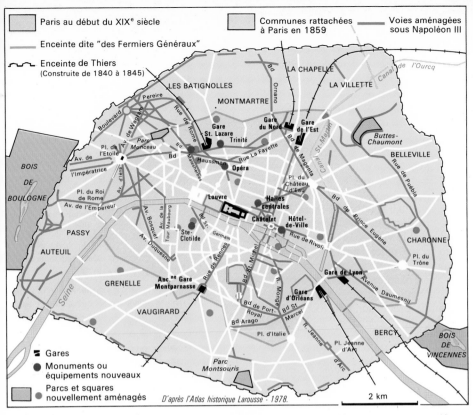

Paris au début du XIXe siècle

Enceinte dite "des Fermiers Généraux"

Enceinte de Thiers (Construite de 1840 à 1845)

Communes rattachées à Paris en 1859

Voies aménagées sous Napoléon III

Gares

Monuments ou équipements nouveaux

Parcs et squares nouvellement aménagés

D'après l'Atlas historique Larousse - 1978.

2 km

↑ 3. **Les transformations de Paris sous Napoléon III.** L'œuvre d'Haussmann est associée au percement de nouvelles avenues, mais tous les aspects de la vie urbaine ont été affectés.

↑ 4. **« Pavillon de banlieue » à Suresnes.** Une forme d'urbanisation des années 20 et 30.

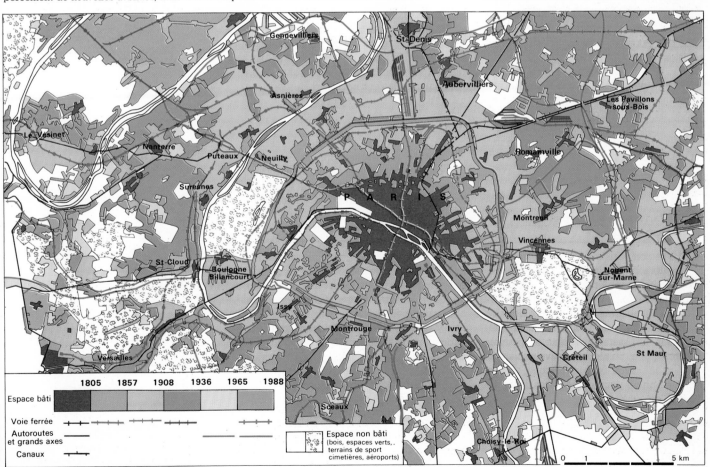

1805   1857   1908   1936   1965   1988

Espace bâti

Voie ferrée

Autoroutes et grands axes

Canaux

Espace non bâti (bois, espaces verts, terrains de sport cimetières, aéroports)

0   1   5 km

↑ 5. **La croissance de l'agglomération parisienne.** L'apport de chaque période ne se limite pas à une auréole supplémentaire : chacune se distingue par les formes d'implantation, leur distance au centre, l'orientation géographique, l'importance de l'espace consommé.

2. puissance des activités

L'Île-de-France a toujours été riche. Dès la préhistoire ses terroirs attirent les populations migrantes, et sa prospérité se bâtit sur deux piliers : une **agriculture puissante et variée**, liant les grands domaines céréaliers des plateaux et les ressources variées et précieuses des coteaux et des vallées, et une **situation privilégiée en termes de circulation**.

■ 1. Paris : la volonté d'un roi puis de la République

Dès le xe siècle, le **pouvoir royal** fixé définitivement en Île-de-France va tout à la fois profiter de ces deux atouts et les mettre en valeur par de puissantes interactions, qui feront de la région dès cette époque un modèle de développement économique et social (émancipation des serfs par exemple).

La centralisation politique et administrative issue de la Révolution et de l'Empire donnera une nouvelle dimension au privilège parisien : dans un système où désormais tout « remonte à Paris », il n'est plus seulement utile d'être implanté en région parisienne pour profiter de son vaste marché et de sa main-d'œuvre expérimentée : cela devient indispensable si l'on veut être à la fois proche des ministères et au centre du réseau de communications, notamment de chemins de fer, qui exprime cette centralisation du pays.

■ 2. Paris, première région industrielle

La région parisienne est ainsi devenue la **première région industrielle de France**, avec cet atout supplémentaire d'avoir fondé sa puissance non sur des ressources énergétiques ou minières soumises aux aléas de la concurrence et de l'évolution technique, mais sur un système alliant le pouvoir économique et politique, le savoir scientifique et le savoir-faire technique, et un marché porteur pour toutes sortes d'innovations. C'est ainsi que l'Île-de-France a pu jouer un rôle pionnier dans l'automobile, l'aéronautique ou l'informatique en France, tout en exploitant son rayonnement au profit d'industries plus traditionnelles, « articles de Paris », ou complexe imprimerie-presse-édition. Vers 1962, au moment de son apogée, l'industrie parisienne représentait 1 420 000 emplois, 25 % de l'industrie nationale. En 1982, ce ne sont plus que 1 091 000 emplois et 19,6 % du pays. Entre les deux dates, la « décentralisation industrielle* » a modifié tant le visage de Paris que celui de la province. L'emploi industriel s'est effectivement développé en province, mais au prix d'une exagération considérable de la division spatiale du travail, l'Île-de-France perdant la production mais conservant les sièges sociaux, les laboratoires et l'essentiel des tâches nobles.

■ 3. Paris, première région tertiaire

La **croissance du tertiaire est venue renforcer les conséquences sociales de cette évolution industrielle**. Le tertiaire représente en 1982 presque 70 % de l'emploi régional, la spécialisation de l'Île-de-France étant particulièrement forte dans les services rendus aux entreprises, le commerce de gros, les transports, la banque et les assurances. Le volume de l'emploi dans les entreprises du tertiaire est tel qu'il y a désormais plus d'ouvriers travaillant dans les services que dans l'industrie.

En même temps, le **rôle de commandement et de recherche**, tant de l'industrie que du tertiaire parisiens, se traduit par un niveau de qualification tel qu'en 1982 près de 50 % des chefs de ménages actifs d'Île-de-France appartenaient aux catégories intermédiaires, cadres ou patrons.

L'Île-de-France combine donc actuellement une certaine stagnation quantitative avec un niveau très élevé de fonctions et de qualifications, appuyé sur une « plaque tournante » de transports et d'hôtellerie de classe internationale.

Mais c'est sans doute la **concentration à Paris du pouvoir culturel** qui risque à l'avenir de peser le plus lourd : en termes financiers, et certaines régions de province se plaignent déjà des budgets excessifs consacrés aux grandes institutions parisiennes ; en termes d'influence aussi, car dans une société de plus en plus médiatisée, la concentration à Paris des grands médias donne aux élites de la capitale un poids qui risque d'échapper à toutes mesures.

---

1. Économie régionale et pouvoir royal

Septembre 1313. Paris.
(texte en vieux français)

ASSIETTE de 140 l. par. de rente, à la prière et en faveur des doyen et chapitre de l'église de Paris, sur les biens et droits suivants, à la réserve de la souveraineté, du ressort et de la haute justice : à Bagneux, le mairie ; à Châtenay, 18 setiers d'avoine à la mesure de Paris, 68 gélines et le fouage dus chaque année par les maisons dudit village dites hors les murs ; à Larchant, 13 l. par. de rente perçues à la Saint-Rémi sur 52 hostises mouvant de ladite église ; à Briarres-sur-Essonne, la moitié du panage, les amendes afférentes et 29 l. par. de rente, perçues sur les habitants qui relèvent du chapitre Saint-Étienne de Sens ; à Tavers, une rente de 28 setiers d'avoine à la mesure de Moret-sur-Loing ; à Viry, en Vermandois, 28 l. par. de rente à la Saint-Rémi, 100 s. par. de rente acquittés à Noël à cause de certains revenus appelés « le lardier », deux corvées de charrue et une corvée au bois dues chaque année par tout détenteur de chevaux, un fromage dû chaque année par tout détenteur de vache, un denier en argent ou en œufs dû chaque année par quiconque ne détient pas de vache ; les fiefs et arrière-fiefs, la basse justice et tous les autres droits.

Comme le tout vaut seulement 112 l. par. de rente, cette assiette est complétée par une rente de 28 l. par., à percevoir à la Chandeleur sur la coutume des avalages de la [grande] arche du Grand-Pont de Paris.

De ces 140 l. par. de rente, 40 l. représentaient l'indemnité due pour le moulin de Chanteraine, dans la Seine, exproprié pour les travaux du Palais de Paris, l'origine du reste étant constatée par l'acte suivant…

Registre du Trésor des Chartes, t. I, n° 1994, sous la direction de R. Fawtier (Archives Nationales, 1958).

l. par. = livre parisis
s. par. = sous parisis.

---

2. Production et domination : effectifs des établissements de plus de 50 salariés dont le siège est en Île-de-France

ACTIVITÉS	Effectifs en région	Effectifs hors région
Énergie	66 461	203 898
Fer, sidérurgie	9 391	153 040
Travail des métaux	42 397	61 671
Chimie, pharmacie	104 517	133 026
Machines outils	16 309	19 012
Mécanique	58 487	72 938
Constr. électr.	187 923	185 414
Équipement ménager	4 805	28 540
Constr. automobile	162 767	224 037
Instr. de précision	17 203	19 504
Fils et fibres art.	8 089	54 015
Papier et carton	15 355	31 454
Imprimerie-édition	64 852	12 718
ENSEMBLE INDUSTRIE	935 572	1 560 345

Source : *Structure industrielle de l'Île-de-France en 1975* (CRCI/CCIP, 1979).

3. Travailler en Île-de-France

Avantages et inconvénients du travail en Île-de-France vus par des industriels de la proche banlieue	Grandes entreprises (plus de 500 salariés)	Petites entreprises (10-20 salariés)
AVANTAGES		
Facilité recrutement main-d'œuvre	76 %	46 %
Facilité relations amont-aval	60 %	39 %
Facilité relations internationales	12 %	5 %
INCONVÉNIENTS		
Transports difficiles	32 %	13 %
Coût main-d'œuvre	24 %	6 %
Climat social	24 %	6 %
Difficulté extension (DATAR)	12 %	0 %
Taxe professionnelle élevée	32 %	39 %

d'après Rapport « COLLET » sur *L'évolution à moyen terme de l'activité et de l'emploi en IdF* (Comité économique et social de l'IdF, avril 1985).

4. Répartition de la population active par CSP et secteur d'activité en Île-de-France

	Agriculture	Industries	BTP	Tertiaire	Total	%
Salariés et exploitants agricoles	23 140 (79,6)	780 (2,7)	640 (2,2)	4 520 (15,5)	29 080 (100)	0,6
Patrons de l'industrie et du commerce	200 (0,1)	58 920 (21,7)	35 940 (13,2)	177 060 (65,1)	272 120 (100)	6,0
Professions libérales et cadres supérieurs	340 (0,1)	146 120 (23,7)	18 400 (3,0)	452 240 (73,3)	617 100 (100)	13,5
Cadres moyens	680 (0,1)	210 860 (25,0)	25 200 (3,0)	605 280 (71,9)	842 020 (100)	18,5
Employés	1 440 (0,1)	214 660 (17,8)	23 480 (1,9)	965 480 (80,1)	1 205 060 (100)	26,4
Ouvriers	2 220 (0,2)	458 160 (40,0)	189 020 (16,5)	495 520 (43,3)	1 144 920 (100)	25,1
Personnels de service	200 (0,1)	12 520 (3,6)	1 700 (0,5)	333 200 (95,8)	347 620 (100)	7,6
Autres	180 (0,2)	3 260 (3,2)	120 (0,1)	99 520 (96,5)	103 080 (100)	2,3
TOTAL	28 400 (0,6)	1 091 120 (23,9)	294 620 (6,5)	3 146 860 (69,0)	4 561 000 (100)	100

Source : INSEE, R.P., 1982.

↑ **5. Garonor.** Un grand équipement aux franges du péri-urbain. La « gare routière » et son dispositif : le rôle décisif de l'autoroute du Nord et le voisinage du centre commercial Parinor et de Citroën.

6. La « base économique » de l'Île-de-France

La notion de « base économique » oppose les activités « banales », tournées vers la satisfaction des besoins de la population régionale, et les activités « fondamentales » ou « basiques » tournées vers l'« exportation » hors de la région.

La composition sectorielle de cette « base économique » n'est pas moins intéressante que son évolution. En 1982, l'industrie en représente 57,5 %, chiffre en retrait sur celui de 1975 (62 %). On remarquera toutefois que ce sont là des chiffres très supérieurs à ceux de la part de l'industrie dans l'ensemble de l'économie et de l'emploi régional : l'industrie est au premier plan parmi les activités tournées vers l'extérieur, et c'est son déclin qui induit celui de la « base économique » régionale.

À l'intérieur du secteur tertiaire, le secteur individuel le plus important est celui des activités d'étude, de conseil et d'assistance, qui représente 14 % du « tertiaire de base ».

Mais le groupe de secteurs le mieux représenté est sans aucun doute celui des transports extra-régionaux, agences de voyage et hôtellerie qui rassemble environ 250 000 emplois « de base » soit 1/3 du « tertiaire de base » : on voit de nouveau ici le rôle essentiel de la « plaque tournante » parisienne dans l'économie régionale.

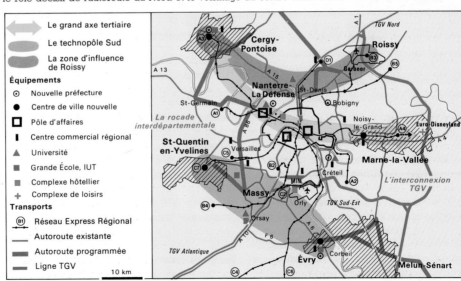

↑ **7. Pôles d'attraction et points forts de l'aménagement régional à l'horizon 2000.** On notera la variété des équipements ou des opérations d'aménagement ayant un effet d'entraînement.

3. les trois couronnes

L'opposition Paris/banlieue, encore un peu artificielle au lendemain de l'annexion des communes limitrophes (Grenelle, Vaugirard, Passy, Belleville, etc.) de 1860, s'est peu à peu inscrite dans le paysage, avec le remplissage de l'espace parisien, le remplacement des fortifications par une ceinture des lotissements collectifs et finalement la construction du boulevard périphérique. Le passage de la proche banlieue à la « grande banlieue » est plus progressif.

▬ 1. La ville de Paris

La ville de Paris se distingue par la densité de son bâti, l'importance de son patrimoine architectural, l'animation de ses quartiers. Cette animation est assurée par la présence de 1 700 000 emplois, traduction d'un exceptionnel rayonnement économique, commercial et culturel, et de 2 173 000 habitants. Le trait le plus marquant de cette population, en baisse continuelle depuis 1954 (2 848 000 h) est la proportion importante de personnes seules (50 % de ménages d'une personne), explicable en partie seulement par le grand nombre de personnes âgées.

À l'intérieur de la ville, il faut distinguer **le centre**, où se trouve l'essentiel des emplois de bureau, notamment dans le huitième arrondissement, et la périphérie plus résidentielle ; on peut aussi opposer un « bloc centre-ouest » dont le cadre bâti dense et ancien n'évolue que lentement, et un « croissant oriental » de plus faible densité, de moindre qualité urbanistique, où se localisent aujourd'hui la plupart des opérations de rénovation*.

▬ 2. La proche banlieue ou petite ceinture

La proche banlieue est en un sens la **partie la plus déshéritée de l'agglomération,** car elle doit l'essentiel de ses paysages et de ses fonctions à la première phase du développement industriel. Son cadre bâti est à la fois désordonné et vieilli, sans être d'intérêt historique, et ses fonctions industrielles sont en déclin. **Sa population est désormais stagnante,** et même en baisse lorsque les municipalités n'ont pas une

politique très active de construction de logements.

Mais son hétérogénéité est considérable, puisqu'elle rassemble aussi bien des pôles d'emploi industriels et anciens ou « tertiaires » et modernes comme La Défense, que des communes résidentielles bourgeoises ou prolétaires, des grands ensembles et des lotissements pavillonnaires, le tout dans un désordre certain, accentué par la présence de grands équipements au service de l'agglomération tout entière.

▬ 3. La grande banlieue ou grande ceinture

La grande banlieue et surtout la région hors agglomération sont actuellement les zones de plus forte croissance, tant de l'habitat que de l'emploi. Elles cumulent les charmes du passé (villages semi-ruraux et villes anciennes d'Île-de-France) et ceux du présent voire du futur (« villes nouvelles », zones d'activité de haute technologie de l'Île-de-France Sud...). Son développement récent ainsi que les orientations de l'aménagement du territoire et... leurs vicissitudes y jouent un rôle essentiel. Mais ce qui frappe surtout, si l'on compare Paris aux autres grandes villes du monde, c'est le faible développement de la région hors agglomération et corrélativement de l'habitat individuel.

▬ 4. La plus petite des grandes métropoles mondiales ?

Avec 8 700 000 habitants, l'agglomération parisienne se compare sans problème aux agglomérations de Tokyo, New York ou Londres. Mais avec 1 300 000 habitants, la région parisienne hors agglomération est presque inexistante à côté des 16 millions de celle de Mexico, des 13 millions de celle de Tokyo, des 10 millions de celles de New York ou de Londres, et même d'Osaka ou de Los Angeles. Est-ce un atout ou un handicap ? C'est en tout cas un choix d'aménagement. Mais il n'est pas exclu que la construction de l'autoroute « francilienne » (A 86), dite « rocade des villes nouvelles », fasse de ces dernières les pôles d'une région élargie bien au-delà de ses limites actuelles.

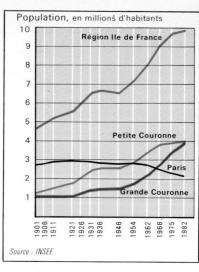

↑ **1. Évolution de la population de Paris et des trois couronnes de la région parisienne.**

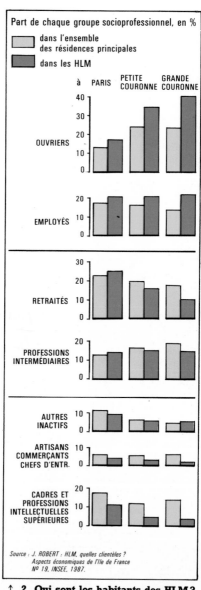

↑ **2. Qui sont les habitants des HLM ?** Une réponse nuancée selon les localisations.

3. Le grand commerce à Paris

SAMARITAINE	G.M.	1e	1870	52 515 m²
GALERIES LAFAYETTE	G.M.	9e	1912	48 450 m²
PRINTEMPS	G.M.	9e	1865	48 000 m²
FORUM DES HALLES	C.C.	1e	1979	44 000 m²
dont FNAC				10 648 m² - Habitat 1950 m²
MAINE-MONTPARNASSE	C.C.	15e	1973	35 433 m²
dont Galeries Lafayette				11 095 m² - C and A 5 500 m²
GALAXIE	C.C.	13e	1976	32 689 m²
dont Printemps				17 330 m² - Champion 4 147 m² - Lévitan 1 800 m²
B.H.V.	G.M.	4e	1856	32 300 m²
MASSÉNA 13	C.C.	3e	1975	26 000 m²
dont Euromarché				11 634 m² - Boucheries Bernard 1 600 m²
AUX TROIS QUARTIERS	G.M.	1e	1929	16 200 m²
LES BOUTIQUES DU PALAIS DES CONGRÈS	C.C.	17e	1974	16 000 m²
OLYMPIADES	C.C.	13e	1974	15 000 m²
BEAUGRENELLE	C.C.	15e	1979	15 000 m²
PRINTEMPS-NATION	G.M.	20e	1964	12 315 m²
GAITÉ-MONTPARNASSE	C.C.	14e	1976	12 000 m²
PRINTEMPS	G.M.	17e	1920	10 000 m²
GALERIES DU PONT-NEUF	C.C.	1e	1976	10 000 m²
dont Conforama				2 100 m²
SAINT-DIDIER	C.C.	16e	1974	9 000 m²
POINT SHOW	C.C.	8e	1973	8 000 m²

CC : Centre Commercial
GM : Grand Magasin

Source : Panorama. Points de vente 1986.

4. Issy-les-Moulineaux, banlieue « idéale »...

ISSY-LES-MOULINEAUX : la banlieue « idéale », quand Paris lui abandonnait les usines à ordures, les blanchisseries de Grenelle pour laver le linge des beaux quartiers, les industries dangereuses (comme Gevelot pour les cartouches de ces messieurs) et les produits chimiques.

Ajoutons aujourd'hui les voies de chemin de fer, le périphérique et la Ville de Paris, usant de son droit de suzerain, qui récupère en 1925 la plaine de Vaugirard et l'héliport...

De 1950 à 1980, notre ville connaît la lente dérive d'une ville de proche banlieue, frappée par le dépeuplement, la désindustrialisation et engagée très timidement dans la rénovation urbaine. Le tissu s'améliore un tout petit peu, qu'il soit collectif ou pavillonnaire, par petites touches. En revanche, et avec un peu de recul, la grande chance d'Issy-les-Moulineaux est de n'avoir pas « cédé au charme » des opérations massives de rénovation des années 1960. Le prix a été lourd en termes de vieillissement démographique, économique et urbain.

d'après André Santini, in *Cahiers du CREPIF* n° 13 : « Quel avenir pour la proche banlieue ? »

↑ **5. Gennevilliers.** En proche banlieue, dans une boucle de la Seine, un espace densément occupé mais menacé dans ses fonctions économiques.

↑ **6. La Snecma et Évry ville nouvelle.** L'urbanisation de la grande couronne : autre milieu, autre époque, autres méthodes.

↑ **7. Rurbanisation en Seine-et-Marne : Ozoir-la-Ferrière.** Hors des villes nouvelles, la pression de l'immobilier et la coexistence rural-rurbain.

8. Structure des productions de la branche agriculture (hors TVA) en 1984 en Île-de-France

	% dans la production agricole de l'Île de France	% production française		% dans la production agricole de l'Île de France
Céréales	47,5	6,9	Bêtes sur pied	2,6
dont : blé tendre	31,2	7,6	dont : gros bovins	1,6
orge	4,8	4,7	porcins	0,7
maïs	10,9	7,3	Volailles	1,2
Pommes de terre	2,3	1,8	Œufs	3,1
Légumes	13,8	5,0	Lait	1,4
Fruits	2,7	1,7	Autres prod. animaux	0,7
Betteraves industrielles	8,0	9,5		
Oléagineux	2,1	1,3	**Produits animaux**	**9,0**
Fleurs et plantes ornementales	12,2	17,6		
Autres prod. végétaux	2,4	1,2		
Produits végétaux	**91,0**	**5,2**	% des produits agricoles dans la production française	**2,8**

Source : *TEIF* (Tableaux Économiques de l'Île-de-France) (INSEE-Conseil Régional IdF, 1986).

À l'échelle internationale

1. Le marché international des bureaux dans les quartiers d'affaires

	surface totale commercialisée chaque année en m^2 (location + vente)	prix moyen des loyers par m^2 et par an (en francs 1986)
TOKYO	non disponible	7 600 F
NEW YORK	1 400 000	4 500 F
LONDRES	1 000 000	3 300 F
PARIS	700 000	2 500 F
MILAN	500 000	2 100 F
MADRID	300 000	1 050 F
FRANCFORT	160 000	1 400 F
BRUXELLES	150 000	720 F
AMSTERDAM	100 000	880 F

À l'échelle régionale

3. L'avis du Préfet de Région

DEPUIS 1985, la libéralisation de la réglementation en matière de bureaux laisse prévoir que les emplois vont se déplacer vers l'ouest plus vite que dans la période précédente, ce qui... pourrait accroître le déséquilibre habitat-emploi est-ouest et provo-quer la saturation de la ligne A du RER... Pour l'essentiel le pouvoir appartient aux maires, mais je n'approuverai plus des ZAC bureaux ne comportant pas un minimum de logements. »

Déclaration de M.-O. Philip, préfet de Région, le 26-02-87.

À l'échelle nationale

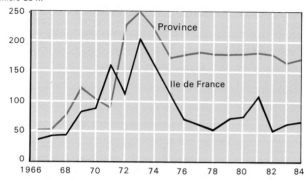

Permis de construire délivrés pour construction de bureaux milliers de m^2

Source : IAURIF, Le marché des bureaux en Ile de France et perspective - 1985

↑ **2. Évolution de la superficie consacrée à la construction de bureaux en Ile-de-France et dans les autres régions françaises.**

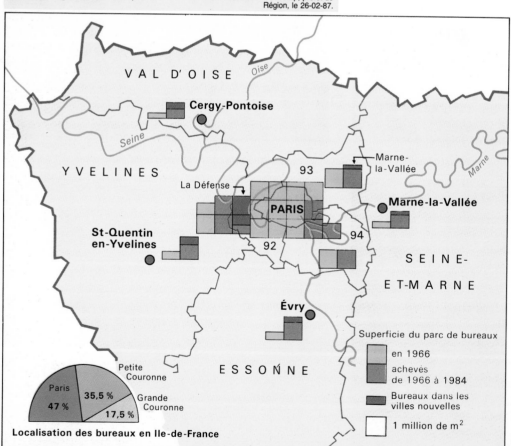

↑ **4. La répartition des bureaux en Ile-de-France et son évolution.** Apprécier le poids des pesanteurs (rôle de Paris, tropisme vers l'ouest) et celui des opérations concertées d'aménagement. (Marne-la-Vallée est sur deux départements : 93 et 77).

QUESTIONS

1. Selon les échelles géographiques, quelles réponses peut-on apporter à la question de savoir s'il faudrait construire plus de bureaux en Ile-de-France ?

2. En analysant le doc 1, quelles raisons peut-on donner aux différences de prix au m^2 selon les grandes villes ?

3. Comment expliquez-vous l'évolution de la croissance des bureaux en Ile-de-France entre 1966 et 1984 ?

4. Sous quelles formes différentes les bureaux peuvent-ils s'intégrer dans les paysages urbains ?

5. Quels sont les avantages et les inconvénients des bureaux situés dans Paris ? À la Défense ? Dans les villes nouvelles ?

6. Pourquoi les promoteurs construisant des bureaux sont-ils tellement attirés par l'Ouest parisien et notamment par le département des Hauts-de-Seine ?

e jeu des échelles

À l'échelle locale

5. Les bureaux tels qu'ils devraient être

SUR le plan de la conception, nous avons déjà signalé la nécessité d'une augmentation de surface, par suite de la mise en place de la bureautique avec les écrans que cela entraîne. Il faudra à l'avenir de l'ordre de 15 à 18 m^2 par emploi de bureau au lieu de 10 m^2 et prévoir en outre des salles propres et climatisées pour l'installation du matériel informatique, des hauteurs sous plafond plus élevées pour le passage des câbles, et la multiplication des salles de réunion ou de conférence.

d'après Jean Antoine, *Rapport sur le problème des bureaux dans la région IdF* (Comité Économique et Social IdF, 1986).

↑ **6. Bureaux à louer aux Champs-Élysées.** Quels sont les avantages et les inconvénients de ce type d'immeuble et de ce type de quartier ? Peuvent-ils convenir à toutes les entreprises ?

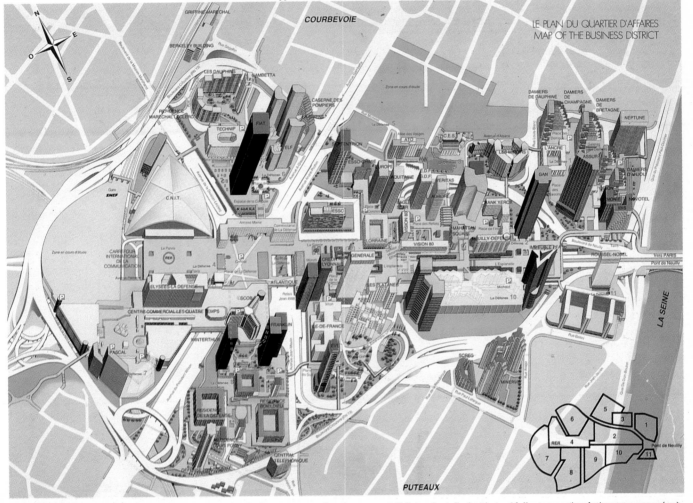

↑ **7. La Défense.** (*document EPAD*) Une opération datée en termes d'aménagement (à l'ouest) et d'urbanisme (dalle, tours, circulations superposées). Trois générations de tours : les « petites » (1967-73, 100 m haut, 27 000 m^2, type Europe), les « dévoreuses d'énergie » (1972-75, 180 m, 100 000 m^2, type Fiat) et les récentes, très variées.

De l'état des lieux au schéma directeur l'exemple de Paris

Organisation de l'espace
- centre historique
- cadre bâti dense
- occupation du sol faible ou modérée
- secteurs récemment transformés

Activités
- axes et noyaux commerciaux
- activités de bureaux regroupées

Actions publiques en cours
- opérations de rénovation
- grandes opérations publiques d'aménagement

Infrastructures de transport
- réseau ferré régional
- réseau ferré régional en chantier

La démarche des urbanistes se fait en deux temps :

1) Diagnostic : quels sont les traits majeurs des différents quartiers et de leur évolution (doc. 1)? Posent-ils des problèmes? Si oui, quels sont les endroits où il est plus facile d'agir? (terrains publics ou faiblement occupés).

2) Propositions : urbanisme « réglementaire » (doc. 2) pour limiter ou orienter l'évolution d'une zone; urbanisme « opérationnel » pour remodeler le visage d'une place, d'un axe, ou de tout un quartier.

Orientations par zone
- mise en valeur des fonctions centrales et du cadre bâti
- maintien de la fonction résidentielle et évolution limitée du cadre bâti
- développement de la fonction résidentielle et renouvellement contrôlé du cadre bâti

Actions d'aménagement et d'amélioration du cadre de vie
- opérations de rénovation engagées
- actions publiques de réhabilitation et rénovation de l'habitat
- opérations publiques d'aménagement
- implantation d'activités tertiaires
- création de grands équipements

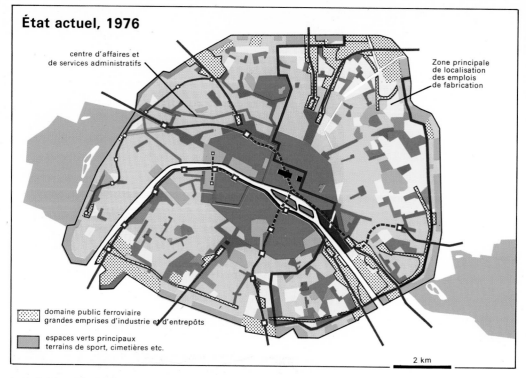

État actuel, 1976

centre d'affaires et de services administratifs

Zone principale de localisation des emplois de fabrication

- domaine public ferroviaire grandes emprises d'industrie et d'entrepôts
- espaces verts principaux terrains de sport, cimetières etc.

2 km

↑ **1. Schéma directeur d'aménagement et d'urbanisme de la Ville de Paris. État 1976.**

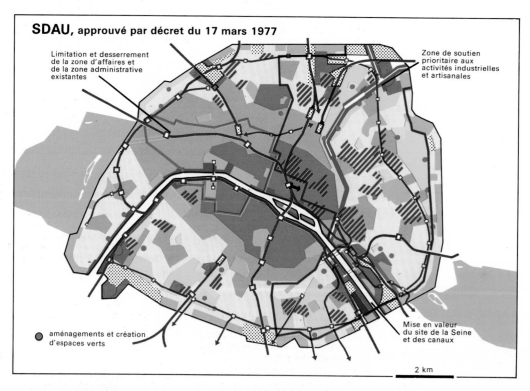

SDAU, approuvé par décret du 17 mars 1977

Limitation et desserrement de la zone d'affaires et de la zone administrative existante

Zone de soutien prioritaire aux activités industrielles et artisanales

Mise en valeur du site de la Seine et des canaux

● aménagements et création d'espaces verts

2 km

↑ **2. Proposition pour un nouvel aménagement approuvé en 1977.**

Synthèse/Sévaluation

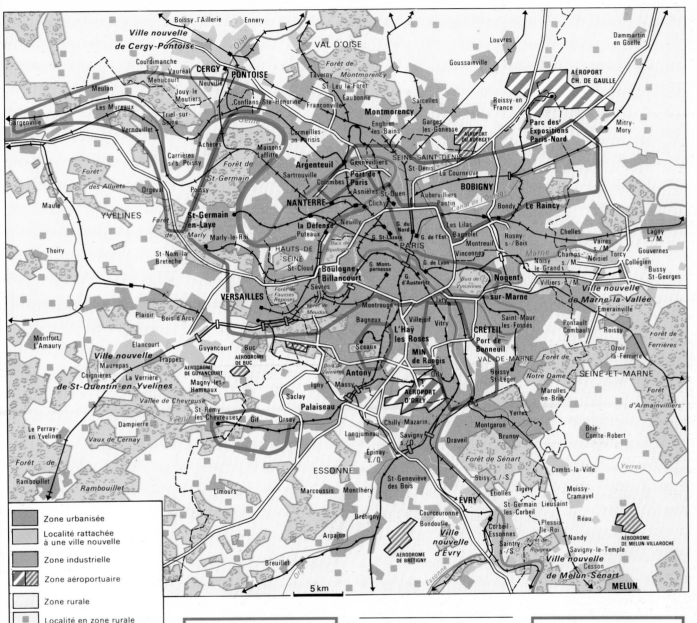

Zone urbanisée

Localité rattachée à une ville nouvelle

Zone industrielle

Zone aéroportuaire

Zone rurale

Localité en zone rurale

Espace vert : bois parc forêt "Ceinture verte"

Autoroute

Voie ferrée et gare

Réseau Express Régional

Géographie sociale

Communes bourgeoises (sur-représentation des cadres supérieurs et professions libérales)

Communes ouvrières (sur-représentation des ouvriers par rapport à la moyenne régionale)

QUESTIONS

1. À quoi correspond la zone où est situé actuellement le « périphérique » ?

2. Quel a été l'apport de l'entre-deux-guerres à l'urbanisation de la région parisienne ?

3. « L'ouvrier parisien » est-il encore le personnage typique de la région ? Pourquoi ?

4. Quelles ont été les périodes les plus marquantes pour l'urbanisme de la ville de Paris ? Sous quelle forme ?

5. L'espace de la ville de Paris est-il homogène ?

6. Pourquoi la question des bureaux est-elle si importante en Ile-de-France ? Quels problèmes pose-t-elle aux aménageurs ?

SUJETS

1. Comment les activités de la région parisienne se traduisent-elles dans le paysage ? (agriculture exclue) ?

2. Passé et présent dans les paysages de la « Grande Couronne » de l'Ile-de-France.

3. Les principales tendances de l'aménagement à Paris et en Ile-de-France depuis 1965.

Picardie

Population : 1 774 000.
(En 1 000 qx) Blé : 33 632, orge : 12 340, maïs : 4 932, pommes de terre : 17 517, betteraves industrielles : 88 483, petits pois : 524, haricots verts : 365.
Lait : 10 724 706 hl,
bovins : 739 300 têtes.
Coton et lin, filés : 4 602 t ; tissus : 4 539 t.

Basse-Normandie

Population : 1 373 000.
Électricité (GWh) : therm. : 61.9, hydr. : 47.6, nucl. : 7 020.
(En 1 000 qx) Blé : 8 225, orge : 2 333.
Lait : 29 467 100 hl,
bovins : 1 968 100, porcins : 346 700.

Ports	en 1 000 t	Voyageurs
Caen	2 372	260 926
Cherbourg	2 293	1 097 000

Pêche. 60 000 t.

Haute-Normandie

Population : 1 693 000.
(En 1 000 qx) Blé : 15 579, orge : 4 681, lin : 1 208 t.
Lait : 9 452 340 hl,
bovins : 905 000, porcins : 156 000.
Coton Filés : 11 477 t, tissus : 9 742 t.
Électricité :
therm. : 3 564 GWh, nucl. : 25 821.
Raffinage de pétrole : 36 650 000 t.

Ports	en 1 000 t	Voyageurs
Le Havre	47 207	837 074
Rouen	21 895	1 372
Dieppe	2 166	931 995

Centre

Population : 2 324 000.
(En 1 000 qx) Blé : 44 283, maïs : 13 035, orge : 8 559, betteraves industrielles : 15 312, pommes de terre : 1 040.
Bovins : 741 065. Porcins : 299 639. Lait : 6 059 175 hl.
Électricité : (GWh)
hydr. : 171.3, nucl. : 52 932.3.

Champagne-Ardenne

Population : 1 352 000.
(En 1 000 qx) Blé : 26 194, maïs : 4 763, orge : 12 580, betteraves industrielles : 53 967.
Vin de Champagne : 204 920 108 bouteilles.

des régions sous l'influence de Paris

La capitale de la France est aussi une métropole régionale qui étend son influence sur une vaste région qu'elle a en grande partie organisée autour d'elle.

Cet espace central français, le bassin de Paris (qui ne peut se confondre avec la notion géologique du Bassin parisien) a parfois souffert de l'emprise étouffante de la capitale. Mais son influence a été aussi bénéfique et source de progrès.

Aujourd'hui, alors que la fonction de commandement et la polarité exercées par Paris sont toujours aussi fortes, un rééquilibrage s'opère. **Véritable grenier agricole de la CEE, l'espace central français engrange depuis plus de trente ans les bénéfices de la décentralisation et de la déconcentration de l'industrie et des services.** L'émergence, encore modeste mais croissante, d'une vie régionale animée par des métropoles assez distantes de la ville lumière pour affirmer leur autorité naissante, amorce timidement la naissance d'un espace multipolaire.

Carte de synthèse .... page 177

ANALYSE DU DOCUMENT

L'autoroute A10, l'« Aquitaine », qui relie Paris à Bordeaux, traverse ici, un peu en étrangère, la Beauce, l'une des plus riches plaines agricoles de l'Europe. Son tracé témoigne du rôle centralisateur joué par la capitale dans l'organisation des réseaux de transport de la région. Cet axe, ainsi que les lignes électriques à haute tension alimentant l'agglomération parisienne, tranchent un paysage d'openfield, aux parcelles de culture vastes et à l'habitat, parfois rénové, groupé en gros villages.

1. un espace polarisé par Paris

Le vaste espace central français, imprécis dans ses limites et divers par ses paysages, s'est longuement organisé autour de la capitale qui est aussi une métropole régionale dont l'influence s'exerce sur une énorme région.

■ 1. Le bassin de Paris*

La zone d'influence de Paris coïncide difficilement avec les limites des régions bordières de l'Île-de-France. **Elle recouvre pleinement haute et basse Normandie, Picardie, Champagne-Ardenne et Centre qu'elle déborde cependant** au sud-est (Yonne, Nièvre) et surtout au sud-ouest (Cher, Loir-et-Cher, ...). Ainsi défini, le bassin de Paris qui inclut les marges orientales du Massif armoricain ne s'identifie pas totalement au Bassin parisien, plus étendu à l'est.

Il ne constitue pas une unité naturelle malgré des paysages qui, au centre, prolongent ceux de l'Île-de-France. La diversité l'emporte avec les multiples nuances et les dégradations du climat océanique, l'absence d'unité hydrographique, topographique, géologique et la coexistence de paysages aussi différents que le bocage* et l'openfield*.

La cohérence de cet espace, naturellement hétérogène, est assurée par l'influence de Paris qui a tissé un ensemble de relations au service de ses intérêts.

■ 2. Un espace au service de Paris

Les réseaux de communication matérialisent la polarité, déjà ancienne, exercée par Paris. Leur orientation radiale s'est renforcée au cours de l'histoire avec les différents modes de transport, au détriment des liaisons transversales. La Seine, dans ces liaisons, constitue un axe vital. Elle assure la prospérité des ports du Havre et de Rouen, portes océanes de Paris.

Cet espace est aussi organisé pour le ravitaillement de la capitale. Des auréoles concentriques de centrales électriques ou de ceintures agricoles successives (maraîchère, céréalière, herbagère) en témoignent. Pour éviter les inondations de Paris ou des étiages trop faibles, des champs ont été noyés en amont, sur la Seine, l'Yonne et la Marne, par des barrages.

Les intenses migrations pendulaires*, quotidiennes ou hebdomadaires, de personnes travaillant dans la capitale mais, préférant vivre dans un cadre rural (rurbanisation*) ou urbain moins concentré, **démontrent que la lointaine banlieue de Paris recouvre une aire vaste.** L'espace de loisir de la capitale s'étale encore plus, comme le montrent l'aménagement de forêts et d'étangs ou la multiplication des résidences secondaires jusqu'à plus de 200 km de Paris, qui engendrent les traditionnels encombrements routiers de fin de semaine. Enfin, l'aménagement touristique du littoral de la Manche, développé depuis le XIXᵉ, se poursuit.

■ 3. Un espace dominé par Paris

La domination de la capitale est multiforme. Elle est ancienne dans le domaine foncier. Outre les résidences secondaires, elle se maintient aujourd'hui par la propriété agricole, ce que traduit la prépondérance du fermage dans les campagnes proches de la capitale. Paris a drainé l'essentiel de l'exode rural qui a frappé très tôt ces campagnes, au point qu'**aujourd'hui l'Île-de-France a plus d'habitants que les cinq régions qui l'entourent.**

Pour de multiples activités, **les décisions appartiennent trop souvent à Paris,** comme en témoignent les industries décentralisées, mais dont le siège social est demeuré dans la capitale.

Enfin, **la prééminence intellectuelle et culturelle de Paris reste écrasante.** Les journaux régionaux ont un tirage limité et bon nombre sont rachetés par des groupes de presse parisiens. Les universités périphériques, peu spécialisées, attirent peu d'étudiants. Les spectacles de la capitale drainent un large public non parisien.

Le réseau urbain reflète cette influence étouffante de Paris : dans un rayon de 150 km, la proximité de la capitale et la faiblesse des densités rurales ont empêché le développement de centres urbains importants et autonomes (hormis Orléans). Au-delà de cette distance, commencent à apparaître quelques grosses agglomérations (Reims, Rouen, Caen, Tours) dotées d'un tertiaire supérieur et de fonctions de commandement régional.

---

1. Emprise foncière parisienne et fermage

La concentration des terres profite surtout aux Parisiens. M. Elhaï a montré la stabilité de la propriété citadine dans le Caux aux XIXᵉ et XXᵉ siècles ; mais les mutations internes sont très nombreuses, la part de la noblesse régressant de 22 à 10 %, celle de la bourgeoisie parisienne passant de 20 à près de 40 %, alors que la bourgeoisie rouennaise perd la moitié de ses biens. De même, en Picardie, la part de la propriété urbaine vers 1960 représente 25 à 30 % des surfaces exploitées.

La grande propriété foraine conduit souvent au fermage : plus de 80 % des terres dans le Caux, par exemple. Mais c'est un fermage concédé en très grosses unités, la terre se fragmentant rarement lors des successions.

P. Estienne, *La France*, t. 2
(« De l'Atlantique aux Vosges »)
(Paris, Masson, 1977).

2. L'influence de Paris sur la Normandie : l'accentuation d'un phénomène ancien

Les progrès des transports ne doivent pas faire considérer la proximité de Paris comme un phénomène récent pour la Normandie. Les nouveaux moyens, autoroute ou turbotrain, actualisent cette dimension, mais ils ne l'ont pas plus créée que les routes royales remplaçant les chemins à peine carrossables au XVIIIᵉ siècle ou que les trains à vapeur se substituant aux diligences au XIXᵉ siècle. La proximité de Paris fait partie des structures régionales très profondes de la Normandie. Souvent, une région ou une ville normandes ont pu être « les premières » à être « les plus proches ». L'histoire économique jalonne ces relations privilégiées de faits anecdotiques. Aux XVIIᵉ et XVIIIᵉ siècles, en direction de Paris et de la cour de Versailles, la marée fraîche partait de Dieppe, port le plus proche, les bœufs, les fromages et les beurres du Bray, de l'Auge ou du Bessin, régions herbagères les plus proches... Les plus proches, encore, Le Havre et Rouen comme débouchés maritimes et industriels, ou Caen comme capitale provinciale en mal de décentralisation... Les plus proches, toujours, les plages familiales du Tréport ou de la Côte de Nacre atteintes par les « trains de plaisir » ou par les « congés payés » de 1936, Deauville grande station internationale en réceptacle luxueux du « Tout-Paris » pour une « saison » ou pour une soirée, ou les résidences secondaires dans la verdure du Perche ou des vallées de l'Eure... Les activités changent de nature, mais non cette donnée fondamentale qu'est la proximité de Paris. Cependant, le sens de l'évolution apparaît assez clairement : la proximité se resserre, l'influence de Paris devient de plus en plus déterminante.

Les grands courants de transport en Normandie se concentrent sur un petit nombre d'axes privilégiés, de direction est-ouest, convergeant vers Paris, et de plus en plus affaiblis à mesure que l'on progresse vers l'ouest, ou, si l'on préfère, que l'on s'éloigne de la capitale.

A. Fremond, *Atlas et géographie de la Normandie*
(Paris, Flammarion, 1977).

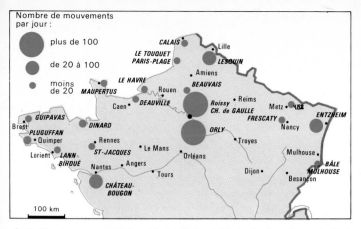

↑ 3. Un espace organisé par la capitale : ici le trafic des aéroports. Voir la carte de synthèse p. 177 (autoroutes) et doc 7 (ch. de fer).

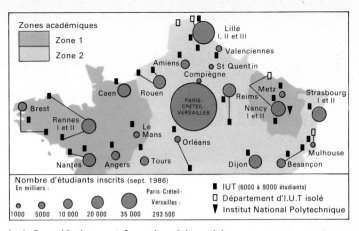

Nombre d'étudiants inscrits (sept. 1986)

↑ 4. Le poids écrasant des universités parisiennes

↑ 5. La diffusion de la presse quotidienne régionale : observez tirages et titres dépendant d'un groupe, pour mettre en évidence le rôle de Paris.

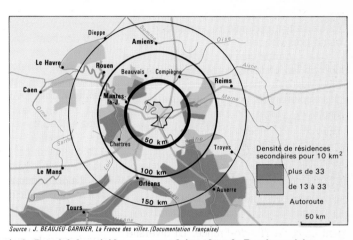

Source : J. BEAUJEU-GARNIER, La France des villes. (Documentation Française)

↑ 6. Densité des résidences secondaires dans le Bassin parisien. Quels facteurs expliquent la localisation des secteurs à forte densité ?

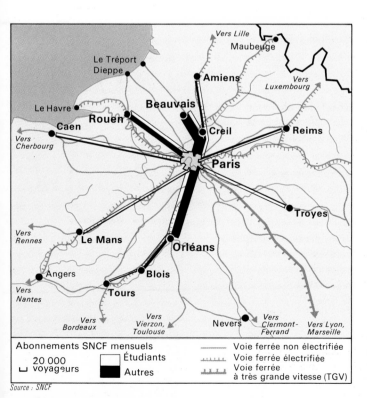

Source : SNCF

↑ 7. Une indication des migrations pendulaires de Paris : les abonnements mensuels SNCF pour quelques liaisons avec la capitale (1986)

8. L'influence culturelle et la fonction de commandement de Paris sur la région Centre

LA présence de la capitale s'impose d'abord aux niveaux des pouvoirs de gestion, de commandement et de financement. La plupart des grandes entreprises industrielles ou tertiaires ont leur siège social à Paris. Toute la région souffre ainsi d'un défaut de pouvoir de décision qui nuit à sa promotion, à son rayonnement, à sa personnalité. L'atténuation du phénomène vers le sud n'est pas si évidente qu'on le dit parfois.

La même dépendance s'observe en matière d'équipement bancaire. En région Centre, comme partout ailleurs, la présence des directions régionales des grandes banques ne doit pas faire illusion : les dossiers importants d'investissements sont transmis à Paris.

C'est en fait dans le domaine des *loisirs urbains* que l'ombre faite par Paris sur l'ensemble des villes de la région a été le plus souvent soulignée. La situation s'est pourtant beaucoup modifiée depuis une dizaine d'années. Orléans, autrefois dernière grande ville de France pour l'équipement et la fréquentation cinématographiques par rapport au nombre d'habitants (destruction de salles par les bombardements), est désormais passée dans les tout premiers rangs avec une vingtaine de salles et des recettes annuelles supérieures à celles de Tours.

Aussi, pour Orléans, la dépendance de Paris n'est-elle plus celle de jadis. La proximité de la capitale y apparaît maintenant plus comme un luxe dont ne peuvent profiter la plupart des autres villes de province (Opéra, grands musées, manifestations sportives de type Roland Garros...) que comme un frein au développement de loisirs urbains correspondant à une agglomération de 250 000 habitants.

On ne peut en dire autant pour Chartres, presqu'en grande banlieue, ainsi que pour Châteauroux et Bourges (malgré sa Maison de la Culture). Leur trop faible volume démographique, l'absence d'étudiants, les maintiennent dans un relatif sous-développement culturel que la concurrence de Tours, Orléans et Paris en matière de presse écrite et audio-visuelle ne fait qu'accentuer.

d'après J. Mirloup, *Le Centre, la naissance d'une région aux portes de Paris* (Paris, Bréal, 1984).

2. un terreau toujours fertile

L'espace central français constitue le plus riche ensemble agricole de l'Europe que la décentralisation* a revivifié.

▬ 1. Le grenier de l'Europe

L'agriculture, où dominent de grandes exploitations, un prix des terres élevé, une mécanisation optimale et le fermage, présente trois visages.

La « grande culture » à base céréalière occupe les plateaux calcaires, crayeux ou limoneux. Elle est pratiquée dans de grandes exploitations, souvent en fermage, aux parcelles vastes et bien regroupées et emploie des salariés agricoles... Les rendements atteignent des records grâce à l'utilisation intensive d'engrais qui uniformise les paysages malgré la diversité des sols. Les exploitants, véritables industriels de la terre, sont bien intégrés à « l'agribusiness ». Ils ont su s'adapter au Marché Commun en renforçant l'orientation vers des productions végétales à prix garantis qui assurent des revenus élevés : céréales avec, selon les régions, betterave à sucre, pomme de terre, luzerne, lin, colza et parfois légumes de plein champ, toujours en liaison avec des usines de transformation.

L'élevage bovin est pratiqué sur les herbages là où le climat est humide, les sols imperméables, avec des exploitations souvent inférieures à 50 ha, en faire valoir direct, très liées aux circuits de commercialisation (laiteries, coopératives). L'élevage laitier, limité par les quotas européens imposés par la CEE, recule. Il domine dans la Normandie bocagère, le pays de Bray, la Champagne humide, la Thiérache, pendant que le Boischaut, le val de Germigny pratiquent l'embouche.

Les cultures délicates, maraîchères, fruitières ou florales, au débouché parisien proche, dominent dans les vallées ou sur les coteaux (vallée de la Seine, de la Loire, du Loir...). Elles sont le fait de petites exploitations très intensives. La vigne, à la limite de son aire climatique (page 133), se maintient, en raison de la qualité des vins produits, sur des versants privilégiés (vins d'Anjou, champagne surtout).

▬ 2. Les bénéfices de la décentralisation

L'ancienne dissymétrie industrielle entre le nord et le sud de l'axe de la Seine s'est atténuée sous l'effet de trente ans de décentralisation et de mutations économiques. L'industrie lourde est rare. Elle ne se maintient que dans les sites portuaires et le long de grosses voies navigables (Oise) où elle est moins coûteusement approvisionnée. Pour survivre, les vieilles régions métallurgiques du Nord-Est (Ardennes, Haute-Marne) poursuivent, avec difficulté, leur reconversion* et leur diversification dans la fonderie ou la construction mécanique. Le textile s'est maintenu en s'adaptant à la concurrence, comme Troyes qui reste une capitale dynamique de la bonneterie.

La déconcentration des industries parisiennes a bénéficié, pour les 3/5, à une zone de 300 km autour de Paris, malgré l'absence de primes. Elle a rendu l'industrie partout vivante et a touché en premier la vallée de la Seine, la première couronne et l'Ouest où se sont installées des industries de main-d'œuvre : construction mécanique, électrique, chimie, confection. Ces nouveaux établissements, implantés dans des zones industrielles récentes, drainent la main-d'œuvre des campagnes environnantes et provoquent une croissance spectaculaire des villes d'accueil.

Les activités tertiaires sont en essor sous la double initiative du secteur public et de la décentralisation du secteur privé.

▬ 3. Les limites d'une renaissance régionale

L'urbanisation générale que l'extension des activités secondaires et tertiaires a provoquée, s'est plus spécialement développée le long des grands axes de communication. Elle a stimulé la promotion de capitales régionales comme Reims, Orléans, Tours, Caen, Rouen. **Avec un marché de l'emploi plus diversifié, une zone de recrutement de main-d'œuvre plus vaste, une influence commerciale étendue, la création de services de haut niveau et la naissance d'activités culturelles indépendantes de Paris, ces villes sont à l'origine d'un renouveau de la vie régionale.**

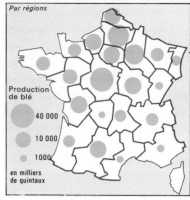

↑ **1. Le Bassin parisien, grenier à blé de la France... et de l'Europe**

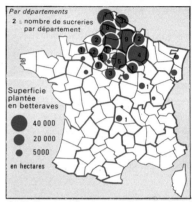

↑ **2. Le premier espace betteravier et sucrier de France**

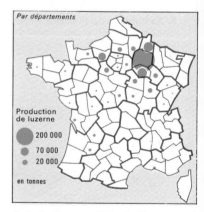

↑ **3. La luzerne déshydratée : une spécialité champenoise**

---

4. La Normandie : un élevage de « dimension européenne »

C'EST par son élevage bovin que se distingue la Normandie qui contribue fortement à la production nationale de viande de porc, de veau et de gros bovin. Le Calvados et l'Orne se trouvent aussi parmi les premiers départements d'élevage. La production normande de lait, la plus significative, dépasse celle de pays européens, cependant doués pour l'élevage, comme l'Autriche, la Hongrie, la Suède, la Suisse. La Normandie peut être considérée comme une région d'élevage de dimension européenne.

d'après A. Fremond,
Atlas et géographie de la Normandie
(Paris, Flammarion, 1977).

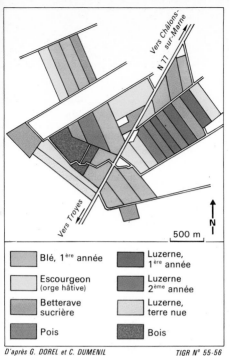

D'après G. DOREL et C. DUMENIL   TIGR N° 55-56

↑ 5. Une exploitation champenoise : notez la taille des parcelles, la nature des cultures.

Légende de la carte 5 :
- Blé, 1ère année
- Escourgeon (orge hâtive)
- Betterave sucrière
- Pois
- Luzerne, 1ère année
- Luzerne 2ème année
- Luzerne, terre nue
- Bois

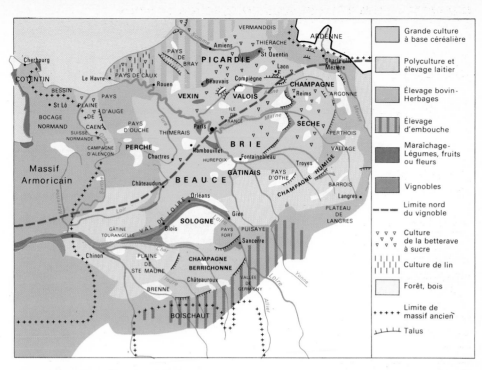

↑ 6. L'agriculture du bassin de Paris.
Observez et expliquez la disposition des activités agricoles autour du marché urbain parisien.

Légende de la carte 6 :
- Grande culture à base céréalière
- Polyculture et élevage laitier
- Élevage bovin-Herbages
- Élevage d'embouche
- Maraîchage-Légumes, fruits ou fleurs
- Vignobles
- Limite nord du vignoble
- Culture de la betterave à sucre
- Culture de lin
- Forêt, bois
- Limite de massif ancien
- Talus

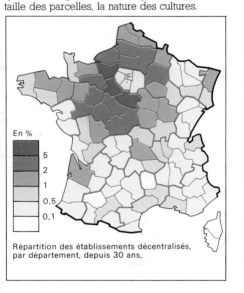

En %
- 5
- 2
- 1
- 0,5
- 0,1

Répartition des établissements décentralisés, par département, depuis 30 ans.

↑ 7. Le bassin de Paris, grand bénéficiaire de la décentralisation industrielle

↑ 8. Un exemple de déconcentration industrielle : L'usine Renault implantée à Dreux (1970)

9. Reims : l'affirmation d'une métropole régionale

Son nombre d'habitants et son dynamisme récent confèrent à Reims un rayonnement qui dépasse de très loin celui de ses principales rivales.

Quatre activités tertiaires ont un rayon d'action qui déborde largement les limites de la région. Le négoce du champagne donne à Reims un rayonnement international. Une autre source d'influence extra-régionale a pour origine l'essor des maisons d'alimentation à succursales multiples qui sont, en fait, une « invention » rémoise.

Deux autres activités finissent de donner à Reims une zone d'influence extra-régionale : le transport routier, né des besoins de la commercialisation des textiles et du champagne, et le PUM, Produits d'Usines Métallurgiques (entreprise de distribution). La création de la région de programme fut pour Reims l'occasion d'étoffer ses fonctions « régionales ». Elle a saisi non pas les services administratifs proprement dits, mais un certain nombre de services régionaux à caractère social et économique.

Pour la plupart des services de haut niveau, administration régionale au sens strict exclue, Reims joue le rôle d'une métropole régionale pour les Ardennes, la Marne et l'Est de l'Aisne. L'aire de recrutement de son université englobe aussi la plus grande partie du département de l'Aube et le Nord de la Haute-Marne.

d'après J. Domingo, G. Dorel, A. Gauthier, *Champagne-Ardenne, une région à la recherche de son identité* (Paris, Bréal, 1987).

10. Les difficultés d'une vie politique normande autonome

L'ÉLECTION du conseil régional au suffrage universel, à partir de 1986, a donné plus d'assise à cette institution, mais, dans une région intégrée à l'espace central français comme l'est la Haute-Normandie, le débat régional demeure bien pâle à côté du débat national. Il reste une place pour la démocratie locale, mais elle est limitée aux questions de tous les jours : la voirie, les parkings, les Maisons de jeunes, les écoles primaires et maternelles. Comme la région est peu perçue par la population, l'aménagement de la vie de relation, qui ne peut se concevoir qu'à ce niveau, est pris en charge par des spécialistes.

d'après Y. Guermont, « La Haute Normandie » dans *La Géopolitique des régions françaises* (Paris, Fayard, 1986, 3 vol. sous la direction d'Y. Lacoste).

La porte océane de Paris :

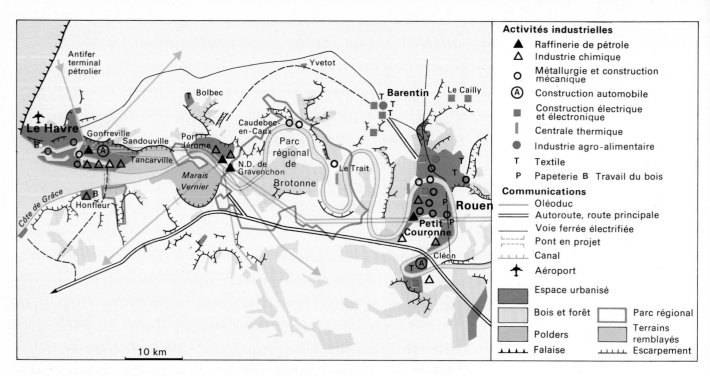

↑ **1. La Basse-Seine : deux ports maritimes et un axe industriel majeurs**

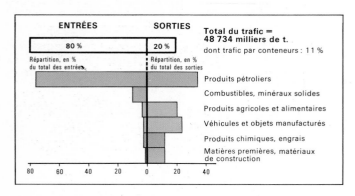

Total du trafic = 48 734 milliers de t.
dont trafic par conteneurs : 11 %

Produits pétroliers
Combustibles, minéraux solides
Produits agricoles et alimentaires
Véhicules et objets manufacturés
Produits chimiques, engrais
Matières premières, matériaux de construction

↑ **2. Le trafic portuaire du Havre**

en millions t/km*

Trafic à la remontée

Trafic à la descente

* t/km (= tonne/kilomètre) est l'unité utilisée pour exprimer l'importance du trafic fluvial. S'obtient en multipliant la masse d'une cargaison (ent.) par le kilométrage parcouru.

↑ **4. Le trafic fluvial de la Seine entre Paris et l'estuaire**

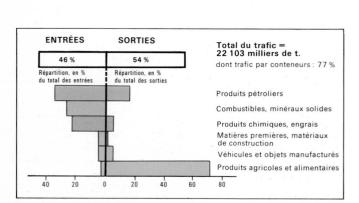

Total du trafic = 22 103 milliers de t.
dont trafic par conteneurs : 77 %

Produits pétroliers
Combustibles, minéraux solides
Produits chimiques, engrais
Matières premières, matériaux de construction
Véhicules et objets manufacturés
Produits agricoles et alimentaires

↑ **3. Le trafic maritime du port de Rouen**

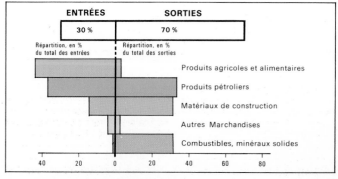

Produits agricoles et alimentaires
Produits pétroliers
Matériaux de construction
Autres Marchandises
Combustibles, minéraux solides

↑ **5. Le trafic fluvial du port de Rouen**

la Basse-Seine

6. Le Havre, un site et une situation valorisés

Au Havre, le bassin de marée, surcreusé, accueille les supertankers ; l'écluse François 1er, au fond du bassin René-Coty, ouvre le canal central maritime, qui dessert les 8 000 ha de la ZIP, aux navires de 250 000 t.

Les tankers de 500 000 t et au-delà, qui ne peuvent franchir le Pas-de-Calais, viennent décharger au terminal pétrolier d'Antifer, dont la digue s'avance dans la mer, au nord du Havre, et qu'un oléoduc de 25 km relie au port.

La qualité de l'outil ne résulte pas des seules capacités techniques, mais aussi de la politique commerciale. 200 lignes régulières permettent au Havre de desservir le monde entier. Le Havre est relié à 500 autres ports ; il est surtout le 1er port français pour les relations avec l'Atlantique Nord.

d'après D. Clary, *La Normandie* (Paris, PUF, coll. « Que sais-je ? », 1987).

↑ **7. Le port du Havre :** ancien port et bassins à flot, à gauche ; bassin de marée, au centre, prolongé, à l'arrière-plan à gauche, par un canal maritime desservant la zone industrielle ; la Seine à droite.

8. Rouen : l'avantage des contraintes

ROUEN doit compter avec des difficultés qui lui sont propres, le manque de dégagement du port, enserré dans l'agglomération, et les problèmes délicats posés par la navigation maritime dans la basse Seine. Mais, avec une belle opiniâtreté, les responsables du port ne cessent d'améliorer les conditions de navigation en Seine.

Ainsi Rouen a-t-il consolidé ses avantages de situation : des accès maritimes en eau profonde, un dégagement fluvial sur Paris doublé par le chemin de fer et par l'autoroute. De tous les ports maritimes français, c'est celui qui accueille les navires le plus profondément à l'intérieur des terres (120 km), le plus proche de Paris (120 km), au cœur d'une région densément peuplée et fortement industrialisée.

d'après A. Fremond, *Atlas et géographie de la Normandie* (Paris, Flammarion, 1977).

QUESTIONS

1. Comparez le site des grands ports de la Basse-Seine. Quels sont leurs avantages et inconvénients respectifs ?

2. Observez et analysez la morphologie portuaire du Havre et de Rouen. Comment a-t-elle évolué ? Quels sont les facteurs de cette évolution ?

3. Quels sont les atouts offerts par la situation du Havre et de Rouen ?

4. Faites une analyse comparée du trafic maritime du Havre et de Rouen :
• Comment expliquer une certaine complémentarité entre les deux ports ?
• Quel rôle jouent-ils vis-à-vis du bassin de Paris ?
• Quelle est l'influence du trafic fluvial sur leur activité ?

5. Recensez les différents types de localisations industrielles de la Basse-Seine. Tentez d'en dégager leur logique et leurs fondements.

6. Quel rôle régional Le Havre et Rouen jouent-ils ?

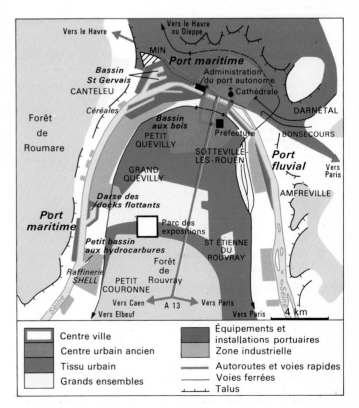

Centre ville
Centre urbain ancien
Tissu urbain
Grands ensembles
Équipements et installations portuaires
Zone industrielle
Autoroutes et voies rapides
Voies ferrées
Talus

↑ **9. Rouen : la ville et le port**

La Loire domptée

L'aménagement de la Loire est redevenu d'actualité avec l'urbanisation du Val et la construction de centrales nucléaires.

La menace principale reste celle des crues du fleuve dont le lit a tendance à se « percher » sur les apports alluviaux. Un corset de levées, les « turcies », sans cesse rehaussées depuis des siècles, a permis d'y faire partiellement face. Mais les étiages trop bas sont tout aussi préoccupants.

Depuis 1984, l'Établissement Public d'Aménagement de la Loire et de ses Affluents (EPALA) a pour mission de réaliser un programme intégré de l'ensemble du bassin de la Loire prévoyant le renforcement des digues et la construction de barrages écrêteurs de crues.

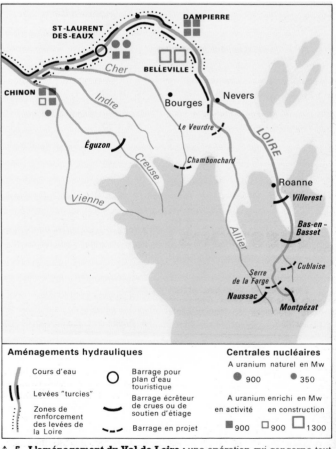

↑ **1. Le Val de Loire en amont d'Orléans, à Jargeau**

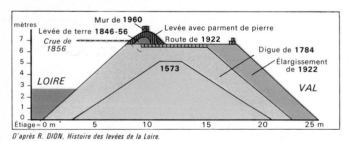

↑ **2. Coupe transversale du Val de Loire**

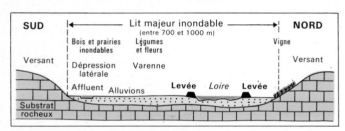

D'après R. DION, *Histoire des levées de la Loire.*

↑ **3. Une levée de la Loire (coupe) :** l'œuvre de plusieurs générations.

4. La Loire toujours inquiétante

Tous les cent ans, le fleuve fait brutalement parler de lui. Aujourd'hui, les populations n'en finissent pas d'attendre la fameuse crue centenaire. On a construit allègrement dans les zones inondables. Mais les moyens de lutte n'ont pas changé. Aucun barrage n'a été édifié pour retenir le flot en amont.

Les digues ne résisteraient pas au-delà d'un débit de 6 000 mètres cubes/seconde. Ouvrir les déversoirs ? Impossible : ils sont aujourd'hui urbanisés. Et les centrales nucléaires auraient les pieds dans l'eau.

de R. Guyotat,
La Loire : oubliée mais inquiétante
(*Le Monde* 25-26 mars 1979,
série *Les grands fleuves*).

↑ **5. L'aménagement du Val de Loire :** une opération qui concerne tout le bassin de la Loire avec ses affluents.

Synthèse/évaluation

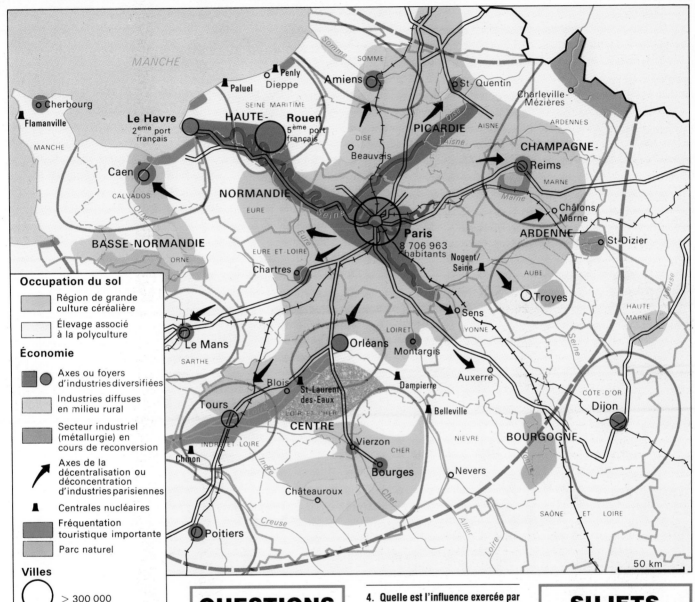

Occupation du sol

Région de grande culture céréalière

Élevage associé à la polyculture

Économie

Axes ou foyers d'industries diversifiées

Industries diffuses en milieu rural

Secteur industriel (métallurgie) en cours de reconversion

Axes de la décentralisation ou déconcentration d'industries parisiennes

Centrales nucléaires

Fréquentation touristique importante

Parc naturel

Villes

> 300 000

de 200 000 à 300 000

de 100 000 à 200 000

< 100 000

Aire d'influence régionale étendue de Paris

Aire d'influence d'une ville

Communications

Autoroutes

Voies ferrées

TGV

Voies navigables à fort trafic > 2 5 Mt an

QUESTIONS

1. Quelle différence peut-on faire entre le Bassin parisien et le bassin de Paris ? Définissez ce dernier. Quelles sont ses limites spatiales ?

2. Quels sont les phénomènes géographiques qui prouvent l'influence de la capitale sur l'espace central français ?

3. Comment Paris a-t-il organisé l'espace régional qu'il domine ?

4. Quelle est l'influence exercée par Paris sur l'agriculture de l'espace central français ? Comment expliquez-vous cette disposition en auréoles concentriques ?

5. Quelle typologie industrielle peut-on mettre en évidence dans l'espace central français ? Quelles catégories de générations industrielles peut-on dégager ? Quel est le rôle de Paris sur ces localisations industrielles ?

6. Dans quelle mesure le bassin de Paris est un espace de loisirs pour les habitants de la capitale ?

SUJETS

1. Essor et limites de la renaissance d'une vie régionale autonome dans l'espace central français dominé par Paris.

2. La façade maritime du bassin de Paris, étude globale.

3. Décentralisation et déconcentration dans le bassin de Paris.

4. Le rayonnement régional de Paris ; ses fondements, ses grands axes, ses limites.

Nord-Pas-de-Calais

Population : 3 927 000 hab.

(En 1 000 qx) Blé : 17 904, maïs : 144, orge : 10 632. Betteraves industrielles : 36 642, pommes de terre : 15 619, colza : 77.8, lin : 552, chicorée à café : 1 727. Bovins : 849 300, porcins : 740 200, lait : 14 092 113 hl.

Charbon : 1 721 965 t ; effectifs au 31-12-86 : 13 622 dont 5 006 au fond ; rendement-fond : 1 710 kg.
Électricité : therm. 7 378 GWh, nucléaire : 35 882.
Pétrole : Dunkerque, B.P. : 579 236 t, Dunkerque, C.F.R. : 4 908 842 t.
Fonte : 5 234 000 t ; acier : 6 963 000 t ; produits finis : 6 075 000 t.

Coton : filés : 73 325 t ; tissus de toile : 27 951 t.
Laine : filés de peignés : 57 460 t, tissus : 10 340 t.
Lin : filés : 5 938 t.
Papier et cartons : *732 165 t dont papier : *546 459 t.
Ciment : 1 770 000 t.

Ports	marchandises (en 10 000 t)	Voyageurs
Dunkerque .	32 394	1 233 512
Calais	10 666	9 187 415
Boulogne ...	4 168	2 954 479

Pêche. Dunkerque : 1 990 t, Boulogne : 84 092 t.

Aéroports (nombre passagers) : Lille-Lesquin : 590 164.

Source : *Images économiques du monde 1987.* SEDES.

le Nord

Petite par ses dimensions, la région Nord-Pas-de-Calais est puissante par ses accumulations de population et de villes et par le fait qu'elle fut longtemps une des plus fortes régions industrielles françaises, mais aussi une riche et diverse région agricole. La précocité du développement industriel et commercial, la constitution d'un réseau urbain dense coiffé par une grande métropole, la conurbation de Lille-Roubaix-Tourcoing, l'éloignement de Paris, lui permettent d'échapper à l'emprise étroite de la capitale.
La région Nord-Pas-de-Calais est à la fois une région de carrefour, un lieu de passage, un lieu de contacts et une région-frontière, ce qui a pesé lourdement sur son évolution. Aujourd'hui, comme d'autres régions anciennement industrialisées, elle connaît de nombreuses difficultés dues aux transformations dans ses bases économiques traditionnelles et est confrontée aux nécessités d'une douloureuse conversion. Celle-ci n'est pas achevée bien que de gros efforts, suivis de nombreuses réalisations, aient été entrepris à cette fin.

Carte de synthèse . . . . .p. 187

ANALYSE DU DOCUMENT

La région Nord-Pas-de-Calais est riveraine de la voie maritime la plus fréquentée du monde : des milliers de navires entre l'Atlantique et les grands ports de la mer du Nord défilent chaque année devant ses côtes. Elle est aussi la région continentale la plus proche du Royaume-Uni : entre le littoral de Calais et les falaises crayeuses de Douvres (à l'arrière-plan), la largeur du détroit du Pas-de-Calais n'excède pas 36 km. Malgré cela, le détroit a été longtemps une coupure avant d'être franchi par un trafic trans-Manche de plus en plus intense.
La réalisation du tunnel sous la Manche dont le chantier français est visible au premier plan (photo prise en 1987), renforcera ces relations et sera un atout important pour le développement du Nord-Pas-de-Calais, en valorisant la situation de frontière et de carrefour et l'ouverture à l'Europe du Nord-Ouest.

1. le Nord - Pas-de-Calais : une région de villes

■ 1. L'importance des villes

Cette région très urbanisée fait partie de la **mégalopolis* nord-européenne,** car les villes se touchent presque, d'Arras à Amsterdam et à la Ruhr. Sa densité de population très supérieure à la moyenne française est en grande partie due aux agglomérations réparties sur toute la région en une organisation urbaine très complexe, coiffée et commandée par une **métropole régionale millionnaire, Lille-Roubaix-Tourcoing,** alors que la Picardie est plutôt dans l'orbite de Paris. Seul le Sud de la région (Artois, pays de Montreuil) moins densément urbanisé et peuplé, appartient plus au style picard qu'au type de peuplement nord-européen.

Ancienne, médiévale dans ses grandes lignes, cette organisation urbaine a été bouleversée, compliquée par la révolution industrielle et les mutations récentes. **Le réseau urbain y est un des plus complexes de France.** Les campagnes elles-mêmes sont souvent densément peuplées, à part certains secteurs plus ruraux (Artois) grâce à **une agriculture intensive** et parce qu'elles sont truffées de petites villes industrielles ou satellites (Cambrésis, Avesnois...) ou deviennent le lieu de résidence pour des actifs allant travailler dans les villes voisines.

■ 2. Une région frontière

Elle a une frontière maritime avec les **pays riverains de la mer du Nord, la plus fréquentée du monde,** et est la plus proche des îles Britanniques. Malgré le développement de Boulogne, Calais, Dunkerque, elle n'a pas suffisamment exploité cette situation pour des raisons politiques et historiques. Artificielle et récente (1668), la frontière avec la Belgique **a coupé les relations méridiennes traditionnelles,** contraint à réorganiser les communications (Dunkerque), à fortifier les villes (Vauban), **a introduit des blocages.** Perméable, elle a permis la forte croissance économique et urbaine au XIXe siècle grâce à l'immigration et à la pénétration des intérêts belges.

Aujourd'hui l'atténuation des frontières dans la CEE et le tunnel sous la Manche peuvent décloisonner le Nord et l'intégrer plus étroitement à l'Europe.

■ 3. Une croissance urbaine aujourd'hui très ralentie

Pendant 150 ans, la croissance urbaine et rurale a été très supérieure à la moyenne française. **La croissance s'est fortement ralentie après 1954 et confine à la stagnation depuis 1975,** ce qui résulte de l'affaiblissement progressif de la fécondité et de la natalité, pourtant encore relativement élevées, et surtout de l'aggravation de l'exode urbain. Si le cœur des agglomérations (Lille, Arras, Douai, etc.) se dépeuple au profit des périphéries des villes satellites, des zones péri-urbaines, de nombreuses agglomérations stagnent ou se dépeuplent. Cela traduit les difficultés économiques et les crises de l'emploi, anciennes (pays minier ouest, Boulonnais) ou récentes (Dunkerque, Valenciennes).

Des migrations définitives ou quotidiennes importantes se font entre les zones urbaines en difficulté, ou les campagnes péri-urbaines, et les pôles plus dynamiques (entre le Pays minier et la région lilloise, par exemple).

■ 4. Des problèmes d'aménagement nombreux et difficiles

L'abondance des villes et les caractéristiques de l'organisation urbaine offrent des avantages : un marché de consommation et de production considérable et dense, des fonctions diversifiées, et complémentaires, des villes interconnectées. Bien que certains secteurs (Avesnois, Cambrésis, Haut-Artois, Boulonnais) restent encore mal desservis, mal raccordés, la quasi-totalité de la région est encadrée par le réseau urbain.

Mais elles posent aujourd'hui d'importants problèmes : grande fréquence des villes industrielles ou spécialistes vulnérables aux crises économiques ; structures socio-professionnelles ouvrières insuffisamment diversifiées et formées ; morcellement administratif et cloisonnement entre les villes d'une même agglomération ; cloisonnement et rivalités entre les diverses zones urbaines ; habitat et tissu urbain héritier d'une croissance anarchique et de qualité médiocre. Mais il y a un tel nombre de villes que les problèmes sont énormes.

1. L'urbanisation du Nord-Pas-de-Calais

7,17 % de la population française.
8,52 % des citadins français.
4e rang en France.
512 villes, 10,5 % des villes françaises.
3e rang en France.
86,4 % de la population urbaine (France : 73,4 %).
3e rang en France.

2. L'héritage d'une longue histoire urbaine

La circulation, le carrefour ont fait naître des villes. La première période d'urbanisation, romaine, a créé l'alignement méridional qui s'appuie sur l'Artois, jalonnée par Boulogne, Arras, Cambrai, Bavay. La seconde est médiévale : la plupart des villes sont apparues aux Xe et XIe siècles plus au nord, du contact entre la craie et les sables et argiles du bassin flamand : Saint-Omer, Béthune, Douai, Valenciennes, Lille.

La révolution industrielle du XIXe siècle déclenche une explosion urbaine unique en France. Cette poussée n'a cependant pas modifié les grands traits de la localisation. L'effet de la révolution industrielle a été profond, inégal et aux conséquences fâcheuses : courées et corons, imbrication des usines et de l'habitat, création de groupements mal structurés de plusieurs milliers d'habitants mais qui ne sont pas vraiment des villes...

D'après A. Gamblin, *Découvrir la France* (Paris, Larousse, t. 34, 1972).

3. La ville du Nord

L'IMAGE classique de la ville du Nord est celle de la ville industrielle, d'un conglomérat de cités dominées par les usines, les terrils, de la ville spécialisée, dépendante, vulnérable née de l'industrie et déclinant avec elle. Une image non fausse, mais stéréotypée, car rien de plus divers que ces multiples organismes urbains. Diversité dans les origines historiques et dans les modes de croissance, dans les formes spectrales de la petite ville isolée en milieu rural parfois encore ceinte de remparts (Bergues, Herdin), à la conurbation lilloise, millionnaire. Diversité dans les fonctions et dans les paysages, avec des banlieues bouleversées ou créées au XIXe ou au XXe siècle par une prodigieuse explosion urbaine.

D'après P. Bruyelle, *L'Organisation urbaine de la région Nord-Pas-de-Calais* (thèse, Paris, 1980).

↑ **4. L'une des deux grandes places d'Arras un jour de fête : qualité du décor urbain et sociabilité nordiste**

↑ **5. Villeneuve d'Ascq, dans la banlieue est de Lille, l'une des villes nouvelles françaises, officiellement achevée (60 000 hab.)**

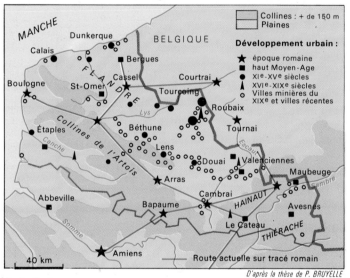

D'après la thèse de P. BRUYELLE

↑ **6. Cadre naturel et histoire du développement urbain**

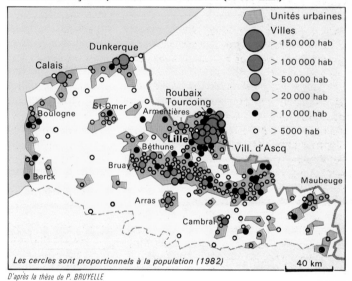

D'après la thèse de P. BRUYELLE

↑ **7. Une trame urbaine dense**

8. Une trame et des modes d'organisation urbaine très complexes

LA trame serrée des grandes villes moyennes, largement pré-industrielle, est unique en France, d'où multiplicité et blocages réciproques des zones d'influence, rivalités traditionnelles, mais aussi complémentaires : un semis de bourgs et petites villes en milieu rural (Artois...) ; des petites villes en milieu rural industrialisé (Cambrésis, Plaine de la Lys) ; des agglomérations classiques (Arras, Cambrai...) ; des chapelets urbains le long de certains axes (Escaut, Scarpe, Aa...) ; une traînée urbaine : la Sambre ; les villes de la façade littorale qui associent les grands ports, des villes secondaires (Étaples...) ; des stations balnéaires, de loisirs ou résidentielles (le Touquet, Berck) ; une urbanisation en nébuleuse, le Pays minier ; la conurbation métropolitaine qui associe la conurbation centrale (Lille, Roubaix, Tourcoing), des villes industrielles ou satellites, des marges rurales urbanisées.

D'après P. Bruyelle, *La France des villes*, vol. 3, la Documentation française, Paris, 1979.

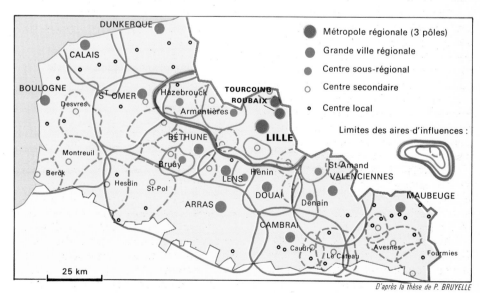

D'après la thèse de P. BRUYELLE

↑ **9. Une organisation urbaine complexe : le rayonnement des villes**

2. le Nord après le charbon

Berceau de la révolution industrielle, le Nord-Pas-de-Calais est devenu au XIXe siècle la seconde région industrielle française (10,3 % des emplois industriels en 1962), **dont la puissance et la prospérité reposaient sur trois piliers : le textile** — depuis le Moyen Âge ; **le charbon** — depuis 1720 et 1850 ; **les industries de base et d'équipement** (sidérurgie, métallurgie, mécanique, chimie, verre) et secondairement l'agro-alimentaire (sucreries, brasseries).

■ 1. La remise en cause

Les bases de cette puissance sont ébranlées après 1946. Les difficultés du gisement houiller, le coût de l'exploitation, la concurrence de nouvelles sources d'énergie moins coûteuses (hydrocarbures) contraignent les houillères d'abord à la modernisation et à la concentration, puis à une extinction progressive et planifiée prévue pour 1993. **Une nouvelle géographie de l'énergie et des industries s'esquisse : la centrale électronucléaire de Gravelines,** la plus puissante de France (5 400 MW), produit 80 % de l'électricité régionale.

Les industries régionales souffrent de la concurrence d'autres productions à meilleur compte (textile, métallurgie), de structures inadéquates (entreprises trop petites, mal intégrées), de localisation inadaptées aux nouvelles conditions internationales de l'industrie : ainsi la carbochimie concurrencée par la pétrochimie.

La concurrence internationale, l'intégration à de grands groupes nationaux ou multinationaux multiplient la concentration et la modernisation, mais aussi les fermetures et les licenciements.

■ 2. Adaptation, modernisation, conversion, diversification

Les industries anciennes s'adaptent en se concentrant et en se modernisant. Le textile, par exemple, se concentre en grands groupes (Prouvost-Masurel, DMC), modernise ses techniques et ses produits (tissus synthétiques, plastiques, fibres optiques) débordant même vers le tertiaire, la vente par correspondance (la Redoute, les Trois Suisses, Damart...), le commerce (Auchan), l'hôtellerie (Novotel).

De nouvelles industries sur de nouvelles localisations se sont implantées, soit spontanément, soit surtout à la suite d'incitations volontaristes pour la conversion des zones en difficultés. Ainsi le développement à partir de 1962 du **complexe industrialo-portuaire, à base sidérurgique intégrée « sur l'eau » de Dunkerque** (cokerie*, hauts fourneaux, aciéries, tôleries à chaud et à froid, fabrication de tubes), ou **la verrerie cristallerie à Arques** (7 000 salariés). Il y a eu une nouvelle réindustrialisation et une diversification après 1965, qui ont changé en partie la géographie industrielle du Nord. Les crises après 1975 ont aggravé la situation, souvent brutalement : liquidation de la sidérurgie du Valenciennois et de la Sambre, fin de la construction navale à Dunkerque, difficultés dans la sidérurgie, la construction automobile, le textile, la confection. Le chômage s'accroît, atteint 14 % fin 1986 (France : 10 %).

Le recul des emplois industriels continue avec moins de 50 % d'emplois industriels. Les créations d'emplois dans les nouvelles industries n'ont pas compensé les pertes.

■ 3. La montée du tertiaire

L'accroissement considérable du commerce et des services depuis 30 ans a largement compensé le recul des emplois industriels qu'ils dépassent aujourd'hui. À ce phénomène général en France s'ajoute ici le rattrapage d'un certain sous-équipement en services, en administration.

■ 4. Une grande région agricole

Bien que la population agricole diminue et que les terres agricoles soient menacées par l'urbanisation, **l'agriculture nordiste reste intensive, très productive, étroitement — quoique insuffisamment — associée aux industries agro-alimentaires et aux marchés urbains.** Elle est diversifiée en des zones agricoles variées consacrées tantôt à la grande culture céréalo-betteravière (Artois, Cambrésis), à l'élevage laitier (Avesnois), à la polyculture intensive associée à l'élevage, livrant des cultures industrielles (pomme de terre, lin, tabac : plaine de la Lys) ou légumières (endive).

1. Les effectifs des actifs

Au 1.1.86	
Agriculture et pêche	61 400
Énergie	28 100
Agro-alimentaire	42 800
Biens intermédiaires	112 500
Biens d'équipement	90 500
Biens de consommation	11 100

Diminution des effectifs (1973-1983)	
Agriculture	− 14 900
Industrie	− 125 400
dont Énergie	− 23 200
biens intermédiaires	− 42 400
BTP	− 5 400

Augmentation des effectifs (1975-1983)	
Tertiaire	+ 97 100

2. Un diagnostic sur la métropole du Nord

La métropole se trouve pourvue d'avantages puissants : structures économiques, organismes de recherche, infrastructure de transport. Son développement dans de multiples domaines depuis deux décennies a été remarqué. Mais deux handicaps l'affectent : la frontière belge, bien que très perméable, limite sérieusement le rayonnement d'une métropole qui restera à 180°. Le second est la crise structurelle qui touche trois industries de base de la région…

D'après P. Flatrès,
Atlas et Géographie du Nord et de la Picardie
(Paris, Flammarion, 1980).

3. Un second diagnostic sur la métropole du Nord

La métropole offre peu à peu tous les traits d'un centre qui influe sur la vie régionale. Les activités industrielles ont laissé progressivement la place aux activités tertiaires. Dans la ville nouvelle se développent les centres de recherche. Lille s'améliore, offre des services appréciés, prend peu à peu figure de vraie capitale régionale. Mais à Roubaix-Tourcoing, tout est à repenser : l'industrialisation excessive trop concentrée, l'urbanisme médiocre, le tertiaire à promouvoir, le taux d'immigration étrangère, les liaisons avec la Belgique comme avec Lille. Faute de pouvoir tout faire, il faut d'abord désenclaver Roubaix-Tourcoing.

La métropole du Nord doit faire face aux handicaps du morcellement en un grand nombre de communes, d'un niveau de vie globalement trop modeste, d'un habitat souvent vieillot et parfois vétuste.

D'après P. Garcette,
« Nord-Pas-de-Calais de 1975 à 1985 »,
Informations et conjoncture (Paris, 1976).

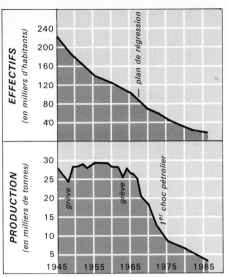

↑ **4. Évolution de la production de charbon**

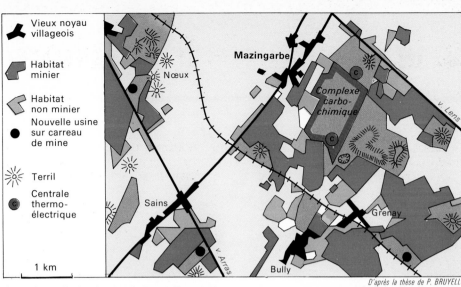

D'après la thèse de P. BRUYELLE

↑ **5. Type d'urbanisation industrielle minière : centre-ouest du pays minier du Pas-de-Calais (Mazingarbe — Bully — Nœux)**

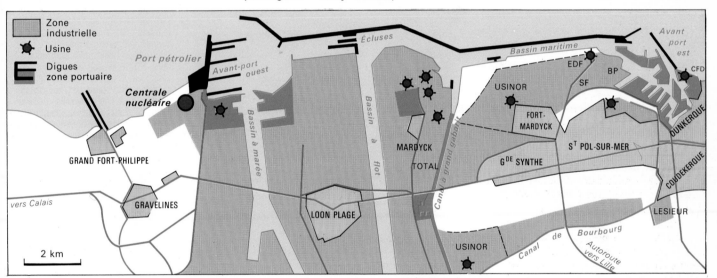

↑ **6. La zone industrialo-portuaire de Dunkerque**

↑ **7. Roubaix : une ville industrielle en mutation.** L'ancienne usine Motte-Bossut au centre est classée monument historique ; derrière, l'ancien secteur insalubre rénové dans les années 60

Un carrefour et un passage :

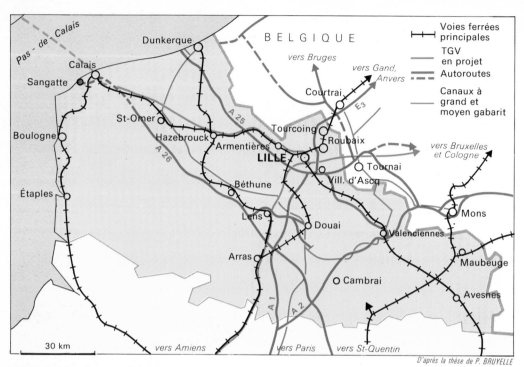

↑ **1. Les voies de communication dans la région Nord - Pas-de-Calais**

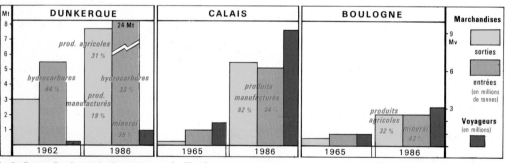

↑ **2. Le trafic des principaux ports du Nord**

↑ **3. Le poste-frontière et le centre de dédouanement d'Halluin, au nord de Lille, sur l'autoroute A1/E3, un des grands axes du trafic européen**

4. Le problème du réseau de communications

LES conditions naturelles et toutes les péripéties de l'histoire militent en faveur des axes nord-sud, avec la menace d'un Nord découpé entre un centre privilégié, un Est isolé, un Ouest maritime. La direction ouest-est est défavorisée et excentrée, car l'axe Dunkerque-Valenciennes est décalé vers le nord, contre la frontière, à cause de la géographie et surtout de l'histoire.

L'idée d'ensemble du schéma régional d'aménagement (1970) reposait sur le couplage entre la façade maritime, lieu d'un puissant développement industriel portuaire, et l'intérieur par un faisceau de communications NO-SE recoupées par des liaisons (autoroutes, chemins de fer, canaux, etc.) nord-sud existantes, programmées et réalisées depuis, nationales ou internationales. Les nouveaux pôles de développement se situent aux nœuds de communication.

D'après Oream-Nord,
Aménagement d'une région urbaine (1971).

QUESTIONS

1. Comment expliquer les liaisons fluviales internes à la région du Nord ? Quels sont les problèmes des liaisons avec la région parisienne et avec le Benelux ?

2. Comment expliquer le tracé des autoroutes dans la France du Nord ? Quels peuvent être leur rôle, les trafics et les flux qui les empruntent ?

3. En quoi le fait d'être une région de passage a été un avantage ou un inconvénient pour le développement de la Région Nord-Pas-de-Calais ?

4. Quelles pourront être les conséquences de la réalisation du tunnel sous la Manche et du train à grande vitesse sur la géographie de la circulation et sur le développement économique et urbain de la France du Nord ?

5. Quels commentaires peut-on faire de la carte 9 p. 185 ? (Distance-Temps après le tunnel).

des voies romaines au tunnel

5. Les conséquences du tunnel et du TGV

La croissance économique de la région Nord-Pas-de-Calais épouse dans l'avenir le développement des transports. La construction du TGV Nord doit répondre aux nécessités d'un développement harmonieux de la totalité du département du Nord et renforcer sa vocation de carrefour international de communication. Dans cet esprit, il apparaît primordial que les axes Paris-Londres et Londres-Bruxelles-Cologne se croisent au cœur de Lille, capitale régionale européenne, et que les lignes du TGV s'insèrent de manière cohérente dans le réseau existant maintenu et rénové, afin que l'ensemble de la région Nord-Pas-de-Calais puisse bénéficier de leur impact.

B. Derosier,
président du Conseil général du Nord,
août 1986.

La combinaison du tunnel et du TGV entraînera une contraction considérable et brutale de l'espace nord-européen en réduisant de moitié les temps de parcours les plus courts. Cette contraction de l'espace et les nouvelles liaisons risquent d'avoir des effets contradictoires. Elles pourront défavoriser les plus faibles au profit des plus forts et jouer dans le sens d'une intégration plus grande dans l'orbite parisienne.

P. Bruyelle, *Annales de Géographie*,
mars 1987.

↑ **6. Dessin du tunnel sous la Manche (Eurotunnel)**

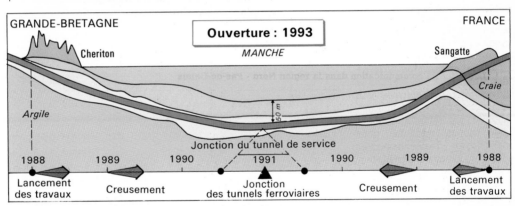

↑ **7. Schéma en coupe du tracé du tunnel sous la Manche**

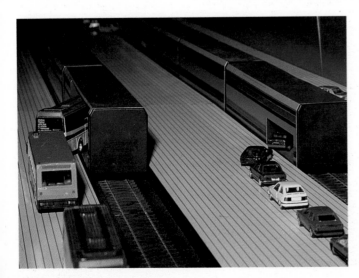

↑ **8. Maquette de la gare d'embarquement des véhicules**

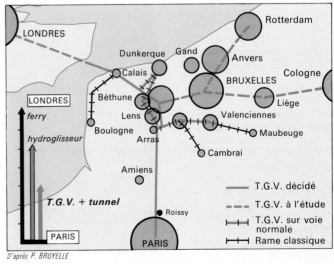

↑ **9. Les gains de temps après le raccordement TGV-Tunnel sous la Manche :** la graduation est en heure.

Les stratégies de la reconversion du pays minier

Les données

La modernisation, puis le recul planifié, accéléré après 1963, qui doit aboutir à l'arrêt définitif et total de l'extraction du charbon vers 1993 ; un recul des emplois miniers sans licenciements mais qui affecte aussi la vie économique (industries liées au charbon compromises), sociale, l'habitat (les Houillères possèdent 115 000 logements), les ressources municipales... La crise brutale de la sidérurgie dans le Valenciennois y aggrave les problèmes. La désindustrialisation entraîne l'émigration et le dépeuplement d'abord dans l'Ouest du bassin puis dans tout le pays minier.

Les intervenants et les actions : des interventions nombreuses et conjointes.

— La conversion interne des Houillères : diversifier et développer des activités non charbonnières (mécanique, chimie, plastiques), réutiliser des friches minières pour réimplanter des entreprises, rénover le parc immobilier, participer aux aides financières et aux sociétés d'aide à la conversion.

— Les chambres de commerce et les collectivités locales : équiper des zones industrielles (Béthune, Auchel, Douvrin, Valenciennes, etc...), financer des infrastructures, attirer des entreprises, participer aux sociétés de conversion (ARI).

— L'État : aider financièrement à la conversion, à l'installation d'entreprises (rôle de la DATAR), à la rénovation des villes et de l'environnement, réaliser les grandes infrastructures (canal à grand gabarit, rocade minière...). Intervention directe dans l'implantation de l'industrie automobile (Douvrin, Ruitz, Douai), de l'imprimerie nationale à Douai, d'industries de conversion (Thomson) dans le Denaisis.

Bilan

— Près de 30 000 emplois créés, surtout après 1968 mais qui ne compensent pas les emplois disparus. Arrivée de nouvelles industries soit sur les anciennes friches, soit sur de nouvelles zones, avec diversification (automobile, mécanique, plastique, confection...).

— Développement encore insuffisant du tertiaire surtout dans les principales villes (Béthune, Lens, Douai, Valenciennes).

— Amélioration du cadre urbain (rénovation des cités et des centres), de l'environnement (parcs de loisirs), des infrastructures de communication, des équipements collectifs et de formation.

— Le dépeuplement ralentit mais n'est pas arrêté et la crise de la sidérurgie aggrave la situation (Valenciennois).

— La conversion reste difficile et est loin d'être achevée.

1. Réindustrialisation et conversion

DE 1966 à 1985, les Houillères ont libéré et cédé pour conversion : 1 302 ha. 760 ha de friches sont disponibles fin 1985. 617 entreprises, 28 000 emplois ont été créés sur les emprises minières réutilisées.

Mais tous les emplois créés dans le pays minier ne sont pas sur des zones minières (cf automobile).

Les Houillères ont modernisé 32 139 logements, ont construit 7 076 logements neufs.

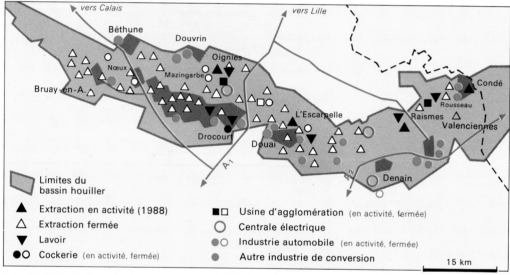

↑ **2. Le pays minier** (en gris foncé : les zones fortement urbanisées).

↑ **3. Une friche minière reconvertie à Nœux-Lès-Mines (P.-de-C.).** Au pied de l'ancien terril, le carreau démantelé a été réaménagé en zone industrielle où se sont implantés entrepôts et industries.

Synthèse/évaluation

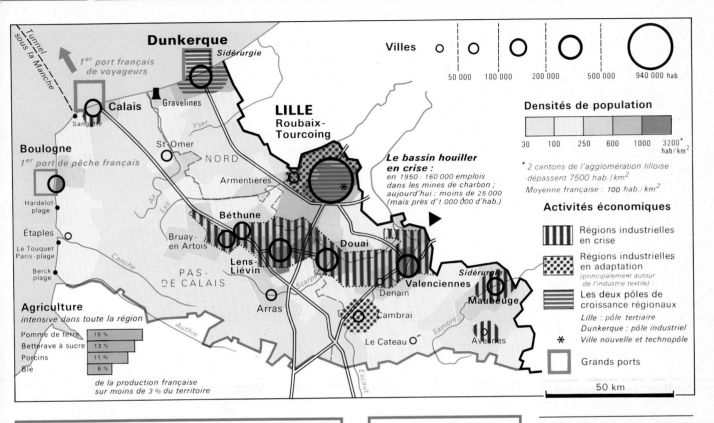

Dunkerque
Sidérurgie
1er port français de voyageurs

Villes ○ ○ ○ ○ ○
50 000 100 000 200 000 500 000 940 000 hab

Calais
Gravelines
Sangatte

LILLE
Roubaix-Tourcoing

Densités de population
30 100 250 600 1000 3200* hab/km²

Boulogne
1er port de pêche français

St-Omer
Yser
NORD
Armentières

Le bassin houiller en crise :
en 1950 : 160 000 emplois dans les mines de charbon ; aujourd'hui : moins de 25 000 (mais près d'1 000 000 d'hab.)

* 2 cantons de l'agglomération lilloise dépassent 7500 hab./km²
Moyenne française : 100 hab./km²

Hardelot-plage
Étaples
Le Touquet-Paris-plage
Berck-plage

Canche

Béthune
Bruay-en-Artois
Lens-Liévin
PAS-DE-CALAIS
Scarpe

Douai

Sidérurgie
Valenciennes
Denain
Maubeuge

Activités économiques

Régions industrielles en crise

Régions industrielles en adaptation *(principalement autour de l'industrie textile)*

Les deux pôles de croissance régionaux
Lille : pôle tertiaire
Dunkerque : pôle industriel

* *Ville nouvelle et technopôle*

Grands ports

Agriculture
intensive dans toute la région

Pomme de terre	15 %	
Betterave à sucre	13 %	
Porcins	11 %	
Blé	6 %	

de la production française sur moins de 3 % du territoire

Arras
Authie
Cambrai
Le Cateau
Avesnes
Sambre
Escaut

50 km

COMMENTAIRES DE TEXTE

Le pays minier, caractéristiques et contraintes

LE développement des activités industrielles et de l'habitat s'est fait sur un semis de villes et de villages anciens. Un type unique d'habitat et d'industrie se répète : la mine, ses activités, l'habitat minier.

Le dense réseau des voies ferrées cloisonne l'espace en une multitude de zones. L'infrastructure minière détermine l'espace vécu du mineur entre la fosse et la cité. Outre l'emploi, les houillères fournissent tous les équipements indispensables à la vie du mineur, le logement, la formation, les soins, les distractions. L'assistance-sécurisation pénètre toute la vie du mineur et assure la permanence d'un statut difficile, le seul élément sûr et stable de leur vie quotidienne qui devient primordial au fur et à mesure de la récession.

Au cours de la dernière décennie, la conversion du bassin minier a été largement engagée. Pourtant, le bassin se vide, surtout de jeunes. Le manque d'emplois est à la fois quantitatif et qualitatif. Les femmes ont peu de possibilités de travailler sauf hors de la zone. Il faut créer des emplois diversifiés et de qualité, grâce à une formation professionnelle. Cela suppose qu'on rende plus attractives les villes du pays minier avec un réaménagement profond de l'espace…

D'après Oream Nord, *L'héritage industriel*, Vivre au présent, oct. 1975.

1. Décrivez l'univers quotidien du mineur.

2. Qu'est-ce que l'assurance-sécurisation ?

3. Qu'est-ce qui limite la conversion du bassin minier ?

4. Quelle est la principale mesure d'aménagement envisagée ? Pourquoi ?

QUESTIONS

1. Quels ont été les facteurs du développement économique et urbain du Nord-Pas-de-Calais ?

2. Les causes de la « désindustrialisation » du Nord-Pas-de-Calais.

3. Transformations et adaptations des industries du Nord-Pas-de-Calais.

4. Forces et faiblesses du Nord-Pas-de-Calais dans l'évolution économique et sociale récente de la France.

5. En quoi la situation géographique du Nord-Pas-de-Calais en Europe du Nord-Ouest peut être un avantage ou un inconvénient ?

6. Quelle est l'originalité de l'urbanisation du Nord-Pas-de-Calais par rapport à d'autres régions françaises ? Quelles sont les régions qui ont les caractéristiques les plus proches ?

7. Quels sont les principaux problèmes de l'aménagement des villes ?

8. Quels sont les caractères et les particularités de l'armature urbaine du Nord-Pas-de-Calais ? Sont-elles des avantages ou des inconvénients pour le Nord-Pas-de-Calais et son aménagement ?

9. Les caractéristiques et le rôle de la métropole du Nord-Pas-de-Calais, Lille-Roubaix-Tourcoing.

SUJETS

1. La ville dans le Nord français.

2. Héritage et devenir du pays minier.

3. Le Nord français dans l'Europe des Douze.

DONNÉES STATISTIQUES

Bourgogne

Population : 1 607 000 (1986).
(En 1 000 qx) Blé : 15 641, maïs : 3 301, orge : 8 831.
Bovins : 1 406 300, porcins : 200 100.
Vin : 2 507 000 hl.
Houillères de Blanzy : 918 302 t.
Production d'électricité : 1 174,6.

Franche-Comté

Population : 1 096 000 (1986).
(En 1 000 qx) Blé : 1 868, maïs : 790, orge : 1 767.
Lait : 12 206 078 hl, vin : 106 862 hl.
Bovins : 707 340, porcins : 167 745.
Électricité therm. : 268 GWh, hydr. : 657.
Coton, filés : 16 990 t, tissus : 7 708 t.
Automobiles : 330 034, bicyclettes : 608 143.

Lorraine

Population : 2 313 000 (1986).
(En 1 000 qx) Blé : 8 513, maïs : 593, orge : 6 937.
Bovins : 1 059 770, ovins : 272 300, porcins : 113 100.
Charbon : 9 897 275 t.
Électricité : (GWh) Therm. : 9 209, nucl. : 221, hydr. : 61.
Minerai de fer marchand : 11 507 878 t, acier : 5 315 000 t.
Sel gemme : 386 096 t.
Coton, filés : 63 253 t, tissus : 54 904 t.
Vosges : papier d'emballage et carton : 59 047 t.

Alsace

Population : 1 600 000 (1986).
(En 1 000 qx) Blé : 2 891, maïs : 5 067, orge : 951.
Betteraves industrielles : 2 342. Lait : 3 651 223 hl.
Vin : 1 200 000 hl.
Houblon : 8 140 qx, tabac : 53 940 qx.
Pétrole, raffinage : 4 200 000 t.
Électricité (GWh) : therm. : 440, hydraul. : 7 765, nucl. : 11 180.
Papier et carton : 345 316 t.
Potasse : 1 616 500.
Coton, tissus : 16 155 t.
Laine, tissus : 1 184 t.
Port de Strasbourg : 10 683 836 t.

Sources : *Images économiques du monde 1987.*

le grand Est

Tournant le dos, naturellement, au pôle centralisateur parisien auquel elles ont été rattachées souvent très tard, les régions du Grand Est ont gardé une position originale au sein de l'ensemble français. Mais **chacune a ses caractères propres, bien marqués. Une Bourgogne aux deux visages,** l'un rude des plateaux, l'autre plus riant du vignoble et de la vallée de la Saône. **La Franche-Comté, forestière et pastorale. La Lorraine, pays du fer et du charbon,** et d'autres industries encore, presque toutes en crise, mais aussi région de campagnes contrastées, de polyculture et d'élevage. **L'Alsace enfin, la plus originale peut-être,** avec ses villages soignés, son réseau dense de petites villes et ses industries variées.

Confrontées aux difficultés du XXe siècle finissant, les régions du Grand Est n'ont certes pas toutes les mêmes atouts pour affronter l'avenir. Cependant, **leur marginalité française tend à devenir une centralité européenne** que l'une d'entre elles au moins — l'Alsace — fidèle à une vieille tradition, est déjà en train de mettre à profit. Les autres, tout autant concernées, ne peuvent que développer des relations auxquelles les invitent leur histoire et l'effacement des frontières.

Carte de synthèse . . . . page 197

ANALYSE DU DOCUMENT

Strasbourg, « ville de routes ». Européenne au Moyen Age déjà, elle est la plus importante des cités du Grand Est. Elle a bénéficié de l'industrialisation de l'axe rhénan et elle veut profiter le plus possible de sa situation au sein de l'Europe nouvelle. Au premier plan, sur les bords de l'Ill, le siège du Conseil de l'Europe est le symbole de cette ambition. À l'arrière-plan, la vieille ville dominée par la cathédrale construite en grès rose venu des Vosges dont on distingue les reliefs à l'horizon.

1. un héritage contrasté

■ 1. Des marges intégrées lentement et tardivement

Terres d'entre deux, tiraillées entre les influences françaises et germaniques, les régions du grand Est ne sont venues se souder au reste du pays qu'à partir du XVIe siècle et par lambeaux successifs. L'opiniâtreté de la monarchie centralisatrice française avait su à la fin du Moyen Âge éliminer l'ambitieux duc de Bourgogne d'abord, et s'imposer ensuite au vaste empire germanique.

Chaque partie de cet ensemble est venue par des chemins divers agrandir le territoire national. **On ne peut ignorer la longue marginalité de ces terres si l'on veut comprendre certains de leurs caractères géographiques actuels.**

■ 2. Autour d'un axe privilégié nord-sud

La nature a contribué aussi à affirmer la marginalité du grand Est, puisque ses régions sont installées autour **d'une grande fracture méridienne de l'Europe occidentale (plaine d'Alsace, plaine de Bade) qui favorise depuis toujours les relations nord-sud.** Il est vrai que des courants transversaux est-ouest se sont dessinés ensuite, surtout après le rattachement à une France centralisée par Paris. La circulation n'est pas toujours facile à travers les hautes terres des plateaux bourguignons ou les lignes de côtes successives qui séparent la Lorraine du reste du Bassin parisien. Canaux, routes et chemins de fer ont dû s'accommoder de ces obstacles.

■ 3. Des personnalités diverses et complexes

Il serait vain de chercher une unité géographique au grand Est, au-delà de quelques similitudes ; **chaque région s'est organisée à sa manière et possède une personnalité complexe.**

L'Alsace est sans doute la plus européenne des quatre régions ; si le Rhin a été une frontière, le couloir qu'il draine a très tôt favorisé les échanges et fait de Strasbourg la « ville des routes » entre l'Italie et les Pays-Bas. L'agriculture a bénéficié des échanges et la bourgeoisie a favorisé l'essor de la vigne au pied des Vosges ; ce paysage rural extrêmement soigné se retrouve dans les terroirs des bons « pays » couverts de loess d'une partie de la plaine (Kochersberg, Outre-Forêt...). Mais **l'Alsace, région urbaine par excellence,** est aussi une terre de vieilles industries et de savoir-faire : la métallurgie et le textile se sont diversifiés à l'époque industrielle.

De l'autre côté des Vosges, **la Lorraine présente un visage fort différent ; elle est plus rurale,** malgré les secteurs d'industrie lourde qui ont fait sa réputation. Ses campagnes n'ont pas la même opulence. La polyculture traditionnelle était associée à l'élevage laitier. L'industrie est ancienne dans les vallées vosgiennes (verrerie, textile...) et la sidérurgie lourde a pris le relai des vieilles forges d'antan disséminées sur les plateaux de l'ouest.

La Bourgogne est une région à deux versants ; le découpage régional moderne la fait pénétrer très loin au cœur du Bassin parisien ; l'histoire l'avait installée sur un ensemble complexe de plateaux formant un seuil élevé qui s'allonge entre le Bourbonnais et la Lorraine, mais lui avait aussi donné une façade moins austère sur la plaine de la Saône. C'est là que s'est développée « **la Bourgogne vive** » avec ses vignobles, ses grandes voies de communication et ses villes (Dijon, Chalon...). **La « montagne » bourguignonne, autrefois défrichée par les moines, est le secteur de loin le moins peuplé,** malgré l'héritage d'une vieille industrie métallurgique. Dans la plus grande partie des hautes terres bourguignonnes, l'accent est mis sur l'élevage.

La Franche-Comté, mosaïque de « pays » complémentaires jusqu'à la fin du XIXe siècle, **a aujourd'hui des paysages plus uniformément dominés par l'herbe et la forêt.** Si la prépondérance de l'économie laitière est récente, les « fruitières » fabriquent le gruyère depuis le Moyen Âge, dans la montagne. C'est là aussi qu'est née la petite industrie si diverse qui a fait l'originalité de la Franche-Comté mais, au nord, s'est développé un véritable pôle industriel dans l'aire Belfort-Montbéliard.

Un héritage si divers n'a pas préservé le grand Est de la crise, mais il lui donne sans doute les moyens de connaître un nouveau dynamisme.

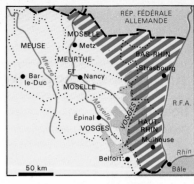

↑ **1. La frontière linguistique entre l'Est francophone (jaune) et germanophone (hachuré).**

CRAYON LIBRE

Savoir vivre

(Dessin de CLAUDE LAPOINTE)

— Des nommés Laspatule, vous connaissez ?
— Laspadule ? Kenn i nit ìm Samme nooch muens Franzose sin. Dìss sin noo sìcher dìe Litt ìm zweite, 's Fenschter ohne Geranie.
(Traduction : Laspatule ? Connais pas. D'après le nom, ça doit être des Français de l'intérieur. Alors c'est les gens du 2e..., la fenêtre sans geranium...)

↑ **2. L'Alsace : une différence culturelle qui se voit (dessin extrait du *Monde*).**

3. Un héritage précieux pour l'Alsace

Il y a une dizaine d'années, Ribeauvillé, Guémar et Bergheim près de Colmar décident de se grouper. Ils mettent en place une zone d'aménagement différé en vue d'une future implantation industrielle. Puis ils se mettent à la recherche d'investisseurs.

Sony-France explique : « une région belle et accueillante, dont le choix est lié à la politique du personnel de l'entreprise qui exige pour ses employés un cadre de travail agréable ; une position au cœur de l'Europe occidentale, à proximité des sources d'approvisionnement en composants électroniques comme des circuits de distribution ; enfin, la certitude de l'efficacité des équipes dirigeantes : locale, départementale et régionale ».

d'après le Bulletin de l'ANDAFAR (Association Nationale pour le Développement de l'Aménagement Foncier, Agricole et Rural), 4e trim. 1986, n° 51.

↑ **4. Une vallée verrière des Vosges du Nord, près de Sarrebourg : Vallérysthal-Trois Fontaines.**

---

5. Au début des années 1960, un manuel de géographie faisait l'inventaire de la petite industrie jurassienne, encore très vivante

L'INDUSTRIE à domicile est une tradition de la campagne jurassienne. Elle est née de l'isolement de montagnards fort habiles, auxquels de longs loisirs ne manquaient pas l'hiver. Elle a évolué, passant de l'utilisation des matériaux locaux à celle des matériaux d'importation. Comme dans la Suisse voisine, les industries du Jura exigent peu de matières premières, beaucoup de travail et d'ingéniosité, et livrent des produits délicats qui supportent d'autant mieux la concurrence étrangère que les frais de transport n'interviennent que pour une part réduite dans les prix de revient.

On a travaillé le bois et le buis. Puis des matières premières importées, la bruyère, par exemple, pour la fabrication des pipes, dont Saint-Claude est le grand centre. On a changé de matière et de fabrication ; le travail de la galatithe, la fabrication d'objets en celluloïd (jouets), le travail des matières plastiques, surtout, se sont répandus.

L'industrie du fer a favorisé le développement de la lunetterie à Morez et de l'horlogerie qui s'est répandue dans le Jura français après le xvᵉ siècle, sous l'influence de la Suisse. L'horlogerie a entraîné le développement de l'industrie lapidaire, pour le pivot des montres, et la diamanterie à Saint-Claude…

d'après V. Prévot et coll., *La France et l'outre-mer* (1963, Belin).

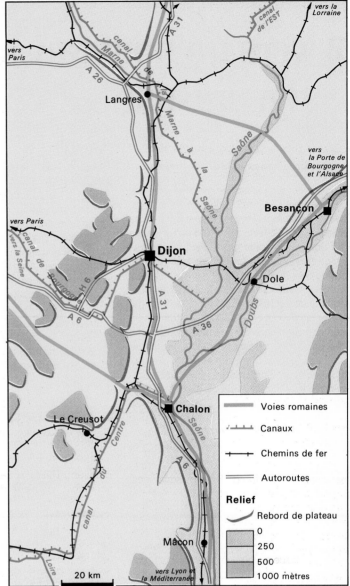

↑ **6. La permanence de la fonction de carrefour en Bourgogne.**

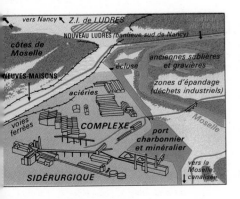

↑ **7. Le complexe sidérurgique de Neuves-Maisons près de Nancy, au fond de la percée cataclinale de la Moselle.** Il est édifié près de vieilles mines de fer mais éloigné de l'aire sidérurgique majeure de la Lorraine du Nord ; il doit sa survie à une modernisation récente. La Moselle canalisée trouve là son point de remontée ultime.

↑ **8. Neuves-Maisons (voir croquis ci-contre).**

2. vers un nouveau dynanisme

1. La crise des industries traditionnelles et leur reconversion

Toutes les industries n'ont pas été atteintes avec la même sévérité par la crise. Les plus touchées sont les plus vieilles et les plus lourdes (sidérurgie, charbon) et celles qui ont subi le plus gravement la concurrence des ateliers du tiers monde (textile, horlogerie...). Des quatre régions, la plus sérieusement atteinte est la **Lorraine** dont les industries sont peu diversifiées et qui toutes ont subi le choc : le textile, la sidérurgie et, dans une moindre mesure, le charbon ; ce dernier a bénéficié d'une concentration géographique de la production nationale. **Forte de son potentiel d'universités et d'écoles technologiques, la Lorraine explore les voies d'un renouveau industriel.** La **Bourgogne** a certes une vieille industrie métallurgique mais une diversification récente, au cours des 25 dernières années, lui assure une plus grande vitalité (chimie fine, mécanique de précision, etc.). La **Franche-Comté** est dans une situation assez semblable avec toutefois un atout supplémentaire que lui assure sa longue expérience artisanale et manufacturière. Ses ouvriers savent s'adapter aux changements. L'**Alsace** a subi, comme la Lorraine, la crise du textile, mais grâce à un tissu industriel dense et divers, elle **a bien mieux résisté que sa voisine.**

2. La modernisation de l'agriculture

Les paysages agraires et les productions sont fort divers dans l'ensemble du grand Est : polyculture, élevage et vigne dans des proportions très variables. Partout on observe une concentration des exploitations avec des remembrements nombreux qui ont modifié les conditions de la production et l'aspect des campagnes. **Cette modernisation a souvent entraîné une spécialisation.**

La **Franche-Comté**, fidèle à une orientation déjà ancienne, **est devenue une région presque totalement laitière,** misant sur la qualité de son industrie fromagère. La **Bourgogne** est moins monolithique ; **elle produit des céréales** en quantités importantes mais est aussi réputée pour l'**élevage d'embouche** (Charolais). La bivalence est claire en Lorraine aussi, mais les bovins, selon les secteurs, sont élevés tantôt pour la viande, tantôt pour le lait. C'est l'**Alsace** qui présente la plus grande complexité, malgré une simplification de la polyculture. **Les cultures industrielles occupent une place importante mais l'élevage laitier est loin d'être négligeable.** Aussi bien en **Bourgogne** qu'en **Alsace**, la vigne occupe une place à part représentant à la fois la tradition et la spéculation moderne. Toutes les régions, enfin, riches en forêts, s'efforcent de développer une « filière bois ».

Ainsi remodelée, l'agriculture du Grand Est doit désormais compter avec les décisions qui sont prises au sein du Marché Commun.

3. Le grand Est au cœur de l'Europe

Ce qui a pu être un handicap est peut-être en train de devenir une grande chance : l'intégration au cœur actif de l'Europe occidentale. **L'Alsace pourra enfin voir s'épanouir sa vocation rhénane ;** Strasbourg est déjà le siège du Conseil de l'Europe et affirme son ambition à jouer le rôle de capitale ; l'héritage historique prend ici tout son sens. Les migrations de travail vers l'Allemagne et la Suisse sont anciennes car les vertus de l'ouvrier alsacien sont reconnues ; des firmes étrangères viennent même sur place chercher la qualité. Malgré la montagne, un phénomène identique existe en **Franche-Comté** où les frontaliers français vont travailler en Suisse mais où, aussi, des capitaux suisses, allemands, américains... sont investis sur place pour profiter de l'habileté de la main-d'œuvre. Si pour la **Bourgogne,** les efforts récents ont surtout facilité les relations avec Paris (TGV) et amélioré le transit à travers le seuil, les liaisons avec l'Europe rhénane sont en progrès, même si la grande voie d'eau Rhin-Rhône n'est pas achevée. Tout comme l'Alsace, enfin, la **Lorraine** est naturellement tournée vers l'Europe avec laquelle elle pratique l'essentiel de ses échanges.

Pour une partie importante du grand Est, l'intégration à l'Europe est donc commencée et se renforcera avec l'ouverture totale des frontières en 1993.

1. Le charbon lorrain

Une production stabilisée mais une importance nationale grandissante

année	production (millions t)	effectifs ouvriers
1960	14,7	—
1964	15,6	—
1970	12,8	21 600
1971	11,5	20 500
1972	10,7	19 700
1973	10,1	18 600
1974	9,1	18 500
1975	10,0	19 500
1976	10,0	19 400
1977	10,0	19 200
1978	9,8	19 300
1979	9,6	19 100
1980	9,8	19 400
1981	10,9	19 800
1982	10,1	20 500
1983	10,6	20 100
1984	10,9	18 900
1985	9,8	17 600
1986	9,9	16 000

2. Les forces d'innovation et les industries du futur

POUR retrouver sa compétitivité et son avenir, la Lorraine doit mettre en œuvre des ressources nouvelles, qu'elle ne peut tirer que de son industrie. Un moment, certains ont pu laisser croire qu'une vigoureuse expansion du secteur tertiaire pourrait quasiment dispenser la région d'une rénovation industrielle. Aujourd'hui, chacun est bien conscient qu'un tertiaire solide ne peut se développer que comme le prolongement d'une industrie prospère. C'est pourquoi un objectif fondamental du développement lorrain doit résider dans la création d'entreprises dynamiques exploitant les forces d'innovation existant dans la région.

Forte de son potentiel d'universités et de grandes écoles scientifiques, la région lorraine s'est engagée surtout depuis 1980 dans une politique de soutien à la recherche, dont les axes ont été définis par un groupe de synthèse formé d'industriels et d'universitaires.

d'après J.-C. Bonnefont, *La Lorraine* (1984, PUF).

3. Quel cadre territorial pour un nouveau développement ?

AUJOURD'HUI on est obligé de se poser une question fondamentale. La Lorraine des quatre départements offre-t-elle un cadre suffisant pour la conception et la réalisation d'une véritable politique de développement ? Elle participe, en fait, de deux espaces différents : un espace rhénan, à l'est et un espace des plateaux orientaux du Bassin parisien, à l'ouest. Le vrai problème consiste aujourd'hui à choisir une stratégie : développement dans un cadre purement national ou au contraire largement ouvert sur l'Europe.

d'après J.-C. Bonnefont, *La Lorraine* (1984, PUF).

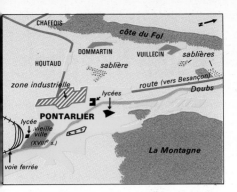

↑ **4. Pontarlier : croquis d'interprétation et les entreprises de plus de 100 employés.**

produits fabriqués		emplois
matériel télécom.	CIT-ALCATEL	539
prod. laitiers/chocolat	SOPAD (Nestlé)	514
pièces auto-cycles	SCHRADER	500
panneaux de particules	ISOREL	326
carburateurs automobiles	GURTNER	230

↑ **5. Pontarlier : une vieille tradition artisanale revivifiée par de nouvelles industries.**

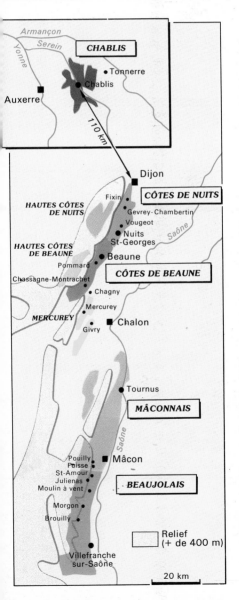

↑ **6. Les vignobles bourguignons.**

↑ **7. Le barrage et l'écluse de Marckolsheim sur un bief de dérivation du Rhin.**

193

Une métropole bicéphale :

Nancy   **96 317 h.**

Bien qu'angoissés par le déclin de la sidérurgie, activité industrielle essentielle de la région, les Nancéiens affirment leur volonté de réagir et de se battre. Malgré les problèmes actuels, Nancy apparaît comme une métropole moderne et un foyer de culture.

Metz   **114 232 h.**
(57 Moselle)

La vieille cité fut un foyer de civilisation brillant dès le vie s. et joua longtemps un rôle de capitale. Elle doit à sa position aux confins de la France et de la Germanie d'avoir connu bien des vicissitudes : sièges et affrontements armés l'ont profondément meurtrie. Devenue l'une des métropoles de la Lorraine, elle affronte maintenant les dures réalités de la reconversion industrielle.

↑ **1. Nancy.**

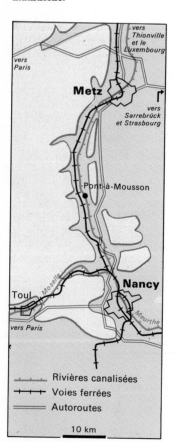

↑ **2. Croquis d'ensemble de la métropole bicéphale.**

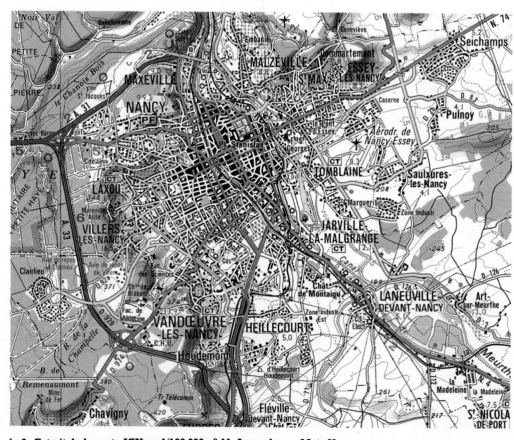

↑ **3. Extrait de la carte IGN au 1/100 000 n° 11. Luxembourg-Metz-Nancy.**

Metz et Nancy

QUESTIONS

1. À l'aide des extraits de la carte IGN, orientez les deux clichés aériens et délimitez le champ couvert par ceux-ci.

2. Sur un papier calque, réalisez un croquis d'interprétation des deux vues, en vous inspirant de ceux des pages 191 et 193.
Mettez en évidence les éléments qui vous paraissent importants dans chaque agglomération (secteurs urbains caractéristiques, éléments du cadre naturel, voies de communications majeures, espaces à fonctions particulières...).
Complétez les croquis en y portant des indications toponymiques que vous fournissent les cartes.

3. Quels enseignements supplémentaires vous apportent les données statistiques de la page 195 ?

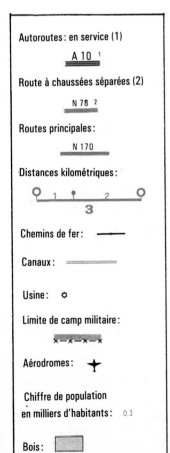

↑ **4. Metz.**

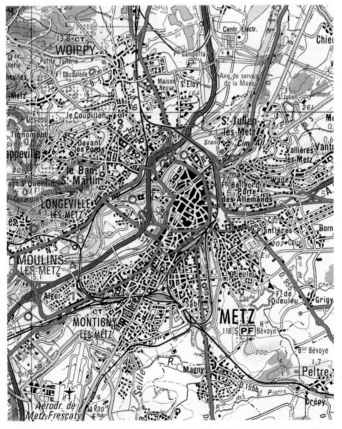

↑ **5. Extrait de la carte IGN au 1/100 000 n° 11 Luxembourg-Metz-Nancy.**

6. Une autre façon de comparer les deux têtes de la métropole lorraine

METZ

COMMUNE :
— Superficie en ha ... 4 500
— Population en :
  • 1968 .... 107 000
  • 1975 .... 112 000
  • 1982 .... 114 000

AGGLOMÉRATION :
— Nombre
  de communes 18
— Superficie en ha ... 14 600
— Population en :
  • 1968 .... 167 000
  • 1975 .... 182 000
  • 1982 .... 186 000

NANCY

COMMUNE :
— Superficie en ha ... 1 500
— Population en :
  • 1968 .... 123 000
  • 1975 .... 107 000
  • 1982 .... 96 000

AGGLOMÉRATION :
— Nombre
  de communes 29
— Superficie en ha ... 23 300
— Population en :
  • 1968 .... 281 000
  • 1975 .... 305 000
  • 1982 .... 306 000

Source : INSEE, Recensement de 1982.

La pollution : craintes et réalités

Les centrales nucléaires font peur. Toutes celles qui ont été construites en France ont donné lieu à des mouvements de protestation avant ou pendant les travaux. La centrale lorraine de Cattenom a été l'objet de manifestations particulièrement importantes au moment de sa mise en service.

La virulence des réactions a sans doute plusieurs explications. La première est que le couplage de la centrale avec le réseau EDF a eu lieu six mois seulement après la catastrophe de Tchernobyl, alors que l'émoi est encore vif. L'autre raison est que la centrale de Cattenom est située à quelques dizaines de kilomètres seulement des frontières allemande, luxembourgeoise et belge ; elle se trouve donc exposée aux mouvements transfrontaliers de groupes d'écologistes particulièrement actifs chez nos voisins.

↑ **1. Manifestation transfrontalière contre la centrale de Cattenom en juin 1986.**

↑ **2. Le lac de retenue de la Pierre Percée dans les Vosges centrales. Une réserve d'eau pour l'équilibre thermique de la Moselle.**

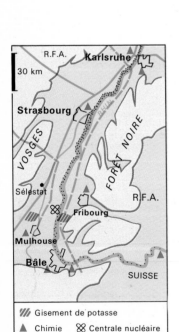

↑ **3. Les dangers de la pollution du Rhin.**

R.F.A. **Karlsruhe**

30 km

Strasbourg

VOSGES — FORÊT NOIRE

Sélestat

R.F.A.

Fribourg

Mulhouse

Bâle

SUISSE

/// Gisement de potasse
▲ Chimie   ⊗ Centrale nucléaire
— Oléoduc   --- Gazoduc

4. Les pollutions du Rhin et les réactions qu'elles ont entraînées

POLLUTION PAR...			
le sel	les herbicides	les insecticides	le méthanol
le pétrole	le chlore	le mercure	la dioxine

RÉACTIONS	
politiques	*de l'opinion*
— Conférences des pays riverains	— boycott des produits Sandoz
— Parlement européen	— manifestations
— Conseil des ministres de la CEE	— appel de personnalités (des « 21 »)
— Parlement néerlandais	— prise de position des églises
— Conseil régional d'Alsace	— manifeste de Greenpeace
— Conseil cantonal bâlois	— protest. des assoc. de pêcheurs
— Commission d'enquête	— documentaire télévisé
juridiques	*scientifiques*
Tribunal international du Rhin	— commission d'experts
Cour internationale de La Haye	— conférences et colloques

5. Le Rhin sans cesse menacé

Si la perspective de pollution nucléaire — même peu probable — émeut l'opinion de part et d'autre des frontières de la Lorraine, il est une autre pollution qui n'est pas seulement hypothétique ; c'est celle que provoque parfois l'industrie chimique. Les dangers sont ici multiples et réels : ils peuvent se manifester par des rejets toxiques dans l'atmosphère, de façon chronique ou aiguë, mais aussi par une altération très grave du milieu aquatique. Le Rhin, bordé de foyers industriels nombreux, est particulièrement menacé. Le grave incendie de l'usine Sandoz de Bâle, le 1er novembre 1986, illustre bien ce danger et son caractère international. Les médias montent une garde permanente. En Alsace, le quotidien régional, *Les Dernières Nouvelles d'Alsace*, n'a pas publié moins de *185* articles, sur la pollution, entre le 1er janvier 1985 et le 10 septembre 1987 !

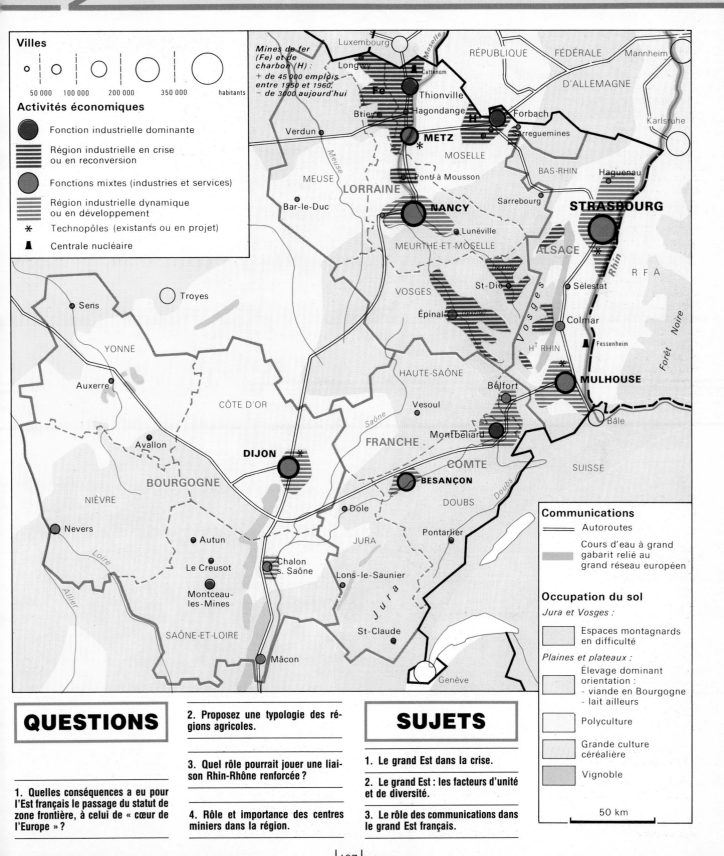

Villes

50 000 100 000 200 000 350 000 habitants

Activités économiques

- Fonction industrielle dominante
- Région industrielle en crise ou en reconversion
- Fonctions mixtes (industries et services)
- Région industrielle dynamique ou en développement
- * Technopôles (existants ou en projet)
- Centrale nucléaire

Mines de fer (Fe) et de charbon (H) :
– + de 45 000 emplois entre 1950 et 1960,
– de 3000 aujourd'hui

LUXEMBOURG
RÉPUBLIQUE FÉDÉRALE D'ALLEMAGNE
Mannheim
Longwy
Cattenom
Fe
Thionville
Brieu
Hagondange
H
Forbach
Karlsruhe
Verdun
Sarreguemines
MÉTZ
MOSELLE
BAS-RHIN
Haguenau
MEUSE
MEUSE
Pont-à-Mousson
LORRAINE
Bar-le-Duc
NANCY
Sarrebourg
STRASBOURG
Lunéville
ALSACE
MEURTHE-ET-MOSELLE
Rhin
R F A
VOSGES
St-Dié
Sélestat
Épinal
Colmar
Forêt Noire
H^T RHIN
Fessenheim
Sens
Troyes
HAUTE-SAÔNE
MULHOUSE
Belfort
YONNE
Vesoul
Bâle
Auxerre
CÔTE D'OR
Montbéliard
SUISSE
Avallon
Saône
FRANCHE-
DIJON
COMTE
BOURGOGNE
BESANÇON
NIÈVRE
DOUBS
Nevers
Dole
Doubs
Autun
JURA
Pontarlier
Le Creusot
Chalon S. Saône
Lons-le-Saunier
Montceau-les-Mines
J u r a
SAÔNE-ET-LOIRE
St-Claude
Mâcon
Genève

Communications

— Autoroutes

Cours d'eau à grand gabarit relié au grand réseau européen

Occupation du sol

Jura et Vosges :
- Espaces montagnards en difficulté

Plaines et plateaux :
- Élevage dominant orientation :
  - viande en Bourgogne
  - lait ailleurs
- Polyculture
- Grande culture céréalière
- Vignoble

50 km

QUESTIONS

1. Quelles conséquences a eu pour l'Est français le passage du statut de zone frontière, à celui de « cœur de l'Europe » ?

2. Proposez une typologie des régions agricoles.

3. Quel rôle pourrait jouer une liaison Rhin-Rhône renforcée ?

4. Rôle et importance des centres miniers dans la région.

SUJETS

1. Le grand Est dans la crise.

2. Le grand Est : les facteurs d'unité et de diversité.

3. Le rôle des communications dans le grand Est français.

CHAPITRE 17

DONNÉES STATISTIQUES

Bretagne

Population : 2 750 000
(En 1 000 qx) Blé : 10 669, orge : 6 568, pommes de terre : 6 396, artichauts : 495.7, choux-fleurs : 4 125.
Lait : 56 249 400 hl. Bovins : 2 899 100 porcins : 5 394 600.
Électricité (GWh) : therm. : 22.8, hydr. : 652.7.
Minerai de fer : 14 770 t.
Kaolin : 318 144 t. Ciment : 1 103 600 t.
Conserves de poissons : 69 477 t, de légumes : 238 258 t.

Ports	Marchandises en 1 000 t	voyageurs
Brest	1 845	—
Lorient	2 414	—
Roscoff	503	330 000
Saint-Malo	1 500	767 784

Pêche	Poids, en t	Valeur M F
Saint-Malo	19 928	199,0
Saint-Brieuc ..	11 326	115,1
Brest	63 327	66,4
Douarnenez ..	17 843	243,9
Le Guilvinec ..	38 332	596,2
Concarneau ..	34 300	486,6
Lorient	69 911	667,7

Pays de la Loire

Population : 2 977 000
Bovins : 3 408 300 ; porcins : 942 200 ; lait : 38 835 061 hl.
(En 1 000 qx) Blé : 14 656, maïs : 6 997, orge : 2 611.
Vins : 2 770 755 hl.
Électricité. Therm. : 3 237,5 GWh.
Raffinerie de Donges : 497 670 t.
Minerai d'uranium : 424 486 t.
Ardoises : 53 077 t.

Port	en 1 000 t	Total
Nantes-St-Nazaire		24 537

Pêche. Saint-Nazaire : 14 447 t, Noirmoutier : 12 335 ; Les Sables : 14 778

Source : *Images économiques du monde 87*, SEDES

le grand Ouest

Le grand Ouest comprend les deux régions officielles de **Bretagne** et des **Pays de la Loire**. Il couvre toute la partie centrale et méridionale du Massif armoricain (datant de l'ère primaire) qu'il déborde un peu à l'est et au sud. **Cet espace correspond à la majeure partie de l'ancienne « Armorique » gauloise et réunit les provinces historiques de Bretagne, Maine, Anjou, et du Bas-Poitou** devenu la Vendée à la Révolution. L'actuelle Bretagne ne comprend que quatre des cinq départements entre lesquels avait été divisée l'ancienne province, la Loire-Atlantique ayant été attribuée à la région nouvelle des Pays de Loire.

Le grand Ouest, espace périphérique aux sols naturellement médiocres, aux communications difficiles, a longtemps été tenu pour un ensemble pauvre et archaïque. Mais, depuis les années 1950, **une impressionnante mutation l'a placé en tête pour l'agriculture et la pêche** et à un rang honorable pour le tourisme. Mais l'industrie, malgré des progrès réels, y reste sous-représentée, **la Basse-Loire** étant la seule véritable région portuaire et industrielle de l'ensemble.

Carte de synthèse .... page 207

ANALYSE DU DOCUMENT

Type de centre urbain d'une grande ville française, Nantes : dans un lacis de vieilles rues médiévales, réaménagées par la percée d'avenues et les constructions des XIXe et XXe siècles, se dressent encore les symboles du pouvoir féodal français : le château ducal et la cathédrale : le pouvoir civil et le pouvoir religieux.
Au premier plan, en bas à droite, l'emplacement d'un arrière-bras de la Loire aujourd'hui comblé est aménagé en avenue. La cathédrale se trouve à l'emplacement de l'ancienne enceinte romaine et le château des ducs de Bretagne, datant du Moyen Age, était alors au bord du fleuve. Les toits en ardoise, les façades grises sont caractéristiques des régions de l'Ouest français. On remarquera dans le même tissu urbain, la juxtaposition de maisons médiévales, d'immeubles des XVIIIe et XIXe siècles et de constructions modernes.

1. une agriculture hautement performante

■ 1. La grande mutation de l'agriculture du grand Ouest

Le grand Ouest a toujours été région d'exploitations familiales petites ou moyennes possédant une longue tradition d'intensification à base de travail, avec une orientation vers la production animale, sauf dans quelques districts légumiers ou viticoles.

Depuis 1950, la seconde révolution agricole, celle de la mécanisation (tracteurs), de la chimicalisation* (pesticides) et de la sélection poussée végétale et animale s'est répandue très rapidement, portant l'agriculture de Bretagne et des Pays de la Loire aux tout premiers rangs des régions françaises.

Les cultures spécialisées se sont maintenues ou développées. L'agriculture « normale » a accentué son orientation laitière, grâce à un renouvellement du cheptel (extension de la race française Frisonne pie-noire), et à l'extension du système des prairies temporaires qui, par l'alternance de l'herbe et de cultures où le maïs domine largement, assurent un rendement fourrager considérable. L'orientation viande bovine avec un système d'embouche a cependant été conservée en quelques régions.

Actuellement les quotas laitiers* européens entraînent un certain développement de l'orientation viande.

Le principal facteur du grand bond en avant de l'agriculture de l'Ouest est la multiplication des ateliers d'élevage industriel, porcs et volailles surtout. De plus en plus ces élevages se font sur des exploitations disposant d'une superficie cultivée notable, qui est nécessaire pour l'épandage des rejets.

Certains exploitants novateurs, issus de fermes familiales, mais possédant le dynamisme de « leaders » économiques, ont développé leurs ateliers, créant de véritables entreprises capitalistes (plusieurs centaines de truies, milliers de porcs à l'engrais, dizaines de milliers de volailles : plus de 100 000 dans quelques-unes).

Certaines exploitations sous serres, certains ateliers d'élevage en sont déjà à la 3e révolution agricole (biotechnologies, informatique).

■ 2. Des localisations complexes

Les régions agricoles du grand Ouest sont moins différenciées que celles du Bassin parisien.

Seuls les districts de cultures spéciales ressortent nettement. Les Pays de Loire ne produisent pas de vins prestigieux comme la Champagne ou la Bourgogne, mais leurs vignobles sont plus étendus que ceux de ces deux régions (vignoble d'Anjou en Saumurois avec ses mousseux et de plus en plus ses vins AOC blancs et rouges ; vignoble de Loire-Atlantique, au sud de la Loire, avec ses vins désignés par des noms de cépages : muscadet et gros plant).

L'Anjou possède aussi un important district d'horticulture. L'urbanisation le chasse de la banlieue sud d'Angers vers la vallée de l'Authion, aménagée hydrauliquement. Les principaux districts légumiers (« rayons légumiers ») s'échelonnent le long de la côte nord de Bretagne. Trois facteurs ont contribué à cette localisation : d'abord la douceur des hivers littoraux permet des primeurs — mais le littoral sud partage ce privilège ; ensuite les sols fournis par la chape de lœss couvrant la pénéplaine nord — et absente du sud ; enfin et surtout les ports permettant des exportations vers l'Angleterre.

L'agriculture « normale », à orientation laitière, s'étend sur la plus grande partie du grand Ouest. Les nuances climatiques (été plus chauds et ensoleillés au sud) entraînent quelques variations (maïs-fourrage au nord ; maïs-grain dans la région ligérienne). L'élevage d'embouche est resté dominant dans l'est de la Mayenne (pays de l'Erve) et dans le Perche sarthois.

Les ateliers d'élevage industriel sont très inégalement répartis pour des raisons essentiellement humaines. Ils sont surtout importants dans le Nord et le centre du Finistère, et dans l'Est des Côtes-du-Nord autour de Lamballe. On en trouve aussi en Loire-Atlantique et en Vendée. Le Morbihan, tard venu à ces élevages, a occupé des créneaux restés disponibles : dindes, pintades, canards... et visons (dont la nourriture est à base de poissons).

1. Agriculture : les performances du grand Ouest

	% de la production nationale	Rang
Bretagne		
Lait	19	1
Porcins	45	1
Poulets	41	1
Œufs	41	1
Canards	14	2
Artichauts	87	1
Choux-fleurs	76	1
Petits pois (pour industrie)	26	3
Haricots (pour industrie)	27	1
Plant de pommes de terre		1
Pays de la Loire		
Lait	15	2
Porcins	8	2
Poulets	7	3
Œufs	7	3
Canards	48	1
Vignes (surface)	4,5	7
Plantes pour semences, (surface)	12	

2. Remembrement et débocagement en Loire-Atlantique

Tandis que je reviens en voiture de Sion à Saint-Florent, une fois de plus, l'œil fasciné, j'observe au long de ma route la destruction du Bocage partout en cours, mais avec une rapidité très inégale : ici des clairières anguleuses aux contours nets comme ceux d'une plaque de pelade attaquent à l'emporte-pièce le lacis serré des haies, ailleurs la fourrure s'effiloche seulement en tas informes et charbonneux, où la flamme n'a pas mordu plus loin que l'écorce. La vraie surprise pour l'œil est dans les bâtiments des fermes, invisibles jusque-là même à très courte distance, acagnardés séculairement dans l'encoignure des haies et qu'on découvre maintenant de loin au fond des vastes clairières rases ; il reste sur ces maisons nourries à l'ombre, et qui semblent cligner encore de tous leurs volets dans le grand jour, quelque chose de peureux et d'effarouché ; la disposition même des bâtiments et de la cour s'ajuste mal à l'*open field* qui maintenant les débusque et les expose.

Nul homme sans doute en Europe, jusqu'à nous, et même pas lors des grands défrichements néolithiques et médiévaux, qui prirent des siècles, n'a vu une vaste contrée changer de visage aussi vite.

Julien Gracq,
Lettrines 2
(éd. José Corti, 1983).

↑ 3. **Troupeau de vaches laitières, race FFNP, dans une exploitation laitière aujourd'hui classique (30-40 bêtes) en stabulation libre.**

↑ 4. **Élevage industriel de poulets de chair.** Noter l'éclairage électrique, les poulets restant 6 semaines dans la pénombre.

↑ 5. **Culture de maïs (ici, jeune pousse) sur le littoral de la baie de Douarnenez.**

↑ 6. **Vignes en Saumurois. Le village est groupé autour de son église.** Les vignes sont cultivées avec soin et les travaux sont mécanisés.

7. La coopération agricole dans l'Ouest

En 1984, un peu moins de 300 organismes coopératifs réalisaient dans l'Ouest un chiffre d'affaires de plus de 67 milliards de francs, soit 27 % de l'activité des coopératives agricoles en France. On recense plus de 350 000 adhérents actifs.

Il existe un modèle coopératif de la France de l'Ouest, modèle encore plus spécifiquement breton. Cette spécificité tient au contexte historique, social et culturel de l'Ouest français où la JAC (Jeunesse agricole chrétienne), en promouvant le développement agricole solidariste, l'engagement syndical et la prise de contrôle économique d'amont et d'aval, a favorisé la création ou l'épanouissement des coopératives polyvalentes après la Seconde Guerre mondiale.

Les conseils d'administration favorisent, notamment dans les coopératives polyvalentes, la diffusion du progrès agricole : stations expérimentales, champs d'expérimentation du maïs hybride, chantier d'ensilage, promotion de la race Frisonne puis Holstein pour la production laitière, contrôle de l'alimentation animale.

D'après J.-P. Peyon, « La coopération agricole dans l'Ouest de la France et son impact sur l'agriculture et le milieu rural », *Mélanges offerts à Pierre Flatrès* (Hommes et Terres du Nord, 1988).

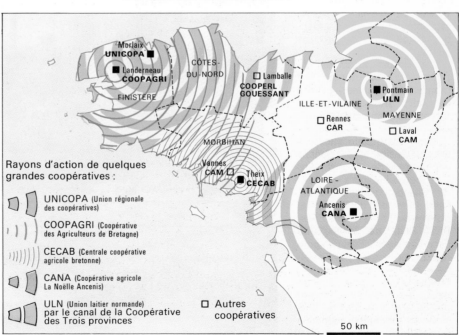

Rayons d'action de quelques grandes coopératives :

UNICOPA (Union régionale des coopératives)

COOPAGRI (Coopérative des Agriculteurs de Bretagne)

CECAB (Centrale coopérative agricole bretonne)

CANA (Coopérative agricole La Noëlle Ancenis)

ULN (Union laitier normande) par le canal de la Coopérative des Trois provinces

☐ Autres coopératives

50 km

↑ 8. **Siège des principaux organismes coopératifs et leurs aires d'extension.** Dualité entre des organismes inter-départementaux et des organismes plus limités géographiquement.

Rien ne sert de produire si l'on ne sait vendre. La question primordiale depuis le début de la grande mutation est la commercialisation, pour laquelle le Grand-Ouest s'est longtemps trouvé handicapé par sa situation périphérique. Des améliorations ont été apportées par la modernisation matérielle de marchés de type traditionnel pour le bétail (Fougères, Craon, Clisson). Plus révolutionnaire a été l'adoption par les légumiers de Saint-Pol-de-Léon, du marché au cadran à enchères descendantes (la « veiling » néerlandaise, voir page 300).

Ces créations ont été rendues possibles par l'action de quelques personnalités exceptionnelles, et par l'action de très puissants complexes, unions de coopératives, au chiffre d'affaires atteignant plusieurs milliards (COOPAGRI, UNICOPA, CANA...). Ces organismes ont participé, parallèlement à des entreprises capitalistes d'origine locale ou extérieure, au développement spectaculaire des industries agro-alimentaires (IAA), d'amont (aliments du bétail) ou d'aval (abattage, salaisons, conserves de viandes et de légumes, produits laitiers).

Les ventes agricoles de l'Ouest se sont diversifiées (nouveaux légumes ; poudre de lait ; fromages divers, camembert, emmental, fromages de types anglais ou italien).

Plus remarquable encore a été l'extension des relations extérieures de l'Ouest. Les IAA font venir leurs céréales de Beauce, mais importent aussi du manioc de Thaïlande, du soja du Brésil et des États-Unis. D'autre part les exportations dépassent l'Europe : poudre de lait vers les pays tropicaux, poulets congelés vers le Proche-Orient, plus récemment, légumes de première qualité vers le marché de New York. La Bretagne commence à exporter son savoir-faire agro-alimentaire vers la Chine.

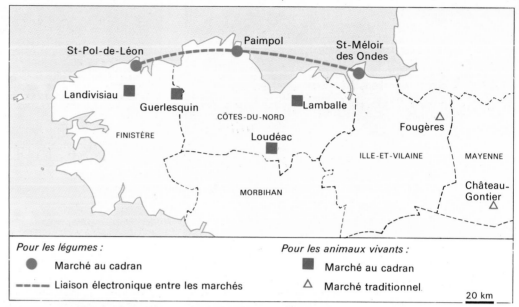

↑ **1. Les principaux marchés de productions agricoles :** type traditionnel (auquel il faudrait ajouter celui de Clisson au sud de Nantes) et type moderne (marchés au cadran).

↑ **2. Marché au cadran de St-Pol-de-Léon :** au centre, le panneau d'affichage des cours des 3 marchés de Saint-Pol-de-Léon, Paimpol et Saint-Méloir-des-Ondes (doc. 1).

a filière agro-alimentaire

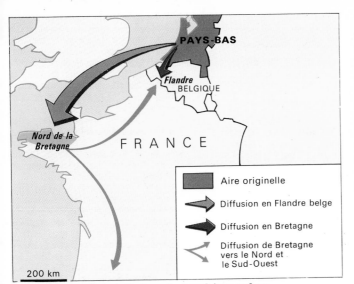

↑ **3. Diffusion de la technique du marché au cadran.**
Invention hollandaise sous le nom de veiling (p. 300), cette technique se diffuse maintenant en Europe.

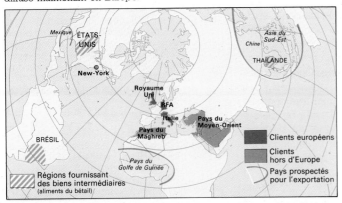

↑ **5. Les « relations extérieures » du grand Ouest : fournisseurs, clients et clients potentiels.**

4. Bridel s'implante aux États-Unis

LE groupe Bridel (2 200 salariés), implanté en Bretagne et en Normandie, qui réalise un chiffre d'affaires de cinq milliards de francs, vient de concrétiser, après deux essais manqués, son implantation aux États-Unis.

Bridel a, en effet, acheté à Boston (Massachusetts) la société commerciale France America et à Greenwood (Wisconsin) la société fromagère « Elmdale cheese factory » qui collecte actuellement 25 millions de litres de lait par an.

La fromagerie est en cours d'agrandissement et sous la marque French Carrousel, fabriquera des fromages à pâte molle qui, dans un premier temps, seront commercialisés sur la côte Est des États-Unis.

Réalisant déjà 25 % de son chiffre d'affaires à l'exportation dans 63 pays, le groupe Bridel, deuxième exportateur breton et 133e exportateur français toutes activités confondues, entend poursuivre son développement international en prenant une part significative sur le marché de la côte Est des USA.

Outre-Atlantique, l'effectif actuel du groupe Bridel est de 50 personnes et le coût d'acquisition des deux sociétés comme le montant des investissements réalisés n'ont pas été communiqués.

C. Tual, *Ouest-France*, 5 décembre 1987.

↑ **6. Laiterie de Pontmain en Mayenne.**

7. Les industries agro-alimentaires.
1er chiffre : % de production nationale, 2e chiffre : rang parmi les régions.

	Bretagne		Pays de la Loire	
Abattage gros bovins	14	2	16	1
Abattage veaux	26	1	11,5	3
Abattage porcins	38	1	10	2
Charcuterie et conserves de viande	20	1	10	4
Abattage de volailles	45	1	19	2
Beurre	34	1	18	3
Laits fermentés (yaourts, etc.)	5	7	10	4
Fromages de vache (fondus exclus)	7,5	7	9,5	3
dont emmental	32	1	—	—
Conserverie de légumes	24	2	0,8	10
Fabrication d'aliments pour animaux	38	1	13	2

QUESTIONS

1. D'après le texte de la page 202, souligner quelques aspects nouveaux et importants de l'agro-alimentaire du grand Ouest.

2. D'après le même texte et les doc. 4 et 5, caractériser les relations extérieures de l'agriculture du grand Ouest.

3. Caractériser et commenter la location des divers types de grands marchés agricoles du grand Ouest.

4. Comment se traduisent sur la photographie les aspects modernes de ce type de marché ?

5. Ce type de diffusion vous paraît-il classique ? Souligner les points les plus originaux du phénomène.

6. Montrer comment la « mondialisation » de l'économie affecte l'agriculture du grand Ouest (doc. 4 et 5).

7. La localisation d'une importante usine dans la campagne profonde (doc. 6) vous paraît-elle fréquente et normale ?

2. pêche, industrie, tourisme

1. La pêche : activité spécifique

La pêche, ou plutôt l'exploitation de la mer, ne fait vivre directement qu'une fraction des actifs du grand Ouest. Elle n'en reste pas moins une activité capitale par sa place dans la vie maritime française : le littoral de Cancale à la Baie d'Aiguillon est de loin le premier secteur de côte par le nombre de marins-pêcheurs, le tonnage et la valeur des prises. Par le rôle dynamisant joué sur l'ensemble du littoral armoricain grâce aux multiples activités induites, commerciales et industrielles, ce secteur **contribue grandement à en faire une zone peuplée et active.**

L'exploitation de la mer dans le grand Ouest touche à la fois le règne minéral **(exploitation de fertilisants calcaires)**, le règne végétal **(récolte des algues pour l'industrie chimique)**, le règne animal enfin sous de multiples formes : **conchyliculture** (élevage des mollusques, surtout huîtres et moules), pêche proprement dite de crustacés et de poissons, **aquaculture*** enfin (élevage de crustacés et surtout de poissons).

La conchyliculture* et la pêche locale sont présentes sur tous les secteurs littoraux ; **le grand chalutage** est surtout le fait des principaux ports du Sud-Ouest breton : Lorient, Concarneau, Le Guilvinec... ; **la pêche lointaine** a deux directions : au nord, Saint-Malo arme toujours quelques grands chalutiers pour la morue et autres poissons du nord ; au sud : Camaret et Douarnenez envoient des langoustiers vers les Açores et la Mauritanie ; plusieurs ports traquent le thon germon du Portugal à l'Irlande, Concarneau pêche le thon tropical dans le golfe de Guinée et l'océan Indien.

2. Des activités industrielles encore insuffisantes

L'industrie, malgré les réussites d'une politique de déconcentration, reste sous-représentée parmi les activités économiques de l'Ouest. Elle est d'autre part inégalement répartie.

L'estuaire de la Loire est la seule région industrielle classique de l'Ouest. C'est en effet la seule région à forte structuration urbaine et financière (Bourse de Nantes), possédant de grands établissements notamment dans les industries de base. Presque tout est venu par la mer : accumulation de capital dans le commerce maritime, transformation des produits importés (raffinerie de sucre à Chantenay, raffinerie de pétrole à Donges) ; constructions navales dont Alsthom-Atlantique à Saint-Nazaire reste le seul grand chantier français encore en activité. Les avantages d'un site portuaire ont aussi attiré des industries de l'intérieur (métallurgie différenciée)... Diverses autres industries fines ont suivi. **Le dynamisme de l'ensemble place Nantes à la tête des métropoles françaises de second ordre** (après Lyon, Marseille, Lille).

La **nébuleuse choletaise** reste la plus **dynamique des régions d'industries rurales.** Cholet, ville moyenne, a été, au XVIIIe siècle, à l'origine du développement du tissage rural de lin puis du coton, qui subsiste mais n'est plus l'industrie dominante. Depuis quelques décennies se sont multipliés les ateliers de mécanique fine, de plastiques, d'électronique.

La plupart des villes de l'Ouest, petites, moyennes ou grandes, possèdent des industries diverses, d'origine traditionnelle (textile à Mayenne et à Laval), ou dues à l'action directe de l'État (arsenaux de Brest et Lorient), ou, enfin, pour beaucoup, dues à la déconcentration. Les plus importantes ont été l'industrie automobile (Renault au Mans dès 1936, Citroën à Rennes, dans les années 1950-1960), et dans l'électronique (Bull à Angers, et surtout en Bretagne à Lannion, à Brest, à Rennes).

3. Le tourisme, surtout littoral

Le grand Ouest est la seconde région française de tourisme d'été. Il s'agit d'un tourisme essentiellement littoral, **surtout familial**, aux modalités multiples : villégiature, sports de mer, excursions, thalassothérapie. Il est très dispersé en multiples localisations accrochées aux découpures du littoral, ou étalé le long des vastes plages de Loire-Atlantique et de Vendée.

L'impact économique du tourisme est certain mais difficile à évaluer. Certains ont estimé que le tourisme était économiquement la seconde activité économique de l'Ouest, après l'agriculture.

1. Une station créée : L'histoire de La Baule

DU sable, des dunes, des zones marécageuses, des forêts, de vastes étendues abandonnées aux soubresauts de vents, les cris des oiseaux et le martèlement des vagues à marée montante pour enchanter le silence... La Baule est ainsi en 1850.

Des esprits particulièrement sagaces repèrent les lieux, investissent le terrain en parant d'abord au plus urgent : stabiliser les dunes par des plantations de pins. L'aventure peut commencer. Ces pionniers misent sur plusieurs atouts : la beauté du site et la douceur de son climat ; l'amorce du déclin des villes thermales et l'engouement récent pour les cités balnéaires ; l'extension du réseau ferroviaire. Car le destin de La Baule est étroitement lié à l'arrivée du chemin de fer dans la région avec la ligne Saint-Nazaire/Le Croisic (1879) ; trois trains vont quotidiennement assurer la liaison Paris-Le Croisic.

En une vingtaine d'années, la construction de La Baule va se structurer autour de quatre lotissements ou morcellements.

Au début des années vingt, toute la partie orientale de la commune reste à urbaniser et à aménager. Ce sera l'œuvre de Louis Lajarrige, député de la Seine. En 1921, il achète deux cent trente hectares de terrains à la Société des Dunes et lance son programme de lotissement : La Baule-les-Pins est en passe de devenir une réalité.

À la différence des lotissements antérieurs, La Baule-les-Pins dispose de larges avenues et les villas sont construites sur de grandes parcelles selon un alignement précis. Autre particularité : la topographie des lieux est ici respectée ; les maisons se nichent au creux d'une dune, s'étagent à flanc de colline ou se hissent résolument en haut de la butte.

En 1960, une autre étape est franchie avec la construction du Panorama. Jusqu'où montera-t-il ? Neuf étages prennent position sur le remblai, affichant leurs balcons bleus zigzagants dont la partie centrale pointe droit sur l'océan.

Un an plus tard, la municipalité impose la première réglementation du front de mer (le plan de l'intérieur de La Baule sera réalisé en 1968).

Le coup d'envoi est donné. En quinze ans, la quasi-totalité des villas se transforme en petits ou moyens collectifs.

D'après Colette David, Stéphan Ménoret, *Les Villas de La Baule* (Nantes, La Presse de L'Estuaire, 1987).

2. Le tourisme

Capacité d'hébergement en hôtels et en campings	Bretagne		Pays de Loire	
	% par rapport à la France entière	Rang	% par rapport à la France entière	Rang
1) Chambres d'hôtel Places de camping (1984)	4,8 % 10,3	7 2	3,0 % 9,0	9 4
2) Fréquentation totale estimée (1985)	9,5 %	3	8,2 %	4

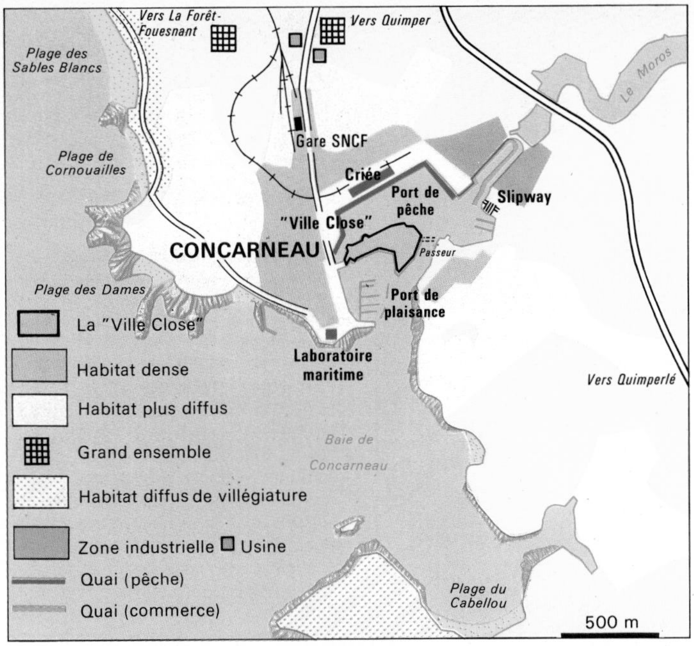
Vers La Forêt-Fouesnant
Vers Quimper
Plage des Sables Blancs
Plage de Cornouailles
Le Moros
Gare SNCF
Criée
Port de pêche
Slipway
"Ville Close"
CONCARNEAU
Passeur
Plage des Dames
Port de plaisance
Laboratoire maritime
Vers Quimperlé
Baie de Concarneau
Plage du Cabellou
500 m
La "Ville Close"
Habitat dense
Habitat plus diffus
Grand ensemble
Habitat diffus de villégiature
Zone industrielle
Usine
Quai (pêche)
Quai (commerce)

↑ **3. Le port de Concarneau : complexité croissante d'un port de pêche.**

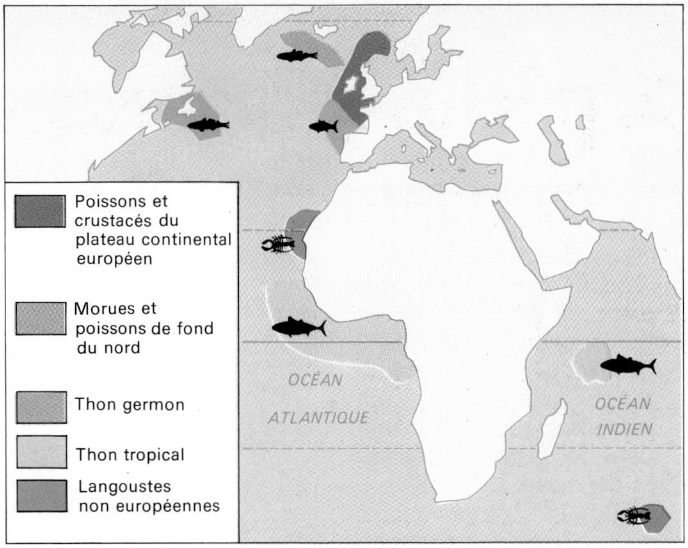
Poissons et crustacés du plateau continental européen
Morues et poissons de fond du nord
Thon germon
Thon tropical
Langoustes non européennes
OCÉAN ATLANTIQUE
OCÉAN INDIEN

↑ **4. La participation des pêcheurs bretons à l'exploitation de l'océan mondial.** Opposition entre les pêches nordiques et tropicales. Problèmes résultant du nouveau droit de la mer et de l'extension des eaux territoriales des États, rendant nécessaires des négociations souvent difficiles.

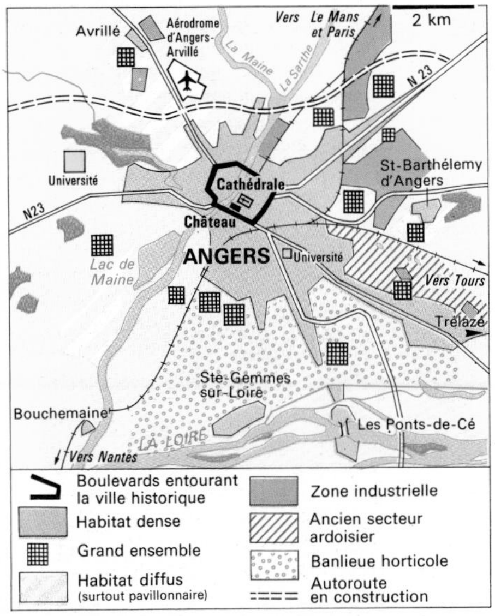
Avrillé
Aérodrome d'Angers-Avrillé
La Maine
La Sarthe
Vers Le Mans et Paris
2 km
N 23
Université
Cathédrale
St-Barthélemy d'Angers
N23
Château
ANGERS
Université
Lac de Maine
Vers Tours
Trélazé
Ste-Gemmes sur-Loire
Bouchemaine
Les Ponts-de-Cé
Vers Nantes
LA LOIRE
Boulevards entourant la ville historique
Habitat dense
Grand ensemble
Habitat diffus (surtout pavillonnaire)
Zone industrielle
Ancien secteur ardoisier
Banlieue horticole
Autoroute en construction

↑ **5. Angers,** ville originale par la présence dans l'agglomération de deux activités (horticulture et extraction de l'ardoise) du secteur primaire. Mais elle connaît aussi ce développement classique des chefs-lieux du Bassin parisien.

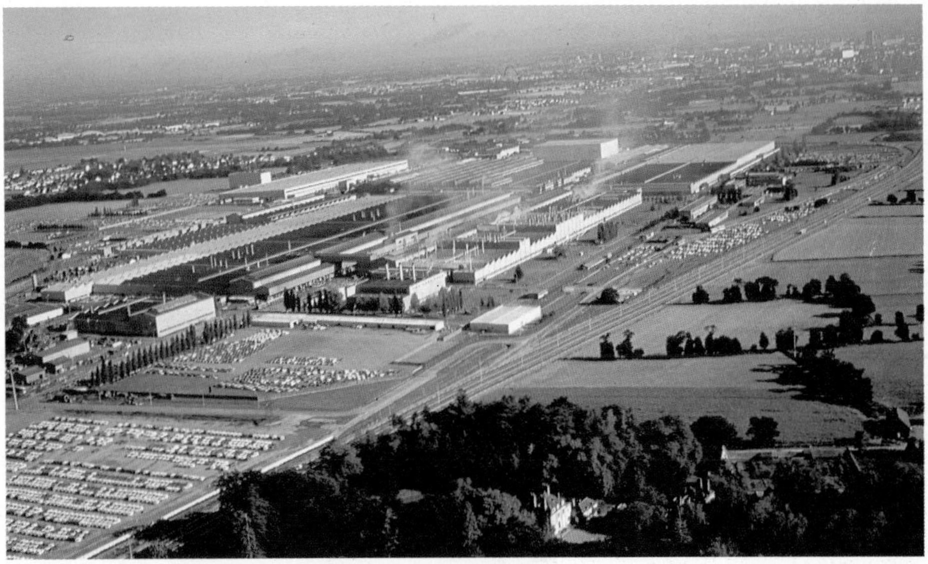

↑ **6. La 2e usine Citroën de France dans l'agglomération de Rennes.**

7. Brest, « la force de la France à l'extrémité de la France » (Michelet)

Brest a vu sa fonction militaire maintenue, même renforcée par la base de sous-marins nucléaires de l'Île Longue, partie essentielle de la « force de dissuasion » française. Brest veille aussi sur la navigation civile à l'entrée si fréquentée de la Manche, surveillant notamment le passage des navires dans le « rail d'Ouessant » — surveillance des marées noires. Le port de commerce a doublé son trafic depuis l'avant-guerre et joue un rôle important pour l'agro-alimentaire breton. On a voulu faire de Brest la « station-service » de l'Atlantique, capable de réparer les plus gros navires dans l'une des plus grandes cales de radoub d'Europe. Mais la concurrence de Lisbonne a été forte, et dans ce domaine aussi les espoirs ont été déçus.

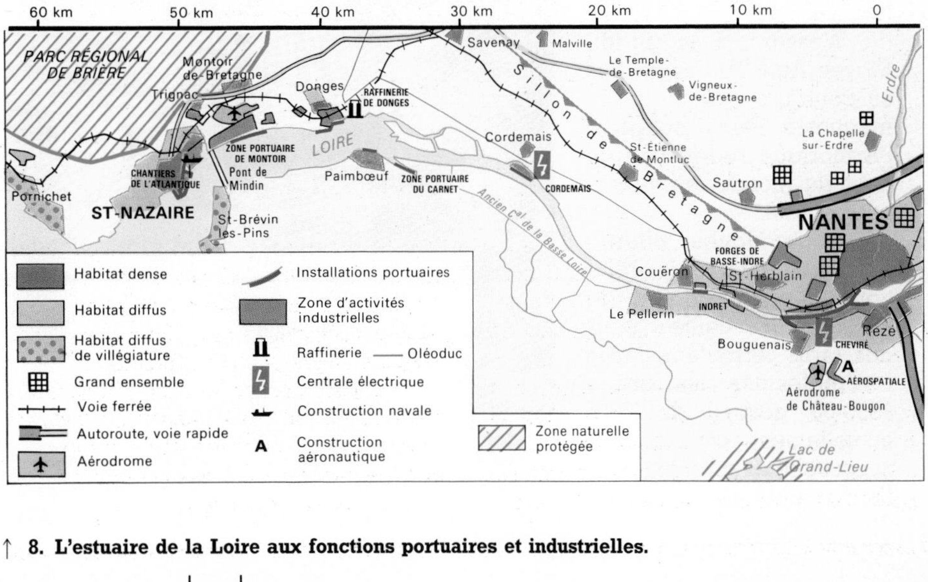
60 km
50 km
40 km
30 km
20 km
10 km
0
PARC RÉGIONAL DE BRIÈRE
Montoir de-Bretagne
Trignac
Donges
RAFFINERIE DE DONGES
Savenay
Malville
Sillon de Bretagne
Le Temple-de-Bretagne
Vigneux-de-Bretagne
Erdre
ZONE PORTUAIRE DE MONTOIR
LOIRE
Cordemais
CORDEMAIS
St-Étienne de-Montluc
La Chapelle sur-Erdre
CHANTIERS DE L'ATLANTIQUE
Pont de Mindin
Paimbœuf
ZONE PORTUAIRE DU CARNET
Ancien Cal de la Basse Loire
Sautron
Pornichet
ST-NAZAIRE
St-Brévin les-Pins
NANTES
FORGES DE BASSE-INDRE
Couëron
St-Herblain
Le Pellerin
INDRET
Rezé
Bouguenais
CHEVIRÉ
AÉROSPATIALE
Aérodrome de Château-Bougon
Lac de Grand-Lieu
Habitat dense
Habitat diffus
Habitat diffus de villégiature
Grand ensemble
Voie ferrée
Autoroute, voie rapide
Aérodrome
Installations portuaires
Zone d'activités industrielles
Raffinerie
Oléoduc
Centrale électrique
Construction navale
Construction aéronautique
Zone naturelle protégée

↑ **8. L'estuaire de la Loire aux fonctions portuaires et industrielles.**

Désenclaver l'Ouest

La péninsule Armoricaine à l'extrémité du vieux continent est par là même en position périphérique par rapport aux grands centres intérieurs : Paris, Bruxelles, la Rhénanie. Cette localisation constitue un handicap.

Mais il ne faut pas oublier la mer. Les voies des mers de l'Ouest (Western sea ways) des auteurs britanniques ont toujours pu unir entre elles péninsules et îles de la frange atlantique de l'Europe. Après les grandes découvertes, l'Atlantique put apparaître comme un lien entre l'Ancien et le Nouveau Monde. Bien plus, il donnait accès à l'ensemble de l'océan mondial.

A travers l'histoire et la préhistoire, on constate que toutes les fois que ces voies maritimes occidentales ont fonctionné, l'extrémité de la péninsule armoricaine s'est trouvée animée, enrichie par les relations d'outre-mer. On a pu le vérifier au néolithique ancien (civilisation mégalithique des grands dolmens à galerie), à l'âge du Bronze (époque de la civilisation du Wessex), à la fin du Moyen Age. Toutes les fois au contraire que les voies maritimes étaient coupées, l'Armorique redevenait un bout du monde, archaïque et appauvri.

D'où un double effort : d'une part, faciliter les relations avec le cœur de l'Europe : « bataille » pour des tarifs ferroviaires plus favorables dans les années 1950-60, accueil du TGV actuellement, d'autre part, renouvellement des relations maritimes.

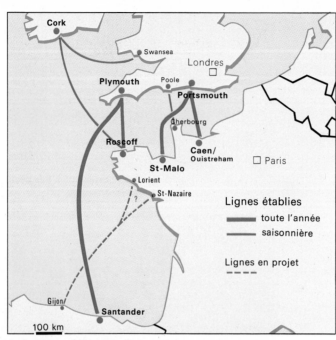

↑ **1. Lignes de la compagnie BAF (Brittany Ferries).**
Renouvellement des activités des relations maritimes occidentales.

2. Le désenclavement médiéval

LA fièvre de l'exportation qui saisit les Bretons dès le XIIIe siècle est à mettre en rapport avec une forte demande intérieure, des progrès agricoles et avec des conditions politiques favorables. L'élimination momentanée de concurrents dont les activités sont entravées par la guerre de Cent Ans servent les intérêts des Bretons, plus transporteurs que marchands, et leur assurent une bonne clientèle et d'honnêtes débouchés entre la Flandre, l'Angleterre méridionale et le Portugal.

Cependant, le négoce armoricain reste, malgré ses progrès, fragile, étriqué, tributaire d'un nombre limité de produits (le sel, le vin, les toiles) et de la conjoncture politique générale. Dès 1445 apparaissent les premiers signes d'essoufflement.

Hervé Martin, *Faits et malheurs de la Bretagne ducale*, Éd. Ouest-France.

↑ **3. Montoir en Basse-Loire (voir carte p. 205), le dernier développement portuaire de l'estuaire (port méthanier).**

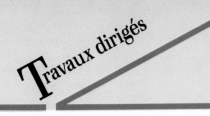

Travaux dirigés

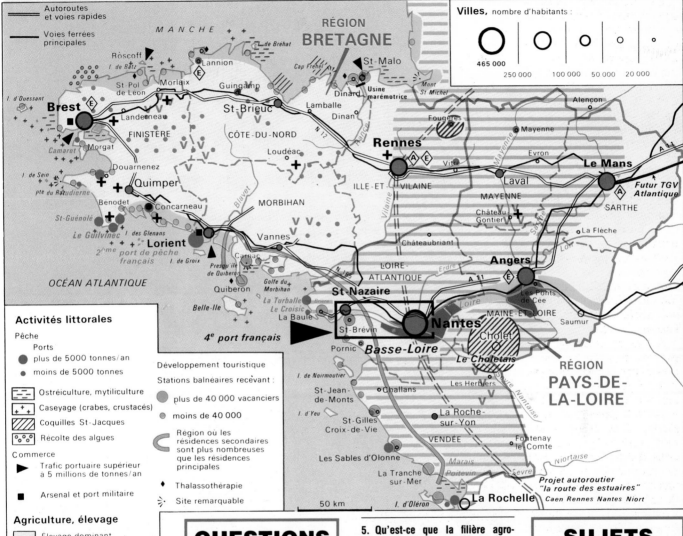

Villes, nombre d'habitants :

465 000   250 000   100 000   50 000   20 000

Activités littorales

Pêche

Ports
- plus de 5000 tonnes/an
- moins de 5000 tonnes

Ostréiculture, mytiliculture

Caseyage (crabes, crustacés)

Coquilles St-Jacques

Récolte des algues

Commerce

▶ Trafic portuaire supérieur à 5 millions de tonnes/an

■ Arsenal et port militaire

Développement touristique

Stations balnéaires recevant :
- plus de 40 000 vacanciers
- moins de 40 000

Région où les résidences secondaires sont plus nombreuses que les résidences principales

♦ Thalassothérapie

Site remarquable

50 km

Agriculture, élevage

Élevage dominant

avec orientation spécifique
- lait
- viande (porcine, bovine)
- volailles et œufs
- Primeurs et cultures maraîchères
- Vignobles

Activités industrielles

Anciennement installées :
- Industries lourdes, constructions navales etc.
- Petites industries en milieu rural (textile, mécanique)

Industries nouvelles
dont : Ⓐ automobile
Ⓔ électronique
✚ agro-alimentaire

QUESTIONS

1. Quelles sont les principales productions agricoles du grand Ouest ?

2. Quelles sont les principales régions agricoles du grand Ouest ?

3. En quoi le marché au cadran est-il une innovation importante ? Quels en sont les premiers bénéficiaires ?

4. Qu'est-ce que la F.F.P.N. ? Quelles sont ses caractéristiques essentielles ?

5. Qu'est-ce que la filière agro-alimentaire ? En quoi l'Ouest français est-il performant dans cette activité ?

6. Quels sont les principaux ports de pêche bretons ?

7. Quels sont les autres activités aquacoles de la Bretagne ?

8. Décrire l'estuaire de la Loire : paysages et activités.

9. Quelles sont les caractéristiques du tourisme du grand Ouest, des Sables d'Olonne au Mont-Saint-Michel ?

SUJETS

1. En quoi l'agriculture du grand Ouest est-elle intégrée dans la mondialisation des échanges ?

2. La filière agro-alimentaire du grand Ouest : mécanisme de production, conditionnement, commercialisation.

3. Sites et activités de l'exploitation du patrimoine marin et littoral breton.

4. Forces et faiblesses de l'industrialisation du grand Ouest.

DONNÉES STATISTIQUES

Auvergne

Population : 1 334 000.
(En 1 000 qx) Blé : 4 415, maïs : 1 053, orge : 1 669.
Bovins : 1 442 500, porcins : 322 075, lait : 12 105 650 hl.
Électricité. Therm. : 2.5 GWh, hydraul. : 986.2 GWh.

Rhône-Alpes

Population : 5 154 000.
(En 1 000 qx) Blé : 5 549, maïs : 6 477, orge : 2 151.
Bovins : 1 169 170 ; ovins : 539 800 ; lait de vache : 16 299 320 hl.
Vin 3 635 486 ; abricots : 272 000 qx, pêches : 1 410 015 qx.
Électricité. Therm. : 1 310 ; hydraul. : 25 689.9 ; nucl. : 80 182.6.
Pétrole. Raffinerie de Feyzin : 4 658 411 t.
Pipeline sud-européen, quantité transportée : 29 909 800 t.
Pipeline Méditerranée-Rhône, quantité transportée : 7 808 200 t.
Aéroports de Lyon : 2 718 000 passagers.

Source : *Images économiques du monde 87*, SEDES

le Centre Est

Le Centre Est regroupe des régions contrastées et complémentaires : hautes et moyennes montagnes, plateaux, grandes vallées.
Son dynamisme est fondé sur une agriculture qui se maintient en se spécialisant, une industrie qui conserve des pôles anciens mais construit des secteurs de pointe en plein essor, un tourisme triomphant, des capitales actives comme Clermont-Ferrand et Grenoble, une métropole — Lyon — qui tisse progressivement son emprise sur l'ensemble.
C'est enfin **une région-carrefour entre l'Atlantique et l'Europe centrale, l'Europe du Nord-Ouest et la Méditerranée.**

Carte de synthèse .... page 217

ANALYSE DU DOCUMENT

Châtelguyon (Puy-de-Dôme) : un paysage urbain typique du Centre Est de la France. Une vieille ville aux toits de tuiles rouges se niche au contact d'une plaine et d'une montagne. Prairies et forêts se partagent le paysage rural. Au premier plan, un camping arboré évoque la fonction touristique, majeure en ces régions. Une certaine harmonie, rien de très agressif dans ce paysage verdoyant, mais rien non plus de très jardiné : une petite ville, des caravanes, des terre-pleins un peu vagues : la France d'aujourd'hui, c'est aussi cela.

1. le vide et le plein

L'ensemble Centre Est qui regroupe Auvergne et Rhône-Alpes se caractérise par des oppositions naturelles, démographiques, économiques : hauts reliefs, vallées encaissées, zones de répulsion, foyers de densité dont les complémentarités étayées sur le rôle des grandes villes sont à la base d'une construction régionale.

■ 1. Les oppositions de relief

La carte montre trois ensembles : le **Massif Central à l'ouest**, « mosaïque disloquée » avec ses moyennes montagnes arasées ponctuées de volcans et ses bassins d'effondrement (Limagnes) ; **les Alpes à l'est** divisées en hauts massifs anciens (Mont-Blanc, Belledonne, Oisans) ou sédimentaires (Préalpes : Chablais, Bornes, Bauges, Chartreuse, Vercors) et pénétrées grâce au Sillon alpin (Arly, Isère moyenne, Drac) et aux cluses de l'Arve, d'Annecy, de Chambéry et de Grenoble ; **et au centre le grand axe de la Saône et du Rhône.**

■ 2. Déclin des campagnes, essor des villes

Ils se sont amplifiés depuis l'après-guerre. **Haute et moyenne montagne, plateaux ruraux se sont dépeuplés au profit de foyers industriels et urbains : Lyon, Clermont-Ferrand, Grenoble** en premier lieu, mais aussi Annecy, Chambéry, Valence, les villes de l'Arve et de la périphérie de Genève, Montluçon, Roanne, Vichy, Bourg-en-Bresse, Oyonnax (industrie du plastique), Thonon-les-Bains (tourisme) et le Tricastin (énergie nucléaire). De 1962 à 1982 les populations de l'Allier, du Cantal et de la Haute-Loire s'abaissent ; celle de l'Ardèche s'élève timidement ; celle de la Loire connaît une faible progression liée à la reconversion industrielle. Par contre celles du Puy-de-Dôme, de la Haute-Savoie, de l'Isère et du Rhône passent respectivement de 509 000 à 595 000, 329 000 à 520 000, 677 000 à 976 000 et 1 182 000 à 1 463 000.

Entre 1968 et 1975, 4 800 personnes en moyenne par an ont abandonné les campagnes de l'Auvergne pour aller habiter Clermont-Ferrand, Aurillac, Montluçon, Le Puy, Moulins, Vichy.

Les cités se nourrissent de cet exode rural, mais aussi de l'afflux de travailleurs étrangers et d'une natalité plus forte. L'agglomération de Clermont-Ferrand comptait 151 000 h. en 1954 et 256 000 en 1982. De 1962 à 1982 les agglomérations grenobloise et lyonnaise enregistrent respectivement 259 000 et 393 000 h., 943 000 et 1 221 000 h. ; une exception de taille : Saint-Étienne, 316 000 et 317 000 ; cette forte progression est le fait des périphéries urbaines ; les centres connaissent un desserrement sensible : la population de Lyon intra-muros décroît de 530 000 à 413 000 h.

■ 3. L'attraction de Lyon

Les régions historiques se maintiennent avec vigueur groupées autour d'une métropole : la **Savoie** avec Chambéry (et Annecy), l'**Auvergne** avec Clermont-Ferrand, le **Dauphiné** avec Grenoble. Paradoxalement c'est la métropole dont l'emprise territoriale (Monts du Lyonnais, Beaujolais, Dombes, Est Lyonnais) est la plus réduite qui s'avère le plus apte à fédérer ces ensembles. **Il y a au moins trois raisons : une puissante assise industrielle, une position de carrefour, des équipements tertiaires de pointe.** Malgré une désindustrialisation récente, Lyon offre une gamme diversifiée de productions : industries textile, métallurgique, mécanique en voie de réadaptation, industries chimique, parachimique, pharmaceutique, électronique, électrique en essor constant. Alors que Clermont-Ferrand attend toujours une liaison efficace avec le Nord, et que Grenoble est mal relié aux Alpes du Sud et à la Méditerranée, **Lyon est au croisement des autoroutes vers Paris et le Nord, Genève, les Alpes et l'Italie, Marseille et l'Espagne, le Massif Central. Le TGV a accru son rôle de plaque tournante.** Lyon dispose enfin d'un port fluvial et d'un aéroport, Satolas, le quatrième en France. La métropole rhodanienne est une place boursière et bancaire avec des échelons décentralisés dotés de pouvoirs de décision importants

Enfin Lyon possède le second ensemble universitaire de France et l'équipement hospitalier le plus important de province.

1. La haute montagne

L E relief de la haute montagne dépend du matériel rocheux. Il est marqué par : l'ampleur des dénivellations (près de 4 000 m du fond de la vallée de Chamonix au sommet du mont Blanc) ; la raideur des pentes ; l'abondance des obstacles (gorges, verrous, vallées à des niveaux différents, éboulements, érosions subites lors des crues) ; la rareté des surfaces propres à l'agriculture, ce qui a obligé les montagnards à utiliser tous les niveaux, des fonds de vallées à la limite supérieure des alpages.

Le climat ajoute ses duretés, qui ne sont pas les moins redoutables. L'altitude provoque un refroidissement rapide…

L'hiver s'allonge, la neige dure, l'été se raccourcit, l'agriculture s'appauvrit.

P. et G. Veyret, *Les Alpes françaises* (Paris, Flammarion).

2. Les plaines de la montagne, un privilège des Alpes du Nord

V OICI l'ensemble régional le plus surprenant : au cœur de la montagne, de vraies plaines, s'abaissant au-dessous de 200 m, ourlées de terrasses, de collines, de bas versants. La conjonction des quatre portes d'entrée que sont les cluses avec la profonde tranchée du Sillon alpin place ici les grandes voies de circulation, les grands carrefours, le développement urbain avec ses activités industrielles et tertiaires. Régionalement, les cluses sont inséparables du Sillon, comme elles sont inséparables des vallées qui les prolongent hors des Alpes : la structure géologique doit s'incliner devant l'occupation humaine qui partout associe aux cluses une portion du Sillon et une section d'avant-pays, le tout dominé par une croissance urbaine, simple ou multiple.

P. et G. Veyret, *Les Alpes françaises* (Paris, Flammarion).

3. L'excellence de la cuisine lyonnaise

C 'EST cette probité, ce goût de la mesure, que j'aime à retrouver dans l'honnête et saine Cuisine lyonnaise. Il me souvient d'avoir écrit quelque part cette phrase, que l'on a beaucoup redite ou recopiée depuis :

La caractéristique commune de l'Art grec et de l'Art français, c'est qu'ils ne visent jamais à *l'effet.*

La cuisine lyonnaise participe de l'Art français, justement en ce qu'elle ne fait jamais d'effet.

Elle ne *pose* pas, elle ne sacrifie pas à la facile éloquence. Elle atteint, tout naturellement et comme sans effort, ce degré suprême de l'Art : la Simplicité.

Curnonsky, Prince des Gastronomes in : Curnonsky et Marcel E. Grandier, *Lyon, capitale mondiale de la gastronomie* (Éd. Lugdunum).

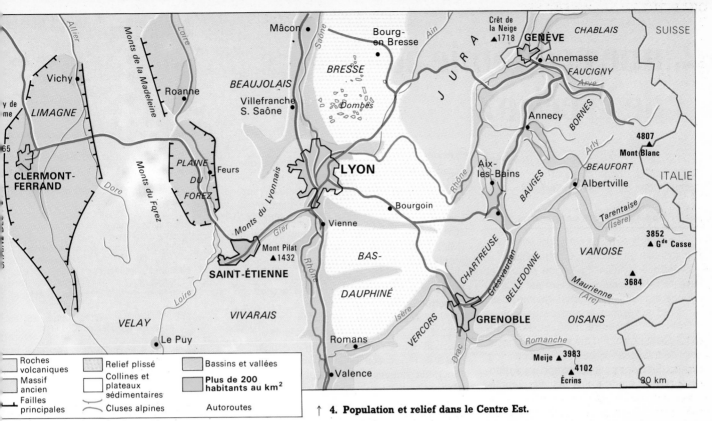

↑ **4. Population et relief dans le Centre Est.**

Légende:
- Roches volcaniques
- Massif ancien
- Failles principales
- Relief plissé
- Collines et plateaux sédimentaires
- Cluses alpines
- Bassins et vallées
- **Plus de 200 habitants au km²**
- Autoroutes

30 km

5. Établie dans une cluse, la vieille capitale de la Savoie : Chambéry, au sud d'Aix-les-Bains.

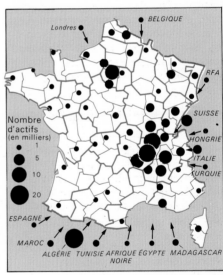

Nombre d'actifs (en milliers)
1 · 5 · 10 · 20

↑ **6. Lieux de naissance ou origine géographique des personnes travaillant dans la ville de Lyon.** On remarquera l'importance des natifs de la région, mais aussi ceux venus de la région parisienne et d'Afrique du Nord.

7. Répartition de la population active dans l'agglomération de Lyon (1982)

Population active	556 904
Population active ayant un emploi	510 968
Secteur primaire	3 452
Industrie (sans bâtiment TP)	147 568
Bâtiment travaux publics	37 888
Commerce	65 880
Transports	37 092
Services marchands	131 208
Services non marchands	87 880

Source : INSEE.

8. Lyon, métropole régionale

Lyon a renforcé, depuis 1968, sa fonction administrative et son rôle régional. L'instance administrative constitue finalement la référence la plus solide qui permet d'octroyer à Lyon la qualité de métropole. À Lyon, comme dans les autres métropoles d'équilibre, l'administration publique s'avère le promoteur principal et le premier occupant des immeubles de bureaux dans les centres administratifs modernes.

La régionalisation a pourtant accentué la concentration des services administratifs au chef-lieu, aux dépens des autres villes de la région Rhône-Alpes. À Lyon sont présents 102 établissements — publics et para-publics — dont le ressort d'action dépasse le cadre départemental, sur un total de 162 unités de même type comptées en Rhône-Alpes (32 à Grenoble, 10 à Chambéry, 7 à Saint-Étienne). Entre 1968 et 1978, la croissance des effectifs des services régionaux paraît plus forte à Lyon (+ 98 % en 10 ans) qu'à Grenoble, par exemple (+ 28 %).

J. Bonnet, *Lyon et son agglomération* (Paris, La Documentation française, « Notes et Études Documentaires », n° 4836, 1987).

2. une économie au-dessus de la crise ?

De 1975 à 1984 on note une désindustrialisation en Rhône-Alpes et une sensible augmentation du tertiaire marchand.

■ 1. Une agriculture en question

Le monde agricole est sur la défensive : il manifeste un **déclin démographique** et une **déprise spatiale*** ; presque partout les paysans de plus de 55 ans forment plus du tiers de la population active agricole ; dans le massif auvergnat la surface agricole a reculé de 15 % entre 1955 et 1970 ; les friches sont peu à peu envahies par la forêt. Les adaptations à cette évolution sont variées. **Bien des petites entreprises agricoles survivent grâce à une activité complémentaire** : industrie dans les zones péri-urbaines, vastes bassins industriels en reconversion (La Mure), artisanat et tourisme, essentiellement en montagne. Les autres sont obligées d'agrandir leur superficie et de se spécialiser. **L'élevage demeure l'activité essentielle**, tant dans le Bourbonnais pour la viande (Charolais) que dans les régions de montagne pour le lait. La polyculture est en déclin au profit de **la grande culture mécanisée** fondée sur le blé, l'orge, le maïs, le colza ou le tournesol (Limagne, Est lyonnais). Les **spéculations intensives à haut revenu connaissent un réel essor** : fabrication de fromages renommés (Saint-Marcellin, Saint-Nectaire, Cantal, Reblochon, etc.), cultures maraîchères dans les ceintures urbaines, arboriculture (Cluse de Chambéry, Vallée du Rhône), viticulture (Beaujolais, Côtes-du-Rhône, Pugey, Savoie, Drôme, Ardèche).

■ 2. Les mutations de l'industrie

Dans le domaine de l'**énergie**, l'extraction du charbon est marquée par la fermeture de nombreux bassins ; le secteur de l'hydroélectricité se transforme, à l'équipement des hautes chutes localisées de la fin du XIXe siècle succèdent des aménagements intégraux couvrant plusieurs vallées et comportant des installations de pompage (Grand'Maison) ; **l'énergie nucléaire** dispose d'un chapelet de centrales le long du Rhône : son essor récent fait de la région Rhône-Alpes la première région électrique de France.

Dans le domaine des **industries de transformation** on assiste au déclin de la métallurgie et de l'industrie textile, tant pour les fibres artificielles que naturelles (en 1973, 35,5 % du total national, en 1984, 20 %). Les industries du pneumatique (Michelin à Clermont-Ferrand et Dunlop à Montluçon) se maintiennent brillamment. Mais **les nouveaux secteurs de pointe sont : la parachimie, la pharmacie, l'électricité, l'électronique.**

Les répercussions spatiales sont évidentes : les vieux foyers fondés sur le charbon et le fer sont en déclin et condamnés à la rénovation (Saint-Étienne, Val de Gier) ; de nouveaux centres apparaissent (Oyonnax pour le plastique). Les nouvelles industries sont beaucoup moins dépendantes de la matière première ou de la source d'énergie ; **leur devenir est fondé sur les facilités de transport et de commercialisation, la qualification de la main-d'œuvre, la présence de laboratoires et d'instituts de recherche, la diversité des équipements.**

■ 3. Le tourisme triomphant

L'essor du tourisme dans le Centre Est est dû à des causes externes : élévation du niveau de vie des Européens permettant une démocratisation des voyages et des loisirs ; et à des causes internes : extrême richesse du patrimoine naturel et culturel, infrastructures remarquables. Le **thermalisme** est très ancien ; il connaît un regain d'activité à Vichy, Evian. Le **tourisme rural** se développe dans toutes les campagnes, les moyennes montagnes et même les hautes vallées (Drac) avec des formules souples : gîtes d'étape, accueil à la ferme. Le **tourisme estival** avec le Parc de la Vanoise ou les Gorges de l'Ardèche attirent des centaines de milliers de touristes par an dont un tiers d'étrangers. Le **tourisme hivernal** est lié à l'exploitation progressive des champs de neige ; aux stations de la première génération (Chamonix) et de la seconde (Courchevel) qui continuent de se développer s'ajoutent celles de la troisième génération (La Plagne).

Le tourisme a indéniablement redonné vie à des espaces qui s'endormaient : l'exode rural a été stoppé, des emplois ont été créés ; des infrastructures modernisées.

1. Les atouts de l'industrie chimique dans la région lyonnaise

POUR cette recherche industrielle plus nettement orientée vers les applications et les procédés, Lyon et sa région offrent deux avantages essentiels : un tissu industriel varié et un ensemble important d'usines chimiques.

L'existence de nombreuses industries clientes de la chimie est un bon stimulant de la recherche, surtout si ces industries progressent également au plan technique et scientifique. Or il existe dans la région Rhône-Alpes près de vingt centres techniques professionnels.

De même la présence de grandes usines chimiques à proximité des laboratoires facilite les recherches sur les procédés de fabrication, rendues possibles depuis les années 50 par les perfectionnements apportés aux appareils de mesure. On a pu dire que grâce à ces appareils, la recherche avait pénétré dans les ateliers et qu'elle était « devenue l'une des phases essentielles de la fabrication » (8).

Ainsi, par proximité, ont pu se développer entre les laboratoires, les usines chimiques et les industries clientes de la chimie, de véritables synergies, qui ont abouti à des procédés vendus dans le monde entier.

Michel Laferrère, « Quelles leçons tirer du passé pour l'avenir de la chimie dans la région Rhône-Alpes ? ». *Mémoires de l'Académie de Lyon*, 1986.

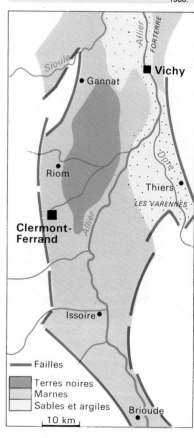

Failles
■ **Terres noires**
Marnes
□ **Sables et argiles**
|— 10 km —|

↑ 2. La grande Limagne auvergnate. Remarquez et tentez d'expliquer la position du réseau hydrographique et celle des villes.

Le couloir de la chimie
LYON SUD

A 6
Saône
Rhône
LYON-PERRACHE
LYON
OULLINS
PORT E HERRIOT
CIBA-CEIGY
ST GENIS LAVAL
PIERRE-BÉNITE
SAINT FONS
ATOCHEM
RHÔNE-POULENC
(pharmacie)
RHÔNE-POULENC et ATOCHEM
FEYZIN
RAFFINERIE ELF
Rhône
A 7
N 7

1 km

La chimie dans la région grenobloise
(d'après le Bureau d'Implantation des Entreprises Nouvelles)

STEPAN, ICV
VOREPPE

Chimie de base   Pharmacie
Parachimie

Effectif salarié
2000 personnes
1000
500
250
100
25

VILLARD BONNOT
ATOCHEM

Isère

MEYLAN

FONTAINES
AIR LIQUIDE
GRENOBLE

ST MARTIN D'HÈRES

SEYSSINET-PARISSET

Drac

ÉCHIROLLES
PONT DE CLAIX
CHAMPAGNIER
JARRIE

ATOCHEM et CRICERAM CEZUS

RHÔNE-POULENC
DISTURGIL
VIZILLE

5 km

↑ **3. Une usine de plastiques à Oyonnax.**

↑ **4. Lyon et Grenoble : deux grands foyers de l'industrie chimique.**

---

5. Une agriculture en mouvement : l'agriculture à temps partiel

L'AGRICULTURE à temps partiel connaît une profonde mutation tant dans ses formes que dans ses pratiques. Le département du Rhône offre, à cet égard, un éventail de situations particulièrement diversifié : les anciennes formes de mixité nées dans le monde paysan y côtoient les nouvelles pratiques d'origine urbaine. Ce foisonnement ne va pas sans tensions entre les agriculteurs à temps partiel et les autres exploitants ainsi que le montrent les conflits qui surgissent pour l'utilisation agricole du sol. Mais au-delà des divergences immédiates, les exploitants à temps partiel ne sont-ils pas, au même titre que les agriculteurs à plein temps, un rouage essentiel des nouvelles sociétés rurales en gestation dans les pays industrialisés ?

Richard Sceau, « Les aspects géographiques de l'agriculture à temps partiel dans le département du Rhône », *Cahiers du CIERA*, 1982.

↑ **6. Un troupeau de vaches laitières à Val d'Isère dans les Alpes du Nord.**

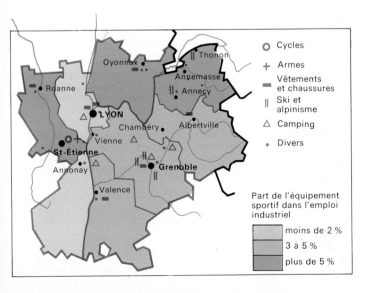

Oyonnax
Thonon
Annemasse
Roanne
Annecy
LYON
Chambéry
Albertville
Vienne
St-Étienne
Annonay
Grenoble
Valence

○ Cycles
+ Armes
▬ Vêtements et chaussures
‖ Ski et alpinisme
△ Camping
• Divers

Part de l'équipement sportif dans l'emploi industriel
moins de 2 %
3 à 5 %
plus de 5 %

↑ **7. Les industries d'équipement sportif en Rhône-Alpes.**

Route
Relief
Remontée mécanique

La Bourboule
Le Mont Dore
1400 m
Chambon des Neiges
Lac Chambon
La Tour d'Auvergne
Chastreix-Sancy
1600 m
Puy de Sancy 1885 m
Super Besse
Besse
Lac Pavin
1200 m

○ Centre touristique
△ Station thermale
☐ Station de sports d'hiver
Fréquentation principale :
Été   Hiver

Lac Chauvet

5 km

↑ **8. Le tourisme dans les monts Dore, en Auvergne.**

Continuité et novation : l'exemple de Michelin à Clermont-Ferrand

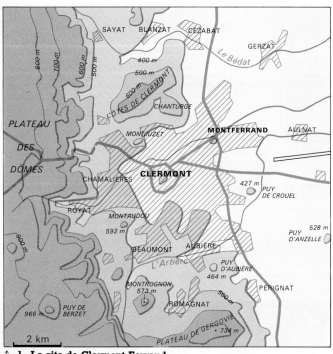

↑ 1. Le site de Clermont-Ferrand.

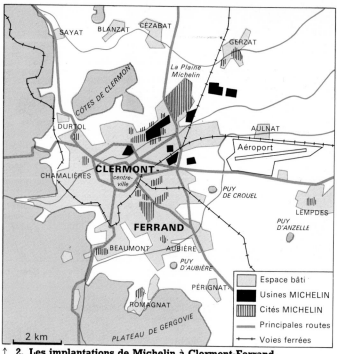

↑ 2. Les implantations de Michelin à Clermont-Ferrand.

Légende :
- Espace bâti
- Usines MICHELIN
- Cités MICHELIN
- Principales routes
- Voies ferrées

↑ 3. L'usine principale de l'entreprise Michelin au nord de la ville.

4. Michelin dans le monde

Implantations industrielles : 51.
— France, Allemagne fédérale, Royaume-Uni, Pays-Bas, Italie, Espagne, Brésil, Canada, États-Unis, Algérie, Nigeria.

Centres d'essais et de recherches : 4.
— France (Clermont-Ferrand), Espagne (Almeria). États-Unis (Greenville-Laurens).

Plantations :
Brésil, Côte-d'Ivoire, Nigeria.

Réseau commercial : 140 pays.

Production quotidienne :
390 000 pneumatiques.
Michelin, 2e producteur mondial assure 20 % du marché mondial
200 000 chambres.
700 tonnes de fil d'acier.
47 000 roues.
60 000 cartes et guides.

QUESTIONS

1. À la lumière du doc. n° 2 de la page 212 et du doc. n° 1 de cette page, analysez les conditions régionales de l'implantation de Clermont-Ferrand (situation) et les conditions particulières (site). Avantages et contraintes.

2. Comment les voies de communication s'organisent-elles par rapport à l'agglomération ?

3. Décrivez et essayez d'expliquer la localisation des usines Michelin.

4. Selon vous, la position de Clermont-Ferrand est-elle bien adaptée à une implantation industrielle ?

5. Décrivez le paysage que représente la photographie n° 3. Repérez sur la carte n° 2 l'angle de vue et l'établissement visible au centre.

6. Qu'indique le texte n° 4 quant au dynamisme de l'entreprise Michelin ?

7. Pourquoi l'entreprise Michelin produit-elle des cartes et des guides touristiques ou gastronomiques ?

l'exemple des Jeux Olympiques en Savoie

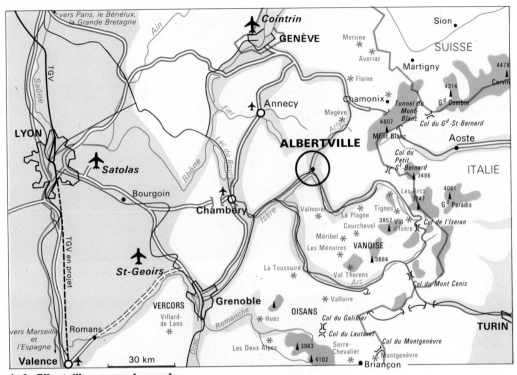

↑ 1. Albertville, « cœur du monde ».

2. L'organisation des Jeux Olympiques exige un accord total entre l'État et les collectivités locales

L'ÉTAT va financer des programmes de travaux et d'équipements annexes. En plus des 42 % des 710 millions de francs du plan routier de la Tarentaise, il prend en charge la totalité des tronçons restant à réaliser : 210 millions de francs pour la liaison Albertville-Feissons et 170 millions pour le secteur Moutiers-Bourg-Saint-Maurice. En outre, il apporte 50 millions de francs pour la construction d'un hôpital à Albertville et la rénovation de ceux de Moutiers et de Bourg-Saint-Maurice. S'y ajoutent un plan supplémentaire de 1 500 logements sociaux, 100 millions de francs de crédits pour la formation, un programme pour l'eau et l'assainissement et la modernisation des installations aériennes.

Michel Delberghe, *Le Monde*, 25-11-1987.

LES Tarins se montrent très soucieux d'être acteurs des JO, de ne pas les vivre uniquement à travers leurs impôts et d'être beaucoup plus impliqués dans la préparation d'un événement qui va profondément bouleverser leur cadre de vie et leur milieu socio-économique.

Gabrielle Jerraz, *Lyon Libération*, 18-12-1987.

QUESTIONS

1. Comment expliquez-vous le choix d'Albertville comme centre des Jeux Olympiques d'hiver de 1992 ?

2. Quelles sont les travaux nécessaires à l'organisation de jeux dans de bonnes conditions ?

3. Quelles sont les contraintes d'une telle manifestation pour la région et ses habitants ? Quels avantages peuvent-ils en retirer ?

4. D'autres villes des Alpes du Nord auraient-elles pu prétendre à organiser les jeux ? Quels auraient été leurs avantages et leurs désavantages par rapport à Albertville ?

5. Quels sont les atouts du site que la figure n° 3 met en évidence ?

↑ 3. Albertville au confluent de l'Arly et de l'Isère. Le dessin vu vers l'est montre le paysage des sites olympiques dans la vallée de l'Isère.

Lyon en pleine mutation

En 1957, Lyon reflétait l'image vieillie d'une capitale industrielle, mais la dynamique économique, la volonté de la DATAR, alliée à l'ambition d'un maire entreprenant, le rôle moteur des administrations publiques ont permis une mutation urbaine incomparable en France et dans l'histoire de la ville.

Les grands chantiers lancés depuis lors sont : la construction du métro, l'aménagement moderne de l'alimentation en eau, la restauration du Vieux Lyon, en particulier des quais de Saône, la construction d'un nouveau centre d'affaires : la Part-Dieu, la rénovation des quartiers périphériques du Tonkin et de Gerland (construction de l'École Normale Supérieure-Sciences, etc.)

↑ 3. Le nouveau quartier de la Part-Dieu avec l'immeuble célèbre baptisé « le crayon » par les Lyonnais (voir page 106).

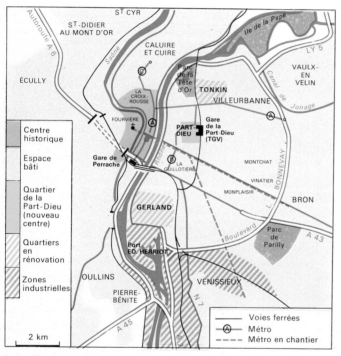

↑ 1. L'agglomération lyonnaise.

↑ 4. Les quais de Saône et Fourvière sur la colline.

↑ 2. La gare de Perrache et l'autoroute A6.

↑ 5. La rue de la République devenue piétonne.

Synthèse/Sévaluation

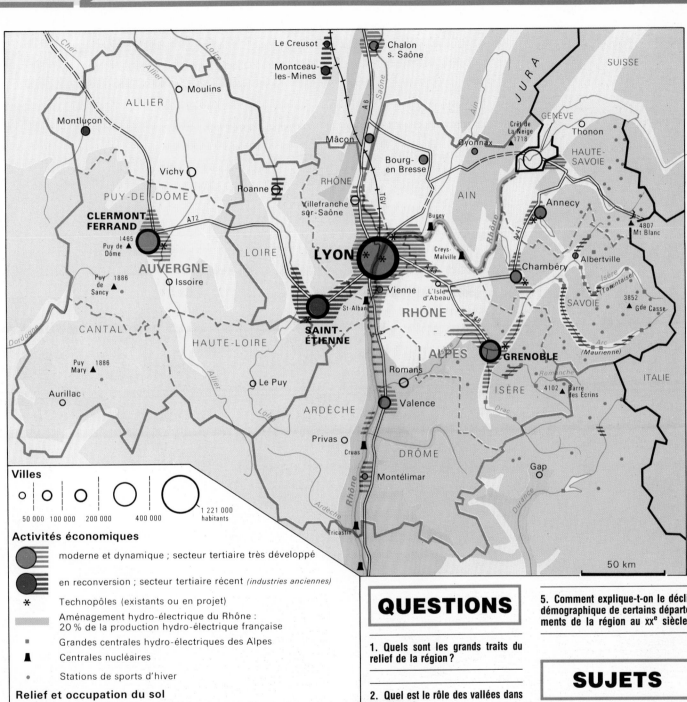

Villes

50 000   100 000   200 000   400 000   1 221 000 habitants

Activités économiques

- moderne et dynamique ; secteur tertiaire très développé
- en reconversion ; secteur tertiaire récent *(industries anciennes)*
- * Technopôles (existants ou en projet)
- Aménagement hydro-électrique du Rhône : 20 % de la production hydro-électrique française
- Grandes centrales hydro-électriques des Alpes
- Centrales nucléaires
- Stations de sports d'hiver

Relief et occupation du sol

- Alpes et Jura ; élevage bovin laitier dominant
- Massif Central ; élevage bovin laitier (en crise)
- Élevage (et polyculture) des plaines et vallées *(élevage bovin pour la viande dans le nord du Massif Central)*
- Polyculture intensive
- Vergers et/ou vignoble

QUESTIONS

1. Quels sont les grands traits du relief de la région ?

2. Quel est le rôle des vallées dans les Alpes ?

3. Les Alpes entravent-elles la mobilité des hommes et de leurs productions ?

4. Place et fonctions du Rhône dans la région.

5. Comment explique-t-on le déclin démographique de certains départements de la région au xxe siècle ?

SUJETS

1. Pourquoi la région est-elle une grande zone de concentration de l'industrie chimique ?

2. Sur quoi repose la puissance économique lyonnaise ?

3. La région Centre Est : un nœud de communications européen.

DONNÉES STATISTIQUES

Limousin

Population : 736 000.
Bovins : 944 970 ; ovins : 1 156 600 ; lait :
2 136 424 hl.
Électricité. Therm. : 44.6 GWh, hydr. :
1 948.5 GWh.

Poitou-Charentes

Population : 1 584 000.
(En 1 000 qx) Blé : 16 449.
Bovins : 1 044 270. Lait : 9 762 600.
Cognac, en 1 000 hl d'alcool pur : 497.5.

Ports	Total
La Rochelle	4 661 000 t

Pêche. La Rochelle : 6 910 t, Marennes et
Oléron : 62 636 t.

Aquitaine

Population : 2 718 000.
Vin : 8 209 358 hl.
(En 1 000 qx) Maïs : 25 752 ;
Tabac : 115.4.
Bovins : 1 010 400, ovins : 1 041 350.
Électricité. Therm. : 1 244.3 GWh,
hydraul. : 1 403.0, nucl. : 25 280.6.
Pétrole. Production : 1 356 000 t.

Ports	Total
Bayonne	3 146 000 t
Bordeaux	9 212 000 t

Pêche. Arcachon : 14 278 t.
Aéroport de Bordeaux : 1 666 000
passagers.

Midi-Pyrénées

Population : 2 355 000.
(En 1 000 qx) Maïs : 13 788, soja : 601.8,
tournesol : 3 460.
Vin : 4 263 086 hl.
Bovins : 1 390 900 ; ovins : 2 603 100,
porcins : 725 250.
Électricité. Therm. : 753.1 GWh, hydr. :
7 908.4.
Laine, fils cardés : 15 478 t, tissus :
20 293 t.
Aéroport de Toulouse : 2 047 000
passagers.

Source : *Images économiques du monde 87*, SEDES

le grand Sud-Ouest

Le grand Sud-Ouest, formé des régions Limousin, Poitou-Charentes, Aquitaine, Midi-Pyrénées, représente près du quart de la superficie nationale. **Il est à la fois l'ensemble régional le moins densément peuplé de France et le plus faiblement urbanisé.** Sa population est en moyenne beaucoup plus âgée que celle du reste de la France. **Il fonde encore largement son développement économique sur l'agriculture.** Longtemps victime de son éloignement des centres industriels actifs du pays et de son isolement, il ne s'est intéressé que tardivement à l'industrie.

Toutefois les **impératifs de la défense nationale** de l'entre-deux-guerres, **les nécessités de l'aménagement du territoire dans les années soixante, les mutations technologiques** dans les années quatre-vingt et l'entrée de l'Espagne et du Portugal dans la CEE ont donné au grand Sud-Ouest de nouveaux atouts pour son développement. **Le désenclavement est devenu une de ses priorités.** Il permettra à la région de bénéficier pleinement de l'engouement pour le soleil, nouvel élément d'attraction pour les implantations industrielles.

Carte de synthèse . . . . page 227

ANALYSE DU DOCUMENT

Sur une plate-forme rocheuse (de calcaire secondaire) dominant la vallée de la Vère, affluent de l'Aveyron, se dresse, dans un site pittoresque, près du dôme de la forêt de la Grésigne, le village de Puicelci. Au hasard des rues on découvre nombre de demeures et d'édifices intéressants : au premier plan de la photographie, le château Petit-Saint-Roch du XVe siècle flanqué de deux tours et, en arrière-plan du village, l'église paroissiale avec sa nef gothique et son clocher-porche du XVIIIe siècle. Comme la plupart des bastides, Puicelci, dans le Bas-Quercy, à 23 km de Gaillac dans le Tarn, a été construite au XIVe siècle pour jalonner la frontière.
Comme on peut le voir sur la photographie, les bastides sont entourées de remparts et situées sur un site facile à défendre. Elles sont toutes bâties sur le même plan géométrique : les rues se coupent généralement à angle droit autour d'une place centrale, cœur de la vie publique.

1. le réveil de la France profonde

1. Un ensemble peu peuplé

Avec près du quart de la superficie française et 13,30 % de la population totale, soit 7,4 millions d'habitants en 1987, **le grand Sud-Ouest est l'ensemble régional le moins densément peuplé**. Avec 57 h par km² il se situe — à l'exception des départements de la Haute-Garonne et de la Gironde — largement en dessous de la moyenne française (101 h/km²) et européenne (144).

Depuis plus d'un siècle, **il est une terre d'émigration intense,** surtout dans ses parties les plus montagnardes (Ariège, Aveyron, départements limousins...). **Il est également la victime d'une longue tradition de faible fécondité** en Aquitaine et Midi-Pyrénées. Les effets défavorables de ces deux phénomènes se font encore sentir de nos jours. Au cours de ces vingt dernières années, le grand S.-O. a enregistré moins de naissances que de décès.

Toutefois l'amélioration de la balance migratoire régionale est due pour l'essentiel à un ralentissement de l'émigration, au phénomène du « retour au pays » au moment de la retraite, au dynamisme propre de ces régions qui attire désormais vers le sud les candidats qui veulent vivre et travailler au soleil. Néanmoins le grand S.-O. vieillit inexorablement : 17 % de ses habitants ont plus de 65 ans. Le Limousin reste la région la plus vieille d'Europe.

2. Une région faiblement urbanisée

Le grand S.-O. reste une région peu urbanisée avec 56 % de citadins (France : 74 %). **Deux traits le distinguent, de ce point de vue, du reste de la France : les villes y sont plus espacées et elles sont de moindre importance.** Les activités urbaines y sont cependant développées, mais elles s'organisent dans un réseau dont la hiérarchisation accorde la priorité à de gros bourgs ou à de petites villes. Seules 8 villes dépassent les 100 000 habitants. **Deux agglomérations dominent l'ensemble : Bordeaux et Toulouse,** la 5ᵉ et la 6ᵉ ville de France. Cette concentration massive de la population autour de ces deux métropoles a pour corollaire **la désertification croissante des cantons ruraux isolés,** surtout en zone de montagne.

3. Une économie à dominante rurale

Le grand S.-O. a une vocation agricole prononcée : cultures dans les plaines et les vallées, vignobles sur les versants des vallées, élevage dans le bocage et les montagnes.

22,5 % des agriculteurs français y produisent 19 % de la valeur totale de la production. Ils représentent encore 14 % de l'emploi régional (France : 7,2 %). Il est vrai qu'à l'image de la population régionale, ces agriculteurs sont souvent âgés. Bon nombre d'exploitations disparaîtront dans les dix ans à venir. La taille moyenne d'une exploitation est de 26 ha (France : 28 ha). La mécanisation est élevée et les progrès de l'irrigation constants.

Les productions agricoles sont diversifiées, mais la spécialisation n'est pas exclue. Parmi les spécialisations anciennes et en voie de mutation citons la **vigne** dont les surfaces régressent dans les régions de vins moyens (Gers, Tarn) et s'étendent dans les vignobles de qualité, comme ceux du Bordelais où pénètrent les capitaux britanniques, danois (Château Rahoul en Graves), américains (La Mission Haut-Brion), japonais. **Les légumes, les fruits et le tabac** restent les spécialités des vallées de la Garonne et du Lot. **Quatre marchés d'intérêt national*** (Toulouse, Montauban, Agen et Bordeaux) assurent la commercialisation de ces produits. La place des céréales reste néanmoins prépondérante. Le grand S.-O. produit 50 % du maïs français, 16 % du blé. Depuis peu ont été développées des **cultures d'oléagineux (colza, tournesol, soja)** dont les superficies ont été multipliées par dix en dix ans.

Associée au développement du maïs, **l'extension des filières porcs et surtout volailles** se poursuit. La part relative des productions animales décroît cependant dans les quatre régions; c'est la conséquence de la diminution des effectifs des bovins et en particulier des vaches laitières imposée par les quotas laitiers de la CEE.

Si la production de **la pêche** diminue, **la culture des coquillages (huîtres, moules) connaît un remarquable essor** : Marennes-Oléron est le premier centre producteur d'huîtres d'Europe.

Régions et départements estimation au 01.01.1986	Taux de natalité ⁰/₀₀	Taux de mortalité ⁰/₀₀	Densité hab par km²
Limousin	**9,7**	**13,8**	**44**
Corrèze	9,9	13,8	25
Creuse	8,9	17,9	41
Haute-Vienne	10,0	12,3	64
Poitou-Charentes	**11,9**	**10,7**	**61**
Charente	12,1	11,3	57
Charente-maritime	11,4	11,1	76
Deux-Sèvres	12,1	10,3	57
Vienne	12	9,9	54
Aquitaine	**11,7**	**11,5**	**64**
Dordogne	9,8	13,5	42
Gironde	12,6	10,5	113
Landes	10,9	12,6	32
Lot-et-Garonne	11,2	11,8	56
Pyrénées-Atlantiques	11,1	11,5	73
Midi-Pyrénées	**10,9**	**11,3**	**52**
Ariège	9,6	14,1	28
Aveyron	10,1	12,9	32
Haute-Garonne	11,9	8,9	134
Gers	9,8	12,7	28
Lot	10,3	12,8	30
Haute-Pyrénées	10,1	11,9	51
Tarn	11,2	12,7	59
Tarn-et-Garonne	10,4	11,4	52
France	**13,8**	**9,8**	**101**

↑ **1. Éléments d'étude pour la démographie du grand S.-O.**

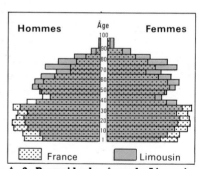

↑ **2. Pyramide des âges du Limousin.**

3. Vieillissement grandissant de la population de Midi-Pyrénées

Le Comité Économique et Social (CES) de Midi-Pyrénées s'interroge, dans un rapport rendu public vendredi à Toulouse, si devant le vieillissement grandissant de la population « il ne faudra pas demain transformer les collèges des communes rurales en maisons de retraites ».

... 22,6 % des habitants de Midi-Pyrénées sont âgés de 60 ans et plus — et même 28 % en Ariège — contre 18,5 % pour la moyenne nationale.

D'autre part, il faudrait, pour assurer le renouvellement naturel de la population, un taux de natalité de 2,1 par femme. Or, là encore, on est loin du compte avec 1,6 enfant contre 1,88 pour l'ensemble de l'hexagone.

Centre-Presse, 13-11-1986.

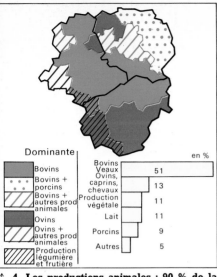

Dominante

■	Bovins
⋯	Bovins + porcins
⫽	Bovins + autres prod animales
▨	Ovins
⫽	Ovins + autres prod animales
⫽	Production légumière et frutière

en %

Bovins Veaux	51
Ovins, caprins, chevaux	13
Production végétale	11
Lait	11
Porcins	9
Autres	5

↑ **4. Les productions animales : 90 % de la production agricole limousine.**

↑ **5. Ramassage des huîtres à Marennes-Oléron.**

6. Les mutations dans le complexe sylvicole aquitain

DANS le domaine de la pâte à papier, la conversion de l'usine de Tartas dans les Landes est l'exemple même des efforts industriels de cette région pour s'adapter à de nouvelles conditions.

Créée il y a cinquante ans pour produire des fibres textiles artificielles, elle fonde depuis 1975 son développement sur un produit original, le *Fluff,* qui sert à l'élaboration des produits absorbants d'hygiène et de soin du corps. Il s'agit d'un marché qui doit progresser de 100 % en dix ans… Dans le domaine de la papeterie, par exemple, la Cellulose du Pin et les Papeteries de Gascogne ont élaboré des papiers à haute technicité générateurs d'une forte valeur ajoutée. La sophistication des productions est aussi recherchée dans le secteur des panneaux : panneaux composites, objets moulés.

Luc Rauscent, *Revue économique du Sud-Ouest,* n° 1, 1985.

7. La permanence des traditions

DANS sa quasi-autarcie, l'exploitation polyculturale avec sa gamme très variée de productions, permettait une forte autoconsommation. Chacun, même en ville, cherche à assurer sa subsistance ; de là… le recours à maintes conserves faites dans chaque maison : légumes, champignons, volailles, viandes, pâtés. Tout cela conduit à de lourds et longs repas de fête, copieusement arrosés de vins du cru, d'alcool de la ferme… Chaque ménagère périgourdine cherche à faire ses conserves pour l'hiver. Ainsi se trouvent renforcés les liens entre ville et campagne dans ce qui fut au sens propre une véritable civilisation.

P. Estienne, *La France,* Éditions Masson, 1978.

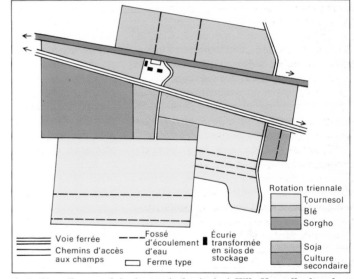

	Rotation triennale
☐	Tournesol
▨	Blé
▨	Sorgho
▨	Soja
☐	Culture secondaire

═══	Voie ferrée	
≡≡≡	Chemins d'accès aux champs	
- - -	Fossé d'écoulement d'eau	
☐	Ferme type	
■	Écurie transformée en silos de stockage	

↑ **8. Plan d'une exploitation agricole située à Ville-Nouvelle dans le Lauragais au sud de Toulouse.**

↑ **9. Cultures maraîchères et fruitières dans la vallée de la Garonne près d'Agen.**

↑ **10. Préparation des foies gras truffés dans une usine de Sarlat dans le Périgord.**

2. le pays du "bien-vivre"

■ 1. Une industrialisation tardive

Pour une population active égale à 13 % de celle de la France, le grand S.-O. ne fournit que 9 % de la production industrielle nationale. C'est qu'il est resté longtemps, faute de matières premières abondantes et en raison de son éloignement de la France du Nord et du Nord-Est, à l'écart de la révolution industrielle du XIXᵉ siècle. Parmi les quelques industries locales citons celles **du cuir et de la laine** avec leur prolongement dans le domaine du textile, de l'habillement et de la chaussure. Elles réalisent 85 % de la production nationale ; Mazamet est le centre mondial du délainage*.

Premier espace boisé de la CEE, le grand S.-O. possède **une importante industrie du bois** avec des prolongements dans la production du papier, des meubles, etc.

Les industries agro-alimentaires se sont naturellement développées dans cette région de tradition agricole : industries de la viande et des conserves en Limousin ; des produits laitiers sous l'impulsion du mouvement coopératif en Poitou-Charentes ; des produits tropicaux importés à Bordeaux.

Mais, face à la concurrence internationale (tiers monde, Chine, Espagne...), les industries de la chaussure voient leurs effectifs diminuer et les faillites se multiplier.

Les impératifs de la défense nationale entre les deux guerres et surtout la volonté de l'équilibrage dans l'aménagement du territoire lui ont ramené des industries très modernes. **Le grand S.-O. tient une place de premier plan dans les activités aéronautiques et spatiales, dans l'électronique et l'électro-métallurgie, la chimie.** Des développements importants se sont également produits dans **la robotique*, la biotechnologie*** ; mais ces industries de pointe sont nées de la volonté de l'État ou de grands groupes nationaux dont les sièges sociaux sont situés hors de la région de production dans l'électronique. **Le grand S.-O. est donc entré dans une phase de mutation appuyée sur le développement technologique.**

Deux technôpoles* se détachent : Bordeaux et Toulouse qui bénéficient de la présence de deux universités scientifiques renommées et de nombreux laboratoires de recherches (CNRS*...). Des salons internationaux renforcent leur image de marque.

■ 2. La fin de l'isolement

Cette volonté de modernisation va de pair avec la volonté d'ouverture sur le reste du pays et du monde : **espace ouvert, il possède une large façade maritime sur l'océan Atlantique** où l'on compte deux grands ports, Bordeaux et Bayonne, et il communique aisément par le seuil du Poitou avec la région parisienne. **Mais espace fermé par la barrière des Pyrénées au sud et le Massif central à l'est. Les grands axes de circulation sont donc à l'ouest** et privilégient les axes nord-sud au détriment des liaisons est-ouest peu commodes. L'arrivée du TGV à Bordeaux en 1989, l'ouverture de la péninsule ibérique concourront à renforcer cette situation de carrefour.

Les régions Limousin et Midi-Pyrénées, largement montagneuses, tentent de sortir de leur enclavement. Toulouse est désormais reliée par autoroute à Bordeaux et à Barcelone. Deux aéroports à vocation nationale et internationale — Bordeaux-Mérignac et Toulouse-Blagnac favorisent l'essor des relations scientifiques et d'affaires des deux grandes métropoles régionales.

■ 3. L'essor des activités tertiaires

Dans le grand S.-O., **les activités tertiaires prennent de plus en plus d'importance** (56 % des actifs) **et apparaissent aujourd'hui comme un des moteurs du développement économique.** Cet ensemble attire les cadres de plus en plus sensibles à la qualité de la vie. Le climat doux et ensoleillé de Poitou-Charentes a fait de Niort la capitale des assurances françaises. Parce qu'elle associe des sites très variés (et inégalement équipés), parce qu'elle fonde son image sur le thème de la qualité de la vie (le slogan des années 65-70 était « la région où il fait bon entreprendre »), **la région Aquitaine accorde une place importante au tourisme considéré comme un des atouts du développement.** En juin 1985, cette région a adhéré au programme intégré méditerranéen de la CEE, qui associe également Midi-Pyrénées, Languedoc-Roussillon, Provence-Côte d'Azur et la Corse. Son but : lutter à armes égales avec l'Espagne, en renforçant l'image attractive de la côte aquitaine, en développant le thermalisme, le ski, le tourisme vert.

1. Vivre au pays

EN bon individualiste, le Charentais est généralement « un pantouflard », attaché à son entreprise, à son cadre et son mode de vie, à son pavillon entouré de son jardin potager ou plus souvent pour le citadin de sa pelouse : c'est un travailleur géographiquement stable, d'esprit plus rural que citadin, attaché aussi à son pays, à des relations correctes avec son patron ou ses employés : à l'image des caractères naturels de son territoire, c'est un être équilibré, modéré, qui déteste les excès.

— Grèves et manifestations violentes sont à l'opposé de la mentalité charentaise. Le mécontentement engendre plutôt, chez les salariés, des colères « froides », ce qui ne veut pas toujours dire « colères rentrées »... Mais les revendications s'expriment pratiquement toujours dans la pondération. C'est aussi l'attitude du patronat qui ne recourt guère au lock-out et à la répression violente.

— Les syndicats peuvent compter sur l'endurance et la persévérance du Charentais. Mobilisation dans le calme, défense des intérêts dans la modération certes, mais avec détermination et constance, appuyées dans les cas extrêmes, ici comme ailleurs, sur les manifestations et des occupations d'usines.

Extrait de la chronique de Centre-Ouest :
revue Norois, 1986.

Stations : latitude	Températures		
	Janvier	Juillet	Moyenne annuelle
Poitiers : 46°35 N	4°	18°8	11°2
La Rochelle : 46°09 N	5°7	19°3	12°4
Bordeaux : 44°38 N	5°7	19°6	12°5
Mt de Marsan : 43°55 N	5°5	20°2	12°6
Toulouse : 43°38 N	5°1	20°7	12°7
Biarritz : 43°28	8°	19°4	13°4
Pau : 43°23 N	6°	19°4	12°4

	Nb de jours de gel par an	Précipitations en mm	Insolation en heure
Poitiers : 46°35 N	54	697	1988
La Rochelle : 46°09 N	25	766	2290
Bordeaux : 44°38 N	18	936	2069
Mt de Marsan : 43°55 N	54	942	1924
Toulouse : 43°88 N	41	672	2038
Biarritz : 43°28	18	1477	1917
Pau : 43°23	45	1126	1866

↑ **2. Tableau statistique des données climatiques.**

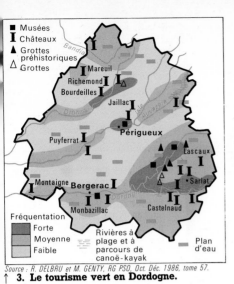

↑ **3. Le tourisme vert en Dordogne.**

↑ **4. Le port de plaisance des Minimes à La Rochelle est l'un des premiers d'Europe.**

5. Le rôle de la centrale nucléaire de Golfech

Un examen comparé de la consommation et de la production d'électricité de la région Midi-Pyrénées fait apparaître, compte tenu des productions d'origine hydraulique (centrales pyrénéennes et du Massif central)) et thermique (charbon des bassins de Carmaux et de Decazeville), un déficit de 7 milliards de kilowatts/heure pour les années 1990 et de 14 milliards vers la fin du siècle. C'est dans ce contexte que s'inscrit la décision de construire la centrale de Golfech, sur les bords de la Garonne, en aval de la ville de Valence-d'Agen. La mise en service de la première tranche de 1 300 MW est prévue pour la fin de 1988. La production annuelle sera de 7,5 milliards de kilowatt/heure qui équilibreront à la fois le déficit énergétique de la région et la répartition des moyens nationaux de production.

↑ **6. Le hall de la foire-exposition de Bordeaux en bordure du lac : immense construction de 847 m de long.**

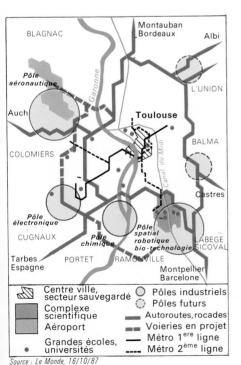

↑ **7. Carte établie par l'agence d'urbanisme de l'agglomération toulousaine.**

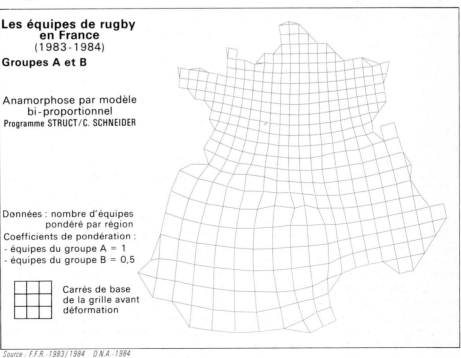

Les équipes de rugby en France (1983-1984)
Groupes A et B
Anamorphose par modèle bi-proportionnel
Programme STRUCT/C. SCHNEIDER

Données : nombre d'équipes pondéré par région
Coefficients de pondération :
- équipes du groupe A = 1
- équipes du groupe B = 0,5

Carrés de base de la grille avant déformation

↑ **8. Carte en anamorphose des équipes de rugby en France.**

Le vignoble bordelais

↑ **1. Un des plus célèbres châteaux du Médoc : Margaux premier grand cru, classé en 1855.**

2. « Les bons vins et les autres »

L E négoce travaille en spéculation avec pour obsession d'acheter le moins cher possible. « Dans nos familles on a toujours mis les plus intelligents aux achats. » Mais le choc d'autant de grosses têtes n'a depuis deux siècles enfanté qu'une économie abracadabrante. S'il pleut le 5 septembre, les cours des vins sur le marché des petits bordeaux grimpent aussitôt car le négoce se met à redouter de mauvaises vendanges. S'il fait beau, ils baissent : on spécule sur la nouvelle récolte « qui sera sûrement bonne ». Qu'une maison se porte acheteuse de 300 000 hectolitres et aussitôt les cours flambent. On travaille au coup par coup. Le courrier du matin fait la commande de l'après-midi.

Cent ans de pavois, cent ans de misères, dit-on dans la région. Cinq ans, corrigerons-nous, par ces temps qui courent vite.

Pierre-Marie Doutrelant
(coll. « Points actuels », 1984, Seuil).

QUESTIONS

1. Quelles sont les principales appellations de bordeaux rouge (doc. 3) ?

2. Quels sont les vignobles en extension (doc. 3) ?

3. Quels sont les critères qui déterminent la cotation et la vente des vins de Bordeaux (doc. 2) ?

4. Où se développe la zone d'urbanisation de Bordeaux ? Ses conséquences (doc. 3) ?

5. Comparez les ventes par pays et selon les produits exportés (doc. 4).

Médoc
Saint-Estèphe
Pauillac
Saint-Julien
Haut-Médoc
Listrac
Moulis
Margaux
Graves de Vayres
Blayais et Côtes de Blayes
Côte de Bourg
blanc et rouge
Fronsac et canon de Fronsac
Pomerol et Lalande de Pomerol
Montagne Saint-Georges
Lussac
Parsac
Puisseguin
Saint-Émilion
Côtes de France
Côtes de Castillon
Entre-Deux-Mers
Ste-Foy Bordeaux
Côtes de Bordeaux
Cérons
Barsac
Sauternes
Loupiac
Côtes de Bordeaux Saint-Marcaire
Sainte-Croix-du-Mont

Appellation de vin rouge
Appellation de vin blanc
Appellation mixte
Limite de l'appellation Bordeaux
Limite départementale
Axe d'urbanisation ou zone de mitage urbain
Axe d'expansion viticole

Source : Le vignoble bordelais, RG PSO Sept. 84, tome 3.

↑ **3. Les principales mutations récentes du vignoble bordelais.**

Campagne 1985-1986 Pays	Total AOC blancs et rouges		Bouteilles AOC blancs et rouges	
	Volume en milliers d'hl	Valeur en milliers de fr.	Volume en milliers d'hl	Valeur en milliers de fr.
Grande-Bretagne	258	628 000	223	596 000
Belgique	240	532 000	147	438 000
États-Unis	228,3	790 000	228	787
Pays-Bas	220	305 000	163	264 000
RFA	210	410 000	180	391 000
Danemark	121	235 000	75	197 000
Canada	108	174 000	87	61
Suisse	65	290 000	55	273 000
Suède	63	77 000	19	50 000
Japon	26	85 000	22	81 000
Tous pays	**1633**	**3 756 000**	**1270,6**	**3 451 000**

Source : C.I.V.B.

↑ **4. Tableau statistique des exportations des vins de Bordeaux.**

Travaux dirigés

Une grande entreprise : l'Aérospatiale

↑ **1. Usine d'assemblage des ATR 42 et des Airbus à Saint-Martin-du-Touch et bureau d'études de la division-avions.**

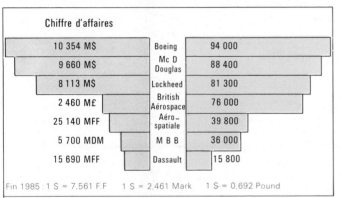

Chiffre d'affaires		
10 354 M$	Boeing	94 000
9 660 M$	Mc D Douglas	88 400
8 113 M$	Lockheed	81 300
2 460 M£	British Aérospace	76 000
25 140 MFF	Aéro-spatiale	39 800
5 700 MDM	M B B	36 000
15 690 MFF	Dassault	15 800

Fin 1985 : 1 S = 7.561 F.F   1 S = 2.461 Mark   1 S = 0.692 Pound

↑ **2. Importance des principaux groupes aérospatiaux à la fin 1985.**

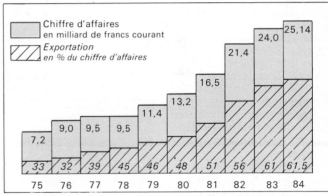

Chiffre d'affaires en milliard de francs courant

Exportation en % du chiffre d'affaires

75	76	77	78	79	80	81	82	83	84
7,2	9,0	9,5	9,5	11,4	13,2	16,5	21,4	24,0	25,14
33	32	39	45	46	48	51	56	61	61,5

↑ **3. Chiffres d'affaires et pourcentages à l'exportation.**

4. La stratégie commerciale de l'Aérospatiale

La coopération industrielle, de plus en plus souvent exigée par les partenaires étrangers du groupe, tient une place importante dans plusieurs programmes d'aérospatiale (Airbus industrie, Eurosatellite, le satellite Arabsat...).

Elle débouche aussi sur des cessions de licences comme cela s'est fait avec la République populaire de Chine, l'Inde, le Pakistan, le Brésil, l'Indonésie, la Roumanie, etc. La coopération a débuté en Europe : Allemands, Anglais, Espagnols, Italiens coopèrent avec l'Aérospatiale à la fabrication d'avions pour les uns, d'hélicoptères et de missiles pour les autres.

Le Proche-Orient constitue une zone privilégiée favorisée par la politique française de coopération avec les pays arabes. Cette politique a permis l'ouverture d'importants marchés pour les équipements civils et militaires du groupe.

Extraits de documents fournis par l'Aérospatiale.

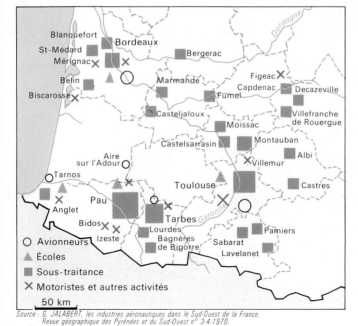

Source : G. JALABERT, les industries aéronautiques dans le Sud-Ouest de la France. Revue géographique des Pyrénées et du Sud-Ouest n° 3-4-1970.

○ Avionneurs
▲ Écoles
■ Sous-traitance
✕ Motoristes et autres activités

50 km

↑ **5. La répartition des activités aérospatiales.**

QUESTIONS

1. Calculez le taux d'accroissement du chiffre d'affaires de l'Aérospatiale entre 1975 et 1984. Que remarquez-vous au niveau de la progression des ventes ? Calculez le taux d'accroissement des ventes à l'exportation entre 1974 et 1984 (doc. 3).

2. Comment s'élabore la stratégie commerciale de l'Aérospatiale (doc. 4) ?

3. Qu'appelle-t-on la sous-traitance ? Où est-elle particulièrement représentée (doc. 5) ?

4. Quelles villes rassemblent tous les types d'activités de l'Aérospatiale (doc. 5) ?

Le 9ᵉ Plan Aquitaine : la filière ovin-lait

Dans les Pyrénées-Atlantiques, la vie des zones de montagne se dégrade inexorablement : l'activité économique baisse, les ressources humaines s'épuisent lentement (exode), la vie sociale y devient parfois difficile.

Face à cette situation un programme « Montagne » a été mis en place dans le cadre du IXᵉ Plan en Aquitaine. L'agriculture occupe encore près de 20 % de la population active. Il est d'autant plus important de raisonner également le développement de cette agriculture en termes d'emplois qu'aujourd'hui les secteurs secondaire et tertiaire créent peu de postes de travail.

La production ovine est incontestablement la clef de voûte des systèmes de production dans la zone : elle valorise bien le **potentiel montagne** et bénéficie d'une marge de progrès importante. Enfin, elle permet le développement local de l'agro-alimentaire.

Le programme Montagne s'est fixé les objectifs suivants :

— Rattraper le retard dans les équipements, notamment dans le bâtiment qui est un facteur essentiel dans la phase d'installation, puis dans celle de développement de l'installation. Il s'agit de rénover ou de construire des bergeries, des salles de traite, des abris de traite (en transhumance), des saloirs, etc.

— Développer des routes, des pistes d'accès aux alpages.

— Mobiliser des moyens sur la génétique, la recherche et l'expérimentation.

— Mettre en place un programme-action sur les problèmes de fabrication du fromage fermier (amélioration de la qualité ; formation de techniciens).

— Faire connaître l'appellation d'origine contrôlée (AOC) : le **fromage pur brebis** Ossau-Iraty.

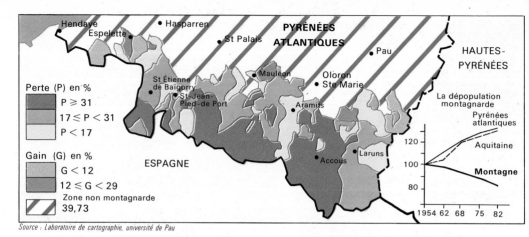

Source : Laboratoire de cartographie, université de Pau

↑ **1. Carte de la dépopulation montagnarde dans les Pyrénées-Atlantiques.**

↑ **2. Piste d'accès en auto pour les alpages près de Saint-Jean-Pied-de-Port.**

ETORKI, pur brebis de la montagne, sain et rustique comme la vie des bergers. Sa personnalité s'impose aujourd'hui sur les plateaux des connaisseurs.

↑ **3. Campagne publicitaire de promotion de l'A.O.C. Ossau-Iraty dans une chaîne d'hypermarchés.**

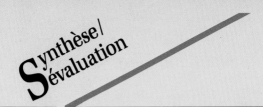

QUESTIONS

1. Qu'est-ce qu'une bastide ? Où se situe-t-elle généralement ?

2. À quoi est due l'amélioration de la balance migratoire régionale ?

3. Quelles sont les caractéristiques de l'urbanisation dans le Grand Sud-Ouest ?

4. Pourquoi le grand Sud-Ouest a-t-il une vocation agricole prononcée ?

5. Quelles cultures d'oléagineux a-t-on développées ?

6. Quel est le premier centre producteur d'huîtres d'Europe ?

7. Quelles sont les principales industries traditionnelles ?

8. Quels sont les facteurs récents de l'industrialisation du grand Sud-Ouest ?

9. Quel est le rôle de Golfech ?

10. Quels sont les principaux technopôles ?

11. Où se situent les principaux axes de communication ?

SUJETS

1. La population du grand Sud-Ouest.

2. Forces et faiblesses de l'agriculture dans le grand Sud-Ouest.

3. L'industrialisation du grand Sud-Ouest : obstacles et politiques du développement.

4. Les activités tertiaires dans le grand Sud-Ouest.

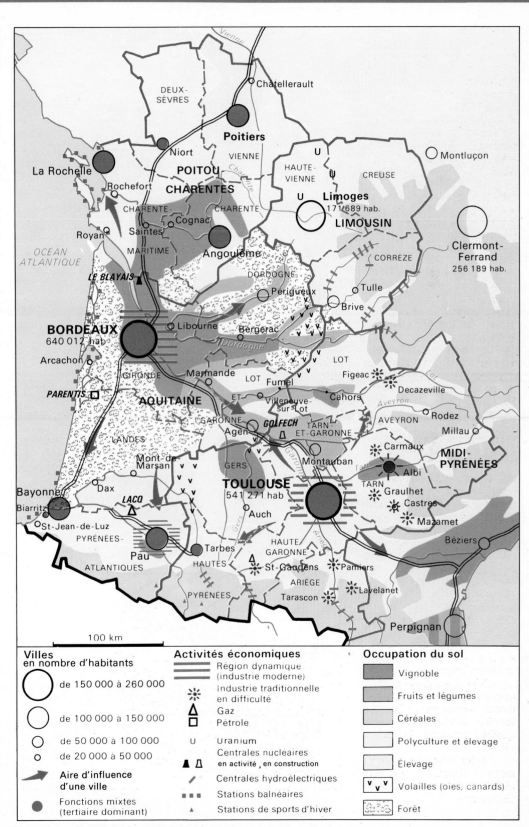

100 km

Villes
en nombre d'habitants

- de 150 000 à 260 000
- de 100 000 à 150 000
- de 50 000 à 100 000
- de 20 000 à 50 000

Aire d'influence d'une ville

Fonctions mixtes (tertiaire dominant)

Activités économiques

Région dynamique (industrie moderne)

Industrie traditionnelle en difficulté

△ Gaz
▢ Pétrole

U Uranium

Centrales nucléaires
▲ en activité , △ en construction

Centrales hydroélectriques

Stations balnéaires

▲ Stations de sports d'hiver

Occupation du sol

Vignoble

Fruits et légumes

Céréales

Polyculture et élevage

Élevage

Volailles (oies, canards)

Forêt

le littoral méditerranéen

Naguère périphérie lointaine, déjà exotique, de l'hexagone, le Midi méditerranéen bouge et se transforme. La Provence de Giono ou les grandes colères vigneronnes, quelles que soient leur force évocatrice et leur charge émotive, ne rendent plus compte **d'une région qui accomplit depuis trente ans la plus profonde révolution de son histoire.**

On connaissait **un Midi aux rythmes lents, cloisonné en petits pays centrés chacun sur une petite capitale,** vivant de la rente foncière et de la fourniture de services locaux. Une collection de cités moyennes, épargnées par l'industrialisation, sans qu'aucune ne soit dominante laisse Marseille y s'adosser à la Provence pour regarder vers la mer. **Ce schéma d'une inorganisation régionale devenu classique a cessé d'être une réalité.**

Dans un mouvement général de croissance du bas pays méditerranéen à partir du littoral et des axes de circulation, un réseau urbain a émergé. **Derrière l'agglomération marseillaise, des capitales régionales se sont affirmées, comme Nice ou Montpellier,** s'imposant à des rivales, elles aussi en croissance et diversifiant leurs activités. **Le cloisonnement antérieur s'estompe au profit d'une urbanisation diffuse** qui envahit progressivement les plaines, accusant le contraste avec un arrière-pays plus stagnant mais qui paraît avoir enrayé son processus de désertification séculaire. Il reste à tenter de comprendre les raisons de cette mutation.

Carte de synthèse . . . . page 237

ANALYSE DU DOCUMENT

Plaine sèche et caillouteuse vouée aux moutons et à la production de foin, la Crau, grâce à l'eau amenée de la Durance, s'ouvre à la colonisation agricole avec la réinstallation des maraîchers chassés par la péri-urbanisation marseillaise.
Une agriculture jeune, intensive, multiplie les serres où poussent en primeur salades, tomates ou melons pour l'expédition.

1. une terre romaine

1. La violence des contrastes

La Méditerranée évoque la douceur, tiédeur des hivers, art de vivre, images de vacances. Rien n'est plus trompeur. En dehors des « rivieras » privilégiées, le milieu méditerranéen est fait d'excès, de violence et de contrastes. Ce climat présumé doux peut s'avérer torride en été et connaître en hiver des coups de froid capables de geler les oliviers. **La sécheresse estivale** marque la végétation. Les forêts primitives de chênes verts (sur calcaires) et de chênes-liège (sur sols siliceux) ne subsistent qu'en boisements résiduels. Attaquées au cours des siècles par les défrichements, les coupes de bois, les feux, la dent du bétail, on n'en trouve que des formes dégradées, arbustives ou buissonnantes aux feuilles dures, vernissées, aromatiques ou épineuses pour réduire l'évapo-transpiration : « garrigues* » (sur calcaires) ou « maquis* » (sur terrains siliceux). La vraie forêt se maintient en altitude (pins, hêtres ou châtaigniers).

A la sécheresse estivale s'opposent les trombes d'eau qui s'abattent en automne ou au printemps, ravinant les versants, gonflant torrents et rivières aux crues brutales.

Contrastes aussi d'un relief heurté, juxtaposant montagnes sèches et dépressions marécageuses, créant un espace cloisonné, discontinu. La mise en valeur exige la maîtrise du milieu et impose des aménagements : banquettes étagées sur les versants, drainage des bas fonds, irrigation. La bonification des terres est une tradition méditerranéenne depuis l'Antiquité.

2. L'empreinte latine

Le poids de l'histoire marque sa civilisation et ses paysages. Son passé romain survit dans ses monuments ou ses villes : Fréjus, Aix, Narbonne qui fut capitale de la Narbonnaise, Arles et Nîmes rivalisant pour le titre de « Rome française », jusqu'aux moindres villages dont les suffixes en « ac », « arques » ou « an » témoignent de la même filiation. De Rome aussi la tradition du droit écrit. De Rome enfin la vieille trilogie agricole du blé, de la vigne et de l'olivier qui, associée à l'élevage ovin, survivra jusqu'à l'arrivée du chemin de fer au xixe siècle.

3. Le problème viticole

Pauvre en charbon, le Midi méditerranéen n'a pas connu la révolution industrielle du siècle dernier. Au contraire, il se désindustrialisa avec la ruine de ses manufactures de drap et ses filatures de soie florissantes sous l'Ancien Régime. **Sa révolution fut agricole.** L'arrivée du chemin de fer, ouvrant les marchés urbains éloignés, fit reculer, puis disparaître la vieille polyculture au profit de spéculations nouvelles : horticulture dans le Comtat, floriculture sur la Côte d'Azur pour la parfumerie de Grasse et l'exportation de fleurs, vigne ailleurs, surtout en Languedoc qui se voua à sa monoculture. **Dans la seconde moitié du xixe siècle, la vigne descend des coteaux, envahit la plaine, attire les capitaux et les hommes, enrichit les villes.** Après une phase euphorique, la surproduction s'installe au xxe siècle, provoquant la chute des cours, la colère des vignerons, ouvrant le temps des crises. Multiplication des coopératives, interventions de l'État pour contrôler le marché du vin, pratiques malthusiennes (distillation, primes d'arrachage), ne purent résorber les excédents. Depuis la Seconde Guerre mondiale on s'oriente vers une production de qualité.

4. Les aménagements agricoles

La conversion du vignoble fut l'un des objectifs de la politique d'aménagement régional menée par l'État.

— La « **Compagnie d'aménagement du Bas-Rhône-Languedoc** » (1955) devait prélever l'eau du Rhône et, avec un canal, irriguer 200 000 ha. Seul 83 000 ha ont été équipés, mais dans la plaine gardoise et montpelliéraine, les vergers (pommiers) ont partiellement supplanté la vigne et sont eux-mêmes confrontés à la surproduction. La compagnie vend le tiers de son eau aux villes et aux stations du littoral.

— La **Société du Canal de Provence** prend l'eau de la Durance et du Verdon pour arroser 60 000 ha et approvisionner la région marseillaise et le littoral varois.

— La **Société pour la mise en valeur de la Corse** (1958) a réalisé l'aménagement et la mise en valeur de la plaine orientale de Corse (Aléria) avec agrumes et vignes pour y établir des rapatriés d'Algérie.

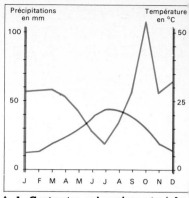

↑ 1. Contrastes saisonniers et sécheresse estivale à Aigues-Mortes
Diagramme ombrothermique caractéristique des pays méditerranéens.
Source : *Méditerranée*, 1983.

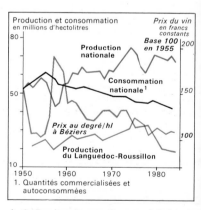

↑ 2. Les feux de forêts en Corse

↑ 3. Les tendances du marché du vin
En rouge, noir et bleu : la production.
En gris : le prix.
Graphique à double lecture : la production se lit à gauche ; le prix se lit à droite.

Le marché national reste encombré du fait de la diminution de la consommation et de son orientation vers des vins de qualité, du maintien de la production nationale et de l'importation étrangère.

↑ **4. La huerta du Roussillon et le Canigou au printemps :**
rencontre d'une vieille tradition d'irrigation due à la civilisation arabe et
d'une spéculation moderne arboricole.

↑ **5. Les serres équipent d'anciennes terrasses vouées à la floriculture
près de Grasse**

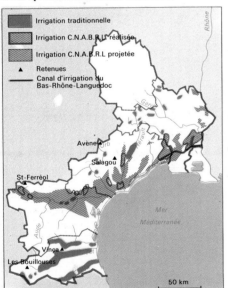

↑ **6. Irrigation en Languedoc-Roussillon**
**CNABRL : Compagnie nationale d'Aménagement du
Bas-Rhône-Languedoc.**

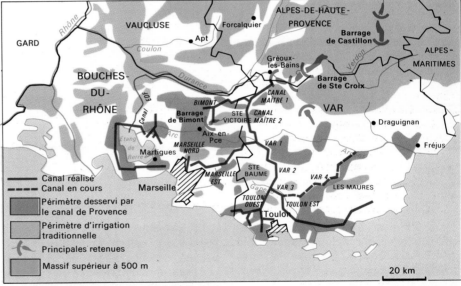

↑ **7. Bassins irrigués par le canal de Provence**

8. Une civilisation de l'eau

POUR l'agriculture, le plus mauvais climat d'Europe est celui de la région rhodanienne.

Plusieurs mois de sécheresse, à l'époque de la croissance des plantes et de la floraison, précèdent les pluies diluviennes d'équinoxes qui tombent à l'époque où elles sont les plus inopportunes, celle des vendanges et, pour tout arranger, une centaine de journées de vent du Nord vient accentuer le dessèchement et massacrer les végétaux.

Sans l'intervention persévérante de l'initiative humaine, l'exploitation du sol, dans cette région, irait de déconvenues en désastres. Sans doute sont-ce d'ailleurs ces contraintes qui ont fait de l'agriculture méditerranéenne une des plus inventives du territoire européen.

Philippe Lamour, *Une civilisation de l'eau,*
(Bulletin de la Société Languedocienne de Géographie)
n°s 2-3, 1980.

↑ **9. Nîmes : les arènes et le faubourg sud vers la gare et l'autoroute :**
ancienneté de l'infrastructure urbaine, maisons provençales, bâtiments du XIXᵉ siècle, immeubles
modernes.

2. des espaces pionniers

■ 1. De nouveaux méridionaux

Depuis 1960 le solde migratoire s'avère positif avec l'afflux de nouveaux venus de diverse provenance : rapatriés d'Algérie (370 000) ; Maghrebins ; mais aussi Français septentrionaux, retraités ou jeunes cadres attirés par le tropisme du soleil, rajeunissant la population locale et gonflant les villes. Car la zone attractive correspond aux plaines et aux couloirs urbanisés. Mais à partir de cet axe s'opère, depuis 20 ans, une conquête (ou reconquête) d'espaces marginaux ou déclinants, soudain aménagés ou spontanément revalorisés.

■ 2. Le complexe de Fos

La création d'un pôle industriel sur la côte déserte de Camargue exprime un rêve technocratique des années d'expansion et apparaît comme un enjeu national. Le creusement en 1966 d'un port gigantesque pétrolier, minéralier et de conteneurs, bordé d'une immense zone industrielle (7 000 ha), devait assurer la relève de la sidérurgie lorraine, dynamiser Marseille et créer des emplois. On y installa un complexe sidérurgique (SOLMER) avec hauts fourneaux et train de laminoirs, une fabrique d'aciers spéciaux (Ugine Aciers), un complexe pétrochimique et plusieurs usines chimiques. Mais boudé par les entreprises marseillaises, trahi par la crise, Fos reste sous-utilisé et n'a pu attirer des industries de transformation, créant moins d'emplois (9 000) que prévu.

■ 3. L'aménagement du littoral languedocien

Contrairement au littoral niçois et provençal, la côte languedocienne basse et répulsive était restée jusqu'aux années 60 une façade morte. La vie s'organisait à l'intérieur des terres le long du couloir. L'accroissement de la fréquentation touristique après 1950 y suscitait une urbanisation sauvage du front de mer en maintenant une capacité d'accueil limitée, alors que les vacanciers français déferlaient en Espagne. D'où le projet d'aménagement intégré confié en 1963 à la « Mission interministérielle d'Aménagement du littoral » : achats de terrains, création de routes et d'adductions d'eau, de ports de plaisance et de stations nouvelles dans un style futuriste. Unique en Europe par son ampleur, ce programme à fait du Languedoc avec 5 millions de visiteurs la 3e région touristique de France.

■ 4. Croissance urbaine et péri-urbanisation

La montée du tertiaire s'accompagne d'une croissance urbaine générale. Autour des centres les plus actifs se produit une péri-urbanisation. Des campagnes, auparavant stagnantes ou déclinantes, se trouvent vivifiées et transformées par la ville-centre qui leur délègue une part de ses fonctions, résidentielles (cités-dortoirs) mais aussi de services et industrielles, attirées par la création de petites zones artisanales. Ces villages périphériques voient leur population croître souvent plus vite que celle du centre urbain et constituent une auréole de banlieues diffuses qui se superposent à la trame rurale et la submergent, transfigurant le paysage. Les mutations de la garrigue montpelliéraine ou du proche pays niçois répondent à ce modèle.

■ 5. L'arrière-pays réhabilité

Après un siècle d'exode rural, le haut pays était devenu un « arrière-pays » destructuré, dominé, marginalisé. Si la haute montagne avait trouvé son salut dans sa neige et un tourisme de stations, la moyenne montagne méditerranéenne semblait vouée à la désertification. Pourtant dès les années 60 s'esquisse ici ou là une reprise démographique imputable à l'installation de citadins nouveaux venus. Le flux saisonnier des vacanciers permet le développement d'une fonction d'accueil et de services complémentaires de la production agricole, facilitant la pluri-activité.

La rapidité des changements, souvent induits de l'extérieur, qui bouleverse le Midi méditerranéen, le renouvellement démographique et social, le sentiment d'une perte d'identité, suscitent une réaction régionaliste culturelle en Occitanie, politique en Corse où elle se nourrit de la spécificité insulaire.

1. Répartition de la population active par région et par secteur d'activité (1985)

	Agri.	Indus.	Services
Languedoc-Roussillon	74 300	91 400	412 000
Provence-Alpes-Côte d'Azur	68 000	222 000	981 500
Corse	9 400	5 700	52 600

2. Pourcentage de la population active par secteur d'activités pour l'ensemble des 3 régions

	1954	1975	1985
Agriculture	25 %	10 %	8,0 %
Industrie	28 %	28 %	16,6 %
Services	47 %	62 %	75,4 %

3. La reconquête du haut pays languedocien

Dans de nombreuses régions de l'arrière-pays, l'agriculture est devenue par élimination, l'activité productive principale.

Après une longue période de difficultés, qui s'est traduite dans l'ensemble de l'arrière-pays par l'abandon d'une part importante du territoire autrefois exploité, elle a connu elle aussi une reprise notable. Dans certains cas, cela s'est produit dès les années 60 (exemple de la constitution des grandes exploitations caussenardes), mais dans la majorité des cas, il a fallu attendre les années 70, et le rôle de l'arrivée des « néo-ruraux » dans le déclenchement de cette reprise a souvent été important.

Dans tous les cas, ils ont montré qu'il était encore possible de s'installer dans l'arrière-pays ; ils ont aussi contribué, avec les organismes de développement agricole, à l'élaboration d'innovations, ou de systèmes d'exploitations adaptés aux situations locales.

Ceci, s'ajoutant aux effets des politiques nationales et locales d'aide à l'agriculture des zones défavorisées, dont il est encore difficile de déterminer l'incidence exacte, incite de plus en plus de jeunes à reprendre les exploitations familiales, souvent après une phase de travail à l'extérieur (phénomène d'ailleurs de plus en plus fréquent dans l'agriculture française).

G. Miclet, in L'État du Languedoc en 1987, Revue de l'Économie Méridionale, n° 137, 1987.

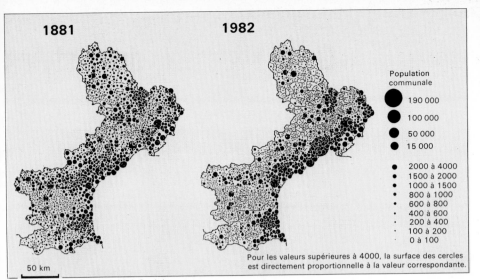

1881 **1982**

Population communale

● 190 000
● 100 000
● 50 000
● 15 000

· 2000 à 4000
· 1500 à 2000
· 1000 à 1500
· 800 à 1000
· 600 à 800
· 400 à 600
· 200 à 400
· 100 à 200
· 0 à 100

Pour les valeurs supérieures à 4000, la surface des cercles est directement proportionnelle à la valeur correspondante.

50 km

Source : INSEE Recensement Général de la Population

↑ **4. Languedoc-Roussillon : répartition de la population en 1881 et 1982.**
Bilan d'un siècle de déprise dans le haut pays et d'immigration en plaine.

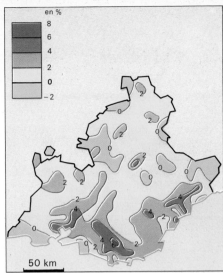

en %

8
6
4
2
0
–2

50 km

↑ **5. Provence 1975-1982 :** reprise démographique en montagne et péri-urbanisation près du littoral.

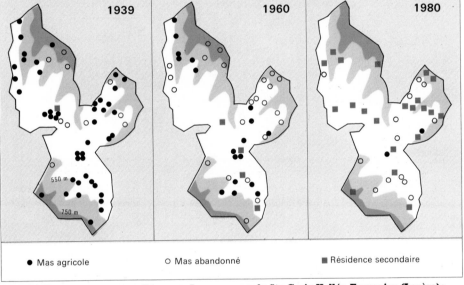

1939 **1960** **1980**

550 m
750 m

● Mas agricole   ○ Mas abandonné   ■ Résidence secondaire

↑ **6. Déclin et renouveau en Cévenne. La commune de Ste-Croix-Vallée-Française (Lozère) ;**
— **1939 : un espace agricole en déclin**
— **1960 : un espace désertifié**
— **1980 : reconquête par de nouveaux venus**

7. Montpellier superstar

SURTOUT, depuis les années 70, Montpellier connaît une péri-urbanisation sans égale en Languedoc-Roussillon.

Elle finit par toucher pratiquement toutes les communes dans un rayon de 20 kilomètres autour de la cité, aussi bien celles du littoral que celles de l'intérieur.

Çà et là se développent des points d'appui fonctionnels, zones d'activités de Vendargues ou de Saint-Jean-de-Vedas, axe de la voie rapide vers Carnon, aéroport de Fréjorgues et centres commerciaux de Pérols.

L'automobile devient reine, près de 70 % des ménages montpelliérains disposant en 1982 d'au moins une voiture particulière.

En fait, le « grand » Montpellier en est encore à digérer les retombées de sa promotion au rang de capitale régionale et de son expansion.

C. Verlaque,
Le Languedoc-Roussillon,
PUF, 1987.

↑ **8. Isola 2000 ; le nouveau tourisme d'hiver n'est plus niçois mais montagnard**

↑ **9. L'aéroport international de Nice.** Gagné sur la mer, il illustre le manque d'espace sur la côte et le rôle essentiel des transports

Deux littoraux, deux styles

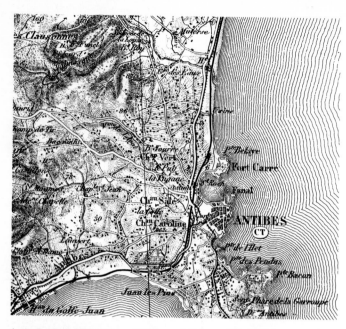

↑ 1. Le Cap d'Antibes en 1886 : un tourisme d'hiver, élitiste et diffus (carte d'État-Major)

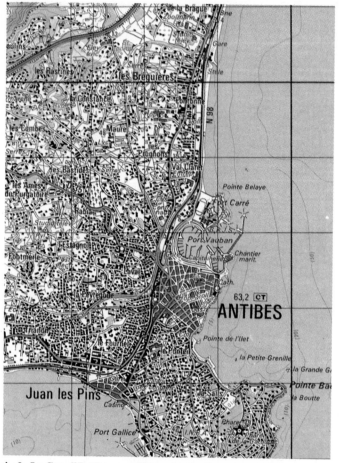

↑ 2. Le Cap d'Antibes en 1986 : urbanisation pour un tourisme d'été démocratisé et densifié (carte IGN au 1/50 000)

QUESTIONS

1. Le littoral méditerranéen français était-il traditionnellement hospitalier ?

2. Quelle fut la première forme de tourisme sur le littoral méditerranéen ? (doc. 1)

3. Qu'appelle-t-on exactement « Côte d'Azur » ? Voir carte p. 237

4. Quelles sont les conséquences géographiques de la saturation touristique de la Côte d'Azur ?

5. L'augmentation de la population touristique stimule-t-elle d'autres activités ? Lesquelles ?

6. Conséquences d'une spécialisation touristique et d'accueil de visiteurs sur la démographie régionale ?

7. Pensez-vous que l'on puisse encore aménager d'autres espaces sur le littoral méditerranéen français ?

3. La Côte d'Azur saturée

POUR trouver des terrains disponibles, les promoteurs doivent s'éloigner de plus en plus de la côte. Malgré le coût des terrains, ce processus se maintient à un niveau élevé, apportant plus de dommages à la collectivité que de bénéfices aux municipalités.

Philippe Langevin, *L'Économie provençale*, Édisud, 1983.

↑ 4. La Riviera (les Issambres, entre Sainte-Maxime et Saint-Raphaël) : un climat d'abri des collines boisées, au pied du massif des Maures, regardant la mer et le soleil

d'aménagements touristiques

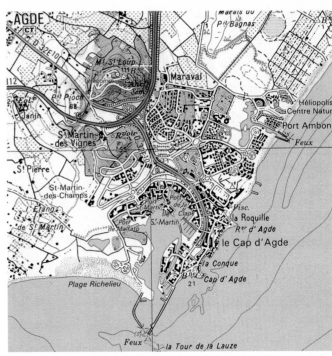

↑ **5. Le Cap d'Agde en 1952 :** quelques villas sur un promontoire basaltique au milieu des vignes et des marais (carte IGN au 1/50 000)

↑ **6. Le Cap d'Agde en 1986** (carte IGN au 1/50 000)

QUESTIONS

1. Le site du Cap d'Agde vous paraît-il représentatif de la côte languedocienne ?

2. Comment les aménageurs en ont-ils tiré parti et quelles infrastructures y ont-ils implantées ?

3. Connaissez-vous d'autres « stations nouvelles » du littoral languedocien ?

4. Palavas est une « station traditionnelle ». En quoi son site et ses formes d'urbanisation diffèrent-ils de ceux du Cap d'Agde ?

5. Qu'est-ce qui différencie Palavas (doc. 7) des Issambres (doc. 4) ?

6. Que signifie les expressions « tourisme d'élite », « tourisme de masse », « tourisme social » ? Ces formes exigent-elles les mêmes aménagements ?

↑ **7. Palavas :** un village de pêcheurs créé au XIXe au bord du grau, devenu station balnéaire avec port de plaisance en front de mer et lotissements sur le lido

Marseille - Fos : quel destin ?

Avec le train, la navigation à vapeur, l'essor du commerce colonial, Marseille aménage un second port à la Joliette, progressivement étendu jusqu'à l'Estaque et bordé d'entrepôts, d'usines et de quartiers ouvriers.

Après 1920, avec le développement du trafic pétrolier, elle annexe l'étang de Berre bordé de raffineries et relié à l'Estaque par le tunnel-canal du Rove. En 1968, avec les super-pétroliers et superminéraliers, sonne l'heure de Fos.

Fos était un pivot de l'aménagement du grand Marseille. A lui l'industrie lourde ; à Marseille le tertiaire supérieur. La césure entre les deux pôles a valorisé l'étang de Berre (Vitrolles) voué à une intense péri-urbanisation. Fos reste-t-il un potentiel pour demain ?

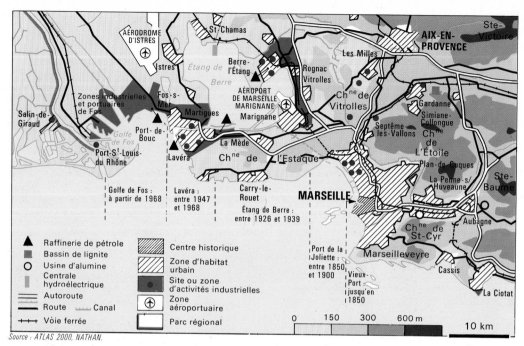

Source : ATLAS 2000, NATHAN.

↑ **1. Le grand Marseille, son aire péri-urbaine et ses quatre ports successifs**

↑ **2. Le vieux port à Marseille : une calanque devenue comptoir grec 60 ans avant-J.-C. et qui restera le port de Marseille jusqu'au milieu du XIXe siècle**

↑ **3. Fos : sur les vastes terre-pleins au bord des darses géantes, une impression d'inachevé**

4. Fos : des effets d'entraînement industriels médiocres sur le milieu local

LES activités industrielles de la zone sont pour l'instant des activités lourdes. Ces industries de base fabriquent des produits bruts destinés à quitter la région dans la mesure où les grands centres de consommation pour ce type de produits sont dans le Nord de l'Europe.

On retrouve le même phénomène dans le secteur pétrolier. La région est spécialisée dans le brut. Les industries de transformation sont ailleurs.

Pour le moment, les tôles laminées à Fos sont exportées et transformées, notamment en carrosseries d'automobiles à Detroit (USA), les produits de la pétrochimie exportés dans presque toute la France et l'Europe.

P. Langevin, *L'Économie provençale*, t. II, Édisud, Aix-en-Provence, 1983.

5. Marseille-Fos, un destin lié

L'ENTRÉE en activité des grands établissements de Fos (1972-1974) est contemporaine du premier choc pétrolier et du renversement de la conjoncture mondiale. On s'explique ainsi qu'à la fin 1982, l'Aire métropolitaine marseillaise offre plus de 1 800 ha d'espaces industriels disponibles sur les 5 834 aménagés ; la zone industrialo-portuaire de Fos seule dispose de 1 235 ha attendant des preneurs sur les 4 495 aménagés. Ces observations constatées, il est nécessaire de souligner que l'Aire métropolitaine marseillaise demeure et de beaucoup la première place industrielle de la France méditerranéenne et une des premières du monde méditerranéen.

M. Wolkowitsch, *Provence-Alpes-Côte d'Azur*, PUF, 1986.

Synthèse/Sévaluation

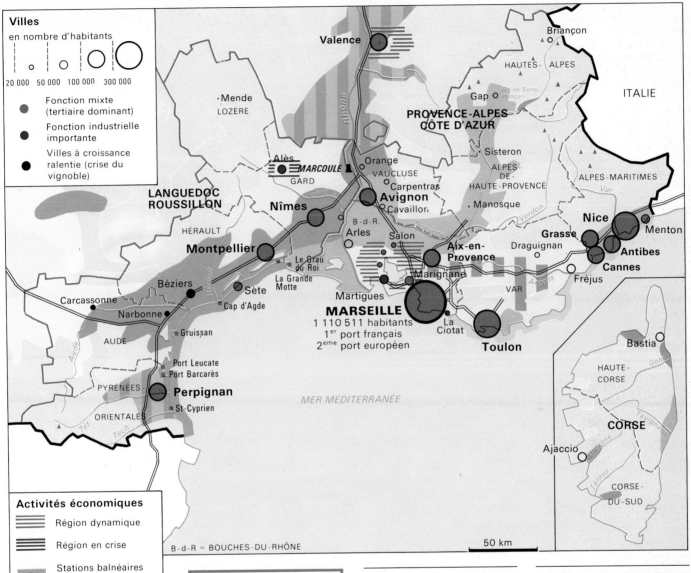

Villes

en nombre d'habitants

20 000   50 000   100 000   300 000

- ● Fonction mixte (tertiaire dominant)
- ● Fonction industrielle importante
- ● Villes à croissance ralentie (crise du vignoble)

Activités économiques

- Région dynamique
- Région en crise
- Stations balnéaires nouvelles
- Littoral anciennement équipé
- ▲ Stations de sports d'hiver
- ▲ Centrale nucléaire

Occupation du sol

- Vigne
- Légumes, fruits, fleurs
- Riz, fourrage, blé
- Association blé-vigne-olivier-élevage ovin

B-d-R = BOUCHES-DU-RHÔNE

50 km

MARSEILLE
1 110 511 habitants
1er port français
2ème port européen

QUESTIONS

1. Le climat méditerranéen est-il une contrainte ou une ressource pour le Midi ?

2. Le Bas-Languedoc est un littoral et un couloir, donc présumé favorable aux activités. Comment expliquez-vous son développement tardif ?

3. Quel rôle joue l'axe rhodanien dans le Midi méditerranéen ?

4. Peut-on dire que la péri-urbanisation et le renouveau de l'arrière-pays sont deux manifestations d'un même phénomène ?

5. Le problème corse est-il à l'origine économique ou culturel ?

6. L'entrée de l'Espagne dans la CEE est-elle une chance pour le Midi ?

7. En quoi peut-on dire que le Midi est une terre romaine ?

8. Quelle est l'utilité du canal de Provence ?

9. Quelles sont les étapes d'agrandissement du port de Marseille ?

SUJETS

1. Le rôle de la mer dans l'organisation de l'espace du Midi méditerranéen

2. Languedoc-Roussillon, Provence-Alpes-Côtes d'Azur : étude comparative

3. Montrer en quoi le développement actuel du Midi méditerranéen constitue un modèle original

les données statistiques sont en page 243, doc. 3

DOM-TOM, terres de contrastes

Les départements et territoires français situés en dehors du continent européen (on les qualifie d'outre-mer) **s'étendent des cercles polaires à l'équateur,** dans des conditions de relief, de climat, d'accessibilité et d'occupation humaine extraordinairement variées. Leur intégration à la nation française est plus ou moins ancienne et généralement solide, même si, ici ou là, des problèmes sociaux, économiques et politiques se posent.

Les DOM-TOM assurent une présence française dans le monde, essentielle pour sa culture, son économie et le rôle qu'elle souhaite jouer sur les plans politique et stratégique.

Carte de synthèse . . . . page 247

ANALYSE DES DOCUMENTS

En haut : Dans l'île de Raiatea (archipel de la Société, groupe des îies sous le Vent), l'étroite plaine littorale a servi de site au petit port de Uturoa situé en face de la passe du grand récif de la barrière. Les pentes volcaniques sont partiellement plantées de cocotiers, mais elles sont aussi la proie d'une vive érosion consécutive aux cultures sur brûlis.

En bas : L'agglomération de Pointe-à-Pitre (Guadeloupe) en voie d'évolution. Au centre, le carroyage des quartiers de la ville commerciale coloniale et du vieux port, encadré à l'est par des quartiers populaires autour d'une ancienne sucrerie et à l'ouest par le nouveau port des conteneurs. La partie centrale montre la rénovation des anciennes banlieues par des immeubles collectifs et des blocs de services administratifs. Les lotissements s'étendent de plus en plus au nord jusqu'à la barrière des emprises de l'aérodrome international.

1. les contrastes physiques

1. Grandes et petites terres

Les territoires faisant partie d'un **ensemble continental** en présentent les principaux caractères : Guyane française (90 000 km²) partie de la forêt d'Amazonie, Terre Adélie (200 000 km²) partie des glaces de l'Antarctique.

Les îles ont des contraintes propres à leur situation : — **Isolement absolu** : îles Kerguelen, Crozet, Saint-Paul et Nouvelle-Amsterdam dans l'océan Austral, Clipperton dans le Pacifique Nord-Est. — **Isolement relatif** entre deux archipels (Wallis et Futuna) ou à la périphérie d'un grand ensemble (Saint-Pierre et Miquelon aux marges de Terre-Neuve), îles éparses, Europa, Juan de Nova, Glorieuses et Tromelin autour de Madagascar. — **Organisation en archipel** partiellement français (Petites Antilles, Comores, Mascareignes) ou totalement inclus dans la souveraineté nationale (Marquises, Tuamotu, Gambier, îles de la Société, îles Australes formant la Polynésie française, îles Loyauté en Nouvelle-Calédonie).

Les contrastes de surface émergée et du volume de relief donnent des caractères propres :

Une grande terre génère des influences continentales modifiant les facteurs zonaux en donnant des unités naturelles régionales : par exemple les 16 750 km² de la Nouvelle-Calédonie proprement dite.

Les petites îles (de 500 à 2 500 km²) ont des conditions propres en fonction de l'importance de leur volume émergé.

Les îles montagneuses volcaniques qui ont des reliefs dont les sommets dépassent 1 500 m opposent l'humidité du versant au vent, à la sécheresse du versant sous le vent (La Réunion, Tahiti, La Martinique, Basse-Terre de Guadeloupe) tandis que les **îles basses calcaires** restent homogènes avec des surfaces identiques (aux Loyauté, Lifou et Maré, Grande-Terre de la Guadeloupe.

Les très petites îles qui n'ont que quelques dizaines de km² subissent totalement les influences zonales océaniques mais malgré la modestie de leur surface émergée (généralement de 10 à 80 km²). Elles servent très souvent de conservatoires pour les flores et les faunes endémiques.

2. Quelques types morphologiques

L'héritage des socles* donne des périplaines attaquées par les reprises d'érosion récentes, conséquence du rajeunissement tectonique.

Aux latitudes tropicales, les formations latéritiques* dominent le paysage : en Guyane française le socle n'est surmonté que par quelques reliefs abrupts; en Nouvelle-Calédonie, la surrection du socle à l'est, couvert d'une épaisse carapace ferrugineuse nickelifère, donne une vigoureuse érosion, tandis que l'Ouest présente un large piémont dans des collines sédimentaires et des plaines littorales marécageuses.

Les édifices volcaniques fournissent la charpente de toutes les îles où les constructions les plus récentes sont encore parfois actives.

3. La zonalité bioclimatique

Les mécanismes atmosphériques zonaux dont les fluctuations périodiques répondent aux échanges océan-atmosphère déterminent la nature des paysages et conditionnent les associations écologiques.

— **La zone polaire antarctique** (Terre Adélie) n'est accessible quelques semaines que durant l'été austral.

— **Zone océanique tempérée froide** : L'océan Austral est balayé en permanence par les grands vents d'ouest; Crozet et Kerguelen n'ont qu'une végétation buissonnante et herbacée. Saint-Pierre et Miquelon dans l'hémisphère Nord est dans une situation plus favorable (rencontre du Gulf Stream et du courant du Labrador, plate-forme de Terre-Neuve).

— **Zone océanique intertropicale** : le système des alizés* avec balancement du front intertropical établit des alternances saisonnières symétriques par rapport aux régions équatoriales australes (Guyane, Wallis et Futuna, Marquises) où une longue saison pluvieuse est interrompue par une courte saison sèche. Les bandes tropicales nord (Antilles) et sud (Nouvelle-Calédonie, Polynésie française) ont par alternance deux saisons pluvieuses et sèches longues et courtes. Les effets de relief y sont particulièrement sensibles, les effets des cyclones y sont souvent dévastateurs.

---

1. Des terres volcaniques

LES alignements volcaniques liés à des points chauds intraplaqués échelonnent des édifices qui s'enfoncent au fur et à mesure de leur migration liée à la remontée magnétique. Il en résulte une succession d'îles supportant des formations récifales de plus en plus puissantes donnant comme dans les îles de la Société une succession classique.

1) Île haute volcanique avec étroites formations récifales et lagon discontinu (Tahiti).

2) Noyau volcanique entouré d'un lagon limité par deux récifs frangeants et barrière, îles Mooréa, Huahiné, Raïates-Taha, Bora-Bora, Mopelia avec édifice volcanique de plus en plus réduit et complexe lagonaire et récifal de plus en plus large.

3) Disposition du socle formant atoll (Mopelia, Scilly et Belingshausen).

Les arcs insulaires liés à des phénomènes de subduction donnent une structure qui juxtapose comme aux petites Antilles un arc interne volcanique actif en cours d'édification (Martinique, Basse-Terre de la Guadeloupe) et un arc externe en voie de subsidence où se sont accumulées des formations marines à faciès récifal donnant des plates-formes calcaires soumises à une intense érosion karstique (Grande-Terre de la Guadeloupe, Marie-Galante).

La tectonique des plaques manifeste son activité à la fois par des tremblements de terre destructeurs et par de puissantes éruptions volcaniques.

F. Doumenge.

---

2. Les îles de souveraineté française occupées par des missions scientifiques ou de souveraineté

PÉRIPHÉRIE DE MADAGASCAR	Superficie émergée km²	Zone océanique économique exclusive km²
Europa et Bassa da India Archipel	44	246 980
Glorieuses	4	68 300
Juan de Nova	2	66 040
Tromelin	2	276 290
OCÉAN AUSTRAL		
St Paul et Amsterdam	107	509 760
Archipel Crozet	212	458 500
Archipel des Kerguelen	7 215	583 430
TROPICAL NORD-EST		
Clipperton	8	431 015

↑ 3. Les coulées de lave de l'éruption du piton de la Fournaise. (Île de la Réunion) en février 1976.

↑ 4. L'île de Maupiti, archipel de la Société (Polynésie française) : noyau volcanique entouré d'un lagon et d'un récif-barrière avec passes.

↑ 5. Effets du cyclone Veena (avril 1983) sur l'île de Takapoto, archipel des Tuamotu.

↑ 6. Encoche de la vallée du Maroni dans le massif forestier guyanais près de Maripasoula.

↑ 7. Reprise d'érosion sur le versant est de la Nouvelle-Calédonie.

↑ 8. Base scientifique de Port-aux-Français aux îles Kerguelen.

2. les contrastes humains et socio-économiques

Des unités écologiques réduites et morcelées imposent une mise en valeur étriquée où **genres de vie et structures économiques opposent tenants des traditions ethno-historiques et adeptes de la modernité aspirant à se hisser au niveau de vie métropolitain.**

Cette intégration se développe par le biais d'une urbanisation conquérante et à travers la multiplication des services administratifs sociaux et culturels qui renforcent les échanges bilatéraux d'hommes, de marchandises et de capitaux. Cette évolution rapide peut engendrer des réactions violentes de frustration, des éléments ne pouvant suivre cette évolution rapide (ruraux et urbains marginaux).

■ 1. Le vide et le plein

De vastes étendues restent inhabitées :

— Les îles de l'océan Austral, celles éparses autour de Madagascar, certains atolls des Tuamotu orientales et Clipperton ne sont qu'épisodiquement visitées pour des opérations de pêche ou de cueillette ou pour des motifs scientifiques ou stratégiques.

— Le massif forestier guyanais est encore une forêt vierge.

— La Grande Terre néo-calédonienne n'a que quelques carrières minières au-dessus de 300 m.

— Aux Antilles françaises, dans les îles de la Société et aux Marquises, les massifs volcaniques, d'accès difficile et trop humides, sont souvent classés en réserves naturelles sans établissement humain.

Par contrastes les littoraux et les piémonts des îles volcaniques, les basses vallées de la côte est de la Nouvelle-Calédonie et le littoral guyanais ont des densités élevées tandis que les atolls* et les îles calcaires restent peu peuplés. L'urbanisation concentre une part croissante du peuplement sur les franges littorales.

■ 2. La variété de l'organisation socio-économique

— **Cultivateurs guyanais semi-nomades** amérindiens et Noirs Bonis pratiquant cueillette, pêche, chasse et brûlis itinérants dans les vallées.

— **Halieutes* de la tradition de l'Ouest atlantique** conservant une structure familiale non métissée et s'efforçant de survivre à Saint-Pierre-et-Miquelon, Saint-Barthélemy et Terre de Haut des Saintes (Guadeloupe) en s'adaptant aux nouvelles économies de service.

— **Paysans petits blancs** des Hauts de La Réunion et des Grands Fonds de la Grande Terre guadeloupéenne.

— **Villageois agriculteurs de civilisation musulmane** à Mayotte.

— **Paysans mélanésiens** des basses vallées de la côte est de Nouvelle-Calédonie regroupés dans des réserves où la caféiculture familiale s'est ajoutée au système traditionnel des cultures jardinées.

— **Agriculteurs-pêcheurs polynésiens** à Wallis et Futuna et en Polynésie française (à l'exception de Tahiti). S'efforçant de tirer le maximum des ressources aquatiques, ils ont ajouté la culture du cocotier pour le coprah à un système de cultures vivrières.

— **Paysans créoles* de l'ancienne société sucrière** des Antilles françaises et de La Réunion. Souvent d'origine servile, ils sont devenus propriétaires à l'occasion du défrichement des mornes ou par suite du démantèlement des grands domaines sucriers. La production de sucre maintenue avec peine en Guadeloupe et à La Réunion a laissé la place au rhum à la Martinique. De profondes mutations ont amené à la pratique de cultures de substitution : bananes et fruits, légumes, fleurs.

— **Sociétés urbaines créoles multiraciales** à métissage avancé où les migrants récents se superposent à un vieux fonds administratif et commercial. La prédominance de l'économie de service entraîne une concurrence entre Français métropolitains et insulaires créoles dans les administrations fortement pourvoyeuses d'emplois, auxquels s'ajoutent les Asiatiques dans les commerces rémunérateurs.

— **Société urbaine industrielle coloniale** à Nouméa (Nouvelle-Calédonie).

— **Fronts pionniers instables,** fonctionnant sous l'impulsion du défrichement des terres, de la pêche et de l'aquaculture commerciale, de la spéculation minière et des activités spatiales (côte ouest de la Nouvelle-Calédonie et littoral guyanais).

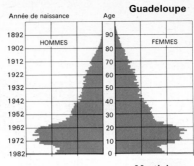

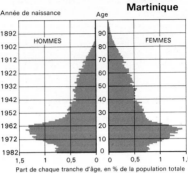

INSEE, recensement de la population, dans les départements d'Outre-Mer - 198...

↑ **1. Les pyramides des âges de la Guadeloupe et de la Martinique.** Comparez les effets de l'émigration et des différences de fécondité dans la population des deux îles.

2. Une île à sucre : La Réunion

DÉCOUVERTE par les Portugais au début du XVIe siècle, cette île déserte sert d'asile à quelques Français à partir de 1638, puis est occupée par la Compagnie française des Indes en 1665 : elle est alors appelée l'île Bourbon.

Peu à peu, une petite population hétéroclite s'y établit : Français de l'Ouest, un certain nombre de Portugais et d'Anglais, anciens colons de Madagascar. L'île, nommée définitivement La Réunion en 1848, est depuis 1815 le type même de l'île à sucre. L'abolition de l'esclavage en 1848 oblige les colons à faire venir des « immigrés » de l'Inde. Cafres, Malgaches, Malabars, Chinois et Indiens musulmans, qui sont venus spontanément et se sont rendus maîtres du commerce extérieur, vont faire de La Réunion un microcosme où le métissage crée un bariolage infini.

d'après J. Defos du Rau,
Encyclopædia Universalis

3. L'émigration vers la France

LE tiers des originaires des Antilles françaises et le quart de ceux de la Réunion ont émigré en France.

Dans le département de la Guadeloupe, migrations des St-Barth vers Porto Rico, afflux des Guadeloupéens, des Haïtiens et des Antillais anglophones dans la partie française de St-Martin, immigration urbaine des Marie-Galantais et des ruraux de la Grande-Terre se combinant avec une émigration généralisée vers la métropole.

F. Doumenge.

Circonscription administrative	Surface océanique km²	Terre émergées km²	Population habitant 1986	Ressources PIB + Imp. FF/hab./an 1983	Production électrique million kWh 1986	Nombre touristes 1986	Commerce extérieur millions FF 1986		Concours finan. extérieur net millions FF 1986
							Imp.	Exp.	
St-Pierre et Miquelon	54 900	242	6 100	68 000	35	23	348	163	180
Guadeloupe		1 800	335 000	40 500	546	148	5 458	747	4 836
Martinique	170 900	1 100	330 000	47 600	477	150	6 065	1 496	4 409
Guyane	130 140	90 000	90 000	34 000	223	10	2 056	256	1 002
Mayotte	50 000	374	67 200	5 500	5	14	200	5	316
La Réunion	312 360	2 512	560 000	42 800	615	237	7 861	930	7 133
Nouvelle Calédonie	2 105 090	18 995	155 000	61 000	1 056	59	3 465	1 500	2 627
Wallis et Futuna	271 050	280	12 400	6 500	1	6	72	2	109
Polynésie française	4 867 370	4 000	175 000	72 000	222	161	5 098	281	4 205

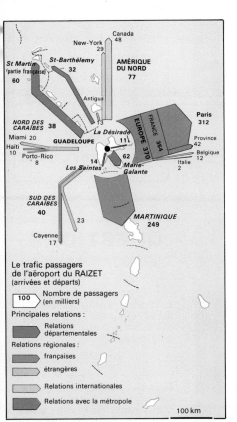

↑ **5. Différentes composantes des relations aériennes du département de la Guadeloupe.**
Analysez l'originalité des rapports inter-insulaires et des liens avec la métropole et l'étranger.

↑ **6. Nouvelles installations touristiques sur la côte sous le vent de Tahiti (hôtel Beach-Comber). À l'arrière-plan, l'île de Moorea.**

↑ **7. Installations de l'élevage de crevettes dans les marais de Mara sur la côte centre-ouest de la Grande Terre néo-calédonienne.**

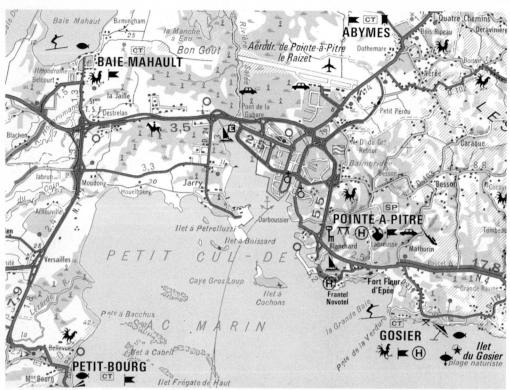

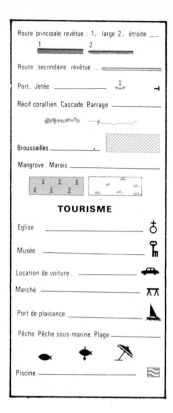

↑ **1. Extrait de la carte IGN au 1/100 000 de Pointe-à-Pitre (Guadeloupe).**
Nota : les coqs correspondent à des localités où se déroulent des combats de coqs.

↑ **2. Le centre colonial de Fort-de-France (Martinique).**

QUESTIONS

1. Localisez la portion de carte IGN qui est représentée sur la photographie du bas de la page 238. Orientez cette photographie.

2. En vous aidant de cette photographie, repérez sur la carte les différents éléments des quartiers et des équipements de l'agglomération de Pointe-à-Pitre. Établissez à l'aide d'un calque un croquis de synthèse simplifié.

3. Quels sont les avantages touristiques visibles sur la carte dont dispose la Guadeloupe et, particulièrement, les environs de Pointe-à-Pitre ?

un air de famille

↑ 3. Le centre de l'agglomération de Nouméa (Nouvelle-Calédonie) avec les extensions portuaires. À l'arrière-plan, le port et l'usine métallurgique du nickel.

↑ 4. Image satellite SPOT du 21 juillet 1986 montrant l'agglomération de Papeete (Tahiti) et ses faubourgs, sur la plaine littorale.

QUESTIONS

1. Comparez les différentes agglomérations représentées sur la carte (doc 1), les photos (docs 2 et 3) et l'image satellite (doc 4). Notez et tentez d'expliquer les ressemblances, puis les différences :
• situation (dites en particulier à quelles latitudes sont localisées ces villes en regardant un planisphère)
• site
• plan général
• plan du centre historique
• voies de communications
• fonctions
• architectures

2. Décrivez et tentez d'expliquer les reliefs de Tahiti visibles sur l'image SPOT.

Comprendre une situation politique complexe : la Nouvelle-Calédonie

Le problème actuel de la Nouvelle-Calédonie s'inscrit dans l'évolution des secteurs productifs. Après une période euphorique (1969-1974 : boom du nickel) la crise mondiale entraîne un effondrement de l'extraction et l'arrêt partiel des installations métallurgiques de Nouméa. Cette crise, comparable à celle du Nord et de l'Est de la France, entraîne chômage et licenciements.

Les Mélanésiens, entrés les derniers dans l'économie industrielle, sont les plus touchés par la récession. Ils ne peuvent trouver une réinsertion dans le cadre de la société paysanne des réserves où l'agriculture vivrière coutumière se double de petites plantations de café sur la côte est. Ils réclament alors le retour des terres de colonisation (63 872 ha transférés de 1979 à 1986).

Le renforcement du pôle administratif et la diversification des services compense le déclin métallurgique de Nouméa où se retrouvent Européens, Polynésiens et Asiatiques, mais aussi des migrants ruraux et insulaires mélanésiens. L'agglomération regroupe les 2/3 du peuplement.

Le reste de la Grande Terre fait figure de « désert ». Sur la côte ouest, le peuplement rural mélanésien reste nettement minoritaire et les domaines européens d'élevage bovin semi-extensif ont colonisé les savanes à **Niaouli**. Sur la côte est le peuplement rural mélanésien est nettement prédominant mais le cloisonnement du relief a empêché d'y développer un réseau cohérent de communications.

Ainsi s'oppose la société multiraciale de Nouméa, moderne et développée, et les ruraux et insulaires restés à l'écart du développement. Ce clivage socio-économique, qui prend des allures ethniques, apparaît cependant dépassé quand la population est appelée à exprimer des options politiques.

↑ **1. La Mélanésie traditionnelle (tribu de Noelly). Au pied de la chaîne, un village de paysans caféiculteurs.**

2. Les égoïsmes calédoniens

Pour l'observateur attentif, la Nouvelle-Calédonie présente l'exemple unique, du moins en milieu francophone, de voir cohabiter des hommes aux valeurs et aux talents différents, qui pourraient naturellement s'enrichir de leurs expériences réciproques. Or, dans bien des cas, chacun y évolue sans faire référence aux autres : l'égoïsme crée alors le malentendu, et de ce dernier découle un jour ou l'autre l'affrontement ; c'est ce qui s'est passé en Nouvelle-Calédonie fin 1984-début 1985.

Le problème socio-économico-culturel qui se pose actuellement dans cet archipel mettra donc du temps à se résoudre. Aussi est-il du devoir du gouvernement français d'aider dès à présent les partenaires locaux à se doter de moyens institutionnels et économiques appropriés, faute de quoi l'idéologie universaliste, donc pluri-ethnique, propre à la civilisation française perdra sa raison d'être et, par la même occasion, l'Outre-Mer français son rôle de pont culturel entre cultures dominantes à l'échelle des continents.

Jean-Pierre Doumenge, *La Nouvelle-Calédonie* (Bordun, CRET, 1986).

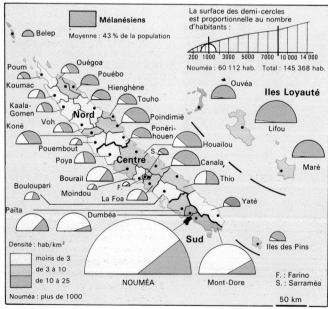

Source : INSEE, recensement de 1982

↑ **3. Répartition de l'ethnie mélanésienne en 1982.**

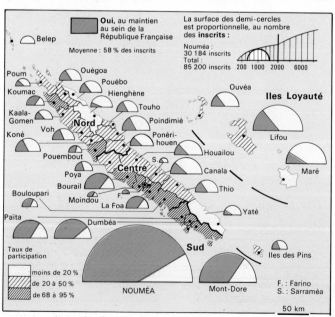

Source : *Référendum du 13 sept. 1987*

↑ **4. Résultats du référendum sur l'appartenance à la République française.**

Synthèse/Sévaluation

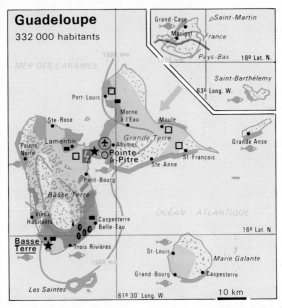

Guadeloupe
332 000 habitants

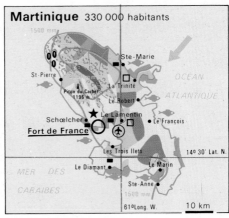

Martinique 330 000 habitants

Villes, nombre d'habitants

○ plus de 100 000
○ de 100 000 à 50 000
○ de 50 000 à 100 000
• de 20 000 à 50 000

Productions agricoles et industries associées

- Canne à sucre
- □ Sucrerie   ■ Rhumerie
- Bananiers
- Ananas
- Vanilliers
- T T Tabac
- O O Café
- Plantes à parfum (géranium, anthurium, vétiver)
- Cultures maraîchères et fruitières
- Céréales
- Exploitation forestière
- Port de pêche

Exploitation de minerais, production d'énergie et petites industries

- B Bauxite   ◇ Or
- N Nickel
- Centrale hydroélectrique
- Centrale thermique
- Raffinerie de pétrole
- ★ Industrie diverses (matériaux de construction, bois)

Tourisme

- Zone touristique

- Forêt tropicale ou équatoriale
- Savane, broussailles
- Mangrove
- Alizé
- Isohyète

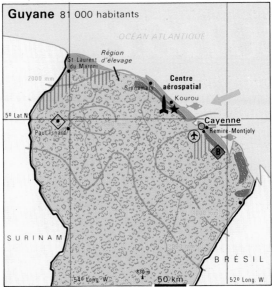

Guyane 81 000 habitants

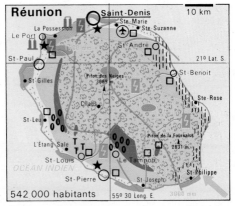

Réunion
542 000 habitants

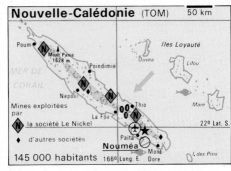

Nouvelle-Calédonie (TOM)
145 000 habitants

QUESTIONS

1. Citez les départements d'outre-mer et quelques territoires.

2. Citez les plus grandes villes des DOM-TOM.

3. Décrivez quelques grands types de paysages dans les DOM-TOM.

4. Déterminez la zonalité bioclimatique des DOM-TOM.

5. Qu'est-ce qu'un cyclone ?

6. Qu'est-ce qu'un atoll ?

7. Quels sont les traits caractéristiques de la pyramide des âges de la Guadeloupe ? Comparaison avec celle de la France métropolitaine.

8. Quelles sont les grandes communautés socio-économiques qui vivent dans les DOM-TOM ?

9. Citez les activités principales de la Guyane, de la Martinique, de la Guadeloupe et de La Réunion.

10. Quels sont les cycles économiques de la Nouvelle-Calédonie ?

11. Pourquoi dit-on que les DOM-TOM sont des terres urbaines ?

12. Définissez les données de la question néo-calédonienne.

SUJETS

1. Les DOM-TOM : « confettis » d'un empire perdu ou terres d'avenir ? À travers les réalités actuelles, analysez l'héritage du passé et les perspectives d'avenir.

2. Les problèmes posés au développement dans les DOM-TOM.

3. Le fait urbain dans les DOM-TOM.

4ᵉ partie

La France

et la C.E.E.

dans le monde

Carte-synthèse de l'Europe des 12

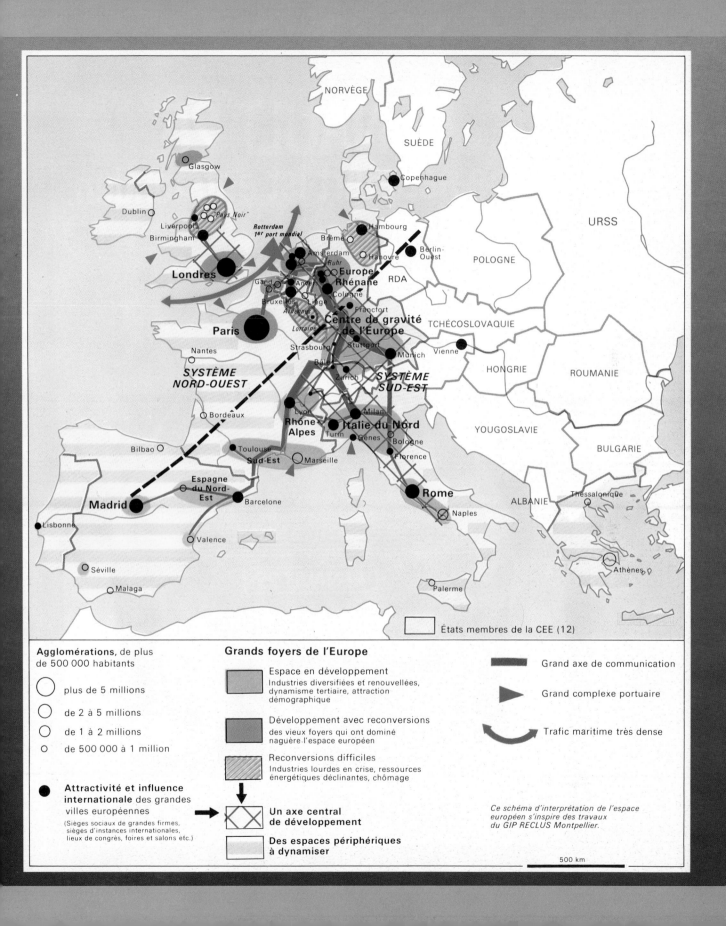

NORVÈGE

SUÈDE

URSS

POLOGNE

RDA

TCHÉCOSLOVAQUIE

HONGRIE

ROUMANIE

YOUGOSLAVIE

BULGARIE

ALBANIE

Glasgow

Copenhague

Dublin

Liverpool
Birmingham
"Pays Noir"

*Rotterdam
1er port mondial*

Hambourg
Brême
Hanovre
Berlin-Ouest

Amsterdam
Ruhr
**Europe
Rhénane**
Gand
Anvers
Cologne
Bruxelles
Liège
Francfort
Anvers
**Centre de gravité
de l'Europe**

Londres

Paris

Lorraine

Nantes

**SYSTÈME
NORD-OUEST**

Strasbourg
Stuttgart
Bâle
Munich
Vienne

Zurich
***SYSTÈME
SUD-EST***

Bordeaux

Bilbao

Lyon
**Rhône
Alpes**
Milan
Italie du Nord
Turin
Gênes
Bologne
Florence

Toulouse
Sud-Est
Marseille

Espagne
du Nord-
Est
Barcelone

Madrid

Rome

Lisbonne

Valence

Naples

Thessalonique

Séville

Palerme

Athènes

Malaga

États membres de la CEE (12)

Agglomérations, de plus
de 500 000 habitants

◯ plus de 5 millions

◯ de 2 à 5 millions

◯ de 1 à 2 millions

◦ de 500 000 à 1 million

● **Attractivité et influence
internationale** des grandes
villes européennes

(Sièges sociaux de grandes firmes,
sièges d'instances internationales,
lieux de congrès, foires et salons etc.)

Grands foyers de l'Europe

Espace en développement
Industries diversifiées et renouvelées,
dynamisme tertiaire, attraction
démographique

Développement avec reconversions
des vieux foyers qui ont dominé
naguère l'espace européen

Reconversions difficiles
Industries lourdes en crise, ressources
énergétiques déclinantes, chômage

**Un axe central
de développement**

**Des espaces périphériques
à dynamiser**

▬ Grand axe de communication

▶ Grand complexe portuaire

↪ Trafic maritime très dense

*Ce schéma d'interprétation de l'espace
européen s'inspire des travaux
du GIP RECLUS Montpellier.*

500 km

RENAULT 25.
Eine neue Art ist entstanden.
RENAULT 25
Renault empfiehlt elf Motorenöle.
RENAULT
Europas meistgekaufte Marke
Autohaus Wiesenstrasse

DONNÉES STATISTIQUES

Taux de couverture : Export./Import.	
Produits de l'agriculture, sylviculture, pêche	136,5
dont : *produits agricoles exclusivement importés*	*4,2*
produits végétaux	*257,1*
produits animaux	*145,0*
Produits des industries agricoles et alimentaires	112,3
soit : *viandes et conserves de viande*	*73,6*
lait et produits laitiers	*364,3*
Produits énergétiques	9,5
dont : *pétrole brut, gaz naturel, produits pétroliers raffinés*	*13,6*
Matières premières minérales	24,4
Métaux et produits du travail des métaux	103,2
soit : *produits sidérurgiques*	*137,2*
Produits chimiques et demi-produits divers	96,5
dont : *matériaux de construction et céramique*	*84,4*
produits de l'industrie du verre	*132,2*
produits chimiques de base	*102,3*
papier et carton	*58,4*
caoutchouc et matières plastiques	*100,0*
Biens d'équipement professionnel	123,2
dont : *appareils mécaniques*	*103,8*
matériel électrique	*155,7*
produits de la construction aéronautique	*145,2*
construction navale	*416,7*
matériel militaire	*934,1*
Électroménager, électronique grand public	48,0
Équipement automobile des ménages	126,6
Pièces détachées de véhicules et matériels utilitaires de transport terrestre	148,8
Biens de consommation courante	86,7
dont : *produits de la parachimie et de la pharmacie*	*164,9*
produits textiles, articles d'habillement	*75,9*
cuirs et chaussures	*58,1*
bois, meubles	*44,6*
Total	**96,9**

Source : *TEF 1987 INSEE*

la France, puissance moyenne à vocation mondiale

La France contrôle 1 million de km² de terres émergées (Terre Adélie incluse) et plus de 10 millions de km² de mers, ce qui représente environ 2,2 % de la superficie de la planète. 57 millions d'habitants vivent sur l'ensemble de ces territoires.

La France est actuellement la 5e puissance mondiale (1/17e de la production) après les États-Unis, le Japon, l'URSS et l'Allemagne fédérale. Elle occupe la 5e place pour le commerce extérieur, la 5e pour la production industrielle, la 6e pour la production agricole. **En revanche, elle se place seulement vers la 10e place pour le niveau de vie de ses habitants,** ce qui fait tout de même l'un des pays les plus riches de la Terre.

Son influence s'exerce tant par le biais de **son commerce extérieur** que par celui des **flux monétaires** qu'elle contrôle, par son **potentiel et sa stratégie militaires** et par sa **culture** (langue, idées, arts) qu'elle a toujours cherché à diffuser le plus largement possible.

ANALYSE DU DOCUMENT

Une publicité pour la R 25 dans une ville allemande. Le prestige et la réputation de certains produits français reposent autant sur leurs qualités techniques intrinsèques et sur le rapport de celles-ci avec leur prix que sur l'image culturelle de la France, comme en témoigne, sur cette affiche, l'usage d'une comparaison artistique : « une nouvelle ligne est née ». La voiture entre ici en scène comme les mannequins des célèbres maisons de haute couture française.

1. le commerce extérieur de la France

Bien que située au 5e rang mondial pour son commerce extérieur, la France éprouve depuis des années de grandes difficultés à équilibrer ses importations. Le pays paie un lourd tribut à certaines faiblesses qui, de conjoncturelles, sont devenues chroniques. **La main-d'œuvre, par rapport à celle des pays concurrents, demeure trop chère, trop peu productive et, somme toute, insuffisamment formée** pour accompagner ou précéder le progrès technologique. **L'infrastructure de production est souvent vieillie et mal localisée.** Enfin, les entreprises manquent de dynamisme sur les marchés extérieurs, négligeant de s'informer pour avoir une connaissance précise des besoins des consommateurs étrangers et du fonctionnement des marchés qui les approvisionnent. Il faut ajouter à ceci que les Français n'ont jamais réellement accepté de restreindre leur consommation, en particulier de produits manufacturés importés. Dès lors, la France ne vit-elle pas au-dessus de ses moyens ?

■ 1. La balance commerciale*

Il est fréquent de penser que la France importe surtout des produits bruts pour exporter des produits manufacturés. Or, c'est en partie faux puisque **les importations de biens d'équipement et de biens manufacturés dépassent largement la moitié du total et que les exportations de céréales sont loin d'être négligeables.**

Néanmoins, **les besoins en produits énergétiques continuent à peser très lourd :** près du quart des importations. À l'avenir, l'économie devrait être encore moins sensible à d'éventuelles augmentations décidées par un pays ou un groupe de pays. En effet, un effort de diversification a été réalisé, tant en matière de sources (pétrole, gaz) que de géographie des fournisseurs, URSS et riverains de la mer du Nord venant relayer partiellement le Moyen-Orient.

Les produits issus du secteur agro-alimentaire, les armements, les matériels de transport, constituent les points forts des exportations françaises. Viennent s'y ajouter les plastiques, les engrais, les produits de luxe (voir chap. 3). Mais sur aucun de ces postes, la position française n'est stable et exempte de concurrence.

■ 2. La balance des paiements*

Le solde négatif de la balance commerciale est fort heureusement inversé dans la balance des paiements, dite encore de manière plus explicite, balance financière, bien qu'il soit inclu à celle-ci. C'est donc que la vente des services et les mouvements de capitaux affichent un plus grand dynamisme. Le tourisme et les transferts de technologie produisent de notables rentrées de devises, mais leur potentiel pourrait être beaucoup mieux développé et venir ainsi compenser le déficit d'autres postes. Les emprunts français à l'étranger pèsent en effet fort lourd dans cette balance et il faudra des années de rigueur avant d'entrevoir l'extrémité de ce tunnel.

■ 3. Quels partenaires ?

Plus de la moitié des échanges de la France s'effectuent avec des pays membres de la CEE, l'Allemagne venant au premier rang, suivie de l'Italie, puis de l'union belgo-luxembourgeoise. La concurrence avec nos voisins est parfois vive, mais de longues années de négociations économiques ont rendu les transactions plus faciles qu'avec des pays plus lointains, moins bien connus et donc, à nos yeux, plus imprévisibles.

Il reste que **des efforts doivent être accomplis en direction de certains pays avec lesquels nos échanges sont déficitaires ou trop faibles.** Le ministre du Commerce extérieur est désormais détenteur d'un portefeuille important, ce qui n'a pas toujours été le cas. Le personnel diplomatique doit encore progresser dans le domaine de l'efficacité économique, surtout si l'on tente la comparaison avec celui du Japon. Les entreprises, seules ou groupées, doivent multiplier les missions d'étude et ouvrir des représentations à l'étranger. Les régions aussi. N'est-ce pas grâce à l'ouverture d'un bureau à Tokyo que le Conseil général du Haut-Rhin a attiré en Alsace une grande usine et un grand internat japonais ?

Il est certain que le temps de la crise n'est pas terminé. La baisse du pétrole et du dollar ont leurs revers : certains clients sont devenus moins riches, il est moins facile d'exporter aux États-Unis qui retrouvent ainsi des possibilités en sommeil.

1. La puissance économique française analysée par Jean Fourastié en 1975

LES Français connaissent mal leur pays parce qu'ils connaissent mal le monde. Le seul problème fondamental de l'économie contemporaine dont le grand public ait été depuis longtemps averti est celui de la population. L'évolution de la structure industrielle et agricole du monde est encore trop souvent négligée par les commentateurs français. Certains économistes en viennent ainsi à écrire l'histoire et la géographie économique de la France comme si le reste du monde n'existait pas. Or, la France n'est qu'un secteur très limité du monde contemporain.

De 1948 à 1974, la production industrielle française a été multipliée par plus de 5 ; la France est devenue l'une des nations les plus dynamiques et les plus prospères du monde. Mais la crise de 1974 a montré qu'elle restait vulnérable ; deux points faibles avaient en effet subsisté : l'insuffisance de notre production de matières premières en général et d'énergie mécanique en particulier. La hausse mondiale des cours du pétrole et des autres matières premières fut donc fortement ressentie par la France. Les facteurs de la prospérité économique restent donc plus que jamais : la population et son emploi, l'efficacité du travail et l'énergie mécanique ; les matières premières et l'organisation de l'industrie.

Jean Fourastié et Jean-Paul Courtheoux,
L'Économie française dans le monde
(Paris, PUF, coll. « Que sais-je ? »,
10e éd., 1975).

2. La puissance économique française analysée par Jean Fourastié en 1985

BEAUCOUP plus forte que naguère, beaucoup mieux dotée en hommes et en équipements aptes à assurer la vie et la progression d'une grande nation moderne, beaucoup plus consciente des conditions de prospérité économique et sociale, la France devra cependant, pour seulement maintenir son niveau de vie ou au mieux l'accroître lentement, déployer plus d'initiative, d'ingéniosité, d'originalité, mais aussi de patience et d'organisation, d'esprit civique qu'elle ne le fit de 1945 à 1975 pour son grand bond en avant. La France d'aujourd'hui diffère autant de celle de 1945 qu'un jeune adulte d'un enfant : elle est beaucoup plus forte et beaucoup plus consciente des réalités. Mais elle demeure de santé délicate ; elle est restée fragile : elle est même sans doute devenue plus fragile qu'elle ne l'était, vivant aujourd'hui plus près de son optimum, sans doute même au-dessus de ses facultés.

L'essentiel du diagnostic peut être résumé ainsi : la France est parvenue à un niveau de vie qui est parmi les plus élevés du monde ; elle est cependant très pauvre en deux des quatre grands facteurs de la prospérité économique (l'énergie mécanique, les matières premières) ; elle n'abonde en aucun des deux autres (les hommes, les investissements).

Jean Fourastié,
*L'Économie française
dans le monde des années 1980*
(Paris, PUF, coll. « Que sais-je ? »,
n° 191, 12e éd., 1985).

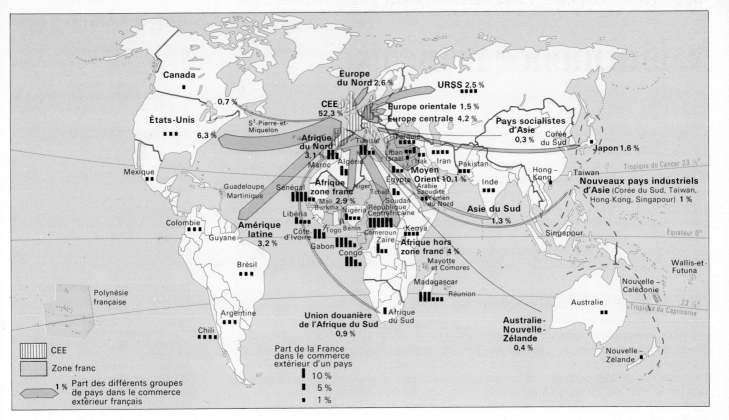

3. Les partenaires commerciaux de la France. (Carte Wolters Noordorff — SFREC — AFDEC) — Atlas 2000 Nathan.

Map labels:
- Canada
- Europe du Nord 2,6 %
- URSS 2,5 %
- CEE 52,3 %
- Europe orientale 1,5 %
- Europe centrale 4,2 %
- Pays socialistes d'Asie 0,3 %
- Corée du Sud
- Japon 1,6 %
- États-Unis 6,3 %
- St-Pierre-et-Miquelon 0,7 %
- Afrique du Nord 3,1 %
- Tunisie
- Maroc
- Algérie
- Turquie
- Liban Israël
- Irak Iran
- Pakistan
- Hong-Kong
- Taiwan
- Nouveaux pays industriels d'Asie (Corée du Sud, Taiwan, Hong-Kong, Singapour) 1 %
- Mexique
- Guadeloupe Martinique
- Sénégal
- Afrique zone franc 2,9 %
- Niger
- Tchad
- Égypte
- Arabie Saoudite
- Yémen du Nord
- Moyen Orient 10,1 %
- Inde
- Asie du Sud 1,3 %
- Colombie
- Guyane
- Amérique latine 3,2 %
- Libéria
- Mali
- Burkina
- Nigéria
- République Centrafricaine
- Côte d'Ivoire
- Togo Bénin
- Cameroun
- Kenya
- Afrique hors zone franc 4 %
- Singapour
- Équateur 0°
- Gabon
- Congo
- Zaïre
- Mayotte et Comores
- Wallis-et-Futuna
- Brésil
- Polynésie française
- Madagascar
- Réunion
- Nouvelle-Calédonie
- Argentine
- Union douanière de l'Afrique du Sud 0,9 %
- Afrique du Sud
- Australie-Nouvelle-Zélande 0,4 %
- Australie
- Chili
- Nouvelle-Zélande
- Tropique du Cancer 23 ½°
- Tropique du Capricorne 23 ½°

Legend:
- CEE
- Zone franc
- 1 % Part des différents groupes de pays dans le commerce extérieur français
- Part de la France dans le commerce extérieur d'un pays
  - 10 %
  - 5 %
  - 1 %

↑ **4. Exportation de véhicules français vers l'Allemagne**

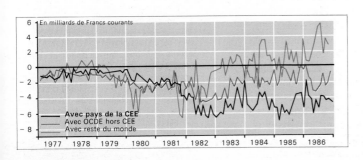

↑ **5. Le solde commercial de la France par zones**

En milliards de Francs courants
- Avec pays de la CEE
- Avec OCDE hors CEE
- Avec reste du monde

1977 1978 1979 1980 1981 1982 1983 1984 1985 1986

Taux de couverture en % 100

Pièces détachées de véhicules et matériels utilitaires de transport terrestre	161,6
Produits de l'agriculture, sylviculture, pêche	141,3
Équipement automobile des ménages	134,8
Biens d'équipement professionnel	132,3
Métaux et produits du travail des métaux	115,3
Produits des industries agricoles et alimentaires	113,7
Produits chimiques et demi-produits divers	101,8
Biens de consommation courante	95,9
Électroménager, électronique grand public	52,6
Matières premières minérales	19,8
Produits énergétiques	15,4
Total	**93,7**

↑ **6. La balance commerciale française en 1985**
Comparez avec le tableau statistique de 1986 p. 231

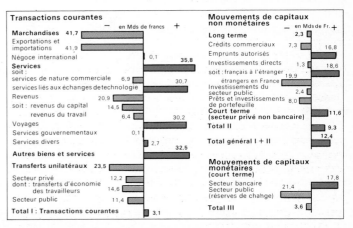

↑ **7. La balance des paiements française en 1985**

Transactions courantes — en Mds de francs +

- Marchandises 41,7
- Exportations et importations 41,9
- Négoce international 0,1 / 35,8
- Services
- soit : services de nature commerciale 6,9 / 30,7
- services liés aux échanges de technologie 20,9
- Revenus
- soit : revenus du capital 14,5
- revenus du travail 6,4 / 30,2
- Voyages
- Services gouvernementaux 0,1
- Services divers 2,7 / 32,5
- Autres biens et services
- Transferts unilatéraux 23,5
- Secteur privé 12,2
- dont : transferts d'économie des travailleurs 14,6
- Secteur public 11,4
- **Total I : Transactions courantes** 3,1

Mouvements de capitaux non monétaires — en Mds de Fr. +

- Long terme 2,3
- Crédits commerciaux 7,3 / 16,8
- Emprunts autorisés
- Investissements directs 1,3 / 18,6
- soit : français à l'étranger
- étrangers en France 19,9
- Investissements du secteur public 2,4
- Prêts et investissements de portefeuille 8,0
- Court terme (secteur privé non bancaire) 11,6
- **Total II** 9,3
- **Total général I + II** 12,4

Mouvements de capitaux monétaires (court terme)

- Secteur bancaire 17,8
- Secteur public (réserves de change) 21,4
- **Total III** 3,6

2. l'influence française

En 1782, l'Académie de Berlin met au concours le sujet suivant : « Qu'est-ce qui fait de la langue française la langue universelle de l'Europe ? » Notre langue est alors à l'apogée de son rayonnement, tout au moins auprès des élites de l'Europe, car dans le même temps une bonne moitié de la population de la France ne parle pas le français !

■ 1. Lorsque le français était « universel »

Il fut un temps où rien d'important ne se disait, ne s'écrivait, ne se décidait en Europe en dehors du véhicule de la langue française. C'était déjà partiellement le cas aux XIIe et XIIIe siècles où elle venait en deuxième position après le latin et jusqu'à la fin du XIVe siècle, les rois d'Angleterre l'utilisèrent comme langue maternelle.

Après une éclipse de quelques siècles, son prestige se rétablit au XVIIIe siècle, sous l'influence à la fois de la cour de Versailles, mais aussi des philosophes et hommes de lettres, ainsi que de la presse francophone publiée aux Pays-Bas, en partie par des émigrés huguenots, et diffusée dans toute l'Europe. Cette suprématie dure jusqu'en plein XXe siècle. En 1914, le tsar Nicolas II écrit en français à son épouse et, dans les années 30, Mussolini proteste auprès du roi d'Italie qui continue à utiliser le français à la cour. Le traité de Versailles en 1919, comme tant de traités antérieurs, est rédigé en français, mais il existe aussi une version officielle en anglais, symbole du déclin du rôle diplomatique et culturel du français.

■ 2. La francophonie aujourd'hui

On estime à plus de 105 millions les habitants de la planète qui peuvent s'exprimer en français et à 68 ceux dont c'est la langue maternelle. C'est bien peu à côté des 350 millions d'anglophones et des 280 millions d'hispanophones, mais la communauté francophone est répandue sur tous les continents et elle est soudée grâce à des institutions remarquablement vivantes. 41 nations se sont retrouvées pour un premier sommet à Paris en 1986, suivi d'un second à Québec en septembre 1987, au cours desquels furent abordés les sujets les plus variés touchant autant à la culture, qu'à l'économie et à la politique. Le prix que les gouvernements attachent désormais à cette courroie de transmission de l'influence française s'est concrétisé depuis quelques années par la création d'un Secrétariat d'État chargé de la francophonie (1986). Un Haut Conseil de la francophonie, un Commissariat général et un Comité consultatif de la langue française (1984).

■ 3. Une culture influente

Il est d'usage de gémir sur l'américanisation prétendue de toute la culture occidentale, mais à bien y regarder, et compte tenu du nombre des francophones, **le rayonnement de la culture française est plus qu'honorable.** Il se manifeste par le grand nombre des ouvrages traduits en toutes langues (Jules Verne est l'auteur le plus traduit après la Bible et Lénine), par une pléiade de créateurs qui, de l'architecture, à la peinture, à la sculpture et à la musique accréditent l'idée que la France est un terreau des arts. On rappellera le rôle déterminant de la mode vestimentaire parisienne, de la haute cuisine parisienne ou lyonnaise, de la bijouterie parisienne. Et même dans un domaine plus populaire, nul ne contestera que si la musique moderne de groupe est d'inspiration anglo-saxonne, la chanson à texte est avant tout française. Les succès internationaux de Maurice Chevalier, d'Édith Piaf, d'Yves Montand, de Jacques Brel, voire de Mireille Mathieu sont là pour en témoigner. Au XVIIIe siècle, Chamfort n'écrivait-il pas dans ses *Maximes* : **« La France est une monarchie absolue tempérée par des chansons »** ?

Tout ceci pourrait paraître sympathique, mais bien superficiel. N'est-ce pas un défaut souvent reproché aux Français ? Il ne tient qu'aux Français d'utiliser aussi leur aura culturelle à des fins économiques. Il est vrai qu'ils n'ont pas l'habitude de considérer les questions économiques comme très nobles... Et pourtant, un premier pas a été franchi dans ce sens avec le nouveau dynamisme insufflé à l'Agence de coopération culturelle et technique (ACCT), organe central de la coopération multilatérale au sein de la francophonie.

---

1. L'Alliance française dans le monde

CET organisme fondé en 1883 (siège : 101, bd Raspail, 75006 Paris) a pour but de favoriser la diffusion de la langue et de la civilisation française. Près de 300 000 étudiants y apprennent la langue française dans 600 centres dont voici les principaux :

Rio de Janeiro : 14 000 incrits.
Lima : 14 000.
Buenos Aires : 14 000.
Sao Paulo : 13 500.
Mexico : 9 000.
Séoul : 8 000.
Hong-Kong : 6 500.
New York : 5 000.
Lisbonne : 4 500.
Montevideo : 4 000.

Paris : 4 500.

2. Quelques mots anglais empruntés au français :

Bar : du français « barre ».
management : du vieux français « manager », gérer.
bargain : du vieux français « barguigner ».
barbecue : du créole « barbacoa ».
jazz : probablement de « jaser ».
flirt : du vieux français « fleureter », conter fleurette.
toast : du vieux français « toster », griller.

3. Quelques mots français empruntés à des langues étrangères

À l'italien : bravo, banque, opéra, balcon, canon.
À l'anglais : budget, boxe, record, tourisme, parlement, redingote *(riding coat)*.
À l'espagnol ou à des langues précolombiennes : chocolat, tomate, cigare, compliment.
À l'allemand : accordéon, bretelle.
À l'arabe et au persan : alcool, algèbre, zéro, matelas, orange, guitare, cerise, divan, magasin, matraque, bazar.
Au russe : cravate, bistrot.
Au néerlandais : crabe, vacarme, choquer, drogue, bière, chaloupe, dame, bosse.
Au malais : thé, rotin.
Au norvégien : anorak.
Au turc : gilet, tulipe.
Au cinghalais : pyjama, bungalow.

4. Le sentiment partagé d'un journaliste danois quant à la langue française

LE français est une langue pour diplomate parce qu'il permet tout à la fois d'exprimer les choses clairement et de rester en dehors de la question. Le français est très usité dans les négociations de la Communauté européenne, mais la France n'est pas parvenue à ce qu'il soit la langue dominante de la communauté. Un des buts de la politique étrangère française est d'amener le reste du monde à apprendre le français.

Niels Levinsen, *Jyllands-Posten*. 2 mars 1987. Cité par Yves Daudu, *Les Français à la une. La presse étrangère juge les Français* (Paris, La Découverte, 1987).

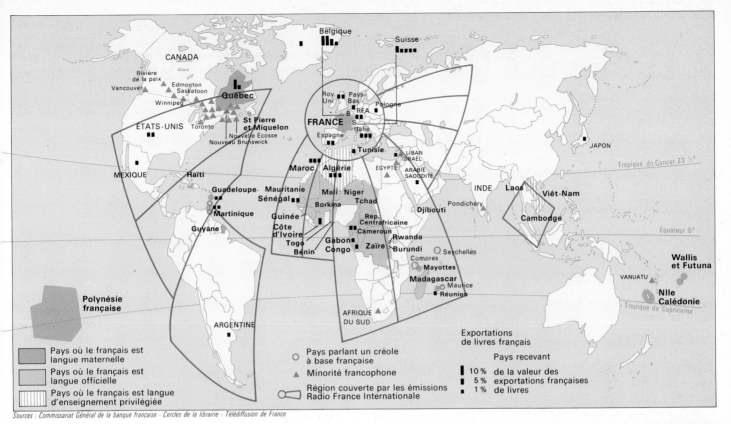

Sources : Commissariat Général de la banque française · Cercles de la librairie · Télédiffusion de France

↑ **5. La francophonie.** (Carte Wolters Noordorff — SFREC — AFDEC) — Atlas 2000 Nathan.

Exportations de livres français

Pays recevant
■ 10 % de la valeur des
■ 5 % exportations françaises
■ 1 % de livres

Légende carte :
- Pays où le français est langue maternelle
- Pays où le français est langue officielle
- Pays où le français est langue d'enseignement privilégiée
- ○ Pays parlant un créole à base française
- ▲ Minorité francophone
- Région couverte par les émissions Radio France Internationale

↑ **6. La réception de Léopold Sedar Senghor à l'Académie française en 1983, un poète, président du Sénégal de 1960 à 1980**

7. « L'Internationale », hymne révolutionnaire composé en 1871 par le Français Eugène Pottier, ouvrier communard et chansonnier (extraits)

C'est la lutte finale :
Groupons-nous, et demain,
L'Internationale
Sera le genre humain.

Debout ! les damnés de la terre !
Debout ! les forçats de la faim !
La raison tonne en son cratère :
C'est l'éruption de la fin.
Du passé faisons table rase,
Foule esclave, debout ! debout !
Le monde va changer de base :
Nous ne sommes rien, soyons tout !

Il n'est pas de sauveurs suprêmes :
Ni Dieu, ni César, ni tribun,
Producteurs, sauvons-nous nous-mêmes !
Décrétons le salut commun !

Pour que le voleur rende gorge,
Pour tirer l'esprit du cachot,
Soufflons nous-mêmes notre forge,
Battons le fer quand il est chaud !

Ouvriers, paysans, nous sommes
Le grand parti des travailleurs ;
La terre n'appartient qu'aux hommes,
L'oisif ira loger ailleurs.
Combien de nos chairs se repaissent !
Mais, si les corbeaux, les vautours,
Un de ces matins, disparaissent,
Le soleil brillera toujours !

C'est la lutte finale :
Groupons-nous, et demain,
L'Internationale
Sera le genre humain.

↑ **8. Le rayonnement artistique de la France : le concert de Jean-Michel Jarre à Houston aux États-Unis en 1986**

La France, puissance stratégique

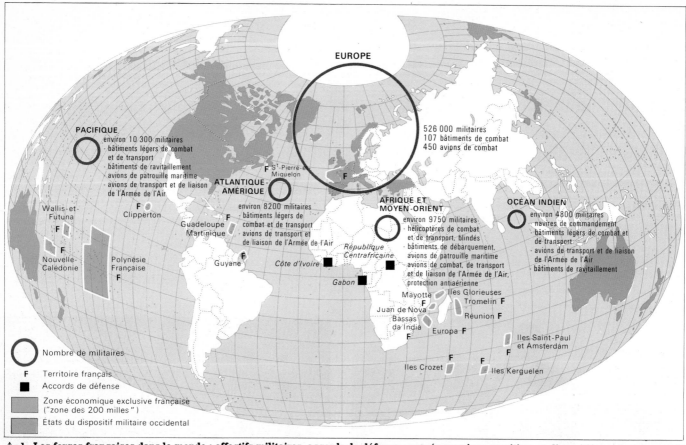

↑ **1. Les forces françaises dans le monde : effectifs militaires, accords de défense, zone économique maritime et dispositif occidental auquel la France est associée**

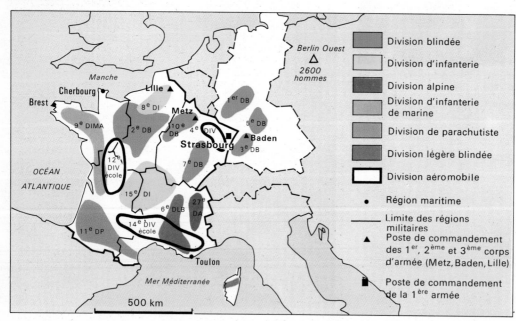

↑ **2. Les forces françaises classiques en Europe (aires de stationnement des forces)**

QUESTIONS

1. Qu'est-ce qui explique la présence militaire française en Allemagne ?

2. Et dans l'ensemble du Monde ?

3. Comparez (doc. 1 et 3) la diversité et l'implantation des forces militaires françaises dans le monde.

4. Résumez les grandes options militaires de la France à l'aube du XXᵉ siècle (doc. 5)

5. Qu'est-ce qui, à l'ONU, assure à la France son importante position stratégique ?

3. Les forces financiaires (1987) (Source : SIRPA)

FORCES TERRESTRES			
BUDGET (19,3 %) (*)		EFFECTIFS (34,1 %) (**)	
Fonctionnement	17 259 MF	Militaires active	76 103
		appelés	151 954
Équipement	15 325 MF	Civils	10 320
TOTAL	32 584 MF	TOTAL	238 377

FORCES MARITIMES			
BUDGET (12,2 %) (*)		EFFECTIFS (6,3 %) (**)	
Fonctionnement	9 752 MF	Militaires active	28 422
		appelés	11 617
Équipement	10 947 MF	Civils	3 948
TOTAL	20 699 MF	TOTAL	43 987

FORCES AÉRIENNES			
BUDGET (11,8 %) (*)		EFFECTIFS (7,4 %) (**)	
Fonctionnement	7 831 MF	Militaires active	28 892
		appelés	20 450
Équipement	12 162 MF	Civils	2 385
TOTAL	19 993 MF	TOTAL	51 727

FORCES NUCLÉAIRES			
BUDGET (21,3 %) (*)		EFFECTIFS (5,4 %) (**)	
Fonctionnement	5 006 MF	Militaires active	15 832
		appelés	11 004
Équipement	31 044 MF	Civils	10 819
TOTAL	36 050 MF	TOTAL	37 655

FORCES OUTRE-MER			
BUDGET (2,7 %) (*)		EFFECTIFS (2,8 %) (**)	
Fonctionnement	3 310 MF	Militaires active	11 534
		appelés	5 987
Équipement	1 198 MF	Civils	2 074
TOTAL	4 608 MF	TOTAL	19 595

GENDARMERIE			
BUDGET (7,8 %) (*)		EFFECTIFS (10,7 %) (**)	
Fonctionnement	11 832 MF	Militaires active	68 050
		appelés	5 989
Équipement	1 388 MF	Civils	598
TOTAL	13 220 MF	TOTAL	74 637

(*) Part du budget de la Défense en millions de F.

(**) Pourcentage des effectifs globaux

↑ **4. Maquette grandeur réelle de l'hélicoptère de combat franco-allemand, en cours d'études**

5. Définir une politique de défense : la loi de programmation militaire (extraits de l'exposé des motifs)

LE rapport des forces sur notre continent demeure caractérisé par un important déséquilibre en effectifs et en matériels au profit du Pacte de Varsovie ; la persistance de surcapacités nucléaires soviétiques, à tous les niveaux ; une menace chimique considérable, face à laquelle nos alliés ne maintiennent qu'une capacité dissuasive minimale. Ces différents moyens sont maintenus à l'Est dans un état de préparation conforme à une doctrine opérationnelle qui privilégie l'offensive et l'effet de surprise.

Les relations Est-Ouest abordent une nouvelle phase, notamment en matière de contrôle des armements. Il est fondamental que les développements susceptibles d'intervenir à cet égard puissent contribuer effectivement au renforcement de la stabilité de notre continent par des dispositions prenant en compte tous les éléments qui composent la menace et sans remettre en cause la dissuasion nucléaire qui garantit la sécurité en Europe. Ils ne doivent pas non plus affaiblir les liens de sécurité entre les alliés. C'est en fonction de telles préoccupations que la France suit avec attention le déroulement des négociations américano-soviétiques de Genève.

La France se félicite de l'accord intervenu à Stockholm le 21 septembre 1986 entre 35 États signataires de l'acte final de la CSCE, sur les mesures de confiance et de sécurité. Cependant, cet accord qui n'a pas pour objectif de remédier aux déséquilibres des forces, mais d'améliorer la transparence des activités militaires ne constitue qu'une première étape.

La perspective d'évolutions stratégiques et technologiques importantes pèse sur nos choix de défense.

L'accélération du progrès technologique, qui s'étend à tous les secteurs de la défense, armes nucléaires, armes conventionnelles, systèmes défensifs stratégiques, crée des contraintes nouvelles. La rapidité du traitement informatique et des communications modifie les données d'une défense moderne, en même temps qu'elle autorise de nouvelles possibilités notamment en matière de prévention des crises ou de vérification des accords de désarmement. L'utilisation de l'espace, d'une part pour l'observation, l'écoute et la communication et, d'autre part, à des fins de combat (antisatellite et peut-être demain antibalistique), constitue d'ores et déjà une réalité.

Cette évolution appelle, de la part de la France, une vigilance accrue : elle doit consentir les efforts nécessaires sur le plan scientifique et industriel pour maintenir, si possible en coopération avec ses alliés américain et européens, les capacités de ses industries de défense. Le maintien de la dissuasion dans un environnement technologique en évolution rapide exige de sa part une détermination politique et un effort financier sans relâche.

La politique de défense de la France est indissociable de son action internationale et de sa place dans le monde.

Extraits de la loi de programme relatif à l'équipement militaire pour les années 1987-1991.

Se tourner vers un univers différent, les relations franco-japonaises

Pendant longtemps, le Japon et la France se sont ignorés. Les succès obtenus par l'économie japonaise ont permis à ses productions, principalement industrielles de connaître un immense succès sur le marché français.

La balance commerciale entre les deux pays est très déficitaire, comme le démontrent les deux tableaux ci-dessous. Rares sont encore les Français implantés au Japon alors que de nombreuses entreprises japonaises sont installées en France.

Vous analyserez quels sont les points forts des exportations des deux pays en tentant de les expliquer. De même, vous regrouperez par branche d'activité les entreprises japonaises qui produisent sur le territoire français.

Le texte qui décrit l'implantation Sony de Bergheim vous révèle quels sont les atouts de la région qui ont attiré cet important investissement étranger. L'équilibre de la balance commerciale passe par une meilleure connaissance des besoins et des goûts des consommateurs japonais. Il passe aussi par un approfondissement des connaissances mutuelles de nos cultures.

3. Un viticulteur français implanté au Japon

1. Les principales ventes françaises au Japon (millions de dollars). Total : 1 295 en 1980.

Produits alimentaires	163
Chimie	344
Machines électriques	73
Équipement de transport	100
Instruments de précision	36
Textiles	131
Maroquinerie	48
Œuvres d'art	87

2. Les principales ventes japonaises en France (millions de dollars). Total : 2 021 en 1980

Chimie	100
Machines de bureau	61
Machines électriques	529
Matériel de transport	435
Instruments de précision	201

4. L'implantation de l'usine Sony à Bergheim (Haut-Rhin)

APRÈS avoir visité une vingtaine de sites, les investisseurs ont choisi l'Alsace et la ZAD du Muhlbach pour plusieurs raisons.

Explications de M. Foucher, directeur de Sony-France : la région est belle et accueillante, ce qui motive le personnel ; elle est au cœur de l'Europe occidentale et occupe une position équidistante pour l'approvisionnement et la distribution ; le voisinage de l'Allemagne permet une coopération étroite avec l'usine Sony de Stuttgart ; le montage financier, sous forme de crédit-bail, est avantageux ; les équipes dirigeantes sont efficaces, ce qui évite un nombre impressionnant de tracasseries administratives et autres, l'exemple d'industriels heureux dans la région.

Et si le site précis de Bergheim qui est d'une grande beauté et au cœur d'une région touristique, l'a emporté en dernier ressort, il faut y voir simplement le choix du cœur.

D'après *Les dernières nouvelles d'Alsace*, 11 octobre 1986.

5. Les usines japonaises en France. (Dessin extrait de l'Express).

Synthèse/Sévaluation

1. Les importations et exportations françaises

IMPORTATIONS DE LA FRANCE (CAF) PAR GROUPE DE PRODUITS ET PAR GRANDE ZONE (1985)

(milliards de F)

	Europe des Dix	Reste de l'OCDE	Pays pétroliers	Pays socialistes	Autres pays	Total 1985	Total 1984
Agriculture, sylviculture, pêche	14,7	13,6	0,3	1,3	22,9	52,9	52,1
Industries agricoles et alimentaires	44,7	6,6	0,1	1,8	14,1	67,3	64,0
Énergie	61,4	20,2	85,1	21,1	25,9	213,6	216,3
Biens intermédiaires.................................	153,3	55,9	0,7	6,0	21,9	237,8	219,0
Biens d'équipement professionnel	86,3	73,0	—	1,2	11,6	172,1	153,3
Biens d'équipement ménager.....................	10,2	6,9	—	0,6	1,8	19,5	17,9
Matériel de transport terrestre	44,4	20,9	—	0,9	1,8	67,9	61,1
Biens de consommation courante	75,9	27,0	0,1	5,3	19,2	127,7	116,1
Biens existants.......................................	2,8	0,9	—	—	0,3	4,1	3,9
Total	**493,7**	**225,1**	**86,4**	**38,2**	**119,6**	**962,9**	**903,7**

EXPORTATIONS DE LA FRANCE (FAB) PAR GROUPE DE PRODUITS ET PAR GRANDE ZONE (1985)

(milliards de F)

	Europe des Dix	Reste de l'OCDE	Pays pétroliers	Pays socialistes	Autres pays	Total 1985	Total 1984
Agriculture, sylviculture, pêche	50,5	9,0	1,7	6,8	6,7	74,7	65,9
Industries agricoles et alimentaires	42,2	12,0	5,0	1,9	15,6	76,6	75,6
Énergie	18,3	11,4	0,6	0,5	2,2	33,0	29,3
Biens intermédiaires.................................	129,3	59,6	13,1	11,1	32,8	245,8	228,3
Biens d'équipement professionnel	71,5	52,7	19,1	9,2	45,5	198,0	188,2
Biens d'équipement ménager.....................	6,2	1,8	0,5	0,2	1,5	10,2	9,0
Matériel de transport terrestre	49,0	26,4	10,8	1,0	12,9	100,1	94,0
Biens de consommation courante	58,9	31,5	7,3	2,9	20,4	121,1	110,6
Biens existants.......................................	6,1	5,1	—	—	0,9	12,2	12,1
Total	**432,1**	**209,5**	**58,2**	**33,5**	**138,4**	**871,7**	**813,0**

Source : INSEE.

COMMENTAIRE DE TEXTE

2. Les francophones du Québec

QUÉBEC, qui donna son nom au territoire, fut la métropole de la Nouvelle-France, un royaume qui s'étendait du Pacifique à Terre-Neuve, du Saguenay jusqu'en Louisiane. Les 60 000 sujets du roi de France laissés en 1760 sur les rives du Saint-Laurent ne tardèrent pas à se multiplier et à essaimer vers de nouveaux territoires : le Lac-Saint-Jean, la Côte-Nord, le Manitoba, l'Abitibi, l'Ontario, sans parler du grand exode vers les États-Unis.

Le Québec compte aujourd'hui 6,4 M d'habitants dont 85 % sont francophones. L'Assemblée nationale du Québec a proclamé le français comme seule langue officielle du territoire. Son gouvernement participe aux sommets de la francophonie (il sera co-hôte de celui de Québec) en la personne de son Premier ministre. Membre fondateur, à titre de gouvernement participant, de l'Agence de coopération culturelle et technique, il joue aussi un rôle majeur au sein des principales institutions de la francophonie internationale dont, pour ne citer que celles-là, la Conférence des ministres de l'Éducation nationale (CONFEMEN) et la Conférence des ministres de la Jeunesse et des Sports (CONFEJES).

Plusieurs organismes francophones non gouvernementaux ont été créés à l'initiative de Québécois.

Extrait de *Voyage en francophonie*, (Bibl. Nat. du Québec, 1987).

Comment le Québec défend-il son identité francophone ? (doc. 2).

QUESTIONS

1. Analysez tout d'abord (doc. 1) l'évolution des importations et exportations françaises entre 1984 et 1985.

2. Calculez le rapport entre le total des importations puis des exportations et la part réservée au commerce avec l'Europe des Dix (l'Espagne et le Portugal n'ont pas encore de statistiques normalisées avec celles de l'ensemble des pays de la CEE).

3. Comparez dans le commerce français, la part avec la CEE et avec le reste d'OCDE.

4. Comparez dans le commerce français, la part réservée au commerce avec les pays socialistes.

5. Quels sont les domaines où la France importe beaucoup ? Pouvez-vous en donner quelque explication ?

6. Quels sont les domaines où la France exporte bien ? Pouvez-vous en donner quelque explication ?

7. Retrouvez les définitions de la balance commerciale et de la balance des paiements. Quelle est la plus significative de la santé économique d'un pays ?

SUJETS

1. Expliquez et commentez la définition de la France comme « puissance moyenne à vocation mondiale ».

2. La francophonie, histoire et espoirs.

COMMISSION

IRELAND

PRESIDENZA

Les grandes dates de la construction européenne

18 avril 1951 : Signature du traité instituant la Communauté européenne du charbon et de l'acier (CECA) par l'Allemagne, la Belgique, la France, l'Italie, le Luxembourg et les Pays-Bas.

25 mars 1957 : Les ministres des Six pays de la CECA signent, à Rome, les traités instituant le Marché commun et l'Euratom.

1er juillet 1962 : Entrée en application des premiers règlements de la politique agricole commune et création du Fonds européen d'orientation et de garantie agricole (FEOGA).

1er juillet 1967 : Fusion des exécutifs européens créant un Conseil économique et la Commission de Bruxelles, unique, pour le Marché commun, la CECA et l'Euratom.

1er janvier 1973 : Extension de la CEE à neuf membres avec l'admission de l'Irlande, du Royaume-uni et du Danemark. (La Norvège refuse, après référendum, d'entrer dans la CEE.)

9 décembre 1974 : Au « sommet » de Paris, les neuf chefs de gouvernement décident de se réunir en Conseil européen trois fois par an.

28 février 1975 : Signature à Lomé d'une convention entre la CEE et quarante-six pays du tiers monde, prévoyant notamment la stabilisation de leurs recettes d'exportation.

7 au 10 juin 1979 : 1res élections au suffrage universel des députés au Parlement européen.

13 mars 1979 : Le Système monétaire européen (SME) et l'unité de compte européenne (ECU) entrent en vigueur.

1er janvier 1981 : Extension de la CEE à dix membres avec l'admission de la Grèce.

14 au 17 juin 1984 : 2e élections au Parlement européen.

3 décembre 1985 : Le Conseil européen de Luxembourg adopte « l'Acte unique européen » (abandon de la règle de l'unanimité pour un certain nombre de décisions et volonté d'instaurer pour 1993 un grand marché sans frontières).

1er janvier 1986 : Extension de la CEE à douze membres, avec l'admission de l'Espagne et du Portugal.

la Communauté Économique Européenne

Vieux rêve, longtemps caressé, parfois ardemment désiré, l'ambition hugolienne des États unis d'Europe commence à se réaliser au lendemain de la Seconde Guerre mondiale. C'est à l'ouest du « petit continent », dans un contexte de guerre froide qui partage en deux blocs antagonistes un espace européen, déjà divisé en une trentaine d'États, qu'il se concrétise peu à peu.

Le rôle fédérateur est joué par la Communauté Économique Européenne (CEE), née du traité de Rome de 1957. Mais cette construction s'est faite à petits pas, comme on construit un puzzle : à l'Europe des Six, du charbon et de l'acier, s'est jointe celle de l'agriculture. Depuis, d'autres États sont venus grossir le noyau initial, pour constituer un ensemble **de douze pays regroupant 322 millions d'habitants.**

Cet assemblage s'est constitué au gré des convergences d'intérêt, dans un cadre institutionnel souple et évolutif. **Mais si aujourd'hui, la CEE pèse d'un poids géographique, humain et économique certain dans le monde, l'essentiel ne reste-t-il pas à faire ?** Un véritable marché commun sans entrave, envisagé pour 1993, se façonne peu à peu ; il reste à construire une réelle Europe politique dont la perspective reste toujours problématique.

ANALYSE DU DOCUMENT

Conseil de ministres des pays de la CEE. Le Conseil de ministres est une instance du Marché commun qui a perdu de son importance politique. Il réunit pour des questions précises les ministres concernés, ici, ceux des Affaires Étrangères. Le secrétariat est assuré par la Commission de Bruxelles, représentée par son président, actuellement monsieur Jacques Delors et la présidence de ces Conseils, italienne sur ce document, est confiée à tour de rôle pendant six mois à chacun des États membres. Cette réunion révèle un souci de concertation constant au sein de la CEE, mais elle prouve aussi l'absence d'une Europe politique réelle. La coopération est préférée, pour l'instant, à l'intégration.

1. de l'Europe à la C.E.E.

Il faut attendre les déchirements du XXe siècle et la prise de conscience du déclin du vieux continent pour voir s'ébaucher, avec la CEE, une unité européenne, encore bien incomplète.

■ 1. Face aux rêves d'unité...

Dès le Moyen Âge, **l'idée d'unifier l'Europe apparaît avec Charlemagne** qui cherche à restaurer la « *pax romana* », ou **avec l'Église romaine** culturellement et politiquement omniprésente. Ce rêve est aussi celui de conquérants, tentés d'étendre leur domination à l'ensemble des nations européennes (Habsbourg, Napoléon...).

La conception d'une Europe qui résulterait d'une union volontaire et pacifique des États ayant surmonté leurs antagonismes nationaux est formulée dès le XIVe siècle par Pierre Dubois. **Mais elle reste cantonnée longtemps à une élite intellectuelle** de philosophes, d'écrivains ou de poètes (William Penn, Montesquieu, Nietzsche, Victor Hugo, Renan...). Il faut attendre le XXe siècle et l'hécatombe de 1914-1918, pour qu'un projet politique de « lien fédéral » entre les peuples européens, proposé par A. Briand en 1930 à la tribune de la SDN*, soit discuté. Mais il est étouffé par la crise économique.

■ 2. ... les divisions de l'Europe...

Les obstacles qui ont longtemps fait échec à l'unité de l'Europe sont moins d'ordre physique, malgré la grande diversité des milieux naturels, **que culturels.** Clivages linguistiques et divisions religieuses, hérités d'un passé tumultueux et parfois violent, produisent une hétérogénéité marquée du vieux continent.

Mais les **antagonismes nationaux et politiques** se sont modifiés depuis 1945. **Deux blocs idéologiquement opposés** (à l'est, les pays dits socialistes et à l'ouest, les démocraties pluralistes à économie de marché*) tentent aujourd'hui de coexister.

Enfin, **des différences de niveaux de vie** séparent une Europe du Nord-Ouest, plus anciennement industrialisée et riche, d'une Europe de l'Est et surtout du Sud qui fait transition avec les continents voisins.

■ 3. ... sont surmontées après 1945

Dans une Europe en ruine, scindée par la guerre froide, les efforts d'intégration aboutissent, à l'ouest, à la création, en 1951, de la Communauté européenne du charbon et de l'acier. **Ce prototype d'Europe des Six débouche, par le traité de Rome de 1957, sur la création d'une union douanière : Le Marché Commun ou Communauté Économique Européenne (CEE).** Son ambition est de réaliser une union économique, première étape avant une éventuelle intégration politique.

Après bien des péripéties, la CEE intègre, en 1973, l'Irlande, le Royaume-Uni et le Danemark qui quittent l'AELE* (Association Européenne de Libre Échange), sa rivale. Grossie, en 1981, de la Grèce et, en 1986, de l'Espagne et du Portugal, **l'Europe, aujourd'hui à douze, associe les pays riches et industrialisés du Nord-Ouest, aux nations parfois dynamiques, mais plus pauvres et plus rurales, de la Méditerranée.**

■ 4. Les institutions de la CEE

La CEE fonctionne avec quatre instances essentielles : le pouvoir de décision appartient au Conseil européen qui réunit deux fois par an les chefs d'État, ou au **Conseil des ministres,** convoqué selon les problèmes à débattre. **La Commission de Bruxelles,** dont les membres sont nommés par les gouvernements nationaux a, peu à peu, perdu sa fonction politique, pourtant son rôle est primordial. Elle exécute les décisions, gère le budget, élabore des projets et veille à la bonne application du droit communautaire par les États. **Le Parlement européen** qui siège à Strasbourg a des pouvoirs réels assez faibles que son élection au suffrage universel a toutefois renforcés : il peut censurer la Commission, émettre des avis, voter le budget. Enfin, **la Cour de Justice de Luxembourg,** sanctionne les cas de violations du droit communautaire qui lui sont soumis, soit par les États, soit par les particuliers.

Ne disposant que des pouvoirs concédés par ses États membres, la CEE s'impose peu à peu avec la construction d'un droit communautaire primant le droit des États.

---

1. L'unité européenne, un rêve romantique ?

« **U**N jour viendra où, vous France, vous Russie, vous Italie, vous Angleterre, vous Allemagne, vous toutes nations du continent, sans perdre vos qualités distinctes et votre glorieuse individualité, vous vous fondrez dans une unité supérieure et vous constituerez la fraternité européenne... Un jour viendra où les boulets seront remplacés par les votes, par le suffrage universel des peuples, par le véritable arbitrage d'un sénat souverain qui sera à l'Europe ce que le Parlement est à l'Angleterre, ce que la Diète est à l'Allemagne et ce que l'Assemblée législative est à la France. » Par la suite, il réclama en 1851 « cet immense édifice de l'avenir qui s'appellera un jour les États-Unis d'Europe ».

Victor Hugo au congrès de la Paix de Paris, 21 août 1848. Cité dans *L'Europe* de J. Léonard, Ch. Hen, B. Dréano. (Paris, La Découverte, coll. « Repères », 1985).

2. Du rêve à la réalité : les traités de Rome

Article premier. — Les hautes parties contractantes instituent entre elles une Communauté économique européenne.

Art. 2. — La Communauté a pour mission l'établissement d'un marché commun...

Art. 3. — ... L'action de la Communauté comporte... :

a) L'élimination, entre les États membres, des droits de douane et des restrictions quantitatives à l'entrée et à la sortie des marchandises, ainsi que toutes autres mesures d'effet équivalent ;

b) L'établissement d'un tarif douanier commun et d'une politique commerciale commune envers les États tiers ;

c) L'abolition, entre les États membres, des obstacles à la libre circulation des personnes, des services et des capitaux ;

d) L'instauration d'une politique commune dans le domaine de l'agriculture ;

e) Le rapprochement des législations nationales dans la mesure nécessaire au fonctionnement du Marché commun ;

f) La création d'un Fonds social européen, en vue d'améliorer les possibilités d'emploi des travailleurs et de contribuer au relèvement de leur niveau de vie.

Extraits du traité du 25/03/1957 instituant la CEE.

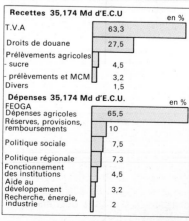

Recettes 35,174 Md d'E.C.U	en %
T.V.A	63,3
Droits de douane	27,5
Prélèvements agricoles - sucre	4,5
- prélèvements et MCM	3,2
Divers	1,5

Dépenses 35,174 Md d'E.C.U.	en %
FEOGA Dépenses agricoles	65,5
Réserves, provisions, remboursements	10
Politique sociale	7,5
Politique régionale	7,3
Fonctionnement des institutions	4,5
Aide au développement	3,2
Recherche, énergie, industrie	2

↑ **3. Le budget de la CEE en 1986.**
Que traduit la répartition des dépenses ?

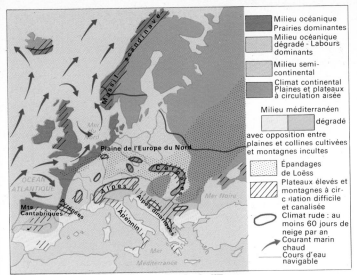

Légende carte 4 :

Milieu océanique Prairies dominantes
Milieu océanique dégradé - Labours dominants
Milieu semi-continental
Climat continental Plaines et plateaux à circulation aisée
Milieu méditerranéen
dégradé
avec opposition entre plaines et collines cultivées et montagnes incultes
Épandages de Loëss
Plateaux élevés et montagnes à circulation difficile et canalisée
Climat rude : au moins 60 jours de neige par an
Courant marin chaud
Cours d'eau navigable

Massif scandinave. Mer du Nord. Plaine de l'Europe du Nord. OCÉAN ATLANTIQUE. Carpates. Alpes. Alpes dinariques. Mts Cantabriques. Pyrénées. Apennins. Mer Noire. Mer Méditerranée.

↑ **4. La diversité des milieux naturels de l'Europe.**

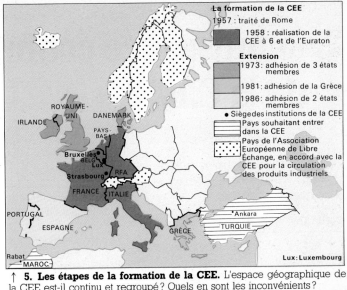

La formation de la CEE
1957 : traité de Rome
1958 : réalisation de la CEE à 6 et de l'Euratom
Extension
1973 : adhésion de 3 états membres
1981 : adhésion de la Grèce
1986 : adhésion de 2 états membres
• Sièges institutions de la CEE
Pays souhaitant entrer dans la CEE
Pays de l'Association Européenne de Libre Échange, en accord avec la CEE pour la circulation des produits industriels

ROYAUME-UNI, IRLANDE, DANEMARK, PAYS-BAS, BELG., Bruxelles, Lux, Strasbourg, RFA, FRANCE, ITALIE, PORTUGAL, ESPAGNE, GRÈCE, TURQUIE, Ankara, MAROC, Rabat. Lux : Luxembourg

↑ **5. Les étapes de la formation de la CEE.** L'espace géographique de la CEE est-il continu et regroupé ? Quels en sont les inconvénients ?

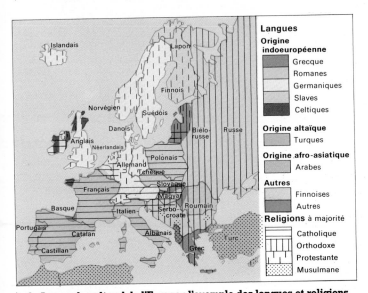

Langues
Origine indoeuropéenne
Grecque
Romanes
Germaniques
Slaves
Celtiques
Origine altaïque
Turques
Origine afro-asiatique
Arabes
Autres
Finnoises
Autres
Religions à majorité
Catholique
Orthodoxe
Protestante
Musulmane

Islandais, Lapon, Finnois, Norvégien, Suédois, Danois, Biélo-russe, Russe, Anglais, Néerlandais, Polonais, Allemand, Tchèque, Français, Slovaque, Magyar, Basque, Italien, Serbo-croate, Roumain, Portugais, Catalan, Albanais, Castillan, Grec, Turc.

↑ **6. Le puzzle culturel de l'Europe : l'exemple des langues et religions.**

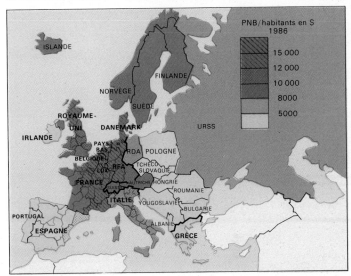

PNB/habitants en $ 1986
15 000
12 000
10 000
8 000
5 000

ISLANDE, NORVÈGE, FINLANDE, SUÈDE, ROYAUME-UNI, IRLANDE, DANEMARK, PAYS-BAS, BELGIQUE, RDA, POLOGNE, URSS, FRANCE, RFA, LUX, TCHÉCOSLOVAQUIE, SUISSE, AUTRICHE, HONGRIE, ROUMANIE, ITALIE, YOUGOSLAVIE, BULGARIE, PORTUGAL, ESPAGNE, ALBANIE, GRÈCE.

↑ **7. Disparités nationales et régionales des revenus en Europe.**

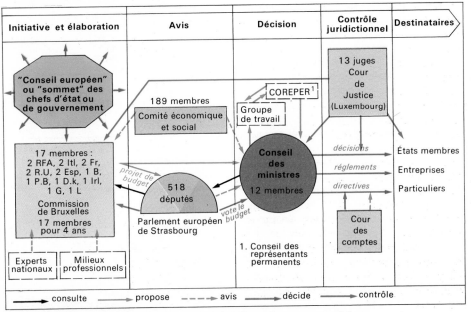

↑ **8. Les institutions de la CEE et l'élaboration des actes communautaires.**

| Initiative et élaboration | Avis | Décision | Contrôle juridictionnel | Destinataires |

"Conseil européen" ou "sommet" des chefs d'état ou de gouvernement

17 membres : 2 RFA, 2 Itl, 2 Fr, 2 R.U, 2 Esp, 1 B, 1 P.B, 1 D.k, 1 Irl, 1 G, 1 L
Commission de Bruxelles
17 membres pour 4 ans

Experts nationaux — Milieux professionnels

189 membres Comité économique et social

518 députés Parlement européen de Strasbourg

projet de budget
vote le budget

COREPER [1]
Groupe de travail

Conseil des ministres
12 membres

13 juges Cour de Justice (Luxembourg)

Cour des comptes

décisions — États membres
règlements — Entreprises
directives — Particuliers

1. Conseil des représentants permanents

→ consulte → propose → avis → décide → contrôle

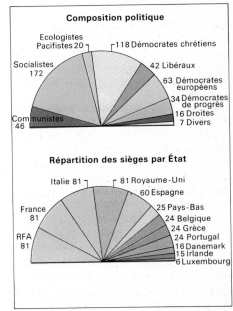

Composition politique
Ecologistes Pacifistes 20
Socialistes 172
Communistes 46
118 Démocrates chrétiens
42 Libéraux
63 Démocrates européens
34 Démocrates de progrès
16 Droites
7 Divers

Répartition des sièges par État
Italie 81
France 81
RFA 81
81 Royaume-Uni
60 Espagne
25 Pays-Bas
24 Belgique
24 Grèce
24 Portugal
16 Danemark
15 Irlande
6 Luxembourg

↑ **9. Composition du Parlement européen.**
(Élu en 1984 et élargi en 1986.)

2. la puissance économique de la C.E.E.

La CEE constitue une puissance économique primordiale, à défaut d'être la première mondiale. Mais elle demeure encore un ensemble hétérogène, inachevé et géographiquement dispersé.

■ 1. Des fondements encore solides

La CEE est une des plus fortes concentrations humaines du monde (6,4 %). Elle dispose d'une main-d'œuvre, en général qualifiée, à fort taux d'activité (43,1 %), qui a longtemps été insuffisante en nombre, au point de drainer le plus fort courant de travailleurs immigrés d'après-guerre. Mais le ralentissement de son croît démographique naturel et le vieillissement accéléré de la population risquent de poser, à terme, des problèmes de main-d'œuvre.

La CEE bénéficie, dans le Nord, d'un réseau dense de voies de communication complémentaires et à forte capacité de transport. Il a été amélioré depuis la guerre par la construction de tunnels (Mont-Blanc), l'aménagement de canaux (Moselle), la modernisation des réseaux ferroviaire (TGV), routier (autoroutes) et des dessertes aériennes. Cependant, malgré des efforts récents, les péninsules méditerranéennes souffrent de retards importants.

La production énergétique de la CEE est insuffisante face à une consommation importante et en croissance. La dépendance énergétique a été réduite sous l'effet des crises, grâce à la mise en exploitation des hydrocarbures de la mer du Nord et à l'essor du nucléaire. Mais le déclin des charbonnages est quasi général malgré leur modernisation et leur concentration.

■ 2. Une forte capacité de production

L'Europe verte est encore le seul secteur (avec la pêche) à bénéficier d'une organisation politique communautaire. Son bilan est discuté : le maintien de prix agricoles élevés n'a pas résolu le problème des revenus des petits agriculteurs, la croissance des productions assure la sécurité alimentaire mais engendre des excédents coûteux. Or l'agriculture est le domaine d'activité le plus hétérogène de la CEE; les contraintes physiques, humaines, économiques et historiques différentes ont abouti à créer des régions agricoles aux productions et aux structures agraires parfois très dissemblables.

L'industrie, berceau et fondement de la puissance de la CEE, opère ses mutations dans des cadres nationaux, ou multinationaux faute d'une politique commune. De ce fait, la crise et la libre concurrence rendent plus difficile la restructuration des industries traditionnelles (sidérurgie, construction navale, textile). La croissance de secteurs autrefois dynamiques (chimie, automobile) se tarit, alors que les industries de pointe (électronique, aéronautique) aidées parfois par des programmes européens de coopération (Airbus, Ariane, ATR) sont en expansion.

Une nouvelle géographie industrielle se dessine avec la lente reconversion des pays noirs, l'essor de secteurs littoraux, la confirmation du rôle industriel des grands axes et des régions métropolitaines (Paris, Londres, Milan) et quelques réussites d'industries en milieu rural.

Enfin, l'Europe des services reste à faire. Elle se limite actuellement à la mise au point de réglementations ou à des coopérations rares, ponctuelles et incertaines.

■ 3. Une intégration en progrès

La lutte contre les déséquilibres régionaux, menée par le Fonds Européen de Développement Régional (FEDER*) et la Banque Européenne d'Investissement (BEI*) manifeste une réelle solidarité européenne. Celle-ci s'est étendue avec la mise en place du Système Monétaire Européen (SME*) et la création d'une unité de compte (l'ECU*) — à défaut d'une monnaie commune — calculée à partir d'un « panier » de monnaies nationales. Ainsi, l'Europe apparaît comme une zone de relative stabilité monétaire.

Enfin, le Marché Commun qu'est la CEE est devenu une réalité avec la disparition des droits de douane en 1968. Il en est résulté un essor des échanges intracommunautaires, inégal selon les États. Le projet pour la fin 1992 d'établir « un grand marché de 320 millions de consommateurs » doit parfaire l'intégration* en réalisant un espace sans entraves tarifaires permettant la libre circulation des hommes, des marchandises et des services.

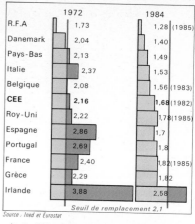

↑ **1. L'évolution de la fécondité dans la CEE depuis quinze ans.**

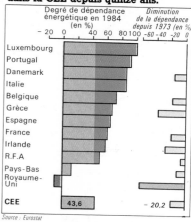

↑ **2. L'évolution de la dépendance énergétique de la CEE.**

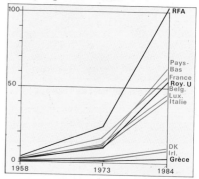

↑ **3. L'évolution des échanges commerciaux intracommunautaires.**

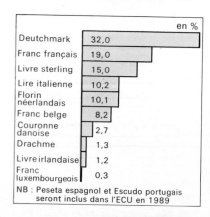

↑ **4. La composition de l' « ECU ».**

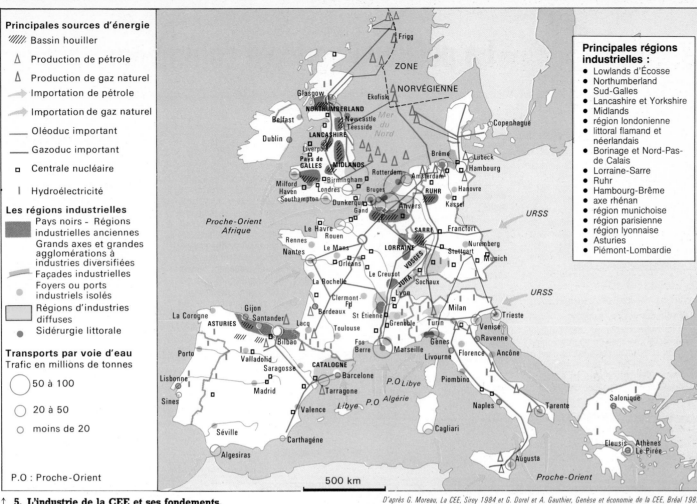

Principales sources d'énergie

///// Bassin houiller

△ Production de pétrole

△ Production de gaz naturel

➜ Importation de pétrole

➜ Importation de gaz naturel

— Oléoduc important

— Gazoduc important

▫ Centrale nucléaire

| Hydroélectricité

Les régions industrielles

■ Pays noirs - Régions industrielles anciennes

Grands axes et grandes agglomérations à industries diversifiées

Façades industrielles

● Foyers ou ports industriels isolés

Régions d'industries diffuses

● Sidérurgie littorale

Transports par voie d'eau
Trafic en millions de tonnes

◯ 50 à 100

◯ 20 à 50

○ moins de 20

P.O : Proche-Orient

Principales régions industrielles :
- Lowlands d'Écosse
- Northumberland
- Sud-Galles
- Lancashire et Yorkshire
- Midlands
- région londonienne
- littoral flamand et néerlandais
- Borinage et Nord-Pas-de Calais
- Lorraine-Sarre
- Ruhr
- Hambourg-Brême
- axe rhénan
- région munichoise
- région parisienne
- région lyonnaise
- Asturies
- Piémont-Lombardie

↑ **5. L'industrie de la CEE et ses fondements.**

D'après G. Moreau, La CEE, Sirey 1984 et G. Dorel et A. Gauthier, Genèse et économie de la CEE, Bréal 1987.

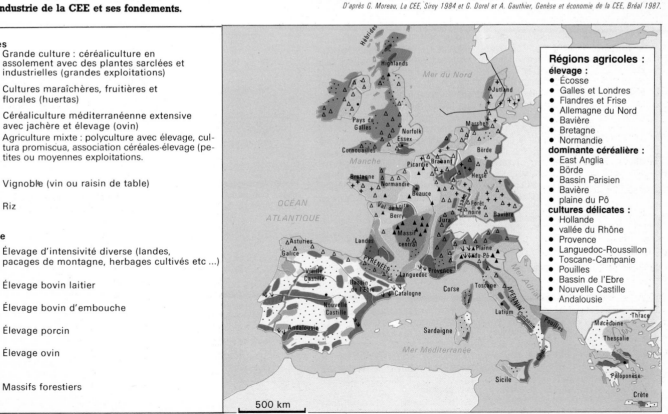

Cultures

Grande culture : céréaliculture en assolement avec des plantes sarclées et industrielles (grandes exploitations)

Cultures maraîchères, fruitières et florales (huertas)

Céréaliculture méditerranéenne extensive avec jachère et élevage (ovin)

Agriculture mixte : polyculture avec élevage, cultura promiscua, association céréales-élevage (petites ou moyennes exploitations.

Vignoble (vin ou raisin de table)

↓ ↓ ↓ Riz

Élevage

Élevage d'intensivité diverse (landes, pacages de montagne, herbages cultivés etc ...)

△ △ △ Élevage bovin laitier

▲ ▲ ▲ Élevage bovin d'embouche

+ + + Élevage porcin

Élevage ovin

Massifs forestiers

Régions agricoles :
élevage :
- Écosse
- Galles et Londres
- Flandres et Frise
- Allemagne du Nord
- Bavière
- Bretagne
- Normandie

dominante céréalière :
- East Anglia
- Börde
- Bassin Parisien
- Bavière
- plaine du Pô

cultures délicates :
- Hollande
- vallée du Rhône
- Provence
- Languedoc-Roussillon
- Toscane-Campanie
- Pouilles
- Bassin de l'Ebre
- Nouvelle Castille
- Andalousie

↑ **6. La diversité des types de régions agricoles de la CEE.**

D'après G. Moreau, La CEE, Sirey 1984 et G. Dorel et A. Gauthier, Genèse et économie de la CEE, Bréal 1987.

La politique agricole commune

1. La PAC : des principes simples pour des objectifs ambitieux

*L*es objectifs : (article 39 du traité de Rome de 1957).

« La politique agricole a pour but : d'accroître la productivité de l'agriculture, d'assurer un niveau de vie équitable à la population agricole, de stabiliser les marchés, de garantir la sécurité des approvisionnements, d'assurer des prix raisonnables dans les livraisons aux consommateurs. »

Trois préoccupations majeures...

Il fallait assurer le fonctionnement d'un marché commun des produits agricoles, garantir un approvisionnement suffisant de ces produits dans la CEE, favoriser l'amélioration du revenu des agriculteurs en encourageant la modernisation rapide des exploitations agricoles.

Quatre principes... :

— **la libre circulation des produits agricoles dans la Communauté ;**
— **l'unité du marché,** assurée par des organisations de marché, destinées à remplacer au niveau communautaire les systèmes d'intervention nationaux dont le maintien aurait abouti à fausser la concurrence ;
— **la préférence communautaire** dont l'objet est de favoriser la consommation des productions des pays de la Communauté par rapport à celles des pays extérieurs ;
— **la solidarité financière,** dans la mesure où les dépenses d'intervention sur les marchés agricoles sont financées par un fonds auquel contribue l'ensemble des pays de la Communauté.

... forment un système :

Ces principes ont trouvé leur application dans la mise en œuvre, au niveau communautaire, d'un système de prix minimaux garantis pour une grande partie des produits agricoles, alors que la solution d'aide directe aux agriculteurs, qui aurait pu être envisagée sous forme de subventions et de primes, a été presque totalement écartée (...) la politique agricole s'appuie à la fois sur les mécanismes du marché et sur l'intervention de l'État. La loi de l'offre et de la demande détermine l'équilibre prix-quantités ; l'intervention de l'autorité publique permet de stabiliser les cours et d'absorber les productions excédentaires.

d'après J.-J. Guth,
La Politique agricole commune,
(La Documentation Française, 1982).

QUESTIONS

1. Quelle est la situation du monde et des marchés agricoles au début des années soixante, telle qu'on peut la deviner au travers des objectifs du traité de Rome (art. 39) (doc. 1) ?

2. (doc. 1). En quoi les principes de la « Politique Agricole Commune » (PAC) fondent-ils une Europe agricole intégrée ? Dans quelle mesure permettent-ils de répondre aux objectifs assignés par l'article 39 du traité de Rome ?

3. Le système des prix minimaux garantis, avec intervention sur les marchés est-il nouveau à l'époque ? Quel est l'organisme financier qui en assure le fonctionnement (doc. 3) ?

2. Les montants compensatoires monétaires : un mécanisme de correction des prix agricoles en cas de dévaluation ou réévaluation

*L*es montants compensatoires monétaires constituent un artifice, mis en place pour compenser les différences de parité monétaire entre les partenaires du Marché commun. Lorsqu'en 1969, la France dut dévaluer sa monnaie, ses produits agricoles devinrent beaucoup plus compétitifs, leur prix baissant à l'étranger d'un pourcentage égal à celui de la dévaluation du franc. Pour préserver leur marché, les partenaires de la France obtinrent d'elle qu'elle laisse taxer ses exportations agricoles par la CEE d'un prélèvement égal à la différence entre le prix du marché français et le prix du marché chez les autres membres de la CEE : il s'agit d' « un MCM négatif ».

Inversement, lorsque le DM a été réévalué, la RFA a obtenu que l'on n'abaisse pas ses prix intérieurs pour ne pas pénaliser le revenu de ses agriculteurs. Ses exportations sont subventionnées pour ramener ses prix au niveau européen. Ce sont les « MCM positifs », versés par la Communauté.

Le système s'est révélé pervers car il a favorisé les agriculteurs des États bénéficiant de MCM positifs. Le maintien de hauts prix agricoles et les subventions à l'exportation ont ainsi artificiellement incité les exploitants à produire toujours plus.

d'après G. Dorel et A. Gauthier,
Genèse et économie de la CEE
(Paris, Bréal, 1987).

4. Un témoin non européen juge le bilan de la PAC

*L*a PAC a abouti à la stabilisation des marchés. Grâce au mécanisme d'intervention, les prix agricoles au sein de la Communauté sont devenus plus stables que les prix pratiqués sur les marchés mondiaux. La PAC a aussi contribué à assurer une plus grande autosuffisance, mais a provoqué un gonflement des excédents. Dans la mesure où les prix résultant de l'application de la PAC ont eu tendance à rester au-dessus des

cours mondiaux, l'objectif d'assurer des prix « raisonnables » pour les consommateurs n'a pas été atteint. La PAC constitue par nature une régression puisque, en faisant monter artificiellement le prix des denrées alimentaires, pour soutenir le revenu des agriculteurs, elle nuit aux intérêts des plus pauvres.

d'après A. Lopez-Claros, « La Communauté européenne sur la voie de l'intégration » (in *Finances et développement,* FMI, Washington, 1987).

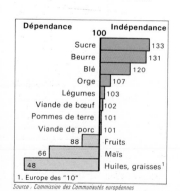

Budget communautaire → **F.E.O.G.A.**

Importations — Exportations

Prix indicatif (souhaité)
Prix de seuil [1]
Prix d'intervention

Prélèvement à l'importation

Restitution à l'exportation

Prix du marché mondial

↑ **3. Le système des prix agricoles communs CEE.**
L'exemple du marché du blé.

Dépendance | 100 | Indépendance

Sucre	133
Beurre	131
Blé	120
Orge	107
Légumes	103
Viande de bœuf	102
Pommes de terre	101
Viande de porc	101
Fruits	88
Maïs	66
Huiles, graisses [1]	48

1. Europe des ''10''

Source : Commission des Communautés européennes

↑ **5. Auto-approvisionnement de la CEE.**

QUESTIONS

4. En quoi la modification de la parité monétaire d'un pays de la CEE menace-t-elle le fonctionnement de la PAC ? (doc. 2 et 3). Quel est le mécanisme adopté pour s'en prémunir ? (doc. 2).

5. Quels sont les effets pervers des MCM positifs ? (doc. 2).

6. Quels aspects positifs, pour la CEE, peut-on mettre à l'actif de la PAC ? (doc. 4 et 5).

↑ **6. Manifestation d'agriculteurs européens mécontents devant le Parlement européen à Strasbourg.**

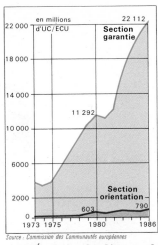

↑ **7. Évolution des dépenses du F.E.O.G.A.**

Source : Commission des Communautés européennes

↑ **8. Les objectifs de la P.A.C. sont-ils contradictoires ?** Quelles tensions engendrent-ils ?

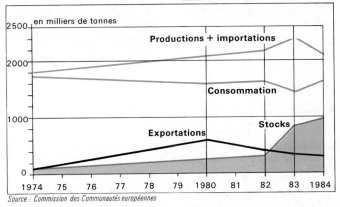

Source : Commission des Communautés européennes

↑ **9. L'évolution des excédents de beurre de la CEE en 10 ans.**

QUESTIONS

7. Quels sont les problèmes de la PAC (documents 6, 7 8 et 9) ?

8. D'après le document 7, la PAC a-t-elle favorisé, jusque récemment, l'adoption de mesures conjoncturelles ou de mesures structurelles ?

9. À quoi tient le mécontentement paysan actuel ? (doc. 6, 8 et 11).

10. Comment peut-on expliquer l'accroissement spectaculaire des stocks de beurre de la CEE ?

10. 1984 : un grand tournant de la PAC

LES ministres de l'agriculture, conscients de l'absurdité économique et financière qui consistait à produire des quantités grandissantes d'excédents invendables, se résignèrent à approuver une politique de contingentement de la production laitière. En réalité, la nouvelle politique prévoyait même que chacun des États membres, sauf l'Irlande, réduirait sa production de lait par rapport au niveau atteint la campagne précédente. Une révolution !

La Communauté mettait fin à vingt-deux ans d'une politique continue d'expansion de la production.

L'Année économique et sociale, Bilan (Le Monde, juin 1985).

11. Les réformes de la PAC

À l'occasion de la fixation des prix agricoles de la campagne 1986-1987, le Conseil a retenu une baisse des prix institutionnels de 0,3 % en Ecus. (...) Les quotas qui existaient dans le secteur du sucre ont été reconduits et le principe de l'autofinancement, par les producteurs, des dépenses dans ce secteur a été renforcé. Les quotas laitiers, qui s'appliquent depuis la campagne 1984-1985, ont subi une nouvelle réduction ; en outre, un système de rachat des quotas laitiers par la Communauté a été mis au point, pour réduire le potentiel de production.

Dans le cas des céréales, la politique des prix restrictive est complétée par une incitation à la qualité et par une limitation à une période de l'année des achats à l'intervention ; mais surtout, un prélèvement de coresponsabilité sur les céréales commercialisées a été institué. Après cette décision, la participation financière des producteurs aux dépenses de soutien des marchés agricoles s'étend désormais à la moitié des produits agricoles qui font l'objet d'une organisation commune de marché, eux-mêmes responsables des deux tiers des dépenses de la section « garantie » du FEOGA.

Les décisions du Conseil et de la Commission démontrent que les nouvelles orientations de la politique agricole commune ont commencé d'entrer dans les faits. D'autres dispositions sont en préparation ; elles portent, entre autres, (...) sur l'approvisionnement des pays en développement.

d'après J. Burtin, La politique agricole commune et sa réforme (Luxembourg, office des publications officielles des Communautés européennes, 1987).

QUESTIONS

11. En quoi, l'année 1984, marque-t-elle un tournant de la PAC (doc. 10) ? Ce changement modifie-t-il les principes de la PAC ou ses effets ?

12 Quels sont les types de mesures adoptées récemment pour réformer la PAC (doc. 11) ?

13 Quels sont les objectifs recherchés ? Quelles peuvent en être les conséquences pour l'agriculture et les agriculteurs de la CEE ?

1992 : vers un marché unique

Le Marché commun est une union douanière, mais les douaniers sont toujours présents aux frontières des États de la CEE. Aussi, lors des négociations de l'« Acte unique » menées à Luxembourg, en décembre 1985, pour améliorer le traité de Rome, un accord (doc. 2) s'est réalisé pour mettre en place un « grand marché intérieur unifié de 320 millions de consommateurs, pour la fin 1992 ».

Il s'agit là d'une relance spectaculaire de l'idée européenne après les nombreuses divergences apparues entre les États de la CEE dans les années 80. Mais la marche vers ce « marché unique » est une tâche considérable en raison des multiples entraves à supprimer (doc. 3). On mesure mal encore les bouleversements géographiques qu'elle pourrait entraîner.

↑ **1. À l'occasion du trentième anniversaire du traité de Rome, des jeunes manifestent leur enthousiasme pour la construction de l'unité européenne.**

2. L'accord du Luxembourg pour la réalisation d'un « grand marché intérieur »

Le marché intérieur doit être pleinement réalisé avant le 31 décembre 1992. Il comportera un « *espace sans frontières intérieures dans lequel la libre circulation des marchandises, des personnes, des services et des capitaux sera assurée* ». Les mesures visant à harmoniser les législations seront adoptées à la majorité qualifiée (pondérée en fonction de l'importance des États membres), sauf pour les fiscalités indirectes, la libre circulation des personnes et les droits et intérêts des employés, domaines dans lesquels l'unanimité est requise.

Les propositions de rapprochement des législations devront avoir pour base les normes les plus élevées existant dans la CEE. En outre, dans le domaine du milieu de travail et de l'environnement, ou encore en matière de contrôle phytosanitaire, un État membre pourra être autorisé à conserver ses normes nationales pour autant qu'elles ne constituent pas des mesures protectionnistes (ces deux mesures conservatoires étaient demandées respectivement par la RFA et la Grande-Bretagne).

COOPÉRATION MONÉTAIRE

Le conseil « *approuve l'objectif de la réalisation progressive de l'union économique et monétaire* ». Les États membres indiquent qu'ils « *tiennent compte des expériences acquises grâce à la coopération dans le cadre du système monétaire européen, et grâce au développement de l'ECU, dans le respect des compétences existantes* ». (...)

POLITIQUES SOCIALES

« *Les États membres s'attachent à promouvoir l'amélioration du milieu de travail, en ce qui concerne la sécurité et la santé des travailleurs, et se fixent pour objectif l'harmonisation dans le progrès des conditions existant dans ce domaine.* »

Le renforcement de la cohésion économique et sociale vise notamment à « *réduire l'écart entre les diverses régions et le retard des régions les moins favorisées* ». (...)

Le Monde du 5-12-1985.

3. Le parcours d'obstacles vers le « Grand Marché » (et vers une nouvelle géographie ?)

DEPUIS 1957, date de la signature du traité de Rome, les choses ont avancé. L'union douanière existe : les contingents sur les marchandises et les droits à l'importation ont été supprimés, de même que les tarifs douaniers pour les échanges à l'intérieur de la Communauté ; on passe plus facilement les frontières. Cependant il reste beaucoup à faire. (...)

Même si elle s'est faite plus discrète, l'hydre protectionniste rôde toujours le long de nos frontières. Cela va des normes techniques aux conditions de réciprocité, en passant par le marquage de l'origine des produits, l'interdiction de faire de la publicité pour des marchandises importées, la nécessité d'utiliser la langue nationale dans certains documents, l'octroi de crédits, de subventions ou de préférences quelconques en fonction de l'origine nationale d'un produit ou d'un service, etc. La Communauté a adopté des directives pour harmoniser les procédures de passation des marchés dans le secteur des travaux, puis des fournitures. Mais ces conventions sont rarement respectées. La multiplication des infractions et le fait que leurs responsables sont souvent ceux-là mêmes qui signent les belles déclarations antiprotectionnistes ont poussé la Commission à réagir.

Six années seront-elles suffisantes pour apprendre aux industriels à vivre ensemble, pour faire sauter les verrous administratifs et politiques, pour casser les lobbies ? Il faut l'espérer.

La Commission a fait des propositions visant à rapprocher les taux de TVA. Dans le domaine des capitaux, elle souhaite la suppression des clauses de sauvegarde qui existent encore en Italie, en Irlande et en Grèce. Elle a également proposé d'élargir les obligations communautaires dans des secteurs clés : les crédits commerciaux à long terme (cinq ans et plus), les transactions sur les titres non cotés en Bourse, l'admission de titres sur le marché des capitaux.

Ajoutées à la chasse aux entraves dans l'agro-alimentaire, l'industrie et les services, toutes ces propositions vont modifier la vie des citoyens, des entreprises, des États. À tel point que certains se posent la question des conséquences à terme de l'ouverture des frontières. Une Europe plus forte, plus compétitive face aux Américains et aux Japonais ? Certes. Mais aussi une Europe où la division du travail peut poser des problèmes. Verra-t-on uniquement des producteurs d'olives et d'espadrilles au sud, d'électronique et de machines-outils au nord ?

R. Clavaud, Le « Grand Marché »... où ça ?
(L'Expansion, 24 octobre/6 novembre 1986).

Synthèse/**S**évaluation

QUESTIONS

1. Où se localisent les régions dominées par le secteur agricole, dans l'espace de la CEE? Comment peut-on expliquer cette répartition? Dans cet ensemble, distinguez des types différents de régions agricoles.

2. Établissez une typologie des régions à prédominance industrielle en fonction de la nature de leur activité. Correspondent-elles à la même génération d'industries et aux mêmes facteurs de localisation?

3. Différenciez plusieurs types de régions à orientation tertiaire prépondérante. Ont-elles le même dynamisme et le même poids dans l'économie de leur pays ou dans la CEE?

4. À la lumière de cette carte tentez de dégager les axes ou les centres de gravité essentiels de la puissance économique de la CEE. Que traduit cette organisation géographique?

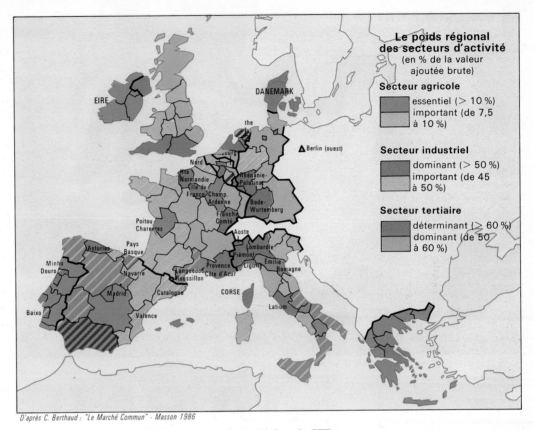

Le poids régional des secteurs d'activité
(en % de la valeur ajoutée brute)

Secteur agricole
essentiel (> 10 %)
important (de 7,5 à 10 %)

Secteur industriel
dominant (> 50 %)
important (de 45 à 50 %)

Secteur tertiaire
déterminant (≥ 60 %)
dominant (de 50 à 60 %)

D'après C. Berthaud : "Le Marché Commun" - Masson 1986

↑ **1. Carte du poids régional des secteurs d'activité dans la CEE.**

COMMENTAIRE DE TEXTE

2. Comett et Erasmus

LES universitaires européens, et en particulier français, auraient-ils été touchés par la grâce communautaire? On peut sérieusement poser la question, à voir le succès remporté, dès leur lancement, par les deux programmes Comett et Erasmus. Le premier (adopté le 9 juin 1986) vise à développer la coopération entre l'enseignement supérieur et les entreprises; le second (14 mai 1987) à encourager les échanges d'étudiants entre les pays membres. (...). Les 16 millions d'ÉCU disponibles pour cette première année de fonctionnement ont permis à Comett de financer une centaine d'associations transnationales universités-entreprises, plus d'un millier de stages d'étudiants, 73 bourses de formation pour des cadres ou des universitaires, 136 actions de formation continue pour les technologies nouvelles et une soixantaine de projets multimédias de formation. C'est la France qui a déposé le plus de dossiers pour Comett. Elle a, avec la Grande-Bretagne, la plus forte participation dans les projets retenus pour les deux programmes. Ce zèle français pour les échanges européens s'explique en partie, selon les spécialistes de Bruxelles, par l'intense campagne politico-médiatique engagée dans notre pays autour de l'Acte unique et de l'échéance de 1992, qui se manifeste notamment par une impressionnante série de colloques universitaires et professionnels.

Frédéric Gaussen,
(*Le Monde*, 26 janvier 1988).

QUESTIONS

1. En quoi les programmes Comett et Erasmus font-ils progresser l'intégration européenne (doc 2)?

2. Qu'évoquent les expressions « Acte unique » et « l'échéance de 1992 »? Précisez leur origine et leurs objectifs.

3. Pourquoi, et dans quelle mesure, ces projets sont-ils susceptibles de soulever l'enthousiasme en France, plus que dans d'autres pays de la CEE?

4. Quels doutes et quelles craintes pourraient-ils aussi susciter?

SUJETS

1. Pourquoi ne peut-on dire que la CEE est la plus grande puissance économique mondiale?

2. Forces et faiblesses de la CEE.

3. En l'état actuel, quelle est la nature et la fonction du Marché commun?

4. Les politiques communes de la CEE: objectifs, résultats et limites.

5. Inégalités et disparités au sein de la CEE.

6. Quels problèmes a soulevés et soulève encore l'extension passée de la CEE de six à neuf, puis à dix et enfin à douze membres?

7. Les institutions de la CEE: fonctionnement et évolution.

la CEE et le monde

DONNÉES STATISTIQUES

Part en % des échanges extracommunautaires dans le total des échanges de chaque pays de la CEE.

	Importations			Exportations		
	1958	1972	1985	1958	1972	1985
Belgique/Lux.	44,5	27,8	30,8	44,6	24,2	28,8
Danemark	40,0	52,3	49,3	40,7	55,0	54,9
RFA	63,7	43,9	46,9	62,1	49,4	49,9
Grèce	46,3	44,1	51,0	49,1	45,9	45,9
Espagne	68,3	56,8	62,1	53,2	51,3	46,4
France	71,7	41,4	40,5	69,1	39,6	46,2
Irlande	31,1	29,3	27,6	17,6	20,6	30,0
Italie	69,8	49,0	52,6	65,5	45,3	50,8
Pays-Bas	49,3	36,4	44,0	41,7	24,0	23,8
Portugal	46,6	49,1	53,4	61,0	50,7	36,2
Royaume-Uni	78,2	65,9	52,3	78,2	66,2	51,1
CEE	64,8	46,2	46,4	62,8	44,6	44,5

Source : *Eurostat.*

La Communauté Économique Européenne, deuxième puissance industrielle du monde et première puissance commerciale, se caractérise par sa politique de large ouverture à l'égard des pays tiers et par sa volonté d'aider à l'établissement d'un nouvel ordre économique mondial. En relations avec les six États membres de l'Association Européenne de Libre Échange (Suisse, Autriche, Norvège, Suède, Finlande, Islande), elle participe à la formation d'une grande zone européenne de libre-échange. **Elle fait plus de la moitié de son commerce extérieur avec les pays développés à économie de marché (PDEM). Elle est également le principal partenaire commercial des pays socialistes d'Europe orientale.**

Avec les pays du tiers monde, la CEE a défini une stratégie d'aide mondiale fondée sur l'amélioration des échanges, l'assistance, la coopération technique et financière. Cette aide se réalise le plus souvent par l'intermédiaire d'accords négociés collectivement. **Toutefois, la CEE n'a pas de politique mondiale,** car, sur ce plan, les divisions réapparaissent : divergence d'opinions entre les Pays-Bas très tiers-mondiste, la France qui voudrait l'être et la RFA gardienne de l'orthodoxie libérale.

ANALYSE DES DOCUMENTS

Sur la photographie du haut, des habitants de Lomé, capitale du Togo (État d'Afrique occidentale) lisent le compte rendu dans le journal local du premier accord de Lomé, signé le 28 janvier 1975 entre la CEE et les 46 États associés de l'Afrique, des Caraïbes et du Pacifique (ACP) (280 millions d'habitants). Cet accord est destiné à remplacer la deuxième convention de Yaoundé (Cameroun) arrivée à expiration. Cet accord est entré en vigueur le 1er avril 1976. Deux autres conventions ont été signées par la suite à Lomé : le 31 octobre 1979 (Lomé II) avec 62 pays ACP (300 millions d'habitants) et le 8 décembre 1984 (Lomé III) avec 66 pays ACP (410 millions d'habitants), créant avec l'Europe des Douze un marché de près de 750 millions de consommateurs. Mais si la CEE a élargi son champ d'action au reste du monde, elle est également un marché ouvert.

Sur la photographie du bas, on voit la devanture d'un magasin d'exportation de motos japonaises à Paris. La pénétration des produits japonais sur le marché européen est rapide. Le Japon a acquis des positions très fortes pour certains produits sensibles : automobiles, motos, optique, hifi, télévision. La CEE s'efforce d'obtenir du Japon une limitation volontaire de ses exportations et l'augmentation des importations européennes au Japon.

1. la C.E.E., 1re puissance commerciale du monde

Dotée d'un tarif douanier commun (TED) à l'égard du reste du monde, la CEE se présente comme un ensemble homogène sur la scène du commerce international.

▬ 1. 36 % du volume mondial (échanges intracommunautaires compris)

Bien que ne représentant plus que 36 % du commerce extérieur des Douze (64 % en 1958), le commerce extracommunautaire conditionne près d'un emploi sur quatre dans la CEE. **C'est dire combien l'Europe a intérêt au maintien d'un marché mondial ouvert.** La dépendance de l'Europe vis-à-vis du reste du monde est donc étroite, aussi bien pour ses approvisionnements en matières premières (75 %), en énergie (45 %) que pour l'écoulement d'une fraction importante de sa production. **Elle doit de ce fait résister aux tentations protectionnistes, source d'inflation et de perte de dynamisme.**

La CEE comprend en 1986 six des dix premières puissances commerçantes du monde : la RFA (2e) ; la France (4e) ; le R.-U. (5e) ; l'Italie (6e) ; les Pays-Bas (9e) ; l'Union belgo-luxembourgeoise (10e).

▬ 2. L'évolution des échanges

Selon une étude du Département américain de l'agriculture, **la CEE est devenue en 1986 le premier exportateur mondial de produits agricoles** avec une valeur de 28 milliards de dollars contre 26 % pour les É.-U. Cette progression serait due à l'élargissement à douze, à la surévaluation du dollar en 1984 et 1985 et aux aides aux exportations liées à la baisse du dollar en 1986. En outre, les résultats les plus récents montrent un net redressement de la balance commerciale communautaire. Parmi les principaux facteurs : le recul des importations (— 18 % en 1986) ; la baisse du dollar ; la baisse des prix des matières premières.

L'apparition d'un solde positif à partir de 1984 vis-à-vis des É.-U. a suscité, en 1987, certaines tensions entre les partenaires : au sujet des céréales, de la viande et de la commercialisation de l'Airbus. En juin 1987, la CEE a dénoncé la prolifération en son sein des « usines tournevis » japonaises destinées à contourner les barrières douanières et les quotas d'importation.

Avec les pays de l'Est, le commerce extérieur reste faible en raison des interférences politiques et de la non-reconnaissance de la CEE par les gouvernements de l'Est.

▬ 3. La politique d'ouverture de la CEE : les accords de Lomé

La CEE veut adapter sa politique commerciale en fonction de quelques pays ou groupes de pays afin de contribuer à la réalisation **d'un nouvel ordre économique mondial.** Dans ce but de nombreux accords ont été passés. Ils ont formé l'image positive de la CEE et apporté la preuve de son influence dans les relations commerciales internationales. Parmi les plus importants citons ceux de Lomé. **À la conclusion du traité de Lomé III (signé en 1984) ont participé 66 États ACP*** (Afrique-Caraïbes-Pacifique). Ces derniers bénéficient du libre accès (sans droits de douane ni contingentement) au marché européen pour 99 % de leurs produits ; et il n'y a pas de réciprocité, c'est-à-dire qu'ils peuvent acheter des produits où ils veulent. Les Douze obtiennent en échange **la clause de la nation la plus favorisée,** c'est-à-dire la possibilité de prendre des mesures de sauvegarde : par exemple, le respect de la règle d'origine des produits. Ces accords prévoient en outre : le développement d'une coopération financière et technique, d'une coopération culturelle, agricole et sociale ; un protocole sucre. Ils établissent enfin des institutions communes : Conseil des Ministres, Assemblée paritaire ACP-CEE.

Ces conventions ont fonctionné de manière inégalement satisfaisante. Il y a un « esprit de Lomé » fondé sur le dialogue permanent et la coopération durable ; mais les résultats ont déçu. En 1986, le commerce extérieur de l'ensemble des PVD a enregistré un déficit de 35,5 milliards de dollars. Parmi les causes de ce recul le Fonds Monétaire International cite l'accroissement des restrictions en quantité que s'imposent les É.-U. et la CEE quant à leurs exportations. Les restrictions ont été mises en place pour protéger leurs marchés extérieurs, c'est-à-dire pour maintenir un prix de vente suffisamment élevé.

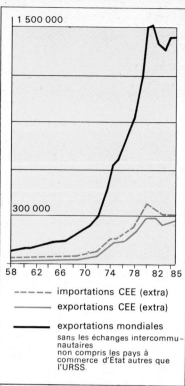

Source : ONU et Eurostat

↑ **1. Évolution des échanges mondiaux et communautaires en millions de dollars.**

2. « La guerre des pâtes n'aura pas lieu »

« L E bon sens l'a emporté, la guerre des pâtes n'aura pas lieu », a déclaré le mercredi 5 août, le commissaire européen, chargé des relations extérieures.

... les subventions de la CEE aux exportations de pâtes alimentaires seront, à partir du 1er octobre, réduites à nouveau de 27,5 %, ce qui est à mi-chemin entre la baisse de 20 % offerte par Bruxelles et celle de 35 % exigée par les États-Unis au début de la négociation sous la menace de mesures de rétorsion.

Aucune limitation quantitative n'est instaurée et les États-Unis s'engagent « à ne pas rouvrir ce différend » au sein du GATT (accord général sur les tarifs et le commerce). Cet engagement a l'avantage de sauvegarder le reste « agrumes-pâtes » du 10 août 1986 sur les accords préférentiels avec les pays méditerranéens.

Bien que l'importance commerciale des exportations communautaires de pâtes alimentaires soit tout à fait relative (35 millions de dollars par an), cette question servait d'abcès de fixation dans les négociations plus générales en cours dans le cadre de l'Uruguay Round. Les États-Unis n'abandonnent pas l'espoir de voir totalement disparaître les subventions communautaires, tout en refusant de remettre en cause les aides dispensées aux agriculteurs américains.

Il s'agit pour la CEE qui a aussi la nécessité de diminuer le coût de la politique agricole commune, de lutter contre les lois protectionnistes en préparation au Congrès américain...

Le Monde du 7-07-1987.

Produits agricoles	%
Tomates transformées	166
Sucre	133
Beurre	131
Riz	125
Blé	120
Orge	107
Fromage	106
Légumes frais	103
Pommes de terre	101
Produits laitiers	100
Viandes sans abats	100
Fruits frais (sauf agrumes)	88
Agrumes	69
Maïs grains	66
Huile d'olive (CEE à 10)	100
Vin (CEE à 10)	102

Source : Communauté européenne — *l'Europe verte*, n° 214, 1986, op. cit.

↑ **3. Degré d'auto-approvisionnement de la CEE en produits agricoles, en %.**

Céréales 1983 en %		Évolution 1983/1984 − +
France	182,5	6
Danemark	125	31,5
Royaume Uni	114	72
Grèce	109	55
RFA	97,5	22
Irlande	90	33
Italie	87,5	37
Espagne	59	21,5
Belgique/Lux	54	23
Pays-Bas	34	23
Portugal	25	52
États-Unis	186	27
Europe des 12	115	26
Japon	6	6,5

Fruits frais 1983 en %		Évolution 1983/1984 − +
Grèce	135	3
Italie	121	0
Espagne	119	10,5
France	100	9,5
Portugal	100	6
RFA	67,5	28,5
Pays-Bas	66	10,5
Belgique/Lux	66	0
Danemark	44	28,5
Royaume Uni	27,5	12
Irlande	21	15
Europe des 12	100	0
États-Unis	90	0
Japon	64	4

Source : Eurostat

↑ **4. Autosuffisance en céréales et fruits frais, une situation très améliorée.**

↑ **5. J.-B. Doumeng, fondateur d'Interagra, et son fils Jean-Louis sur la Place rouge à Moscou.**

6. Interagra, une hydre à quelques quarante têtes

UNE seule société en 1947, une quarantaine aujourd'hui. Et près de 14 milliards de francs de chiffre d'affaires. Au premier coup d'œil, c'est le bazar. Au second aussi. Du négoce international bien sûr. Mais aussi du pétrole, de l'ingénierie, de la viande, du vin, des fruits, des légumes, du matériel agricole, de la restauration collective… Jean-Baptiste Doumeng avait aussi le monopole de l'écoulement sur l'URSS des produits laitiers.

Libération du mardi 7 avril 1987.

↑ **7. Usine de Saint-Martin-du-Touch près de Toulouse. Stationnement des ATR 42 vendus à la Cie américaine Panam.**

8. Le Stabex

SYSTÈME de financement visant à garantir des ressources minimales aux pays ACP fortement dépendants de l'exportation de quelques produits de base, ce système intervient lorsque les recettes provenant de ces exportations diminuent gravement, soit du fait de l'effondrement des cours, soit en raison d'une baisse importante de ceux-ci. Pendant les quatre premières années (1975-1979), 47 % des transferts ont été versés au titre de la fonction « assurance chômage » en vertu de laquelle le système protège les États ACP contre les pertes de recettes dues à une mauvaise conjoncture et 53 % au titre de « l'assurance maladie » qui compense les pertes dues aux circonstances locales.

Un *niveau de référence* (moyenne des recettes d'exportation des quatre années précédentes) est établi chaque année pour chaque produit. Lorsque les recettes d'une année tombent en dessous du « seuil de déclenchement », le pays touché demande à la CEE une compensation correspondant au manque à gagner. Cette compensation sera remboursée lorsque le mouvement inverse se produira. Les pays les plus pauvres sont dispensés du remboursement. Le Stabex couvre désormais 49 produits. En 1983-1984 son intervention a surtout aidé le Togo (café, cacao), le Soudan (arachide), le Swaziland (coton), la Tanzanie (sisal), etc.

Europe information développement (1984) et *L'Europe et le tiers monde* (FEN).

9. Le Sysmin

LA deuxième convention de Lomé (1979-1984) comprend un titre nouveau consacré aux minerais, où un système d'intervention pour les produits miniers, le Sysmin, joue un rôle central. L'élément clé du système est la capacité de production. Le maintien de cette capacité est l'objectif central du Sysmin. En effet, le marché mondial des minerais est affecté par des variations cycliques de grande amplitude qui tiennent à la structure de l'offre mondiale et à la sensibilité très forte de ce secteur à la conjoncture industrielle.

Il ne s'agit donc pas dans ce domaine où la surproduction n'est pas rare de maintenir à tout prix des volumes de production, ce qui aurait pour effet d'accroître le déséquilibre et la dépression des cours. Il s'agit en revanche de conserver aussi intacte que possible la capacité de production ou d'exportation (ce dernier mot signifiant concrètement les voies de transport), de manière à ce que les pays puissent prendre davantage de la reprise lorsque l'équilibre du marché se rétablit… Les dédommagements sont effectués, non par des transferts financiers comme pour le Stabex, mais par des prêts spéciaux remboursables en 40 ans. Deux interventions ont eu lieu au cours de Lomé II, au Zaïre (40 millions d'Ecus) et en Zambie (51 millions)…

Europe information développement (Bruxelles, septembre 1984).

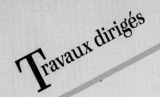
Le commerce extérieur de la CEE

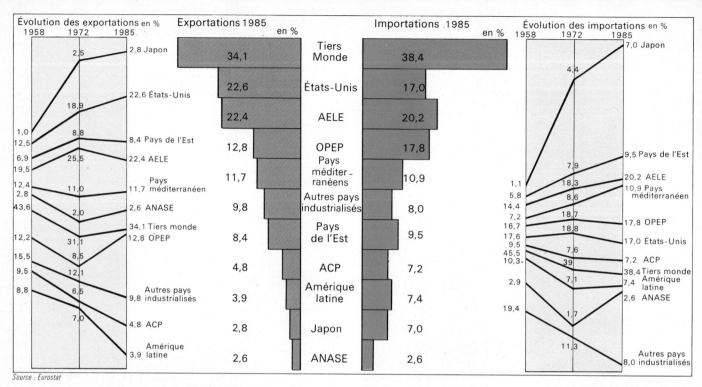

Source : Eurostat

↑ **1. Répartition géographique du commerce extérieur de la CEE.**

	Importations				Exportations			
	1982		1985		1982		1985	
	millions d'écus	%	millions d'écus	%	millions d'écus	%	millions d'écus	%
Alimentation, boissons, tabacs	8083	25,7	37 824	9,3	2290	8,7	29 214	7,7
Produits énergétiques	4954	15,7	120 185	29,6	978	3,7	18 575	4,9
Matières premières	8296	26,3	41 623	10,3	992	3,8	8 931	2,4
Produits chimiques	1159	3,7	22 300	5,5	2563	9,8	42 077	11,1
Machines, matériels de transport	3062	9,7	76 513	18,9	9869	37,6	138 624	36,6
Autres produits manufacturés	5324	16,9	83 832	20,7	8797	33,5	119 178	31,5
Divers	621	2,0	23 419	5,8	764	2,9	21 885	5,8

Source : Eurostat.

↑ **2. Répartition du commerce extérieur de la CEE par catégories de produits.**

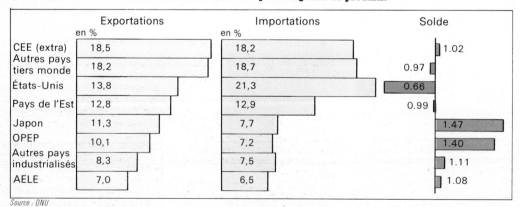

Source : ONU

↑ **3. Répartition géographique en % du commerce mondial en 1985.**

QUESTIONS

1. Quels sont les principaux partenaires commerciaux de la CEE ? Avec quelle partie du monde la CEE fait-elle l'essentiel de son commerce extérieur ? Avec quels pays la part des échanges est-elle croissante ? Quelles modifications importantes dans la part des échanges par pays sont apparues entre 1958 et 1985 ? À quoi sont-elles dues ? Quelles conséquences cela peut-il engendrer dans leurs relations avec la CEE (doc. 1).

2. Étudiez les structures des échanges extérieurs de la CEE (doc 2).
— À quoi attribuez-vous la baisse relative des produits agro-alimentaires ?
— Expliquez la hausse de la part des produits énergétiques entre 1982 et 1985 aussi bien aux importations qu'aux exportations.

3. Étudiez les déficits et les excédents commerciaux de chaque pays ou groupe de pays. Quels sont ceux dont la situation devient préoccupante ? Quels sont ceux qui connaissent un sort très favorable (doc 3) ?

4. Commerce extérieur des pays de la CEE : la part des pays membres

LA contribution des différents pays de la Communauté à son commerce extérieur varie bien entendu selon les secteurs, en fonction des ressources naturelles des États membres (le Royaume-Uni et les Pays-Bas exportent plus de produits énergétiques qu'ils n'en importent), de leur degré de développement économique, de leur spécialisation industrielle et de leurs aptitudes agricoles. C'est ainsi que les produits alimentaires, boissons et tabacs assurent un bon quart des exportations globales du Danemark, de la Grèce et de l'Irlande, contre 18 % aux Pays-Bas, 15 % en France, 12 % en Espagne, 10 % en Belgique et 5 à 8 % ailleurs.

Leurs espaces commerciaux sont cependant différents. Les plus petits sont les plus fortement axés sur la CEE. En outre, chaque pays a des zones privilégiées pour ses échanges avec le reste du monde. Pour la RFA, l'Europe hors CEE et les pays de l'Est ; pour la France, les PVD ; pour le RU, les États-Unis, le Canada, l'Australie, la Nouvelle-Zélande, les PVD.

La part des pays membres dans le total des échanges a évolué depuis 1958. Avec son puissant potentiel industriel, la RFA effectue, en moyenne des importations et des exportations, 28 % de ces échanges contre 22 % en 1958. L'essor des échanges de l'Italie a conduit ce pays à un rang assez voisin de celui de la France. Les progrès des exportations irlandaises et espagnoles sont encore plus impressionnants. En revanche, le RU a vu sa part diminuer de près de 50 % en raison d'une moindre croissance économique, mais aussi de la réorientation de ses échanges vers la Communauté. Depuis 1975, les achats des partenaires européens ont en effet permis un redressement britannique dans le total des exportations des pays membres, tant intra-communautaires qu'extracommunautaires.

Les échanges extracommunautaires de l'Irlande, du Danemark, de la France et, surtout, de l'Allemagne, dégagent des soldes positifs. Tous les autres pays membres affichent des déficits à cet égard. Cependant, comme l'indique notre dernier tableau, les échanges intracommunautaires jouent un rôle équilibrant : ils concourent en effet à l'amélioration du taux de couverture global des échanges de ce deuxième groupe de pays. Surtout frappant pour les Pays-Bas (qui tirent profit de leurs exportations d'hydrocarbures et du rôle européen du port de Rotterdam), ce phénomène reste sensible pour le Portugal, pour l'Espagne, et même pour la Grèce dont le taux de couverture des importations est cependant très faible.

« Le commerce extérieur de la Communauté Européenne », *Le dossier de l'Europe*, 1/87, janvier 1987.

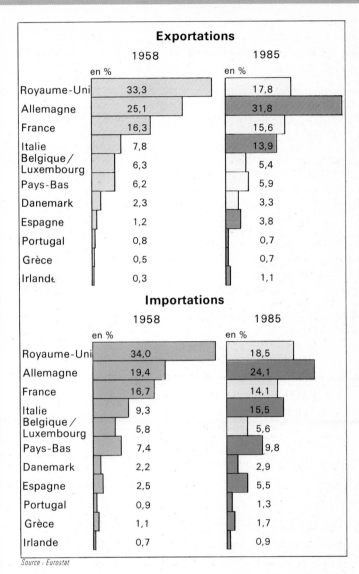

Source : Eurostat

↑ **6. Part des États membres en % dans le commerce extérieur de la CEE.**

	Commerce global		Commerce extracommunautaire			
	Taux de couverture[1]	Balance commerciale	Imports	Export	Solde	Taux de couverture[1]
Allemagne	115,9	+ 33 036	97 620	120 520	+ 22 900	123,5
Pays-Bas	104,4	+ 3 939	39 735	22 377	− 17 358	56,3
Irlande	103,4	+ 454	3 635	4 081	+ 446	112,3
Belgique et Luxembourg	95,0	− 3 698	22 877	20 359	− 2 518	89,0
Danemark	94,0	− 1 454	11 951	12 518	+ 567	104,7
Royaume-Uni	91,7	− 11 865	75 058	67 250	− 7 808	89,6
France	90,5	− 13 462	57 325	59 176	+ 1 851	103,2
Italie	86,6	− 15 973	62 811	52 535	− 10 276	83,6
Espagne	84,9	− 5 582	22 507	14 242	− 8 265	63,3
Portugal	74,2	− 2 582	5 358	2 697	− 2 661	50,3
Grèce	44,5	− 7 411	6 820	2 731	− 4 089	40,0

1. Taux de couverture = exportations (fob) en % des importations (caf)   Source : Eurostat

↑ **5. Échanges et balances commerciales des États membres en millions d'écus.**

QUESTIONS

1. Comparez les situations des États par rapport au commerce global et au commerce extra-communautaire (doc 4 et 5). Quels sont les États les plus fortement axés sur la CEE ? À quoi cela est-il dû ?
En fonction de quoi s'établit la structure des échanges des pays de la CEE avec les pays tiers ?
Quels sont les principaux pays bénéficiaires ?

2. Comment expliquez-vous les différences de taux de couverture selon les États et selon qu'il s'agit du commerce global ou du commerce extra-communautaire ?
Calculez la part des importations et des exportations en % pour chaque pays.
Calculez la part du commerce extra-communautaire dans le commerce global de chaque État (doc. 4 et 5).

3. Étudiez les modifications des déséquilibres commerciaux au sein des pays de la CEE (doc. 6).

2. l'aide aux plus démunis

■ 1. Les préférences généralisées (SPG)

Depuis 1971, la CEE, suivant en cela les résolutions de la CNUCED* (organisme pour le développement dépendant de l'ONU), accorde à tous les PVD des avantages tarifaires autonomes et non réciproques appelés **préférences généralisées.** Tous les produits industriels finis et semi-finis fabriqués dans les PVD jouissent de la franchise totale ; les produits agricoles transformés bénéficient d'une exemption partielle avec ou sans limites quantitatives. Valables initialement pour dix ans, ces accords ont été prorogés pour une nouvelle décennie (1981-1990). **Des aménagements ont été apportés, en vue notamment de permettre un accès préférentiel plus large en faveur des 25 pays les plus démunis du monde,** et cela aux dépens des pays semi-industrialisés (Corée du Sud, Taïwan...). Le système est actuellement ouvert à 122 pays indépendants et à 22 territoires.

■ 2. La moitié de l'aide publique au développement mondial

« Un dollar de donné, neuf de gagnés ! » Voilà comment on caricature souvent l'aide de la CEE au Tiers-Monde. Pourtant là où l'Européen retrouve neuf fois sa mise, l'Américain la multiplie par 15, le Japonais par 21 et le Soviétique par 25. L'Europe n'a donc pas à rougir de son attitude. **Son aide a pour but d'accroître la production de produits alimentaires de base des pays les plus pauvres d'Amérique latine, d'Asie et d'Afrique, en finançant des programmes d'action technique** (agronomie, hydraulique, stockage), et **de développer certains secteurs de l'énergie ou de l'industrie de base.** De 1977 à 1984, la CEE a contribué au financement de 14 programmes régionaux exécutés par la JUNAC* du Pacte andin (Junta de l'accord de Carthagène). Elle collabore à des programmes de développement rural au Cameroun (bassin de la Bénoué), en Côte-d'Ivoire, en Guinée..., à l'amélioration du contrôle des eaux dans la région du Maharashtra en Inde, etc. L'aide au développement représente **7 %** des dépenses communautaires, le second poste budgétaire après l'agriculture.

■ 3. Les aides humanitaires

La Communauté envoie aux pays qui en font la demande des denrées (céréales, lait en poudre, « butter oil ») qui **leur permettent de faire face à des problèmes aigus de sous-alimentation et de malnutrition.** À la demande des PVD, la CEE diversifie de plus en plus sa gamme de produits. Il s'agit notamment du sucre (au profit des réfugiés palestiniens), des huiles végétales (réfugiés afghans, Nicaragua...), du mil, des haricots ou du maïs blanc (Amérique centrale). Dans certains cas, l'utilisation des fonds de contrepartie permet de co-financer des projets de développement rural : ainsi, l'Inde met sur pied une industrie laitière moderne grâce aux recettes fournies par la vente de lait communautaire. Toujours effectuée sous forme de dons, l'aide alimentaire se répartit en deux catégories. Les **aides normales** laissent le coût du transport et de la distribution à la charge du bénéficiaire. En revanche, les **aides d'urgence** répondent à des situations de famine résultant de catastrophes naturelles (inondations au Bangladesh ; sécheresse au Sahel) ou politiques (Tchad, Ouganda).

■ 4. Les « stratégies alimentaires » et les programmes sectoriels d'importation (PSI)

L'aide alimentaire trop souvent accusée d'être un exutoire aux excédents agricoles a amené la CEE, à partir de 1982, à commencer l'expérience des « stratégies alimentaires ». **Le but ?** amener le tiers monde à se nourrir lui-même. La méthode ? donner aux paysans les raisons de produire et la certitude de vendre à bon prix leurs récoltes. Cela suppose un effort de formation, le développement des techniques, etc. Cette aide doit se coordonner autour d'un plan national cohérent. Quatre pays ACP (le Mali, la Zambie, le Kenya et le Ruanda) ont engagé avec la CEE des actions pilotes. Simultanément, la CEE, après avoir fait la critique des actions passées, a décidé de renforcer son engagement financier afin de donner aux pays ACP les moyens de leur émancipation économique, politique et culturelle.

Cette action prolonge celle des PSI* engagés dans le cadre de Lomé III.

	Si le monde donnait autant que la CEE : 0,53 % du PNB	
	Aide actuelle[1]	Cette aide[1] serait de :
CEE (base)	12,4	12,4
Etats-Unis	7,0	15,4
Japon	3,1	5,6
OCDE (total)	27,0	39,1
OPEP	8,1	8,2
Pays de l'Est	2,1	8,7
Monde (total)	37,4	56,0

1. En milliard de US dollars — Source : CEE

↑ **1. Répartition de l'aide publique au développement.**

2. Le pont éthiopien : des vivres pour trois semaines

Il est actuellement certain que la production totale de céréales pour 1988 accusera en Éthiopie une chute spectaculaire... Afin d'éviter la réouverture des camps, des allocations supplémentaires d'aide à l'Éthiopie doivent être effectuées et les secours acheminés d'urgence vers les régions affectées... Mais l'appel sera-t-il entendu ? Pour ce qui concerne l'aide alimentaire, seulement 350 000 tonnes avaient été annoncées à la mi-novembre notamment par la communauté européenne... Le 19 novembre, la CEE décidait d'y ajouter une aide d'urgence de 10 millions d'écus, destinée notamment à établir un pont aérien entre les ports et Mekellé, capitale du Tigré. Cette aide financière permettra l'achat de réservoirs d'eau, de médicaments, de tentes, car la constitution de camps, soulignait-on à Bruxelles, « apparaît inévitable ».

d'après Claire Brisset,
Le Monde diplomatique de décembre 1987.

3. La corruption

Les dons en céréales sont distribués à bas prix dans les villes aux titulaires de cartes de rations, à l'armée et à la police et ne touchent jamais ni les paysans, ni les bidonvilles, les plus touchés par la famine. Les profits de cette vente permettent d'augmenter les crédits de répression à destination de l'armée et de la police. Ainsi, cette aide conforte les gouvernements des pays intéressés — qui sont souvent des organes de répression anti-paysanne.

d'après René Dumont, *La Croissance de la famine - une agriculture repensée* (coll. « Points politiques », 1981).

↑ **4. Un danger toujours présent : que l'édifice s'écroule quand le volontaire part.**

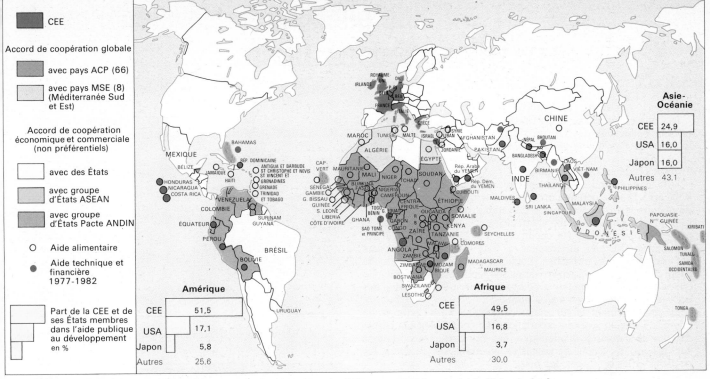

Amérique		Afrique	
CEE	51,5	CEE	49,5
USA	17,1	USA	16,8
Japon	5,8	Japon	3,7
Autres	25,6	Autres	30,0

Asie-Océanie	
CEE	24,9
USA	16,0
Japon	16,0
Autres	43,1

Légende :

- CEE
- Accord de coopération globale
  - avec pays ACP (66)
  - avec pays MSE (8) (Méditerranée Sud et Est)
- Accord de coopération économique et commerciale (non préférentiels)
  - avec des États
  - avec groupe d'États ASEAN
  - avec groupe d'États Pacte ANDIN
- ○ Aide alimentaire
- ● Aide technique et financière 1977-1982
- Part de la CEE et de ses États membres dans l'aide publique au développement en %

↑ **5. Les relations Europe-tiers monde.** Avec les aides bilatérales, la CEE est partout le premier bailleur de fonds.

↑ **6. Campagne de vaccination à Djibouti dans le cadre des aides humanitaires.**

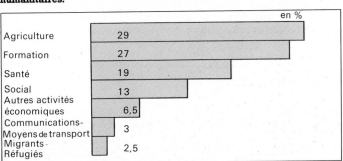

en %

Agriculture	29
Formation	27
Santé	19
Social	13
Autres activités économiques	6,5
Communications-Moyens de transport	3
Migrants-Réfugiés	2,5

↑ **7. Répartition sectorielle des projets cofinancés par la CEE et les organisations non-gouvernementales (ONG).**

8. Le projet Carajas au Brésil

« LA Communauté Européenne du Charbon et de l'Acier (CECA) a décidé en juillet 1982, au titre de l'article 54 du traité CECA, d'accorder un prêt de 600 millions de dollars à l'entreprise brésilienne Companhia Vale do Rio Doce pour la mise en valeur des mines de fer du complexe minier de Carajas. Cette décision est très importante pour les deux parties car c'est la première fois que la CECA accorde un prêt aussi considérable à un pays d'Amérique latine. Par cette mesure, la CECA suit une des orientations de sa politique économique, à savoir la diversification de ses sources d'approvisionnement à long terme. Cette décision garantit des fournitures régulières de minerai de fer à l'industrie sidérurgique européenne à partir de 1985. Des entreprises sidérurgiques d'Allemagne, de France, d'Italie et du Luxembourg ont signé des accords bilatéraux avec le Brésil pour l'achat de 13 millions de tonnes de minerai par an, ce qui accroîtra les revenus en devises du Brésil.

Le projet Carajas-Mines de fer se compose de travaux de mise en valeur du gisement de fer de Carajas, de la construction d'une voie ferrée d'environ 800 kilomètres pour permettre l'acheminement du minerai jusqu'à la côte atlantique et la construction à Sao Luis d'un port minéralier en eaux profondes.

La Commission européenne est particulièrement attentive aux conséquences que ce projet pourrait avoir sur les populations locales et en matière écologique : la Commission suit ces questions en étroite collaboration avec la Banque Mondiale, également associée au projet. »

Source : Europe information. Relations extérieures, n° 82/85, novembre 1985.

9. La CEE et le Pakistan

LE Pakistan est un important bénéficiaire du programme de promotion commerciale de la CEE pour l'Asie du Sud-Est en vertu duquel il a reçu quelques 2 millions d'Ecus entre 1983 et 1985. Les secteurs qui en ont bénéficié sont l'industrie légère, la joaillerie et le cuir. La zone de promotion des exportations de Karachi a reçu une aide par le biais d'investissements européens attrayants et la Communauté aide également le Pakistan à prospecter le marché des fruits et légumes au Moyen-Orient et dans les États du Golfe...

La CEE a également invité les établissements et laboratoires de recherches au Pakistan à participer au programme de recherche de 40 millions d'Ecus que la CEE a lancé en 1983. Au titre de ce programme, les établissements de la CEE et des PVD sont invités à demander des concours pour la recherche en médecine et en agriculture tropicales, recherche qu'ils mèneront en commun. En l'absence de tout projet la CEE a envisagé une campagne pour informer les établissements pakistanais au sujet du programme qui sera lancé en 1987.

Europe information - Relations extérieures septembre 1986, n° 86/86.

L'aide publique au développement : en Guinée-Bissau

La Guinée-Bissau a accédé à l'indépendance en septembre 1974 et l'année suivante, elle fut l'un des 46 États ACP qui, en signant la première convention de Lomé, se sont associés à la CEE.

La CEE et ses États-membres sont la principale source d'aide au développement pour ce pays.

La Guinée-Bissau couvre une superficie de 36 125 km^2 dont 8 000 km^2 de zone côtière composée de criques, de marécages et de mangroves. Du point de vue climatique, cet État fait partie de l'Afrique tropicale avec une alternance entre une saison sèche et une saison humide, le tout conditionné par le régime des vents. Les pluies s'élèvent en moyenne à 1 600 mm par an et sont généralement bien réparties. Toutefois ici aussi l'influence du Sahel se fait de plus en plus sentir et des sécheresses sévissent de temps à autre. La population s'élève à environ 900 000 habitants dont plus de 80 % vit en milieu rural.

Le gouvernement actuel oriente sa politique vers l'extérieur et cherche à développer les exportations indispensables à la bonne marche de l'appareil économique. Les principales exportations sont les noix de cajou, les palmistes, les arachides, le coton, les poissons et les crustacés, le bois.

Le pays a également des possibilités minières. Des ressources en bauxite, en phosphate et en pétrole ont été détectées, mais leur exploitation pose de sérieux problèmes pour ce pays si pauvre.

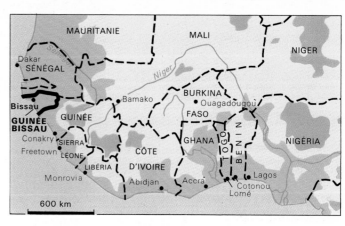

↑ **1. La République de Guinée-Bissau est située sur la côte occidentale de l'Afrique.**

↑ **3. Le bac de Sao Vicente : un des trois bacs remis en état et entièrement révisés (accords de Lomé II).**

4. Projet de développement rural

DEPUIS le début de Lomé I (1975) les ressources sont affectées au développement de deux régions, situées dans le Nord-Est du pays, représentent environ 30 % de la population de la Guinée-Bissau. Les programmes de développement ont bien obtenu certains résultats dans le sens de l'auto-suffisance alimentaire. Mais leur autre objectif (procurer au pays les devises étrangères dont il a grand besoin en favorisant les exportations de coton et d'arachide) n'a été que partiellement atteint en raison de la chute du cours de ces produits sur les marchés mondiaux.

L'approvisionnement en eau est également un facteur important du développement agricole et deux programmes prévoyant le forage de 135 puits ont été réalisés.

Courrier Afrique-Caraïbes-Pacifique (Communauté européenne, n° 104, juillet-août 1987).

2. Actions menées par la Communauté en Guinée-Bissau, 1975-1986 Lomé I et Lomé II	
Développement rural	**Millions d'Ecus**
Agriculture	
Développement rural intégré dans les régions de Bafata et de Gabu	6,8
Développement de la culture du coton dans le Nord-Est	6,4
Fourniture d'intrants agricoles	0,2
Étude sur l'agriculture	0,1
Sylviculture	
Inventaire des ressources forestières	0,5
Pêche	
Centre de pêche artisanale de Cacheu	2,2
Alimentation en eau	
Alimentation en eau de zones rurales situées dans les régions de Bafata et de Gabu	1,8
Communications	
Port et voies de navigation intérieure	
Fourniture de matériel de transport fluvial et d'équipements portuaires	3,8
Fourniture et remise en état de trois bacs	1,2
Remise en état d'installations portuaires à Bissau	3,8
Routes	
Route Bambadinca-Xitole-Quebo	2,2
Route Banjul-Bissau	5,0
Ponts	
Pont du Rio Camposa	3,3
Études techniques	0,3
Industrie	
Énergie	
Étude sur l'industrie électrique nationale	0,4
Mines	
Étude sur le développement du Sud-Est	0,4
Projets sociaux	
Santé	3,7
Maternité de l'hôpital de Bissau	
Hôpitaux locaux de Cacine, Fulacunda, Empada, Quebo et Cossé	
8 centres sanitaires	
Établissement pour handicapés mentaux, à Bor	
Fourniture de médicaments	
Éducation	
Construction et équipement de 7 écoles	1,0
Formation	
Cours et bourses d'étude	1,3
Commerce	
Études et assistance pour la réorganisation du secteur commercial	2,2
Transferts Stabex	15,4
Divers	
Microréalisations	1,3
Coopération scientifique et technique	2,4
Co-financement avec des ONG	2,7
Aide alimentaire	17,0
Aide d'urgence	0,5

Synthèse / évaluation

QUESTIONS

1. Définition du tarif extérieur commun (TEC).

2. Quels sont les six pays de la CEE classés parmi les dix premières puissances commerçantes du monde ?

3. Quels sont les produits agricoles déficitaires dans la CEE ?

4. Qu'est-ce qu'Interagra ?

5. Qu'appelle-t-on les accords de Lomé ? Combien y en a-t-il eu ? À quelles dates ?

6. Définition de ACP.

7. Qu'est-ce que le Stabex ?

8. Qu'est-ce que le Sysmin ?

9. Rôle des préférences générali-sées ?

10. But de l'aide publique au développement ?

11. Différence entre les aides nor-males humanitaires et les aides d'urgence.

12. Définition de ONG.

SUJETS

1. Pourquoi peut-on dire de la CEE qu'elle est la première puissance économique du monde ?

2. Forces et faiblesses du commer-ce extérieur de la CEE.

3. L'aide aux PVD.

	Imports en %	Exports en %	Solde	Moyenne importations + exportations
Belgique / Luxembourg	66,8	63,5		65,1
Pays-Bas	54,9	57,3		56,4
Irlande	53,4	55,2		54,3
Portugal	36,7	27,3		32
Danemark	31,7	29,8		27,4
Allemagne	25,3	29,4		30,8
Italie	25,2	21,9		23,5
Royaume-Uni	24,2	22,2		23,2
Grèce	31,3	14,0		22,6
France	21,0	19,0		20
Espagne	16,6	14,0		15,3

1. Commerce extérieur total en % du PIB des pays de la CEE.

2. L'Europe face à elle-même, face au monde

Toutes les grandes villes d'Europe, note Michel Butor, ont fait un rêve, une ambition impossible : succéder à la Rome antique, cette ville qui était en effet « le centre du monde connu », un monde en deux parties : « *urbi et orbi* », la ville et tout le reste (…). » Nous avons, dit-il, à réorgani-ser toute notre façon de voir et notre langage : l'Europe a du mal à se penser comme une partie du monde comme une autre. D'abord parce qu'elle a beaucoup de mal à se penser… Les luttes anciennes ont laissé beaucoup de traces dans notre éducation et dans les discours de nos hommes politiques. Aucun d'entre eux ne peut fonder son discours sur l'idée, par exemple, que la grandeur française est passée et pourtant tous ces gens le savent bien. (…) L'Europe, malheureusement, se fait dans une très large mesure malgré les Européens. (…) Je suis très pessi-miste : l'Europe se fera avec beau-coup de difficultés. »

Entretien de B. Frappat avec l'écrivain
Michel Butor
Le Monde, 13 janvier 1988.

3. Sécheresse et famine au Soudan en 1985. Distribution de farine communautaire.
Commentez cette photo en vous aidant des cours et des textes-documents du chapitre.

5ᵉ partie

Les pays
de la C.E.E.

Divisions régionales de l'Europe des 12

DONNÉES STATISTIQUES

République fédérale
d'Allemagne

Superficie : 248 577 km²
Population : 61 000 000 hab.
Densité : 245 hab./km²
Capitale : **Bonn**
Monnaie : Deutsche Mark. DM

PNB : 667,3 Mds de $
PNB/habitant : 10 940 $
Taux d'inflation annuel moyen 80-85 :
  3,2 %

Population active : 27,8 millions
  Agriculture : 5,5 %
  Industrie : 41 %
  Services : 53,5 %
Taux de chômage : 8,3 %

Commerce extérieur (en % du PNB) :
  38 %
Exportations : 525 MDM
Matières minières, combustibles : 5 %
Autres produits primaires : 7 %
Produits industriels : 88 %
Importations : 410 MDM
Produits alimentaires : 12 %
Combustibles et autres produits pri mai-
res : 29 %
Produits industriels : 59 %

Taux de natalité : 10 ‰
Taux de mortalité : 12 ‰
Taux de mortalité infantile : 9,6 ‰
Taux d'accroissement naturel : — 2 ‰
Un médecin pour 380 hab.

Source : *Écorama 87, Images éco. du monde 87.*

la République fédérale d'Allemagne

Née de la défaite de 1945 et de la partition de l'Allemagne, la République fédérale d'Allemagne, fondée en 1949, est le plus étendu des deux États allemands. De dimension moyenne pour la vieille Europe, la RFA, étirée nord-sud, a dû réorganiser l'espace dont elle a hérité et créer un réseau efficace de voies de communication nouvelles dont **le Rhin constitue l'artère fondamentale qui l'ancre fermement à l'Europe de l'Ouest.**

La mise en place d'une organisation socio-économique, conciliant le libéralisme de l'économie du marché et la paix sociale, a permis **l'essor d'une économie performante, fondée sur une industrie traditionnellement très compétitive, des services dynamiques et une agriculture surprenante.**

Une monnaie forte et un commerce extérieur excédentaire sanctionnent les succès du géant économique qu'est devenue la RFA. Ses ambitions dépassent le cadre de la CEE à laquelle elle s'est remarquablement adaptée et dont elle a su profiter.

Mais l'exemplarité du modèle allemand trouve ses limites. En particulier, le recul démographique récent suscite de lourdes inquiétudes pour l'avenir.

Carte de synthèse . . . . page 291

ANALYSE DU DOCUMENT

Le Rhin, ici à Trechtingshausen, traverse le Massif schisteux-rhénan en formant un couloir encaissé, dominé par des « Burgen » qui en contrôlaient le passage et où, comme en témoigne la légende de la Lorelei, la navigation était jadis difficile. Les aménagements réalisés depuis le XIXᵉ siècle lui ont permis de devenir la première artère fluviale du monde et un axe de communications essentiel pour la RFA qu'il ouvre nettement sur l'Europe de l'Ouest. Le vignoble qui tapisse les pentes les mieux exposées démontre la clémence et la sécheresse du climat dans ce site d'abri, véritable « Midi » de l'Allemagne.

1. vieux pays, jeune Etat

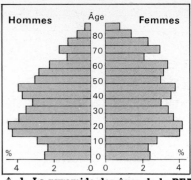

↑ **1. La pyramide des âges de la RFA en 1985** : un pays qui vieillit.

Fondé en 1949, la République fédérale d'Allemagne est l'un des États les plus récents d'Europe. Elle a hérité, avec 248 577 km^2 et 61 millions d'habitants, d'une partie de la nation et de l'espace allemand.

■ 1. La RFA : du provisoire qui dure

En 1945, le Reich allemand vaincu, amputé, est partagé, sous la responsabilité des grandes puissances, en quatre zones d'occupation qui vont évoluer de manière divergente dans la guerre froide.

Dès 1946, les Occidentaux suscitent la constitution d'États régionaux (des Länder) dans leurs secteurs respectifs. Puis, en 1948, ils dotent leurs trois zones d'une monnaie commune, le Deutsche Mark. Enfin, le 8 mai 1949, les délégués des Länder* adoptent, dans l'attente d'une réunification ultérieure, une loi fondamentale dotant cet espace monétaire d'un État fédéral : la RFA. En réplique, la zone soviétique se transforme en RDA, en octobre 1949. La même division affecte l'ancienne capitale Berlin, située au cœur de la RDA.

Quarante ans après, ce partage, issu de la guerre froide, demeure. La RFA compte avec Berlin Ouest, soumis à un statut particulier, 10 Länder de taille inégale, dont Bonn reste la capitale fédérale.

■ 2. La RFA : un espace allemand réorienté

Alors que le territoire de l'ancienne Allemagne s'allongeait d'est en ouest, la RFA s'étire aujourd'hui du nord au sud, sur près de 550 km et recoupe trois zones naturelles différentes : **Le Nord appartient à la grande plaine d'origine glaciaire d'Europe du Nord.** Il subit ici les influences atlantiques. Les sols y sont généralement pauvres, sauf dans les polders du Nord (Marschen) et, à sa lisière sud, dans les Börde couverts de loess. **Au centre, l'Allemagne hercynienne ou moyenne alterne les moyennes montagnes** (Massif schisteux rhénan, Harz) boisées, arrosées, dépassant rarement 1 500 m, **les dépressions** abritées, riches (couloir de Hesse, rhénan) et **les horizons tabulaires** des bassins sédimentaires (Souabe-Franconie). **Au sud, le plateau bavarois,** puis les collines, marquées par la

continentalité et les héritages glaciaires, butent sur les préalpes calcaires, dont la RFA ne possède qu'un mince liseré.

Cette disposition méridienne fait de l'axe rhénan « l'épine dorsale de l'espace fédéral » (P. Riquet), accentuant l'ouverture du nouvel État sur l'Europe occidentale.

■ 3. De fortes densités et une urbanisation renforcée

Le peuplement, déjà important avant guerre, s'est fortement densifié depuis 1945. Il a cumulé l'afflux massif de rapatriés, celui plus progressif d'Allemands fuyant la RDA et, jusqu'en 1973, celui de travailleurs immigrés qui ont maintenu une certaine croissance démographique. **Aujourd'hui, la densité humaine de 248 hab/km^2,** malgré son recul, reste une des plus élevées d'Europe.

Le fait urbain, ancien, accentué par l'industrialisation est devenu envahissant et même spectaculaire sur quelques axes qui concentrent d'importantes conurbations. Ailleurs, outre quelques grands centres isolés, **le territoire est quadrillé d'un semis serré de métropoles régionales de plus de 100 000 habitants.** L'espace rural, rarement désert, leur a toujours été associé. Il est gonflé aujourd'hui par la rurbanisation.

Une nouvelle mutation spatiale s'opère aujourd'hui, au profit des régions plus dynamiques, comme le Sud et quelques grandes métropoles (Cologne, Francfort, Stuttgart...), qui attirent les migrations inter-régionales.

■ 4. Vers un vieillissement rapide

Une crise démographique touche aujourd'hui la RFA. Ce phénomène propre aux pays sortis de la phase de transition démographique a ici une ampleur exceptionnelle : la baisse de la fécondité a été telle que la natalité est inférieure à la mortalité. Cela se traduit par **une diminution régulière de la population depuis le début des années soixante-dix,** accentuée par l'arrêt ou l'inversion récents des flux de travailleurs immigrés.

La population de la RFA, en divorce avec ses comportements démographiques passés, poursuit aujourd'hui un recul et un vieillissement accélérés, générateurs de problèmes futurs.

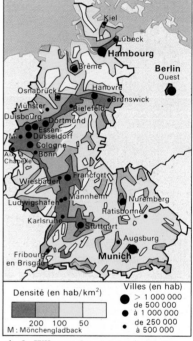

↑ **2. Villes et densité de population.**

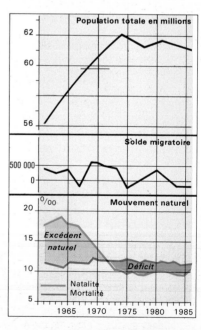

↑ **3. L'évolution démographique récente et inquiétante de la RFA.**

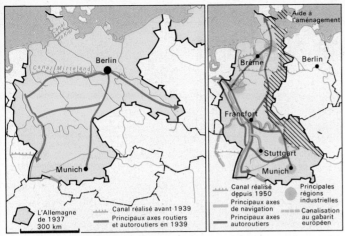

↑ **4. La réorientation de l'espace en Allemagne de l'Ouest depuis 1949 :** les axes de communication N.-S. sont aujourd'hui prépondérants.

↑ **7. La plaine d'Allemagne du Nord et le canal de Kiel.** Ouvert en 1895, ce canal permet une jonction rapide entre Hambourg et la Baltique. Au premier plan, un navire porte-conteneurs.

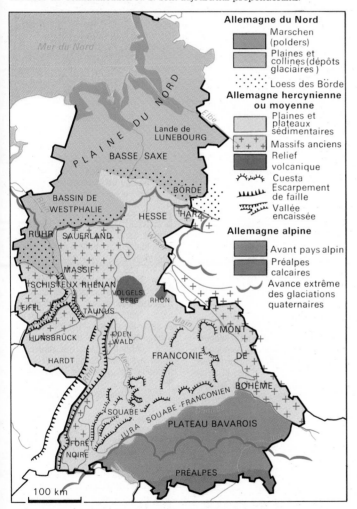

Allemagne du Nord

- Marschen (polders)
- Plaines et collines (dépôts glaciaires)
- Loess des Börde

Allemagne hercynienne ou moyenne

- Plaines et plateaux sédimentaires
- Massifs anciens
- Relief volcanique
- Cuesta
- Escarpement de faille
- Vallée encaissée

Allemagne alpine

- Avant pays alpin
- Préalpes calcaires
- Avance extrême des glaciations quaternaires

↑ **5. Les trois Allemagne :** trois milieux physiques bien distincts.

↑ **8. Un paysage de l'Allemagne moyenne : Ordelsheim en Hesse.** Dans ce pays vallonné, quels sont les deux types d'occupation du sol ?

6. La ville germanique

L a ville germanique est bien différente de la ville hellénique ou romaine. Elle n'a pas le brillant des villes méditerranéennes. Par contre elle est plus enracinée dans son milieu naturel et humain. Elle est plus régionale. De ce fait la ville joue un rôle ancien, permanent et dynamique dans l'économie et la vie culturelle allemandes.

Le morcellement politique a donné à l'Allemagne une foule de capitales qui sont aujourd'hui la base de la vie économique et culturelle.

d'après François Reitel, *Les Allemagne* (Paris, Colin, 1980).

↑ **9. L'Allemagne du Sud préalpine.** Le château du Neuschwanstein, du XIXe siècle, se dresse dans un paysage au modelé glaciaire hérité.

Le fédéralisme allemand

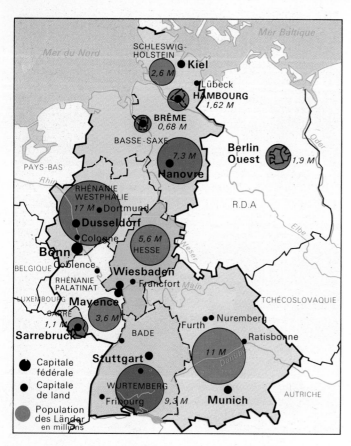

↑ 1. La République fédérale d'Allemagne et ses Länder.
La RFA compte 10 Länder, outre Berlin-Ouest qui dispose d'un statut particulier.

2. Le fédéralisme allemand : une tradition ancienne

LA structure fédérale correspond à une vieille tradition institutionnelle allemande, qui n'a été interrompue que par le régime hitlérien. Le fédéralisme allemand a des racines historiques et a été souvent considéré dans le passé comme l'expression des dissensions nationales. Il apparaît aujourd'hui que le système fédéral permet de tenir compte des particularités, aspirations et problèmes spécifiques au niveau régional. Les forces centrifuges ne se sont guère exercées en République fédérale.

Réalités allemandes, la RFA (Gütersloh, Bertelsmann, 1984).

3. Les Länder : un découpage de circonstance qui se maintient

LA division en *Länder* qui s'était faite après 1945 ne tenait pas compte en premier lieu de la tradition allemande, mais des tracés des zones d'occupation.

Cependant, malgré divers projets de remaniements territoriaux, une seule modification importante est intervenue : les trois *Länder* du Sud-Ouest, Wurtemberg-Bade, Wurtemberg-Hohenzollern et Bade du Sud ont fusionné en 1951 pour former le Bade-Wurtemberg, ce qui réduisait de onze à neuf le nombre des *Länder*. Ils sont dix depuis le rattachement politique de la Sarre à la République fédérale, intervenu le 1er janvier 1957.

A. Grosser,
La République fédérale d'Allemagne
(Paris, PUF, coll. « Que sais-je ? », 1983).

4. Des pouvoirs étendus pour les Länder

LA Constitution donne au *Bund* (1) le droit de législation exclusive en onze matières, dont les affaires étrangères, les questions de nationalité, la monnaie, les questions douanières, les chemins de fer fédéraux et le trafic aérien, les postes et télécommunications, la Police criminelle, etc. En vingt-trois autres matières, « les *Länder* ont compétence pour légiférer aussi longtemps et pour autant que le *Bund* ne fait pas usage de son droit de légiférer ». Il s'agit de secteurs très importants : le droit civil, le droit pénal et l'organisation judiciaire, l'état civil, le droit d'association et de réunion, les affaires concernant les réfugiés et les personnes déplacées, les dommages de guerre et les réparations, la législation économique, la législation du travail, le développement de la recherche scientifique, les nationalisations, la « lutte préventive contre les abus de la puissance économique » (législation anticartels).

L'autonomie des *Länder* est en principe complète dans les affaires scolaires et culturelles. Il n'y a pas de ministère fédéral de l'Éducation.

Les Länder exécutent les lois fédérales, dans une large mesure, de façon autonome et sans être tenus par des instructions émanant des autorités fédérales. Le gouvernement fédéral se contente de contrôler si l'application du droit fédéral est conforme au droit en vigueur.

d'après A. Grosser et *Réalités allemandes*
(op. cités)

(1) *Bund* : Parlement fédéral.

5. Des concurrents pour les Länder : les municipalités

L'AUTONOMIE de gestion des communes, en tant que manifestation de la liberté civique, est une tradition bien ancrée en Allemagne. Les antécédents médiévaux de la gestion communale sont les privilèges des cités libres, garantis par le droit de cité qui libérait les habitants des villes du servage. (« L'air de la ville rend libre », dit un dicton allemand.)

Cette tradition des libertés communales est reprise par la loi fondamentale et les constitutions de tous les Länder, qui garantissent expressément aux villes, communes et arrondissements l'autonomie de gestion.

Réalités allemandes (op. cité)

6. L'autonomie des Länder : un avantage ou un inconvénient ?

LE pouvoir de légiférer en matière culturelle appartient aux Länder. Chaque Land dispose d'une importante marge d'autonomie pour l'aménagement de son système scolaire. Il est vrai que le fédéralisme culturel a aussi des aspects négatifs. Comme les programmes scolaires et les fins d'études des écoles diffèrent d'un Land à l'autre, des problèmes peuvent se poser lorsqu'une famille déménage dans un autre Land et que les enfants sont confrontés dans leur nouvelle école avec des disciplines et des méthodes pédagogiques inhabituelles.

Réalités allemandes (op. cité)

QUESTIONS

1. Observez l'inégale importance des Länder de la RFA. Tentez de l'expliquer à l'aide du doc. 3.

2. Quelles sont les raisons qui ont incité les alliés occidentaux à susciter la renaissance fédérale pour la partie ouest de l'Allemagne ?

3. À l'aide du doc. 4, recensez les pouvoirs des Länder. Que pensez-vous de leur étendue (doc. 4 et 6) ? Par défaut, tentez de définir les prérogatives du pouvoir fédéral.

4. Quels sont les trois niveaux de décision en RFA ? Quels sont les avantages et inconvénients de cette décentralisation (doc. 2, 3, 5 et 6) ?

5. Comparez les différents Länder.

Travaux dirigés

Berlin-Ouest

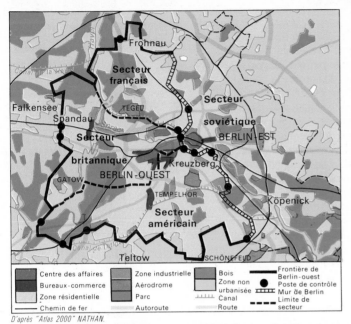

D'après "Atlas 2000" NATHAN.

↑ 1. Berlin-Ouest : « île » de la RFA (280 km²) au cœur de la RDA.

Légende :
- Centre des affaires
- Bureaux-commerce
- Zone résidentielle
- Chemin de fer
- Zone industrielle
- Aérodrome
- Parc
- Autoroute
- Bois
- Zone non urbanisée
- Canal
- Route
- Frontière de Berlin-ouest
- Poste de contrôle
- Mur de Berlin
- Limite de secteur

↑ 2. Le Kurfürstendamm, grande artère commerçante de Berlin-Ouest : une « vitrine scintillante de l'Occident ».

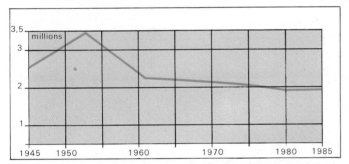

↑ 3. L'évolution de la population de Berlin-Ouest depuis 1945.

4. Les difficultés de Berlin-Ouest

BERLIN-OUEST est une ville sans région et presque entièrement dépendante des approvisionnements en provenance de la RFA. La fragilité des accès a été démontrée par le blocus qu'a subi la ville du 24 juin 1948 au 12 mai 1949.

(...) L'esprit berlinois était marqué de cosmopolitisme où apports provinciaux, étrangers et ethniques se mêlèrent étroitement.

Ville quelque peu artificielle, Berlin-Ouest a réussi le tour de force de paraître aux yeux du visiteur comme un organisme vivant et dynamique. Sans l'aide du Bund cela n'eut guère été concevable. Régulièrement celui-ci accorde des subventions et des prêts.

d'après F. Reitel, *Les Allemagne* (Paris, Colin, coll. « U », 1980).

QUESTIONS

1. Observez les cartes 1 et 5. Situez Berlin-Ouest par rapport aux deux Allemagne. Définissez son statut.

2. En observant les doc. 1 et 2, dégagez les caractères du tissu urbain de la ville de Berlin. Quels sont les traits hérités, quels sont les aspects nouveaux ? Quelles sont les causes de ces changements ?

3. Observez le graphique n° 3 et tentez de le comprendre à l'aide des doc. 4 et 5. Quels sont les principaux problèmes de Berlin-Ouest ? Où trouvent-ils leur origine ?

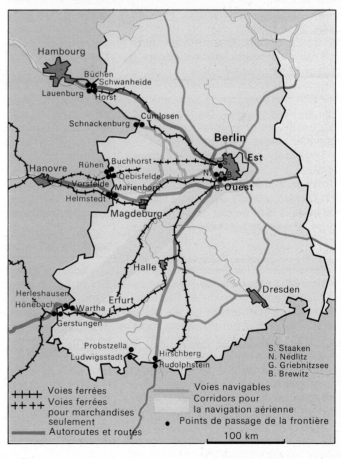

Légende :
- Voies ferrées
- Voies ferrées pour marchandises seulement
- Autoroutes et routes
- Voies navigables
- Corridors pour la navigation aérienne
- Points de passage de la frontière

S. Staaken
N. Nedlitz
G. Griebnitzsee
B. Brewitz

100 km

↑ 5. Les couloirs d'accès à Berlin-Ouest.

2. le dynamisme de l'économie allemande

Le Deutsche Mark, souvent réévalué, témoigne du dynamisme de l'économie de la RFA qui est devenue le 1er exportateur et reste la 4e puissance industrielle du monde.

1. Une volonté de se donner des atouts

Au lendemain de la guerre, l'économie de la RFA, malgré les apparences dues aux nombreuses destructions, bénéficie d'atouts non négligeables : un héritage industriel peu démantelé, l'aide du Plan Marshall*, et l'afflux massif d'une main-d'œuvre qualifiée de réfugiés. Stabilité et productivité sont alors obtenues en conciliant économie de marché et paix sociale. **La cogestion est la clé de voûte de cette « économie sociale de marché »**. Elle associe les travailleurs, représentés par des syndicats puissants, aux propriétaires du capital dans la gestion des grandes entreprises.

La concentration financière s'est renforcée et se poursuit. Elle est nette dans l'industrie où les Konzern* de jadis, appuyés sur **un réseau bancaire efficace et aidés par une monnaie stable et forte**, se sont mués en multinationales. L'économie de la RFA s'est aussi ouverte largement aux capitaux étrangers (surtout nord-américains). Toutefois, l'artisanat reste fort, et ses effectifs s'accroissent.

Le fléchissement démographique, compensé naguère par l'emploi d'une main-d'œuvre immigrée, bon marché, est mis à profit dans un contexte de crise : il limite la **croissance d'une population active, bien formée, et masque la montée du chômage**.

2. Des capacités d'adaptation

La RFA a souvent su amorcer rapidement les mutations nécessaires. Des transports efficaces et diversifiés ont été mis en place. Ils se fondent principalement sur un **remarquable réseau d'autoroutes (le 2e au monde)**, gratuites, au maillage régulier et sur **des voies navigables essentielles pour les pondéreux**, avec le Rhin et le Mittellandkanal qui ont été reliés à tous les points vitaux du territoire.

Si la consommation énergétique stagne depuis peu, elle est devenue plus dépendante de l'extérieur. Malgré d'abondantes ressources fédérales, **le charbon trop coûteux poursuit un déclin**, seulement freiné par les aides d'État. **Le pétrole, importé pour l'essentiel, reste l'énergie la plus consommée**. Son relais est assuré par le gaz naturel, à 40 % d'origine nationale, et l'essor du nucléaire, ralenti par les « Verts ».

L'industrie reste le fondement de la puissance allemande en assurant 45 % du PIB et 36 % de l'emploi. Elle se concentre dans les vieux bassins miniers (Ruhr), les ports, les carrefours rhénans et les métropoles. **Un glissement s'opère cependant : les industries traditionnelles (sidérurgie, textile) limitent leur déclin** en réduisant leur capacité de production, en migrant vers des sites plus favorables et en se spécialisant. **En revanche, la construction mécanique** (auto, machines-outil), **électrique, la chimie et les industries de pointe**, s'appuyant toutes sur une importante recherche appliquée, **assurent le dynamisme du Sud (Munich, Stuttgart...)**.

Enfin, malgré des conditions naturelles peu favorables et de petites exploitations, **l'agriculture est parvenue à diminuer le déficit alimentaire du pays. Elle a su saisir les opportunités offertes par le Marché Commun** pour limiter le déficit alimentaire, devenir concurrentielle et même exportatrice (lait, fromage, porc). Elle est aidée en cela par l'État, un réseau coopératif et des industries agro-alimentaires efficaces.

L'excédent commercial de la RFA est donc le résultat de la compétitivité des produits allemands et de l'efficacité de l'organisation économique.

3. Mais le « modèle » a ses limites

La RFA n'échappe pas à la crise économique. Sa croissance s'est ralentie et le chômage s'étend (plus de 2,2 millions de chômeurs). **Cela contribue à creuser les déséquilibres régionaux** : les vieilles régions industrielles du Nord sont les plus touchées, les régions frontalières restent délaissées et le Sud accentue son attrait.

Le consensus social ou politique n'est plus aussi parfait, comme le prouve le succès électoral et médiatique des « Verts » dont la contestation qui dénonçait la dégradation de l'environnement s'est élargie.

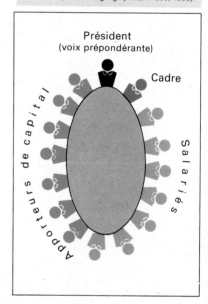

↑ **2. La cogestion :** le conseil d'administration d'une grande entreprise.

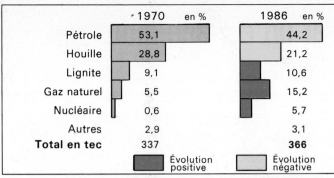

	1970 en %	1986 en %
Pétrole	53,1	44,2
Houille	28,8	21,2
Lignite	9,1	10,6
Gaz naturel	5,5	15,2
Nucléaire	0,6	5,7
Autres	2,9	3,1
Total en tec	337	366

Évolution positive Évolution négative

↑ **4. L'évolution du bilan énergétique de la RFA de 1970 à nos jours.**
Quelles sont les causes des mutations que l'on peut observer ?

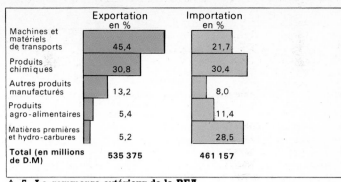

	Exportation en %	Importation en %
Machines et matériels de transports	45,4	21,7
Produits chimiques	30,8	30,4
Autres produits manufacturés	13,2	8,0
Produits agro-alimentaires	5,4	11,4
Matières premières et hydro-carbures	5,2	28,5
Total (en millions de D.M)	535 375	461 157

↑ **5. Le commerce extérieur de la RFA.**
Quels sont les points forts de l'économie allemande révélés par ce graphique des échanges de la RFA ?

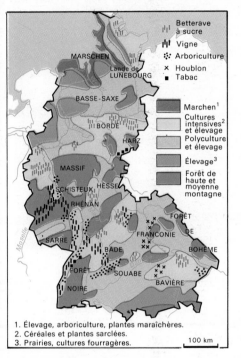

↑ **6. L'agriculture de la RFA.**

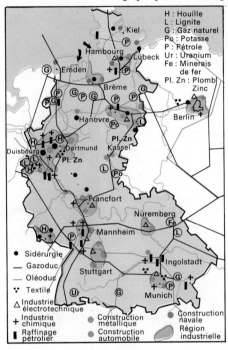

↑ **7. L'industrie de la RFA.**

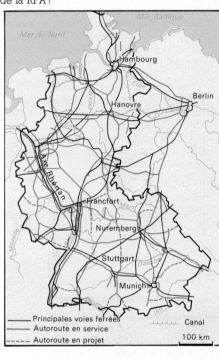

↑ **8. Les voies de communication de la RFA.**

↑ **9. Le siège social de BMW à Munich :** un symbole du dynamisme industriel de l'Allemagne du Sud.

10. Les limites du « modèle allemand »

L A RFA a joué dans l'économie mondiale le rôle d'une véritable antilocomotive : elle exporte la récession en accumulant les excédents et en frappant les pays déficitaires d'alignement par le bas ; elle exporte l'inflation en important la stabilité par les réévaluations du DM et en poussant ses partenaires dans un cercle vicieux d'inflation et de dévaluation. (…)

« Ceci illustre en fait la contradiction fondamentale du modèle allemand de stabilité dans un seul pays : il tend à s'imposer aux partenaires de la RFA et contribue ainsi à sa propre négation (…). La voie allemande est étroite et nationaliste, elle est très difficilement transposable à un pays de structures socio-économiques différentes et n'est en aucun cas généralisable à un ensemble de pays plus vaste, comme l'espace européen. Amené à choisir entre une voie solitaire qui paraît, à terme, sans issue et une voie solidaire qui le condamne à disparaître, le modèle allemand semble dans l'impasse ».

d'après B. Keizer, *La RFA, Le modèle dans l'impasse ?*
(Paris, Hatier, coll. Profil société, n° 1003. 1981).

Réaménager un espace industriel ancien : la Ruhr

Symbole passé de la puissance allemande, la Ruhr constitue un pays noir, né de la révolution industrielle, associant les activités textiles à l'extraction du charbon et à ses industries dérivées (sidérurgie et carbochimie). **Elle fut l'une des premières régions du monde à disposer d'un organisme d'aménagement : le SVR** (Siedlungsverband Ruhrkohlenbezirk = Association pour l'aménagement du bassin houiller de la Ruhr), fondé en 1920. Son action et celle des municipalités ont visé l'amélioration du cadre de vie (doc. 4) par le développement des réseaux de communication, la création d'espaces verts, la lutte contre la pollution des airs et de l'eau, et la rénovation du bâti urbain. C'était une meilleure image de marque qui était recherchée.

Néanmoins, la région souffre de la crise du charbon et de la sidérurgie. La concentration des charbonnages en un organisme commun (RuhrKohle A G) s'est traduite par la fermeture de nombreux puits malgré un essai de valorisation du charbon (doc. 2 et 4). La plupart des puits en activité ne le restent que grâce aux aides de l'État. Ces suppressions d'emplois n'ont été compensées que partiellement par des implantations nouvelles sur les friches industrielles (doc. 1).

Mais les fermetures d'usines l'emportent sur les créations et le chômage se développe (doc. 3), démontrant ainsi **la difficulté de reconvertir les vieilles régions industrielles.**

↑ **1. L'usine Opel de Bochum :** un exemple trop ponctuel de la reconversion du bassin de la Ruhr.

2. La reconversion du pays minier

COMME tous les bassins charbonniers européens, la Ruhr connaît à la fois une crise structurelle et une crise conjoncturelle, atteignant en même temps le charbon et l'acier. Par la création d'un organisme commun de production regroupant les anciennes sociétés (sauf 2), la Ruhr Kohle AG, en 1968, a permis une concentration des points d'extraction et une réduction de la production. L'agglomérat basé sur le charbon se consacre à l'amélioration des cokeries, à la création de puissantes thermocentrales et à la carbochimie.

De B. Dézert et Ch. Verlaque, *L'Espace industriel* (Paris, Masson, 1984).

3. Le déclin de la Ruhr

LE résultat : un changement de vocation pour une ville comme Essen qui se tourne vers le « culturel » ; et surtout, près de 15 % de chômeurs en 1987, alors que la moyenne est de 9 % environ pour l'ensemble de la RFA. Encore ce chiffre serait-il plus élevé si l'émigration — tendance enregistrée dans toute la Ruhr au cours des deux dernières décennies — n'avait privé Essen de cent mille habitants.

L.-F. Calle, « La Ruhr entre au musée. » (*Le Monde*, 5-12-1987).

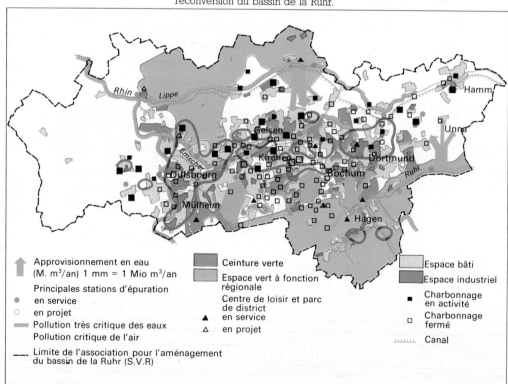

Approvisionnement en eau (M. m³/an) 1 mm = 1 Mio m³/an
Principales stations d'épuration
en service
en projet
Pollution très critique des eaux
Pollution critique de l'air
Limite de l'association pour l'aménagement du bassin de la Ruhr (S.V.R)

Ceinture verte
Espace vert à fonction régionale
Centre de loisir et parc de district
en service
en projet

Espace bâti
Espace industriel
Charbonnage en activité
Charbonnage fermé
Canal

D'après Atlas 2000 Nathan et "La Ruhr" de JM. Holz - Bordas.

↑ **4. Le réaménagement de la Ruhr et la restructuration des charbonnages.**
Les aires entourées d'un trait rouge correspondent aux zones de restructuration complète des paysages charbonniers.

Synthèse/Sévaluation

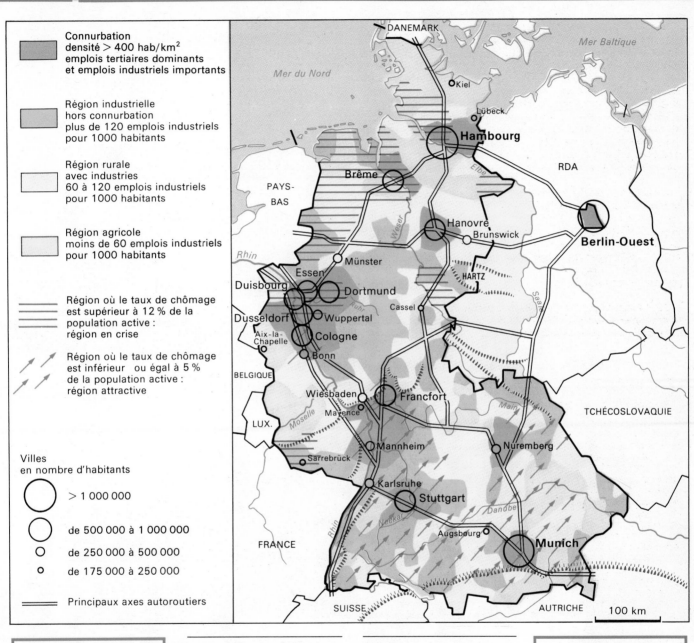

Légende de la carte :

Connurbation
densité > 400 hab/km²
emplois tertiaires dominants
et emplois industriels importants

Région industrielle
hors connurbation
plus de 120 emplois industriels
pour 1000 habitants

Région rurale
avec industries
60 à 120 emplois industriels
pour 1000 habitants

Région agricole
moins de 60 emplois industriels
pour 1000 habitants

Région où le taux de chômage
est supérieur à 12 % de la
population active :
région en crise

Région où le taux de chômage
est inférieur ou égal à 5 %
de la population active :
région attractive

Villes
en nombre d'habitants

> 1 000 000

de 500 000 à 1 000 000

de 250 000 à 500 000

de 175 000 à 250 000

Principaux axes autoroutiers

QUESTIONS

1. Quels sont les principaux milieux géographiques de la RFA ?

2. De quand date la RFA ? Résumer brièvement l'histoire de l'espace allemand.

3. Quelles sont les caractéristiques de la pyramide des âges de la RFA ?

4. Quelles sont les conséquences à moyen terme de la situation démographique de la RFA ?

5. Qu'est-ce que le fédéralisme ? Dans quels domaines les Länder interviennent-ils ? Et le gouvernement fédéral ?

6. Comment Berlin-Ouest est-il relié à la RFA ?

7. Comment s'organise l'espace économique de la RFA ?

8. Que veut-on dire lorsqu'on parle de « modèle allemand » ?

9. Qu'est-ce que l'économie sociale de marché ?

10. Donner les caractéristiques essentielles de la balance commerciale de la RFA.

SUJETS

1. La puissance économique allemande.

2. La RFA dans l'Europe des Douze.

3. À quels défis la RFA a-t-elle été confrontée depuis la fin de la Seconde Guerre mondiale ?

4. Les régions industrielles de la RFA.

DONNÉES STATISTIQUES

Belgique

Superficie : 30 513 km²
Population : 9 900 000 hab.
Densité : 325 hab/km²
Capitale : **Bruxelles**
Monnaie : Franc Belge
P.N.B. : 82,0 Mds de $
P.N.B./habitant : 8 280 $
Population active :   Agriculture : 2,9 %
                        Industrie : 29,7 %
                        Services : 67,4 %

Luxembourg

Superficie : 2 586 km²
Population : 400 000 hab.
Densité : 154,7 hab/km²
Capitale : **Luxembourg**
Monnaie : Franc Luxembourgeois
P.N.B.(5) : 5,2 Mds de $
P.N.B./habitant : 14 260 $
Population active :   Agriculture : 5,7 %
                        Industrie : 38,4 %
                        Services : 59,9 %

Pays-Bas

Superficie : 37 000 km²
Population : 14 600 000 hab.
Densité : 394,5 hab/km²
Capitale : **La Haye**
Monnaie : Florin
P.N.B. : 134,7 Mds de $
P.N.B./habitant : 9 290 $
Population active :   Agriculture : 6 %
                        Industrie : 45 %
                        Services : 49 %

Danemark

Superficie : 43 069 km²
Population : 5 100 000 hab.
Densité : 118 hab/km²
Capitale : **Copenhague**
Monnaie : Couronne
P.N.B. : 57,1 Mds de $
P.N.B./habitant : 11 200 $
Population active :   Agriculture : 6,7 %
                        Industrie : 28,1 %
                        Services : 65,2 %

SOURCE : *Écorama 87/ Images éco. du monde 87.*

le Benelux,

le Danemark

Là où le continent façonné par les glaciers plonge dans les eaux de la mer du Nord, se sont construits quatre pays enracinés dans une terre qu'ils ont améliorée constamment. **La mer omniprésente les a invités à s'ouvrir au monde.** Les fortes densités, une intense activité agricole, industrielle et commerciale, un haut niveau culturel, scientifique, professionnel, font de ces quatre pays le cœur de l'Europe du Nord-Ouest.

Carte de synthèse .... page 301

ANALYSE DU DOCUMENT

Une plate-forme pétrolière en mer du Nord. La Belgique, les Pays-Bas, le Danemark sont des pays qui ont toujours tiré une grande partie de leurs ressources de la mer, que ce soit par la pêche, le commerce ou même le gain d'espace habitable et cultivable grâce à la poldérisation. Une installation comme celle-ci, avec ses wharfs, ses apontements, son héliport, ses brûleurs éloignés des organes vitaux n'est-elle pas dans la tradition de conquête des espaces maritimes propre à ces pays ? Le personnel de ces plates-formes vit ici dans des conditions confortables, mais psychologiquement proches de celles des marins qui jadis partirent à la conquête de l'Europe du Sud (Normands) ou de l'Indonésie (Hollandais).

1. les Etats du "plat pays"

1. Un espace organisé

Il y a un contraste fondamental entre la puissance culturelle et économique de ces quatre États et leur taille : le Danemark a une superficie équivalente à celle de la région Rhône-Alpes, les Pays-Bas à celle de l'Aquitaine, la Belgique à celle de la Bourgogne et le Luxembourg à celle du département du Rhône. Contraste apparent, puisque l'exiguïté du territoire a été utilisée comme moyen de développement. Une population dense d'un haut niveau technologique bénéficie d'équipements dont l'installation et le fonctionnement sont d'autant moins coûteux que les distances sont faibles.

Les quatre pays sont quadrillés par des réseaux ferroviaires et autoroutiers qui ne laissent aucune région à l'abandon et qui sont reliés aux pays voisins : Allemagne, France, mais aussi Norvège, Suède et Grande-Bretagne, par l'intermédiaire des ferries.

Ces quatre États sont bien au cœur de l'Europe du Nord-Ouest.

2. Des pays construits sur la terre et l'eau

Si l'on excepte les plateaux de la Belgique moyenne et du Sud des Pays-Bas et les massifs ardennais, les paysages dominants sont ceux de bas plateaux vallonnés creusés dans les dépôts glaciaires (majeure partie du Danemark, tout le Nord des Pays-Bas), d'immenses plaines fluviales (Rhin, Meuse, Escaut) ou fluvio-maritimes (Frise, Hollande, Zélande, Flandre) séparées de la mer par un long cordon de dunes littorales.

L'influence de l'océan est prédominante : au Danemark, qui a 7 300 km de côtes, le point le plus éloigné de la mer en est à 52 km. Le climat est essentiellement océanique, même si des influences continentales se font sentir dans les Ardennes.

Les milieux amphibies (le pays en creux) dont les frontières ont changé au rythme des fluctuations et des cataclysmes climatiques sont aussi le lieu de la plus vaste entreprise au monde de lutte contre la mer par la création de polders. Aux Pays-Bas

cette conquête débute au Moyen Âge et se poursuit de nos jours avec les travaux de l'Ijsselmeer et du plan Delta : 350 km² au XVIe siècle, 350 au XVIIe siècle (le siècle d'or), 500 au XVIIIe siècle, 1 170 au XIXe siècle et 2 300 au XXe siècle.

Le **Plan Delta**, qui intéresse les embouchures du Rhin, de la Meuse et de l'Escaut, consiste à relier entre elles les îles par une série de digues maritimes pour éviter le retour du raz-de-marée de 1953. Bien entendu des écluses permettent d'évacuer les eaux fluviales. Toutefois le chenal de l'Escaut restera libre pour préserver l'accès à Anvers. **Le but n'était donc pas, cette fois, de gagner des superficies importantes de terres nouvelles mais d'écarter les dangers d'inondation, d'éviter les remontées d'eaux salées et, enfin, de faire cesser l'isolement des îles.**

3. Des puissances à vocation maritime et commerciale

Flamands, Bataves, Danois ont été et demeurent des peuples de pêcheurs ; le Danemark possède la première flotte — essentiellement artisanale — de pêche de la CEE et le hareng a fait la fortune d'Amsterdam. **La situation exceptionnelle de carrefour a suscité dès le Moyen Âge des courants commerciaux actifs vers la** Scandinavie, la Russie, l'Allemagne, la Bourgogne, l'Italie, la France, la Grande-Bretagne. **Les entreprises coloniales ont lancé ces commerçants à la conquête du monde. Après 1945 et la perte des colonies, la mondialisation de l'économie a donné une nouvelle vigueur aux grands emporia* :** Anvers, Rotterdam, Amsterdam. Les flottes marchandes tiennent une place honorable, malgré la concurrence des pavillons de complaisance. Pour les navires porte-conteneurs, le Danemark avec 1 031 000 tjb est la septième puissance au monde et assure 5,3 % du trafic mondial. Avec près de 7 % du commerce mondial, le Benelux est la quatrième puissance commerciale au monde après les USA, la RFA et le Japon. Luxembourg est une place financière de premier ordre.

2. Flottes de commerce en 1 000 tjb

	1955	1970	1986
Belgique	498	1 062	2 420
Danemark	1 652	3 316	4 651
Pays-Bas	3 696	5 207	4 324

3. Trafics portuaires en 1986

	Marchandises en 1 000 t.		
	décharg.	chargées	total
Rotterdam	192 700	51 900	256 800
Anvers	53 681	36 523	90 204
Amsterdam	20 669	6 943	29 400
Gand	18 975	5 150	24 125
Bruges/Zeebrugge	8 000	7 300	15 300
Ijmuiden	11 867	3 214	15 075
Ostende	5 367	5 005	10 372
Copenhague	6 213	1 500	7 713

4. Évolution du commerce extérieur

1955	Imp. CAF	Exp. FOB
UEBL en 1 000 000 francs b.	141 476	138 788
DANEMARK en 1 000 000 couronnes	8 139	7 303
PAYS-BAS en 1 000 000 florins	12 191	10 211

1985	Imp. CAF	Exp. FOB
UEBL en 1 000 000 francs b.	315 468	3 163 725
DANEMARK en 1 000 000 couronnes	187 701	174 415
PAYS-BAS en 1 000 000 florins	215 467	225 568

En 1986, les Pays-Bas et l'UEBL, en assurant respectivement 3,6 % et 3,2 % du commerce mondial se placent aux 9ᵉ et 10ᵉ rangs des pays commerçants.

↑ 5. Les ponts du Jütland : Alborg-on-Limfjord, au Danemark.

↑ 6. Les écluses de Willemstad aux Pays-Bas au sud de Rotterdam. Ces travaux sont inclus dans le vaste « Plan Delta », à l'embouchure du Rhin et de la Meuse.

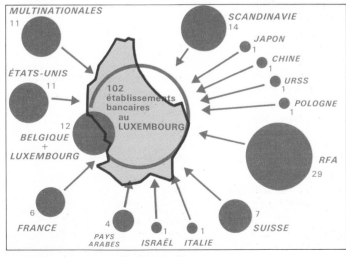

↑ 7. Luxembourg, place financière internationale.

MULTINATIONALES 11
SCANDINAVIE 14
JAPON 1
CHINE 1
URSS 1
POLOGNE 1
ÉTATS-UNIS 11
102 établissements bancaires au LUXEMBOURG
BELGIQUE + LUXEMBOURG 12
RFA 29
FRANCE 6
PAYS ARABES 4
ISRAËL 1
ITALIE 1
SUISSE 7

↑ 8. « Le jour et la nuit » par Escher : une vision du plat pays, des parcellaires géométriques de ses polders, du relief de ses clochers, beffrois et moulins, des navires de son commerce et de la poésie de ses paysages gris où se perdent ces oiseaux comme le chantait Jacques Brel.

2. des pays à haut niveau technologique

▬ 1. Une agriculture compétitive

Si l'on excepte les riches terres limoneuses de la Belgique moyenne, les sols, développés sur d'anciennes tourbières, des moraines et des épandages sablonneux, sont généralement pauvres. Le climat, humide, est favorable aux pâturages. Les prairies occupent 56 % de la SAU en Belgique, 59 % aux Pays-Bas, contre respectivement 41 % et 35 % pour les cultures et 3 % et 6 % pour l'horticulture ; au Danemark l'élevage assure 70 % des revenus agricoles : **À la base des performances obtenues** — par exemple : 82 quintaux de blé à l'hectare aux Pays-Bas, 5 400 kg de lait aux Pays-Bas ou au Danemark, meilleures performances mondiales — **il y a un énorme effort de l'homme : amélioration des sols par chaulage et fertilisation, maîtrise de l'irrigation et du drainage, lien constant entre la recherche et l'application par le biais des vulgarisateurs et des coopératives, bonne formation professionnelle, esprit d'initiative**. Il y a enfin la pression d'un marché intérieur dense et l'appel d'une forte exportation. Les 2/3 de la production agricole danoise sont exportés. La population active agricole, en diminution constante, ne représente plus que 2,8 % en Belgique, 7 % au Danemark et 5 % aux Pays-Bas.

▬ 2. Une industrie de pointe

Les ressources minérales sont rares : un peu de charbon au Limbourg et en Wallonie, du fer à faible teneur au Luxembourg ; l'exception est récente : **le pétrole et le gaz naturel de la mer du Nord assurent 25 % de la consommation en énergie du Danemark et font des Pays-Bas un gros exportateur de gaz naturel.**

L'essor récent du secteur industriel est le fruit de l'esprit d'entreprise, de l'accumulation des capitaux provenant de l'agriculture et du commerce, d'un effort constant dans la recherche. Il implique des choix draconiens : reconversion des vieux foyers fondés sur le charbon et le fer (Wallonie, Limbourg, Luxembourg), maintien du bâtiment et de l'industrie métallurgique, priorité accordée aux industries agroalimentaires, chimiques, pétrochimiques, électriques, électroniques. Le déclin des foyers traditionnels est largement compensé par les installations en sites portuaires (Copenhague, Ijmuiden, Rotterdam, Anvers, Gand) et les décentralisations dans de nombreuses villes d'importance moyenne, décentralisation facilitée par le grand nombre des entreprises de petite/moyenne importance et la grande souplesse des firmes les plus importantes (Unilever, Philips).

▬ 3. Une population dense avec tendance à la stagnation

De fortes densités (119 au Danemark, 143 au Luxembourg, 325 en Belgique, 430 aux Pays-Bas) **sont un trait majeur de leur développement culturel et économique.** Depuis la Seconde Guerre mondiale, grâce à une politique médicale et sociale de progrès, la proportion des personnes âgées a augmenté considérablement ; les taux de mortalité ont donc une tendance à se maintenir et sont du même ordre que les taux de natalité qui ont considérablement décliné. Le taux de renouvellement des générations est partout largement inférieur à 2,1 %. **Ce déclin démographique pose de redoutables problèmes de société : enseignement, emplois, retraites.**

▬ 4. La maîtrise des paysages

Elle est nécessitée par l'exiguïté des territoires et les fortes densités, d'autant plus que l'urbanisation, l'industrialisation, l'essor des voies de communication imposent une réduction des surfaces agricoles : 10 000 à 15 000 hectares par an en Belgique. Aux Pays-Bas une longue tradition de lutte contre les eaux a abouti à une politique d'aménagement global : distinction dans les zones rurales entre régions de grande culture et d'élevage (polders de l'Ijsselmeer), régions où alternent champs, prairies et espaces de loisirs, régions sous influence urbaine (cultures sous serre dans le Westland) ; essai d'équilibrage pour les zones urbaines entre la Randstad, les villes du Sud et le semis de villes moyennes entre lesquelles sont prévus des espaces verts.

La lutte contre la pollution d'origine intérieure et surtout extérieure (en 1977, le Rhin apporte 500 kg de sel à la seconde !) est devenue un des volets essentiels.

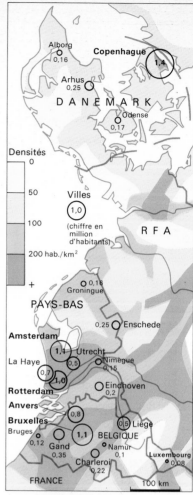

↑ **1. Densité de population au Benelux et au Danemark.**

La carte fait apparaître des contrastes nationaux entre la Belgique et les Pays-Bas très fortement peuplés et le Luxembourg et le Danemark moyennement peuplés, et des contrastes régionaux.

Au Danemark s'opposent les plaines sableuses pauvres de l'Ouest aux pays riches de l'Est : la région de Copenhague n'occupe que 7 % de la superficie totale mais accueille 35 % de la population nationale.

Dans le Benelux, le Massif ardenais est une zone de répulsion, toutes les autres régions sont densément peuplées, en particulier la vallée de l'Escaut avec Gand et Anvers, la Belgique médiane avec Bruxelles, le couloir Sambre et Meuse, les bouches de la Meuse et du Rhin avec la Randstad Holland. L'Ouest des Pays-Bas ne représente que 21 % de la superficie de l'État mais regroupe 45 % de la population totale (Hollande méridionale : 1 064 h/km²).

Il faut signaler que depuis les années 70 s'est créé un courant migratoire de cet Occident surpeuplé vers les autres provinces des Pays-Bas. Il ne s'agit pas d'un problème de surpopulation par rapport aux activités économiques mais d'un surpeuplement spatial : aucun espace n'est à l'abandon ; les problèmes de logement, de loisirs, de circulation et de pollution sont considérables.

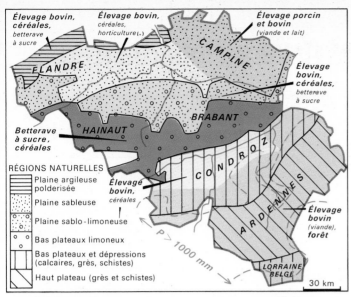

↑ **2. L'agriculture belge : des milieux ruraux diversifiés (carte de l'association des régions naturelles et des productions agricoles).**

Map labels:
- Élevage bovin, céréales, betterave à sucre
- Élevage bovin, céréales, horticulture (.)
- Élevage porcin et bovin (viande et lait)
- CAMPINE
- FLANDRE
- Élevage bovin, céréales, betterave à sucre
- BRABANT
- Betterave à sucre, céréales
- HAINAUT
- CONDROZ
- ARDENNES
- Élevage bovin, céréales
- Élevage bovin (viande), forêt
- LORRAINE BELGE
- P > 1000 mm
- 30 km

RÉGIONS NATURELLES
- Plaine argileuse polderisée
- Plaine sableuse
- Plaine sablo-limoneuse
- Bas plateaux limoneux
- Bas plateaux et dépressions (calcaires, grès, schistes)
- Haut plateau (grès et schistes)

↑ **3. Cultures céréalières au Danemark.**

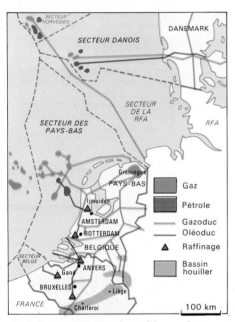

↑ **4. Les ressources énergétiques des pays riverains de la mer du Nord.**

Map labels:
- SECTEUR NORVÉGIEN
- SECTEUR DANOIS
- DANEMARK
- SECTEUR DE LA RFA
- RFA
- SECTEUR DES PAYS-BAS
- Groningue
- PAYS-BAS
- Ijmuiden
- AMSTERDAM
- ROTTERDAM
- BELGIQUE
- SECTEUR BELGE
- ANVERS
- Gand
- BRUXELLES
- Liège
- FRANCE
- Charleroi
- 100 km

Légende :
- Gaz
- Pétrole
- Gazoduc
- Oléoduc
- Raffinage
- Bassin houiller

↑ **5. Les industries de Charleroi, sur la Sambre.**

6. Le potentiel scientifique

L'IMPORTANCE du potentiel scientifique est fonction de la prééminence de l'instruction et d'un long passé de recherche. La primauté accordée à l'enseignement se marque dans la densité des établissements scolaires, les bibliothèques, les centres de documentation, les maisons d'édition et dans la vitalité des universités. Un pays comme le Luxembourg a le pourcentage de personnes ayant fait des études universitaires le plus élevé au monde. Au cours des siècles, la recherche s'est épanouie dans de multiples foyers marqués par une grande liberté de pensée et d'expression. Actuellement la recherche est répartie entre les universités, les laboratoires dépendant des grandes firmes (Solvay, Philips, etc.) et les instituts spécialisés tels que l'Institut de recherches de l'État pour l'industrialisation à Hilleröd (Dk), le laboratoire hydraulique de Delft (PB), l'Institut agronomique de Wageningen (PB). Le haut niveau de la recherche est témoigné par un nombre important de prix Nobel. Deux Danois et trois Hollandais ont obtenu celui de physique ; deux Hollandais et un Belge, celui de chimie ; quatre Danois, trois Hollandais et deux Belges celui de physiologie et médecine ; un Hollandais, celui de sciences économiques.

7. Structure de l'emploi (en %)

1. Le cas du Danemark	1950	1960	1970	1980
Agriculture et pêche	25	18	11	8
Industrie et artisan	27	29	29	24
Bâtiment	6	7	8	7
Commerce	13	14	15	14
Services privés	21	21	19	18
Services publics	8	11	18	29

2. Le cas du Luxembourg		1970	1984
Agriculture		9,3	4,4
Industrie		33,1	23,9
Bâtiment		9,9	8,8
Services marchands		35,9	48,9
Services non marchands		10,7	13,2

3. L'exemple de la Belgique et des Pays-Bas en 1982	Belgique	Pays-Bas
Agriculture et pêche	3	5
Industrie et bâtiment	33,4	30,2
Services privés	45,6	49,4
Services publics	18	15,4

La concurrence Anvers/Rotterdam

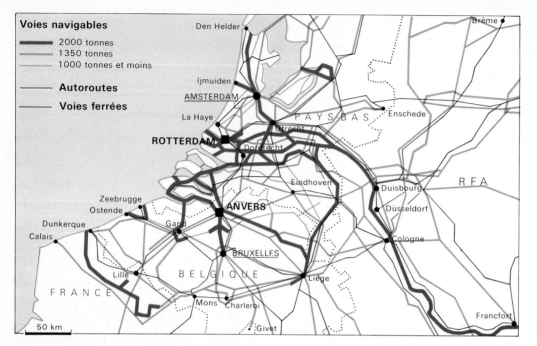

↑ **1. Anvers et Rotterdam : deux embouchures, deux hinterlands. Au centre d'un vaste complexe industrialo-portuaire relié au Nord-Ouest européen par un réseau dense de canaux, et de fleuves navigables.**

2. Anvers et Rotterdam : rivalité et progrès

L'ÉVOLUTION du trafic des deux ports reflète une volonté farouche de s'adapter aux aléas de la conjoncture internationale et aux progrès technologiques et de mieux maîtriser la desserte de l'arrière-pays rhénan. Dès la fin du XIXe siècle Rotterdam est le port de la Ruhr ; en 1913 son trafic s'élève à 29 MT ; Anvers avec 19 MT est plutôt un port de transit pour marchandises diverses. Le règne du pétrole, après 1945, assure la prééminence de Rotterdam, mieux placée et mieux équipée, dont le trafic s'envole de 37 MT en 1951, 256 MT en 1986 (premier port au monde) ; Anvers, avec un trafic de 90 MT, se maintient au onzième rang.

L'expansion des deux ports est telle que leur arrière-pays s'étend constamment : bassins rhénan, mosellan, et au-delà, Bavière, Nord de la France, Bourgogne, région lyonnaise, grâce à une remarquable organisation des transports routiers.

3. Anvers et Rotterdam : un aménagement permanent

CES deux ports, éloignés de la mer, doivent leur fortune non à leur site, en raison des menaces d'inondation et d'envasement, mais à leur situation au débouché de la plus ancienne et de la plus forte concentration humaine au monde.

Rotterdam, dès 1872, avec le creusement du Nieuwe Waterweg, s'assure une ouverture directe et sûre vers la mer. Le dragage récent d'un chenal profond prolongé de 40 km en mer du Nord permet l'accès de navires de plus de 250 000 t (pétroliers, vraquiers, porte-conteneur) à un immense avant-port construit le long de cet axe : Europoort.

Contrairement à Rotterdam, Anvers, à 70 km de la mer dont il est coupé par la frontière belgo-néerlandaise, n'a pas d'avant-port ; il est équipé de quais de berge, puis de bassins latéraux et de bassins-canaux dotés d'écluses — dont celle de Berendrecht, la plus grande du monde. Dans le cadre du plan Delta un accord signé en 1964 a permis la réalisation d'un canal Escaut-Rhin qui relie le port belge aux foyers rhénans via les Pays-Bas.

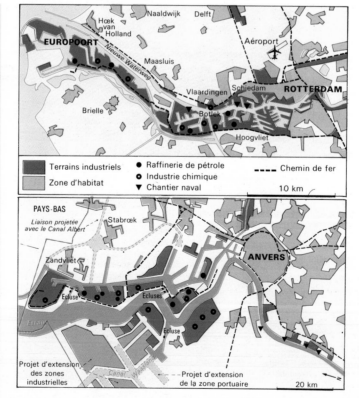

↑ **4. Les deux sites portuaires de Rotterdam et d'Anvers.**

QUESTIONS

1. Dites quels sont les facteurs d'implantation des deux grands ports du Benelux. Pourquoi ne sont-ils pas directement au bord de la mer ?

2. Décrivez et comparez précisément à l'aide de la figure n° 4 les formes d'occupation de l'espace (remarquez les différences d'échelle).

3. Pourquoi Rotterdam a dépassé aussi nettement le port d'Anvers quant à son trafic et à son rôle européen ?

4. Qu'est-ce qui fait la vocation européenne de ces deux ports ?

Travaux dirigés

L'espace perpétuellement reconstruit

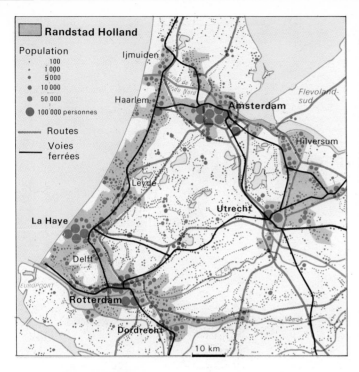

↑ 1. La Randstad Holland.
Au centre de l'agglomération, un vaste ensemble de verdure associant bois, près et cultures. Cette volonté délibérée de laisser une vaste région verte au cœur de l'espace bâti a pour objet d'offrir aux citadins une aire de repos aérée.

↑ 2. Le paysage urbain de la Randstad.
Association des cultures « sous verre » et de l'habitat pavillonnaire.

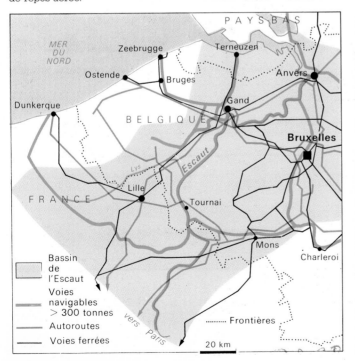

↑ 3. Le bassin transfrontalier de l'Escaut.
Aménagement des voies navigables associant le trafic des Pays-Bas, de la Belgique et du Nord de la France.

4. Le bassin de l'Escaut

LE bassin de l'Escaut (20 000 km²) s'étend sur trois pays : le Nord-Ouest de la France, la Belgique (dont il occupe 50 % du territoire) et les Pays-Bas (Zélande). Il forme donc un trait d'union entre les trois États et dispose d'une infrastructure constamment améliorée : voie navigable au gabarit de 1 350 t., voies ferrées, autoroutes longitudinales et transversales. Mais, actuellement, les frontières créent dans cet espace homogène des disparités plus entre la France et la Belgique, en raison de différences de régime administratives, financières, sociales qu'entre cette dernière et les Pays-Bas liés au sein du Benelux. Ces disparités devraient être fortement diminuées dès 1992.

D'après R. Sevrin,
« Esquisse géographique du bassin
transfrontalier de l'Escaut »,
Annales de Géographie (1986, n° 529).

QUESTIONS

1. Qu'appelle-t-on Randstad ?

2. Comment peut s'expliquer un tel phénomène ? Quel nom général peut-on lui donner ?

3. Quels paysages engendre-t-il ? Pourquoi voit-on tant de serres (voir aussi photo n° 2, p. 300) ?

4. Que signifie l'expression « paysage rurbain » ? En connaissez-vous d'autres exemples en Europe ?

5. En quoi l'Escaut et le réseau de transports qu'il commande est-il un négateur de frontières ?

6. Quel rôle le Benelux continuera-t-il probablement de tenir en Europe, à la lumière des documents de cette page et de la précédente ?

Rationaliser la concurrence des produits agricoles : le Veiling

Le « veiling » ou marché au cadran est une variété de coopérative de commercialisation qui concerne l'horticulture et qui témoigne d'un souci de rationalisation.

Aux techniques culturales performantes pratiquées sous serre (climatisation réglée électroniquement, alimentation et arrosage goutte à goutte commandées par ordinateur, culture hors sol) doivent correspondre des techniques commerciales rapides, fiables et efficaces.

Une cinquantaine de « veiling » pour les fleurs assurent plus de 80 % des ventes de ces denrées périssables ; 60 % de la production horticole sont exportés.

Le marché au cadran est un lieu de vente : chaque lot est apporté devant le cadran, les acheteurs sont en concurrence ; l'aiguille du cadran, placée sur le prix le plus élevé, entame sa course vers des prix décroissants. Dès qu'un acheteur se porte preneur il appuie sur un bouton placé sur son pupitre et l'aiguille s'arrête ; le prix et l'identification de l'acheteur sont enregistrés simultanément. Le preneur le plus offrant peut ne prendre qu'une part du lot ; le reste est remis aux enchères toujours dans l'ordre décroissant.

Les paiements sont effectués par le caissier du « veiling » à qui le maraîcher cède un pourcentage pour couvrir les frais. Un prix minimum est fixé avant la vente ; si un lot n'atteint pas ce prix il est retiré de la vente et son propriétaire touche un montant de compensation, inférieur au prix coûtant.

↑ **2. Le « veiling » (marché au cadran) d'Aalsmeer : une invention hollandaise.**

3. Évolution de la surface des cultures maraîchères sous serres, en hectares

1964	6 025	
1970	7 235	
1975	7 906	
1980	8 760	
1985	8 775	dont légumes et fruits : 4 500 fleurs : 4 275.

4. Exportations mondiales de fleurs coupées en 1985

Pays-Bas	: 66 %
Colombie	: 14 %
Italie	: 8 %
Israël	: 7 %
Autres pays	: 5 %

↑ **1. Une campagne presque totalement sous verre à Aalsmeer (Pays-Bas).**

Synthèse/
Sévaluation

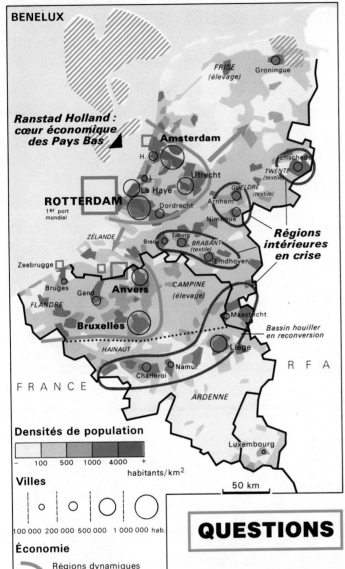

BENELUX

FRISE
(élevage)

Groningue

Ranstad Holland :
cœur économique
des Pays Bas ◤

Amsterdam

H.

L.

Enschede

Utrecht

TWENTE
(textile)

La Haye

GUELDRE
(textile)

ROTTERDAM
1er port
mondial

Dordrecht

Arnhem

Nimègue

Breda

Tilburg

Régions
intérieures
en crise

ZÉLANDE

BRABANT
(textile)

Eindhoven

Zeebrugge

Bruges

Gand

Anvers

CAMPINE
(élevage)

Maastricht

Bruxelles

FLANDRE

Liège

Bassin houiller
en reconversion

R F A

HAINAUT

Namur

F R A N C E

Charleroi

ARDENNE

Luxembourg

Densités de population

- 100 500 1000 4000 +

habitants/km²

Villes

100 000 200 000 500 000 1 000 000 hab.

Économie

Régions dynamiques
dans tous les domaines
(industrie, commerce,
agriculture)

Axes de développement

Anciennes régions
industrielles,
en difficultés

Entre les deux types d'espaces,
zones agricoles à bon rendement,
excepté en Ardenne

Gisements de
gaz naturel

Principaux ports

Limite de la
Belgique francophone

50 km

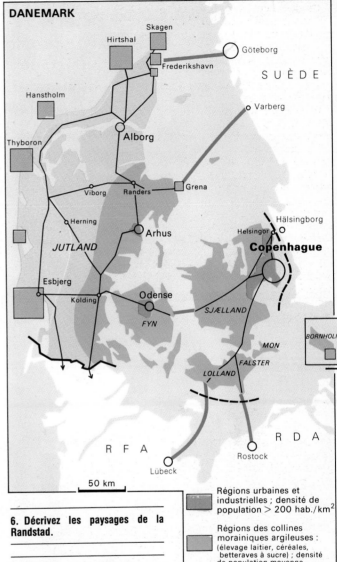

DANEMARK

Skagen

Hirtshal

Göteborg

Frederikshavn

S U È D E

Hanstholm

Varberg

Thyboron

Alborg

Viborg

Randers

Grena

Herning

JUTLAND

Arhus

Hälsingborg

Helsingor

Copenhague

Esbjerg

Kolding

Odense

SJÆLLAND

BORNHOLM

FYN

MON

FALSTER

LOLLAND

R F A

R D A

Lübeck

Rostock

50 km

Régions urbaines et
industrielles ; densité de
population > 200 hab./km²

Régions des collines
morainiques argileuses :
(élevage laitier, céréales,
betteraves à sucre) ; densité
de population moyenne,
(souvent > 60 hab./km²)

Zones d'élevage dominant ;
densité de population
relativement faibles
(30-60 hab./km²)

Zones d'élevage extensif
(landes et tourbières, cordon
dunaire) ; densités les plus
faibles (< 30 hab./km²)

Principaux ports de pêche

Principales liaisons
routières

Principales liaisons
maritimes

Pour la taille des villes, se reporter
à la légende de la carte du Benelux

QUESTIONS

1. Quelle est la densité de la popu-lation des Pays-Bas ?

2. Qu'est-ce qu'un polder ?

3. Qu'est-ce que le Plan Delta ?

4. Définir les institutions des 4 pays.

5. Qu'est-ce que l'Europort du Nord ?

6. Décrivez les paysages de la Randstad.

7. Qu'est-ce que le veiling ?

8. Décrivez Anvers et Rotterdam : site et situation

SUJETS

1. Le Benelux est-il le cœur de l'Europe ?

2. En quoi le Benelux et le Dane-mark sont-ils dans la troisième révo-lution industrielle ?

3. Le rôle de l'eau au Benelux.

DONNÉES STATISTIQUES

IRLANDE

Superficie : 70 283 km^2
Population : 3 500 000 hab.
Densité : 51,2 hab./km^2
Capitale : **Dublin**

Taux de croissance démographique : 0,8 %

Monnaie : Livre irlandaise
P.N.B. : 17,5 Mds de $
P.N.B./habitant : 4 850 $
Population active :
　Agriculture : 18 %
　Industrie : 37 %
　Services : 45 %
Taux de chômage : 17 %

Importations : 9,7 M. £
Exportations : 9,3 M. £

Taux de natalité : 17,4 ‰
Taux de mortalité : 9,5 ‰

ROYAUME-UNI

Superficie : 244 046 km^2
Population : 56 800 000 hab.
Densité : 231 hab./km^2
Capitale : **Londres**
Monnaie : Livre Sterling

P.N.B. : 478,0 Mds de $
P.N.B./habitant : 8 460 $
Taux d'inflation (moyenne 80-85) : 6,4 %

Population active : 27,5 millions
　Agriculture : 2,6 %
　Industrie : 32,4 %
　Services : 65 %
Taux de chômage : 11,6 %

Importations : 86 M. £
Exportations : 73 M. £

Taux de natalité : 13 ‰
Taux de mortalité : 12 ‰
Taux de mortalité infantile : 9,4 ‰
Taux d'accroissement naturel : 0,10 %

Source : *Ecorama 1987. Images éco. du monde 1987.*

les Iles britanniques

À l'échelle des siècles, les Iles britanniques sont marquées par la continuité : grands traits de l'organisation de l'espace, institutions monarchiques et démocratiques tout à la fois, frictions des Anglais avec les Écossais et surtout les Irlandais...
Mais depuis les élections de 1979, la Grande-Bretagne semble à un tournant de son histoire : **une rupture avec les soixante années qui ont suivi la Première Guerre mondiale,** et durant lesquelles le pays a essayé de surmonter la perte de sa suprématie mondiale en mettant en place un « État-providence » qui a servi d'exemple. Les Anglais ont inventé le week-end et le logement social ; ils partagent leurs échanges entre le Commonwealth, les États-Unis et l'Europe. **Ils sont devenus depuis adeptes des privatisations, totalement tournés vers l'Europe, et Londres est en passe d'en devenir la capitale économique et financière.** Mais le poids du passé reste lourd et ce n'est pas demain que le matériel ferroviaire continental pourra rouler sur les vieux rails britanniques !

Carte de synthèse . . . . page 311

ANALYSE DU DOCUMENT

Au premier plan, la Tamise, en aval de Tower Bridge, coule entre la Tour de Londres, toute proche de la City, et la rive droite, moins urbanisée. Au-delà, les Docks : richesse de Londres jadis, friches industrielles et poches de chômage naguère, atout extraordinaire aujourd'hui : de vastes terrains libres, près de la City. À gauche du pont, les Docks de Sainte-Catherine déjà réutilisés. À l'horizon, les tours, forme privilégiée du logement social à Londres entre 1955 et 1968.

1. "le continent n'est plus isolé" *(humour anglais)*

Faut-il parler d'Angleterre, de Grande-Bretagne ou de Royaume-Uni ?

Tout dépend du sujet, et, selon les cas, les statistiques se rapportent à l'une ou à l'autre échelle. Ainsi, en matière d'habitat, il faut s'en tenir à l'ensemble « Angleterre + Galles », car la « Grande-Bretagne » comprend également l'Écosse, qui a des traditions de logement collectif inconnues plus au sud. Pour la population, parler de « Grande-Bretagne » est préférable au « Royaume-Uni de Grande-Bretagne et d'Irlande du Nord », car ce dernier, comme son nom l'indique, comprend aussi l'Irlande du Nord, dont le comportement démographique est totalement différent. Naturellement, il faut toujours traiter à part la République d'Irlande ou « Eire » : pour beaucoup d'Anglais, ce pays n'appartient même pas aux îles britanniques, c'est pour eux un pays européen peu connu dont ils savent seulement qu'il a causé toutes sortes d'ennuis !

L'ensemble anglais a donc conservé de nombreuses traditions, **qui fondent sa complexité**, mais sont parfois très utiles. Ainsi la notion juridique de « trust », presque intraduisible en français, mais très pratique ; de même que le statut spécial des îles anglo-normandes, notamment sur le plan fiscal.

▬ 1. Une économie qui revient de loin

La Grande-Bretagne a été la première puissance du monde au dix-neuvième siècle, et on peut dire que vers 1970 cela ne lui valait plus que des ennuis.

D'une part elle en avait hérité d'un ensemble de secteurs économiques désormais sur le déclin (charbon, acier, textiles), de même que l'empire lui avait laissé un appareil portuaire et des constructions navales sans rapports avec ses besoins nouveaux. De plus, sûre de sa supériorité et de la puissance financière de sa « City », elle était plus portée à l'autosatisfaction et à l'indolence qu'à l'autocritique et au travail.

D'autre part, il lui était très difficile de réagir, car **elle avait développé**, en réaction aux excès du premier capitalisme, **une législation protectrice mais très contraignante, qui limitait sa faculté d'adaptation** : nationalisation de pans entiers de l'économie, toute-puissance des syndicats, fiscalité élevée, quasi-nationalisation de la santé et d'une bonne partie du logement (jusqu'à 60 % de logements municipaux dans certaines communes).

En 1979, **Mme Thatcher prend la tête d'un pays épuisé, mais prêt à accepter des remèdes de choc** : la privatisation non seulement des grandes entreprises mais aussi des services publics (TELECOM...) et d'une partie des logements sociaux ; la libéralisation de l'économie vis-à-vis de l'État et des syndicats ; la centralisation du pouvoir politique aux dépens des collectivités locales, restées souvent travaillistes. **Le prix à payer : un chômage sans cesse accru pendant huit ans** ; en 1987 toutefois l'industrie anglaise, amaigrie mais musclée (26,8 % de l'emploi en 1986 contre 34,5 % en 1979) a repris son essor et le chômage commence à reculer, cependant que le secteur financier, appuyé sur les traditions de la City, est en passe de faire de Londres la capitale économique de l'Europe. Le percement du tunnel n'est donc que le symbole de ce retour en force de la Grande-Bretagne sur la scène européenne.

▬ 2. Une société sous le choc

La société anglaise n'a pas pu s'adapter aussi vite que son économie. Comme toutes les sociétés européennes, elle est vieillie et peu féconde (croît naturel de 1,5 ‰) ; elle est déjà presque totalement urbaine et très en avance dans le processus de « rurbanisation ». Avec la vente des logements sociaux, elle compte aujourd'hui 62 % de propriétaires contre 55 % en 1979.

Mais une partie de cette société n'a pas pu suivre le rythme d'enfer imposé depuis dix ans : **ouvriers au chômage, immigrés du Commonwealth*** (2 350 000 « non blancs », surtout des Caraïbes et du monde indien, principalement à Londres et dans les Midlands), **jeunes peu qualifiés** et **marginaux** de toutes sortes se regroupent dans les **« Inner Cities* »** et leur désespoir se traduit parfois par l'émeute.

Aussi, pour sa troisième législature, une longévité inhabituelle dans les démocraties, Mme Thatcher a décidé de s'attaquer à trois problèmes de société : l'Inner City, l'Éducation nationale et le système de santé : une tâche difficile...

---

1. Les institutions du R.-U.

MONARCHIE constitutionnelle parlementaire. Le roi règne mais ne gouverne pas. Deux assemblées : la Chambre des Communes, élue pour cinq ans au suffrage universel, scrutin uninominal majoritaire à un tour ; et la Chambre des Lords, composée de membres héréditaires ou nommés à vie par la couronne : elle est la cour d'appel suprême mais son rôle législatif est purement consultatif. Le pouvoir exécutif appartient au Premier ministre, chef de la majorité aux Communes. Principaux partis : Conservateur et Travailliste (socialiste). À des degrés divers, le pays de Galles mais surtout l'Écosse et plus encore l'Irlande du Nord ont des statuts particuliers dans certains domaines.

2. Les constitutions de l'Eire

INDÉPENDANTE de fait depuis la Première Guerre mondiale, de droit depuis 1949. Régime parlementaire ; deux chambres, un président élu au suffrage universel, pouvoir exécutif au Premier ministre responsable devant le parlement. Constitution d'inspiration catholique, avec vocation à s'appliquer à toute l'Irlande. Principaux partis : Fine Gael (« modéré »), Labour, Fianna Fail (nationaliste) ; partis extra-parlementaires : Sinn Fein, IRA.

3. Une agriculture industrialisée

DEPUIS l'entrée du Royaume-Uni dans la CEE en 1973, l'agriculture britannique a profité, comme les autres, des mécanismes communautaires (ouverture du marché, prêts, tarif extérieur commun). Ayant, pendant longtemps, joué un rôle de complément, compte tenu de la place des produits alimentaires venus du Commonwealth, elle a progressé au point de devenir une réelle force économique et politique.

L'agriculture britannique se consacre surtout à l'élevage qui assure les deux tiers de la valeur finale. Les labours interviennent pour un cinquième. Cette agriculture couvre environ 60 % des besoins alimentaires de la population contre 46 % en 1960.

Cette accélération est liée aussi au niveau élevé d'industrialisation de l'agriculture britannique, à son souci traditionnel d'innovation et de productivité.

La rançon en est une grande dépendance à l'égard des coûts de production.

Comme dans les autres pays, ce sont surtout les céréaliers qui ont profité du Marché commun.

Ainsi les surfaces ensemencées et les rendements en blé ont-ils nettement augmenté en dix ans, alors que le troupeau de bovins est resté stable (3 millions de vaches laitières).

Cependant le marché laitier est très organisé : une centrale, le Milk Marketing Board, achète l'ensemble de la production.

d'après article dans Le Monde, *26-4-1984.*

Stephen Jones et une de ses créations. Ce jeune modiste plein de fantaisie compte la Princesse de Galles parmi ses clientes

↑ **4. La « Lady » et le « crâne rasé »** : les conflits de générations sont spectaculaires, mais ce ne sont pas toujours les conflits les plus profonds...

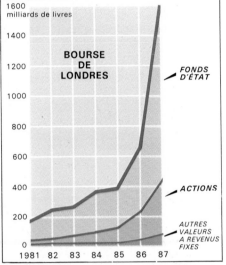

↑ **6. Volume des échanges à la bourse de Londres** : le « Big-Bang » (dérégulation) de 1986 s'y lit clairement.

7. Le « commerce extérieur » britannique

		1965	1986
COMMERCE EXTÉRIEUR (% PIB)		15,0	21,3
IMPORTATIONS			
Produits agricoles	%	44,5	15,8
Produits énergétiques	%	10,7	7,3
Autres produits	%	44,8	76,9
EXPORTATIONS			
Produits agricoles	%	8,4	9,0
Produits énergétiques	%	2,2	11,6
Autres produits	%	89,4	79,4
PRINCIPAUX FOURNISSEURS			
CEE	%	17,3	55,2
PVD	%	27,5	13,9
USA	%	11,7	9,9
PRINCIPAUX CLIENTS			
CEE	%	20,0	48,0
PVD	%	25,7	21,0
USA	%	10,6	14,3

Source : *L'État du monde 1987-1988*. Éditions La Découverte.

↑ **5. Grève des mineurs en 1983.** Une industrie qui souffre durement mais ne veut pas mourir, une épreuve décisive pour Madame Thatcher : son prédécesseur E. Heath était « tombé » sur une grève des mineurs.

8. « Maybe the Thatcher revolution is complete »

TOUT d'abord, peut-on parler de « révolution Thatcher » ? La réponse est oui, mais cette révolution était déjà en marche avant son arrivée au pouvoir en 1979. Il y a une certaine continuité dans la politique anglaise, liée à la tentative de résoudre certains problèmes.

Parmi ces problèmes, un rôle amoindri dans le monde et une situation fausse vis-à-vis de l'Europe, et certains problèmes coloniaux résiduels comme la Rhodésie. Ou encore le déclin économique de la Grande-Bretagne, et la puissance des syndicats, capables à tout moment de renverser n'importe quel gouvernement.

Mme Thatcher n'est pas la première à s'être attaquée à ces difficultés. Mr Wilson avait essayé d'endiguer le pouvoir des syndicats, mais avait été contré par Callaghan, qui devint son successeur, puis tomba, ironiquement, du fait de la rébellion syndicale contre sa politique des revenus.

Wilson avait aussi essayé, comme son prédécesseur conservateur Macmillan, d'ancrer la Grande-Bretagne à l'Europe. Les deux échouèrent à cause de la France. Heath réussit grâce à la compréhension du président Pompidou, mais les conditions de l'adhésion ont empoisonné la vie des gouvernements suivants pendant dix ans.

Angoissé par la montée du chômage, Heath donna un tour plus interventionniste à sa politique économique. Depuis, les conservateurs restent hantés par cette question de savoir jusqu'où le gouvernement doit intervenir dans l'économie. Mais ce n'est pas particulier aux conservateurs : sur ce point, les différences entre partis et au sein des partis sont de degré plus que de nature. Heath « tomba » sur la grève des mineurs de l'hiver 1973-1974. Cela aussi hante les mémoires.

Les signes d'un changement plus radical vinrent au milieu des années 70, lorsque le FMI, fut appelé au chevet de la Grande-Bretagne et que Mme Thatcher devint le chef des conservateurs. Ce n'était pas une coïncidence : on commençait à se rendre compte que l'économie ne pouvait plus être conduite comme elle l'avait été...

À son arrivée au pouvoir, Mme Thatcher avait tous les atouts ; son programme n'était pas si différent de celui de Heath avant qu'il ne change ;

elle avait une politique monétariste pour contrôler l'inflation, et elle avait l'argent du pétrole pour financer le changement des structures. En plus, le changement était dans l'air. Elle fit un feu de joie avec toute une série de contrôles : contrôle des changes, des prix, des revenus... Elle mit progressivement en place la réforme des relations du travail et des syndicats, et c'est sans doute l'élément essentiel de sa révolution.

Il y eut d'autres succès : les accords sur la Rhodésie, sur l'avenir de Hong-Kong ; quant aux Falklands, les historiens y verront sans doute une de ses plus grandes erreurs, car elle aurait pu éviter la guerre en discutant avec les Argentins, et pourtant cette affaire a été perçue comme l'un de ses plus grands succès.

Sur l'Europe elle a réussi, et cette fois-ci seule contre tous, a obtenir une réduction de l'excessive contribution britannique au budget européen ; ce qui permet au pays pour la première fois d'être un membre à part entière du club, et non un perpétuel insatisfait. D'ailleurs, l'objectif de sa politique est de devenir de plus en plus européen.

Bien sûr, il y a des points faibles : personne ne sait quand le chômage cessera d'augmenter, ni combien de temps il faudra pour mener à bien la restructuration de l'économie. Mme Thatcher commence à dire qu'il lui faudra une troisième législature. Il y a aussi le problème de l'éducation nationale, la grève interminable des professeurs et sa difficulté à mettre en pratique dans ce domaine les idées du gouvernement : il y faudra sans doute une génération.

Mme Thatcher aimerait bien aussi réussir sur certains points où ses prédécesseurs ont échoué : l'Irlande du Nord bien sûr, avant tout. Elle a sans doute réussi pour le tunnel sous la Manche, mais l'Irlande est son plus grand succès.

En fait, la révolution Thatcher est sans doute déjà presque complète. La vraie révolution était sans doute de changer la base du débat politique : aujourd'hui tous les partis ont accepté une politique économique plus tournée vers le marché, ils ont tous accepté l'Europe et sont devenus plus réticents à promettre n'importe quoi.

Malcolm Rutherford,
Financial Times, 31.01.1986

2. les "périphéries"

■ 1. L'organisation de l'espace anglais

Trois formes d'organisation de l'espace dominent la géographie britannique. **La première, la plus traditionnelle, est l'opposition Nord-Ouest/Sud-Est.** Elle s'inscrit dans les paysages et dans la culture : le Nord-Ouest est plus montagneux, plus océanique, plus tourné vers l'élevage, c'est le pays des celtes, avec leurs aspirations plus ou moins fortes à l'autonomie : Gallois, Écossais, Irlandais... Le Sud-Est est anglais, c'est pour l'essentiel un bassin sédimentaire où les labours le disputent à l'élevage.

Une deuxième opposition est celle du Nord et du Sud : elle oppose les trois régions méridionales (Sud-Ouest, Sud-Est avec Londres, East Anglia) à toutes les autres sur une base surtout économique. Au Nord, le pays des industries du siècle dernier, aujourd'hui en crise, et une agriculture à problèmes ; au Sud, les pays des industries modernes, de la montée du tertiaire, du déferlement progressif de l'habitat « londonien » et de la montée du prix du foncier. Cette opposition date pour l'essentiel de la crise de 1929. Elle s'est aggravée sensiblement depuis dix ans, malgré les espoirs placés un moment dans le pétrole de la mer du Nord.

La troisième opposition est celle des « Inner Cities », la partie centrale des agglomérations, **et des zones suburbaines et semi-rurales.** Le problème des « Inner Cities » vient troubler l'application d'un modèle « centre-périphérie » à la Grande-Bretagne, puisque les zones les plus défavorisées se trouvent souvent dans les centres, et notamment au centre de Londres...

■ 2. Londres n'est plus dans Londres

Londres n'existe plus depuis le 1er avril 1986, le gouvernement britannique ayant aboli le « Greater London Council » jugé trop travailliste. L'agglomération était déjà en voie de déclin démographique depuis la guerre, au profit de la zone située à l'extérieur de la ceinture verte et au profit des villes nouvelles. **Mais tout le Sud-Est anglais est devenu rival de Londres, et de plus en plus loin, là où l'on peut acquérir plus facilement une maison et un jardin.** Aujourd'hui ce sont les petites villes du Sud-Ouest et de l'East Anglia qui profitent.

Pendant ce temps, les agglomérations industrielles et urbaines des Midlands (Birmingham), du Yorkshire (Leeds, Bradford, Sheffield), du Nord-Ouest (Liverpool, Manchester), et du Nord de l'Angleterre (Newcastle) partagent les problèmes de celles du Pays de Galles et de l'Écosse.

■ 3. Pays gallois et pays écossais

Deux contrées celtiques, des massifs montagneux anciens, une opposition haut pays/bas pays, des industries fondées sur le charbon et les textiles, le dépeuplement de zones entières, et l'intervention gouvernementale sous forme de « zones assistées ou d' « aires de développement'» : tels sont les principaux points communs.

Mais **le Pays de Galles** est de religion méthodiste (les Anglais sont anglicans), les régions industrielles et minières ne s'identifient pas systématiquement aux régions urbaines, et l'intégration à l'Angleterre se fait progressivement, ne serait-ce que par la proximité de Cardiff et de Bristol.

L'Écosse semble mieux préserver son autonomie ; les phénomènes glaciaires et côtiers donnent un relief plus puissant et plus contrasté ; l'industrie est liée à la ville, même si Édimbourg, la capitale, est plus « intellectuelle » et tertiaire ; **le pétrole a donné un coup de fouet passager à l'économie,** mais on recherche les investisseurs dans le monde entier.

■ 4. Une île, deux pays : Eire et Irlande du Nord

Trois fléaux menacent l'Eire : la pauvreté, l'émigration, la lutte contre les Anglais et les protestants d'Irlande du Nord.

L'histoire coupe l'île en deux : le Nord est plutôt protestant avec une forte minorité catholique ; le Sud est résolument catholique et les pèlerinages au saint patron Patrick y demeurent populaires. **La géographie et l'économie coupent l'île en deux...** mais dans l'autre sens : l'Ouest est plus humide, plus beau disent certains !... En tout cas plus gaélique, plus rural, plus pauvre. L'industrie n'y tient que des « têtes de pont » artificielles : la zone franche de l'aéroport de Shannon, le port pétrolier de Bantry. **L'Est** est plus sec, son agriculture plus riche et concentre l'essentiel de la population avec Belfast, Dublin et Cork.

↑ **1. Les « grandes régions » :** en Angleterre, le pouvoir local ne se trouve pas à cette échelle mais à celle des comtés et des villes.
Comment s'appelle la région anglaise située en Irlande ?

2. « Regional trends »

	Solde migratoire intérieur 1985 (milliers)	Croît naturel 1985 (%)	% de logements HLM
ÉCOSSE	− 8	0,5	50
NORD	− 9	0,5	34
NORD-OUEST	− 16	1,0	26
YORKSHIRE-H.	− 11	1,0	29
OUEST-MIDLANDS	− 9	2,4	28
EST-MIDLANDS	+ 6	1,6	24
EAST-ANGLIA	+ 19	1,1	22
SUD-EST	− 16	2,0	24
dont GLC	− 56	n.d.	29
reste S-E	+ 39	n.d.	20
SUD-OUEST	+ 41	− 0,5	18
PAYS DE GALLES	+ 5	0,5	23
IRLANDE DU NORD	− 3	7,5	34
ROYAUME-UNI	−	1,5	27

	Délits liés à la drogue (pour 100 000 h)	% de cadres et libéraux dans pop. act.	jours de grève (pour 1 000 empl.) (1980/1984)
ÉCOSSE	46	14,2	537
NORD	26	11,4	1 316
NORD-OUEST	51	15,0	357
YORKSHIRE-H.	26	14,5	1 489
OUEST-MIDLANDS	24	15,5	355
EST MIDLANDS	22	17,1	586
EAST ANGLIA	32	16,7	114
SUD-EST	74	22,6	138
SUD-OUEST	42	16,9	122
PAYS DE GALLES	46	12,6	1 580
IRLANDE DU NORD	15	12,7	144
ROYAUME-UNI	47	17,3	483

Source : « Regional trends 1987 » CSO-HMSO.

Map 3 (left)

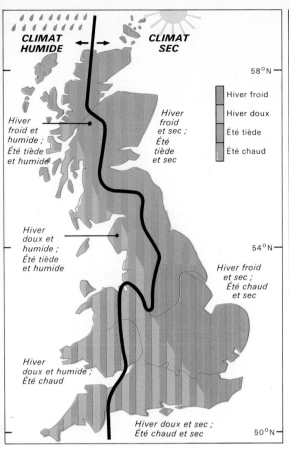

CLIMAT HUMIDE | CLIMAT SEC

58°N

Hiver froid et humide ; Été tiède et humide

Hiver froid et sec ; Été tiède et sec

Hiver doux et humide ; Été tiède et humide

54°N

Hiver froid et sec ; Été chaud et sec

Hiver doux et humide ; Été chaud

Hiver doux et sec ; Été chaud et sec

50°N

Hiver froid
Hiver doux
Été tiède
Été chaud

↑ **3. Les climats de la Grande-Bretagne.** Bien sûr, les notions de froid, de chaud et de sec sont relatives.

Map 4 (right)

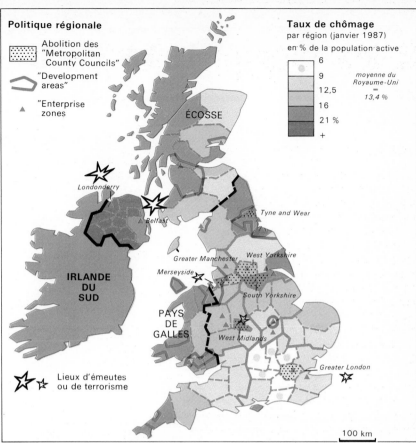

Politique régionale

Abolition des "Metropolitan County Councils"

"Development areas"

"Enterprise zones"

Taux de chômage par région (janvier 1987) en % de la population active

6
9
12,5
16
21 %
+

moyenne du Royaume-Uni = 13,4 %

ÉCOSSE

Londonderry

Belfast

Tyne and Wear

IRLANDE DU SUD

Greater Manchester

West Yorkshire

Merseyside

South Yorkshire

PAYS DE GALLES

West Midlands

Greater London

☆ Lieux d'émeutes ou de terrorisme

100 km

↑ **4. Géopolitique du Royaume-Uni.** À côté des régions prospères, celles qui souffrent en silence et celles où gronde la révolte. Variété des causes de la violence et des réponses.

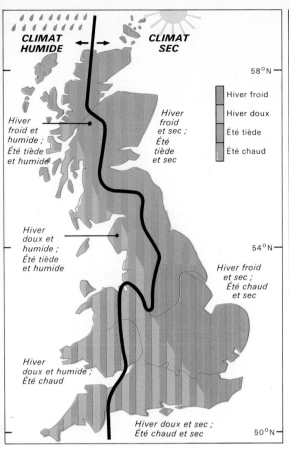

↑ **5. Au-delà des Cheviots, l'Écosse.** Vue prise de l'A. 68, dans le Northumberland.

→ **7.**

Dans la campagne irlandaise. Les traditions inscrites dans le paysage, mais aussi la pauvreté, l'isolement et la modernisation.

↑ **6. La ville universitaire de Cambridge.** Un paysage urbain très caractérisé.

Le très grand Londres

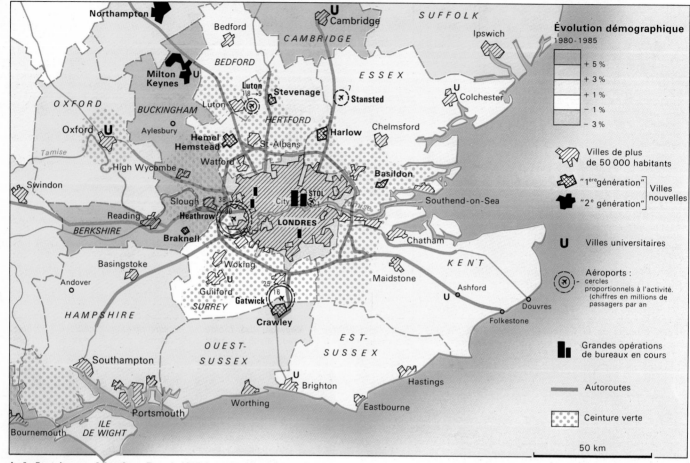

Évolution démographique
1980-1985

- + 5 %
- + 3 %
- + 1 %
- − 1 %
- − 3 %

Villes de plus de 50 000 habitants

« 1ère génération » | Villes
« 2e génération » | nouvelles

U Villes universitaires

Aéroports : cercles proportionnels à l'activité. (chiffres en millions de passagers par an

Grandes opérations de bureaux en cours

Autoroutes

Ceinture verte

50 km

↑ **1. Le très grand Londres.** Depuis 1945, la croissance de Londres se fait de plus en plus loin. Elle déborde maintenant au-delà du Sud-Est, vers le Nord (Cambridge), le Nord-Ouest (Milton Keynes) et l'Ouest. Variété des pôles d'attraction du Sud-Est hors de Londres. Autoroute orbitale M25 dans la ceinture verte.

2. Ridley décidé à résister aux pressions sur la ceinture verte

L E Secrétaire d'État à l'Environnement a confirmé sa détermination à refuser tout projet trop important en matière d'habitat ou d'implantations commerciales dans le Sud-Est. Cela, très clairement, pour limiter le développement de l'inégalité Nord-Sud dans le pays.

Dans un discours qui a enchanté de nombreux députés conservateurs, le ministre a dit que les promoteurs ne devaient pas compter sur un relâchement des règles d'urbanisme dans la ceinture verte, et qu'il n'était pas question d'y installer des centres commerciaux ou des parcs de loisirs. Malgré la discrétion du ministre, liée à son rôle quasi judiciaire d'appel en matière d'urbanisme, on a compris qu'il pensait aux projets récents liés à la M 25 et aux six « villages satellites » prévus par Consortium Developments.

Tout cela est d'autant plus remarquable que M. Ridley était l'un des ministres du Cabinet les plus entichés de « libéralisme », et l'un des moins susceptibles de s'attacher à la protection de la ceinture verte…

d'après P. Webster, The Times, 13-11-86.

3. Évolution de la population de Londres

	GLC (Grand Londres)	reste du SUD-EST
1911	7 200 000	n.d.
1939	8 600 000	n.d.
1951	8 210 000	6 880 000
1961	7 990 000	8 000 000
1971	7 450 000	9 480 000
1981	6 710 000	10 080 000
1951-81	− 1 500 000	+ 3 200 000

NB . GLC = Greater London Council

Source : Census.

QUESTIONS

1. Comparez l'échelle du grand Londres avec celle de la région parisienne (chapitre 13).

2. Comment s'organise la région ?
— **sur le plan des transports autoroutiers,**
— **sur le plan des transports aériens,**
— **sur le plan démographique.**

3. Repérez (doc. 1) la ceinture verte du grand Londres. Où se situent les villes nouvelles ?

Quel est le rôle de ceinture verte ?

Pourquoi est-elle âprement défendue ?

Étudiez l'évolution de la population du Sud-Est et de Londres.

↑ **4. Belgravia Square, Londres.** Architecture classique développée vers 1830 sur les terres du Duc de Westminster, qui en reste propriétaire.

↑ **5. Logements sociaux à Becontree, Est de Londres.** Un grand ensemble des années 30 pour loger 100 000 personnes. Privatisation en cours : on devine quel locataire a acheté sa maison.

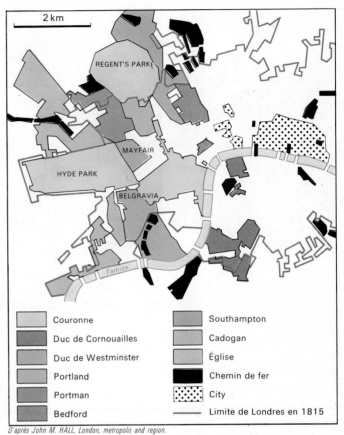

Couronne	Southampton
Duc de Cornouailles	Cadogan
Duc de Westminster	Église
Portland	Chemin de fer
Portman	City
Bedford	Limite de Londres en 1815

D'après John M. HALL, London, metropolis and region.

↑ **6. Les grandes propriétés foncières dans Londres à leur apogée. La clé de l'urbanisme classique à Londres.**

QUESTIONS

1. Comparez les deux types d'habitat (doc. 4 et 5).

2. En quoi les paysages urbains du grand Londres dépendent-ils de facteurs juridiques (propriété), urbanistiques ou politiques ?

3. Comparez la relation entre la location de l'habitat dont les propriétaires sont des organismes publics (communes, etc.) et le vote travailliste.

7. GLC offices for sale

COUNTY Hall, the headquarters of the now abolished Greater London Council, yesterday went on the market described as "London's most exciting real estate opportunity" by the property agents Richard Ellis.

The first advertisements appeared in a campaign on behalf of the London Residuary Body, whose task it is to dispose of the assets of the GLC. There are five buildings in the complex with a total gross floor area of 2.2 million sq.ft, on an 11-acre site overlooking the Thames and the Houses of Parliament.

The Times, 2-10-86.

Traduisez le texte 7.
Ce texte est une annonce pour la vente des bureaux du Conseil du grand Londres par appartement (à partir du 1er avril 1986).

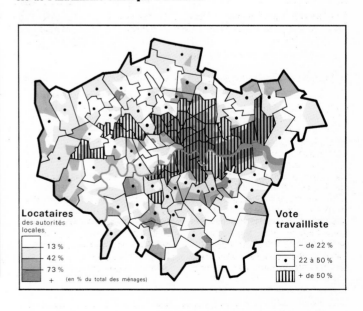

Locataires
des autorités locales

13 %
42 %
73 %
+ (en % du total des ménages)

Vote travailliste

– de 22 %
22 à 50 %
+ de 50 %

↑ **8. Statut d'occupation et attitudes politiques dans le grand Londres.** Opposition Ouest-Est, centre-périphérique. Causalité multiple, en partie réciproque.

La notion d'Inner City est à la fois plus large et plus qualitative que celle de centre-ville : c'est plutôt la partie centrale d'une agglomération, la zone densément bâtie, vue sous l'angle de ses problèmes d'habitat et de société.

Les problèmes : l'habitat tout d'abord : logements dans des blocs collectifs, souvent de mauvaise qualité soit parce qu'anciens et mal entretenus par les propriétaires privés, soit parce que construits hâtivement dans les années 50 ou 60 par les municipalités. Pénurie de logements aussi : listes d'attente, multiplication des « sans logis » (homeless) squatters... Mais aussi, problèmes sociaux et raciaux : familles nombreuses à faibles ressources, minorités ethniques, heurts entre jeunes et policiers. Enfin, problèmes économiques : désindustrialisation, d'où chômage, déséquilibre parfois catastrophique des finances municipales.

Les solutions : au début, surtout rénovation de l'habitat ; puis, de plus en plus, action sociale et tentative de développer l'emploi local par tous les moyens : des municipalités travaillistes ont même lancé des entreprises publiques. Le gouvernement conservateur accuse ces municipalités de gaspillage et préférerait développer le « sens des responsabilité » et l'esprit d'entreprise.

↑ **1. Émeutes à Birmingham.** Le mélange détonnant des problèmes d'habitat, des problèmes raciaux et des maladresses policières.

↑ **2. Habitat social : Belfast.** À première vue, des grands ensembles comme en France : architecture de masse, abords peu soignés, enfants désœuvrés. Mais il y a autre chose.

3. HLM à Belfast

Au Royaume-Uni, la notion d'habitat collectif, souvent municipal, est liée à la notion d'Inner City et de pauvreté, mais aussi de plus en plus à celle d'insécurité. La conception des grands ensembles est critiquée car elle permet aux malfaiteurs ou aux émeutiers de s'échapper facilement et de défier la police. Leur situation dans l'Inner City les place au cœur des problèmes ; en Irlande du Nord s'y joint la question religieuse et politique.

4. La faillite de la municipalité de Liverpool

UNE interruption du fonctionnement des services publics est probable à Liverpool où la « ligne dure » de la majorité travailliste du conseil municipal prévoit un montant de dépenses pour 1985-1986 qui supposerait un doublement des impôts locaux, tout en refusant toute augmentation de ces impôts. On prévoit que dès le mois de juillet ce sera le chaos dans certains services sociaux essentiels, car il n'y aura plus d'argent pour les payer...

Liverpool avait déjà terminé 1984-1985 avec un déficit de 20 millions de livres, du fait de la politique municipale de soutien à l'emploi local...

Compte tenu des réductions de subventions, il faudrait demander cette année 215 millions aux contribuables, 99 de plus que l'an dernier. Mais l'équipe municipale, dans laquelle la tendance « militante » est très forte, a exclu toute augmentation de ce genre...

d'après D. Walker, *The Times*, 21-01-1985.

5. Émeutes de 1985 : le diagnostic

LES explications des émeutes peuvent en gros se diviser en deux groupes...

Certains mettent en cause la trop longue patience de la police vis-à-vis de certains criminels, notamment les revendeurs de drogue ou les gangs de noirs tout-puissants à certains endroits : le jour où la police s'est enfin décidée à sévir, la tension est montée brutalement, avec des conséquences incontrôlables...

D'autres mettent l'accent sur le mélange détonant entre des conditions de vie intolérables et une conception inappropriée de l'action policière. Il est toutefois intéressant de constater que par rapport à 1981 le rôle du chômage est moins mis en avant. Ce n'est pas que l'échelle du problème ait diminué, mais plutôt que l'on a adopté, notamment au centre gauche de l'échiquier politique, une interprétation plus sophistiquée : celle-ci faisant la part de la misère, du chômage et du racisme, avec le développement d'un « sous-prolétariat », largement noir, en marge du reste de la société.

d'après J. Bowery,
The 1985 Riots : 1981 revisited ?
University College London, 1986.

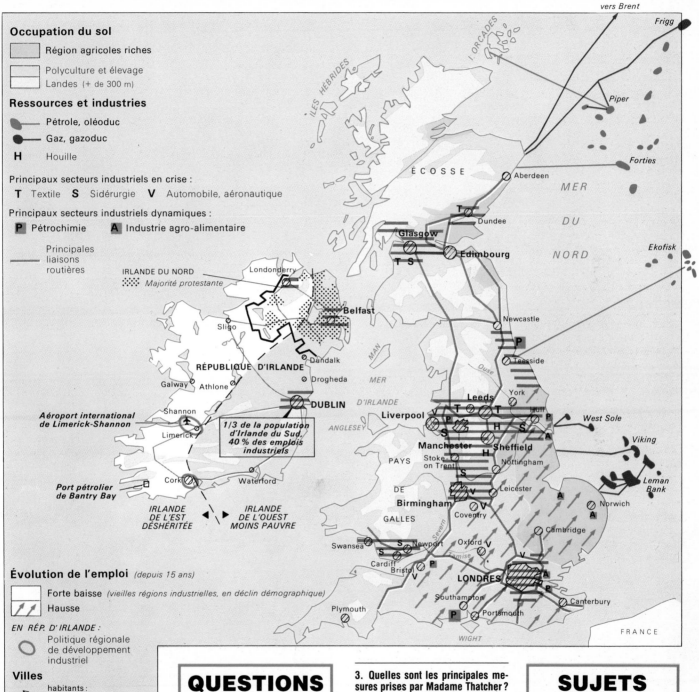

Occupation du sol

Région agricoles riches

Polyculture et élevage

Landes (+ de 300 m)

Ressources et industries

Pétrole, oléoduc

Gaz, gazoduc

H Houille

Principaux secteurs industriels en crise :

T Textile **S** Sidérurgie **V** Automobile, aéronautique

Principaux secteurs industriels dynamiques :

P Pétrochimie **A** Industrie agro-alimentaire

Principales liaisons routières

IRLANDE DU NORD
Majorité protestante

Aéroport international de Limerick-Shannon

1/3 de la population d'Irlande du Sud, 40 % des emplois industriels

Port pétrolier de Bantry Bay

IRLANDE DE L'EST DÉSHÉRITÉE

IRLANDE DE L'OUEST MOINS PAUVRE

RÉPUBLIQUE D'IRLANDE

Londonderry
Sligo
Belfast
Dundalk
Drogheda
Galway
Athlone
Shannon
DUBLIN
Limerick
Cork
Waterford

ÉCOSSE
ÎLES HÉBRIDES
I. ORCADES
Aberdeen
Dundee
Glasgow
Edimbourg
Newcastle
Teesside
Leeds
York
Hull
Liverpool
Manchester
Sheffield
Stoke-on-Trent
Nottingham
Leicester
Birmingham
Coventry
Norwich
Cambridge
Swansea
Newport
Oxford
Cardiff
Bristol
LONDRES
Southampton
Portsmouth
Canterbury
Plymouth

MAN
MER D'IRLANDE
ANGLESEY
PAYS DE GALLES
Severn
Tamise
WIGHT
FRANCE

MER DU NORD
vers Brent
Frigg
Piper
Forties
Ekofisk
West Sole
Viking
Leman Bank
Ouse

Évolution de l'emploi *(depuis 15 ans)*

Forte baisse *(vieilles régions industrielles, en déclin démographique)*

Hausse

EN RÉP. D'IRLANDE :
Politique régionale de développement industriel

Villes

habitants :

plus de 1 000 000

500 000 à 1 000 000

100 000 à 500 000

200 km

QUESTIONS

1. Comment expliquez-vous l'humour de « le continent n'est plus isolé » ?

2. Les grands traits de l'agriculture britannique.

3. Quelles sont les principales mesures prises par Madame Thatcher ?

4. Qu'appelle-t-on les « périphéries » ? Pourquoi ?

5. Comment peut-on expliquer les émeutes de l'Inner City ?

SUJETS

1. La Grande-Bretagne aujourd'hui : continuité et changement.

2. Comment peut-on expliquer la diversité des régions britanniques ?

3. La Grande-Bretagne dans l'Europe des Douze.

DONNÉES STATISTIQUES

GRÈCE

Superficie : 131 944 km^2
Population : 10 000 000 hab.
Densité : 76,5 hab./km^2
Capitale : **Athènes**
Monnaie : Drachme
PNB : 35,1 Mds de $ (1986)
PNB/ habitant : 3 550 $ (1986)
Taux d'inflation annuel
   (moyenne 80-85) : 20,6 %
Population active :
   Agriculture : 28,9 %
   Industrie : 27,3 %
   Services : 43,8 %
Importations : 1 587 MD
Exportations : 790 MD
Taux de chômage : 7,8 %
Taux de natalité : 12 ‰
Taux de mortalité : 9,0 ‰
Taux de mortalité infantile : 14,1 ‰
Taux d'accroissement naturel : 0,2 %
Un médecin pour : 390 hab.

ITALIE

Superficie : 301 225 km^2
Population : 57 400 000 hab.
Densité : 190,6 hab./km^2
Capitale : **Rome**
Monnaie : Lire
PNB : 372,3 Mds de $ (1986)
PNB/habitant : 6 520 $ (1986)
Taux d'inflation annuel moyen 80-85 :
   14,2 %
Population active :
   Agriculture : 11,2 %
   Industrie : 33,6 %
   Services : 55,2 %
Taux de chômage (5) : 10,5 %
Exportations : 145 000 ML
Importations : 150 000 ML
Taux de natalité : 10,1 ‰
Taux de mortalité : 10,0 ‰
Taux de mortalité infantile : 10,9 ‰
Taux d'accroissement naturel : 0,1 %
Un médecin pour : 340 hab.

Source : *Écorama 87 / Images éco. du monde 87.*

l'Italie et la Grèce

A priori, tout invite à comparer la Grèce à l'Italie. Ces deux pays membres de la CEE sont des péninsules méditerranéennes. Ils ont un long passé antique en commun qui est au centre de la civilisation occidentale. Ils ont accumulé un certain nombre de retards par rapport aux pays de l'Europe du Nord-Ouest. **Cependant, bien des caractères les distinguent, tant dans leur vie économique que culturelle.** L'Italie est devenue une grande puissance mondiale, tandis que la Grèce conserve encore un pied dans un Orient plus traditionnel. Pour l'heure, l'Italie, surtout celle du Nord, serait plutôt, par sa taille et ses activités, comparable à l'Espagne tandis que la Grèce possède des ressemblances avec le Portugal, **mais nul ne peut dire ce qu'il adviendra dans les décennies qui viennent, et qui dépendra en particulier de la politique d'aménagement et de développement de la Communauté européenne vis-à-vis de sa périphérie méridionale.**

Carte de synthèse . . . . page 321

ANALYSE DU DOCUMENT

L'Italie qui change : Augusta en Sicile. Tous les pays européens, mais particulièrement ceux qui bordent la Méditerranée, offrent de tels contrastes. Au premier plan, un berger surveille son troupeau de buffles avec leurs veaux qui se délectent au printemps d'une prairie verte et fleurie. Les remblais rocheux témoignent d'un paysage en mouvement, violenté et qui a cessé d'être « éternel » comme l'écrivaient jadis les guides touristiques : routes, industries, banlieues se multiplient partout, même dans le Mezzogiorno. À l'arrière-plan, derrière les vestiges d'une forêt de chênes verts, une raffinerie de pétrole : l'Italie est aussi une grande puissance industrielle.

1. deux péninsules méditerranéennes

Les liens qui unirent l'Italie à la Grèce voici deux millénaires demeurent à jamais indissociables. L'héritage grec a été assimilé et assumé par Rome avant que la Grèce ne devienne romaine. La naissance de l'Empire byzantin tourna la Grèce vers l'Orient. Les Turcs s'y établirent.

Pourtant, les Grecs demeurèrent chrétiens (orthodoxes). Ils constituent une facette originale de l'Europe, étrangement tournés vers leur passé lointain et refusant leur héritage turc, plaçant sur un même pied de prestige culturel l'Allemagne, l'Angleterre, la France, mais aussi les États-Unis, tous pays où ils n'hésitent pas à s'exiler. **Au fond, ils restent Grecs et fiers de l'être...** mais sont assez méconnus des autres Européens, encore étonnés de les compter parmi eux.

Tout au contraire, l'Italie a été considérée au XIXᵉ et XXᵉ siècle comme un appendice peu honorable de l'Europe industrielle après avoir joui pendant des siècles d'une immense faveur due à sa puissance religieuse, artistique, politique et économique. De nouveau, aujourd'hui, elle reprend une place décisive dans la vie de l'Europe.

1. Être riverain de la Méditerranée

À l'évidence, il n'existe pas de milieu bon ou mauvais pour l'homme : témoin, la Méditerranée. Ne disait-on pas voici peu que les grandes civilisations antiques étaient nées grâce à la Méditerranée. La lumineuse « mare nostrum » aurait facilité l'agriculture, le commerce et, dans la même foulée, la vie de l'esprit et de l'âme. L'ère industrielle venue, la Grèce et le Mezzogiorno italien auraient manqué le coche, du fait de leur insertion dans la grande bleue peu douée pour incliner ses riverains vers le travail et l'imagination. De toutes ces idées reçues, il ne demeure rien lorsqu'on analyse la nature méditerranéenne qui n'offre aucune facilité.

La seule grande plaine est celle du Pô et, loin derrière, viennent la Campanie et la Thessalie. La terre tremble fréquemment en Grèce et dans le Mezzogiorno. L'hiver est assez doux, mais souvent désagréable par sa grande humidité et le souffle violent des vents du Nord qui descendent des Alpes ou du Nord des Balkans. L'été est très

chaud et sec, ce qui contraint les agriculteurs, soit à des formes d'agriculture extensive, qu'il s'agisse de céréaliculture ou d'élevage, soit à déployer des trésors d'imagination pour maîtriser l'eau et irriguer afin d'obtenir des rendements élevés. Seule la vigne est parfaitement adaptée à ces conditions, ce qui n'implique pas pour autant une grande qualité générale de ses productions, bien que des efforts soient fournis partout (chianti de Toscane, valpolicella de Vérone, marsala de Sicile, samos grec et raisins secs de Corinthe).

2. Apprendre la nation et l'État

Les Grecs comme les Italiens sont parvenus à l'unité nationale dans la douleur voici environ un siècle. Les premiers se sont battus contre les Turcs qui les occupaient depuis le XIVᵉ siècle, les seconds contre les Français et les Autrichiens. **L'indépendance de la Grèce est proclamée en 1832 ; l'unité italienne est achevée avec la prise de Rome en 1870.** La Grèce doit en outre supporter la défaite de 1922 et le repli vers la péninsule d'un million et demi de ses fils vivant dans le monde ottoman. Le choix de la démocratie fait par l'Italie après la débâcle du fascisme n'exclut pas les fréquents renversements de gouvernements ni la montée de la corruption et des extrémismes. Quant à la Grèce, elle a vécu de 1967 à 1974 une difficile dictature militaire. **Mais dans les deux pays, le sentiment européen est très fort.**

3. Aspects méditerranéens de l'économie

Outre certaines productions agricoles communes, l'Italie et la Grèce partagent certaines formes d'industrie, en particulier des localisations portuaires (Antikirra, Gênes, Piombino, Naples ou Tarente). Par ailleurs, **elles attirent chaque année de véritables hordes de touristes** qui viennent profiter du soleil, de la mer et d'un patrimoine artistique hautement parlant pour les héritiers de la culture classique, les pèlerins chrétiens de Rome et les amoureux de l'esthétique italienne. De son passé, la Grèce a en outre conservé la 4ᵉ flotte marchande du monde.

1. Les institutions italiennes

- 1866 : annexion de la Vénétie et fin de l'unité italienne.
- 1870 : installation de la capitale à Rome.
- 1947 : promulgation de la constitution républicaine.
- Le président est élu pour 7 ans par le Parlement auquel s'ajoutent 65 délégués régionaux.
- Le Premier ministre est nommé par le président et responsable devant le parlement.
- Parlement = Sénat et Chambre des députés, tous deux élus au suffrage universel (à l'exception de quelques sénateurs nommés).
- Principaux partis : Démocratie chrétienne, Parti socialiste, Parti communiste (le moins lié à Moscou en Europe), divers partis et mouvements clandestins extrémistes.
- Membre-fondateur de la CEE.

2. Les institutions grecques

- 1975 : promulgation de la constitution républicaine qui marque la fin de la monarchie et de la dictature des colonels.
- Le président est élu pour 5 ans par la Chambre des députés.
- Chambre : 300 membres dont 288 élus pour 4 ans.
- Principaux partis : Nouvelle démocratie (droite), Pasok (Parti socialiste), Parti communiste de Grèce de l'Intérieur.
- Membre de la CEE depuis 1981.

↑ **3. La formation de la Grèce moderne.**

De la conquête romaine (146 av. J.-C.) à l'acceptation de son indépendance par les Turcs en 1832, la Grèce a constamment été soumise à un pouvoir étranger.

Ceci explique que les Grecs d'aujourd'hui accordent autant d'importance à leur prestigieux passé antique et soient si désireux de se démarquer de la Turquie pour se rapprocher de l'Europe. Mais quoi qu'elle fasse, la Grèce restera encore longtemps marquée par sa culture originale située à la charnière de l'Occident et de l'Orient.

4. Le climat de l'Italie

CEPENDANT, deux grands ensembles s'opposent, celui de l'Italie du Nord qui échappe aux chaleurs brûlantes, dispose, même en été, d'une assez forte humidité qui, si elle ne se manifeste pas toujours par des précipitations, est très perceptible par la nébulosité de l'atmosphère, et celui de l'Italie « méditerranéenne », qui se distingue surtout par le régime de ses étés secs et soumis à de très fortes chaleurs qui aggravent cette sécheresse en pompant l'humidité superficielle et en éprouvant sévèrement la végétation.

Pierre George, *Géographie de l'Italie*, « Que sais-je ? », n° 1125.

Stations : balnéaires, thermales, de montagne, cités d'art

			Dominante
○ □ △ ▯			*italienne*[1]
● ◼ ▲ ▮			*mixte*[2]
● ◼ ▲ ▮			*étrangère*[3]

Les Italiens réalisent :
1 - plus de 80 % de l'apport économique
2 - 60 à 80 % de l'apport économique
3 - moins de 60 % de l'apport économique

100 km

D'après J. DALMASSO, l'Italie

↑ **5. L'Italie touristique. Une tradition ancienne.** C'est ici que fut inventé le voyage d'agrément dès le XVIᵉ siècle.

↑ **6. Rizières et peupleraies de la plaine du Pô.**
La plaine du Pô est la première région rizicole de la CEE.

↑ **7. Visite des fouilles de Délos par des touristes participant à une croisière.**

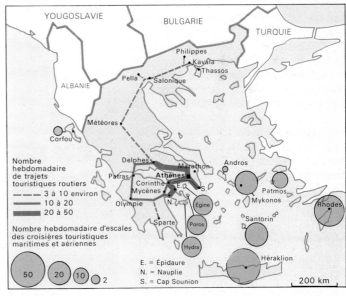

Nombre hebdomadaire de trajets touristiques routiers
--- 3 à 10 environ
— 10 à 20
▬ 20 à 50

Nombre hebdomadaire d'escales des croisières touristiques maritimes et aériennes

50 20 10 ○ 2

E. = Épidaure
N. = Nauplie
S. = Cap Sounion

200 km

↑ **8. Géographie du tourisme en Grèce (d'après Michel Sivignon).**

9. La flotte grecque : au 4ᵉ rang mondial (derrière le Libéria, Panama et le Japon)

En milliers de tonnes de jauge brute : **1974** : 21 759 ; **1985** : 31 032 ; **1986** : 28 391.	Total mondial : 404 910. Grèce = 7 %

10. Les armateurs grecs

C'EST une extraordinaire histoire que celle des armateurs grecs. Ils ne sont pas partis de rien, en ce sens qu'il existe dans les îles une tradition de l'armement maritime. Mais il est vrai que quelques-unes des grosses fortunes de l'armement maritime se sont constituées en quelques dizaines d'années. Onassis qui était le second armateur du monde en 1970, possédait 3 pétroliers en 1940 et 53 en 1970, jaugeant plus de 2 millions de tonnes. Il est très difficile de savoir exactement la flotte de chaque armateur, car les plus grands ont leurs bateaux dispersés sous l'égide d'une multitude de compagnies diverses.

Il existe de véritables dynasties d'armateurs ; entreprises familiales organisées en nébuleuses de sociétés dont les unes ont leur siège au Pirée, d'autres à Londres, à New York, à San Francisco, à Monrovia, à Panama, à Beyrouth : Onassis n'a-t-il pas été un temps le beau-frère de Niarchos et n'a-t-il pas marié sa fille au fils du banquier Andreadis, venu lui aussi à l'armement maritime ?

Michel Sivignon, *La Grèce sans monuments*
(Paris, Hachette, 1978).

2. y a-t-il un modèle italien ?

Qui aurait pu dire il y a encore 20 ans que l'Italie deviendrait l'une des premières puissances mondiales ! Certes, il y avait Ferrari, Fiat, Buitoni, Panzani et la réussite à l'étranger de quelques émigrés de génie comme Pierre Cardin ou, avant lui, dans un autre registre... Al Capone ! La seule influence mondiale de l'Italie s'exerçait par le pape qui n'habite pas l'Italie, mais une enclave minuscule au cœur de sa capitale. À côté de cela, l'Italie vivait si pauvrement que ses fils émigraient par millions vers l'Europe du Nord ou l'Amérique.

Or aujourd'hui, **au septième rang mondial, l'Italie attire des immigrés, développe constamment ses exportations, investit à l'étranger.** Il y a déjà 100 sociétés françaises sous contrôle italien, avec, il est vrai 550 sociétés italiennes sous contrôle français. L'Italie se révèle par une pléiade d'hommes d'affaires habiles et entreprenants : Giovanni Agnelli (Fiat), Silvio Berlusconi, Luciano Benetton (1er fabricant de prêt-à-porter d'Europe) ou Carlo de Benedetti (Olivetti et 22 sociétés cotées en bourse).

Le système italien entre difficilement dans le modèle classique. On y travaille largement au noir, on ne paraît y faire d'efforts réels qu'au nord de Florence, les extrémismes de tout poil s'y sont exprimés récemment avec facilité et les gouvernements se sont succédé à raison de 43 en 40 ans.

▬ 1. Membre actif de l'Europe

Une telle révolution ne se comprend guère dans le rôle stimulant de la Communauté économique européenne. Pendant longtemps, l'Italie en fut le membre le plus pauvre et qui aurait donc pu être le plus complexé. Or, il n'en fut rien, car si l'homme d'affaires milanais est une exception par son sérieux nordique, l'Italien cultive volontiers une décontraction qui n'exclut pas l'imagination, ni le goût du travail bien fait, ce qui ne saurait étonner de la part d'un peuple qui a tant créé au cours de son histoire.

La CEE a pu assister l'Italie pendant un temps, mais le grand service qu'elle lui a rendu est un magistral coup de fouet dont les conséquences aujourd'hui s'imposent à tous.

▬ 2. De spectaculaires transformations

En Italie, la décennie 80 est décidément celle de toutes les transformations. A commencer par **la chute de la natalité :** avec 9,5 ‰, son taux est inférieur à celui de l'Allemagne. Dans le même temps, le niveau de vie (PIB/hab./an = 8 000 dollars) a dépassé celui du Royaume-Uni. **Le secteur primaire a chuté à 10 %,** tandis que le **secteur tertiaire a dépassé 50 %** de la population active, faisant de l'Italie une authentique société post-industrielle.

Ce pays si syndicalisé et dans lequel le Parti communiste est si bien implanté a accepté par référendum en 1984 de supprimer l'échelle mobile des salaires : aussitôt, **l'inflation est tombée de 20 %** (1980) à 4,5 % en 1986.

La croissance des exportations témoigne de la réussite. En 1955, les exportations de produits manufacturés italiens représentaient 3,4 % du total mondial (20 % pour ceux d'Angleterre) ; **elles sont passées aujourd'hui à 8,1 %** (et celles de l'Angleterre à 7,7 %). Mais tous les problèmes sont loin d'être résolus : il reste environ 15 % de chômeurs, la dette extérieure et le déficit du budget de l'État atteignent des niveaux très élevés, tout comme la dépendance énergétique. **Et par dessus tout, demeure un déséquilibre spatial fondamental entre le Nord et le Mezzogiorno.**

▬ 3. Les centres de décision

De son histoire politique morcelée en de nombreux États, l'Italie a hérité d'un réseau urbain relativement équilibré qui compense les inconvénients de l'étirement en longueur de la péninsule. **À Rome (3 M hab.) revient le rôle moteur de la vie politique. À Milan (4 M hab.) revient la domination économique par la banque, les sièges sociaux et de nombreuses industries de pointe.** De ville mono-industrielle vivant de la Fiat fondée par Agnelli en 1899, **Turin (2 M hab.) est devenue l'un des technopôles* d'Europe,** ayant pu reconvertir une grande partie des 35 000 ouvriers licenciés entre 1980 et 1985. Au Sud, les déficiences de l'économie se traduisent par la domination de Naples (3 M hab.).

1. Grandeur et misère de l'Italie

DERRIÈRE une certaine douceur de vivre se cachent la pauvreté, voire la misère, d'un grand nombre de citoyens, le « clientélisme » comme moyen de gouvernement, l'insécurité grandissante, la violence politique des partis extrêmes, l'usure de la démocratie chrétienne, les hésitations du premier Parti communiste de l'Europe libérale. Et que dire de la vie culturelle caractérisée par une élite scientifique et artistique de renommée internationale mais aussi par des millions de citoyens aux soucis culturels si ténus qu'ils sont au dernier rang dans la Communauté européenne pour la lecture des journaux ?

Étienne Dalmasso et Pierre Gabert,
L'Italie (Paris, PUF, 1984).

2. Le travail au noir

MIRACLE à l'italienne : il faudrait, explique-t-on, voir là l'œuvre de l'économie dite « immergée », cette partie cachée de l'iceberg industriel. Travailleurs isolés ou groupés en ateliers à domicile produisent « au noir », fournissant une part non négligeable de la production dans certains secteurs. De plus, ils alimentent partiellement la sous-traitance, utilisée de façon tout à fait officielle, qui a pignon sur rue. Ce système forme une pyramide. En bas de l'échelle, le travail à domicile se fait en partie au noir, en partie en sous-traitance déclarée. Au-dessus, les ouvriers-entrepreneurs créent officiellement des PME ; ils y font de la sous-traitance, mais à des tarifs et dans des conditions inférieures à ceux prévus par les conventions collectives. Enfin, les entreprises-leaders appliquent, au sommet de la pyramide, la législation et les conventions.

D. Rouard, *L'Économie italienne sans miracle*
(Paris, Économica, 1980).

3. Un modèle encore fragile

FRUIT d'un long et souvent rude cheminement, la renaissance de l'économie italienne a surpris les Italiens eux-mêmes. Ravis et flattés, ils ont vu leurs partenaires changer d'attitude. Finis les propos un rien condescendants et soupçonneux, assimilant allègrement dynamisme et *combinazione*. Le temps de l'italomania était venu avec son cortège d'images rassurantes célébrant l'émergence de véritables « capitaines d'industries », un sens devenu aigu de l'efficacité et de la rentabilité. Mais ce renforcement de crédibilité s'accompagne d'un sentiment de fragilité. Trois ans et demi de gouvernement Craxi ont prouvé qu'il n'était pas impensable de bénéficier d'un minimum de continuité politique et par là même économique. L'industrie s'est assainie, les syndicats se sont assagis, mais le divorce entre une société civile de plus en plus professionnelle et un appareil parapublic archaïque et paralysant n'a sans doute jamais été aussi choquant.

D'après Françoise Crouigneau,
« Un long cheminement »,
Le Monde, 29 octobre 1987.

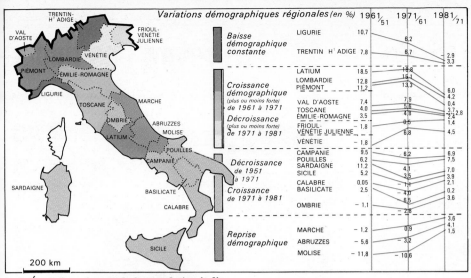

Variations démographiques régionales (en %)

		1961/51	1971/61	1981/71
Baisse démographique constante	LIGURIE	10,7	6,2	
	TRENTIN H.ADIGE	7,8	6,7	2,9 3,3
Croissance démographique (plus ou moins forte) de 1961 à 1971 — Décroissance (plus ou moins forte) de 1971 à 1981	LATIUM	18,5	18,8	
	LOMBARDIE	12,8	15,1	6,0
	PIÉMONT	11,2	13,3	4,2
	VAL D'AOSTE	7,4	7,9	0,4
	TOSCANE	4,0	5,6	3,7 2,8
	ÉMILIE-ROMAGNE	3,5	4,8	2,4 1,4
	FRIOUL-VENETIE JULIENNE	1,8	0,5	4,5
	VENETIE	− 1,8	6,8	
Décroissance de 1951 à 1971 — Croissance de 1971 à 1981	CAMPANIE	9,5	6,2	6,9
	POUILLES	6,2		7,5
	SARDAIGNE	11,2	4,1	7,0
	SICILE	5,2	3,5	3,9
	CALABRE	0,05	− 1,1	2,1
	BASILICATE	2,5	− 4,0	0,2
	OMBRIE	− 1,1	− 6,5	3,6
Reprise démographique	MARCHE	− 1,2	0,9	3,6
	ABRUZZES	− 5,6	− 3,2	4,1 1,5
	MOLISE	− 11,8	− 10,6	

200 km

↑ **4. Évolution récente de la population italienne**

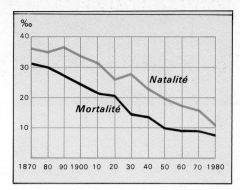

↑ **5. Évolution des taux de natalité et de mortalité en Italie.**
En vous reportant à d'autres chapitres, comparez ces courbes à celles de la France et d'autres pays européens.
(chapitre 6 pour la France).

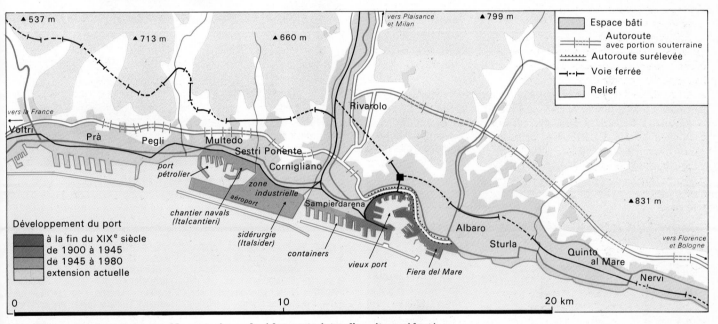

vers Plaisance et Milan

vers la France

Voltri — Prà — Pegli — Multedo — Sestri Ponente — Cornigliano — Sampierdarena

Rivarolo
Albaro
Sturla
Quinto al Mare
Nervi

vers Florence et Bologne

▲ 537 m ▲ 713 m ▲ 660 m ▲ 799 m ▲ 831 m

port pétrolier
zone industrielle
aéroport
chantier navals (Italcantieri)
sidérurgie (Italsider)
containers
vieux port
Fiera del Mare

Espace bâti
Autoroute
avec portion souterraine
Autoroute surélevée
Voie ferrée
Relief

Développement du port
à la fin du XIXe siècle
de 1900 à 1945
de 1945 à 1980
extension actuelle

0   10   20 km

↑ **6. Gênes : un très grand ensemble portuaire malgré les contraintes d'un site accidenté.**

↑ **7. Vacanciers allemands se rendent en Italie par le col du Brenner.**

↑ **8. Le site majeur des usines Fiat à Turin.**

↑ **1. Pâtre grec sur les plateaux balkaniques.**

↑ **2. Urbanisation sauvage sur les flancs d'une montagne dans l'agglomération athénienne.**

↑ **4. Battage à la main du blé en Italie du Sud.**

3. Athènes : l'urbanisme sauvage

AVANT les années 1950, Athènes était composée de petites maisons à deux étages avec jardin. Dans les quartiers centraux, le remplacement de ces constructions par des immeubles à plusieurs étages occupant la quasi-totalité du sol a produit un paysage de béton et de pierre, de rues étroites enfoncées au milieu de bâtiments élevés, un espace qui en été devient un véritable enfer. Le deuxième processus concerne les ruraux qui se sont installés en masse à Athènes. Les nouveaux ouvriers d'Athènes furent donc obligés de trouver eux-mêmes une solution à leur problème de logement. La construction illégale a été cette solution. D'importantes propriétés foncières aux limites de la ville ont été loties en très petits lots sur lesquels les immigrants ont construit eux-mêmes. Ensuite, l'État s'est trouvé contraint de légaliser et de réaliser les équipements… surtout en période électorale.

D'après Georges Prevelakis,
Communication au colloque,
« Aire métropolitaine de Lisbonne :
quel avenir ? », Lisbonne, 1987.

5. Une société parasite : la mafia

L'ESPRIT de mafia repose à l'origine sur un trait de la conscience sicilienne : la conviction qu'on doit avoir le courage de s'opposer, en cas de besoin, à la loi, pour imposer son destin personnel, son ascension sociale. Cette perception s'est renforcée par l'image du pauvre chevalier-bandit ou du serf-bandit. La conscience populaire y exprimait son besoin de mobilité sociale. Le bandit chevaleresque pouvait devenir un prince. Puis avec l'émigration sicilienne outre-Atlantique, les vieux mécanismes de protection et de dépendance se remirent à fonctionner aux États-Unis comme s'il s'agissait encore de vivre dans une île. Le mafiosisme américain devint nettement criminel. À la fin de la Seconde Guerre mondiale, en Sicile, on retrouve la mafia mêlée aux activités des services secrets américains préparant le débarquement dans l'île. Les gangsters italo-américains introduisent les mœurs et les ambitions de la Cosa Nostra et c'est alors que s'installe en Sicile une branche de la mafia criminelle internationale.

D'après J. Susini,
article « Mafia »,
Encyclopaedia Universalis.

QUESTIONS

1. Comment expliquez-vous les scènes représentées sur les photographies 1 et 4 ?

2. Si vous décrivez attentivement ces scènes, qu'est-ce qui montre qu'un changement se produit actuellement ?

3. Décrivez le paysage suburbain de la photographie n° 2. Expliquez-le à la lumière du texte n° 3. Qu'est-ce qui le différencie d'un paysage du tiers monde ?

4. Expliquez les causes de la naissance de la mafia. Dites pourquoi elle se maintient et quelle reconversion elle a dû imaginer pour survivre.

pesanteurs et assistances

6. L'IRI, poids lourd du secteur public italien

L'INSTITUT de reconstruction de l'industrie, créé en 1933, sous Mussolini, dispose d'un contrôle majoritaire dans 459 sociétés, et minoritaire dans plus de 500 autres. Le plus grand conglomérat du monde par son chiffre d'affaires (219 milliards de francs en 1986), ce holding recouvre ainsi des activités aussi diverses que la banque et l'aéronautique — civile ou militaire — l'acier et les télécommunications, l'agro-alimentaire et la construction navale. Au total, le holding emploie 440 000 personnes, soit 4 % de la population active italienne officiellement recensée. Il y a quelques années, l'IRI était devenu le symbole de l'impéritie étatique, de la concussion et des manœuvres politiciennes. En 1983 le déficit atteignait 133 milliards de francs. Il a fait place à un excédent de 3 milliards en 1987. Grâce à une rude restructuration, R. Prodi, président de l'IRI déclare : « Il nous faut abandonner tout esprit de clocher et nous adapter à la face nouvelle du capitalisme européen. Le grand marché de 1992, c'est demain. »

D'après Françoise Crouigneau, « L'IRI, coupes sévères et privatisations ». *Le Monde*, 29 octobre 1987.

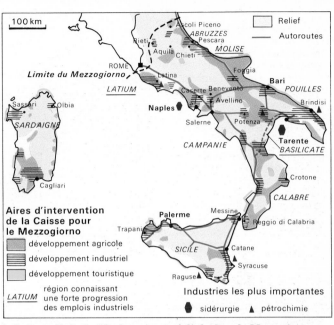

↑ **8. Les efforts de développement réalisés dans le Mezzogiorno.**

↑ **7. Bâtiments d'un élevage moderne à Alghero (Sicile).**

↑ **9. La ville de Tarente et sa sidérurgie.**

10. La Grèce et l'Europe

LA Grèce ne risque-t-elle pas de voir absorber, par des concurrents trop puissants, ses firmes industrielles encore trop faibles ? Et sa paysannerie ne doit-elle pas redouter le choc avec des agricultures dont les exploitations sont bien plus vastes et techniquement mieux armées ? Les arguments économiques en faveur de l'adhésion sont peut-être moins essentiels que les arguments politiques et psychologiques. La Grèce espère par là rejoindre la cohorte des pays développés et souligne que son PIB par habitant n'est pas sensiblement inférieur à celui de l'Irlande. Mais rejoindre l'Europe, c'est aussi abandonner définitivement une situation psychologique qui laissait la Grèce aux marges de l'Orient et c'est trouver un contre-poids politique à l'influence américaine.

Michel Sivignon, *La Grèce sans monuments* (Paris, Hachette, 1978).

QUESTIONS

1. À l'aide des documents de cette page, montrez le rôle passé et actuel de l'État dans l'économie et l'aménagement de l'Italie. Insistez sur les réalisations du Mezzogiorno.

2. Commentez le texte 10.

3. Décrivez l'exploitation agricole de la photographie n° 7 et dites à quel type d'élevage on a affaire.

4. Selon vous, quel visage de l'Italie et de la Grèce révèlent les documents reproduits sur ces deux pages et sur l'ensemble des pages qui précèdent ? En quoi ce portrait diffère-t-il de celui qui est habituellement présenté ?

Comment réconcilier
ville moderne et patrimoine ?

L'importance de la culture gréco-romaine et de ses vestiges pour les Occidentaux explique que des efforts soient réalisés depuis très longtemps dans le domaine de l'archéologie et de la conservation du patrimoine.

Le problème majeur qui se pose tient à la permanence fréquente de l'occupation humaine sur certains sites majeurs depuis l'Antiquité.

Le plus souvent, les invasions, puis les nécessités des différentes périodes de croissance urbaine entre le xe et le xxe siècle, n'ont guère permis la survie des monuments antiques.

C'est vrai pour Turin, mais ici la ville offre pourtant un visage très romain puisque son plan quadrangulaire est directement hérité de l'Antiquité. À l'opposé, les villes d'Herculanum et de Pompéi se sont trouvées ensevelies en 79 ap. J.-C. sous les cendres du Vésuve et ont été en grande partie exhumées entre le xviiie siècle et aujourd'hui, au seul détriment de quelques quartiers périphériques des villes modernes.

Ailleurs, seuls les monuments ou les ensembles urbains les plus prestigieux ont fait l'objet de dégagements au xixe ou au xxe siècle, mais il n'était pas possible de tout sauver.

A Athènes, les fouilles de l'Acropole et de ses alentours ont entraîné la destruction de tout un ensemble urbain légué par les Turcs.

Des problèmes tout aussi complexes se posent avec la sauvegarde de villes médiévales ou modernes dont les contraintes du site (Venise) ou la dégradation (Naples) exigent des moyens financiers considérables.

Seule l'exploitation touristique permet de rentabiliser de tels investissements. C'est en Italie qu'ont été imaginées les premières réhabilitations globales des centres anciens.

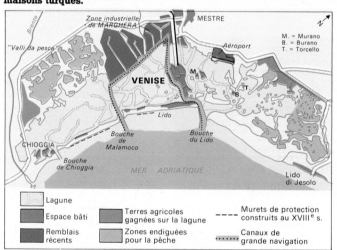

↑ **1. Le quartier Plaka situé au pied du Parthénon à Athènes : ruines gréco-romaines, églises byzantines, maisons turques.**

↑ **2. Un haut-lieu du patrimoine italien : Venise, dans sa lagune.**

↑ **3. Rome : le Forum, le monument à Victor-Emmanuel II et l'avenue des forums impériaux qui coupe l'ancien cœur antique.**

4. La réhabilitation des villes historiques

LA sauvegarde du « caractère » de l'image urbaine consiste donc dans certains des cas au maintien de l'unité morphologique existante, tandis que la plupart du temps, elle doit être réalisée dans le respect de la diversité morphologique inhérente au milieu historique et avec le souci constant de maintenir intacts, dans chaque partie de la composition, les différents éléments caractéristiques de la volonté architecturale et urbanistique de chaque époque historique.

L'intégration d'un monument archéologique isolé, situé dans un milieu urbain historique, ne crée pas de problèmes spéciaux, étant donné que dans certains cas, sa fonction réadaptée éventuellement à la vie contemporaine et dans d'autres son importance symbolique établie (Parthénon), ou bien encore ces deux facteurs à la fois, lui confèrent un rôle essentiel dans l'image et la structure urbaines.

L'une des menaces les plus perfides qui pèsent sur les centres anciens est la tendance pseudo-nostalgique et irresponsable à rechercher un gain facile en créant un décor « couleur locale » en carton-pâte.

D'après Alexandre Papageorgiou, *Intégration urbaine* (Paris, Vincent Fréal, 1971).

Synthèse/Sévaluation

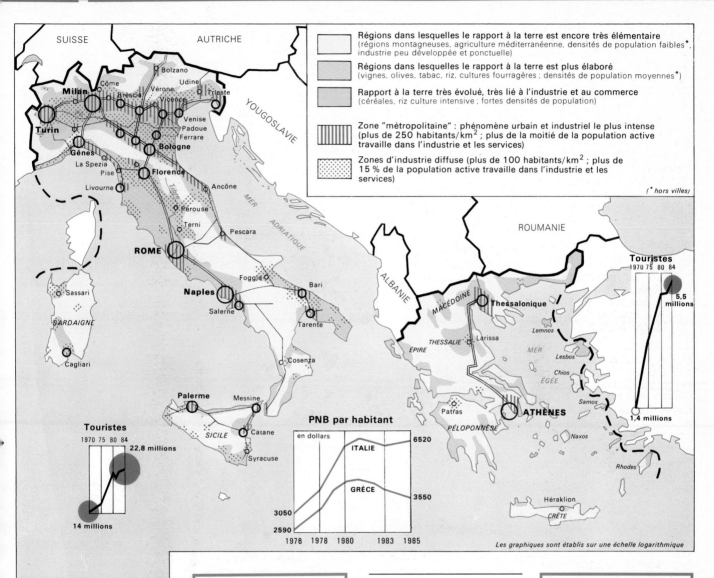

Régions dans lesquelles le rapport à la terre est encore très élémentaire (régions montagneuses, agriculture méditerranéenne, densités de population faibles*, industrie peu développée et ponctuelle)

Régions dans lesquelles le rapport à la terre est plus élaboré (vignes, olives, tabac, riz, cultures fourragères ; densités de population moyennes*)

Rapport à la terre très évolué, très lié à l'industrie et au commerce (céréales, riz culture intensive ; fortes densités de population)

Zone "métropolitaine" : phénomène urbain et industriel le plus intense (plus de 250 habitants/km² ; plus de la moitié de la population active travaille dans l'industrie et les services)

Zones d'industrie diffuse (plus de 100 habitants/km² ; plus de 15 % de la population active travaille dans l'industrie et les services)

(* hors villes)

Touristes 1970 75 80 84 — 5,5 millions — 1,4 millions

Touristes 1970 75 80 84 — 22,8 millions — 14 millions

PNB par habitant
en dollars — ITALIE 6520 — GRÈCE 3550 — 3050 — 2590
1976 1978 1980 1983 1985

Les graphiques sont établis sur une échelle logarithmique

Villes
- ○ 100 000 à 200 000
- ○ 200 000 à 500 000
- ○ 500 000 à 1 000 000
- ○ plus de 1 000 000 habitants

Principales liaisons autoroutières :
═══ flux le plus important
─── autres liaisons

200 km

QUESTIONS

1. Quelles sont les principales institutions de l'Italie et de la Grèce ?

2. Quand l'Italie et la Grèce ont-elles réalisé leur unité ?

3. Quelles sont les principales régions touristiques de l'Italie et de la Grèce ? Y a-t-il plusieurs types de tourisme ?

4. Qu'est-ce que le travail au noir ? Son importance en Italie ?

5. Qu'est-ce que le Mezzogiorno ? En donner les principales caractéristiques.

6. Citer quelques grandes firmes italiennes.

7. Quels sont les caractères des agricultures grecque et italienne ?

8. Quel est le rôle de la mafia ?

9. Qu'est-ce que l'IRI ?

10. Pourquoi parle-t-on de « miracle économique italien » ?

SUJETS

1. Comparez les activités littorales en Italie et en Grèce.

2. Le tourisme en Italie et en Grèce : types de tourisme, aménagement des paysages, importance économique.

3. Comparez Gênes, Venise et Athènes. Site et situation de la ville et du port. Leur importance dans la vie économique des deux pays.

4. Opposez l'Italie du Nord à celle du Sud, en dégageant les actions entreprises pour aider le Mezzogiorno.

ESPAGNE

Superficie : 504 750 km²
Population : 39 000 000 hab.
Densité : 77,2 hab./km²
Capitale : **Madrid**
Monnaie : Peseta
PNB : 165,6 Mds de $
PNB/habitant : 4 290 $
Population active :
  Agriculture : 17,6 %
  Industrie : 31,8 %
  Services : 50,6 %
Importations : 4,8 milliards P.
Exportations : 3,8 milliards P.
Taux de chômage : 21,5 %
Taux de natalité : 13 ‰
Taux de mortalité : 8 ‰
Taux de mortalité infantile : 10,5 ‰
Taux d'accroissement naturel : 0,5 %
Un médecin pour : 360 hab.

PORTUGAL

Superficie : 92 082 km²
Population : 10 300 000 hab.
Densité : 112 hab./km²
Capitale : **Lisbonne**
Monnaie : Escudo
PNB : 20,1 Mds de $
PNB/habitant : 1 970 $
Population active :
  Agriculture : 23,2 %
  Industrie : 35,3 %
  Services : 41,5 %
Importations : 1 410 milliards E.
Exportations : 1 076 milliards E.
Taux de chômage : 10,5 %
Taux de natalité : 12 ‰
Taux de mortalité : 10 ‰
Taux de mortalité infantile : 16 ‰
Taux d'accroissement naturel : 0,2 %
Un médecin pour : 450 hab.

Sources : *Écorama 87/Images éco. du monde 1987.*

la péninsule ibérique

« Où la terre finit et où la mer commence », ce vers de Camoens illustre le Portugal dans les Lusiades. Il peut s'appliquer à l'ensemble de la péninsule ibérique. Des trois péninsules européennes, elle est la seule à associer un caractère méditerranéen et une personnalité atlantique qui la rattache aux autres façades européennes et aux mondes américains et africains.

Éloignés et en retard par rapport aux centres vitaux de l'Europe, **les deux pays de la péninsule,** Espagne et Portugal, ont connu au XXe siècle **une évolution semblable sur le plan politique, économique et social.**

Leur intégration dans la communauté économique européenne en 1986 montre cependant des situations contrastées.

L'Espagne, comme l'Italie, est devenue grâce au développement de son économie, **la 10e puissance industrielle mondiale** et semble de taille à s'insérer dans le concert économique mondial.

Le Portugal, au même titre que la Grèce, apparaît comme beaucoup plus en retrait. **Il voit en l'Europe la possibilité de combler une partie de son retard.**

Carte de synthèse . . . . page 331

ANALYSE DU DOCUMENT

Image de l'Espagne contemporaine, revanche sur l'Ibérie continentale de la Meseta, cette portion du littoral méditerranéen entre Malaga et Almeria rappelle l'importance des zones côtières dans l'économie ibérique.
Dans un milieu difficile, marqué par l'aridité (hauteurs au second plan), ce paysage est le fruit de l'homme. Il a développé ici deux des principaux atouts de la péninsule : une agriculture irriguée (canne à sucre, raisins, légumes) et un tourisme balnéaire de réputation mondiale.

1. terre de contrastes

Au sud-ouest de l'Europe, la péninsule ibérique s'avance d'un bloc dans l'océan Atlantique. Des pics pyrénéens aux côtes de l'Algarve, en passant par les plateaux arides et vides de l'intérieur, elle se présente pourtant comme une véritable mosaïque.

■ 1. Une péninsule massive, montagneuse et méridionale

La péninsule ibérique s'individualise en Europe par sa taille et par sa forme géométrique. **Le paysage le plus typique est celui des plateaux, meseta*,** qui occupent la partie centrale et la moitié de la surface de la péninsule. Parcourus par les principaux fleuves, encaissés, ils sont bordés par des chaînes de formation tertiaire (3 480 m dans la Sierra Nevada). Plateaux et chaînes font de l'Espagne le pays européen le plus montagneux après la Suisse, Madrid étant par ailleurs la capitale la plus élevée d'Europe (640 m). **Des plaines aèrent cet ensemble : Tage, Aragon, Andalousie.** Avec les zones basses littorales elles jouent un rôle considérable dans l'économie. **Les terres ibériques font partie du domaine méditerranéen** (été sec et chaud) mais la façade atlantique est beaucoup plus humide, surtout au Nord-Ouest (Porto, Galice). Il pleut plus en Galice qu'à Glasgow. Par ailleurs, la **meseta** connaît un climat très rigoureux : Madrid : neuf mois d'hiver et trois mois d'enfer, dit le proverbe.

D'autres oppositions : intérieur/littoral, Nord/Sud, se surimposent ou se conjuguent en une marqueterie sans cesse renouvelée.

■ 2. Une adaptation au modèle démographique européen

Espagnols et Portugais ont adopté, depuis le début des années 80, un comportement démographique semblable à celui de leurs partenaires européens. L'examen de la pyramide des âges montre qu'il n'en a pas toujours été ainsi. **Les taux de natalité sont restés supérieurs à 20‰ jusqu'aux années 60** (25,5‰ dans la province de Cadiz en 1969), ce qui explique la relative jeunesse de la population ibérique : 25 % de – de 15 ans, actuellement. Si les mouvements migratoires sont aujourd'hui peu importants, **la péninsule a longtemps été un gros foyer d'émigration** (Brésil, Argentine, Angola). Ce n'est qu'après la Deuxième Guerre mondiale, la croissance économique aidant, que des centaines de milliers de personnes se sont installées au-delà des Pyrénées et principalement en France. La faiblesse de la densité de population (86 hab./km^2) rend encore plus visibles les inégalités du peuplement. L'intérieur s'est fortement dépeuplé (diminution de 1/5 de la population de la province de Soria, au nord-est de Madrid entre 1950 et 1970), même si l'hémorragie semble aujourd'hui stoppée. Les réseaux urbains apparaissent déséquilibrés. **Lisbonne et Porto regroupent près de 40 % de la population du Portugal,** alors que Setubal, la troisième ville, ne compte que 105 000 habitants. **Le réseau espagnol est plus équilibré,** comptant 45 villes de plus de 100 000 habitants, en dépit du poids de Madrid et de Barcelone.

■ 3. Espagne et Portugal : le jeu inégal

La péninsule ibérique comprend deux États de poids fort différents. **L'Espagne regroupe 80 % de la population sur 85 % de la superficie.** Cette disparité se retrouve dans l'organisation du territoire des deux pays. L'autonomie donnée aux régions espagnoles n'a pas effacé l'opposition de type centre-périphérie qui caractérise l'Espagne avec un large intérieur déprimé, dominé par Madrid, et des zones littorales plus prospères, grâce au tourisme et à l'industrie. **En caricaturant : Madrid, le désert espagnol et des côtes dynamiques.**

Au Portugal, une double opposition se dessine, d'une part, entre un intérieur retardé et le littoral qui concentre les activités et les hommes, et d'autre part, le Tage, qui marque la limite entre un Nord atlantique (élevage et vins) et un Sud « méditerranéen » (céréales).

Longtemps tourné vers l'Atlantique et Londres (commerce du Porto, produit dans la région du Douro), le Portugal, à l'abri de ses frontières de 1249, a toujours regardé avec méfiance son unique voisin, devenu son partenaire au sein de l'Europe.

1. Traits originaux du monde ibérique

LES Pyrénées semblent la fin d'un monde. Pourtant, au-delà de ce rempart, une péninsule aux formes massives, véritable continent en réduction, s'avance au-dessus des profondeurs océaniques à la rencontre des plateaux et des chaînes de l'Afrique mineure. Elle mesure 588 415 kilomètres carrés, dont environ 499 675 pour l'Espagne et 88 740 pour le Portugal.

Une forte individualité marque tous les traits géographiques de cette Ibérie, la Terre du Couchant, l'Hespérie des anciens. La lourdeur de ses formes, son altitude, les traits de sa structure la distinguent des autres pays européens et l'apparentent à l'Afrique mineure et aux grands plateaux de l'Asie centrale.

Un assemblage de paysages contrastés correspond à la mosaïque de traits structuraux qu'elle juxtapose. Il y a des contrées dont l'individualité est une harmonie ; celle de la péninsule est faite d'oppositions. Strabon mettait déjà en regard des montagnes, des forêts et des plaines, au sol très âpre et au climat froid de la région septentrionale, la richesse et la fécondité du Midi.

d'après M. Sorre, *Géographie universelle*, t. 7 (Paris, 1936).

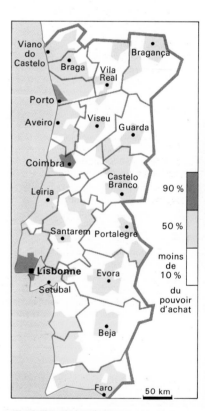

↑ 2. Le pouvoir d'achat au Portugal.
● 90 % des habitants de Lisbonne, Porto et Coimbra ont un pouvoir d'achat supérieur au pouvoir d'achat moyen des Portugais.
● 50 % des habitants des zones en jaune ont un pouvoir d'achat supérieur au pouvoir moyen.
● 10 % des habitants des zones en blanc ont un pouvoir d'achat supérieur au pouvoir moyen.

↑ **3. Palmeraies d'Elche à Alicante.** La région reçoit moins de 400 mm de pluies.

↑ **4. La campagne atlantique dans le Pays Basque espagnol.**
Exploitations forestières et élevage bovin tirent profit d'un climat doux et humide et des pentes.

↑ **5. Réseau autoroutier ibérique.**
Un réseau embryonnaire : capitales et littoraux.

↑ **6. Campagne méditerranéenne près de Carthagène, au sud de Murcie, en Espagne.**
La disponibilité en eau oriente les productions agricoles. Ici, le secano : oliviers et pacage.

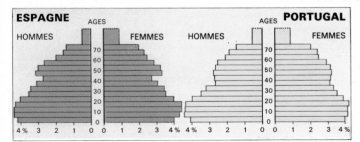

↑ **7. Pyramides des âges de l'Espagne et du Portugal.**
On remarquera les bases rétrécies et les déséquilibres par sexe.

8. Vers une démographie de type européen

AVEC quelque retard sur ses voisins du nord, l'Espagne découvre à son tour le problème de la baisse de la natalité. Entre 1978 et 1982, le taux de natalité a chuté de près de 1 ‰ par an puisqu'il est passé de 17,3 ‰ à 13,4 ‰. Si la population espagnole reste dans l'ensemble plus jeune que celle des pays d'Europe occidentale, le nombre moyen d'enfants par famille est maintenant tombé à 2,3 et le taux de fécondité à 1,9 environ, alors qu'il approchait encore 2,8 en 1976.

Plus tardif, le phénomène s'est également révélé plus rapide en raison des circonstances politiques particulières qu'a connues le pays.

Thierry Maliniak, *Le Monde, Dossiers et Documents.*
(« L'Espagne de Felipe », n° 121, avril 1985).

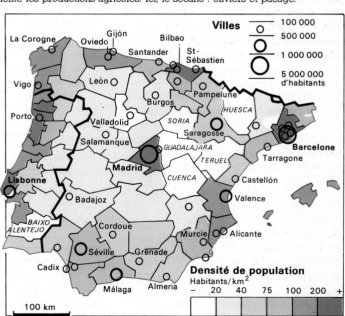

↑ **9. Répartition de la population ibérique par districts.**
Les fortes densités soulignent les villes et l'importance du littoral.

2. vers la disparition de la barrière pyrénéenne

Le retour à la démocratie et l'entrée dans la communauté économique européenne des deux pays ibériques ont fortement renforcé les liens avec les autres pays européens.

■ 1. Deux histoires comparables

La péninsule ibérique est tout à la fois carrefour, finistère et tête de pont. L'Hispania romaine fut la première entité ibérique. Les sept siècles de présence musulmane (711-1492) ont fortement marqué la péninsule, en particulier sa partie méridionale (toponymie, architecture, techniques agricoles, etc.). C'est de la période de la Reconquête (1035-1492) que date sa partition en deux États distincts. Tête de pont, la péninsule le fut au XVIe siècle où Espagnols et Portugais se lancent à la conquête du monde.

Les grandes découvertes font de la péninsule le poumon de l'Europe. Un long déclin va suivre qui va donner aux deux pays leur dimension européenne, en dépit de leurs empires respectifs. Finistère, la péninsule l'est à l'époque de la révolution industrielle. Tardivement et marginalement touchés par le développement économique, les deux pays vont connaître au XXe siècle un effacement certain qui se prolonge jusqu'à la fin des régimes dictatoriaux de Salazar au Portugal et de Franco en Espagne. La dernière décennie semble avoir été, pour l'Espagne surtout, l'occasion d'un nouveau départ.

■ 2. L'un des vergers de l'Europe

Le secteur agricole tient dans la péninsule une place considérable et, à l'image du milieu naturel, se présente sous de multiples visages. Si l'importance des cultures arbustives, ou l'ampleur du patrimoine forestier, dégradé, sont des traits d'ensemble, quels points communs unissent le grand domaine céréalier de l'Alentejo portugais au petit élevage de l'Asturie espagnole ? Les trois récoltes de la *huerta** valencienne aux 17 q/ha de blé de la Vieille Castille ?

Les vins (Porto, *vinho verde*), le liège, les tomates, points forts de l'agriculture portugaise, ne peuvent cacher la faiblesse d'ensemble du secteur. Le nombre moyen de vaches laitières par troupeau est de 4, et

la région la plus prospère, la Vallée du Tage, est encore deux fois moins riche que la moyenne des régions agricoles européennes. **60 % des besoins alimentaires lusitaniens sont importés.**

Tout autre est la situation espagnole. Deuxième surface agricole utile (SAU)* européenne, l'agriculture espagnole est dotée d'un potentiel important qui l'a longtemps fait craindre de ses voisins, allant jusqu'à détruire des chargements de fruits et légumes. Le dynamisme de certains secteurs (zones irriguées : 12 % de la SAU, plantations d'agrumes, vignobles, oliveraies) ne doit pas faire oublier les carences (céréales, bovins) et les régions atlantiques moins favorisées. Longtemps dynamique, la pêche a pâti des nouveaux droits de la mer obligeant ses pêcheurs à restreindre leur rayon d'action.

■ 3. Des sociétés en pleine mutation

Par bien des aspects, l'Espagne, 10e puissance industrielle mondiale, rappelle les Nouveaux Pays Industrialisés* comme le Brésil ou la Corée : faiblesse des coûts salariaux, importance de la participation étrangère, dynamisme des secteurs exportateurs : agro-alimentaire, chaussures, textile. L'adaptation de l'appareil de production n'a pas été réalisé sans difficultés dans les trois pôles principaux que sont les Asturies et le Pays Basque, la Catalogne et Madrid. **Longtemps protégée par des barrières douanières élevées, l'industrie espagnole doit désormais affronter à armes égales ses partenaires européens.**

Encore sous la tutelle du Fonds monétaire international au début des années 80, le Portugal est entré dans une phase de mutation rapide de son industrie. Les secteurs dynamiques : textile, chaussures, bois, profitant du niveau des salaires le plus bas d'Europe, sont concentrés autour de Lisbonne et de Porto. Les industries de base sont en crise et le tissu industriel présente de graves lacunes.

Le tourisme, à plus de 80 % balnéaire, joue un rôle primordial dans l'économie des deux pays. Avec 12,8 % du flux touristique mondial et un tiers de ses côtes urbanisé, l'Espagne a enregistré 82 millions de nuitées touristiques en 1985. La même année, le Portugal en a enregistré 15 millions.

1. Les institutions de l'Espagne et la régionalisation

L'ESPAGNE est une monarchie parlementaire.

Le Congrès des députés comprend 350 membres élus pour 4 ans au suffrage universel. Le Sénat comprend 208 membres élus au suffrage universel ou par les parlements régionaux.

« La constitution, approuvée en 1978, prévoyait l'autonomie des régions et leur mise en place s'achevait le 8 mai 1983, par l'élection des dernières assemblées législatives régionales. Désormais, l'Espagne compte dix-sept régions autonomes*, dotées chacune d'un gouvernement dont les ministres ont le titre de conseillers, d'une assemblée élue, d'un drapeau et d'une capitale…

Les transferts de compétence se négocient avec lenteur et âpreté entre le gouvernement central et les gouvernements régionaux. Il serait injuste de nier les progrès effectués, mais ils sont encore très insuffisants et laissent au gouvernement central l'essentiel des pouvoirs. »

d'après Michel Drain, art : « L'autonomie des régions espagnoles », in *Profils économiques*, n° 19. (« L'Économie de l'Espagne et du Portugal ». Éd. Ellipses)

* Andalousie, Aragon, Asturies, Baléares, Canaries, Cantabrique, Castille-La Mancha, Castille-Léon, Catalogne, Communauté valencienne, Estrémadure, Galice, Madrid, Murcie, Navarre, Pays Basque, Rioja et deux statuts spéciaux : Ceuta et Melilla.

2. Portugal : institutions et statut

RÉPUBLIQUE démocratique.
Constitution votée le 2-04-1976 et révisée le 24-09-1982. Président : élu pour 5 ans au suffrage universel et assemblée législative de 250 membres élus pour 4 ans au suffrage universel.

« La constitution portugaise [de 1976] est de type semi-présidentiel, donnant un rôle très important au président de la République, qui doit servir de modérateur à toute la vie politique et possède de grands pouvoirs sur l'assemblée et le gouvernement… [en 1982] le régime semi-présidentiel de 1976 laisse place à un régime parlementaire de type classique qui va accroître l'importance des données électorales. »

Problèmes politiques et sociaux (n° 507, Paris).

3. L'entrée dans la CEE en 1986 de l'Espagne et du Portugal

LES cérémonies solennelles de signature des traités d'adhésion du Portugal et de l'Espagne à la CEE ont eu lieu le mercredi 12 juin à Lisbonne et à Madrid… L'Espagne attendait depuis près de dix ans. Depuis la mort de Franco, en novembre 1975, et le discours devant les Cortès de Madrid du roi Juan Carlos annonçant la « transition » de la dictature à la monarchie parlementaire. Le Portugal piaffait, avec moins de bruit mais avec une détermination égale, aux portes de la communauté européenne, depuis la chute sans gloire, en avril 1974, des héritiers transis de Salazar.

Le Monde, vendredi 14 juin 1985.

↑ **4. Vignobles de Porto dans la vallée du haut Douro au Portugal.**
Le Douro qui relie le vignoble à Porto a servi d'exutoire aux productions.

↑ **5. Impact du tourisme sur le littoral méditerranéen espagnol.**
Résidences, plages et port de plaisance au Peñon d'Ifach près de Benidorm.

6. L'agriculture ibérique

Agriculture espagnole 9,6 % du PIB	Agriculture portugaise 6,5 % du PIB
Vignoble : 1er du monde par la superficie, 3e par la production (moy. : 35-40 M d'hl)	*Production* : en % production européenne
Huile d'olive : 40 % de la production mondiale et 1er producteur (450 000 t/an)	riz = 8 % lait de vache = 0,6 % vin = 4,8 % blé = 0,6 %
1re flotte de pêche de l'Europe de l'Ouest en jauge brute	Part des dépenses de consommation dans le budget moyen des Portugais en 1985 : 37 %.
60 % des exploitations ont moins de 5 ha ; 3,5 % plus de 50 ha.	82 % des exploitations ont moins de 4 ha ; 1,1 % plus de 50 ha.

7. Une agriculture espagnole en mouvement

Rendements bas pour certaines cultures d'importance majeure dans l'approvisionnement du pays, fragilité de certains secteurs, ne sont en réalité qu'un des aspects d'une caractéristique de l'agriculture des nouveaux États membres : des structures de production en moyenne peu efficace... un effort important engagé depuis de nombreuses années a permis à l'Espagne d'accroître l'étendue des superficies irriguées, de développer la mécanisation, l'emploi des engrais et des produits phytosanitaires et d'accélérer le remembrement foncier.

Les structures agricoles espagnoles présentent de ce fait une grande diversité, des petites exploitations morcelées des régions montagneuses du Nord et du Nord-Ouest à l'agriculture efficace des zones de production irriguée de la côte méditerranéenne et des vallées inférieures des grands fleuves.

L'Europe verte, n° 214, janvier 1986.

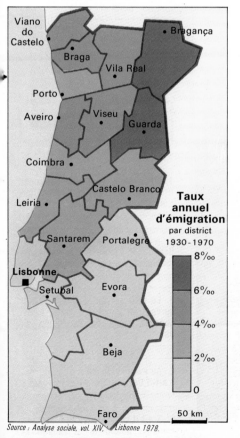

Viano do Castelo — Braga — Vila Real — Bragança — Porto — Aveiro — Viseu — Guarda — Coimbra — Castelo Branco — Leiria — Santarem — Portalegre — Lisbonne — Setubal — Evora — Beja — Faro

Taux annuel d'émigration par district 1930-1970

8 ‰ — 6 ‰ — 4 ‰ — 2 ‰ — 0

50 km

Source : Analyse sociale, vol. XIV, Lisbonne 1978.

↑ **8. Taux annuel d'émigration 1930-1970.**
Le Nord : plus peuplé et plus rural.

↑ **9. Chantiers navals à Bilbao sur les rives du Nervión.**

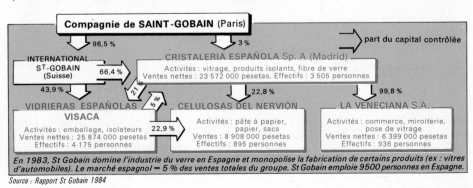

Compagnie de SAINT-GOBAIN (Paris)

part du capital contrôlée

96,5 % → **INTERNATIONAL ST-GOBAIN (Suisse)**

3 % → **CRISTALERIA ESPAÑOLA** Sp. A (Madrid)
Activités : vitrage, produits isolants, fibre de verre
Ventes nettes : 23 572 000 pesetas. Effectifs : 3 505 personnes

66,4 %   43,9 %   21 %   5 %   22,8 %   99,8 %

VIDRIERAS ESPAÑOLAS VISACA
Activités : emballage, isolateurs
Ventes nettes : 25 874 000 pesetas
Effectifs : 4 175 personnes

22,9 % → **CELULOSAS DEL NERVIÓN**
Activités : pâte à papier, papier, sacs
Ventes : 8 908 000 pesetas
Effectifs : 895 personnes

LA VENECIANA S.A.
Activités : commerce, miroiterie, pose de vitrage
Ventes nettes : 6 399 000 pesetas
Effectifs : 936 personnes

En 1983, St Gobain domine l'industrie du verre en Espagne et monopolise la fabrication de certains produits (ex : vitres d'automobiles). Le marché espagnol = 5 % des ventes totales du groupe. St Gobain emploie 9500 personnes en Espagne.

Source : Rapport St Gobain 1984

↑ **10. Un exemple d'implantation étrangère en Espagne : les filiales espagnoles du groupe français Saint-Gobain.**

L'eau en Espagne

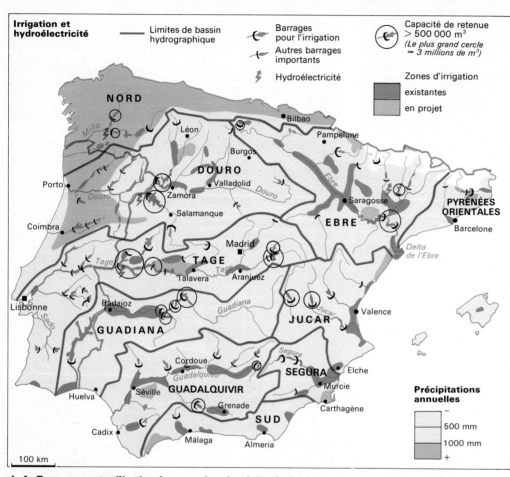

Irrigation et hydroélectricité

— Limites de bassin hydrographique

☽ Barrages pour l'irrigation

⚓ Autres barrages importants

⚡ Hydroélectricité

Capacité de retenue > 500 000 m³
(Le plus grand cercle = 3 millions de m³)

Zones d'irrigation
existantes
en projet

NORD

Miño • Bilbao
• Léon
Porto • Burgos
DOURO
• Valladolid
Douro
• Zamora
• Salamanque
Coimbra
PYRÉNÉES ORIENTALES
• Saragosse
EBRE
Ebre
• Barcelone
Delta de l'Ebre
Tage
Madrid ■
TAGE
Tage
• Talavera • Aranjuez
Lisbonne ■
• Badajoz
Sado
Guadiana
Jucar
JUCAR
GUADIANA
• Valence
Guadalquivir
Segura
Cordoue
SEGURA
• Elche
Huelva
• Murcie
• Séville
GUADALQUIVIR
• Carthagène
• Grenade
SUD
Cadix
• Málaga
Almeria

Précipitations annuelles
—
500 mm
1000 mm
+

100 km

↑ **1. Ressources et utilisation des eaux dans la péninsule ibérique**

2. Le plan de Badajoz

MIS en œuvre depuis 1952, le plan de Badajoz ne constitue ni la plus ancienne ni la plus importante des réalisations dues à l'Institut national de Colonisation, devenu par la suite l'IRYDA.

Il est distancé sur ces deux plans par les *grands périmètres de l'Ebre*, réalisés dès les années quarante, mais il reste le premier et pratiquement le seul *exemple d'une tentative de planification intégrée* comprenant la régulation des débits, la récupération des vegas du fleuve jusqu'alors exposées à des crues violentes, leur mise en valeur par l'irrigation et leur peuplement, le reboisement des zones dominant les réservoirs, la modernisation du réseau de communication, l'électrification et enfin l'industrialisation de la province.

Près d'un quart de siècle après le début des travaux, une évaluation montre que la plupart des objectifs ont été atteints sans que le problème essentiel, celui de la promotion d'une région particulièrement défavorisée, ait été véritablement résolu.

Jacques Bethemont, *Revue géographique des Pyrénées et du Sud-Ouest* (tome 48, fasc. 4, Toulouse, 1977).

↑ **3. Retenue de Montijo sur le Guadiana en Espagne.**
C'est sur cette retenue que se greffe le canal de Montijo qui irrigue la vallée autour de la ville de Badajoz.

QUESTIONS

1. Décrivez la répartition des zones irriguées dans la péninsule ibérique ?

2. Montrez les différents types d'utilisation de l'eau dans la péninsule ibérique ? Y a-t-il concurrence ?

3. En vous servant du texte n° 2 et après avoir localisé la zone, expliquez le choix de la région de Badajoz ?

4. Au vue des données climatiques, y a-t-il des régions sous-équipées ?

5. Y a-t-il complémentarité entre le domaine atlantique et méditerranéen ?

*T*ravaux dirigés

Madrid et Barcelone

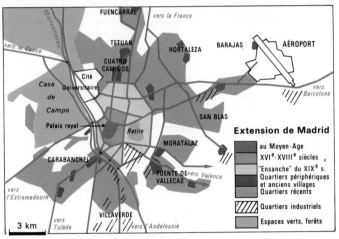

↑ **1. Madrid, la Gran Via, l'une des principales artères du centre ville.** Les principaux services commerciaux sont représentés.

↑ **2. Le port de Barcelone.** Une ville en symbiose avec son port : port de pêche et quai à conteneurs.

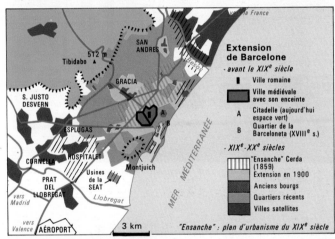

↑ **3. L'agglomération madrilène**

↑ **4. Barcelone et son agglomération**

5. Barcelone : l'usine de l'Espagne ?

AUTOUR de l'agglomération barcelonaise s'agence une couronne industrielle constituée par les comarques les plus dynamiques : les deux Vallès, le bas-Llobregat, Bages et Maresme, soit 12 % du territoire catalan, mais 76 % de l'emploi industriel ; c'est ici le véritable pôle industriel catalan qui s'organise autour de la métropole, se calque sur les fleuves et les principales voies de communication.

d'après Robert Ferras,
Barcelone : croissance d'une métropole
(Paris, 1977, éd. Anthropos).

6. Le rôle des banques à Madrid

IL n'y a pas d'autre pays, ni d'autre capitale dans le monde, où les banques jouent un tel rôle dans le caractère du centre de la ville. Pour un étranger, il semble que les banques soient la force motrice de la vie madrilène.

Il y a à Madrid 58 sièges de grandes banques, de nombreuses succursales installés dans des immeubles tout aussi grands. Au total, la capitale compte 451 établissements bancaires Espagnols et 45 succursales de banques étrangères.

d'après Ludwik Straszewicz,
Przegląd Geograficzny (Varsovie, 1981).

QUESTIONS

1. Comparez les avantages respectifs de site et de situation de Madrid et de Barcelone.

2. Y a-t-il une spécificité européenne de Barcelone ? Comparez les positions respectives de Madrid et de Barcelone par rapport à l'Europe.

3. Quelles images les photographies donnent-elles de ces deux métropoles ?

4. Peut-on lire dans la structure urbaine de ces villes l'évolution historique espagnole ?

5. Comparez les structures urbaines de ces deux villes ?

6. Que reflètent les extensions urbaines du XIXᵉ siècle ?

7. En vous servant de la carte n° 9 page 325, montrez le poids démographique de Madrid et de Barcelone dans leur environnement régional ?

8. Quel rôle tient le relief dans le cas de ces deux grandes agglomérations ?

9. En quoi la situation portuaire de Barcelone est-elle un avantage pour l'ensemble de la Catalogne ?

L'émergence de la distribution moderne au Portugal

Le Portugal connaît depuis le milieu des années 80 une révolution commerciale semblable à celle qu'a connue la France aux cours des années 60. Elle se caractérise par le développement du libre-service, la multiplication des grandes surfaces, la spécialisation des commerces et par la baisse importante du nombre de commerce de détail. Longtemps surnommé « le paradis du détaillant », le pays compte encore 1 commerce alimentaire pour 227 habitants, alors que les chiffres respectifs pour l'Espagne et la France sont de 322 et de 666.

L'appareil de distribution reste dans son ensemble vétuste et mal organisé. Les formes modernes de distribution, supermarché et hypermarché, datent de ces dernières années. L'ouverture du premier hypermarché de Lisbonne en juillet 1987 a provoqué une véritable ruée et de multiples ruptures de stock. Le centre commercial des Amoreiras associe des bureaux à de luxeuses galeries jouxtant un supermarché.

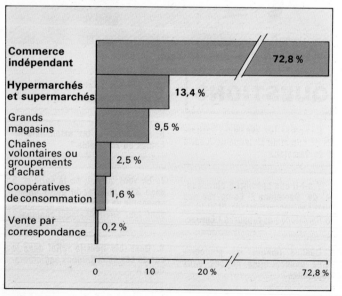

↑ **1. Centre des Amoreiras à Lisbonne.** « Shopping Center of Lisbon », les Amoreiras regroupent plus de 200 points de vente.

↑ **2. Différents modes de distribution commerciale au Portugal**

Commerce indépendant **72,8 %**
Hypermarchés et supermarchés **13,4 %**
Grands magasins **9,5 %**
Chaînes volontaires ou groupements d'achat **2,5 %**
Coopératives de consommation **1,6 %**
Vente par correspondance **0,2 %**

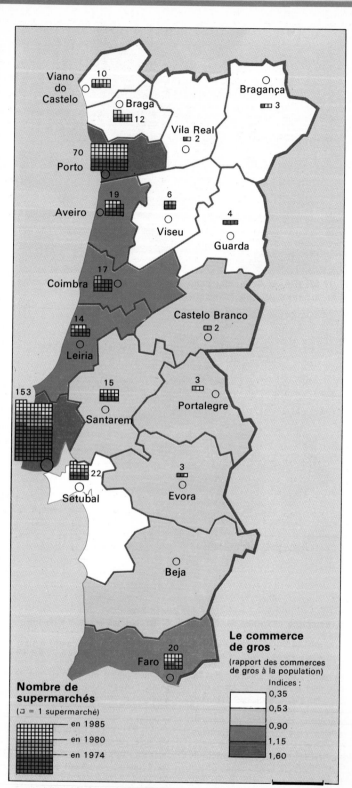

↑ **3. La distribution au Portugal.**
Comparez avec la carte n° 9 page 325, que constatez-vous ?

Synthèse/évaluation

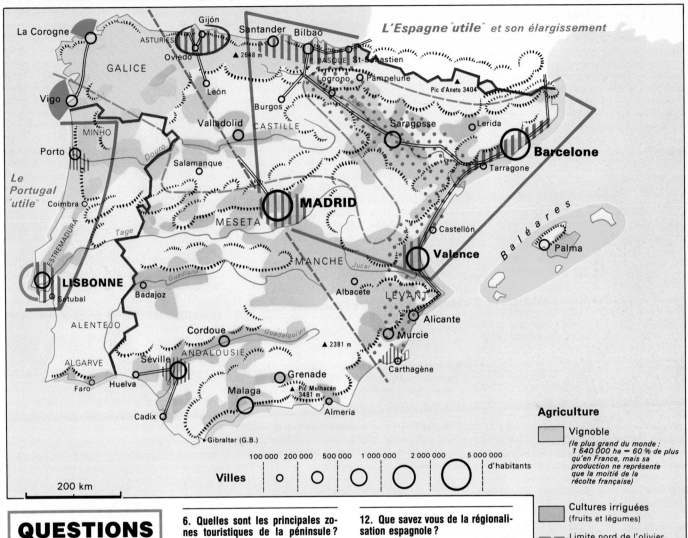

L'Espagne "utile" et son élargissement

La Corogne · Gijón · Santander · Bilbao · ASTURIES · Oviedo · ▲ 2648 m · P. BASQUE · St-Sébastien · GALICE · León · Logrono · Pampelune · Pic d'Aneto 3404 · Vigo · Burgos · MINHO · Valladolid · CASTILLE · Saragosse · Lerida · Porto · Salamanque · Barcelone · Douro · Tarragone · Le Portugal "utile" · Coimbra · MADRID · MESETA · Baléares · Tage · Palma · MANCHE · Jucar · Castellón · Valence · LISBONNE · Guadiana · LEVANT · Setubal · Badajoz · Albacete · Alicante · ALENTEJO · Cordoue · Guadalquivir · Murcie · ALGARVE · Séville · ANDALOUSIE · ▲ 2381 m · Carthagène · Faro · Huelva · Malaga · Grenade · Pic Mulhacén 3481 m · Almeria · Cadix · Gibraltar (G.B.)

Villes
100 000 · 200 000 · 500 000 · 1 000 000 · 2 000 000 · 5 000 000 d'habitants

200 km

Agriculture

Vignoble
(le plus grand du monde : 1 640 000 ha = 60 % de plus qu'en France, mais sa production ne représente que la moitié de la récolte française)

Cultures irriguées
(fruits et légumes)

Limite nord de l'olivier
(L'Espagne est le 1er producteur d'huile d'olive)

Élevage bovin laitier, polyculture

Polyculture méditerranéenne

Grands ports de pêche

Industrie

Grands pôles industriels

Pôles industriels secondaires

Zone à développement rapide

Crise de reconversion

Fort développement touristique

Autoroutes

QUESTIONS

1. Quels sont les principaux contrastes du milieu naturel ibérique ? Comment ont-ils joué sur la répartition des hommes ?

2. Rôle du relief dans l'organisation de l'espace espagnol.

3. Que révèle le dessin du réseau autoroutier de la péninsule ?

4. Pourquoi le littoral attire-t-il les hommes et leurs activités ?

5. Quels sont les atouts touristiques de l'Espagne ?

6. Quelles sont les principales zones touristiques de la péninsule ?

7. Que recouvre l'expression « miracle économique espagnol » au début des années 1970 ?

8. Quels sont les domaines agricoles ibériques les plus dynamiques ?

9. Citez les trois principales régions industrielles de l'Espagne.

10. Citez des réussites espagnoles et portugaises à l'exportation.

11. Quel est le pays qui a favorisé le développement du commerce du vin de Porto ?

12. Que savez vous de la régionalisation espagnole ?

13. Quelles sont les caractéristiques de la structure de la population espagnole ?

SUJETS

1. Opposez les façades maritimes de la péninsule.

2. La péninsule ibérique : carrefour ou finistère ?

3. En quoi l'Europe est-elle une chance pour l'Espagne et le Portugal ?

4. Le tourisme espagnol : paysages et place dans l'économie nationale.

Lexique

A

A.C.P. : pays d'Afrique, des Caraïbes et du Pacifique, associés à la CEE qui leur vient en aide, dans le cadre des conventions signées à Lomé (capitale du Togo).

A.E.L.E. : (Association Européenne de Libre Échange). Union douanière fondée en 1959 entre le Royaume-Uni, la Norvège, la Suède, le Danemark, la Suisse, l'Autriche, le Portugal, pour concurrencer le Marché Commun.

agribusiness : agriculture commerciale utilisant les techniques les plus performantes pour réaliser un profit maximum. Ne se confond pas nécessairement avec l'agriculture intensive.

alizés : vents zonaux soufflant, dans la zone inter-tropicale, des tropiques vers l'équateur, de secteur N-E pour l'hémisphère nord et de secteur S-E, dans l'autre hémisphère.

amplitude thermique annuelle : écart entre la moyenne mensuelle du mois le plus chaud et celle du mois le plus froid.

anticyclone : cellule de haute pression atmosphérique (supérieure à 1 015 hPa).

aquaculture : activité d'élevage des animaux aquatiques (poissons) ou de culture des plantes aquatiques.

atoll : île en forme d'anneau, construite par les coraux dans les mers chaudes, qui entoure un lagon.

A.T.R. : (Avion de Transport Régional). Avion en service depuis 1987. C'est le résultat d'une coopération franco-italienne de construction d'un avion à hélice, turbopropulsé, court ou moyen courrier.

B

baby-boom : expression américaine désignant la forte recrudescence de la natalité observée dans les pays industrialisés des années quarante aux années soixante.

balance commerciale : compte des importations et des exportations de marchandises d'un pays.

balance des paiements : compte global de toutes les transactions monétaires d'un pays avec l'étranger. La balance des paiements comptabilise les échanges de marchandises (balance commerciale), de services (dépenses touristiques, de brevets, etc) et les mouvements de capitaux (les envois d'argent des travailleurs immigrés à leur pays, versements aux organismes internationaux, etc).

barge poussée : grande péniche à fond plat, non motorisée, qui est mue, souvent associée à d'autres barges, par un bateau pousseur attelé à l'arrière.

bassin de Paris : zone d'influence de la capitale. Elle se distingue du Bassin parisien, notion géologique correspondant aux auréoles sédimentaires du Secondaire et du Tertiaire qui entourent Paris.

B.E.I. : (Banque Européenne d'Investissement). Elle finance la politique régionale de la CEE. Elle vient en aide aux régions périphériques et aux régions d'industries traditionnelles en déclin.

biotechnologie ou **biotechnique :** technique visant à obtenir en laboratoire des productions réalisées par des organismes vivants, avant de passer au stade industriel.

bocage : paysage agraire constitué de parcelles encloses de haies, plantée ou non sur un talus, ou de murs de pierre.

C

carbochimie : industrie chimique travaillant les produits fournis par le charbon.

Charolais : espèce française de bovins élevés pour leur viande abondante et de qualité.

chimicalisation : tendance de l'agriculture à utiliser de manière croissante des produits chimiques (pesticides, fongicides, insecticides) pour lutter contre des parasites ou des maladies.

C.N.J.A. : (Centre National des Jeunes Agriculteurs). Il fait partie de la F.N.S.E.A. (cf. infra) et regroupe des agriculteurs âgés de 18 à 35 ans.

C.N.R.S. : (Centre National de la Recherche Scientifique). C'est un établissement public de recherche dans tous les domaines scientifiques, financé par l'État.

C.N.U.C.E.D. : (Conférence des Nations Unies sur le Commerce et le Développement). Elle se réunit tous les quatre ans et tente de mettre en place des conditions commerciales favorables au développement des PVD.

cokerie : usine de fabrication du coke. Celui-ci est obtenu par distillation de la houille et utilisé surtout dans les hauts fourneaux.

Commonwealth : communauté des États et territoires issus de l'empire colonial britannique reconnaissant la souveraineté de la Grande-Bretagne et unis par les liens de solidarité.

conchyliculture : élevage des coquillages, comme les huîtres, les moules, etc.

conteneurisation : tendance à mettre les marchandises dans des coffres rigides (ou containers) en métal, de dimensions normalisées, pour un transport maritime, ferroviaire ou routier.

créole : personne de race blanche née dans les plus anciennes colonies européennes (Antilles, Réunion, etc.).

cuesta ou **côte :** talus ou rebord de plateau en structure sédimentaire monoclinale avec superposition de roches résistantes sur des couches tendres.

C.U.M.A. : (Coopérative d'Utilisation de Matériel Agricole). Actuellement, elles regroupent peu d'agriculteurs car la mécanisation individuelle des exploitations l'emporte.

D

D.A.T.A.R. : (Délégation à l'Aménagement du Territoire et à l'Action Régionale). Créée en 1963, elle est chargée de la mise en œuvre de la politique d'aménagement en France.

décentralisation : transfert de certains pouvoirs de l'État à des collectivités locales (région, département, commune).

décentralisation industrielle : opération de transfert d'une industrie (avec son siège social ou certains pouvoirs de décision) ou création d'un établissement industriel hors d'un centre urbain surchargé (hors de l'agglomération parisienne en France). Si le transfert se limite aux unités de production, il s'agit plutôt de déconcentration.

délainage : opération qui consiste à retirer la laine des peaux de moutons (obtenues par écorchage de l'animal tué).

dénatalité : forte baisse de la fécondité observée à partir du milieu des années soixante dans les pays qui avaient connu le baby-boom. Elle se traduit par une baisse du taux de natalité et provoque un faible accroissement naturel.

déprise spatiale : abandon de formes d'occupation de l'espace, comme l'agriculture ou l'industrie, consécutif à un déclin démographique ou économique. Souvent révélé par des friches.

D.O.M. : [Département (français) d'Outre-Mer] : Guadeloupe, Guyane, Martinique, Réunion, Saint-Pierre-et-Miquelon.

E

économie de marché : système économique des pays capitalistes, fondé sur le principe régulateur de la libre confrontation entre la demande des consommateurs et l'offre des producteurs.

E.C.U. : (European Currency Unit) c'est-à-dire unité monétaire européenne. Élément fondamental du SME. Sa valeur est déterminée chaque jour en fonction de la fluctuation du cours des monnaies nationales qui le composent dans des proportions précises.

emporium (pl. emporia) : comptoir commercial, port de grand commerce.

F

fécondité : caractérise le nombre d'enfants par couple ou par femme en âge de procréer. (Voir : taux de fécondité.)

F.E.D.E.R. : (Fonds Européen de Développement Régional). Organisme ayant pour but de réduire les disparités régionales au sein de la CEE.

ferroutage : transport par rail des poids lourds, sur la plus grande partie de leur parcours.

F.F.P.N. : (Française-Frisonne-Pie Noire) : principale race bovine laitière élevée en France. C'est un rameau français d'une race originaire initialement de Hollande.

flore spontanée : ensemble des plantes qui poussent initialement et spontanément en un lieu. Sa composition dépend essentiellement du climat et de la nature du sol.

F.N.S.E.A. : (Fédération Nationale des Syndicats d'Exploitants Agricoles). Elle exerce une influence considérable dans le monde agricole avec, environ, 700 000 adhérents.

foehn : (allemand) vent chaud et sec, descendant un flanc de montagne. Il a été défini originellement dans les Alpes suisses et autrichiennes.

G

G.A.E.C. : (Groupement Agricole d'Exploitation en Commun) forme d'agriculture de groupe. Exploitation la plupart du temps familiale avec mise en commun partielle ou totale du travail et du capital.

garrigue : formation végétale secondaire, ouverte, buissonnante et basse, de pays méditerranéens calcaires qui se développe lorsque la forêt originelle de chêne vert est détruite.

génie génétique : technique permettant de modifier le programme génétique, inscrit dans les chromosomes, de certaines cellules vivantes pour leur faire fabriquer des substances difficiles à obtenir autrement.

G.F.A. : (Groupement Foncier Agricole). Créées par une loi de 1970, ce sont des sociétés civiles ayant pour objet d'acquérir une (ou des) exploitations. C'est un moyen d'attirer l'épargne vers le foncier agricole.

grand ensemble : groupe important d'immeubles comportant au minimum 800 logements et réalisé en un délai très court dans des zones d'expansion urbaine récente et rapide.

H

halieute : (du grec *halieutikos* ; de *halieus* ; pêcheur). Pêcheur, civilisation de pêcheurs.

héliotropisme : attractivité propre aux régions à fort ensoleillement, exercée sur la population ou sur les activités économiques.

huerta : secteur irrigué de jardins ou de vergers, très intensivement cultivé, aux techniques souvent traditionnelles.

I

IFREMER : (Institut Français de Recherche pour l'Exploitation de la Mer). Organe de recherche qui regroupe à la fois le Centre national d'exploitation des océans et l'Institut technique des pêches maritimes.

Inner City : au Royaume-Uni, quartiers urbains ou grands ensembles dégradés de centre ville, voire de banlieue, constituant des poches de pauvreté en proie à la délinquance.

intégration européenne : unification des États d'Europe (différente de la voie de la coopération) qui, abandonnant leur souveraineté économique ou nationale, accepteraient une autorité supranationale commune.

interconnection : mise en relation de plusieurs centres de production ou de consommation d'électricité, afin de permettre des échanges d'énergie d'un centre à l'autre, en fonction des besoins.

J

jacobinisme : tendance centralisatrice héritée des idées des Jacobins durant la Révolution française. Elle consiste à décider depuis Paris, à concentrer le pouvoir de décision dans les mains de l'État. S'oppose à la décentralisation et au régionalisme.

JUNAC : (JUNta de l'Accord de Carthagène) pays du Pacte andin ayant signé, en 1983, un accord avec la CEE, pour le financement, par celle-ci, de leur développement.

K

karst : modelé particulier aux roches calcaires façonnées par l'action chimique de l'eau. (Du nom de la région calcaire du Nord-Ouest de la Yougoslavie).

Konzern (pl. Konzerne) : grosse entreprise industrielle allemande à concentration verticale. Par extension, toute grande entreprise allemande à participations et filiales multiples.

L

Land (pl. Länder) : État régional allemand. La RFA est constituée de 10 Länder ayant chacun leur propre gouvernement.

latérite : sol tropical de couleur rougeâtre en raison d'une forte concentration d'alumine et d'oxydes de fer, consécutive souvent à la perte par dissolution ou lessivage des autres minéraux.

loess : limon d'origine éolienne formé de fines particules de quartz, d'argile et de calcaire, sur lequel se développent des sols généralement très fertiles.

M

maquis : formation végétale secondaire, dense, broussailleuse et fermée des régions méditerranéennes siliceuses, constituée par les espèces du sousbois de la forêt de chênes-lièges.

marnage : désigne l'amplitude de la marée : c'est la dénivellation verticale entre le niveau des hautes et celui des basses mers.

mégalopolis : ensemble urbain constitué de villes proches, liées étroitement les unes aux autres par leur voisinage, leurs contacts et leurs relations.

meseta : socle hercynien rigide de l'Espagne centrale (Castille).

meulière : roche sédimentaire siliceuse et calcaire, abondante dans les couches tertiaires du Bassin parisien, souvent creusée d'alvéoles. À souvent servi de matériau de construction.

migration pendulaire : déplacements quotidiens ou hebdomadaires alternés (comme le va-et-vient d'un pendule) entre lieu d'habitat et lieu de travail.

M.I.N. : (Marché d'Intérêt National) marché-gare aménagé pour permettre l'expédition, l'arrivage et la redistribution rapides des produits agricoles.

minitel : terminal d'interrogation vidéotex diffusé en France et fonctionnant sur le réseau PTT.

M.O.D.E.F. : (Mouvement d'Organisation et de Défense des Exploitations Familiales). D'inspiration communiste, au départ, il fut créé en 1959.

moraine : débris arrachés au relief, transportés puis déposés par les glaciers.

motte castrale : petite butte ou colline de construction artificielle, d'époque féodale, portant un château.

mytiliculture : (du latin *mytilus*, moule) élevage des moules.

N

néolithique : phase de la préhistoire caractérisée par la maîtrise de l'élevage et de la culture. Elle débute en Europe occidentale vers le Ve millénaire et se termine avec l'âge du bronze.

nouveau village : village de création récente à la périphérie des villes, constitué de lotissements de maisons individuelles ou de pavillons accolés d'un étage, avec jardinet.

N.P.I. : (Nouveau Pays Industrialisé) : pays du tiers monde d'industrialisation récente grâce à l'implantation de firmes transnationales et qui exporte l'essentiel de sa production (Taïwan, Corée, Singapour, Brésil, etc).

O.M.S. : (Organisation Mondiale de la Santé) dépend du Conseil Économique et Social de l'ONU, s'occupe d'hygiène et de lutte contre les épidémies dans le monde.

O.N.F. : (Office National des Forêts). Établissement public créé en 1964. Dépendant du ministère de l'Agriculture, il gère les « forêts domaniales » de l'État.

openfield : paysage agraire de champs ouverts, c'est-à-dire de parcelles non encloses.

oppidum (pl. oppida) : ville gauloise perchée sur une butte ou colline. Plus généralement, lieu fortifié établi sur une hauteur.

P Q

paléolithique : période la plus ancienne de la préhistoire (de −3 millions à −8 000 ans) où l'homme, essentiellement prédateur, utilise des outils de pierre.

papy-boom : expression anglaise désignant, à l'opposé du « baby-boom », la forte recrudescence de personnes âgées dans les pays industrialisés. Phénomène consécutif à l'allongement de la durée de la vie et au passage à l'âge de la vieillesse des classes nombreuses du baby-boom.

parc de bureaux : quartiers spécialisés dans des activités tertiaires, constitués d'immeubles abritant uniquement des bureaux.

P.M.E. : (Petites et Moyennes Entreprises) entreprises de moins de 500 employés.

Plan Marshall : plan d'aide financière globale offerte par les États-Unis à l'Europe pour son relèvement économique, au lendemain de la Deuxième Guerre mondiale. Il est proposé en 1947, par le Secrétaire d'État américain, George Marshall.

plate-forme multimodale : lieu de transit entre différents modes de transport. Il est équipé pour permettre le transbordement de conteneurs entre les réseaux routier, ferroviaire ou fluvial.

pluie acide : maladie des forêts d'Europe que l'on attribue un peu rapidement à l'acidité des pluies due à la pollution.

pluie orographique : type de pluie due à l'ascendance provoquée par l'obstacle d'un relief (ex. : d'une montagne).

polder : terre située au-dessous du niveau de la mer que les hommes ont conquise par endiguement, puis assèchement.

P.O.S. : (Plan d'Occupation des Sols) document d'urbanisme, sous forme de carte, prévoyant en détail et contrôlant l'affectation de l'espace communal.

P.S.I. : (Programmes Sectoriels d'Importation) engagements de la CEE, dans le cadre des accords de Lomé, d'importer des produits de certains pays ACP, présentant pour ceux-ci un intérêt particulier.

P.V.D. : (Pays en Voie de Développement) pays affecté par le sous-développement.

quotas laitiers : limitation de la production de lait, pour chaque État de la CEE, à un volume — ou quota — à ne pas dépasser. Mesure destinée à lutter contre les excédents.

R

réacteur à neutrons rapides (ou surgénérateur ou surrégénérateur) : centrale nucléaire utilisant du plutonium et produisant une quantité de matière fissile supérieure à celle consommée (cf. super-Phoenix).

reconversion industrielle : réorientation des activités industrielles d'une région qui remplace ses industries en déclin par de nouvelles, dans des branches différentes.

réhabilitation : opération qui consiste à restaurer l'architecture d'un quartier urbain sans en modifier notablement l'urbanisme.

rénovation : opération qui consiste à détruire un quartier urbain pour le rebâtir à neuf selon de nouveaux principes d'urbanisme et d'architecture.

retraitement : opération visant à séparer les différents composants de résidus de combustibles irradiés obtenus dans une centrale nucléaire. Cela permet de récupérer entre autres du plutonium.

ria ou aber (en Bretagne) : partie de vallée ou de système de vallées envahie par la mer lors d'une transgression.

robotique : techniques ou études réalisant des systèmes se substituant à l'homme dans ses fonctions mécaniques ou sensorielles.

rurbanisation : (par contraction des mots « rural » et « urbain ») pénétration et modification de l'espace rural par des activités ou des aménagements de type urbain (ex : lotissements péri-urbains de maisons individuelles au milieu des champs).

S

satellite géostationnaire : satellite sur orbite haute (env. 36 000 km) qui tourne en synchronisme avec la Terre et qui de ce fait, paraît immobile par rapport à elle, à la verticale d'un même lieu.

S.A.U. : (Surface agricole utile — et utilisée) extension des terres réellement utilisées par l'agriculture (labours, prairies, vergers...) à l'exclusion des landes et forêts.

Schéma Directeur de la Région Parisienne (1965, révisé 1975) : plan d'aménagement de la région parisienne visant à mieux contrôler son urbanisation, en la canalisant, en protégeant des espaces libres et en y développant la qualité de la vie.

S.D.A.U. : (Schéma Directeur d'Aménagement et d'Urbanisme). Plan définissant les grandes orientations décidées par les autorités locales en matière d'urbanisme. Imposé pour les grandes communes, en France, il est complété par le POS.

S.D.N. : (Société Des Nations). Organisme international créé en 1920 par les signataires du traité de Versailles pour la paix, la sécurité et la coopération entre les nations. Siégea à Genève. Remplacée par l'ONU en 1946.

sédentarisation : c'est le fait pour un nomade de se fixer définitivement en un endroit.

S.M.E. : (Système Monétaire Européen). Système monétaire de la CEE, mis en place en mars 1979, visant à limiter les variations des taux de change entre les monnaies des pays de la CEE dans un écart maximum de 2,25 %.

socle : région de terrains anciens (d'âge primaire) et durcis de l'écorce terrestre (roches cristallines et métamorphiques surtout).

solstice : l'une des deux positions extrêmes de la courbe apparente du soleil par rapport à la terre. Se traduit, soit par le jour le plus long de l'année, soit par la nuit la plus longue.

suburbanisation : développement des banlieues.

sunbelt : (littéralement : ceinture de soleil), ensemble de régions bénéficiant d'un ensoleillement remarquable qui de ce fait attire des équipements touristiques, industriels, etc.

T

taux de fécondité : rapport du nombre annuel de naissances sur le nombre de femmes en état de procréer (15 à 49 ans) dans un pays, Exprimé pour mille (‰).

technopôle : lieu ou parc où s'agglomèrent des activités scientifiques de recherche et de formation, des industries de pointe et un tertiaire de haut niveau qui peuvent être ainsi dynamisés par leur complémentarité et les services réciproques qu'ils peuvent se rendre.

TEE (Trans-Europe-Express) : ensemble de trains internationaux, à rames souvent automotrices, assurant des liaisons rapides entre les grandes villes d'Europe occidentale.

télégestion : gestion à distance permise par l'informatique et les moyens de télécommunication.

télégration : intégration des transports dans le système télématique.

téléport : centre relais terrestre de réception des données et informations fournies par satellite qu'il transmet ensuite par câble continental.

thermocentrale : centrale électrique thermique. Désigne surtout les centrales classiques à combustibles fossiles.

T.O.M. (Territoire d'Outre-Mer) : territoires français lointains ayant un statut leur conférant une plus grande autonomie que les départements. Il s'agit de Wallis et Futuna, la Polynésie française, la Nouvelle-Calédonie et les Terres Australes et Antarctiques françaises.

transgression : élévation du niveau de la mer qui provoque une avancée de celle-ci sur le continent.

transition démographique : passage d'un régime démographique traditionnel (natalité et mortalité élevées) à un régime démographique moderne (natalité et mortalité basses) tous deux à faible accroissement naturel. En revanche, les phases de la transition sont marquées par une croissance démographique élevée.

Transpac : réseau de télécommunication réservé à la transmission de données informatiques, basé sur le principe de la communication par « paquets » (d'où son nom). Il permet à toutes les catégories d'utilisateurs d'accéder à l'informatique.

transroulage : (« roll-on, roll-off », en anglais), système de chargement et déchargement d'un navire par roulage direct des camions et engins par rampes, y compris à l'intérieur du navire roulier.

V Z _____

vaine pâture : droit ou usage communautaire de l'agriculture traditionnelle des pays d'openfield, pour les habitants d'une commune ou d'une paroisse, de faire paître leurs troupeaux sur les champs de quiconque, après les récoltes et avant les semailles.

vidéotex : (de video et de télex), système vidéo recevant ou transmettant des informations par le réseau des télécommunications.

villa (pl. villae) : grand domaine rural de l'époque gallo-romaine.

ville nouvelle : forme d'urbanisation volontaire et programmée, dans la périphérie d'une grande agglomération qui se distingue de la croissance spontanée de banlieues. Elle vise à limiter les mouvements pendulaires en créant sur place les emplois et services nécessaires aux habitants. Les premières furent construites en Angleterre dans la périphérie londonienne.

Z.P.I.U. : (Zone de Peuplement Industriel ou Urbain), comprend les communes urbaines et les communes voisines, soit dortoirs, soit rurales ayant, au total, plus de 100 salariés dans leurs établissements industriels ou commerciaux.

Crédit photographique

8 : LAUROS-GIRAUDON ; 11g : CRDP Amiens/photo Roger Agache ; 11d : Musée de civilisation gallo-romaine ; 12 : Dominique Genet ; 13 : collection VIOLLET ; 15g : VIOLLET/cap ; 15d : documentation Tallandier ; 17 : PHOTO SCOPE / Jean-Daniel Sudres ; 18g : collection VIOLLET ; 18d : CNMHS/SPADEM/photo Lonchampt-Delehaye ; 20 : CINESTAR ; 23 : BULLOZ ; 26h : R.M.N./Musée du Petit Palais ; 26b : collection VIOLLET ; 30h : B.N. ; 30b : VIOLLET / ND ; 33g : collection VIOLLET ; 33d : KEYSTONE ; 35h : service d'information, Ambassade du Japon ; 35mg : Harlingue-Viollet ; 35md : Jean-Loup Charmet ; 35b : RAPHO/Van-der-Veen ; 36 : Michel Gounot ; 39h : J.-R. Pitte ; 39b : GAMMA ; 40 : Bernard Beaujard ; 43g : RAPHO / Silvester ; 43d : RAPHO / J.-M. Charles ; 45 : M. Petzold ; 47g : Alain Perceval ; 47d : Berenguier ; 49 : Bernard Beaujard ; 50 : Bernard Beaujard ; 52 : GAMMA / Daniel Simon ; 53h : EXPLORER / Martin Guillou ; 53b : EXPLORER / Le Bastard ; 54 : PIX / François de Richemond ; 56 : TOP / P. Box ; 61 : TOP / Putelat ; 62h : Petzold ; 62m : CRDP de Nantes ; 62b : CRDP de Nantes ; 65 : SCMA-PHOTO ; 66 : PHOTO-MIRE / Michel Buttin ; 70 : RAPHO / M. Baret ; 78hg : SCOPE / Jacques Guillard ; 78hd : EXPLORER / F. Jalain ; 78b : RAPHO / Alain-Patrick Neyrat ; 80g : RAPHO-Charles ; 80d : Photo Scope / Hervé Coataner ; 81g : RAPHO / Hervé Gloaguen ; 81d : RAPHO/Peter Turnley ; 82 : EXPLORER / Yann Arthus-Bertrand ; 85h : KEYSTONE ; 85b : O.E.H.C. ; 87g : Bernard Beaujard ; 87d : Renault Agriculture ; 90, 91 : ART ET TECHNIQUE / Atelier photographique / Jean-Louis Nespoulous ; 93h : RAPHO / Doisneau ; 93b : PIX ; 94 : F. Tellosa ; 97 : SYGMA / T. Orban ; 99g : CCI Morlaix ; 99d : photothèque SNCF / B. Vignal ; 99b : Airbus Industrie ; 100 : photothèque SNCF ; 101 : RAPHO / De Sazo ; 102 : SODEL photothèque E.D.F. / M. Crepin ; 104g : PIX / De Zorzi ; 104d : photothèque SNCF / P. Olivain ; 106 : EXPLO-RER / Louis Salou ; 109 : PIX ; 111 : RAPHO / Kay Lawson ; 113hg : EXPLORER / Pédersol ; 113hd : J. Pacor ; 113bg : PIX ; 113bd : PIX / M. Marcou ; 114h : Direction régionale de l'équipement d'Ile-de-France ; 114b : PIX / de Torquat ; 115 : RAPHO / Niepce ; 117 : Bernard Beaujard ; 118 : Bernard Beaujard ; 121g : PIX ; 121d : photothèque ELF AQUI-TAINE ; 123 : GIL LEBOIS ; 126 : INNOPOLE LABEGE ; 127 : Paris-Nord II ; 128 : IMMEDIA / Vincent Lecigne ; 129 : PIX / V. d'Amboise ; 130 : INTERPHOTOTHÈQUE DF / photo Cete Nord-Picardie ; 135hg : RAPHO / Mangin ; 135hd : RAPHO / Beaujard ; 135b : CEMAGREF ; 137g : ONF ; 137d : PIX / Valarcher ; 138 : ANDAFAR ; 141g : Alain Per-ceval ; 141d : SYGMA / Jean Guichard ; 142 : PIX / Barry ; 143h : PIX / Lérault ; 143b : PIX / Zen ; 146 : PIX / J. Béna-zet ; 151 : PIX / P. Fagot ; 152 : Mairie de Bruyères ; 153g : RAPHO / Bajande ; 153d : RÉGION RHÔNE-ALPES ; 154 : ANDAFAR ; 156 : EXPLORER / Yann Arthus-Bertrand ; 159 : FOTOGRAM / Edouard Berne ; 161 : PIX / Thomas d'Hoste ; 163g : EXPLORER / C. Delu ; 163b : SNECMA ; 163b : EXPLORER / Louis Salou ; 165h : J. Robert ; 165b : EPAD ; 168 : EXPLORER / Philip Plisson ; 173 : Renault Dreux ; 175 : Port autonome du Havre ; 176 : Bernard Beau-jard ; 181g : RAPHO / Eckhard Supp ; 181d : PHOT'R ; 183 : PHOT'R ; 184 : PHOT'R ; 185h : GAMMA / Bouvet ; 185b : GAMMA / Piquemal ; 186 : PHOT'R ; 188 : Labat / Lanceau ; 191h : Humbert ; 191b : Humbert ; 193h : Humbert ; 193b : SODEL / Photothèque EDF ; 194 : Humbert ; 195 : Humbert ; 196h : Républicain Lorrain ; 196b : Humbert ; 198 : EXPLORER / Louis Salou ; 201hg : RAPHO / J.E. Pasquer ; 201hd : EXPLORER / J.-P. Ferrero ; 201bg : RAPHO / Henri Cazin ; 201bd : RAPHO / MG ; 202 : PIX Le Doaré ; 203 : Combier Imprimeur, Mâcon ; 205 : Citroën, Rennes ; 206 : A. Bocquel ; 208 : PIX / La Cigogne ; 211 : PIX ; 213h : REA / Gayard ; 213b : RAPHO / H. Gritscher ; 214 : Chante-merle ; 215 : Pierre Novat ; 216h : RAPHO / Rajak Ohanian ; 216m : TOP / Hervé Gloagen ; 216bg : Bernard Beau-jard ; 216bd : RAPHO / Maxime Clery ; 218 : RAPHO / Christian Sarramon ; 221h : MAGNUM / Jean Gaumy ; 221m : Bernard Beaujard ; 221b : MAGNUM / Fred Mayer ; 223h : PHOTO SCOPE / Jean-Daniel Sudres ; 223b : SCOPE / Michel Guillard ; 224 : SCOPE / Michel Guillard ; 226 : A. Le Toquin ; 228 : SCOPE / Jacques Guillard ; 231hg : RAPHO / Hervé Donnezan ; 231hd : EXPLORER / M.C. Noailles ; 231b : RAPHO / Serraillier ; 233g : PIX / Dolmaire ; 233d : MAGNUM / Patrick Zachmann ; 234 : PIX / Rella ; 235 : PIX / Francis de Richemond ; 236g : PIX / Chappe ; 236d : EXPLORER / Louis Salou ; 238h : Doumenge ; 238b : Doumenge ; 241hg : EXPLORER / Krafft ; 241hd : Doumenge ; 241mg : P. Laboute ; 241md : M.-F. Perrin ; 241bg : AAA PHOTO / Syllebranque ; 241bd : RAPHO / Dassonville ; 243h : EXPLORER / Grandadam ; 243b : Doumenge ; 244 : MAGNUM / Jean Gaumy ; 245h : Doumenge ; 245b : SPOT IMAGE ; 246 : Doumenge ; 250 : Travel Pictures ; 253 : Archives Nathan ; 255g : SYGMA ; 255d : SYGMA / T. Campion ; 257 : SIRPA ; 258 : GAMMA / Yves Gellie ; 260 : SYGMA / Giansanti ; 267 : GAMMA ; 268 : SIPA-PRES ; 270 : C.C.E. / Le courrier ; 270b : SYGMA / A. Keler ; 273g : SYGMA / J. Andanson ; 273d : Aérospatiale Toulouse ; 277 : GAMMA / J.P. Prevel ; 278 : ACP-CEE, Le courrier, Bruxelles ; 279 : SYGMA / S. Franklin ; 282 : ZEFA / M. Thonig ; 285h : Hardenberg / Bavaria ; 285m : FOTCARCHIV / Henning Christoph, Fovea ; 285b : PIX / TPS, photo E. Streichan ; 287 : ZEFA / Damm ; 289 : ZEFA / Amand Hauck ; 290 : OPEL ; 292 : FOTOGRAM / Stone ; 295h : DR Georg Gerster ; 295m : RAPHO / DR Georg Gerster ; 295b : ART BAARN / MC Escher Cordon, Holland ; 297h : RAPHO / DR Georg Gerster ; 297b : EXPLORER / Louis-Yves Loirat ; 299 : RAPHO / Georg Gerster ; 300h : ARTICAPRESS ; 300b : RAPHO / Paolo Koch ; 302 : RAPHO / Georg Gerster ; 305 : SYGMA / A. Nogues ; 307g : PIX / J.A. Cash ; 307bd : PIX / de Laubier ; 309h : J.A. CASH / PIX ; 309b : J. Robert ; 310h : SYGMA / Stuart Franklin ; 310b : SYGMA / Franklin ; 312 : SYGMA / G. Giansant ; 315h : PIX / Raymon Cauchetier ; 315b : PIX / Patrick Fagot ; 317g : RAPHO / H. Gritscher ; 317d : SYGMA ; 318hg : SYGMA / William Karel ; 318hd : MAGNUM / H. Cartier-Bresson ; 318b : G. Prevelakis ; 319g : PUBLI AER PHOTO ; 319d : SYGMA / Fabian ; 320h : EXPLORER / Louis-Yves Loirat ; 320b : EXPLORER / Didier Dorval ; 322 : RAPHO / Hervé Donnezan ; 325hg : IBERFOTO ; 325hd : RAPHO / François Ducasse ; 325b : INTERGEO ; 327hg : AAA PHOTO / Drachoussof ; 327hd : Humbert ; 327b : Iberfoto ; 328 : Iberfoto ; 329g : Iberfoto ; 329d : RAPHO / Rajak Ohanian ; 330 : L. Marrou.

┌─ **Générique de l'ouvrage** ─

Édition : Jacques Montaville - Dominique Maurel
Couverture : Kubik
Photo couverture : Phot'r
Cartographie et schémas : AFDEC, Anne Le Fur
Martine Froin - Claude Dubut
Mise en couleurs : Patrick Taëron
Iconographie : Martine Ravache
Maquette : Dominique Thomas

 Aubin Imprimeur
LIGUGÉ, POITIERS

Achevé d'imprimer en avril 1988
N° d'édition G 43992 I (P.F. VII) C
N° d'impression P 27258
Dépôt légal avril 1988
Imprimé en France